Die Bedeutung materiell zwingenden Rechts für den Abschluss von Schiedsvereinbarungen

Studien zum Europäischen und Internationalen Wirtschaftsrecht
Studies in European and International Economic Law

Herausgegeben von/eds.
Peter Hay, Meinhard Hilf, Herbert Kronke, Wolfgang Oehler

Band/Volume 23

PETER LANG

Laurette Muchow

Die Bedeutung materiell zwingenden Rechts für den Abschluss von Schiedsvereinbarungen

PETER LANG

Bibliografische Information der Deutschen Nationalbibliothek
Die Deutsche Nationalbibliothek verzeichnet diese Publikation in der Deutschen Nationalbibliografie; detaillierte bibliografische Daten sind im Internet über http://dnb.d-nb.de abrufbar.

Zugl.: Tübingen, Univ., Diss., 2021

Gedruckt auf alterungsbeständigem,
säurefreiem Papier.

D 21
ISSN 0941-3650
ISBN 978-3-631-86186-8 (Print)
E-ISBN 978-3-631-86533-0 (E-Book)
E-ISBN 978-3-631-86534-7 (E-Pub)
DOI 10.3726/b19010

PL Academic Research ist ein Imprint der Peter Lang GmbH.

Peter Lang – Berlin · Bern · Bruxelles · New York ·
Oxford · Warszawa · Wien

Diese Publikation wurde begutachtet.

www.peterlang.com

Vorwort

Die vorliegende Arbeit wurde im Sommersemester 2021 von der Juristischen Fakultät der Eberhard-Karls-Universität als Dissertation angenommen.

Mein ganz herzlicher Dank gilt zuvorderst meinem Doktorvater Herrn. Prof. Dr. Stefan Huber, LL.M. (Köln/Paris), der das Thema angeregt hat. Er hat mich bei der Ausarbeitung und Durchführung der Arbeit allzeitig unterstützt und mir fachlich sowie menschlich Rückhalt gewährt.

Weiterer Dank gebührt Herrn. Prof. Dr. Martin Gebauer für die zügige Erstellung des Zweitgutachtens.

Herrn Prof. Dr. Dres. h.c. Herbert Kronke danke ich für die Aufnahme der Dissertation in die Reihe „Studien zum Europäischen und Internationalen Wirtschaftsrecht".

Mein größter Dank gilt an dieser Stelle meinen Eltern, Harald und Kerstin Muchow, die mich während meiner gesamten Ausbildung in jeder Hinsicht unterstützt haben. Ihnen und meiner Oma Charlotte ist diese Arbeit gewidmet.

Darüber hinaus möchte ich mich bei Herrn Prof. Dr. Gehard Wegen, LL.M. (Harvard), Gleiss Lutz bedanken, der mir promotionsbegleitend einen Einblick in die anwaltliche Praxis eröffnet und mir stets mit Rat zur Seite stand.

Stuttgart, Juni 2021

Laurette Muchow

Inhaltsübersicht

Inhaltsverzeichnis

Abkürzungsverzeichnis

a.F.	alte Fassung
AAA	American Arbitration Association
ABl.	Amtsblatt
ABl. EU	Amtsblatt der Europäischen Union
Abs.	Absatz
ACA 1996	Indian Arbitration Act 1996
AcP	Archiv für die civilistische Praxis
ADR	Alternative Dispute Resolution
AEUV	Vertrag über die Arbeitsweise der Europäischen Union
AFG	Anlagefondsgesetz der Schweiz
AG	Aktiengesellschaft / Die Aktiengesellschaft (Zeitschrift)
AGB	Allgemeine Geschäftsbedingungen
AGBG	Gesetz zur Regelung des Rechts der Allgemeinen Geschäftsbedingungen
AIAJ	Asian International Arbitration Journal
AIF	alternative Investmentfonds
AIFM	Richtlinie 2011/61/EU des Europäischen Parlaments und des Rates vom 8. Juni 2011 über die Verwalter alternativer Investmentfonds und zur Änderung der Richtlinien 2003/41/EG und 2009/65/EG und der Verordnungen (EG) Nr. 1060/2009 und (EU) Nr. 1095/2010
al.	Alii
All ER	All England Law Reports
Anh.	Anhang
Anm.	Anmerkung
Arb Int'l	Journal of International Arbitration
ArbGG	Arbeitsgerichtsgesetz
Ariz. J. Int'l & Com. L.	Arizona Journal of International and Comparative Law
Art.	Artikel
art.	article
ASA Bulletin	Swiss Arbitration Association's Bulletin

Aufl.	Auflage
AVBWasserV	Verordnung über Allgemeine Bedingungen für die Versorgung mit Wasser
BAG	Bundesarbeitsgericht
BAGE	Entscheidungen des Bundesarbeitsgerichts
BauR	Zeitschrift für Baurecht
BayObLG	Bayerisches Oberstes Landesgericht
BB	Betriebsberater
BeckOK	Beck'scher Onlinekommentar
BeckRS	Beck'sche Rechtsprechungssammlung
Begr.	Begründer
Beil.	Beilage
BG	Schweizerisches Bundesgericht
BGB	Bürgerliches Gesetzbuch
BGBl.	Bundesgesetzblatt
BGE	Entscheidungen des Schweizerischen Bundesgerichts
BGH	Bundesgerichtshof
BGHZ	Entscheidungen des Bundesgerichtshofs in Zivilsachen
BörsG	Börsengesetz
BRAO	Bundesrechtsanwaltsordnung
BR-Drucks.	Bundesrats-Drucksache
Brüssel Ia-VO	Verordnung (EU) Nr. 1215/2012 des Europäischen Parlaments und des Rates vom 12.12.2012 über die gerichtliche Zuständigkeit und die Anerkennung und Vollstreckung von Entscheidungen in Zivil- und Handelssachen
BT-Drucks.	Bundestags-Drucksache
BurlG	Bundesurlaubsgesetz
BverfG	Bundesverfassungsgericht
BverfGE	Entscheidungen des Bundesverfassungsgerichts
CA	Concordat sur l'arbitrage du 27 mars 1969
CAS	Court of Arbitration for Sport
CC	Code Civil
Chap.	Chapter
CHF	Schweizer Franken
CLC	Common Law Court
CML Rev.	Common Market Law Review
Cornell Int'l L. J.	Cornell International Law Journal
CPC	Code de procédure civile
CPO	Civilprozeßordnung
Cst / Lcart	Loi sur les cartels

DAC	Departmental Advisory Committee on Arbitration
DB	Der Betrieb
ders.	derselbe
dies.	dieselbe
DIS	Deutsche Institution für Schiedsgerichtsbarkeit
DnotZ	Deutsche Notar-Zeitschrift
DZWiR	Deutsche Zeitschrift für Wirtschafts- und Insolvenzrecht
EG	Europäische Gemeinschaft
EGBGB	Einführungsgesetz zum Bürgerlichen Gesetz
EGV	Vertrag zur Gründung der Europäischen Gemeinschaft
Einl.	Einleitung
EMRK	Europäische Konvention zum Schutz der Menschenrechte und Grundfreiheiten
endg.	endgültig
ERCL	European Review of Contract Law
EU	Europäische Union
EuG	Gericht der Europäischen Union
EuGH	Europäischer Gerichtshof
EuGVÜ	Übereinkommen von Brüssel von 1968 über die gerichtliche Zuständigkeit und die Vollstreckung gerichtlicher Entscheidungen in Zivil- und Handelssachen
EuGVVO	Verordnung (EG) Nr. 44/2011 des Rates vom 22. Dezember 2000 über die gerichtliche Zuständigkeit und die Anerkennung und Vollstreckung von Entscheidungen in Zivil- und Handelssachen
EuÜ	Genfer Europäisches Übereinkommen über die internationale Handelsschiedsgerichtsbarkeit vom 21.4.1961
EUV	Vertrag über die Europäische Union
EuZW	Europäische Zeitschrift für Wirtschaftsrecht
EVÜ	Übereinkommen über das auf vertragliche Schuldverhältnisse anzuwendende Recht vom 19.6.1980
EWG	Europäische Wirtschaftsgemeinschaft
EWHC	High Court of England and Wales
EwiR	Entscheidungen zum Wirtschaftsrecht
EWS	Europäisches Wirtschafts- und Steuerrecht
f., ff.	folgend(e)
FKVO	Verordnung (EG) Nr. 139/2004 des Rates vom 20. Januar 2004 über die Kontrolle von Unternehmenszusammenschlüssen („EG-Fusionskontrollverordnung")
Fn.	Fußnote
FS	Festschrift

GA	Generalanwalt am Europäischen Gerichtshof
GATA	Grain and Feed Trade Association
GEK	Gemeinsames Europäisches Kaufrecht
gem.	gemäß
GesR	GesundheitsRecht. Zeitschrift für Arztrecht, Krankenhausrecht, Apotheken- und Arzneimittelrecht
GG	Grundgesetz
ggf.	gegebenenfalls
GPR	Zeitschrift für das Privatrecht der Europäischen Union
GRUR	Gewerblicher Rechtsschutz und Urheberrecht
GRUR Ausl. / GRUR Int.	Gewerblicher Rechtsschutz und Urheberrecht, Internationaler Teil
GVG ZH	Gerichtsverfassungsgesetz Kanton Zürich
GWB	Gesetz gegen Wettbewerbsbeschränkungen
HGB	Handelsgesetzbuch
Hrsg.	Herausgeber
i.d.R.	in der Regel
i.E.	im Ergebnis
i.S.d.	im Sinne des
i.V.m.	in Verbindung mit
ICC	International Chamber of Commerce
ICCA	International Congress and Convention Association
ICLQ	International & Comparative Law Quarterly
IHR	Internationales Handelsrecht. Zeitschrift für das Recht des internationalen Warenkaufs und Warenvertriebs
inkl.	inklusive
Int'l Handbook on Comm. Arb.	International Handbook on Commercial Arbitration
IPR	Internationales Privatrecht
IPRax	Praxis des internationalen Privat- und Verfahrensrechts
IPRG	Bundesgesetz über das Internationale Privatrecht
JZ	Juristenzeitung

Kap.	Kapitel
KG	Kammergericht
KMU	Kleine- und mittlere Unternehmen
KOM	Kommission
KSchG	Kündigungsschutzgesetz
KTS	Zeitschrift für Insolvenzrecht
KUG	Gesetz betreffend das Urheberrecht an Werken der bildenden Künste und der Photographie
LAG	Landesarbeitsgericht
LCIA	London Court of International Arbitration
LDIP	Loi fédérale sur le droit international privé
let.	lettre
Lfors	Loi sur les fors
LG	Landgericht
lit.	littera
LJT/VD	LOI 173.61 sur la juridiction du travail (LJT) – Vaud
Lloyd's Rep.	Lloyd's Law Reports
LMK	Lindenmaier-Möhring – Kommentierte BGH-Rechtsprechung
m.w.N.	mit weiteren Nachweisen
max.	maximal
MDR	Monatsschrift für deutsches Recht
ModG	UNCITRAL Modellgesetz
MünchKomm	Münchener Kommentar
NJOZ	Neue Juristische Online-Zeitschrift
NJW	Neue Juristische Wochenschrift
NJW-RR	Neue Juristische Wochenschrift – Rechtsprechungs-Report Zivilrecht
NK-ArbR	Nomos Kommentar Gesamtes Arbeitsrecht
No.	number
Nr.	Nummer
NZA	Neue Zeitschrift für Arbeitsrecht
OECD	Organisation for Economic Cooperation and Development
OGH	Der Oberste Gerichtshof (Österreich)
öKartG	österreichisches Kartellgesetz
öKschG	österreichisches Kündigungsschutzgesetz
OLG	Oberlandesgericht
OLGR	OLG Report
öst. HvertG	österreichisches Handelsvertretergesetz
öZPO	österreichische ZPO

PauRG	Pauschalreisegesetz Schweiz
RabelsZ	Zeitschrift für ausländisches und internationales Privatrecht, begründet von Ernst Rabel
RdF	Recht der Finanzinstrumente
Rev. crit. d.i.p.	Revue critique de droit international privé
Rev. de l'arb.	Revue de l'Arbitrage
RG	Reichsgericht
RGBl.	Reichsgesetzblatt
RGZ	Entscheidungen des Reichsgerichts in Zivilsachen
RIW	Recht der Internationalen Wirtschaft
Rn.	Randnummer
Rom I-VO	Verordnung (EG) Nr. 593/2008 des Europäischen Parlaments und des Rates vom 17.6.2008 über das auf vertragliche Schuldverhältnisse anzuwendende Recht (Rom I)
ROM II-VO	Verordnung (EG) Nr. 864/2007 des Europäischen Parlaments und des Rates vom 11. Juli 2007 über das auf außervertragliche Schuldverhältnisse anzuwendende Recht („Rom II")
S.	Seite / Satz
SchiedsVZ	Zeitschrift für das Schiedsverfahren
schwOR	schweizerisches Obligationenrecht
schwZPO	schweizerische ZPO
SGB	Sozialgesetzbuch
SJZ	Schweizerische Juristen-Zeitung
sog.	Sogenannte(r, s)
SpurtR	Zeitschrift für Sport und Recht
SZIER	Schweizerische Zeitschrift für internationales und europäisches Recht
SZW	Schweizerische Zeitschrift für Wirtschafts- und Finanzmarktrecht
TVG	Tarifvertragsgesetz
Überbl.	Überblick
UK	United Kingdom
UN	United Nations
UNCITRAL	United Nations Commission on International Trade Law
Unterabs.	Unterabsatz
UNÜ	New Yorker UN-Übereinkommen über die Anerkennung und Vollstreckung ausländischer Schiedssprüche vom 10.6.1958
v.	vom
v.a.	vor allem

vgl.	vergleiche
VO	Verordnung
Vol.	Volume
WM	Wertpapiermitteilungen
WpHG	Wertpapierhandelsgesetz
WRP	Publikation Wettbewerb in Recht und Praxis
WTO	World Trade Organisation
WuW	Wirtschaft und Wettbewerb
Yearbook Comm.	Yearbook of Commercial Arbitration
z.B.	zum Beispiel
ZBB	Zeitschrift für Bankrecht und Bankwirtschaft
ZeuP	Zeitschrift für europäisches Privatrecht
ZGB	Zivilgesetzbuch der Schweiz
ZGR	Zeitschrift für Unternehmens- und Gesellschaftsrecht
ZGS	Zeitschrift für das gesamte Schuldrecht
Ziff.	Ziffer
ZIP	Zeitschrift für Wirtschaftsrecht
ZPO	Zivilprozessordnung
ZvertriebsR	Zeitschrift für Vertriebsrecht
ZvglRWiss	Zeitschrift für Vergleichende Rechtswissenschaft
ZZP	Zeitschrift für Zivilprozess

Einleitung

A. Einführung in die Problematik

Die Freiheit der Rechtswahl ist eines der zentralen Prinzipien der Parteiautonomie. Im Rahmen von Schiedsverfahren ergänzt sie die weiteren Wahlmöglichkeiten wie die Vereinbarung über den Schiedsort, die Verfahrenssprache sowie die Bestellung der Schiedsrichter und ermöglicht zusammen mit diesen, ein auf die Parteiinteressen maßgeschneidertes Verfahren durchzuführen.

Besondere Bedeutung erlangt dies in grenzüberschreitenden Fällen, in welchen die Schiedsgerichtsbarkeit ein neutrales Forum eröffnet. Obgleich der hieraus resultierenden Chancen für die Parteien ergeben sich aus der Rechtswahl in Kombination mit dem Abschluss einer Schiedsvereinbarung auch Gefahren.

Diese Gefahren bestehen zum einen darin, dass durch die Kombination die materiell zwingenden Normen eines oder mehrerer Staaten umgangen werden. Angesichts der weitreichenden Rechtswahlmöglichkeiten ist die Umgehungsmöglichkeit im Vergleich zum staatlichen Gerichtsverfahren stärker ausgeprägt. So hat der europäische Gesetzgeber die Rechtswahlmöglichkeiten im Rahmen von grenzüberschreitenden Gerichtsstandsvereinbarungen in der Brüssel Ia-VO eingeschränkt. Zentral sind insofern die Schutzgerichtsstände für Verbraucher in Art. 17 ff. Brüssel Ia-VO und Arbeitnehmer in Art. 20 ff. Brüssel Ia-VO. Diese Schutzgerichtsstände und damit verbunden eine Durchsetzung des materiell zwingenden Rechts finden in der Schiedsgerichtsbarkeit jedoch nach Art. 1 Abs. 2 d) Brüssel Ia-VO keine Anwendung. Eine Sicherung der zentralen materiell zwingenden Normen steht trotzdem auch in der Schiedsgerichtsbarkeit regelmäßig im Interesse des Gesetzgebers.

Zum anderen sind Fälle denkbar, in welchen die Verbindung von Schiedsvereinbarung und Rechtswahl Ausdruck der Fremdbestimmung einer Partei ist. Die Ursache für diese Fremdbestimmung resultiert zumeist aus einer Störung der vertraglichen Kräfteparität zwischen den Parteien. Es besteht ein Bedürfnis der unterlegenen Partei, sie vor der Umgehung des ihr günstigen Rechts zu schützen.

In beiden Fallkonstellationen erweist sich die Schiedsgerichtsbarkeit nicht mehr als die zu fördernde Alternative zur staatlichen Gerichtsbarkeit. Sie verwandelt sich vielmehr in ein unerwünschtes Missbrauchsinstrument. In diesen Konstellationen muss ein Ausgleich zwischen dem Interesse an einer effektiven Schiedsgerichtsbarkeit und den essentiellen Staatsinteressen sowie dem Schutz der schwächeren Partei geschaffen werden.

Als Instrumente für diesen Ausgleich erscheinen, v.a. im Rahmen eines internationalen Kontextes, die Anwendung von Eingriffsnormen und eine *ordre public*-Kontrolle besonders geeignet.

Trotzdem ist sowohl das Verhältnis dieser beiden Lösungsansätze zueinander als auch ihre Anwendung im Einzelfall komplex.

Der Rückgriff auf Eingriffsnormen eröffnet die zu analysierenden Frage, ob eine Anwendungspflicht von Eingriffsnormen aufseiten des Schiedsgerichts ggf. auch gegen den Willen der Parteien besteht und welche Eingriffsnormen von dieser Pflicht erfasst werden.[1] Obgleich diese Thematik bereits vor mehreren Jahrzehnten weltweit Eingang in die schiedsverfahrensrechtliche Diskussion gefunden hat, ist eine Einigung auf einen einheitlichen Lösungsansatz bisher ausgeblieben.[2]

Auch für die *ordre public*-Kontrolle von Schiedsvereinbarungen scheint ein gemeinsamer Standard über die Auslegungsweite und Definition des *ordre public*-Begriffs zunächst fraglich.[3] Die Unterteilung des *ordre public* reicht von einem wahren transnationalen über einen universellen, internationalen, regionalen bis hin zu einem nationalen *ordre public*-Begriff.[4] Die fehlende Zugänglichkeit des *ordre public* für eine Definition scheint sich bereits aus der Vielfalt dieses Begriffs zu ergeben. Der *ordre public*-Begriff ist abhängig von den Besonderheiten des zu lösenden Einzelfalles[5] sowie nationalen Eigenarten seines Ursprungslandes.[6] Darüber hinaus unterliegt er dem zeitlichen Wandel der

---

1 Vgl. insbesondere Kap. 4 und 7 A.

2 *Blessing*, Arb Int'l 1997, 23, 40 bezeichnet die Frage der Anwendungspflicht von Eingriffsnormen daher als „one of the most demanding, challenging and responsible tasks of today's arbitrator. Likewise, there is no definitive answer, no recipe for all seasons, no cook book for the solution that holds the key for all situations."

3 *Lew*, Applicable Law in International Commercial Arbitration, S. 532 spricht von folgender universeller Definition des *ordre public*-Begriffs: „(i)t is clear that public policy reflects the fundamental economic, legal, moral, political, religious and social standards of every state or extranational community. Naturally public policy differs according to the character and structure of the state or community to which it appertains, and covers those principles and standards which are so sacrosanct as to require their maintenance at all costs and without exception." Er gibt zugleich zu, dass diese Definition nicht vollständig universell sei, sondern von den jeweiligen nationalen Besonderheiten abhänge.

4 Siehe v.a. Kap. 3, 6 A II, B III und 7 B VIII.

5 *Wunderer*, Der deutsche „ordre public d'arbitrage international" und Methoden seiner Konkretisierung, S. 19.

6 „It varies from country to country and develops with time", vgl. *Jarvin*, in: Contemporary Problems in International Arbitration, S. 66.

jeweiligen Gesellschaftsanschauungen, welche die zu schützenden Staatsinteressen beeinflussen.[7] Dieser Wandel spiegelt sich in internationalen Entwicklungen, insbesondere in einer zunehmenden Erstreckung des Unionsrechts in verschiedenen Rechtsbereichen wider.

Eine einheitliche Definition hat sich daher bislang noch nicht herausgebildet.[8] *Burrough J.* beschrieb in seinem viel zitierten Urteil von 1824 den *ordre public* als „a very unruly horse, and once you get astride it you never know where it will carry you. It may lead you from sound law. It is never argued at all, but where other points fail."[9]

Trotz dieser fehlenden einheitlichen Definition musste der *ordre public*-Begriff handhabbar gemacht werden. Es haben sich verschiedene Konkretisierungsversuche herausgebildet, von denen in der vorliegenden Arbeit einige dargestellt werden.[10] Allerdings bleiben diese Konkretisierungen zumeist vage. Die vorliegende Untersuchung setzt sich zum Ziel, anknüpfend an diese Konkretisierungen einen Katalog von Kriterien zu entwickeln, welche im Rahmen der *ordre public*-Kontrolle für die Fälle der Umgehung materiell zwingenden Rechts durch den Abschluss von Schiedsvereinbarungen herangezogen werden können. Besonderes Augenmerk wird dabei auf die sensiblen Fälle eines ungleichen Kräfteverhältnisses zwischen den Parteien gelegt.

Zugleich ist zu beachten, dass der *ordre public*-Begriff im Rahmen dieser Kategorisierung nicht überdehnt werden darf. Mit einer weitreichenden Kontrolle sind umfangreiche staatsgerichtliche Interventionsmöglichkeiten verbunden. Aufgrund dessen wird eine weitreichende *ordre public*-Kontrolle heute überwiegend als ein Nachteil für die Attraktivität eines Schiedsortes empfunden.[11]

---

7 „The public policy is the policy of the day." Dies erfordert, dass der *ordre public*-Begriff grundsätzlich entwicklungsoffen gestaltet werden muss, vgl. *Harris/Planterose/Tecks*, Arbitration Act 1996, Section 81 Rn. 81C.

8 In diesem Sinne auch *Wunderer*, Der deutsche „ordre public d'arbitrage international" und Methoden seiner Konkretisierung, S. 18 ff.

9 Court of Common Pleas and Other Courts, Urteil v. 2.7.1824, *Richardson vs Melish* (1824) Bing. 228, 252.

10 Insoweit ausführlich: Kap. 3, 6 A II, B III.

11 Anders noch in den 1960er-Jahren, als eine uneingeschränkte Überprüfung von Schiedssprüchen durch die staatlichen Gerichte als dem Ansehen der deutschen Gerichtsbarkeit förderlich angesehen wurde, vgl. *Kornblum*, NJW 1969, 1793, 1797 („Wäre es aber nicht gerade im Gegenteil dem Ansehen der deutschen staatlichen Gerichte abträglich, wenn ihre Gerichte private Schiedssprüche anerkennen würden und zur Vollstreckung gelangen ließen, die objektiv (…) gegen wichtigste Gesetzesvorschriften verstießen.").

Darüber hinaus könnte sich eine Partei mit ihrer Hilfe einer unliebsamen Schiedsvereinbarung entledigen.[12] So scheint der *ordre public* ein „double-edged sword“ zu sein: „helpful as a tool, dangerous as a weapon. (…) It should operate only as a shield to the enforcement of foreign awards which bear unwanted solutions. However, it can also be a sword in the hands of those who want to limit the mobility or finality of international awards.“[13]

Ausgangspunkt der Beantwortung der aufgeworfenen Fragen ist die Handhabung des *ordre public* in der deutschen Rechtsprechung. Sie wird an vier Kategorien dargestellt, welche aufgrund ihrer teilweisen Wiederkehr in anderen Rechtsordnungen[14] eine geeignete Vergleichsbasis bilden. Namentlich werden das Warentermingeschäft als ein Fall des Verbraucherrechts,[15] der Handelsvertreterausgleich,[16] das Wettbewerbsrecht[17] und das AGB-Recht[18] einer näheren Betrachtung unterworfen. Im Rahmen dieser Darstellungen wird insbesondere auf die Vorgehensweise des EuGH im Umgang mit diesen Fallgruppen eingegangen. Um die bereits erwähnte Vergleichsbasis für die Entwicklung der Konkretisierungsmerkmale des *ordre public* zu schaffen, werden darüber hinaus vertieft das schweizerische[19] und das englische Schiedsverfahrensrecht[20] untersucht. Auf weitere Rechtsordnungen wird an vereinzelten Stellen ein rudimentärer Blick geworfen.

B. Gang der Darstellung

In den ersten beiden Kapiteln sollen die Grundbegriffe für die nachfolgende Untersuchung geklärt werden. So wird in Kapitel 1 zunächst das materiell zwingende Recht näher betrachtet. Kapitel 2 widmet sich in Teil A den Grundlagen

---

12 *Ason*, WuW 2014, 1057, 1064 in Bezug auf das Kartellrecht.

13 *Mistelis*, International Law Association – London Conference (2000) Committee on Inter-national Commercial Arbitration “Keeping the Unruly Horse in Control” or Public Policy as a Bar to Enforcement of (Foreign) Arbitral Awards, International Law FORUM du droit international Vol. 2 Issue 4 (2000), 248, ebenda.

14 Kap. 6 A IV, V, B V.

15 Kap. 5 A.

16 Kap. 5 B.

17 Kap. 5 C.

18 Kap. 5 D.

19 Kap. 6 A.

20 Kap. 6 B.

der Schiedsvereinbarung. Teil B stellt die verschiedenen Verfahrensabschnitte dar, in welchen eine staatsgerichtliche *ordre public*-Kontrolle möglich ist.

Diese soll in Kapitel 3 am Maßstab der deutschen Rechtsprechung vorgestellt werden. Hierbei wird auf die Historie des *ordre public*-Begriffs sowie seine Kategorisierungen eingegangen.

Kapitel 4 behandelt die Anwendungspflicht von Eingriffsnormen. Es werden verschiedene Methoden vorgestellt, mit welchen die anzuwendenden Eingriffsnormen ermittelt werden könnten.

In Kapitel 5 erfolgt die Untersuchung der bereits erwähnten Fallgruppen. Sie geht dabei erneut von der deutschen Rechtsprechung aus. Zudem werden, sofern vorhanden, die Entscheidungen des EuGH präsentiert.

Hierauf folgt der genannte Rechtsvergleich beginnend mit der Schweiz (Kap. 6 A). Er dient dazu, Differenzierungen zwischen der *ordre public*-Kontrolle in einem Mitgliedsstaat der EU und einem Nicht-Mitgliedsstaat ableiten zu können. So erscheint es möglich, unionsrechtliche Spezifika in Bezug auf die Lösung der vorliegenden Umgehungsfälle zu ermitteln. Um zu klären, ob die Kategorisierung des *ordre public*, wie sie in der deutschen Rechtsprechung vorgenommen wird, internationalen Standards entspricht, wird in Kap. 6 B ein Vergleich mit England vorgenommen. England dient als Beispiel für ein Land mit einer lang währenden Schiedsverfahrenskultur, welches, wie die Schweiz, als ein Zentrum für die Schiedsgerichtsbarkeit angesehen wird.

Nachdem mithilfe der dargestellten Fallgruppen und des Rechtsvergleichs eine hinreichende Basis geschaffen worden ist, wird in Kapitel 7 der Versuch einer Konkretisierung des *ordre public*-Begriffs unternommen. Bevor die einzelnen in Betracht zu ziehenden Merkmale auf ihre Tauglichkeit untersucht werden (Teil B), wird in Teil A die Frage nach den anzuwendenden Eingriffsnormen geklärt. Zuletzt ist ein Blick auf die Rechtsfolgen einer Umgehung materiell zwingenden Rechts durch den Abschluss von Schiedsvereinbarungen zu werfen (Teil C).

Abschließend werden die erzielten Ergebnisse bewertet und zusammengefasst sowie ein kurzer Ausblick auf die weitere Entwicklung des Schiedsverfahrensrechts in diesem Bereich eröffnet.

Kapitel 1: Materiell zwingendes Recht

Um die der vorliegenden Arbeit zugrunde liegenden Fälle der Umgehung materiell zwingenden Rechts einordnen zu können, ist entscheidend, welche Normen materiell zwingender Natur sind.

A. Entwicklung

Zwingendes Privatrecht (*ius cogens*) war bereits dem römischen Recht bekannt, obgleich es dort die Ausnahme darstellte. Eine privatrechtsautonome Gestaltung der Parteien wurde grundsätzlich respektiert und zur Geltung gebracht.[1] Der Vertragsinhalt wurde lediglich über bestimmte gesetzliche Verbote (*leges perfectae*) und die Sittenwidrigkeit (*contra bonos mores*) beschränkt. Die Kontrolldichte war vergleichsweise eingeschränkt. Insbesondere spielte der Aspekt des Sozialschutzes kaum eine Rolle.[2]

Dieser Ausnahmecharakter des zwingenden Rechts setzte sich im *ius commune* und in den neuzeitlichen Kodifikationen, bspw. dem Allgemeinen Preußischen Landrecht, überwiegend fort.[3] Eine besondere Stellung nahm demgegenüber das Gesetz betreffend die Abzahlungsgeschäfte vom 16.5.1894[4] ein. Dieses ordnete in den zentralen §§ 1 und 2 die Unabdingbarkeit dieser Vorschriften an.[5] Das

---

1 *Grigoleit*, Handwörterbuch des Europäischen Privatrechts, Band II, S. 1824 f. Einschränkungen der parteiautonomen Gestaltung fanden sich bspw. im Deliktsrecht, vgl. *Honsell*, Römisches Recht, § 4, S. 19 f. (der auf *Ulpian* D. 1, 1, 10 pr. - 1 verweist).

2 *Grigoleit*, Handwörterbuch des Europäischen Privatrechts, Band II, S. 1824 f.

3 *Grigoleit*, Handwörterbuch des Europäischen Privatrechts, Band II, S. 1824 f. Ein Beispiel für die eingeschränkte zwingende Wirkung findet sich im Ersten Theil, Zwanzigster Titel, Erster Abschnitt, § 271 des Allgemeinen Preußischen Landrechts von 1794 („Verpfändungen durch symbolische Uebergabe finden nur bey Sachen statt, wo entweder die Natur des Gegenstandes keine eigentliche körperliche Uebergabe zuläßt, oder wo die Gesetze die Parteyen ausdrücklich davon dispensiren.").

4 RGBl. 1894, Nr. 23, S. 450 ff.

5 § 1 des Gesetzes, betreffend die Abzahlungsgeschäfte lautet: „Hat bei dem Verkauf einer dem Käufer übergebenen beweglichen Sache, deren Kaufpreis in Theilzahlungen berichtigt werden soll, der Verkäufer sich das Recht vorbehalten, wegen Nichterfüllung der dem Käufer obliegenden Verpflichtungen von dem Vertrage zurückzutreten, so ist im Falle dieses Rücktritts jeder Theil verpflichtet, dem anderen Theil die empfangenen Leistungen zurückzugewähren. Eine entgegenstehende Vereinbarung ist nichtig. (...).". § 2 des Gesetzes, betreffend die Abzahlungsgeschäfte: „Der Käufer hat im Falle des

Gesetz betreffend die Abzahlungsgeschäfte diente der Eindämmung der damals mit Abzahlungsgeschäften verbundenen Missstände.[6] So sollte der zwingende Charakter des § 1 des Gesetzes, betreffend die Abzahlungsgeschäfte vorbeugen, dass unter dem „Deckmantel sog. Vertragsfreiheit die schlimmste Ausbeutung der wirtschaftlich schwachen Klassen gestattet" werde.[7]

Das BGB enthielt in seiner ursprünglichen Fassung nur vereinzelt zwingende Vorschriften,[8] in erster Linie im Familien- und Erbrecht[9] sowie den gesellschafts- und sachenrechtlichen Typenzwang.[10]

Ab dem 20. Jahrhundert wurde der Anwendungsbereich des zwingenden Rechts stetig ausgedehnt.[11] Die Ausdehnung ließ sich auf den Willen des Gesetzgebers zurückführen, schwächere Parteien durch besondere Vorschriften zu schützen und dadurch Ungleichgewichtslagen vorzubeugen,[12] wie dies z.B. bereits mit der zwingenden Natur des § 1 des Gesetzes betreffend die Abzahlungsgeschäfte erreicht werden sollte.

Eine Vielzahl von zwingenden Vorschriften findet sich im Miet- und Arbeitsrecht.[13] Diesen liegt der Gedanke des existentiellen Bedürfnisses nach Wohnraum und einem Arbeitsplatz sowie der Abhängigkeit von der stärkeren Partei des Vermieters und des Arbeitgebers zugrunde. Ein weiteres wichtiges Anwendungsfeld des zwingenden Rechts stellt das AGB-Recht dar.[14] Hier beruht die

---

Rücktritts dem Verkäufer für die in Folge des Vertrages gemachten Aufwendungen, sowie für solche Beschädigungen der Sache Ersatz zu leisten, welche durch ein Verschulden des Käufers oder durch einen sonstigen von ihm zu vertretenden Umstand verursacht sind. Für die Ueberlassung des Gebrauchs oder der Benutzung ist deren Werth zu vergüten, wobei auf die inzwischen eingetretene Werthminderung der Sache Rücksicht zu nehmen ist. Eine entgegenstehende Vereinbarung, insbesondere die vor Ausübung des Rücktrittsrechts erfolgte vertragsmäßige Festsetzung einer höheren Vergütung, ist nichtig (…)."

6 *Fuld*, Jahrbücher für Nationalökonomie und Statistik 3.F.8. 1894, 407, ebenda.

7 *Fuld*, Jahrbücher für Nationalökonomie und Statistik 3.F.8. 1894, 407, 408.

8 Zwingender Natur waren bspw. §§ 419, 476, 540, 637, 723, 749 und 1229 BGB Ursprungsfassung, RGBl. 1896, Nr. 21, S. 195 ff.

9 Z.B. § 2382 BGB Ursprungsfassung.

10 *Grigoleit*, Handwörterbuch des Europäischen Privatrechts, Band II, S. 1824 f.

11 Staudinger/*Honsell*, Einl. zum BGB Rn. 106; Basedow/Hopt, Handwörterbuch des Euro-päischen Privatrechts, Band II, S. 1825.

12 Staudinger/*Honsell*, Einl. zum BGB Rn. 113; *Wegen*, FS Prütting, S. 914; *Grigoleit*, Handwörterbuch des Europäischen Privatrechts, Band II, S. 1825 f.

13 Bspw. §§ 568, 613a BGB, vgl. Palandt/*Weidenkaff*, § 568 Rn. 3, § 613a Rn. 3 m.w.N.

14 Staudinger/*Honsell*, Einl. zum BGB Rn. 106; *Grigoleit*, Handwörterbuch des Europäischen Privatrechts, Band II, S. 1824 f.

Einführung des zwingenden Charakters auf dem Informations- und Kontrollvorsprung des Klauselverwenders. Wesenstypische Anwendungsfelder des zwingenden Rechts bilden zudem das Verbraucherschutzrecht (z.B. §§ 474 ff. BGB) und das Antidiskriminierungsrecht.

B. Materiell zwingende Normen

Die Begriffe dispositives Recht (*ius dispositivum*) und zwingendes Recht beschreiben das Verhältnis der Willensentscheidungen der Parteien zu den privatrechtlichen Regelungen.

Eine dispositive Regelung liegt vor, wenn die Parteien für ein Rechtsverhältnis eine Regelung treffen können, welche der Norm widerspricht.[15] Infolgedessen ist es unproblematisch, von dispositiven Normen durch die Wahl eines ausländischen Rechts abzuweichen.[16]

Materiell zwingende Normen sind hingegen alle der Parteidisposition entzogene Vorschriften, welche dem materiellen Recht zuzurechnen sind.[17] Dies hat zur Folge, dass es den Parteien im nationalen Kontext unmöglich ist, diese Normen vertraglich abzubedingen.[18] Ob eine Norm dem dispositiven oder zwingenden Recht zuzurechnen ist, hängt von ihrem Inhalt ab.

C. Sinn und Zweck

Sinn und Zweck der zwingenden Geltung ist es, das *Telos* der Norm auch gegen den Parteiwillen durchzusetzen.

Hinsichtlich der Zwecke, die zwingende Normen verfolgen sollen, ist eine Unterteilung in drei Kategorien möglich.[19]

So können die zwingenden Normen der Durchsetzung von überragenden Werten und Zwecken der Gesellschaft dienen. Dazu gehören die privatrechtlichen

---

15 Statt aller: *Radtke*, ZVglRWiss 84 (1985), 325, 327; Staudinger/*Magnus*, Art. 29 EGBGB Rn. 102; *Grigoleit*, Handwörterbuch des Europäischen Privatrechts, Band II, S. 1822.

16 *Neumayer*, FS Dölle, S. 192.

17 Staudinger/*Magnus*, Art. 29 EGBGB Rn. 102, Art. 34 EGBGB Rn. 49; *Grigoleit*, Handwörterbuch des Europäischen Privatrechts, Band II, S. 1822.

18 *von Hoffmann*, RabelsZ 38 (1974), 396, ebenda; *Prönbacher/Baur*, FS Schütze, S. 440. Vgl. auch die frühere Legaldefinition des Art. 27 Abs. 3 EGBGB a.F.: „so kann die Wahl eines Rechts eines anderen Staates (…) die Bestimmungen nicht berühren, von denen nach dem Recht jenes Staates durch Vertrag nicht abgewichen werden kann (zwingende Bestimmungen)."

19 *Grigoleit*, Handwörterbuch des Europäischen Privatrechts, Band II, S. 1823 f.

Verbote, welche sicherheitsrechtliche Ziele erfüllen sollen,[20] der Ausschluss der Disponibilität über bestimmte Persönlichkeitsaspekte und die zwingenden Normen des Erb- und Familienrechts sowie die Kartellverbote, welche einen funktionierenden Wettbewerb sicherstellen.[21]

Eine weitere Kategorie bildet der Verkehrsschutz. Die kollektive Willensentfaltung soll durch die Senkung der Transaktionskosten gewährleistet werden. Bestimmte Erwägungen der materiellen Gerechtigkeit im Einzelfall werden hingegen nicht sichergestellt. Diese Kategorie kennzeichnet, dass stets Dritte von der Disposition der Partei(en) betroffen sind. So unterfallen ihr bspw. das sachenrechtliche Formgebot und der Typenzwang des Gesellschaftsrechts.[22]

Immer bedeutender wird die dritte Kategorie derjenigen Normen, welche die schwächere Partei im Rahmen eines Austauschverhältnisses schützen. Diese Vorschriften verfolgen einen sozial schützenden Charakter. Ihnen liegt der Gedanke zu Grunde, dass die schwächere Partei gegenüber der Stärkeren ihr Recht nicht durchsetzen kann. Beispiele für solche Normen finden sich im sozialen Mietrecht, dem Arbeits- und Verbraucherschutzrecht.[23]

Die Anordnung des zwingenden Charakters einer Norm stellt einen Eingriff in die Privatautonomie dar und bedarf dementsprechend stets einer Legitimation. Diese ist abhängig von der Art des Zweckes, den die Norm verfolgen soll. So ist ein Eingriff zugunsten eines überindividuellen Zweckes durch dessen soziales Gewicht legitimiert. Die Legitimation verkehrsschützender Normen resultiert aus den jeweiligen Verkehrsinteressen, die ihre soziale und wirtschaftliche Schutzwürdigkeit plausibel machen. Die letzte Kategorie dient dem (individuellen) sozialen Schutz, Verteilungszwecken und der Herstellung von Vertragsparität.[24]

D. Differenzierung nach dem Geltungsbereich der zwingenden Norm

Innerhalb der zwingenden Vorschriften ist eine Differenzierung nach dem Geltungsbereich der jeweiligen Norm möglich.

---

20 Bspw. zur Begrenzung des Waffen- oder Drogenhandels.

21 *Grigoleit*, Handwörterbuch des Europäischen Privatrechts, Band II, S. 1823 f.

22 *Grigoleit*, Handwörterbuch des Europäischen Privatrechts, Band II, S. 1823 f.

23 *Grigoleit*, Handwörterbuch des Europäischen Privatrechts, Band II, S. 1823 f.

24 *Grigoleit*, Handwörterbuch des Europäischen Privatrechts, Band II, S. 1823 f.

I. National zwingendes Recht

Art. 3 Abs. 3 und Art. 9 Rom I-VO zeigen, dass eine Unterteilung in das national[25] und international[26] zwingende Recht vorgenommen werden kann.[27] So spricht Art. 3 Abs. 3 Rom I-VO von „Bestimmungen des Rechts dieses anderen Staates, von denen nicht durch Vereinbarung abgewichen werden kann". Die Parteien dürfen die national zwingenden Normen zwar nicht vertraglich abbedingen,[28] allerdings können sie die nationale Rechtsordnung abwählen und dadurch von den an sich anwendbaren zwingenden Normen des jeweiligen Erlassstaates abweichen. Die Abwählbarkeit im Wege der Rechtswahl ergibt sich aus dem Gedanken, dass alle Rechtsordnungen diesen Vorschriften zumindest vergleichbare Regelungen enthalten. Ferner dienen die national zwingenden Normen dem privaten Interessenausgleich. Daher kann ihre Anwendung von dem jeweiligen Wirkungsstatut abhängig gemacht werden.[29]

Zu den national zwingenden Vorschriften gehören v.a. „Zweckmäßigkeitsvorschriften" des Privatrechts, wie Form- und Verjährungsvorschriften sowie Generalklauseln (z.B. §§ 138, 242 BGB).[30]

II. Zwingendes Unionsrecht

Eine weitere Kategorie des materiell zwingenden Rechts könnte das (einfach[31]) zwingende Unionsrecht bilden.

Eine derartige Differenzierung basiert auf der Vorstellung, dass gewisse Normen für die fundamentalen Grundwerte der EU so grundlegend sind, dass sie

---

25 Synonym wird weitgehend der Begriff einfach zwingendes Recht verwendet.

26 Dazu sogleich unter III.

27 Vgl. auch Erwägungsgrund 37 Rom I-VO.

28 Staudinger/*Magnus*, Art. 3 Rom I-VO Rn. 144 m.w.N.

29 MünchKomm-BGB/*Martiny*, Art. 9 Rom I-VO Rn. 7; *Beulker*, Die Eingriffsnormenproblematik in internationalen Schiedsverfahren, S. 24.

30 *Beulker*, Die Eingriffsnormenproblematik in internationalen Schiedsverfahren, S. 24.

31 Sofern die zwingende unionsrechtliche Vorschrift die Anforderungen des Art. 9 Abs. 1 Rom I-VO erfüllt, handelt es sich um eine Eingriffsnorm. Die Unterteilung in das zwingende Unionsrecht erfasst daher das sog. einfach zwingende Unionsrecht, welches die Anforderungen des Art. 9 Abs. 1 Rom I-VO nicht erfüllt, vgl. hierzu Staudinger/*Magnus*, Art. 3 Rom I-VO Rn. 151.

als zwingend angesehen werden. Dies hat zur Folge, dass die aus einem der Mitgliedsstaaten der EU stammenden Parteien sie nicht abbedingen können.[32]

Die Kategorisierung in zwingendes Unionsrecht wird auch an Art. 3 Abs. 4 Rom I-VO ersichtlich. Dieser spricht von „Bestimmungen des Gemeinschaftsrechts (...) von denen nicht durch Vereinbarung abgewichen werden kann."

Zu dem zwingenden Unionsrecht gehören dementsprechend die zwingenden Vorschriften des Primärrechts,[33] Verordnungen, sofern sie zwingende Regelungen enthalten, und die richterrechtlichen Grundsätze, welcher der Parteidisposition entzogen sind. Ferner ergibt sich aus dem Wortlaut des Art. 3 Abs. 4 Rom I-VO („gegebenenfalls in der von dem Mitgliedsstaat des angerufenen Gerichts umgesetzten Form"), dass auch zwingende Richtlinienbestimmungen trotz des Erfordernisses einer nationalen Umsetzung zu dem zwingenden Unionsrecht gerechnet werden können.[34]

Zwingendes Unionsrecht findet sich unter anderem im Arbeitsrecht. So hat der EuGH Artikel 3 Abs. 1 der Richtlinie 77/187 über die Wahrung von Ansprüchen der Arbeitnehmer beim Übergang von Unternehmen, der den Arbeitnehmer schützen soll, als zwingend kategorisiert.[35]

Art. 3 Abs. 4 Rom I-VO begrenzt zudem in reinen EU-Binnensachverhalten die kollisionsrechtliche Wahl des Rechts eines EU-Drittstaates. Im Verhältnis zum EU-Recht entfaltet die Rechtswahl insoweit lediglich materiellrechtliche Wirkung.[36]

III. International zwingendes Recht

Bereits bei *v. Savigny* klang die Differenzierung in national und international zwingendes Recht[37] an. International zwingend waren für *v. Savigny* Normen,

---

32 *Bermann*, Arbitration International, Vol. 28 (2012), 397, 410; Staudinger/*Magnus*, Art. 3 Rom I-VO Rn. 149, 160 f. m.w.N.; *Mankowski*, IHR 2008, 133, 135; *Raeschke-Kessler/Berger*, Recht und Praxis des Schiedsverfahrens, Rn. 745.

33 Kritisch im Hinblick auf die Subsumtion der Normen des Primärrechts und der speziellen europäischen Kollisionsvorschriften aufgrund ihres Vorrangs nach Art. 23 Rom I-VO unter Art. 3 Abs. 4 Rom I-VO: MünchKomm-BGB/*Martiny*, Art. 3 Rom I-VO Rn. 98.

34 Staudinger/*Magnus*, Art. 3 Rom I-VO Rn. 160 f.

35 Statt aller: EuGH, Urteil v. 10.2.1988, C-324/86 – *Foreningen af Arbejdsledere i Danmark c.* [Rn. 15].

36 Staudinger/*Magnus*, Art. 3 Rom I-VO Rn. 149.

37 Synonym wird weitgehend der Begriff Eingriffsnormen verwendet, vgl. *Junker*, IPRax 2000, 65, 66; OGH, Beschluss v. 1.3.2017 – 5Ob72/16y, IPRax 2018, 532, 535 [IV 4.4

die auf sittlichen Gründen beruhen oder dem öffentlichen Wohl dienen, wie die von politischem, polizeilichem oder volkswirtschaftlichem Charakter („Gesetze von streng positiver, zwingender Natur, die eben wegen dieser Natur zu jener freien Behandlung, unabhängig von den Gränzen [sic]verschiedener Staaten, nicht geeignet sind“[38]). Die Existenz und Durchsetzung von Bestimmungen, die aufgrund ihres „öffentlich-rechtlichen“ Charakters als „zwingende (…) streng positive Gesetze“[39] anzusehen waren, fanden einige Jahrzehnte später auch Eingang in die Rechtsprechung.[40] Diesen Bestimmungen wurde sowohl eine das Auslandsrecht abzuwehrende als auch das inländische Recht durchzusetzende Funktion zugesprochen.[41] Diese „Doppelfunktion“ wurde im romanischen Rechtskreis im 19. Jahrhundert, insbesondere in der französischen und italienischen Doktrin, unter den Begriff des *ordre public* bzw. *ordine publico* zusammengefasst.[42] In den 1960er-Jahren wurde schließlich zunehmend in der deutschen Literatur zwischen einer positiven und negativen Dimension des *ordre public* differenziert.[43] Aus dieser positiven Funktion entwickelte sich schließlich die Terminologie der „Eingriffsnormen“.[44] Auch im romanischen Rechtskreis kam es im 20. Jahrhundert zu weiteren Systematisierungsversuchen. Von zentraler Bedeutung ist die von *Franceskakis* begründete Theorie über die *„lois d'application immédiate“*. Bei den *lois d'application immédiate* handele es sich nach *Franceskakis* um Normen des Forumrechts, welche auch bei einem Sachverhalt mit

Rn. 45]; *Mankowski*, ZEuP 2008, 845, 855 f. Ausführlich zur geschichtlichen Entwicklung von Eingriffsnormen: *Hemler*, Die Methodik der „Eingriffsnorm“ im modernen Kollisionsrecht, S. 7 ff. sowie in *Gebauer /Huber*, Politisches Kollisionsrecht, S. VII ff.

38 *v. Savigny*, System des heutigen Römischen Rechts, Bd. 8, § 349 S. 33.

39 OAG Darmstadt, Urteil v. 1.12.1865, Sf. 1865, Bd. 19, Nr. 108.

40 OAG Darmstadt, Urteil v. 1.12.1865, Sf. 1865, Bd. 19, Nr. 108; RG, Urt. v. 7.10.1884 – II 215/84, RGZ 12, 309, 311 f.

41 *Hemler*, Die Methodik der „Eingriffsnorm“ im modernen Kollisionsrecht, S. 11 m.w.N.

42 Siehe hierzu insbesondere *Mancini*, Della nazionalità come fondamento del dritto delle genti, S. 11; *Hemler*, Die Methodik der „Eingriffsnormen“ im modernen Kollisionsrecht, S. 11 ff. m.w.N. sowie Kap. 3 A I und V 3 a).

43 Statt aller: *Gamillscheg*, Internationales Arbeitsrecht, S. 63; *Neumayer*, FS Dölle, S. 190, *Niederer*, Einführung in die allgemeinen Lehren des Internationalen Privatrechts, S. 295 ff. Zu der positiven Funktion des *ordre public* ausführlich in Kap. 3 A V 3 a).

44 So bspw. bei *Zweigert*, FS Fünfzig Jahre Institut für Internationales Recht an der Universität Kiel, S. 128. Zur erstmaligen Verwendung des Begriffs „Eingriffsnorm“ ausführlich bei *Hemler*, Die Methodik der „Eingriffsnormen“ im modernen Kollisionsrecht, S. 24 Fn. 119.

internationalen Bezügen stets durchzusetzen seien.[45] Darüber hinaus sei von der Norm ausgehend danach zu fragen, auf welchen Lebenssachverhalt sie anzuwenden sei.[46] Die *lois d'application immédiate* zeichne sich dadurch aus, dass sie vor der Anwendung der Regelkollisionsvorschriften zur Anwendung komme.[47] Im Gegensatz hierzu sei der *ordre public* auf eine nachträglich-verdrängende Funktion beschränkt.[48] Diese von *Franceskakis* entwickelte Konkretisierung hat der EuGH in seiner *Arblade*-Entscheidung[49] übernommen.[50] Auf diesem Wege hat sie schließlich Eingang in Art. 9 Abs. 1 Rom I-VO gefunden.[51]

Nach Art. 9 Abs. 1 Rom I-VO sind Eingriffsnormen alle Vorschriften „deren Einhaltung von einem Staat als so entscheidend für die Wahrung seines öffentlichen Interesses, insbesondere seiner politischen, sozialen oder wirtschaftlichen Organisation, angesehen wird, dass sie ungeachtet des nach Maßgabe dieser Verordnung auf den Vertrag anzuwendenden Rechts auf alle Sachverhalte anzuwenden (sind), die in ihren Anwendungsbereich fallen."

Hinter Eingriffsnormen stehen spezifische staatliche Interessen. Diese Interessen übersteigen sogar einen Auslandsbezug und den generellen Respekt vor fremden Rechtsordnungen.[52] Eingriffsnormen setzen sich daher gegen die Wahl einer fremden Rechtsordnung durch. Sie gelten unabhängig vom Wirkungsstatut.[53]

Für die Qualifikation als Eingriffsnorm nach Art. 9 Rom I-VO ist die Unabdingbarkeit der Vorschrift nicht ausreichend. Vielmehr ist ein internationaler Anwendungswille erforderlich, welcher sich ausdrücklich aus der Norm ergeben kann oder sich im Wege der Auslegung ermitteln lassen muss. Entscheidend ist, dass der Zweck der jeweiligen Norm es gebietet, dass auch Verträge, bei denen eine Auslandsberührung vorliegt, gegen das Vertragsstatut erfasst werden.[54] Es

---

45 *Franceskakis*, La théorie du Renvoi et les conlits de systèmes en droit international privé, S. 12.

46 *Franceskakis*, Rev. crit. d.i.p. 1966, 1, 5.

47 *Franceskakis*, La théorie du Renvoi et les conlits de systèmes en droit international privé, S. 13 ff.

48 *Franceskakis*, Rev. crit. d.i.p. 1966, 1, 2 f.

49 EuGH, Urteil v. 23.11.1999, C-369/96 u. C-376/96 – *Arblade* [Rn. 30].

50 Statt aller: *Kindler*, FS von Hoffmann, S. 203 m.w.N.

51 *Kindler*, FS von Hoffmann, S. 203 m.w.N.

52 Staudinger/*Magnus*, Art. 9 Rom I-VO Rn. 55.

53 MünchKomm-BGB/*Martiny*, Art. 9 Rom I-VO Rn. 8.

54 MünchKomm-BGB/*Martiny*, Art. 9 Rom I-VO Rn. 9; Staudinger/*Magnus*, Art. 9 Rom I-VO Rn. 52.

obliegt dabei grundsätzlich dem Gesetzgeber des Erlassstaates, die internationale Anwendung einer Norm anzuordnen.[55]

Eingriffsnormen verfolgen, wie die Definition des Art. 9 Abs. 1 Rom I-VO zeigt, ein primäres öffentliches und damit, im Gegensatz zu national zwingenden Vorschriften, kein bloß individuelles Interesse.[56] Aus der nicht abschließenden Aufzählung des Art. 9 Abs. 1 Rom I-VO ergibt sich, dass es sich um gewichtige staatliche Interessen handeln muss, die insbesondere für das Allgemeinwohl bedeutsam sind.[57] Die Ziele der Eingriffsnormen stellen zuvörderst der Schutz bestimmter staatlicher Finanzinteressen, zentraler Allgemeinwohl- oder staatspolitischer Interessen sowie der freie Handel dar.[58] Für die Verfolgung eines öffentlichen Interesses könnten eine durch die Norm angeordnete Regulierung „durch Verbote bestimmter Schuldverhältnisse oder Genehmigungsvorbehalte für bestimmte Vertragstypen",[59] die Androhung einer Strafe oder die Anordnung eines öffentlich-rechtlichen Verfahrens als maßgebliche Kriterien herangezogen werden.[60]

E. Fazit

Materiell zwingend sind alle Normen des materiellen Rechts, welche der Disposition der Parteien entzogen sind.

Ihr Sinn und Zweck kann danach differenziert werden, ob sie der Durchsetzung zentraler Werte der Allgemeinheit, dem Verkehrsschutz oder dem (individuellen) Schutz einer schwächeren Partei im Vertragsgefüge dienen.

Das materiell zwingende Recht ist in drei verschiedene Kategorien zu unterteilen: Das national zwingende Recht, welches dem privaten Interessensausgleich dient, kann zwar nicht vertraglich abbedungen, von ihm kann aber grundsätzlich durch die Wahl einer fremden Rechtsordnung abgewichen werden. Das (einfach) zwingende Unionsrecht ist ebenfalls unabdingbar. Einer kollisionsrechtlichen Rechtswahl in reinen EU-Binnensachverhalten setzt Art. 3 Abs. 4 Rom I-VO Grenzen. Eingriffsnormen setzen sich darüber hinaus gegen

---

55 Reithmann/Martiny/*Freitag*, Rn. 5.18.

56 MünchKomm-BGB/*Martiny*, Art. 9 Rom I-VO Rn. 12 f.; Reithmann/Martiny/*Freitag*, Rn. 5.18; Staudinger/*Magnus*, Art. 9 Rom I-VO Rn. 54, 58 ff. m.w.N.; *Kegel/Schurig*, Inter-nationales Privatrecht, S. 152 f.

57 Staudinger/*Magnus*, Art. 9 Rom I-VO Rn. 61 m.w.N.

58 *Blessing*, Arb Int'l 1997, 23, 27 f.; MünchKomm-BGB/*Martiny*, Art. 9 Rom I-VO Rn. 11.

59 Vgl. BAG, Urteil v. 24.8.1989 – 2 AZR 3/89, BAGE 63, 17, 32.

60 Staudinger/*Magnus*, Art. 9 Rom I-VO Rn. 63.

die Wahl eines fremden Rechts durch. Entscheidend für das Vorliegen einer Eingriffsnorm ist nach Art. 9 Abs. 1 Rom I-VO der zwingende Charakter der Vorschrift, ein internationaler Geltungswille und die primäre Verfolgung eines öffentlichen Interesses.

Kapitel 2: Das Schiedsverfahren

Im folgenden Kapitel soll das Schiedsverfahren unter dem Aspekt des Abschlusses der Schiedsvereinbarung (A) und der Kontrollmöglichkeiten in Bezug auf die Schiedsvereinbarung und den Schiedsspruch (B) näher betrachtet werden.

A. Die Schiedsvereinbarung

Voraussetzung und Grundlage des Schiedsverfahrens bildet die Schiedsvereinbarung.[1]

I. Rechtsnatur

Für die Bestimmung der Rechtsnatur der Schiedsvereinbarung kommt im Wesentlichen eine Qualifikation als Prozessvertrag,[2] materiellrechtlicher Vertrag[3] oder materiellrechtlicher Vertrag über prozessrechtliche Beziehungen (sog. Doppelfunktionalität)[4] in Betracht.

Nach *Wagner* sei für die Einordnung der Rechtsnatur der Schiedsvereinbarung ausschlaggebend, ob die vertragliche Disposition, die in § 1029 Abs. 1 ZPO („Streitigkeit (…) der Entscheidung durch ein Schiedsgericht zu unterwerfen") enthalten sei, dem materiellen oder dem Prozessrecht zugerechnet werden müsse.[5] So würden die Schiedsrichter gem. § 1051 Abs. 1, 2 ZPO

---

1 MünchKomm-ZPO/*Münch*, § 1029 Rn. 4 („ohne Schiedsvereinbarung kein Schiedsverfahren!").

2 Zöller/*Geimer*, § 1029 Rn. 15; *Schwab/Walter*, Schiedsgerichtsbarkeit, Kap. 4 Rn. 16, Kap. 7 Rn. 37; *Wagner*, Prozeßverträge, S. 578 ff.; *Mayr*, Schiedsvereinbarung und Privatrecht, S. 189.

3 *Lorenz*, AcP 157 (1958, 1959), 265, 277 ff.

4 RG, Urteil v. 9.3.1943 – VII 262/33, RGZ 144, 96, 98 [I]; BGH, Urteil v. 30.1.1957 – V ZR 80/55, BGHZ 23, 198, 200; BGH, Urteil v. 28.11.1963 – VII ZR 112/62, BGHZ 40, 320, 322 [I 1]; BGH, Urteil v. 22.5.1967 – VII ZR 188/64, BGHZ 48, 35, 46 [II 2 d)]. Zum Teil hat der BGH die Schiedsvereinbarung ohne weitere Erläuterungen als „Unterfall eines Prozessvertrages" bezeichnet; vgl. statt aller: BGH, Urteil v. 3.12.1986 – IVb ZR 80/85, NJW 1987, 651, 652 [3 b)]; BGH, Urteil v. 6.4.2009 – II ZR 255/08, BGHZ 180, 221, 228 [A 3 b)]. Für eine Einordnung als materiell-rechtlicher Vertrag über prozessrechtliche Beziehungen ebenso *Habscheid*, KTS 1980, 285, 290; MünchKomm-ZPO/*Münch*, § 1029 Rn. 12 ff.; Musielak/Voit/*Voit*, § 1029 Rn. 3; *Schütze*, Schiedsgericht und Schiedsverfahren, § 5 Rn. 244.

5 *Wagner*, Prozeßverträge, S. 581.

grundsätzlich nach dem geltenden Recht entscheiden. Daher erkenne die ZPO nach § 1032 ZPO das Schiedsverfahren als Surrogat für ein staatliches Gerichtsverfahren an und stelle den Schiedsspruch gem. § 1055 ZPO einem für vorläufig vollstreckbaren Urteil gleich. Diesem billige es in den §§ 794 Abs. 1 Nr. 4 a), 1060 f. ZPO die Funktion eines Vollstreckungstitels zu. Dementsprechend sei der Gegenstand des Schiedsverfahrens dem Prozessrecht zuzurechnen, sodass es sich bei der Schiedsvereinbarung um einen Prozessvertrag handele.[6]

Einer Qualifikation als reiner Prozessvertrag wird jedoch entgegengehalten, dass bei Abschluss der Schiedsvereinbarungen die Willenserklärungen an die gegnerische Partei und nicht an ein Gericht abgegeben werden. Ferner soll, selbst bei einer Einordnung als Prozessvertrag, die Rechtsgeschäftslehre entsprechende Anwendung finden.[7] Eine Einordnung als materiellrechtlicher Vertrag über prozessrechtliche Beziehungen ermöglicht es hingegen, der Schiedsvereinbarung sowohl prozessuale (z.B. die Verfahrensgestaltung) als auch materielle (bspw. die Förderungspflicht der Parteien) Wirkungen zu entnehmen.[8] Eine Einordnung als materiellrechtlicher Vertrag erscheint jedoch letztlich nicht mit den prozessualen Wirkungen einer Schiedsvereinbarung betreffend der Zuständigkeit des Schiedsgerichtes zur Entscheidung der Streitigkeit vereinbar.[9]

Der vorliegenden Arbeit wird daher eine Qualifikation der Schiedsvereinbarung als materiell-rechtlicher Vertrag über prozessrechtliche Beziehungen zugrunde gelegt.

II. Abschluss einer Schiedsvereinbarung

Die Voraussetzungen in Bezug auf die Abschlusserklärungen richten sich nach dem jeweiligen nationalen Recht. Welches Recht für das Zustandekommen der Schiedsvereinbarungen gilt, bestimmt primär die Wahl des Rechts des Schiedsvereinbarungsstatutes. Haben die Parteien insoweit keine Rechtswahl vorgenommen, greift der Schiedsort als objektives Anknüpfungsmerkmal ein.[10] Hat

---

6 *Wagner*, Prozeßverträge, S. 582.

7 *Schütze*, Schiedsgericht und Schiedsverfahren, § 5 Rn. 244.

8 MünchKomm-ZPO/*Münch*, § 1029 Rn. 13 (der davon ausgeht, dass der Schwerpunkt auf den prozessualen Nebenwirkungen liege).

9 *Schütze*, Schiedsgericht und Schiedsverfahren, § 5 Rn. 244.

10 Siehe ausführlich hierzu unter 5. Zum Teil wird auf Art. 3 Rom I-VO abgestellt, vgl. *Schütze*, Schiedsgericht und Schiedsverfahren, § 5 Rn. 245. Da der Schiedsort nach Art. 3 Abs. 4 Rom I-VO ebenfalls die objektive Anknüpfung bestimmt, kommen beide Vorgehensweisen zur Anwendung derselben Rechtsordnung, vgl. MünchKomm-ZPO/*Münch*, § 1029 Rn. 37.

das Schiedsgericht seinen Sitz in Deutschland, sind demnach die §§ 145 ff. BGB auf die Abschlusserklärungen anzuwenden.[11]

1. *Essentialia negotii*

Die *essentialia negotii* der Schiedsvereinbarung ergeben sich aus Art. II Abs. 1 UNÜ bzw. § 1029 ZPO.

Nach Art. II Abs. 1 UNÜ ist eine Vereinbarung notwendig, „durch die sich die Parteien verpflichten, alle oder einzelne Streitigkeiten, die zwischen ihnen aus einem bestimmten Rechtsverhältnis, sei es vertraglicher oder nichtvertraglicher Art, bereits entstanden sind oder etwa künftig entstehen, einem schiedsrichterlichen Verfahren zu unterwerfen." Die Legaldefinition der Schiedsvereinbarung im deutschen Recht nach § 1029 Abs. 1 ZPO deckt sich mit den Anforderungen des Art. II Abs. 1 UNÜ. Somit gelten die folgenden *essentialia negotii* für nationale und ausländische Schiedsvereinbarungen.

Die Schiedsvereinbarung muss sich auf einzelne oder mehrere bestimmte Rechtsverhältnisse beziehen. Der Begriff des Rechtsverhältnisses wird weit verstanden. Er erfasst „jede konkrete, rechtliche Beziehung von Personen untereinander oder von Personen zu Sachen."[12] Die Schiedsvereinbarung kann über bereits entstandene oder zukünftige Rechtsverhältnisse geschlossen werden. Der zeitliche Faktor ist ein typischer Indikator für die Einordnung als Schiedsklausel oder Schiedsabrede. Die Schiedsklausel wird zumeist vor dem Entstehen der Streitigkeiten geschlossen und ist im Hauptvertrag enthalten. Beispiele für Schiedsklauseln finden sich in Verträgen über Unternehmenstransaktionen. Hingegen wird die Schiedsabrede i.d.R. erst nach dem Entstehen der Streitigkeit vereinbart und ist nicht in einen Hauptvertrag integriert.[13] Der Begriff der Schiedsvereinbarung in Art. II Abs. 1 UNÜ und § 1029 Abs. 1 ZPO erfasst sowohl die Schiedsklausel als auch die Schiedsabrede (vgl. Art. II Abs. 2 UNÜ und § 1029 Abs. 2 ZPO). Das Rechtsverhältnis (nicht jedoch die Streitigkeit selbst) muss in jedem Fall bereits bei Abschluss der Schiedsvereinbarung hinreichend bestimmt sein.[14] Dieses Kriterium ist erfüllt, wenn das Rechtsverhältnis bei Abschluss der Schiedsvereinbarung „auf eine individuelle oder individualisierbare Grundlage zurückgeführt

---

11 *Schütze*, Schiedsgericht und Schiedsverfahren, § 5 Rn. 245.

12 BGH, Urteil v. 15.10.1956 – III ZR 226/55, BGHZ 22, 43, 47 [3 a)]; RG, Urteil v. 27.2.1934 – II 276/33, RGZ 144, 54, 56 [I]; MünchKomm-ZPO/*Münch*, § 1029 Rn. 70.

13 *Blackaby/Partasides/Hunter/Redfern*, Redfern and Hunter on International Arbitration, Chap. 2 Rn. 2.02.

14 MünchKomm-ZPO/*Münch*, § 1029 Rn. 71.

werden"[15] kann. Es ist ausreichend, wenn das Rechtsverhältnis mit der Schiedsvereinbarung begründet wird.[16] Daher muss der Schiedsvereinbarung nicht notwendigerweise ein Vertragsverhältnis zugrunde liegen. Insoweit reicht eine Rahmenvereinbarung aus.[17] Nach Art. II Abs. 1 UNÜ ist somit auch eine Entscheidung über nichtvertragliche Ansprüche möglich.[18]

Weitergehend ist erforderlich, dass die Parteien die Entscheidung des Streits durch ein Schiedsgericht vereinbaren. Der Vereinbarung muss der Wille entnommen werden können, dass das Schiedsgericht final und (letzt-)verbindlich über die zu klärenden Fragen entscheiden soll.[19] Diese Bindungswirkung des Schiedsspruchs grenzt das Schiedsverfahren von anderen Formen des ADR ab.[20] Ein Ausschluss der staatlichen Gerichtsbarkeit ist nicht explizit erforderlich.[21] Vielmehr ergibt sich dieser reflexartig aus der Zuweisung der Entscheidungskompetenz an das Schiedsgericht.

2. *Zusätzlicher Inhalt einer Schiedsvereinbarung*

Während der zwingende Inhalt der Schiedsvereinbarung relativ knapp gehalten ist, haben die Parteien die Möglichkeit, umfassende zusätzliche Verfahrensvereinbarungen zu treffen. Im Umkehrschluss ist das Fehlen dieser Verfahrensvereinbarungen aufgrund ihres fakultativen Charakters für die Wirksamkeitsfrage der Schiedsvereinbarung unbeachtlich.

Zu den wichtigsten fakultativen Inhalten gehören die Festlegung der Verfahrenssprache, des Ortes des schiedsgerichtlichen Sitzes und des anzuwendenden

---

15 OLG Hamburg, Urteil v. 15.11.1995 – 5 U 169/95, RIW 1996, 510, 510 f. [2].

16 OLG Hamburg, Urteil v. 15.11.1995 – 5 U 169/95, RIW 1996, 510, 510 f. [2].

17 Reithmann/Martiny/*Hausmann*, Rn. 8.355.

18 *Blackaby/Partasides/Hunter/Redfern*, Redfern and Hunter on International Arbitration, Chap. 2 Rn. 2.25.

19 OLG Naumburg, Beschluss v. 24.2.2005 – 10 SchH 1/04; OLG Rostock, Urteil v. 18.9.2006 – 3 U 37/06 [II 1 Rn. 13]; MünchKomm-ZPO/*Münch*, § 1029 Rn. 93; *Lachmann*, Handbuch der Schiedsgerichtsbarkeit, Rn. 373; MünchKomm-ZPO/*Adolphsen*, Art. II UNÜ Rn. 7; *Born*, International Commercial Arbitration, Vol. I, § 2.02 S. 266 ff.

20 Zu der Abgrenzung des Schiedsverfahrens von den anderen Formen des ADR vgl. statt aller: MünchKomm-ZPO/*Münch*, Einleitung zu § 1025 Rn. 28 ff.; Torggler/Schäfer/Mohs/Wong/*Schäfer*, Kap. 1 Rn. 109 ff.; *Born*, International Commercial Arbitration, Vol. I, § 2.02 S. 280 ff.

21 OLG München, Beschluss v. 10.9.2013 – 34 SchH 10/13, SchiedsVZ 2013, 287, 289 f. [II 2 b) (2)]. Andere Ansicht wohl OLG Koblenz, Beschluss v. 17.6.1999 – 2 Sch 2/99, NJW-RR 2000, 1365, ebenda.

Rechts.[22] Weitere Vereinbarungen sind u.a. möglich über die Anzahl der Schiedsrichter, deren Bestellungsverfahren, Qualifikationen und Vergütung, Bestimmungen über den Verfahrensablauf (bspw. Beweiserhebungsregelungen), die Befugnis zur Entscheidung *ex aequo et bono*, Regelungen betreffend der Kostenentscheidung und des einstweiligen Rechtsschutzes.[23] Hinsichtlich der Verfahrensgestaltung können die Parteien diese Regelungen selbst treffen oder einem Dritten (i.d.R. einer Schiedsgerichtsinstitution) überlassen.[24]

3. *Beteiligte*

Als Beteiligte einer Schiedsvereinbarung kommen grundsätzlich alle natürlichen und juristischen Personen in Betracht.[25]

Damit die Schiedsvereinbarung Bindungswirkung entfalten kann, muss sie zwischen den Parteien zustande kommen. Als Parteien werden aufgrund des Identitätsgebotes die Vertragspartner und die Schiedsverfahrensgegner bezeichnet.

Inwieweit Dritte in die Schiedsvereinbarung und das Schiedsverfahren einbezogen werden können, ist umstritten, kann für die vorliegende Arbeit aber offenbleiben.[26]

4. *Form*

In Bezug auf die Form ist angesichts der teilweise unterschiedlichen Anforderungen eine Trennung in Schiedsvereinbarungen i.S.d. UNÜ und nationale Schiedsvereinbarungen notwendig.[27]

---

22 *Lachmann*, Handbuch der Schiedsgerichtsbarkeit, Rn. 392 ff.; Nacimiento/Kroll/Böckstiegel/*Trittmann/Hanefeld*, § 1029 Rn. 22.

23 MünchKomm-ZPO/*Münch*, § 1029 Rn. 103; Nacimiento/Kroll/Böckstiegel/*Trittmann/Hanefeld*, § 1029 Rn. 22.

24 MünchKomm-ZPO/*Münch*, § 1029 Rn. 104; Nacimiento/Kroll/Böckstiegel/*Trittmann/Hanefeld*, § 1029 Rn. 22.

25 *Blackaby/Partasides/Hunter/Redfern*, Redfern and Hunter on International Arbitration, Chap. 2 Rn. 2.31 ff.

26 Vgl. zur Problematik *Markfort*, Mehrparteien-Schiedsgerichtsbarkeit im deutschen und ausländischen Recht; *Blackaby/Partasides/Hunter/Redfern*, Redfern and Hunter on International Arbitration, Chap. 2 Rn. 2.42 ff.

27 Zum Verhältnis der Form der Schiedsvereinbarung und der Rechtswahl ausführlich in Kap. 7 B III 2.

a) Ausländische Schiedsvereinbarungen

Im Anwendungsbereich des UNÜ ist Art. II Abs. 2 UNÜ die maßgebliche Formvorschrift. Art. II Abs. 2 UNÜ verlangt den schriftlichen Abschluss der Schiedsvereinbarung. Mittels des Schriftlichkeitserfordernisses sollen mündliche und konkludente Schiedsvereinbarungen ausgeschlossen werden.[28] Erforderlich ist damit grundsätzlich, dass die Schiedsvereinbarung von beiden Parteien handschriftlich unterzeichnet wird.[29] Art. II Abs. 2 UNÜ führt für die Einhaltung des Formgebotes den unterzeichneten Vertrag und eine Schiedsvereinbarung, welche sich aus Briefen oder Telegrammen ergibt, auf. Die Bezugnahme auf die Kommunikationsmittel Brief und Telegramm ist allerdings nicht enumerativ. Vielmehr wird heute jede Form der Kommunikation, welche eine schriftliche Niederlegung des Textes enthält, erfasst. Einzig erforderlich ist der Austausch der Dokumente.[30]

Innerhalb des Anwendungsbereichs des UNÜ ist die Formvorschrift des Art. II Abs. 2 UNÜ abschließend, d.h. national strengere Formgebote finden keine Anwendung.[31] Dies soll auch für Schiedsklauseln gelten, welche in AGB enthalten sind.[32] Für eine Schiedsvereinbarung in AGB sei nach dem UNÜ jedenfalls erforderlich, dass auf die AGB Bezug genommen werde.[33] Es soll insoweit genügen, wenn die AGB dem Vertrag beigefügt seien,[34] bzw. den Parteien im Rahmen des Schriftwechsels zugingen und von diesen akzeptiert würden. Lägen die AGB nicht bei, sei nur ein Hinweis auf die AGB und nicht explizit auf die Schiedsklauseln notwendig, sofern für die Parteien eine zumutbare Möglichkeit

---

28 BayObLG, Beschluss v. 12.12.2002 – 4Z Sch 16/02, NJW-RR 2003, 719, ebenda [II 2 a)]; OLG Frankfurt, Beschluss v. 26.6.2006 – 26 Sch 28/05 [II Rn. 16] *Schwab/Walter*, Schiedsgerichtsbarkeit, Kap. 4 Rn. 8.

29 Reithmann/Martiny/*Hausmann*, Rn. 8.302; Kronke/Nacimiento/Otto/Port/*Schramm/Gei-singer/Pinsolle*, S. 80.

30 Reithmann/Martiny/*Hausmann*, Rn. 8.304; *Blackaby/Partasides/Hunter/Redfern*, Redfern and Hunter on International Arbitration, Chap. 2 Rn. 2.14 ff. m.w.N.

31 *Mallmann*, SchiedsVZ 2004, 152, 155; Kronke/Nacimiento/Otto/Port/*Schramm/Geisinger/Pinsolle*, S. 47.

32 Reithmann/Martiny/*Hausmann*, Rn. 8.292; MünchKomm-ZPO/*Adolphsen*, Art. II UNÜ Rn. 17. Ausführlich zur Schiedsvereinbarung und der Rechtswahl in AGB in Kap. 7 B III 2 b).

33 BayObLG, Beschluss v. 17.9.1998 – 4Z Sch 1/98, RIW 1998, 965, 966 [3 a)].

34 *Sieg*, RIW 1998, 102, 106; Reithmann/Martiny/*Hausmann*, Rn. 8.313.

der Kenntnisnahme bestehe. Hinsichtlich der Frage, wann diese Möglichkeit gegeben sei, fänden branchenspezifische Kenntnisse Berücksichtigung.[35]

Das UNÜ enthält keine Heilungsvorschrift für Formmängel. Es gilt aber auch in dessen Anwendungsbereich das Verbot widersprüchlichen Verhaltens.[36] So kann die Einlassung einer Partei auf das Schiedsverfahren einer späteren Berufung auf den Formmangel entgegenstehen.[37] Zudem ist nach dem Meistbegünstigungsprinzip des Art. VII Abs. 1 UNÜ eine Anwendung der weniger strengen nationalen Formvorschriften möglich.[38]

b) *Nationale Schiedsvereinbarungen*

Nach § 1031 ZPO gilt für nationale Schiedsvereinbarungen ebenfalls das Schriftformerfordernis.[39]

Der Begriff der Schiedsvereinbarung i.R.d. § 1031 ZPO könnte ferner die Vereinbarungen über das Verfahren erfassen. Eine entsprechende Erstreckung auf die Verfahrensvereinbarungen trage dem Formerfordernis hinreichend Rechnung, da die Parteien die Schiedsvereinbarung vor der Erwartung der Verfahrensvereinbarungen schlössen.[40] Allerdings bezieht sich der Wortlaut des § 1031 ZPO ausdrücklich nur auf die Schiedsvereinbarung. Aus der Legaldefinition des § 1029 Abs. 1 ZPO folgt, dass der Begriff der Schiedsvereinbarung die Einhaltung der *essentialia negotii* sicherstellen will und keine Notwendigkeit weiterer Verfahrensvereinbarungen erfordert. Dementsprechend ist eine Erstreckung auf die Verfahrensvereinbarungen grundsätzlich abzulehnen.[41]

Das Schriftformerfordernis kann auf vielfältige Weise erfüllt werden. Entscheidend ist, dass ein schriftlicher Nachweis über die Schiedsvereinbarung

---

35 Reithmann/Martiny/*Hausmann*, Rn. 8.316; MünchKomm-ZPO/*Adolphsen*, Art. II UNÜ Rn. 19.

36 BayObLG, Urteil v. 23.9.2004 – 4 Z Sch 05/04 [II 3 a)].

37 BayObLG, Beschluss v. 12.12.2002 – 4Z Sch 16/02, NJW-RR 2003, 719, 720 [II 2 e)]; OLG Frankfurt, Beschluss v. 26.6.2006 – 26 Sch 28/05 [II Rn. 21]; *Schwab/Walter*, Schiedsgerichtsbarkeit Kap. 4 Rn. 10; Reithmann/Martiny/*Hausmann*, Rn. 8.321.

38 Kronke/Nacimiento/Otto/Port/*Schramm/Geisinger/Pinsolle*, S. 86 f. Zum Verhältnis der Formgebote des Art. I Abs. 2 a) EuÜ und Art. II Abs. 2 UNÜ: MünchKomm-ZPO/*Adolphsen*, Art. II UNÜ Rn. 23.

39 *Lachmann*, Handbuch der Schiedsgerichtsbarkeit, Rn. 342.

40 *Lachmann*, Handbuch der Schiedsgerichtsbarkeit, Rn. 343.

41 Vgl. OLG Hamburg, Beschluss v. 29.1.2004 – 11 W 93/03, SchiedsVZ 2004, 266, 268 [II 1 b) bb) (1)]; MünchKomm-ZPO/*Münch*, § 1031 Rn. 14. Im Ergebnis ebenso: Zöller/*Geimer*, § 1031 Rn. 15. Zu möglichen Ausnahmen ausführlich in Kap. 7 B III 2.

vorliegt. Es bleibt den Parteien überlassen, welcher Kommunikationsmittel sie sich bedienen.[42] So ist nach dem Regelungsgehalt des § 1031 Abs. 2 ZPO sogar der Abschluss einer Schiedsvereinbarung im Wege eines kaufmännischen Bestätigungsschreibens formwirksam.[43]

Nach § 1031 Abs. 3 ZPO ist es zudem ausreichend, wenn auf ein Dokument, welches eine Schiedsvereinbarung enthält, durch einen schriftlichen Vertrag Bezug genommen wird. Durch diese Regelung sollten Schiedsvereinbarungen im Wege von AGB geschlossen werden können.[44] Ein spezieller Hinweis auf die Schiedsvereinbarung sei dementsprechend entbehrlich.[45]

Sofern ein Verbraucher[46] an einer Schiedsvereinbarung beteiligt ist, muss sie nach § 1031 Abs. 5 S. 1 ZPO in einer von den Parteien eigenhändig unterzeichneten Urkunde enthalten sein. Diese Urkunde darf keine anderen Vereinbarungen als Schieds(verfahrens-)vereinbarungen beinhalten. Eine Bezugnahme auf andere Vereinbarungen (namentlich für Schiedsklauseln im Hauptvertrag) ist nur im Wege notarieller Beurkundung (§ 1031 Abs. 5 S. 3 ZPO) möglich. § 1031 Abs. 5 ZPO setzt letztlich eine Schiedsabrede voraus, wodurch der Abschluss einer Schiedsklausel ausgeschlossen wird. Nur die Schiedsabrede könne eine ausreichende Kenntnisnahme gewährleisten und verhindern, dass Schiedsvereinbarungen dem Verbraucher „im Kleingedruckten" untergeschoben würden.[47]

---

42 BT-Drucks. 13/5274, S. 36; Zöller/*Geimer*, § 1031, Rn. 7; MünchKomm-ZPO/*Münch*, § 1031 Rn 30 f; Musielak/Voit/*Voit*, § 1031 Rn. 4.

43 Zöller/*Geimer*, § 1031 Rn. 8; MünchKomm-ZPO/*Münch*, § 1031 Rn. 35 f.; *Raeschke/Kessler/Berger*, Recht und Praxis des Schiedsverfahrens, Rn. 228, *Schwab/Walter*, Schiedsgerichtsbarkeit, Kap. 5 Rn. 8; Musielak/Voit/*Voit*, § 1031 Rn. 5; Thomas/Putzo/*Seiler*, § 1031 Rn. 5; *Lachmann*, Handbuch der Schiedsgerichtsbarkeit, Rn. 347.

44 Zöller/*Geimer*, § 1031 Rn. 9 f.; MünchKomm-ZPO/*Münch*, § 1031 Rn. 37; *Raeschke/Kessler/Berger*, Recht und Praxis des Schiedsverfahrens, Rn. 230 ff.; *Schwab/Walter*, Schiedsgerichtsbarkeit, Kap. 5 Rn. 9; Thomas/Putzo/*Seiler*, § 1031 Rn. 6/7; Musielak/Voit/*Voit*, § 1031 Rn. 6.

45 *Lachmann*, Handbuch der Schiedsgerichtsbarkeit, Rn. 348.

46 Zur Abgrenzung von Unternehmern und Verbrauchern wird im Anwendungsbereich des 10. Buches der ZPO überwiegend auf die §§ 13, 14 BGB abgestellt, vgl. statt aller: *Lachmann*, Handbuch der Schiedsgerichtsbarkeit, Rn. 327.

47 BGH, Beschluss v. 24.7.2014 – III ZB 83/13, BGHZ 202, 168, 179 f. [3 Rn. 19]; MünchKomm-ZPO/*Münch*, § 1031 Rn. 59.

5. *Das auf die Schiedsvereinbarung anzuwendende Recht*

Kollisionsrechtlich bildet die Schiedsvereinbarung „quasi eine Art Konglomerat“,[48] das die objektive und subjektive Schiedsfähigkeit, die einzuhaltende Form und das sog. Schiedsvereinbarungsstatut umfasst. Nach dem Schiedsvereinbarungsstatut werden das materielle Zustandekommen und die Wirksamkeit der Schiedsvereinbarung beurteilt.[49]

Maßgeblich ist unter der Geltung des UNÜ Art. V Abs. 1 a) Fall 2 UNÜ und für das deutsche Recht § 1059 Abs. 2 Nr. 1 a) ZPO.[50] Allerdings sind beide Regelungen ausweislich nur auf das staatliche Kontrollverfahren betreffend den Schiedsspruch anwendbar. In diesem Fall liegt eben bereits ein Schiedsspruch vor und das Schiedsverfahren ist abgeschlossen.[51] Ungeachtet dessen findet die Regelung auch auf die präventive Kontrolle des Schiedsgerichts[52] und jede weitere staatsgerichtliche Prüfungsstufe, in der es auf die Wirksamkeit der Schiedsvereinbarung ankommt (bspw. im Einredeverfahren oder im Falle der Feststellungsklage), Anwendung.[53] Dieser Erstreckung liegt der Gedanke der Ausstrahlungswirkung der staatlichen Kontrollverfahren betreffend den Schiedsspruch zugrunde. So soll bereits i.R.d. präventiven Kontrolle wirken, was im späteren Verfahrensverlauf zur Unwirksamkeit des Schiedsspruches führt.[54]

Sowohl nach Art. V Abs. 1 a) Fall 1 UNÜ als auch nach § 1059 Abs. 2 Nr. 1 a) ZPO ist primär die Rechtswahl der Parteien maßgeblich. Eine solche erfolgt in der Praxis selten,[55] zumal die Rechtswahl hinsichtlich des Hauptvertrages nicht ausreicht.[56]

48 MünchKomm-ZPO/*Münch*, § 1029 Rn. 27.

49 *Magnus*, IPRax 2016, 521, 530; MünchKomm-ZPO/*Münch*, § 1029 Rn. 39.

50 Kronke/Nacimiento/Otto/Port/*Schramm/Geisinger/Pinsolle*, S. 54 ff.; MünchKomm-ZPO/*Münch*, § 1029 Rn. 31. Art. V Abs. 1 a) Fall 2 UNÜ war Vorbild für § 1059 Abs. 2 Nr. 1 a) ZPO, sodass eine weitgehende Parallelität besteht, vgl. BT-Drucks. 13/5274, S. 43.

51 MünchKomm-ZPO/*Münch*, § 1029 Rn. 31 f.

52 BT-Drucks. 13/5274, S. 43.

53 Reithmann/Martiny/*Hausmann*, Rn. 8.251; *Elsing*, FS Graf von Westphalen, S. 114 ff.; *König*, SchiedsVZ 2012, 129, 132; MünchKomm-ZPO/*Münch*, § 1029 Rn. 32 f. Zu den Kontrollverfahren ausführlich in Kap. 2 B.

54 MünchKomm-ZPO/*Münch*, § 1029 Rn. 34.

55 MünchKomm-ZPO/*Münch*, § 1029 Rn. 35.

56 *Kronke*, RIW 1998, 257, 258; Zöller/*Geimer*, § 1029 Rn. 112; Reithmann/Martiny/*Hausmann*, Rn. 8.256; *Elsing*, FS Graf von Westphalen, S. 118 f.; *Schulz/Niedermaier*, SchiedsVZ 2009, 196, 198. Andere Ansicht zum alten Recht: OLG Hamburg, Beschluss v. 24.1.2003 – 11 Sch 06/01, SchiedsVZ 2003, 284, 287 [II 3 c) aa)]; OLG München, Urteil v. 7.4.1989 – 23 U 6310/88, RIW 1990, 585, 586. Nach der Ansicht von BGH,

Denn die Parteien verfolgen mit dem Hauptvertrag und der Schiedsvereinbarung unterschiedliche Ziele.[57] Zudem entspricht eine Trennung dieser beiden Rechtswahlen der *separability-Doktrin* und der damit verbundenen rechtlichen Unabhängigkeit von Hauptvertrag und Schiedsvereinbarung.[58]

Sofern keine Rechtswahl stattgefunden hat, ist hilfsweise als objektives Anknüpfungsmerkmal auf das Recht des jeweiligen Schiedsortes abzustellen.[59] In diesem Fall gehen das Schiedsvereinbarungs- und -verfahrensstatut konform. Infolgedessen ist ein Rückgriff auf Art. 3 ff. Rom I-VO entbehrlich, sodass insoweit nicht geklärt werden muss, ob diese trotz Art. 1 Abs. 2 e) Rom I-VO (analog) auf die Schiedsvereinbarung anwendbar sind.[60]

Sofern der Schiedsort noch nicht festgelegt wurde, ist auf den Rechtsgedanken des Art. 4 Abs. 4 Rom I-VO und damit die engste Verbindung der Schiedsvereinbarung abzustellen.[61] Insoweit ist das Statut des Hauptvertrages ausschlaggebend.[62]

6. *Bestimmung des in der Sache anzuwendenden Rechts*

Entscheidende Weichenstellung für die der Untersuchung zugrunde liegenden Konstellationen hat die Bestimmung des in der Sache anzuwendenden Rechts.

Urteil v. 8.5.2014 – III ZR 371/12, SchiedsVZ 2014, 151, 152 [I Rn. 11]; BGH, Urteil v. 28.11.1963 – VII ZR 112/62, BGHZ 40, 320, 323 [I 1]; OLG München, Beschluss v. 7.7.2014 – 34 SchH 18/13, SchiedsVZ 2014, 262, 264 [II 3 a) (1)]; *Graffi*, in: Ferrari/Kröll (Hrsg.), Conflicts of Laws in International Arbitration, S. 28 könne aus der Rechtswahl betreffend des Hauptvertrages gefolgert werden, dass die Parteien übereinstimmend für die Schiedsvereinbarung konkludent dasselbe Recht gewählt hätten. Dies gelte insbesondere, wenn die Schiedsvereinbarung einen Bestandteil des Hauptvertrags bilde, vgl. Reithmann/Martiny/*Hausmann*, Rn. 8.256.

57 Reithmann/Martiny/*Hausmann*, Rn. 8.256.

58 MünchKomm-ZPO/*Münch*, § 1029 Rn. 36. Ausführlich zur *separability-Doktrin*: *Born*, International Commercial Arbitration, Vol. I, § 3 S. 375 ff.

59 BGH, Urteil v. 7.6.2016 – KZR 6/15, NJW 2016, 2266, 2273 [B II 3 c) ee) (1) Rn. 68].

60 Zöller/*Geimer*, § 1029 Rn. 107; Reithmann/Martiny/*Hausmann*, Rn. 8.246 ff.; MünchKomm-ZPO/*Münch*, § 1029 Rn. 31. Zur Anwendung des Art. 3 Rom I-VO auf Schiedsverfahren: Kap. 4 A I.

61 *Schmidt-Ahrendts/Höttler*, SchiedsVZ 2011, 267, 274.

62 BGH, Urteil v. 8.6.2010 – XI ZR 349/08, SchiedsVZ 2011, 46, 49 [B III 2 c) bb) Rn. 32]; Musielak/Voit/*Voit*, § 1029 Rn. 28; Reithmann/Martiny/*Hausmann*, Rn. 8.261 f.

Das Schiedsgericht ist nicht zwingend an das an seinem Sitz geltende Kollisionsrecht gebunden. Somit muss zunächst das maßgebliche Kollisionsrecht bestimmt werden.[63]

a) *Die schiedsgerichtlichen Kollisionsnormen des UNÜ und des EuÜ*

Das UNÜ, welches auf die Anerkennung und Vollstreckung von Schiedssprüchen zugeschnitten ist, enthält keine spezielle Regelung für das in der Sache anzuwendende Recht. Folglich soll innerhalb der Grenzen des *ordre public* nach Art. V Abs. 2 b) UNÜ Freiheit hinsichtlich der Bestimmung des maßgeblichen Kollisionsrechts herrschen.[64]

Hingegen enthält das EuÜ mit Art. VII EuÜ eine Vorschrift betreffend des in der Sache anzuwendenden Rechts.[65] Maßgeblich ist das von den Parteien gewählte Recht. Sofern keine ausdrückliche Rechtswahl vorliegt, steht die Bestimmung des anwendbaren Rechts im pflichtgemäßen Ermessen der Schiedsrichter (Art. VII Abs. 1 S. 2 EuÜ). Diese müssen das anwendbare Kollisionsrecht ermitteln.[66] Dabei sind gem. Art. VII Abs. 1 S. 3 EuÜ die Vertragsbestimmungen und die Handelsbräuche zu beachten.

b) *Die Kollisionsnorm des § 1051 ZPO*

Das deutsche Recht enthält mit § 1051 ZPO eine ausdrückliche Kollisionsnorm für das in der Hauptsache anzuwendende Recht. § 1051 ZPO sieht eine Bindung an den Sitz des Schiedsgerichtes vor. Sofern ein Schiedsgericht seinen Sitz in Deutschland hat, muss es nach § 1025 Abs. 1 ZPO die Kollisionsregeln des § 1051 Abs. 1 und 2 ZPO anwenden.[67] Folglich hat der deutsche Gesetzgeber „mit § 1051 ZPO ein staatliches Sonderkollisionsrecht für internationale Schiedsverfahren geschaffen.“[68]

---

63 Reithmann/Martiny/*Hausmann*, Rn. 8.407.

64 Reithmann/Martiny/*Hausmann*, Rn. 8.408.

65 Art. VII EuÜ hat gem. Art. 25 Abs. 1 Rom I-VO Vorrang vor den Vorschriften der Rom I-VO.

66 *Hausmann*, FS von Hoffmann, S. 972; MünchKomm-ZPO/*Adolphsen*, Art. VII EuÜ Rn. 6.

67 MünchKomm-ZPO/*Münch*, § 1051 Rn. 1 f.; *Raeschke/Kessler/Berger*, Recht und Praxis des Schiedsverfahrens, Rn. 721.

68 MünchKomm-ZPO/*Münch*, § 1051 Rn. 1; Reithmann/Martiny/*Hausmann*, Rn. 8.416.

Das Schiedsgericht hat, sofern keine Beschränkungen durch die ausländische *lex fori* eingreifen, bzgl. der Festlegung der Anknüpfungskriterien Ermessensspielraum.[69] Es muss dabei jedoch die Parteiautonomie beachten.[70]

Damit ist auch i.R.d. § 1051 ZPO primär die Wahl der Parteien maßgeblich. Zwar scheinen die Kollisionsnormen des Art. VII EuÜ und § 1051 ZPO schrankenlos zu gelten, allerdings ist die Reichweite der Rechtswahlautonomie der Parteien teleologisch grundsätzlich auf internationale Schuldverträge und im Zweifel auf die mit dem streitgegenständlichen Schuldvertrag eng zusammenhängenden Delikts- oder Bereicherungsansprüche[71] zu begrenzen. Zugleich wird der sachliche Anwendungsbereich der Kollisionsnormen durch die objektive Schiedsfähigkeit beschränkt. Nach § 1030 Abs. 1 S. ZPO muss es sich daher um einen vermögensrechtlichen Anspruch handeln.

§ 1051 Abs. 1 S. 1 ZPO liegt der Grundsatz der Parteiautonomie zugrunde. So gilt gem. § 1051 Abs. 1 S. 2 ZPO die Bezeichnung eines Rechts oder einer Rechtsordnung im Zweifel als das anzuwendende Sachrecht. Ein *renvoi* ist insoweit ausgeschlossen.[72]

Eine Rechtswahl ist zudem stillschweigend möglich, wenn sich ein entsprechender Wille mit hinreichender Sicherheit aus dem Vertragsinhalt oder den Umständen ergibt. Sofern es sich um ein *Ad-hoc*-Schiedsgericht handelt, kann, wenn ein entsprechender Parteiwille eindeutig zu ermitteln ist, nach dem Grundsatz „*qui elegit arbitrum elegit ius*"[73] das Recht des Landes des schiedsgerichtlichen Sitzes herangezogen werden.[74]

Ferner ist eine Teilrechtswahl möglich. Denn die einschlägige Kollisionsnorm spricht insoweit von einer Wahl von „Rechtsvorschriften."[75] Zudem wird durch diesen Verweis auf „Rechtsvorschriften" deutlich, dass die Parteien mehrere Rechtsordnungen wählen[76] oder ihre Wahl auf die Vorschriften eines Staatsvertrages begrenzen können. Im Gegensatz zu staatlichen Gerichten und

---

69 *Sandrock*, RIW 1992, 785, 789 f.

70 Reithmann/Martiny/*Hausmann*, Rn. 8.417.

71 Stein/Jonas/*Schlosser*, § 1051 Rn. 11.

72 *Hausmann*, FS von Hoffmann, S. 979; MünchKomm-ZPO/*Münch*, § 1051 Rn. 23.

73 Zöller/*Geimer*, § 1051 Rn. 3; MünchKomm-ZPO/*Münch*, § 1051 Rn. 15; *Hausmann*, FS von Hoffmann, S. 980.

74 Zöller/*Geimer*, § 1051 Rn. 3; MünchKomm-ZPO/*Münch*, § 1051 Rn. 15; *Hausmann*, FS von Hoffmann, S. 980.

75 BT-Drucks. 13/5274, S. 52; MünchKomm-ZPO/*Münch*, § 1051 Rn. 14.

76 Zöller/*Geimer*, § 1051 Rn. 3; MünchKomm-ZPO/*Münch*, § 1051 Rn. 14.

der Rom I-VO können die Parteien des Weiteren nichtstaatliches Recht (sog. *lex mercatoria*) vereinbaren.[77]

Sofern keine Rechtswahl der Parteien vorliegt, muss das in der Sache anzuwendende Recht im Wege der objektiven Anknüpfung bestimmt werden. Gem. § 1051 Abs. 2 ZPO hat das Schiedsgericht das Recht des Staates anzuwenden, mit welchem der Streitgegenstand die engste Verbindung aufweist. Um die Kriterien zur Ermittlung der engsten Verbindung zu bestimmen, kann ein Schiedsgericht, selbst wenn keine zwingende Bindung besteht, Art. 4 Rom I-VO heranziehen.[78]

B. Staatsgerichtliche Kontrollmöglichkeiten

Eine Kontrolle durch die staatlichen Gerichte auf die Umgehung materiell zwingenden Rechts kommt in dem Einredeverfahren und der Feststellungsklage als präventive Kontrollmaßnahmen sowie dem Aufhebungs- und Vollstreckungsverfahren im Kontrollstadium betreffend den Schiedsspruch in Betracht.

I. Einredeverfahren

Das staatliche Gericht muss, sofern die Parteien eine Schiedsvereinbarung getroffen haben, die Einrede der Schiedsvereinbarung beachten.[79]

1. Einrede nach § 1032 ZPO

Nach deutschem Recht (§ 1032 ZPO) prüft das Gericht, sofern vor ihm die Einrede der Schiedsvereinbarung erhoben wird, deren Zustandekommen, Wirksamkeit und Durchführbarkeit. Die Einrede wird nicht dadurch ausgeschlossen, dass auf die Schiedsvereinbarung ausländisches Recht anzuwenden ist.[80]

Im Verfahren muss die Einrede der Schiedsvereinbarung vor Beginn der mündlichen Verhandlung, d.h. vor der Stellung der Anträge erhoben werden.[81]

77 Siehe zur Problematik der *lex mercatoria* statt aller: Reithmann/Martiny/*Hausmann*, Rn. 8.435 ff. m.w.N. Zu dem anwendbaren Recht im Rahmen von Vertragsverhältnissen internationaler Organisationen, insbesondere auch im Hinblick auf anationale Schiedsverfahren, vgl. *Pfeiffer*, Berichte der Deutschen Gesellschaft für Völkerrecht 2007, 93, 93 ff.

78 Zöller/*Geimer*, § 1051 Rn. 5; Wiezcorek/Schütze/*Schütze*, § 1051 Rn. 20; MünchKomm-ZPO/*Münch*, § 1051 Rn. 28; Reithmann/Martiny/*Hausmann*, Rn. 8.432.

79 MünchKomm-ZPO/*Adolphsen*, Art. II UNÜ Rn. 25.

80 *Schwab/Walter*, Schiedsgerichtsbarkeit, Kap. 7 Rn. 2; *Lachmann*, Handbuch der Schiedsgerichtsbarkeit, Rn. 635.

81 BGH, Urteil v. 10.5.2001 – III ZR 262/00, BB 2001, 1327, ebenda [II 1 a)].

Der Beklagte trägt insoweit die Darlegungs- und Beweislast für das Zustandekommen der Schiedsvereinbarung. Der Kläger muss dagegen die Nichtigkeit, Unwirksamkeit, Aufhebung bzw. Undurchführbarkeit darlegen und beweisen.[82]

Die Erhebung der Einrede steht einer Einleitung oder Fortführung des schiedsgerichtlichen Verfahrens nicht entgegen. Sofern die Einrede der Schiedsvereinbarung erfolgreich ist, muss das Gericht die Klage als unzulässig abweisen.[83]

2. *Einrede nach Art. II Abs. 3 UNÜ*

Sofern die Schiedsvereinbarung hingegen zu einem ausländischen Schiedsspruch nach Art. I UNÜ führen könnte, ist im Einredeverfahren Art. II Abs. 3 UNÜ anzuwenden.

Die Voraussetzungen für dessen Geltendmachung und der Zeitpunkt, in welchem die Einrede noch erhoben werden kann, richten sich nach dem Recht der *lex fori*.[84] Im Anwendungsbereich des EuÜ muss zugleich dessen spezielle Präklusionsvorschrift (Art. VI EuÜ) beachtet werden.

Hinsichtlich des Zustandekommens einer Schiedsvereinbarung nach Art. II UNÜ, besteht eine Prüfpflicht des staatlichen Gerichts von Amts wegen.[85] Über das reine Zustandekommen hinaus hat es die objektive Schiedsfähigkeit zu prüfen.[86]

Die Einrede hat keinen Erfolg, sofern die Schiedsvereinbarung hinfällig, unwirksam oder unerfüllbar ist. Über diese Wirksamkeitsvoraussetzungen entscheidet nicht das Recht der *lex fori*, sondern das gem. Art. V Abs. 1 a) UNÜ anwendbare Recht.[87] Ferner kann aufgrund von Art. V Abs. 1 a) UNÜ die

---

82 BGH, Urteil v. 25.1.2011 – XI ZR 350/08, SchiedsVZ 2011, 159 [II 1 bb) (2) Rn. 25]; BGH, Urteil v. 22.3.2011 – XI ZR 197/08, NJW-RR 2012, 49, 50 [II 1 b) bb) (2) (c) Rn. 25]; BGH, Urteil v. 12.4.2011 – XI ZR 341/08, NJW-RR 2011, 1287, 1288 [B II 2 b) aa) (3) Rn. 25]; BGH, Urteil v. 17.5.2011 – XI ZR 352/08, BeckRS 2011, 20371 [II 1 b) bb) Rn. 21]; BGH, Urteil v. 11.7.1985 – III ZR 33/84, NJW 1986, 2765, ebenda [II]; MünchKomm-ZPO/*Münch*, § 1032 Rn. 6; Musielak/Voit/*Voit*, § 1032 Rn. 3; *Huber*, SchiedsVZ 2003, 73, ebenda; *Lachmann*, Handbuch der Schiedsgerichtsbarkeit, Rn. 647.

83 *Lachmann*, Handbuch der Schiedsgerichtsbarkeit, Rn. 638.

84 Kronke/Nacimiento/Otto/Port/*Schramm/Geisinger/Pinsolle*, S. 102 f.; MünchKomm-ZPO/*Adolphsen*, Art. II UNÜ Rn. 27 m.w.N.

85 Kronke/Nacimiento/Otto/Port/*Schramm/Geisinger/Pinsolle*, S. 105; MünchKomm-ZPO/*Adolphsen*, Art. II UNÜ Rn. 28 m.w.N.

86 MünchKomm-ZPO/*Adolphsen*, Art. II UNÜ Rn. 28 m.w.N.

87 Reithmann/Martiny/*Hausmann*, Rn. 8.239; *Kröll*, IPRax 2016, 43, 46.

Schiedsvereinbarung unwirksam sein, wenn die subjektive Schiedsfähigkeit, welche sich nach dem Personalstatut richtet, fehlt.[88] Ob auch die *ordre public*-Kontrolle nach Art. V Abs. 2 b) UNÜ im Einredeverfahren anwendbar ist, soll an einer späteren Stelle untersucht werden.[89]

Erklärt das Gericht die Schiedsvereinbarung für wirksam, so muss es, sofern ein entsprechender Antrag gestellt wurde, die Parteien auf das Schiedsverfahren verweisen. Das Antragserfordernis ergibt sich aus dem Gedanken der Parteiautonomie. Auf diese Weise können die Parteien entscheiden, ob sie an der Schiedsvereinbarung festhalten wollen. Die Abweisung der Einrede richtet sich hingegen nach dem Recht der *lex fori*.[90]

II. Feststellungsklage auf Unwirksamkeit einer Schiedsvereinbarung

Eine weitere präventive Kontrollmöglichkeit ist die Klage auf Feststellung der Unwirksamkeit der Schiedsvereinbarung.

Bis zur Bildung des Schiedsgerichts kann gem. § 1032 Abs. 2 ZPO die Klage auf Feststellung der Unwirksamkeit der Schiedsvereinbarung und damit der Unzulässigkeit des schiedsgerichtlichen Verfahrens erhoben werden. Der Gegenstand der Klage bildet, da sie nur bis zur Bildung des Schiedsgerichtes möglich ist, das gesamte Schiedsverfahren und nicht einzelne Verfahrenshandlungen.[91]

Diese Kontrollmöglichkeit erfordert ein Feststellungsinteresse, das bereits vor Einleitung des Schiedsverfahrens bestehen kann.[92] Dagegen ist das Feststellungsinteresse zu verneinen, wenn der Antragsgegner sich schon vor dem staatlichen Gericht auf die Zuständigkeit des Schiedsgerichts berufen hat.[93] Sofern man annimmt, die Feststellungsklage sei subsidiär gegenüber dem Einredeverfahren,

88 MünchKomm-ZPO/*Adolphsen*, Art. II UNÜ Rn. 31.

89 Vgl. Kap. 3 A III.

90 Kronke/Nacimiento/Otto/Port/*Schramm/Geisinger/Pinsolle*, S. 110 ff.; MünchKomm-ZPO/*Adolphsen*, Art. II UNÜ Rn. 34 m.w.N.

91 Zöller/*Geimer*, § 1032, Rn. 23; MünchKomm-ZPO/*Münch*, § 1032 Rn. 23.

92 MünchKomm-ZPO/*Münch*, § 1032 Rn. 23.

93 BayObLG, Beschluss v. 7.10.2001 – 4 Z SchH 8/02, SchiedsVZ 2003, 187, 188 [II 3]; OLG Koblenz, Beschluss v. 4.6.1999 – 2 SchH 01/99; Musielak/Voit/*Voit*, § 1032 Rn. 12. Für ein durchgängiges Feststellungsinteresse: MünchKomm-ZPO/*Münch*, § 1032 Rn. 23.

erledigt sich die Feststellungsklage, wenn nach ihrer Anhängigkeit die Schiedseinrede in einem anderen Verfahren erhoben wird.[94]

In zeitlicher Hinsicht ist die Feststellungsklage bis zur Bildung des Schiedsgerichtes, d.h. bis zur Annahme des Schiedsrichteramtes, zulässig.[95] Das Oberlandesgericht hat jedoch über die rechtzeitig eingereichte Klage auch dann zu entscheiden, wenn das Schiedsgericht inzwischen gebildet wurde.[96]

Das Schiedsgericht ist an die Entscheidung des Oberlandesgerichts über die Unzulässigkeit des Schiedsverfahrens gebunden. Aus dem Vorrang der Entscheidung des staatlichen Gerichtes folgt zudem die Unwirksamkeit eines bereits ergangenen Schiedsspruches.[97] Eine solche Behandlung entspricht dem Interesse der Parteien, nicht zusätzlich ein zeit- und kostenintensives Aufhebungsverfahren durchführen zu müssen.[98]

III. Aufhebungsverfahren, § 1059 ZPO

Eine Möglichkeit der staatlichen Kontrolle betreffend den Schiedsspruch stellt das Aufhebungsverfahren dar.

Das UNÜ regelt ausschließlich die Vollstreckung eines Schiedsspruches und enthält daher keine Möglichkeit, ein Aufhebungsverfahren einzuleiten. Damit beurteilt sich die Möglichkeit der Aufhebung stets nach nationalem Recht.

In Deutschland ist die Aufhebung eines inländischen Schiedsspruches[99] unter den Voraussetzungen des § 1059 ZPO möglich.

Das Aufhebungsverfahren findet nur auf Antrag einer Partei statt (§ 1059 Abs. 1 ZPO). Antragsberechtigt sind alle Personen, die durch den

---

94 Musielak/Voit/*Voit*, § 1032 Rn. 12; *Lachmann*, Handbuch der Schiedsgerichtsbarkeit, Rn. 674.

95 Zöller/*Geimer*, § 1032 Rn. 25; Thomas/Putzo/*Seiler*, § 1032 Rn. 5; *Huber*, SchiedsVZ 2003, 73, 74. Nach Musielak/Voit/*Voit*, § 1032 Rn. 11 sei ein Antrag bis zur Erklärung des Schiedsgerichtes über seine Zuständigkeit nach § 1040 Abs. 3 ZPO zulässig.

96 *Lachmann*, Handbuch der Schiedsgerichtsbarkeit, Rn. 679.

97 Musielak/Voit/*Voit*, § 1032 Rn. 14; *Huber*, SchiedsVZ 2003, 73, 74. Andere Ansicht: *Lachmann*, Handbuch der Schiedsgerichtsbarkeit, Rn. 686.

98 Musielak/Voit/*Voit*, § 1032 Rn. 14.

99 OLG Düsseldorf, Beschluss vom 23.3.2000 – 6 Sch 02/99; BayObLG, Beschluss v. 15.12.1999 – 4 Z Sch 23/99, BeckRS 2000, 860 [II A 1 b) Rn. 18]; BGH, Beschluss v. 3.3.2016 –I ZB 2/15 [B II 1 a) Rn. 15]; Zöller/*Geimer*, § 1059 Rn. 1 b), 14; *Lörcher/Lörcher*, Das Schiedsverfahren – national/international – nach deutschem Recht, Rn. 342; Thomas/Putzo/*Seiler*, § 1059 Rn. 5; *Lachmann*, Handbuch der Schiedsgerichtsbarkeit, Rn. 2044 f.; Musielak/Voit/*Voit*, § 1059 Rn. 3; *Borges*, ZZP 111 (1998), 487, 498.

Schiedsspruch beschwert sind.[100] Eine Beschwer könnte fehlen, wenn eine Partei im Schiedsverfahren vollständig obsiegte.[101] Jedoch sollen aufhebbare Schiedssprüche keine „zuverlässigen" Vollstreckungstitel darstellen. Nach dem Schiedsverfahrensneuregelungsgesetz gelten allerdings auch „fehlerhafte" Titel als „zuverlässig",[102] sofern sie nicht innerhalb der Frist des Aufhebungsverfahrens angegriffen werden. Schließlich besteht für die obsiegende Partei keine Verpflichtung, den Schiedsspruch zu vollstrecken. Sie kann auf ein Anerkennungs- und Vollstreckungsverfahren verzichten.[103] Somit ist eine vollständig obsiegende Partei nicht beschwert.

Der Aufhebungsgegenstand muss ein endgültiger Schiedsspruch eines echten Schiedsgerichtes[104] sein.[105] Die Antragsfrist beträgt nach § 1059 Abs. 3 S. 1 ZPO drei Monate,[106] es sei denn, die Parteien haben etwas anderes vereinbart. Die Befristung dient dazu, Klarheit über den Bestand des Schiedsspruches zu schaffen.[107] Der Aufhebungsantrag wird jedenfalls mit der Vollstreckbarerklärung unstatthaft.[108]

Der Katalog der Aufhebungsgründe des § 1059 Abs. 2 ZPO ist enumerativ[109] und auf schwerwiegende Mängel begrenzt. Diese Begrenzung resultiert aus dem Gedanken der Gleichwertigkeit der staatlichen und der Schiedsgerichtsbarkeit sowie deren Selbstständigkeit. Es sollte im Aufhebungsverfahren lediglich ein „Missbrauch der der privaten Schiedsgerichtsbarkeit zugestandenen

---

100 Zöller/*Geimer*, § 1059 Rn. 3; MünchKomm-ZPO/*Münch*, § 1059 Rn. 55; *Lachmann*, Handbuch der Schiedsgerichtsbarkeit, Rn. 2367. Andere Ansicht: Musielak/Voit/*Voit*, § 1059 Rn. 32.

101 Nach anderer Ansicht fehlt ihr i.d.R. das Rechtsschutzbedürfnis: Thomas/Putzo/*Seiler*, § 1059 Rn. 4.

102 *Lachmann*, Handbuch der Schiedsgerichtsbarkeit, Rn. 2368.

103 *Lachmann*, Handbuch der Schiedsgerichtsbarkeit, Rn. 2368.

104 Keine echten Schiedsgerichte sind bspw. Vereins- oder Verbandsorgane. Zur Abgrenzung echte und unechte Schiedsgerichte, vgl. KG Berlin, Beschluss v. 28.3.2013 – 20 SchH 10/12, BeckRS 2013, 9298.

105 *Lachmann*, Handbuch der Schiedsgerichtsbarkeit, Rn. 2047 f.

106 Es besteht gem. § 1059 Abs. 3 S. 3 ZPO eine Verlängerungsmöglichkeit um einen Monat.

107 BT-Drucks. 13/5274, S. 60.

108 § 1059 Abs. 3 S. 4 ZPO.

109 OLG Stuttgart, Beschluss v. 30.7.2010 – 1 Sch 3/10, SchiedsVZ 2011, 49, 52 [B I a)]; OLG München, Beschluss v. 7.5.2008 – 34 Sch 008/07, GesR 2008, 364, 366 f. [II 3]; OLG München, Beschluss v. 14.12.2009 – 34 Sch 2/09; OLG Oldenburg, Beschluss v. 15.11.2002 – 9 SchH 9/02, OLGR 2003, 340, ebenda [2]; BT-Drucks. 13/5274, S. 58.

Rechtsprechungsbefugnis“ verhindert werden.[110] Eine Aufhebung des Schiedsspruches ist nach § 1059 Abs. 2 Nr. 2 b) ZPO möglich, wenn ein Verstoß gegen den *ordre public* gegeben ist. Insoweit besteht eine Prüfpflicht von Amts wegen.[111] Die Parteien können auf die Geltendmachung der Aufhebungsgründe nicht im Voraus verzichten.[112] Die Darlegungs- und Beweislast hinsichtlich des Bestehens eines Aufhebungsgrundes trägt derjenige, welcher aus diesem einen Anspruch oder Einwand herleiten kann.[113]

Sofern der Schiedsspruch aufgehoben wird, ist er rückwirkend vernichtet.[114] Nach § 1059 Abs. 5 ZPO lebt zudem im Zweifel die Schiedsvereinbarung wieder auf. Dadurch soll es den Parteien erspart werden, erneut eine Schiedsvereinbarung schließen zu müssen.[115] Eine Ausnahme soll nur möglich sein, sofern unbehebbare Mängel, wie die fehlende Schiedsfähigkeit oder die Schiedsbindung, vorlägen.[116]

IV. Anerkennungs- und Vollstreckungsverfahren

Im Rahmen des Anerkennungs- und Vollstreckungsverfahrens muss zwischen inländischen und ausländischen Schiedssprüchen differenziert werden. Im Gegensatz zu der früher vertretenen Verfahrenstheorie ist für die Abgrenzung nicht mehr die Nationalität des anwendbaren Verfahrensrechts, sondern der Ort, an dem der Schiedsspruch ergangen ist (Territorialitätsprinzip), maßgeblich.[117] Sofern der Schiedsspruch in der Bundesrepublik Deutschland ergangen ist, liegt ein inländischer Schiedsspruch vor. Alle anderen Schiedssprüche sind ausländische.

---

110 OLG München, Beschluss v. 14.12.2009 – 34 Sch 2/09.

111 *Lachmann*, Handbuch der Schiedsgerichtsbarkeit, Rn. 2365.

112 BT-Drucks, 13/5274, S. 59; Musielak/Voit/*Voit*, § 1059 Rn. 39; *Lachmann*, Handbuch der Schiedsgerichtsbarkeit, Rn. 2365.

113 Thomas/Putzo/*Seiler*, § 1059 Rn. 6; *Lachmann*, Handbuch der Schiedsgerichtsbarkeit, Rn. 2381.

114 Thomas/Putzo/*Seiler*, § 1059 Rn. 1; Zöller/*Geimer*, § 1059 Rn. 7; MünchKomm-ZPO/*Münch*, § 1059 Rn. 72.

115 BT-Drucks. 13/5274, S. 60; *Lörcher/Lörcher*, Das Schiedsverfahren – national/international – nach deutschem Recht, Rn. 356. *Lachmann*, Handbuch der Schiedsgerichtsbarkeit, Rn. 2390.

116 MünchKomm-ZPO/*Münch*, § 1059 Rn. 77.

117 BT-Drucks. 13/5274, S. 62; *Borges*, ZZP 111 (1998), 487, 502. Dem UNÜ liegt ebenfalls das Territorialitätsprinzip zugrunde, vgl. *Schwab/Walter*, Schiedsgerichtsbarkeit, Kap. 4 Rn. 2.

1. Vollstreckbarerklärung inländischer Schiedssprüche

Die Vollstreckbarerklärung eines inländischen Schiedsspruches richtet sich nach §§ 1060, 1059 ZPO.

Voraussetzung ist ein wirksamer Schiedsspruch nach § 1054 ZPO, welcher eine endgültige Entscheidung enthalten muss.[118] Zudem setzt das Verfahren nach §§ 1060, 1059 ZPO einen Antrag auf Vollstreckbarerklärung voraus. Diesem muss der Schiedsspruch (oder eine beglaubigte Abschrift) beigefügt werden, § 1064 Abs. 1 S. 1 ZPO.

Die Vollstreckbarerklärung ist gem. § 1060 Abs. 2 S. 1 ZPO zu versagen, sofern einer der Aufhebungsgründe des § 1059 Abs. 2 ZPO vorliegt. Problematisch ist, ob eine Präklusion der Vollstreckungsversagungsgründe möglich ist. Eine Präklusion soll in Bezug auf die von Amts wegen zu prüfenden Aufhebungsgründe nur vorliegen, sofern sie Gegenstand eines Aufhebungsverfahrens gewesen seien.[119] Zwar ergibt sich aus dem Wortlaut des § 1059 Abs. 2 ZPO i.V.m. § 1060 ZPO, dass die von Amts wegen zu prüfenden Aufhebungsgründe auch im Vollstreckbarerklärungsverfahren stets geprüft werden müssen, jedoch war die Beschleunigung des Verfahrens eines der Ziele des Schiedsverfahrensneuregelungsgesetzes. Daher darf ein unzureichender Parteiantrag im Aufhebungsverfahren nicht im Vollstreckbarerklärungsverfahren nachgebessert werden. Eine Ausnahme kann nur angenommen werden, sofern die von Amts wegen zu berücksichtigenden Aufhebungsgründe erst nach dem Aufhebungsverfahren bekannt werden.[120]

Sofern ein Versagungsgrund eingreift, muss das Oberlandesgericht den Antrag abweisen und den Schiedsspruch aufheben. In diesem Falle lebt die Schiedsvereinbarung wieder auf.[121]

2. Vollstreckbarerklärung ausländischer Schiedssprüche

Für ausländische Schiedssprüche gilt § 1061 ZPO. Nach § 1061 Abs. 1 S. 1 ZPO richtet sich die Anerkennung und Vollstreckbarerklärung grundsätzlich nach dem UNÜ.

Voraussetzung für die Vollstreckbarerklärung ist zunächst, dass ein Schiedsspruch vorliegt. Dies bestimmt sich nach einer „Doppelqualifikation".[122] Es muss

---

118 RG, Urteil v. 25.10.1910 – VII 609/09, RGZ 74, 307, ebenda.

119 Musielak/Voit/*Voit*, § 1060 Rn. 10.

120 *Lachmann*, Handbuch der Schiedsgerichtsbarkeit, Rn. 2429.

121 Musielak/Voit/*Voit*, § 1060 Rn. 15.

122 Zöller/*Geimer*, § 1061 Rn. 5.

sich bei dem Schiedsspruch nach dem Heimatrecht[123] um eine verbindliche Entscheidung handeln (Art. V Abs. 1 e) UNÜ). Unschädlich ist die potentielle Aufhebbarkeit des Schiedsspruches im Ausland.[124] Ein Schiedsspruch i.S.d. UNÜ stellt eine Entscheidung dar, welche „auf der Grundlage einer Vereinbarung der Parteien einen Rechtsstreit durch einen unabhängigen Dritten mit urteilsgleicher bindender Wirkung entscheidet."[125] Hinsichtlich der formalen Anforderungen an den Schiedsspruch sind die rechtlichen Voraussetzungen des Ursprungslandes maßgeblich.[126]

Der Schiedsspruch wird anerkannt und für vollstreckbar erklärt, sofern keine Versagungsgründe i.S.d. Art. V UNÜ vorliegen. Die Versagungsgründe des Art. V UNÜ entsprechen denen des § 1059 Abs. 2 ZPO. Allerdings normiert das UNÜ in Art. V Abs. 1 e) UNÜ einen zusätzlichen Versagungsgrund, wenn der Schiedsspruch noch unverbindlich ist, aufgehoben oder dessen Wirkung einstweilen gehemmt wurde.[127] Der Antragsteller trägt die Darlegungs- und Beweislast für das Vorliegen eines wirksamen Schiedsspruchs. Dagegen muss der Antragsgegner nachweisen, dass ein Versagungsgrund eingreift.[128]

Auch i.R.d. UNÜ ist die Präklusionsmöglichkeit des Versagungsgrundes der *ordre public*-Widrigkeit nach Art. V Abs. 2 b) UNÜ problembehaftet, da

---

123 BGH, Urteil v. 26.6.1969 – VII ZR 32/67, BGHZ 52, 184, 188 [II 2 a)]; Zöller/*Geimer*, § 1061 Rn. 24; *Lörcher/Lörcher*, Das Schiedsverfahren – national/international – nach deutschem Recht, Rn. 397; *Lachmann*, Handbuch der Schiedsgerichtsbarkeit, Rn. 2528.

124 BGH, Urteil v. 26.6.1969 – VII ZR 32/67, BGHZ 52, 184, 188 [II 2 a)]; BGH, Urteil v. 14.4.1988 – III ZR 12/87, BGHZ 104, 178, 180 [3 a)]; OLG Hamm, Beschluss v. 28.11.2008 – 25 Sch 8/08, IHR 2010, 84, 85 [II 3.1]; OLG München, Beschluss v. 23.7.2007 – 34 Sch 031/06, OLGR 2007, 684, ebenda [II 3 b)]; Musielak/Voit/*Voit*, § 1061 Rn. 5; Zöller/*Geimer*, § 1061 Rn. 24. Ebenso OGH, Beschluss v. 24.8.2011 – 3Ob65/11x [I 3.3].

125 MünchKomm-ZPO/*Münch*, § 1061 Rn. 10 f.

126 OLG Celle, Beschluss v. 8.8.2002 – 8 Sch 6/05, DIS Datenbank [II 2].

127 Zur Frage, ob die Vollstreckung eines Schiedsspruches auf Grundlage des UNÜ nach erfolgreichem Aufhebungsverfahren im Staat des Schiedsortes in anderen Staaten möglich ist, vgl. *Kaissis*, FS Prütting, S. 843 ff.

128 OLG Hamm, Beschluss v. 26.8.2003 – 29 Sch 01/03; BGH, Urteil v. 14.4.1988 – III ZR 12/87, BGHZ 104, 178, 180 [3]; BGH, Urteil v. 1.2.2001 – III ZR 332/99, WM 2001, 787, 788 [II 3]; MünchKomm-ZPO/*Adolphsen*, Art. V UNÜ Rn. 3; Musielak/Voit/*Voit*, § 1061 Rn. 13; Kronke/Nacimiento/Otto/Port/*Otto/Elwan*, S. 348; Wolff/*Borris/Hennecke*, Art. V Rn. 41 ff.

das UNÜ keine eigenständige Präklusionsvorschrift enthält.[129] Die Präklusion wird bspw. relevant, wenn ein Verbraucher einen Verstoß gegen die Klauselrichtlinie vor einem ausländischen Schiedsgericht nicht vorgebracht hat und nun der Schiedsspruch im Heimatland des Verbrauchers gegen ihn vollstreckt werden soll.[130] Der Wortlaut des Art. V Abs. 2 b) UNÜ ermöglicht eine Versagung durch staatliche Gerichte in allen Fällen, in denen ein Verstoß gegen den *ordre public* vorliegt. Dies ist unabhängig von der Ansicht des Antragsgegners. Um einen effektiven *ordre public*-Schutz zu sichern, ist somit eine Präklusion in Bezug auf den Versagungsgrund des Art. V Abs. 2 b) UNÜ abzulehnen.[131]

Entgegen des Wortlautes „darf versagt werden" in Art. V Abs. 1 UNÜ wird ein Ermessen des staatlichen Gerichtes überwiegend abgelehnt.[132] Vielmehr ist der Wortlaut aufgrund der Natur des UNÜ als völkerrechtlicher Vertrag dahin gehend auszulegen, dass eine Versagung nur unter den in Art. V UNÜ genannten Gründen vorgenommen werden muss.[133] Es sollte mit dem Wortlaut die Möglichkeit eröffnet werden, die Versagungsgründe enger zu handhaben.[134] Darüber hinaus sollte mit dem Wort „may" in Anbetracht der völkerrechtlichen Perspektive eine entsprechende Gestattung zur Versagung der Anerkennung und Vollstreckung zum Ausdruck gebracht werden.[135] Zudem liegt nach dem französischen Wortlaut („La reconnaissance et l'exécution de la sentence ne seront refusées (...)") des UNÜ kein Ermessen vor. Dementsprechend hat das staatliche Gericht die Anerkennung und Vollstreckbarerklärung stets zu versagen, wenn einer der Versagungsgründe des Art. V UNÜ vorliegt.[136]

Ist der Antrag auf Vollstreckbarerklärung abzulehnen, spricht das Gericht lediglich feststellend aus, dass dem Schiedsspruch ausschließlich für die

---

129 Kronke/Nacimiento/Otto/Port/*Nacimiento*, S. 211 ff.; Wolff/*Borris/Hennecke*, Art. V Rn. 518; MünchKomm-ZPO/*Adolphsen*, Art. V UNÜ Rn. 6 ff. m.w.N.

130 Zur Zugehörigkeit der Klauselrichtlinie ausführlich in Kap. 5 D I.

131 MünchKomm-ZPO/*Adolphsen*, Art. V UNÜ Rn. 17.

132 BT-Drucks. 3/2160, S. 26; Nacimiento/Kroll/Böckstiegel/*Kroll*, § 1061 Rn. 45; Kronke/Nacimiento/Otto/Port/*Nacimiento*, S. 297; Wolff/*Borris/Hennecke*, Art. V Rn. 40. Andere Ansicht: *Blackaby/Partasides/Hunter/Redfern*, Redfern and Hunter on International Ar-bitration, Chap. 11 Rn. 11.59.

133 *Schwab/Walter*, Schiedsgerichtsbarkeit, Kap. 56 Rn. 3.

134 UNCITRAL Secretariat, Guide on the Convention on the Recognition and Enforement of Foreign Arbitral Awards (New York, 1958), 2016 Edition, Art. V Rn. 7.

135 Schwab/Walter, Kap. 56 Rn. 3.

136 BT-Drucks. 3/2160, S. 26; Nacimiento/Kroll/Böckstiegel/*Kroll*, § 1061 Rn. 45; Kronke/Nacimiento/Otto/Port/*Nacimiento*, S. 297; Wolff/*Borris/Hennecke*, Art. V Rn. 40.

Bundesrepublik Deutschland die Anerkennung und Vollstreckbarerklärung versagt wird (§ 1061 Abs. 2 ZPO).

C. Fazit

Die Schiedsvereinbarung bildet die Grundlage des Schiedsverfahrens.

Sie ist als materiell-rechtlicher Vertrag über prozessrechtliche Beziehungen zu qualifizieren. Diese Einordnung hat jedoch kaum praktische Auswirkung.[137]

In jedem Fall findet auf den Abschluss der Schiedsvereinbarung die allgemeine Rechtsgeschäftslehre Anwendung. Es sind die jeweiligen nationalen Erfordernisse für das Zustandekommen einer Vereinbarung (in Deutschland §§ 145 ff. BGB) einzuhalten.

Die *essentialia negotii* der Schiedsvereinbarung ergeben sich aus Art. II Abs. 1 UNÜ und § 1029 Abs. 1 ZPO. Notwendig ist der Wille der Parteien einzelne oder mehrere bestimmte, bereits entstandene oder künftige Rechtsverhältnisse final und (letzt-)verbindlich durch ein Schiedsgericht klären zu lassen.[138]

Den Parteien steht die Möglichkeit offen, zahlreiche fakultative Inhalte der Schiedsvereinbarungen zu bestimmen. Zu diesen gehört die Vereinbarung des in der Sache anzuwendenden Rechts.[139]

Die Beteiligten sind aufgrund der Bindungswirkung der Schiedsvereinbarung die Vertragspartner, welche zugleich die Verfahrensgegner sind.[140]

Sowohl nach dem UNÜ als auch nach § 1031 Abs. 1 ZPO gilt der Grundsatz des Schriftformerfordernisses für Schiedsvereinbarungen. Allerdings erfasst dies grundsätzlich nur die Schiedsklausel bzw. -abrede selbst und nicht die Schiedsverfahrensvereinbarungen. Das deutsche Recht sieht in den § 1031 Abs. 2–4, 6 ZPO Formerleichterung und eine Heilungsmöglichkeit vor. Diese Erleichterungen können im UNÜ über das Meistbegünstigungsprinzip des Art. VII Abs. 1 UNÜ Anwendung finden. Sofern das UNÜ eingreift, ist ein Rückgriff auf die strengere Formvorschrift des § 1031 Abs. 5 ZPO für Schiedsvereinbarungen mit Verbraucherbeteiligung grundsätzlich ausgeschlossen.[141]

---

137 Kap. 2 A I.
138 Kap. 2 A II 1.
139 Kap. 2 A II 2.
140 Kap. 2 A II 3.
141 Kap. 2 A II 4.

Das materielle Zustandekommen und die Wirksamkeit der Schiedsvereinbarung werden nach dem Recht des Schiedsvereinbarungsstatuts bestimmt. Es gilt der Grundsatz der freien Rechtswahl. Eine solche wird von den Parteien selten vorgenommen. Hilfsweise wird an den Ort des Sitzes des Schiedsgerichtes angeknüpft. Sofern dieser Ort noch nicht bestimmt ist, gilt der Rechtsgedanke des Art. 4 Abs. 4 Rom I-VO. Als engste Anknüpfung wird vorrangig auf das Statut des Hauptvertrages abgestellt.[142]

Hinsichtlich des in der Sache anzuwendenden Rechts muss zunächst das maßgebliche Kollisionsrecht ermittelt werden. Das UNÜ beinhaltet keine spezielle Kollisionsnorm. Es gilt die Rechtswahlfreiheit der Parteien. Das EuÜ enthält in Art. VII EuÜ eine Kollisionsvorschrift; auch insoweit greift der Grundsatz der freien Rechtswahl, inkl. des Kollisionsrechts ein. Sofern das Schiedsgericht seinen Sitz in Deutschland hat, kommt die Kollisionsvorschrift des § 1051 ZPO zur Anwendung. Gem. § 1051 Abs. 1 ZPO haben die Parteien die Freiheit der Rechtswahl. Sofern sie eine solche nicht vornehmen, muss das Schiedsgericht gem. § 1051 Abs. 2 ZPO das Recht ermitteln, welches zu dem Streitgegenstand die engste Verknüpfung aufweist.[143]

Es gibt diverse Möglichkeiten der staatlichen Kontrolle im Falle der Umgehung materiell zwingenden Rechts. In Betracht kommen das Einredeverfahren, die Feststellungsklage auf Unwirksamkeit der Schiedsvereinbarung, das Aufhebungs- sowie das Anerkennungs- und Vollstreckbarerklärungsverfahren.

Im Einredeverfahren prüft das staatliche Gericht gem. Art. II Abs. 3 UNÜ und § 1032 ZPO das Zustandekommen, die Wirksamkeit, Undurchführbarkeit und Aufhebung der Schiedsvereinbarung.[144]

Eine weitere präventive Kontrollmöglichkeit ist die Feststellungsklage auf Unwirksamkeit der Schiedsvereinbarung nach § 1032 Abs. 2 ZPO. Diese ist bis zur Bildung des Schiedsgerichts zulässig.[145]

Eine Möglichkeit, den Schiedsspruch rückwirkend zu vernichten, stellt das Aufhebungsverfahren dar. Dieses richtet sich mangels staatsvertraglicher Regelung nach dem nationalen Recht. Zu den Aufhebungsgründen zählt nach § 1059 Abs. 2 Nr. 2 b) ZPO ein Verstoß gegen den *ordre public*. Dieser ist von Amts wegen zu ermitteln.[146]

142 Kap. 2 A II 5.
143 Kap. 2 A II 6.
144 Kap. 2 B I.
145 Kap. 2 B II.
146 Kap. 2 B III.

Die Vollstreckbarerklärung inländischer Schiedssprüche richtet sich nach §§ 1060, 1059 ZPO. Die Vollstreckbarerklärung ist zu versagen, sofern einer der Aufhebungsgründe des § 1059 Abs. 2 ZPO vorliegt. Damit wird der Verstoß gegen den *ordre public* auch als Vollstreckungsversagungsgrund behandelt (§§ 1060, 1059 Abs. 2 Nr. 2 b) ZPO). Nach § 1061 ZPO ist das UNÜ für die Anerkennung und Vollstreckbarerklärung ausländischer Schiedssprüche maßgeblich. Ein Verstoß gegen den *ordre public* stellt ebenfalls einen Vollstreckungsversagungsgrund nach Art. V Abs. 2 b) UNÜ dar.[147]

147 Kap. 2 B IV.

Kapitel 3: Die *ordre public*-Kontrolle

Nachdem im letzten Kapitel die Kontrollmöglichkeiten im Rahmen des Schiedsverfahrens dargestellt wurden, soll nun das Kontrollinstrument des *ordre public* untersucht werden.

A. Grundsätze der *ordre public*-Kontrolle

Im Folgenden wird zunächst ein allgemeiner Blick auf das Instrument der *ordre public*-Kontrolle geworfen und anschließend herausgearbeitet, ob es auch auf die Wirksamkeitskontrolle einer Schiedsvereinbarung anwendbar ist. In einem nächsten Schritt wird der Versuch einer Präzisierung unternommen. Zuletzt sollen die Grenzen einer *ordre public*-Kontrolle eingehender untersucht werden.

I. Herkunft der *ordre public*-Kontrolle

Seine ursprüngliche Ausprägung fand der Begriff des *ordre public* in den Motiven des Staatsrates *Boulay* zum Code Civil Français von 1802. Er wurde in Verbindung mit den Polizei- und Sicherheitsgesetzen („lois de police et sûreté") verwendet.[1] Dem *ordre public* lag die Grundkonstellation der Territorialität von Gesetzen zugrunde und die Frage, inwieweit Territorialfremde ihn respektieren müssen. Denn die Geltung des eigenen Rechts war eng mit Frage der Souveränität verknüpft.[2]

Gesetzliche Verwendung fand der *ordre public*-Begriff schließlich in Art. 6 des Code Civil. Nach Art. 6 Code Civil wird die Parteiautonomie in Bezug auf Gesetze, welche Bestandteil des *ordre public* und der guten Sitten sind, ausgeschlossen. Folglich sollten diese Gesetze zwingender Natur sein.[3] Allerdings handelt es sich bei Art. 6 Code Civil um internes Recht, welches im Gegensatz zu Art. 3 Code Civil keinen internationalen Tatbestand verlangt. Einen internationalen Bezug fand der *ordre public* erstmals in Art. 12 der Einführungsbestimmungen des italienischen Zivilgesetzbuchs von 1865. Nach dieser Bestimmung dürfen ausländische Gesetze, Entscheidungen und Rechtsakte nicht angewandt werden, sofern sie gegen den nationalen *ordre public* verstoßen.[4] Eingang in ein

---

1 *Boulay*, in: Fenet VIII, S. 146 f.

2 *Boulay*, in: Fenet VIII, S. 146 f.; *Lainé*, r.d.i.p. 1905, 21, 46.

3 Vgl. *Schnitzer*, Handbuch des internationalen Privatrechts, S. 226 ff.

4 Vgl. *Schnitzer*, Handbuch des internationalen Privatrechts, S. 226 ff.

deutsches Gesetz fand der Begriff des „*ordre public*" mit dem Gesetz zur Neuregelung des Internationalen Privatrechts vom 1.9.1986[5] in Art. 6 EGBGB.

In das deutsche Schiedsrecht wurde der Begriff der „öffentlichen Ordnung" erstmals 1930[6] in Anlehnung an Art. 1 Abs. 2 e) des Genfer Abkommens vom 26.9.1927[7] aufgenommen. Bis 1986 konnte nach § 1041 Abs. 1 Nr. 2 ZPO a.F. die Aufhebung des Schiedsspruches „beantragt werden, wenn die Anerkennung des Schiedsspruchs gegen die guten Sitten oder die öffentliche Ordnung verstoßen würde." Gem. § 1044 Abs. 2 Nr. 2 ZPO a.F. galt derselbe Grundsatz für die Versagung der Anerkennung eines ausländischen Schiedsspruches. Ferner war ein Verstoß insbesondere gegeben, „wenn der Spruch eine Partei zu einer Handlung verurteilt, deren Vornahme nach den deutschen Gesetzen verboten ist".

Die neu gefassten §§ 1041 Abs. 1 Nr. 2, 1044 Abs. 2 Nr. 2 ZPO a.F. konkretisierten diese Vorgaben. So konnte die Aufhebung bzw. die Versagung der Anerkennung „beantragt werden, wenn die Anerkennung des Schiedsspruchs zu einem Ergebnis führt, das mit wesentlichen Grundsätzen des deutschen Rechts offensichtlich unvereinbar ist, insbesondere wenn die Anerkennung mit den Grundrechten unvereinbar ist."

Erst im Rahmen des Schiedsverfahrensneuregelungsgesetzes wurde der Begriff des *ordre public* in das Schiedsrecht der ZPO eingeführt.[8] Er sollte nach dem Willen des Gesetzgebers insoweit mit dem Begriff der öffentlichen Ordnung identisch sein.[9] Der Umstand, dass die Grundrechte in dem heutigen § 1059 Abs. 2 Nr. 2 b) ZPO keine Erwähnung mehr fand, sollte keine abweichende Beurteilung zulassen.[10] Dementsprechend kann die zu §§ 1041 Abs. 1 Nr. 2, 1044 Abs. 2 Nr. 2 ZPO a.F. ergangene Rechtsprechung auch für die vorliegende Untersuchung herangezogen werden.

II. Sinn und Zweck einer *ordre public*-Kontrolle

Der Sinn und Zweck des *ordre public* lässt sich aus seiner Entstehungsgeschichte ableiten. Als Ausdruck der Souveränität seines territorialen Anwendungsbereiches schützt er die in dem jeweiligen Territorium geltenden

5 BGBl. 1986 I, S. 1143.
6 RGBl. 1930 I, S. 361 f.
7 RGBl. 1930 II, S. 1068.
8 BGBl. 1997 I, S. 3224 ff.
9 BT-Drucks. 13/5274, S. 59.
10 BT-Drucks. 13/5274, S. 59. So auch *Baumbach/Lauterbach/Albers/Anders*, § 1059 Rn. 16; Zöller/*Geimer*, § 1059 Rn. 64.

Gerechtigkeitsvorstellungen.[11] Im Bereich der Schiedsgerichtsbarkeit sind diese Gerechtigkeitsvorstellungen gefährdet, falls der Rahmen der gewährten schiedsgerichtlichen Befugnisse missbraucht werden soll. Ein Missbrauch kann in einem Verstoß gegen die Gesetze des jeweiligen Kontrollstaates liegen. Sofern der Gesetzgeber von einer Alternativität zwischen staatlicher und Schiedsgerichtsbarkeit ausgeht, ist das Schiedsgericht grundsätzlich in demselben Maße an Recht und Gesetz gebunden wie das staatliche Gericht.

Allerdings zeigt ein Vergleich mit den anderen *ordre public*-Kontrollbereichen, wie Art. 21 Rom I-VO, dass er eine „Notbremse" darstellt.[12] Folglich erfasst er unter dem *comitas*-Gedanken nicht jede Verletzung eines nationalen Gesetzes; zumal die deutsche Rechtsordnung der Anwendung ausländischen Rechts, sofern es das sachnähere darstellt, und der Anerkennung ausländischer Entscheidungen im Grundsatz offen gegenübersteht.[13] Daher greift der *ordre public* nur ein, wenn ein Ergebnis droht, welches von den nationalen Wertvorstellungen krass abweicht.[14] Dem Staat wird ein gesicherter Kern an Entscheidungsfreiheit gewährt. Folglich ist die Anwendung des *ordre public* von seinem Grundgedanken auf eine Korrektur in „extremen Ausnahmefällen" beschränkt.[15]

III. Prüfmöglichkeiten im Rahmen der Wirksamkeitskontrolle der Schiedsvereinbarung

Im Rahmen der Untersuchung der staatlichen Kontrollmöglichkeiten wurde ersichtlich, dass das Gesetz eine *ordre public*-Kontrolle nur hinsichtlich des Schiedsspruches vorsieht.[16] Dies wirft die Frage auf, ob hiermit ein Ausschluss der Anwendung des *ordre public* im Rahmen der Wirksamkeitskontrolle der Schiedsvereinbarung verbunden ist.

---

11 So bezeichnet MünchKomm-ZPO/*Münch*, § 1059 Rn. 41 die Zielrichtung des *ordre public* als „janusköpfig: Machterhaltungs- und Gerechtigkeitsfunktion." In diesem Sinne auch Zöller/*Geimer*, § 1059 Rn. 57 m.w.N.

12 MünchKomm-ZPO/*Münch*, § 1059 Rn. 41; *Haas*, Die Anerkennung und Vollstreckung ausländischer und internationaler Schiedssprüche, S. 220; *Kornblum*, FS Nagel, S. 144.

13 *Niedermaier*, Schieds- und Schiedsverfahrensvereinbarungen in strukturellen Ungleichgewichtslagen, S. 312.

14 Vgl. BGH, Beschluss v. 28.1.2014 – III ZB 40/13, NJW 2014, 1597, ebenda [1 Rn. 2]; OLG Köln, Beschluss v. 19.1.2018 – 19 Sch 17/17 [II Rn. 14].

15 Vgl. BGH, Beschluss v. 28.1.2014 – III ZB 40/13, NJW 2014, 1597, ebenda [1 Rn. 2]; OLG Köln, Beschluss v. 19.1.2018 – 19 Sch 17/17 [II Rn. 14].

16 Kap. 2 B III, IV.

1. *Einheitliches Kollisionsrecht des Art. V UNÜ*

Art. II Abs. 3 UNÜ ermöglicht eine Einrede gegen das Schiedsverfahren, wenn die Schiedsvereinbarung hinfällig, unwirksam oder nicht erfüllbar ist.[17] Er enthält allerdings keine Konkretisierungen, in welchen Fällen eine Unwirksamkeit der Schiedsvereinbarung vorliegt. Die schiedsverfahrensrechtlichen Mängel werden vielmehr in Art. V UNÜ aufgeführt.[18]

Art. V UNÜ soll ein vereinheitlichtes Kollisionsrecht hinsichtlich des Zustandekommens und der Wirksamkeit der Schiedsvereinbarung enthalten, das generell beachtet werden müsse.[19] Die Möglichkeit der *ordre public*-Kontrolle im Einredeverfahren wird zudem durch einen Vergleich mit dem Haager Übereinkommen über Gerichtsstandsvereinbarungen vom 30.6.2005 gestützt. Nach Art. 6 c) des Übereinkommens darf das derogierte Gericht des Vertragsstaates entscheiden, sofern die Gerichtsstandsvereinbarung „der öffentlichen Ordnung (ordre public) des Staates des angerufenen Gerichtes offensichtlich widersprechen“ wird.[20] Somit könnte die *ordre public*-Kontrolle des Art. V Abs. 2 b) UNÜ grundsätzlich auch im Einredeverfahren Anwendung finden.[21]

2. *Eingriff in die Entscheidungskompetenz des Schiedsgerichtes*

Allerdings erscheint eine *ordre public*-Kontrolle im Einredeverfahren geeignet, die Entscheidungskompetenz der Schiedsgerichte auszuschließen. Es müsse daher zunächst die Entscheidung des Schiedsgerichtes abgewartet werden. Sofern diese gegen den anerkennungsrechtlichen *ordre public* verstoße, soll eine Kompetenz der staatlichen Gerichte eröffnet sein.[22]

Ferner sei die Durchführung eines Schiedsverfahrens der in der Schiedsvereinbarung zum Ausdruck gekommene Wille der Parteien.[23] Sofern tatsächlich ein *ordre public*-Verstoß vorliege, könne von vornherein kein anerkennungs- und vollstreckungsfähiger Schiedsspruch ergehen. In diesem Fall müsse ohnehin

---

17 Siehe hierzu Kap. 2 B I 2.

18 Reithmann/Martiny/*Hausmann*, Rn. 8.239.

19 Reithmann/Martiny/*Hausmann*, Rn. 8.239.

20 *Antomo*, IHR 2013, 225, 232.

21 So auch BGH, Urteil v. 15.6.1987 – II ZR 124/86, NJW 1987, 3193, 3194 ff. [II 2 d) aa)]; *Antomo*, IHR 2013, 225, 232; MünchKomm-ZPO/*Adolphsen*, Anh. zu § 1061, Art. V UNÜ Rn. 2; *Thorn/Nickel*, IPRax 2018, 541, 547 f.; *van den Berg*, Yearbook Comm. XXVIII (2003), 562, 629.

22 *Geimer*, Internationales Zivilprozessrecht, Rn. 1770, 3799a.

23 *Mogendorf*, Der strukturell unterlegene Unternehmer, S. 287.

eine neue Schiedsvereinbarung geschlossen oder ein Verfahren vor den staatlichen Gerichten eingeleitet werden.[24] Dementsprechend würden die Parteien bereits umfassend im Anerkennungs- und Vollstreckbarerklärungsverfahren geschützt.[25] Selbst die Partei, die keine Möglichkeit habe, einen Vollstreckungstitel zu erlangen, könnte Klage in ihrem Heimatforum erheben. Im Rahmen dieser Klage müsste sich das Gericht mit der Anerkennung des Schiedsspruches befassen.[26]

3. *Überwiegendes Parteiinteresse an einer ordre public-Kontrolle im Einredeverfahren*

Das Interesse an der Entscheidungskompetenz der Schiedsrichter ist im Falle der *ordre public*-Widrigkeit der Schiedsvereinbarung trotz der soeben ausgeführten Bedenken jedoch eher als gering zu bewerten. Zwar können sie ein Verfahren durchführen und einen Schiedsspruch fällen, allerdings kann dieser nicht anerkannt werden. Das Interesse der Schiedsrichter ist letztlich rein finanzieller Natur. Ein solches Interesse wird von der Rechtsordnung jedoch nicht geschützt.

Ferner geht das Erfordernis, zunächst ein aussichtsloses Verfahren durchführen zu müssen, zulasten der Parteien. Der Rechtsinhaber darf vor dem Hintergrund des Anspruches auf effektiven Rechtsschutz nicht auf ein zeit- und kostenintensives schiedsrichterliches Verfahren verwiesen werden.[27] Die Aussicht, „zwei" Verfahren durchführen zu müssen, kann hauptsächlich für schwächere Parteien eine Abschreckung vor der Geltendmachung ihrer Ansprüche zur Folge haben.[28] Den Parteien wird daran gelegen sein, schnellstmöglich die Wirksamkeit ihrer Schiedsvereinbarung zu klären, um „Rettungsmaßnahmen" zu ergreifen. Dies wird v.a. deutlich, wenn man sich vor Augen führt, dass den Parteien zum Teil nicht klar ist, dass sie eine *ordre public*-widrige Schiedsvereinbarung getroffen haben. Eine vorherige Kontrolle stärkt somit das Vertrauen

---

24 Vgl. *Weller*, Ordre public-Kontrolle internationaler Gerichtsstandsvereinbarungen im autonomen Zuständigkeitsrecht, S. 184.

25 *Kleinheisterkamp*, RabelsZ 73 (2009), 818, 833.

26 *Kleinheisterkamp*, RabelsZ 73 (2009), 818, 834.

27 *Weller*, Ordre public-Kontrolle internationaler Gerichtsstandsvereinbarungen im autonomen Zuständigkeitsrecht, S. 184; *Thorn/Nickel*, IPRax 2018, 541, 548; *Mogendorf*, Der strukturell unterlegene Unternehmer, S. 288.

28 In diesem Sinne auch *Kleinheisterkamp*, RabelsZ 73 (2009), 818, 836 f., der diese Gefahr in erster Linie sieht, wenn die schwächere Partei von der Norm, die vom *ordre public* erfasst werde, geschützt werden soll.

der Parteien in den Bestand des späteren Schiedsspruchs. Zudem können Vorbehalte gegenüber dem Schiedsverfahren abgebaut werden, wenn zumindest die Wirksamkeit der Schiedsvereinbarung und damit auch die Notwendigkeit des schiedsgerichtlichen Verfahrens geklärt wurde.

Somit muss eine *ordre public*-Kontrolle auch im Rahmen des Einredeverfahrens stattfinden.

4. *Verstoß steht bereits mit Sicherheit fest*

Eine Einschränkung der *ordre public*-Kontrolle im Einredeverfahren könnte dahin gehend vorzunehmen sein, dass der Verstoß bereits in diesem Verfahrensabschnitt sicher feststehen muss.[29] Allerdings ist das Einredeverfahren als präventives Kontrollverfahren von einer Prognose über das künftige Schiedsverfahren und den Schiedsspruch geprägt. Das staatliche Gericht kann insoweit lediglich anhand der Schiedsvereinbarung und Rechtswahlklausel sowie dem Parteivorbringen beurteilen, ob das Schiedsgericht die umgangenen *ordre public*-zugehörigen Normen nicht anwenden wird. Es erscheint daher kaum denkbar, rechtssicher eine Entscheidung über das Kriterium der Sicherheit eines *ordre public*-Verstoßes zu treffen. Einer Begrenzung der *ordre public*-Kontrolle im Einredeverfahren auf bereits mit Sicherheit feststehende Verstöße steht die *ex-ante* Betrachtung der präventiven Kontrollverfahren entgegen.[30]

IV. Das auf den Kontrollmaßstab anzuwendende Recht

Das auf den Kontrollmaßstab anzuwendende Recht ist abhängig von der Existenz völkerrechtlicher Verträge und dem Sitz des Schiedsgerichtes.

1. *Völkerrechtliche Verträge*

Aufgrund der Vielfalt an völkerrechtlichen Verträgen wird im Folgenden nur auf das UNÜ als dem schiedsrechtlich wichtigsten Vertrag und das für Europa ebenfalls bedeutsame EuÜ eingegangen.

a) *UNÜ*

Das auf den Prüfungsmaßstab anzuwendende Recht richtet sich im Rahmen des UNÜ nach Art. V Abs. 2 b) UNÜ. Die Anwendbarkeit des UNÜ setzt nach

---

29 So *Quinke*, SchiedsVZ 2007, 246, 249 f.; *Horn*, SchiedsVZ 2008, 209, 218; *Rühl*, IPRax 2007, 294, 301 f.

30 Siehe hierzu auch Kap. 7 B VI 2 b).

Art. I Abs. 1 UNÜ den Erlass des Schiedsspruches in dem Hoheitsgebiet eines anderen Staates voraus. Maßgeblich für die Bestimmung, ob der Schiedsspruch im Hoheitsgebiet eines anderen Staates ergeht, ist ausschließlich der Sitz des Schiedsgerichtes.[31] Es soll daher unerheblich sein, ob ein internationaler Sachverhalt vorliege oder ausländisches Schiedsverfahrensrecht anzuwenden sei.[32] Übertragen auf die *ordre public*-Kontrolle der Schiedsvereinbarung im präventiven Kontrollverfahren bedeutet dies, dass ein vermeintliches Schiedsverfahren zu einem ausländischen Schiedsspruch führen muss.

Sofern das UNÜ anwendbar ist, stellt Art. V Abs. 2 b) UNÜ auf einen Widerspruch zur öffentlichen Ordnung des Landes ab, in dem die Anerkennung und Vollstreckung des Schiedsspruches erfolgen soll. Dementsprechend bestimmt sich der Maßstab des *ordre public* nach der *lex fori* des staatlichen Gerichtes, das mit der Anerkennung befasst ist.[33] Die Notwendigkeit des Abstellens auf die *lex fori* wird ersichtlich, wenn man sich erneut die Entwicklung des *ordre public* vor Augen führt.[34] Ziel ist es, die territorialen Gerechtigkeitsvorstellungen zu schützen. Ein wirksamer Schutz kann nur erfolgen, wenn das eigene Recht als Kontrollmaßstab Anwendung findet. Dadurch kann der Staat eigenständig bestimmen, inwieweit sich seine Gerechtigkeitsvorstellungen gegen ausländisches Recht durchsetzen sollen.

Mutatis mutandis gilt für die präventiven Kontrollverfahren der *ordre public* der *lex fori* des prüfenden staatlichen Gerichtes. Wird bspw. die Einrede der Schiedsvereinbarung in dem Verfahren vor einem deutschen staatlichen Gericht erhoben, so muss es den deutschen *ordre public* als Kontrollmaßstab anwenden.

b) EuÜ

Im Gegensatz zum UNÜ ist das EuÜ nicht auf die Anerkennung und Vollstreckung von Schiedssprüchen ausgelegt. Vielmehr regelt es den Schiedsvertrag, das Schiedsverfahren und den Schiedsspruch.

---

31 Der Sitz des Schiedsgerichtes wird im Anschluss an Art. 20 ModG primär durch die Verein-barung der Parteien bestimmt, vgl. MünchKomm-ZPO/*Adolphsen*, Anh. zu § 1061, Art. I UNÜ Rn. 14 m.w.N.

32 *Schwab/Walter*, Schiedsgerichtsbarkeit, Kap. 42 Rn. 3.

33 Kronke/Nacimiento/Otto/Port/*Otto/Elwan*, S. 369; Wolff/*Wolff*, Art. V Rn. 493; *Blackaby/Partasides/Hunter/Redfern*, Redfern and Hunter on International Arbitration, Chap. 11 Rn. 11.109; BayObLG, Beschluss v. 20.11.2003 – 4 Z Sch 17/03, DIS Datenbank [II 3 a)]; Stein/Jonas/*Schlosser*, Anh. § 1061 Art. V UNÜ, Rn. 316.

34 Kap. 3 A I.

Das EuÜ ist nach Art. I Abs. 1 EuÜ anwendbar, sofern die Vertragsparteien ihren Sitz oder gewöhnlichen Aufenthalt in einem der Vertragsstaaten und sie die Schiedsvereinbarung über Streitigkeiten aus internationalen Handelsgeschäften abgeschlossen haben.

Art. IX EuÜ regelt nicht die Aufhebung in einem der Vertragsstaaten selbst, sondern deren Auswirkung auf die Anerkennung und Vollstreckung. Nach Art. V Abs. 1 e) UNÜ wäre im Falle der Aufhebung die Anerkennung zu versagen. Diese Wirkung wird insoweit begrenzt, als sie nur eintreten soll, wenn die Aufhebung auf einem der Gründe des Art. IX Abs. 1 a) – d) EuÜ beruht.[35]

Allerdings erkennen Art. IX Abs. 1 a) – d) EuÜ weder einen Verstoß gegen den *ordre public*, noch das Fehlen der objektiven Schiedsfähigkeit als einen solchen Grund an.[36] Daher wird die Frage der *ordre public*-Widrigkeit ausschließlich von dem mit der Aufhebung befassten Gericht nach seinem nationalen Recht beurteilt. Die Belange des Anerkennungs- und Vollstreckungsstaates werden dadurch ausreichend berücksichtigt, als dessen Gerichte die Anerkennung und Vollstreckung wegen des Verstoßes gegen den eigenen *ordre public* versagen können.[37]

2. *Schiedsgericht mit Sitz in Deutschland*

Hat das Schiedsgericht seinen Sitz in Deutschland, so ist nach dem Territorialitätsprinzip des § 1025 ZPO das 10. Buch der ZPO anwendbar. Zudem wird es sich im Falle der Entscheidung durch ein Schiedsgericht um einen inländischen Schiedsspruch handeln. Somit ist 1059 ZPO (für das Vollstreckbarerklärungsverfahren i.V.m. § 1060 ZPO) anwendbar. Mangels spezieller Regelung des *ordre public* für die Wirksamkeit der Schiedsvereinbarung kann dessen § 1059 Abs. 2 Nr. 2 b) ZPO auch auf das Einredeverfahren angewandt werden. Folglich ist in diesem Fall der deutsche *ordre public* maßgeblich.

3. *Schiedsgericht mit Sitz im Ausland*

Hat das Schiedsgericht seinen Sitz im Ausland, gilt für die Vollstreckung eines Schiedsspruches in Deutschland stets das UNÜ (§ 1061 ZPO). Daher muss das deutsche staatliche Gericht, sofern es eine Schiedsvereinbarung zu prüfen

---

35 Vgl. Art. IX Abs. 2 EuÜ.

36 Vgl. BGH, Beschluss v. 23.4.2013 – III ZB 59/12, SchiedsVZ 2013, 229, ebenda [II 1 Rn. 3].

37 Vgl. *Klein*, ZZP 76 (1963), 342, 352.

hat, welche zu einem ausländischen Schiedsspruch führen wird, Art. V Abs. 2 b) UNÜ anwenden. Folglich gilt auch hier der Kontrollmaßstab des deutschen *ordre public*.

V. Konkretisierung des *ordre public*

Obgleich eine Definition, wie eingangs beschrieben,[38] kaum möglich ist, kann der *ordre public* konkretisiert werden.

1. Abgrenzung prozessualer und materieller ordre public

Zunächst kann zwischen dem prozessualen und materiellen *ordre public* abgegrenzt werden.[39] Abgrenzungsgegenstand ist der die *ordre public*-Widrigkeit begründende Verstoß. Es muss ermittelt werden, ob dieser dem materiellen Recht oder dem Prozessrecht zugerechnet wird.[40] Nach *Henckel* gehörten zum Prozessrecht alle Normen, die eine Regelung über das „Verhalten in einem auf ein Rechtspflegeziel ausgerichteten Verfahren von und vor den Rechtspflegeorganen" treffen.[41] Dagegen seien Normen des materiellen Rechts solche, die eine Regelung „in Lebensbereichen, in denen sich die Rechtssubjekte unmittelbar und ohne Vermittlung (...) eines Rechtspflegeorgans begegnen", enthielten.[42]

Für die Verletzung des prozessualen *ordre public* hat der BGH[43] ausgeführt, dass es nicht genüge, dass die Entscheidung in einem ausländischen Verfahren erlassen worden sei, welches von den zwingenden Normen des deutschen Prozessrechts abgewichen habe. Vielmehr sei ein Anerkennungsversagungsgrund nur gegeben, „wenn das Urteil des ausländischen Gerichts auf Grund eines Verfahrens ergangen ist, das von den Grundprinzipien des deutschen Verfahrensrechts in einem solchen Maße abweicht, dass nach der deutschen Rechtsordnung das Urteil nicht als in einem geordneten rechtsstaatlichen Verfahren ergangen angesehen werden kann".[44] Zwar galt diese Rechtsprechung zunächst nur für

38 Siehe Einleitung A.

39 Vgl. MünchKomm-ZPO/*Münch*, § 1059 Rn. 42; *Holtzmann/Neuhaus*, The UNCITRAL Model Law on International Commercial Arbitration, Art. 34 ModG S. 1002; *Sandrock*, BB 2001, 2173, 2175; *Schwab/Walter*, Schiedsgerichtsbarkeit, Kap. 24 Rn. 35.

40 *Sandrock*, BB 2001, 2173, 2175; *Schwab/Walter*, Schiedsgerichtsbarkeit, Kap. 24 Rn. 35.

41 *Henckel*, Prozessrecht und materielles Recht, S. 24 f.

42 *Henckel*, Prozessrecht und materielles Recht, S. 24 f.

43 BGH, Urteil v. 18.10.1967 – VIII ZR 145/66, BGHZ 48, 327, 331 [3].

44 BGH, Urteil v. 19.9.1977 – VIII ZR 120/75, NJW 1978, 1114, 1115 [II 2].

ausländische Urteile,[45] der BGH hat sie in seiner Entscheidung vom 15.5.1986 dann jedoch auf ausländische Schiedssprüche übertragen.[46] Ein ausländischer Schiedsspruch verstoße gegen den prozessualen *ordre public*, „wenn das schiedsgerichtliche Verfahren an einem schwerwiegenden, die Grundlagen des staatlichen und wirtschaftlichen Lebens berührenden Mangel leide".[47]

Die Umgehung materiell zwingenden Rechts ist allerdings stets dem materiellen *ordre public* zuzurechnen. Folglich kann die Konkretisierung des BGH zum prozessualen *ordre public* in der vorliegenden Untersuchung, wenn überhaupt, nur ergänzend herangezogen werden.

2. Nationaler oder internationaler ordre public

Eine weitere Möglichkeit, den *ordre public* zu präzisieren, könnte die Unterteilung in den nationalen[48] und internationalen *ordre public*[49] sein.

Entwickelt wurde diese Differenzierung von *Charles Brocher*. Nach *Brocher* ist der in Art. 6 Code Civil geregelte *ordre public* der Interne. Daher könne in Art. 3 Abs. 1 Code Civil nur der internationale *ordre public* geregelt werden. Dieser solle in allen Fällen mit Auslandsberührung Anwendung finden. Schließlich habe das staatliche Gericht hier den Anwendungsvorrang zwischen nationalem und internationalem Recht zu beurteilen. Das ausländische Recht dürfe aufgrund des Interesses an der internationalprivatrechtlichen Gerechtigkeit nur unangewandt bleiben, sofern das Ergebnis der Rechtsanwendung mit einem bestimmten Kernbestand an zwingenden Normen unvereinbar sei. Der nationale *ordre public* erfasse dagegen alle zwingenden nationalen Normen und gelte ausschließlich bei reinen Binnensachverhalten.[50]

Eine solche Unterteilung könnte jedoch im Rahmen des schiedsverfahrensrechtlichen *ordre public* entbehrlich sein, sollte die Kontrolldichte, die dem

---

45 BGH, Urteil v. 18.10.1967 – VIII ZR 145/66, BGHZ 48, 327, 327 ff.; BGH, Urteil v. 25.3.1970 – VIII ZR 202/69, BGHZ 53, 357, 357 ff.

46 BGH, Urteil v. 15.5.1986 – III ZR 192/84, BGHZ 98, 70, 73 f. [II 4].

47 BGH, Urteil v. 15.5.1986 – III ZR 192/84, BGHZ 98, 70, 74 [II 4]; OLG Hamburg, Beschluss v. 4.11.1998 – 6 Sch 11/98, BB 1999, Beil. 4, 16, 17 [II e].

48 Der nationale *ordre public* wird weithin auch als *ordre public interne* bezeichnet.

49 Allerdings meine der Begriff internationaler *ordre public* ebenfalls nur den internationalen *ordre public* der *lex fori*, vgl. *Wunderer*, Der deutsche „ordre public d'arbitrage international" und Methoden seiner Konkretisierung, S. 14.

50 *Brocher*, Cours de droit international privé suivant les principes consacrés par le droit positif français, Band I, S. 108 ff.

nationalen *ordre public* zugesprochen wird, eng gefasst werden.[51] Eine Differenzierung soll hingegen sinnvoll sein, wenn das Gesetz selbst eine Unterteilung in nationale und internationale Schiedsverfahren vornimmt.[52] So sei u.a. in Frankreich eine liberale Haltung gegenüber internationalen Schiedssprüchen zu beobachten.[53]

Das 10. Buch der ZPO enthält keine Einteilung in nationale und internationale Schiedsverfahren. Zudem soll der Gesetzgeber keine Differenzierung der beiden Vorbehaltsklauseln vorgesehen haben.[54] Allerdings wird im Rahmen der Vollstreckung zwischen in- und ausländischen Schiedssprüchen differenziert. Eine Aufhebung ist lediglich für inländische Schiedssprüche möglich. Zwar sprechen § 1059 Abs. 2 Nr. 2 ZPO (i.V.m. § 1060 ZPO) und Art. V Abs. 2 b) UNÜ (i.V.m. § 1061 ZPO) insoweit nur vom „*ordre public*", jedoch liegen den beiden Vorschriften unterschiedliche Regelungsbereiche (Aufhebungs- bzw. Vollstreckungssituation) zugrunde.[55]

Ferner handelt es sich beim UNÜ um einen völkerrechtlichen Vertrag mit einer weltumspannenden und großen Anzahl an Mitgliedsstaaten. Aufgrund des Interesses an einer einheitlichen Entscheidungspraxis und der effektiven Umsetzung des UNÜ entspricht es sowohl den Interessen der Parteien als auch der Mitgliedsstaaten, dass eine identische Kontrolldichte erfolgt. Daher kann der *ordre public* nach Art. V Abs. 2 b) UNÜ letztlich nur der *ordre public international* sein. Dieser Maßstab ist jedoch im Rahmen des § 1059 Abs. 2 Nr. 2 ZPO mangels Internationalität nicht anwendbar. Daher ist auch im deutschen Recht von einer Unterteilung, welche im Übrigen dem überwiegend anerkannten Standard

---

51 MünchKomm-ZPO/*Adolphsen*, Anh. zu § 1061, Art. V UNÜ Rn. 69; *Gottwald*, FS Nagel, S. 67; *Hußlein-Stich*, Das UNCITRAL-Modellgesetz über die internationale Handelsschiedsgerichtsbarkeit, S. 187; Stein/Jonas/*Schlosser*, Anh. § 1061 Rn. 317; *Baur*, Neuere Probleme der privaten Schiedsgerichtsbarkeit, S. 15; *Kornblum*, NJW 1987, 1105, 1106 (eine enge Kontrolldichte sei gegeben, wenn der nationale *ordre public* nicht sämtliche zwingende Normen erfasse).

52 So bspw. in Frankreich, vgl. Art. 1442 ff. CPC.

53 Vgl. *Niedermaier*, Schieds- und Schiedsverfahrensvereinbarungen in strukturellen Ungleichgewichtslagen, S. 6.

54 *Kornblum*, NJW 1987, 1105, 1106; *von Winterfeld*, NJW 1987, 3059, ebenda. So auch *Sandrock*, BB 2001, 2173, 2175, insbesondere in Bezug auf den Anspruch auf rechtliches Gehör.

55 *Wunderer*, Der deutsche „ordre public d'arbitrage international" und Methoden seiner Konkretisierung, S. 168.

entspricht,[56] in den *ordre public international* und *national* auszugehen.[57] Diese Unterteilung hängt von der noch zu zeigenden Nähebeziehung des Falles zum Inland ab.[58]

3. Abgrenzung positiver und negativer ordre public

Eine der wohl diffizilsten Unterteilungen bildet die Abgrenzung in einen positiven und negativen *ordre public*.

a) Abgrenzungskriterien

Ausgangspunkt der Abgrenzung ist die Funktion des *ordre public* als Instrument der Ergebniskorrektur. Die Unterteilung in den negativen und den positiven *ordre public* hängt letztlich von der Frage ab, wie weit man die Reichweite dieser Korrektur fassen will.

Die Lehre von dem positiven *ordre public* geht auf die „romanische Schule" zurück.[59] Die positive Funktion soll einzelnen Normen der *lex fori* zur Durchsetzung verhelfen. Es werden diejenigen Normen erfasst, welche ohne Rücksicht auf den Inhalt der ausländischen Rechtsnorm angewandt werden sollen, sofern eine Auslandsberührung vorliege.[60] Diesen Normen wird insoweit kollisionsrechtliche Wirkung verliehen.[61] Der positive *ordre public* beschränkt sich nicht auf die Abwendung ausländischen Rechts. Er ersetzt dieses vielmehr positiv durch sein

---

56 *Holtzmann/Neuhaus*, The UNCITRAL Model Law on International Commercial Arbitration, Art. 34 ModG S. 923, 930, 1069.

57 Im Ergebnis ebenso: BGH, Urteil v. 15.5.1986 – III ZR 192/84, BGHZ 98, 70, 74 [II 3]; BGH, Urteil v. 18.1.1990 – III ZR 269/88, BGHZ 110, 104, 107 [1 a)]; OLG Schleswig, Beschluss v. 19.10.2000 – 16 SchH 01/00, DIS Datenbank [II 4]; BGH, Beschluss v. 30.10.2008 – III ZB 17/08, NJW 2009, 1215, 1216 [II Rn. 5] („in allenfalls geringfügiger Abweichung"); OLG Karlsruhe, Beschluss v. 4.1.2012 – 9 Sch 02/09, SchiedsVZ 2012, 101, 104 [II 2 b) bb)]; Nacimiento/Kroll/Böckstiegel/*Kröll/Kraft*, § 1059 Rn. 84; Stein/Jonas/*Schlosser*, Anh. § 1061 Rn. 137. Die Unterscheidung jedenfalls im Hinblick auf die Anwendung von Eingriffsnormen ablehnend: *Tyrolt*, Sportschiedsgerichtsbarkeit und zwingendes staatliches Recht, S. 123 f. Ebenfalls ablehnend: *Borges*, ZZP 111 (1998), 487, 495; *Baumert*, SchiedsVZ 2014, 139, 141.

58 Ausführlich in Kap. 3 A V 4. Siehe auch Kap. 7 B VIII 1 und 2.

59 Als deren Begründer gilt der Italiener *Mancini*, siehe hierzu Kap. 1 D III Fn. 42 sowie Staudinger/*Voltz*, Art. 6 EGBGB Rn. 12. Ausführlich zur Entwicklung auch *Neumayer*, FS Dölle, S. 180 ff.

60 Vgl. Staudinger/*Voltz*, Art. 6 EGBGB, Rn. 9.

61 *Neumayer*, FS Dölle, S. 184.

Eigenes.[62] Die Verdrängung des ausländischen Rechts soll nichts weiter als eine Nebenfolge des positiven *ordre public* sein. Die ausländische Norm müsse nicht wegen ihres Inhaltes, sondern aufgrund der fehlenden Anwendungsmöglichkeit neben dem heimischen Recht weichen.[63]

Der negative *ordre public* dient hingegen der Abwendung des an sich anzuwendenden Rechts, dessen Anwendung sich im Einzelfall als unerwünscht erweist.[64] Damit beschränkt sich seine Funktion auf eine Nichtanwendung des fremden Rechtssatzes. Im Gegensatz zum positiven *ordre public* ist für die Prüfung, ob die Anwendung der konkreten Norm unerwünscht ist, ein Ergebnisvergleich mit dem Inhalt der ausländischen Vorschrift vorzunehmen.

b) Notwendigkeit einer Abgrenzung

Die Notwendigkeit einer Abgrenzung ist gegeben, sofern man dem *ordre public* ausschließlich eine negative Funktion beimessen will.[65] Eine rein negative Funktion soll sich daraus ergeben, dass die vom positiven *ordre public* erfassten Normen mit den Vorschriften identisch sind, welche heute als Eingriffsnormen bezeichnet werden. Folglich werde der positive *ordre public* zu der Ermächtigungsgrundlage für die Durchsetzung aller Eingriffsnormen.[66] Es ist jedoch bislang ungeklärt, ob und welche Eingriffsnormen im Schiedsverfahren überhaupt angewandt werden müssen.[67] Sofern nicht jede Eingriffsnorm einen Bestandteil des *ordre public* bildet bzw. dieser nicht nur auf sie beschränkt ist, muss eine Abgrenzung vorgenommen werden.

Jedoch könnte die Abgrenzung von geringer Bedeutung sein.[68] Der Anwendung des *ordre public* soll stets ein positiver und ein negativer Aspekt innewohnen.[69] Ziel sei es, positiv eine fundamentale Norm der *lex fori* zur Anwendung

62 *Beulker*, Die Eingriffsnormenproblematik in internationalen Schiedsverfahren, S. 52.
63 *Neumayer*, FS Dölle, S. 184.
64 *Neumayer*, FS Dölle, S. 186. Die reine Ausschaltungsfunktion werde insbesondere an der französischen Bezeichnung „*éviction des lois normalement compétentes*" deutlich, vgl. *Maury*, Rev. crit. d.i.p. 43 (1954), 7, 10.
65 *Triebel/Peglow*, ZIP 1987, 616, 617 ff.; *Beulker*, Die Eingriffsnormenproblematik in internationalen Schiedsverfahren, S. 52.
66 Vgl. *Siehr*, RabelsZ 36 (1972), 93, 105 ff. Siehe hierzu auch Kap. 1 A D III.
67 Siehe hierzu Kap. 4 und Kap. 7 A.
68 So *Brüning*, Die Beachtlichkeit des fremden ordre public, S. 188.
69 Vgl. *Spickhoff*, Der ordre public im internationalen Privatrecht, S. 114 ff.

zu bringen. Dazu müsse gleichzeitig die fremde Norm weichen.[70] Dem Zusammenspiel zwischen positiver und negativer Funktion des *ordre public* könnte in einem gewissem Maße zuzustimmen sein, wenn man in einem ersten Schritt nicht von der positiven, sondern der negativen Wirkung des *ordre public* ausgeht. Der negative *ordre public* führt zu der Nichtanwendung der fremden Rechtsnorm, wodurch eine Lücke entsteht. In einem zweiten Schritt muss daher geklärt werden, welche Rechtsfolgen dies auslöst. Führt die Nichtanwendung zur Nichtigkeit der Schiedsvereinbarung oder wird die entstandene Lücke durch die Anwendung einer anderen Norm geschlossen? Nur im ersten Fall bleibt der *ordre public* auf seine rein negative Funktion begrenzt. Da die Rechtsfolgen der Umgehung erst am Ende der Untersuchung geklärt werden,[71] bleibt hier zunächst festzuhalten, dass eine Abgrenzung entbehrlich ist, sofern der *ordre public* sämtliche Eingriffsnormen erfasst und sowohl zur Nichtanwendung der an sich anwendbaren als auch zur Ersetzung durch die umgangene Rechtsnorm führt. Nur in diesem Fall umfasst der Begriff des *ordre public* die negative und die positive Funktion.

4. *Auslegungsweite des ordre public in der deutschen Gerichtspraxis*

Korrespondierend zu der Unterteilung des *ordre public national* und *international*[72] könnte die Auslegungsweite von Fällen mit Auslandsbezug und reinen Binnensachverhalten divergieren.

a) Fälle mit Auslandsbezug

Für Fälle mit Auslandsbezug wird die *ordre public*-Kontrolle jedenfalls insoweit wesentlich großzügiger gehandhabt, als es zum Erlass eines ausländischen Schiedsspruchs kommt.[73] Zwar wird der durch die Wahl eines fremden Rechts

---

70 *Kegel/Schurig*, Internationales Privatrecht, § 16 S. 518; *Schurig*, Kollisionsnorm und Sachnorm, S. 251, *Brüning*, Die Beachtlichkeit des fremden ordre public, S. 186 ff.; *Beulker*, Die Eingriffsnormenproblematik in internationalen Schiedsverfahren, S. 53.

71 Siehe Kap. 7 C.

72 Kap. 3 A V 2.

73 BGH, Urteil v. 15.5.1986 – III ZR 192/84, BGHZ 98, 70, 74 [II 4]; BGH, Beschluss v. 29.1.2009 – III ZB 88/07, BGHZ 179, 304, 312 [II d) aa) Rn. 27]; BGH, Beschluss v. 2.3.2017 – I ZB 42/16, BeckRS 2017, 106792 [II 2 b) bb) Rn. 21]; OLG Celle, Beschluss v. 6.10.2005 – 8 Sch 6/05, DIS-Datenbank [II 3]; KG Beschluss v. 7.2.2019 – 12 Sch 5/18 [II 2 a) Rn. 14]; OLG Frankfurt, Beschluss v. 4.6.2019 – 26 Sch 1/19 [II 2 b) cc) Rn. 52]; Stein/Jonas/*Schlosser*, Anh. § 1061 Rn. 317 m.w.N.; Prütting/Gehrlein/*Raeschke-Kessler*, § 1059 Rn. 60.

gegebene Auslandsbezug alleine nicht als ausreichend für eine differenzierte Auslegungsweite angesehen,[74] jedoch ist nach dem Territorialitätsprinzip des § 1025 ZPO für den Erlass eines ausländischen Schiedsspruches erforderlich, dass sich der Sitz des Schiedsgerichtes im Ausland befindet. Zudem ist hier i.d.R. bereits nach ausländischem Verfahrensrecht entschieden worden. Infolgedessen weist eine solche Entscheidung stets internationale Elemente auf.[75] Ferner droht im Falle eines ausländischen Schiedsspruches eine Kollision zwischen zwei Rechtsordnungen. Somit muss die Auslegungsweite des *ordre public* im Falle der Anwendung ausländischen Rechts begrenzt werden.

Dies kann aus spezifischen internationalprivat- oder verfahrensrechtlichen Interessen sowie aus dem *comitas*-Grundsatz abgeleitet werden. Die Achtung der Staaten voreinander gebietet es, dass Vorbehaltsklauseln nur gebraucht werden, sofern nach dem eigenen Rechtsverständnis unerträgliche Verletzungen drohen.[76] In diesem Sinne nimmt der BGH seit seiner Entscheidung vom 18.10.1967 auch für die Anerkennung ausländischer Gerichtsurteile eine enge Auslegung des *ordre public* vor.[77]

Für ausländische Schiedssprüche soll nichts anderes gelten; zumal die Schiedsgerichtsbarkeit den Parteien in nicht unerheblichem Maße die Möglichkeit verschafft, privatautonome Regelungen zu treffen. Die engere Auslegung wird zudem mit dem Interesse des Handelsverkehrs an einer effektiven Schiedsgerichtsbarkeit begründet. Darüber hinaus ist zumeist nur eine geringfügige Inlandsberührung gegeben. Diese beschränkt sich auf die Vollstreckung in Deutschland.[78] Folglich werden aufgrund der Internationalität die fundamentalen Interessen des Kontrollstaates in geringerem Maße tangiert als bei einem reinen Binnensachverhalt. Ferner entspricht eine engere Auslegung des *ordre public international* dem Willen des Gesetzgebers, das deutsche Schiedsrecht den internationalen Standards anzupassen.[79]

---

74 *Wunderer*, Der deutsche „ordre public d'arbitrage international" und Methoden seiner Konkretisierung, S. 165.

75 *Von Winterfeld*, NJW 1987, 3059, ebenda. Nach der Ansicht von *Tyrolt*, Sportschiedsgerichtsbarkeit und zwingendes staatliches Recht, S. 123 f. stelle der ausländische Sitz des Schiedsgerichtes keinen ausreichenden Anknüpfungspunkt dar, sofern deutsches Sachrecht anzuwenden sei.

76 *Von Winterfeld*, NJW 1987, 3059, 3060.

77 Vgl. BGH, Urteil v. 18.10.1967 – VIII ZR 145/66, BGHZ 48, 327, 331 [3].

78 BGH, Urteil v. 15.5.1986 – III ZR 192/84, BGHZ 98, 70, 74 [II 4].

79 BT-Drucks. 13/5274, S. 1.

b) Reine Binnensachverhalte

In reinen Binnensachverhalten könnte hingegen das Erfordernis einer weiteren Auslegung des *ordre public* notwendig sein. Die Aufsichtsfunktion der staatlichen Gerichte für inländische Schiedssprüche soll im Interesse einer Einheit der Rechtsordnung verstärkt werden. Die inländische Schiedsgerichtsbarkeit ersetzt hier die nationale staatliche Gerichtsbarkeit.[80] Der deutsche Gesetzgeber kann für inländische Schiedssprüche zudem die Anforderungen an das Schiedsverfahren regeln. Eine solche Regelungsmöglichkeit besteht mangels extraterritorialer Regelungsbefugnis des Gesetzgebers nicht für ausländische Schiedssprüche.[81] In reinen Binnensachverhalten entfallen die ausländische Anknüpfung und das Erfordernis der Rücksichtnahme auf eine ausländische Rechtsordnung, welche letztlich für die engere Auslegung des *ordre public international* entscheidend sind. Dies hat zur Folge, dass der nationale *ordre public* weiter ausgelegt wird.[82]

5. Inhalt des ordre public nach dem BGH

Entsprechend dieser unterschiedlichen Auslegungsweite nimmt der BGH für den nationalen und den internationalen *ordre public* differenzierte Konkretisierungen vor.

So liege ein Verstoß gegen den deutschen nationalen *ordre public* vor, „wenn der Schiedsspruch eine Norm verletzt, die die Grundlage des staatlichen oder wirtschaftlichen Lebens regelt, oder wenn er zu deutschen Gerechtigkeitsvorstellungen in einem untragbaren Widerspruch steht."[83] Eine reine Verletzung des materiellen Rechts soll hingegen nicht ausreichend sein, um eine *ordre public*-Widrigkeit zu begründen. Daher müsse der Schiedsspruch nur darauf überprüft

---

80 *Baur*, Neuere Probleme der privaten Schiedsgerichtsbarkeit, S. 15.

81 *Raeschke-Kessler/Bühler*, ZIP 1987, 1157, 1165.

82 Zu den Auswirkungen der unterschiedlichen Auslegungsweite für den Inhalt des *ordre public* sogleich unter 5.

83 RG, Urteil v. 29.6.1942 – II 22/42, RGZ 169, 240, 245 [1]; BGH, Urteil v. 12.7.1990 – III ZR 174/89, NJW 1990, 3210, 3211 [I 1]. Nach der oberlandesgerichtlichen Rechtsprechung ist bspw. erforderlich: eine offensichtliche Unvereinbarkeit des Schiedsspruches mit den „wesentlichen Grundsätzen des deutschen Rechts" (OLG Naumburg, Beschluss v. 26.3.2002 – 10 Sch 04/01, DIS Datenbank [II 3.2.1]); die Verletzung einer Norm, „die die Grundlagen des deutschen staatlichen und wirtschaftlichen Lebens in zwingender, dem Parteibelieben entzogener Weise regelt und nicht nur auf bloßen Zweckmäßigkeitserwägungen beruht" (BayObLG, Beschluss v. 20.11.2003 – 4Z Sch 17/03 – DIS Datenbank [II 3 a)]).

werden, ob er „elementare Grundlagen der Rechtsordnung verletzt".[84] Dies umfasse die deutsche und unionsrechtliche Binnenordnung.[85] Zu deren elementaren Grundlagen gehören, wie die Konkretisierung zeigt, nicht alle zwingenden Normen.[86] Jedenfalls zählen zum nationalen *ordre public* die Grundrechte, die Grundprinzipien des deutschen Rechtes und die guten Sitten.[87] Maßgeblich soll im Rahmen der Prüfung das erzielte Ergebnis sein.[88]

Das Reichsgericht stellte für eine ausländische Entscheidung noch darauf ab, „ob der Unterschied zwischen den staatspolitischen und sozialen Anschauungen, auf denen das fremde und das konkurrierende deutsche Recht beruhen, so erheblich ist, dass durch die Anwendung des ausländischen Rechts die Grundlagen des deutschen staatlichen oder gesellschaftlichen Lebens angegriffen werden".[89] Dies wird heute überwiegend als zu eng angesehen. Es soll in Bezug auf ausländische Schiedssprüche ein Verstoß gegeben sein, sofern „das Ergebnis der Anwendung des ausländischen Rechts zu den Grundgedanken der deutschen Regelungen und der in ihnen liegenden Gerechtigkeitsvorstellungen in so starkem Widerspruch steht, dass es aus deutscher Sicht untragbar erscheint".[90] Nicht ausreichend sei, wenn die ausländische Regelung von den deutschen Verfassungsnormen abweiche.[91]

Ein Vergleich der beiden Konkretisierungsversuche zeigt, dass sich diese im Wesentlichen decken. Jedenfalls verlangen beide einen untragbaren Widerspruch des Ergebnisses zu den Gerechtigkeitsvorstellungen der deutschen Rechtsordnung. Zugleich wird deutlich, dass diese Konkretisierungsversuche vergleichsweise unbestimmt bleiben und einer weiteren Präzisierung bedürfen.[92]

---

84 BGH, Urteil v. 12-07-1990 – III ZR 174/89, NJW 1990, 3210, 3211 [I 1].

85 OLG Celle, Beschluss v. 18.11.2010 – 8 Sch 4/10, BauR 2011, 1029, 1031 [II 3]; BGH, Beschluss v. 3.3.2016 – I ZB 2/15, SchiedsVZ 2016, 328, 333 [B II 5 d) bb) (1) Rn. 56].

86 BGH, Beschluss vom 30.10.2008 – III ZB 17/08, NJW 2009, 1215, 1216 m.w.N. [II Rn. 5]; OLG Schleswig, Beschluss v. 15. 5. 2009 – 16 Sch 1/09, SchiedsVZ 2010, 276, ebenda [II 2]; Nacimiento/Kroll/Böckstiegel/*Kröll/Kraft*, § 1059 Rn. 85; Stein/Jonas/*Schlosse*, Anh. zu § 1061 Rn. 316 m.w.N. Anderer Ansicht noch *Mezger*, NJW 1970, 368, 369. Anders die Konrektisierung des französischen *ordre public national* des Art. 6 Code Civil, vgl. Kap. 3 A I.

87 *Lachmann*, Handbuch der Schiedsgerichtspraxis, Rn. 2304.

88 BGH, Beschluss v. 30.11.1995 – III ZR 165/94, BeckRS 1995, 31368232 [3]; MünchKomm-ZPO/*Münch*, § 1059 Rn. 40.

89 RG, Urteil v. 21.3.1905 – II 387/04, RGZ 60, 296, 300.

90 BGH, Beschluss v. 16.9.1993 – IX ZB 82/90, BGHZ 123, 268, 270 m.w.N. [I 5].

91 BGH, Beschluss v. 16.9.1993 – IX ZB 82/90, BGHZ 123, 268, 271 ff. [I 5].

92 Für die weitere Präzisierung vgl. die Fallgruppen in Kap. 5 sowie ausführlich in Kap. 7.

6. *Umfang der staatlichen Kontrolle*

Das staatliche Gericht ist in der Kontrolle des Schiedsverfahrens beschränkt.[93] Es stellt sich die Frage, wie weit diese Kontrollbefugnis im Falle eines *ordre public*-Verstoßes reicht. Für die vorliegende Untersuchung gewinnt dieses Problem zusätzlich an Bedeutung, da die bisherigen Lösungsansätze weitestgehend auf der Überprüfung des Schiedsspruches aufbauen.

a) Verbot der révision au fond

Ausgangspunkt der Begrenzung der *ordre public*-Kontrolle ist das Verbot der *révision au fond*. Diesem liegt der Gedanke zugrunde, dass die Entscheidung des Schiedsgerichts nicht auf ihre inhaltliche Richtigkeit überprüft werden darf.[94] Der Schiedsspruch hat zwischen den Parteien die Wirkung eines rechtskräftigen Urteils. Somit müssten Fehlentscheidungen der Schiedsgerichte in demselben Umfang toleriert werden wie falsche, unanfechtbare staatliche Gerichtsentscheidungen. Ein Rechtsmittel zur sachlichen Überprüfung der Richtigkeit des Schiedsspruches besteht im repressiven Kontrollverfahren somit nicht.[95]

b) Maßstab für die Kontrolldichte

Der anzuwendende Maßstab für die Kontrolldichte eines *ordre public*-Verstoßes reicht von einer minimalistischen Kontrolle auf offensichtliche Fehler[96] bis zu dem Fehlen jeglicher Bindung an die Rechtsauffassungen und tatsächlichen Feststellungen des Schiedsgerichtes.[97]

---

93 BT-Drucks. 13/5274, S. 58 f.; RG, Urteil v. 24.11.1922 – VII 49/22, RGZ 105, 385, 397; OLG Köln, Beschluss v. 23.4.2004 – 9 Sch 01/03, SchiedsVZ 2005, 163, 165; BayObLG, Be-schluss v. 25.8.2004 – 4Z Sch 13/04, SchiedsVZ 2004, 319, 320 [II 3]; *Baumbach/Lauterbach/Albers/Anders*, § 1059 Rn. 5a; Zöller/*Geimer*, § 1059 Rn. 74; MünchKomm-ZPO/*Münch*, § 1059 Rn. 7 m.w.N.; *Schwab/Walter*, Schiedsgerichtsbarkeit, Kap. 24 Rn. 1; *Lachmann*, Handbuch der Schiedsgerichtspraxis, Rn. 2172.

94 BT-Drucks. 13/5274, S. 58 f.; RG, Urteil v. 24.11.1922 – VII 49/22, RGZ 105, 385, 397; OLG Köln, Beschluss v. 23.4.2004 – 9 Sch 01/03, SchiedsVZ 2005, 163, 165; BayObLG, Beschluss v. 25.8.2004 – 4Z Sch 13/04, SchiedsVZ 2004, 319, 320 [II 3]; *Baumbach/Lauterbach/Albers/Anders*, § 1059 Rn. 5a; Zöller/*Geimer*, § 1059 Rn. 74; MünchKomm-ZPO/*Münch*, § 1059 Rn. 7 m.w.N.; *Schwab/Walter*, Schiedsgerichtsbarkeit, Kap. 24 Rn. 1; *Lachmann*, Handbuch der Schiedsgerichtspraxis, Rn. 2172.

95 BayOblG, Beschluss v. 23.9.2004 – 4 Z Sch 05/04, DIS Datenbank [V 6 a)].

96 Stein/Jonas/*Schlosser*, Anh. § 1061 Rn. 325.

97 BGH, Urteil v. 12.5.1958 – VII ZR 436/56, BGHZ 27, 249, 254 [I 2]; BGH, Urteil v. 23.4.1959 – VII ZR 2/58, BGHZ 30, 89, 94 f. [II 2 a)]; OGH, Beschluss v.

Differenzierungen finden sich ferner hinsichtlich des Kriteriums der Bindung an die Rechtsauffassungen des Schiedsgerichtes. So soll die Überprüfung der Rechtsauffassungen des Schiedsgerichts nur insoweit möglich sein, als dessen rechtliche Würdigung oder das Verhältnis von Rechtsgrundlage zu Rechtsfolge überprüft werde.[98] Ferner in Betracht kommt eine reine Vertretbarkeitskontrolle der schiedsgerichtlichen Entscheidung.[99] Eine unvertretbare Entscheidung des Schiedsgerichtes liege vor, wenn sie offensichtlich unrichtig, sachwidrig oder unangemessen sei.[100]

Auch hinsichtlich der Bindung an die tatsächlichen Feststellungen werden Abstufungen vorgenommen. So soll jedenfalls die Ersetzung der schiedsgerichtlichen Beweisaufnahme und -würdigung durch das staatliche Gericht unstatthaft sein.[101] Eine Beschränkung der Kontrollbefugnis könnte ferner lediglich auf „gravierende (Verfahrens-)Fehler" bei der Beweiswürdigung vorzunehmen sein. Maßstab hierfür bilde die Richtigkeitskontrolle des Revisionsverfahrens.[102]

26.1.2005 – 3 Ob 221/04 b, IPRax 2006, 496, 499 [2 b)]; *Gottwald*, FS Nagel, S. 66 m.w.N.; MünchKomm-ZPO/*Adolphsen*, Anh. zu § 1061, Art. V UNÜ Rn. 68; *Kornblum*, ZZP 86 (1973), 216, 219 ff.; *Reiner*, IPRax 2000, 323, 326; *Lachmann*, Handbuch der Schiedsgerichtspraxis, Rn. 2154; Musielak/Voit/*Voit ZPO*, § 1059 Rn. 30 m.w.N.

98 BGH, Urteil v. 12.5.1958 – VII ZR 436/56, BGHZ 27, 249, 254 [I 2]. Ähnlich auch *Harbst*, SchiedsVZ 2007, 22, 26, der in einem ersten Schritt prüfen will, ob der Sachverhalt, welcher den *ordre public*-Verstoß begründen soll, verfahrensfehlerfrei vom Schiedsgericht ermittelt worden sei. Sofern ein Verfahrensfehler vorliege, müsse untersucht werden, ob die Prüfung hinsichtlich des Einwandes des *ordre public* ordnungsgemäß erfolgte.

99 Vgl. *von Brunn*, NJW 1969, 823, 826 f.; *Habscheid*, KTS 1973, 232, 235. So auch das Tribunal de première instance de Bruxelles v. 8.3.2007 – *Société SAS c/ société Cytec Industrie*, Rev. de l'arb. 2007, 303, 303 ff, insbesondere 324 (hierzu *Kasolowsky/Steup*, SchiedsVZ 2008, 72, 75).

100 *Spiegel*, Kartellprivatrecht in der internationalen Handelsschiedsgerichtsbarkeit, S. 196.

101 BayObLG, Beschluss v. 20.3.2003 – 4 Z Sch 23/02, DIS Datenbank [II 2 a)]. Für das Verbot einer eigenen Beweisaufnahme durch das staatliche Gericht: *Münch*, FS Rüßmann, S. 866.

102 OLG Saarbrücken, Beschluss v. 30.5.2011 – 4 Sch 3/10, NJOZ 2011, 1363, 1367 [II 2 b) ff)].

c) Ausweitung der Kontrolldichte wegen des Grundsatzes des effektiven Rechtsschutzes in Umgehungsfällen

Um die Fälle der Umgehung materiell zwingenden Rechts einzudämmen, könnte eine Ausweitung der Kontrolldichte wegen des Grundsatzes des effektiven Rechtsschutzes geboten sein.

Sofern der Staat das Gewaltmonopol für sich beansprucht, muss er seinen Bürgern nach Art. 19 Abs. 4 GG eine Rechtsschutzmöglichkeit auch für zivilrechtliche Streitigkeiten eröffnen. Daher lässt sich aus dem Rechtsstaatsprinzip i.V.m. Art. 2 Abs. 1 GG ein allgemeiner Justizgewährungsanspruch ableiten.[103] „Dieser umfasst den Zugang zu den Gerichten, die Prüfung des Streitbegehrens in einem förmlichen Verfahren sowie die verbindliche gerichtliche Entscheidung.“[104]

In den repressiven Kontrollverfahren hat das Gericht verbindlich über die Aufhebung bzw. Anerkennung des Schiedsspruches zu entscheiden. Hierzu ist eine Prüfung auf die *ordre public*-Widrigkeit als Aufhebungs- und Anerkennungsversagungsgrund erforderlich. Daher soll ein Verstoß gegen den Grundsatz des effektiven Rechtsschutzes gegeben sein, wenn dem Gericht die Prüfung des *ordre public* faktisch unmöglich gemacht werde.[105]

Dies trifft vorrangig auf die Bindung an die Rechtsauffassung des Schiedsgerichtes zu. Das Schiedsgericht hat mit seiner Entscheidung i.d.R. klargestellt, welches Recht anwendbar ist und eine bestimmte Rechtsfolge ausgesprochen. Versteht man die Bindung an die Rechtsauffassungen des Schiedsgerichtes so umfassend, dass jede abweichende staatsgerichtliche Entscheidung bereits die Prüfungsbefugnis überschreite, ist eine Kontrolle in den vorliegenden Umgehungsfällen praktisch ausgeschlossen.[106] Daher ist eine solch umfassende Bindung an die Rechtsauffassungen des Schiedsgerichts aufgrund des Justizgewährungsanspruches hier abzulehnen.

Des Weiteren ist zu klären, ob dies auch in Bezug auf die Tatsachenfeststellungen gilt. Die Schiedsgerichtsbarkeit ist ihrem Wesen nach eine eigenständige

---

103 BVerfG, Beschluss v. 30.4.2003 – 1 PBvU 1/02, BVerfGE 107, 395, 401 [I 1].

104 *Thorn*, Symposium v. Hoffmann, S. 137.

105 In diesem Sinne auch BGH, Urteil v. 23.4.1959 – VII ZR 2/58, BGHZ 30, 89, 95 [II 2 a)]; *Lachmann*, Handbuch der Schiedsgerichtspraxis, Rn. 2157.

106 Die umgangenen Rechtsnormen gehören regelmäßig nicht dem anwendbaren Recht an. Zudem wird die Umgehung in der Sache nur relevant, wenn die umgangene Norm zu einer anderen Rechtsfolge als die vom Schiedsgericht angewandte Norm führt.

Gerichtsbarkeit und der Staatlichen weitgehend gleichgestellt.[107] Die staatliche Kontrolle verhindert einen Missbrauch der den Schiedsgerichten eingeräumten Rechtsprechungsbefugnis. Eine umfassende eigene Beweisaufnahme des staatlichen Gerichts würde jedoch dazu führen, dass die Entscheidungshoheit des Schiedsgerichts vollständig leerliefe und dieses zu einer Vorinstanz degradiert würde.[108] In den vorliegenden Umgehungsfällen ist eine eigene Beweisaufnahme zumeist jedoch nicht erforderlich, da sich die relevanten Umstände wie bspw. das anwendbare Recht, die Rechtsnatur des Streitgegenstandes, die Eigenschaften der Parteien oder ein möglicher Auslandsbezug aus dem Schiedsspruch ergeben wird.

d) Begrenzung der Kontrolldichte wegen des Grundsatzes der Parteiautonomie in Umgehungsfällen

Das soeben gefundene Ergebnis könnte jedoch wegen des Grundsatzes der Parteiautonomie abweichend zu bewerten sein.

Im Bereich der Schiedsgerichtsbarkeit besteht in besonderem Maße ein Bedürfnis nach parteiautonomen Gestaltungen.[109] Hierzu gehört grundsätzlich u.a. die Bestimmung des in der Sache anzuwendenden Rechts.[110] Die Parteien entscheiden sich im Regelfall für das Recht, welches das Schiedsgericht in seiner Entscheidung auch anwendet. Ihnen wird, um ein effektives und kostengünstiges Verfahren zu sichern, häufig daran gelegen sein, die Kontrollweite so gering wie möglich zu halten.[111] Daher könnte es auch grundsätzlich den Parteien überlassen bleiben, ihre Interessen durch geeignete Verfahrensgestaltungen zu schützen.[112]

Diese Überlegung versagt allerdings, wenn durch die Umgehung des materiell zwingenden Rechts einer Partei ihr schützendes Recht genommen wird und sie sich hiergegen nicht selbstständig durchsetzen kann. Ferner liegt eine Verletzung seiner elementaren Grundentscheidungen nicht im Interesse des Kontrollstaates. Ansonsten würde ein Anreiz geschaffen, sich dieser „leidigen" Prinzipien

---

107 Vgl. OLG Saarbrücken, Beschluss v. 30.5.2011 – 4 Sch 3/10, NJOZ 2011, 1363, 1367 [II 2 b) ff)]; *Tyrolt*, Sportschiedsgerichtsbarkeit und zwingendes staatliches Recht, S. 87. Kritisch *Kröll*, NJW 2003, 791, 797.

108 Vgl. Zöller/*Geimer*, § 1059 Rn. 75; *Beulker*, Die Eingriffsnormenproblematik in internationalen Schiedsverfahren, S. 250.

109 BGH, Urteil v. 15.5.1986 – III ZR 192/84, BGHZ 98, 70, 74 [II 4].

110 Vgl. Musielak/Voit/*Voit*, § 1029 Rn. 3 m.w.N.

111 So etwa *von Brunn*, NJW 1969, 823, 824.

112 BGH, Urteil v. 15.5.1986 – III ZR 192/84, BGHZ 98, 70, 74 [II 4].

durch ein Schiedsverfahren zu entziehen. Das Schiedsverfahren bietet in diesem Fall keine gleichwertige Kontrolle mehr, sondern wird zu einem „Missbrauchsinstrument." Somit darf die Kontrolldichte jedenfalls nicht soweit begrenzt werden, dass eine effektive Kontrolle ausscheidet.

Ein solcher Fall ist allerdings gegeben, wenn das staatliche Gericht umfassend an die Rechtsauffassung des Schiedsgerichtes gebunden ist. Dem staatlichen Gericht muss daher eine uneingeschränkte rechtliche *ordre public*-Prüfungsbefugnis gewährt werden.

Hinsichtlich der Bindung an die Tatsachenfeststellungen fließt aus dem Grundsatz des Verbotes der *révision au fond* der Wille der Parteien, den staatlichen Gerichten die Entscheidung ihres Rechtsstreites zu entziehen.[113] Für die Entscheidung des Schiedsgerichts ist häufig eine Beweisaufnahme erforderlich. Dies impliziert, dass gerade nicht das staatliche Gericht für eine Beweisaufnahme zuständig sein soll; zumal die Parteien im Schiedsverfahren Regelungen hinsichtlich der Beweisaufnahme treffen können (vgl. § 1042 Abs. 3 ZPO). Diese Regelungen werden durch eine eigene Beweisaufnahme des staatlichen Gerichtes letztlich obsolet. Daher ergibt sich auch aus dem Grundsatz der Parteiautonomie, dass eine eigene staatliche Beweisaufnahme die Kontrollbefugnis betreffend den Schiedsspruch überschreitet.[114]

e) Kontrollbefugnis in den präventiven Kontrollverfahren

Es stellt sich die Frage, ob der soeben festgestellte Umfang der Kontrollbefugnis in Bezug auf die Prüfung eines Schiedsspruches auf die Wirksamkeitsprüfung der Schiedsvereinbarung in den präventiven Kontrollverfahren übertragen werden kann.

Das Gesetz nimmt zwischen den einzelnen Kontrollstufen keinen Wertigkeitsunterschied vor. Lediglich der Prüfungsgegenstand divergiert. Diese Divergenz könnte jedoch entscheidend für eine differenzierte Begrenzung der Kontrolle in Bezug auf die Wirksamkeit der Schiedsvereinbarung sein. Ohne Schiedsspruch gibt es noch keinen manifestierten schiedsrichterlichen Willen in Bezug auf den

---

113 *Münch*, FS Rüßmann, S. 882.

114 Sofern das Schiedsgericht bei der Tatsachenfeststellung grundlegende rechtstaatliche Prinzipien verletzt hat, begründet dies einen eigenständigen Verstoß gegen Art. V Abs. 1 b), d) UNÜ (i.V.m. § 1061 ZPO), § 1059 Abs. 2 Nr. 1 b), d) ZPO (i.V.m. § 1060 ZPO) bzw. den prozessualen *ordre public*. Siehe hierzu: *Blackaby/Partasides/Hunter/Redfern*, Redfern and Hunter on International Arbitration, Chap. 11 Rn. 11.71 ff.; Nacimiento/Kroll/Böck-stiegel/*Kröll/Kraft*, § 1059 Rn. 63 ff.

Streitgegenstand. Folglich kann eine umfassende Kontrolle nicht den geäußerten Willen der Schiedsrichter verletzen. Eine umfassende frühzeitige Kontrolle verwirklicht den Justizgewährungsanspruch der Partei, deren Rechte durch die Umgehung des materiell zwingenden Rechts verletzt wurden. Zudem darf das staatliche Gericht keinen Weg für einen späteren Verstoß bereiten.

Das staatliche Gericht muss, um einen effektiven Rechtsschutz zu sichern, das Parteivorbringen zu einem *ordre public*-Verstoß stets prüfen. Liegt kein Parteivorbringen vor, ist zu beachten, dass die *ordre public*-Kontrolle von Amts wegen durchzuführen ist. Hierdurch sollen die zentralen Staatsinteressen gesichert werden. Dementsprechend muss das staatliche Gericht von Amts wegen die Schiedsvereinbarung sowie das Rechtsverhältnis, aus dem der zu entscheidende Rechtsstreit resultiert, prüfen. Mangels eigener Beweisaufnahme durch das Schiedsgericht kann das staatliche Gericht in den präventiven Kontrollverfahren zudem die Beweise erheben, die zur Prüfung des *ordre public*-Verstoßes notwendig sind.[115] Allerdings ist weder eine rechtliche Entscheidung noch eine Beweisaufnahme zu allen Sachverhaltsaspekten, welche für die *ordre public*-Widrigkeit irrelevant sind, erlaubt. Andernfalls würden dem staatlichen Gericht umfassende Prüfungen und Ausführungen gestattet, selbst wenn ein *ordre public*-Verstoß im Ergebnis abgelehnt wird. Eine solch weitreichende Kontrolle widerspricht dem Interesse der Parteien, den Streit der staatlichen Gerichtsbarkeit zu entziehen.

B. Fazit

Es wurde deutlich, dass der *ordre public* seinem Wesen nach eine Korrektur für extreme Ausnahmefälle ermöglicht.[116]

Maßstab der *ordre public*-Kontrolle ist i.R.d. Anwendbarkeit des UNÜ der *ordre public* der *lex fori* des staatlichen Prüfungsgerichts. Hat ein deutsches Gericht ihn anzuwenden, gilt der deutsche *ordre public*. Das EuÜ enthält insoweit keine abweichenden Regelungen.[117]

Im Falle der Umgehung materiellen Rechts gilt ausschließlich der materielle *ordre public*.[118]

---

115 Zu denken ist bspw. an den relevanten Vertrag, sofern die Parteien diesen nicht selbst vorlegen.

116 Kap. 3 A II.

117 Kap. 3 A IV.

118 Kap. 3 A V 1. Zur Prüfung von (ausländischen) Eingriffsnormen i.R.d. *ordre public*: Kap. 4 C und Kap. 7 B VII 1 a).

Die Unterteilung in den nationalen und internationalen *ordre public* ist auch im deutschen Recht vorzunehmen.[119]

Eine Abgrenzung in einen positiven und negativen *ordre public* ist erforderlich, wenn nicht (nur) alle Eingriffsnormen Bestandteil des *ordre public* sind und ein Verstoß gegen ihn nicht stets zur Anwendbarkeit der umgangenen Rechtsnorm *ipso iure* führt.[120]

Der internationale *ordre public* wird im Gegensatz zum nationalen *ordre public* enger ausgelegt.[121] Zugleich zeigen die Konkretisierungsversuche des BGH,[122] dass dieser bereits den nationalen *ordre public* restriktiv handhabt.[123] Daher führt ein Verstoß gegen den internationalen *ordre public* erst recht zu einer Verletzung des nationalen.[124]

Das staatliche Gericht ist im Rahmen der *ordre public*-Kontrolle nicht an die Rechtsauffassungen des Schiedsgerichtes gebunden. Hingegen steht ihm in den repressiven Kontrollverfahren keine Befugnis zu einer eigenen Beweisaufnahme zu. In den präventiven Kontrollverfahren kann das staatliche Gericht, mangels der Manifestation des schiedsrichterlichen Willens im Schiedsspruch, das Parteivorbringen prüfen sowie über alle Sachverhaltsaspekte, welche eine *ordre public*-Widrigkeit begründen können, Beweis erheben und eine eigene rechtliche Würdigung treffen.[125]

---

119 Kap. 3 A V 2.

120 Kap. 3 A V 3.

121 Kap. 3 A V 4.

122 Kap. 3 A V 5.

123 So auch *Lachmann*, Handbuch der Schiedsgerichtspraxis, Rn. 2099; *Hußlein-Stich*, Das UNCITRAL-Modellgesetz über die internationale Handelsschiedsgerichtsbarkeit, S. 187; *Kornblum*, NJW 1987, 1105, 1106; MünchKomm-ZPO/*Münch*, § 1059 Rn. 43.

124 *Lachmann*, Handbuch der Schiedsgerichtspraxis, Rn. 2341.

125 Kap. 3 A V 6.

Kapitel 4: Abstrakte Verfahren zur Bestimmung der Anwendbarkeit des materiell zwingenden Rechts

Wie eingangs dargestellt,[1] ist die Frage nach den anzuwendenden materiell zwingenden Normen im Schiedsverfahren auch heute noch einer der zentralen Diskussionspunkte in der Schiedsgerichtsbarkeit. Einigkeit herrscht weitestgehend dahin, dass das Schiedsgericht nicht von der Anwendung jeglichen zwingenden Rechts befreit ist.[2] Welche materiell zwingenden Normen müssen jedoch angewendet werden? Zur Lösung dieser Frage werden in einem ersten Schritt die abstrakten Verfahren zur Bestimmung der anwendbaren materiell zwingenden Normen aufgezeigt. Am Ende jedes Ansatzes wird eine erste Bewertung der generellen Tauglichkeit der jeweiligen Methode vorgenommen, eine abschließende Beurteilung soll jedoch dem Ende der Untersuchung[3] vorbehalten werden.

A. Art. 3 Abs. 3 Rom I-VO

Die anzuwendenden materiell zwingenden Normen könnten sich aus Art. 3 Abs. 3 Rom I-VO ergeben.[4]

Nach Art. 3 Abs. 3 Rom I-VO finden die zwingenden Vorschriften eines Staates trotz der Rechtswahl der Parteien Anwendung, sofern „alle anderen Elemente des Sachverhalts zum Zeitpunkt der Rechtswahl in einem anderen als demjenigen Staat belegen (sind), dessen Recht gewählt wurde." Die Norm stellt eine Begrenzung der kollisionsrechtlichen Freiheit der Parteien für reine Inlandssachverhalte dar.[5] Zwar bleibt den Parteien die Rechtswahl weiterhin möglich, allerdings können durch sie nicht die zwingenden Normen des Einbettungsstatuts umgangen werden. Steht die zwingende Norm dem gewählten Recht entgegen, findet sie an dessen Stelle Anwendung.[6] Ziel des Art. 3 Abs. 3 Rom I-VO

1 Siehe Einleitung A.

2 Vgl. statt aller: BeckOK-ZPO/*Wilske/Markert*, § 1051 Rn. 7.2; *Lazareff*, Arbitration International Vol. 11 No. 2 1995, 137, 141; *Hausmann*, FS v. Hoffmann, S. 985.

3 Siehe Ergebnisse und Ausblick.

4 Ähnlich *Prönbacher/Baur*, FS Schütze, S. 441.

5 Vgl. Staudinger/*Magnus*, Art. 3 Rom I-VO Rn. 130.

6 Staudinger/*Magnus*, Art. 3 Rom I-VO Rn. 131; MünchKomm-BGB/*Martiny*, Art. 3 Rom I-VO Rn. 85 jeweils m.w.N.

ist es, eine Umgehung des zwingenden nationalen Rechts durch die Schaffung eines künstlichen Auslandsbezuges zu verhindern.[7] Art. 3 Abs. 3 Rom I-VO ist eine „allseitige" Kollisionsnorm und ermöglicht es, die zwingenden Normen einer ausländischen Rechtsordnung auch zur Anwendung zu bringen, sofern der Sachverhalt – von Rechtswahl und Gerichtsstandsklausel abgesehen – nur zu diesem Recht einen Bezug aufweist.[8]

Die Rechtsfolge des Art. 3 Abs. 3 Rom I-VO greift nicht ein, wenn ein Auslandsbezug vorliegt.[9] Dieser muss von „einigem Gewicht" und mit einer „kollisionsrechtlichen Bedeutung" für das „konkrete Geschäft" sein. Als Maßstab für den hinreichenden Auslandsbezug einer Tatsache kann auf die Umstände der objektiven Anknüpfung nach Art. 4 Rom I-VO abgestellt werden.[10] So ist bspw. der gewöhnliche Aufenthalt einer Partei oder ihre Niederlassung, der Belegenheitsort eines Grundstücks sowie ein Erfüllungsort im Ausland ausreichend, um einen hinreichenden Auslandsbezug anzunehmen.[11]

Liegen die Voraussetzungen des Art. 3 Abs. 3 Rom I-VO vor, bleiben die Parteien zwar an ihre Rechtswahl gebunden, allerdings hat diese nur noch die Wirkung einer materiell-rechtlichen Verweisung.[12]

I. Anwendbarkeit des Art. 3 Abs. 3 Rom I-VO auf Schiedsverfahren

Für eine Heranziehung des Art. 3 Abs. 3 Rom I-VO zur Bestimmung der anzuwendenden zwingenden Normen ist von zentraler Bedeutung, ob diese Vorschrift überhaupt auf das Schiedsverfahren Anwendung findet.

---

7 MünchKomm-BGB/*Martiny*, Art. 3 Rom I-VO Rn. 4.

8 MünchKomm-BGB/*Martiny*, Art. 3 Rom I-VO Rn. 90; Staudinger/*Magnus*, Art. 3 Rom I-VO Rn. 133 jeweils m.w.N.

9 Staudinger/*Magnus*, Art. 3 Rom I-VO Rn. 142.

10 MünchKomm-BGB/*Martiny*, Art. 3 Rom I-VO Rn. 91 m.w.N.

11 Staudinger/*Magnus*, Art. 3 Rom I-VO Rn. 138; MünchKomm-BGB/*Martiny*, Art. 3 Rom I-VO Rn. 91 m.w.N. Zu der Frage, ob ein ausländischer Abschlussort einen hinreichenden Auslandsbezug begründen kann, siehe Staudinger/*Magnus*, Art. 3 Rom I-VO Rn. 139 m.w.N.

12 MünchKomm-BGB/*Martiny*, Art. 3 Rom I-VO Rn. 92; Staudinger/*Magnus*, Art. 3 Rom I-VO Rn. 138 m.w.N.

1. *Der Wortlaut der Rom I-VO*

Nach Art. 1 Abs. 2 e) Rom I-VO sind „(v)om Anwendungsbereich dieser Verordnung ausgenommen (…): (…) e) Schieds- und Gerichtsstandsvereinbarungen." Aus dem Wortlaut des Art. 1 Abs. 2 e) Rom I-VO kann sich somit ein Ausschluss der Anwendbarkeit der Rom I-VO im Schiedsverfahren ergeben.[13]

Dem wird entgegengehalten, dass hier explizit nur von der Schiedsvereinbarung und nicht der Schiedsgerichtsbarkeit insgesamt gesprochen werde.[14] Die Schiedsvereinbarung soll hier nicht die Rechtswahlkausel erfassen, da diese unterschiedliche Gegenstände beträfen.[15] Diese Einschränkung auf die Schiedsvereinbarung hätten bereits *Giuliano* und *Lagarde* in ihrem Abschlussbericht zum EVÜ hervorgehoben.[16] Jedoch bezieht sich dies nur auf die Beurteilung des Kollisionsrechts durch die staatlichen Gerichte;[17] zumal in den englischen und französischen Fassungen werden die Worte „courts or tribunals"[18] bzw. „juridiction"[19] verwendet werden.[20]

2. *Die Anwendbarkeit des EVÜ*

Nach der Begründung vom 22.12.1997 ging der deutsche Gesetzgeber im Rahmen des Schiedsverfahrensneuregelungsgesetzes im Gegensatz zur Reformkommission von einer Bindung an das EVÜ aus.[21] Jedoch hatte er in Art. 1 Abs. 2 des Zustimmungsgesetzes zum EVÜ die unmittelbare Anwendung ausdrücklich ausgeschlossen. Dies spricht für eine Unanwendbarkeit des

---

13 *Grimm*, SchiedsVZ 2012, 189, 190.

14 *Mankowski*, RIW 2011, 30, 30 f.; *ders.*, RIW 2018, 1, 1 f.

15 *Mankowski*, RIW 2018, 1, 2.

16 *Yüksel*, Journal of Private International Law Vol. 7 No. 1 2011, 149, 151. *Mankowski* will dem *Giuliano/Lagarde* Bericht nur entnehmen, dass dieser die *separability-Doktrin* hervorhebe, vgl. *Mankowski*, RIW 2018, 1, 2.

17 *Junker*, FS Sandrock, S. 453; MünchKomm-BGB/*Martiny*, vor Art. 1 Rom I-VO Rn. 103 m.w.N.

18 Erwägungsgrund 12 Regulation (EC) No. 593/2008 of the European Parliament and of the Council of 17 June 2008 on the law applicable to contractual obligations (Rome I), ABl. EU 177/6.

19 Erwägungsgrund 12 Règlement (CE) No°593/2008 du Parlement Européen et du Conseil du 17 juin 2008 sur la loi applicable aux obligations contractuelles (Rome I), ABl. EU 177/6.

20 *Kondring*, RIW 2010, 184, 189 f.

21 BT-Drucks. 13/5274, S. 52; dazu *Berger*, DZWiR 1998, 45, 52.

EVÜ auch im Rahmen der Schiedsgerichtsbarkeit.[22] Der Bericht der Verfasser des EVÜ hat sich zu dessen Verhältnis zu abweichenden Kollisionsnormen wie in Art. VII EuÜ[23] nicht geäußert; daher kann davon ausgegangen werden, dass sie sich mit der Frage der Geltung im schiedsgerichtlichen Verfahren nicht auseinandergesetzt haben. Ferner haben viele der Mitgliedsstaaten Sonderkollisionsnormen für das Schiedsverfahren noch nach Inkrafttreten des EVÜ verabschiedet.[24] Sofern insoweit eine Bindung zum EVÜ bestanden hätte, wäre diese Vorgehensweise aufgrund des Art. 23 EVÜ ausgeschlossen gewesen.[25]

3. *Entstehungsgeschichte der Rom I-VO*

Die Rom I-VO beruht auf der Kompetenzgrundlage des Art. 81 Abs. 2 c) AEUV. Dieser erfasst im Gegensatz zu lit. a) und b) keine außergerichtlichen Entscheidungen wie Schiedssprüche. Daher ergibt sich aus der Entstehungsgeschichte der Rom I-VO kein Anwendungsvorrang.[26] Ihre geltenden Sonderkollisionsvorschriften haben die Mitgliedsstaaten auch nach Inkrafttreten der Rom I-VO nicht aufgehoben. Eine Aufhebungspflicht hätte wegen des Vorranges des Unionsrechts bestanden, sofern der europäische Gesetzgeber für den Bereich des Schiedsverfahrens eine Bindungswirkung der Rom I-VO vorgesehen hätte. Ein solcher Hinweis lässt sich jedoch nicht finden. Er wäre aber aufgrund der diesbezüglich ablehnenden Haltung der meisten Mitgliedsstaaten zwingend gewesen.[27] Ferner hat bspw. Frankreich sein Kollisionsrecht für Schiedsverfahren auch noch nach Inkrafttreten der Rom I-VO erneuert.[28]

---

22 Vgl. statt aller: *Solomon*, RIW 1997, 981, 986 ff.; *Martiny*, FS Schütze, S. 533; *Junker*, FS Sandrock, S. 451 ff.

23 Auch Art. VII EuÜ schließe die Anwendbarkeit der Rom I-VO nicht aus, da im Falle der Anwendung der Rom I-VO Art. VII EuÜ über Art. 25 Rom I-VO gelte. Zudem verweise Art. VII S. 2 EuÜ im Rahmen der objektiven Anknüpfung auf das nationale Kollisionsrecht. Dieses bilde jedoch gerade die Rom I-VO vgl. *Mankowski*, RIW 2018, 1, 5.

24 *Martiny*, FS Schütze, S. 533 mit Beispielen.

25 Reithmann/Martiny/*Hausmann*, Rn. 8.413; *Hausmann*, FS v. Hoffmann, S. 978. So *Mankowski*, RIW 2011, 30, 34; *ders.*, RIW 2018, 1, 5, der alle diese Kollisionsnormen für völkerrechtswidrig hält, wenn nicht das Verfahren des Art. 23 EVÜ eingehalten worden sei.

26 *Valdini*, ZIP 2017, 7, 8 f.; *Wegen*, FS Prütting, S. 920.

27 So bereits zum EVÜ: *Junker*, FS Sandrock, S. 455.

28 Vgl. Art. 1511 CPC.

4. *Die Parallelität zur Brüssel Ia-VO*

Vielmehr betonte der europäische Gesetzgeber in Erwägungsgrund 7 der Rom I-VO die Parallelität zur Brüssel I-VO, welche nur für staatliche Gerichte galt.[29] Auch die Brüssel Ia-VO ist auf Schiedsverfahren nicht anwendbar (vgl. Art. 1 Abs. 2 d) Brüssel Ia-VO); zumal nach Erwägungsgrund 12 zu dieser Verordnung die Entscheidung, die das staatliche Gericht eines Mitgliedsstaates über die Wirksamkeit einer Schiedsvereinbarung getroffen hat, nicht in den anderen Mitgliedsstaaten nach dieser Verordnung anerkannt oder vollstreckt werden kann.[30] Daher ist es möglich, den Gedanken der Parallelität auch weiterhin heranzuziehen. So spricht der Ausschluss der Schiedsgerichtsbarkeit in der Brüssel Ia-VO für eine Unanwendbarkeit der Rom I-VO auf die Schiedsgerichtsbarkeit.[31]

5. *§ 1051 ZPO als spezielle Kollisionsregel*

Durch das Schiedsverfahrensneuregelungsgesetz sollte die Attraktivität Deutschlands als Schiedsort gestärkt werden.[32] Aus diesen Gründen kann nicht davon ausgegangen werden, dass der Gesetzgeber entgegen der für die Parteien leicht zu erfassenden Regel des § 1051 ZPO die Wahlfreiheit durch die Geltung des gesamten nationalen Kollisionsrechtes wieder ausschalten wollte.[33] Dies gilt umso mehr als § 1051 ZPO eine spezielle Kollisionsnorm für das gesamte Schiedsverfahrensrecht darstellt,[34] zumal die in § 1051 ZPO enthaltene Kollisionsregel vom EVÜ abweicht. § 1051 ZPO ist vielmehr Art. 28 des Modellgesetzes nachgebildet.[35] Insoweit entspricht § 1051 ZPO einer international anerkannten Staatenpraxis, die eine Bereichsausnahme vom europarechtlichen Kollisionsrecht rechtfertigen kann.[36] Dass § 1051 ZPO von der Rom I-VO abweichende kollisionsrechtliche Rechtsgestaltungen ermöglicht, wird auch an § 1051 Abs. 1 S. 2 ZPO ersichtlich. Nach diesem ist ein *renvoi* aufgrund des Wortlautes „ausdrücklich“ möglich, wenn die Parteien eine entsprechende Vereinbarung

---

29 Art. 1 Abs. 2 d) Brüssel I-VO.

30 Reithmann/Martiny/*Hausmann*, Rn. 8.414.

31 *Wegen*, FS Prütting, S. 920.

32 BT-Drucks. 13/5274, S. 1.

33 *Prönbacher/Baur*, FS Schütze, S. 439.

34 Vgl. MünchKomm-ZPO/*Münch*, § 1051 Rn. 1; *Prönbacher/Baur*, FS Schütze, S. 440.

35 BeckOK-ZPO/*Vorwerk/Wolf*, § 1051 Rn. 3; MünchKomm-BGB/*v. Hein*, Einleitung Rn. 320.

36 BeckOK-ZPO/*Vorwerk/Wolf*, § 1051 Rn. 3

treffen.[37] Hingegen enthält die Rom I-VO mit Art. 20 Rom I-VO einen ausdrücklichen Ausschluss eines *renvoi*.

6. *Einschränkung der Parteiautonomie*

Eine Anwendung der Rom I-VO könnte dem für die Schiedsgerichtsbarkeit zentralen Prinzip der Parteiautonomie zuwiderlaufen, da die Rechtswahlmöglichkeit der Parteien durch die teilweise strengen Regelungen der Rom I-VO erheblich eingeschränkt würde. Ferner wäre die Vorhersehbarkeit des von den Schiedsrichtern anzuwendenden Rechts gefährdet.[38]

Ferner ist es der Wunsch der Parteien, v.a. in internationalen Schiedsverfahren das anwendbare Recht flexibel zu gestalten.[39] Daher räumen die meisten Schiedsrechte (wie § 1051 Abs. 3 ZPO) und Schiedsverfahrensordnungen den Parteien die Möglichkeit ein, das Schiedsgericht zu einer Entscheidung *ex aequo et bono* zu ermächtigen. Eine solche Entscheidung wäre faktisch ausgeschlossen, wenn eine Bindung der Schiedsrichter an die Rom I-VO bestünde.[40] Genau aus diesem Grunde hätten das Vereinigte Königreich und Frankreich, in denen weltweit anerkannter Schiedsinstitutionen ihren Sitz haben, der heutigen Rom I-VO ohne eine Öffnungsklausel für die Schiedsgerichtsbarkeit wahrscheinlich nicht zugestimmt.[41]

7. *Zwischenergebnis*

Alles in allem besteht (wie auch hinsichtlich der Vorgängerverordnung des EVÜ) keine Bindungswirkung an die Rom I-VO für die Schiedsgerichte.[42] Allerdings

---

37 MünchKomm-ZPO/*Münch*, § 1015 Rn. 24 m.w.N., auch zur Wirksamkeit und den Voraussetzungen einer entsprechenden Vereinbarung.

38 *Grimm*, SchiedsVZ 2012, 189, 191 f.

39 Ähnlich *Hausmann*, FS v. Hoffmann, S. 986.

40 Reithmann/Martiny/*Hausmann*, Rn. 8.414; *Grimm*, SchiedsVZ 2012, 189, 192. Andere Ansicht: *Mankowski*, RIW 2018, 1, 4.

41 Reithmann/Martiny/*Hausmann*, Rn. 8.415.

42 *Hausmann*, FS v. Hoffmann, S. 977 ff.; *Pfeiffer*, EuZW 2008, 622, 623; *ders.*, NJW 2012, 1169, 1170 f.; *Kondring*, RIW 2010, 184, 189 ff.; *Ostendorf*, SchiedsVZ 2010, 234, 237 f.; *Schmidt-Ahrendts/Höttler*, SchiedsVZ 2011, 267, 269 f.; *Schlif*, RIW 2013, 678, 678 ff; MünchKomm-BGB/*Martiny*, vor Art. 1 Rom I-VO Rn. 103; Wieczorek/Schütze/*Schütze*, § 1051 Rn. 12; *Grimm*, SchiedsVZ 2012, 189, 191; *Wegen/Asbrand*, RIW 2016, 557, 560; OLG Hamm, Urteil v. 9.7.2013 – 21 U 16/13, SchiedsVZ 2014, 38, 42 (für das Schiedsvereinbarungsstatut).

kann es den Normen der Rom I-VO eine *persuasive authority* beimessen und sie zur Lückenschließung oder Konkretisierung der nationalen, spezifisch schiedsverfahrensrechtlichen Kollisionsnormen anwenden.[43]

II. Vorläufige Einordnung

Problematisch an der Bestimmung der anzuwendenden zwingenden Normen über Art. 3 Abs. 3 Rom I-VO ist der Ausschluss dieser Norm im Schiedsverfahren. Art. 3 Abs. 3 Rom I-VO kann als *persuasive authority* herangezogen werden, sodass eine Bestimmung allenfalls in Orientierung an Art. 3 Abs. 3 Rom I-VO möglich ist.

Ein solches Verfahren liefert vergleichsweise einfache Kriterien. Dies kann zu einer rechtssicheren und einheitlichen Entscheidungspraxis beitragen. Zudem weist die Methode eine gesetzliche Verankerung auf.

Zu bedenken ist, dass Art. 3 Abs. 3 Rom I-VO als zentrales Kriterium auf den fehlenden Auslandsbezug abstellt. Die Kriterien für einen fehlenden Auslandsbezug erscheinen im Hinblick auf die Konstellation von internationalen Schiedsverfahren relativ vage. Ist ein hinreichender Auslandsbezug gegeben, findet eine zwingende Norm auch dann keine Anwendung, wenn sie eine zentrale Gerechtigkeitsvorstellung ihres Erlassstaates verkörpert.[44] Im umgekehrten Fall müssten bei fehlendem Auslandsbezug sämtliche inländischen zwingenden Normen Anwendung finden.[45] Dasselbe gilt für eine Bestimmung am Maßstab des Art. 3 Abs. 4 Rom I-VO, nach dem einfach zwingendes Unionsrecht Anwendung findet, wenn der Fall ausschließlich im Gebiet der Europäischen Union belegen ist. Eine Bestimmung der anzuwendenden Eingriffsnormen anhand von Art. 3 Abs. 3 Rom I-VO ist somit sowohl vor dem Hintergrund der fehlenden Anwendbarkeit dieser Norm auf Schiedsverfahren als auch der Rechtsfolge einer weitreichenden Pflicht zur Anwendung des zwingenden Rechts problematisch.

---

43 So auch die meisten der soeben Genannten. Ebenso Reithmann/Martiny/*Hausmann*, Rn. 8.414.

44 Eine Ausnahme besteht nur, sofern es sich bei dieser Vorschrift um eine Eingriffsnorm handelt. Für die Anwendung von Eingriffsnormen ist jedoch Art. 9 Rom I-VO *lex specialis*.

45 Vgl. Staudinger/*Magnus*, Art. 3 Rom I-VO Rn. 144 m.w.N.; MünchKomm-BGB/*Martiny*, Art. 3 Rom I-VO Rn. 86 sowie Kap. 1 D.

B. Schiedsverfahrensdoktrin

Die Schiedsverfahrensdoktrin ist ein weltweit anerkanntes Verfahren zur Bestimmung der anzuwendenden international zwingenden Normen. Sie wird unter verschiedenen Bezeichnungen und mit teilweisen Abweichungen herangezogen.[46]

I. Ansatz

Dem Ansatz liegt als Ausgangspunkt die Position des staatlichen Richters bei der Bestimmung von international zwingenden Normen zugrunde. Die Grundlage dieses Ansatzes kann auf Art. 7 Abs. 1 EVÜ zurückgeführt werden.[47] Nach Art. 7 Abs. 1 EVÜ war für das Vorliegen einer international zwingenden Regelung erforderlich, dass es sich um eine zwingende Norm handelt, die ohne Rücksicht auf das Vertragsstatut Anwendung finden sollte. Ferner musste der Sachverhalt eine enge Verbindung zu dem Erlassstaat aufweisen. Maßgeblich für die Entscheidung ob einer Norm international zwingender Charakter zukommen sollte, waren ihre Natur und ihre Regelung. Zudem wurden die Folgen einer (Nicht-)Anwendung betrachtet.[48]

II. Voraussetzungen

Die Ansätze gehen im Grundsatz von einem Dreischritt[49] aus. Es wird das Vorliegen einer international zwingenden Norm und eine enge Verbindung zur Streitigkeit gefordert. Die Norm muss zudem nach ihrer Natur und ihrem Zweck „application worthy" sein.[50]

---

46 *Blessing*, Arb Int'l Vol. 14 No. 4 1997, 23, 31 ff; *Mayer*, Arb Int'l Vol. 4 Issue 2 1986, 274, 274 ff.; *Razvi*, The Lahore Journal of Economics Vol. 3 No. 2 1998, 35, 50 ff. („favourable approach"); *Lalive*, ICCA Congress Series 1986 New York Vol. 3, 1987, 258, 282 f. (geht jedenfalls von einer Anwendung für den staatlichen Richter aus); *Commandeur/Gößling*, SchiedsVZ 2014, 12, 16 ff.; *Barraclough/Waincymer*, Melbourne Journal of International Law Vol. 6 2005, 205, 227 ff. sprechen von dem „Special Connection Test".

47 *Barraclough/Waincymer*, Melbourne Journal of International Law Vol. 6 2005, 205, 227.

48 Art. 7 Abs. 1 S. 2 EVÜ.

49 *Barraclough/Waincymer*, Melbourne Journal of International Law Vol. 6 2005, 205, 227; *Sachs/Niedermaier*, FS von Hoffmann, S. 1057. *Commandeur/Gößling*, SchiedsVZ 2014, 12, 16 sprechen von zwei wesentlichen Elementen. Dies beruht darauf, dass sie das Testverfahren ausschließlich im Hinblick auf „mandatory rules" darstellen, sodass sie den ersten Prüfungsschritt insoweit vor die weiteren Voraussetzungen ziehen.

50 *Commandeur/Gößling*, SchiedsVZ 2014, 12, 16 ff.

1. *Vorliegen einer international zwingenden Norm*

Die Anforderungen, die i.R.d. Schiedsverfahrensdoktrin an die Qualifikation als international zwingende Norm gestellt werden, divergieren teilweise.

So verlangen *Barraclough* und *Waincymer* für das Vorliegen einer international zwingenden Norm („mandatory rule") nur, dass die Norm unabhängig vom Vertragsstatut Anwendung finden soll.[51]

Hingegen untertcilt *Blessing* diesen ersten Prüfungspunkt. Ihm zufolge müsse zuerst ermittelt werden, ob die Norm zwingenden Charakter habe. Dieser sei gegeben, wenn die Vorschrift einen vom anwendbaren Recht unabhängigen Anwendungswillen habe. Zudem müsse die konkrete Norm *ratione personae* und *ratione materiae* auf den Sachverhalt anwendbar sein. Zugleich sei zu beachten, dass der Anwendungsbereich der international zwingenden Vorschriften eng ausgelegt werden sollte.[52]

Teilweise wird, trotz dessen Unanwendbarkeit im Schiedsverfahren, zur Definition der international zwingenden Norm auf Art. 9 Abs. 1 Rom I-VO abgestellt.[53]

2. *Enge Verbindung*

Das Kriterium der engen Verbindung sei nach den Vertretern der Schiedsverfahrensdoktrin geeignet die Parteiinteressen und die Interessen des Staates, zu dem eine solche Verbindung bestehe, zusammenzuführen.[54] Zur Begründung des Erfordernisses der engen Verbindung verweist *Razvi* auf die Gedanken des Art. 9 Rom I-VO und Art. 16 of the Hague Convention of 14 March 1978 on the Law Applicable to Agency.[55] Zwar seien diese Vorschriften nicht direkt im

---

51 *Barraclough/Waincymer*, Melbourne Journal of International Law Vol. 6 2005, 205, ebenda, 229. Dies knüpft an die weitgehend gängige Definition von *Mayer* an. Nach *Mayer* sei eine „mandatory rule" „an imperative provision of law which must be applied to an international relationship irrespective of the law that governs that relationship.", vgl. *Mayer*, Arb Int'l Vol. 4 Issue 2 1986, 274, 275.

52 *Blessing*, Arb Int'l 1997, 23, 34 f.

53 *Razvi*, The Lahore Journal of Economics, Vol. 3 No. 2 1998, 35, 50 f.

54 *Razvi*, The Lahore Journal of Economics, Vol. 3 No. 2 1998, 35, 50.

55 Art. 16 of the Hague Convention of 14 March 1978 on the Law Applicable to Agency: „In the application of this Convention, effect may be given to the mandatory rules of any State with which the situation has a significant connection, if and in so far as, under the law of that State, those rules must be applied whatever the law specified by its choice of law rules."

Schiedsverfahren anwendbar, allerdings drückten sie einen fortschreitenden Konsens dahin gehend aus, dass auch zwingende Normen, welche eine enge Verbindung zum Streitgegenstand hätten, angewandt werden müssten.[56] In Art. 7 Abs. 1 EVÜ sei das Kriterium der engen Verbindung eingeführt worden, um zu verhindern, dass eine Vielzahl von unterschiedlichen und sich möglicherweise sogar widersprechenden Normen berücksichtigt werden müsste. Dies würde zu einer erhöhten Verfahrensdauer und Komplexität führen sowie ein Einfallstor für Verzögerungstaktiken eröffnen.[57]

Das Erfordernis einer engen Verbindung halte Staaten davon ab zu versuchen, ihre eigenen Interessen über die Grenzen ihrer Rechtssetzungszuständigkeit auszuweiten.[58] Zudem sei das Erfordernis der engen Verbindung im internationalen Privatrecht von erheblicher Bedeutung, insbesondere für die Bestimmung des anzuwendenden Rechts, wenn keine Rechtswahl von den Parteien vorgenommen wurde (vgl. Art. 4 Abs. 4 Rom I-VO oder Art. 4 Abs. 3 EGBGB).[59]

Die Prüfung, ob eine enge Verbindung zwischen den international zwingenden Vorschriften des jeweiligen Erlassstaates und der Streitigkeit bestehe, müsse der Schiedsrichter in jedem Einzelfall vornehmen. Ihm komme allerdings insoweit ein nicht unerheblicher Ermessenspielraum zu.[60]

Keine Schwierigkeiten bereite das Kriterium der engen Verbindung, wenn es um die international zwingenden Normen des Rechts gehe, welches nach dem Willen der Parteien Anwendung finden soll. Durch die Rechtswahl hätten die Parteien selbst die enge Verbindung hergestellt.[61] Bei den international zwingenden Vorschriften der nicht gewählten Rechtsordnungen müsse dagegen differenziert werden. So erfüllten die Vorschriften des Staates, in welchem der Vertrag erfüllt werden soll, zumeist das Kriterium der engen Verbindung.[62]

---

56 *Razvi*, The Lahore Journal of Economics, Vol. 3 No. 2 1998, 35, 50 f. Nach der Ansicht von *Sachs/Niedermaier*, FS von Hoffmann, S. 1058 könnten nun auch Art. 9 Rom I-VO und Art. 19 Abs. 1 IPRG als Auslegungshilfe herangezogen werden.

57 *Giuliano/Lagarde*, Report on the Convention of the law applicable to contractual obligations (1980), Official Journal of the European Communities, No C 282/1, S. 27.

58 *Barraclough/Waincymer*, Melbourne Journal of International Law Vol. 6 2005, 205, 228.

59 *Commandeur/Gößling*, SchiedsVZ 2014, 12, 16.

60 *Commandeur/Gößling*, SchiedsVZ 2014, 12, 17.

61 *Razvi*, The Lahore Journal of Economics, Vol. 3 No. 2 1998, 35, 51; *Commandeur/Gößling*, SchiedsVZ 2014, 12, 17.

62 *Razvi*, The Lahore Journal of Economics, Vol. 3 No. 2 1998, 35, 50 f. (der dies aus Art. 7 Abs. 1 EVÜ als Ausdruck internationaler Solidarität ableitet); *Commandeur/Gößling*, SchiedsVZ 2014, 12, 17.

Dagegen schließe das Erfordernis der Vornahme bzw. des Unterlassens einer Handlung in dem Normerlassstaat bereits viele Vorschriften von der Anwendung aus.[63] Allerdings könnten sich auch aus der Eigenart der jeweiligen Norm, wie im Wettbewerbsrecht[64] oder dem Vollstreckungsort Auswirkungen auf das Erfordernis einer engen Verbindung ergeben.[65] Da das Schiedsgericht den Vollstreckungsort regelmäßig nicht voraussehen könne, gebe es keine *per se* enge Verknüpfung mit der Streitigkeit. Etwas anderes gelte nur, wenn der Vollstreckungsort bereits im Vorfeld feststehe.[66]

3. *Inhaltliche Prüfung: „Application-Worthiness“*

Im Rahmen der Bestimmung der „Application-Worthiness“ müsse das Schiedsgericht feststellen, ob aufgrund der Natur und des Zweckes der international zwingenden Norm ihre Anwendung erforderlich sei. Im Rahmen dieser Prüfung müssten die Umstände des Einzelfalls berücksichtigt werden. Jedoch habe das Schiedsgericht ein weitreichendes Ermessen.[67]

Die Kriterien der Prüfung der „Application-Worthiness“ divergieren.

Commandeur und *Gößling* verlangen die Berücksichtigung der Interessen, welche die international zwingende Norm schützen soll und der Rechtsfolgen ihrer Anwendung. Zudem müsse die Bedeutung der Norm ihre Anwendung sogar gegen den Parteiwillen rechtfertigen.[68]

Nach der Ansicht von *Blessing* müsse die „Application-Worthiness“ im Hinblick auf die finanzielle, sozial-ökonomische oder politische Funktion der Norm im Rahmen einer funktionellen Analyse ermittelt werden. Von ausschlaggebender Bedeutung sei die Natur der Werte, welche die Norm nach dem sog. „shared-values-test“ schützen soll. Es müsse sich um essentielle Werte handeln, welche dem wahren internationalen *ordre public* zuzurechnen seien. Im Rahmen der Rechtsfolgen der Anwendung der Norm stellt er sowohl auf das Ergebnis der Anwendung als auch auf die Auswirkungen auf den konkreten Vertrag ab. Die

---

63 *Barraclough/Waincymer*, Melbourne Journal of International Law Vol. 6 2005, 205, 228 m.w.N.; *Commandeur/Gößling*, SchiedsVZ 2014, 12, 17.

64 *Barraclough/Waincymer*, Melbourne Journal of International Law Vol. 6 2005, 205, 229; *Commandeur/Gößling*, SchiedsVZ 2014, 12, 17.

65 *Mankowski*, RIW 2011, 30, 43; *Sachs/Niedermaier*, FS von Hoffmann, S. 1058.

66 *Barraclough/Waincymer*, Melbourne Journal of International Law Vol. 6 2005, 205, 229; *Commandeur/Gößling*, SchiedsVZ 2014, 12, 17.

67 *Commandeur/Gößling*, SchiedsVZ 2014, 12, 17.

68 *Commandeur/Gößling*, SchiedsVZ 2014, 12, 17.

von der Norm zu schützenden Interessen konkretisiert *Blessing* dahin gehend, dass diese fundamentale oder universell anerkannte Prinzipien darstellten. Letztlich sei es erforderlich, eine Abwägung aller tangierten Interessen vorzunehmen. Das Ergebnis müsse unter Berücksichtigung aller Umstände als ein „appropriate result“[69] qualifiziert werden können. Von zentraler Bedeutung seien die letzten beiden Prüfungspunkte. Die „Application-Worthiness“ führe zu einer vorsichtigen Beurteilung der Norm in der Sache im Wege eines „rule-of-reason test.“ Es müsse zu einer Bestimmung der Legitimation, mit der die Norm sich selbst den Parteien auferlege, kommen.[70]

Barraclough und *Waincymer* sehen in Anlehnung an die Übereinkommensgeschichte des Art. 7 Abs. 1 EVÜ die Existenz vergleichbarer Normen in anderen Ländern als maßgeblich an. Sie stellen darauf ab, ob die Normen ein generelles, anerkanntes Interesse repräsentierten. Die Prüfung der Auswirkungen der (Nicht-)Anwendung nehmen sie unter Berücksichtigung der Position des staatlichen Richters vor. Dieser Prüfungsschritt sei v.a. für Fälle, in denen konfligierende Normen bestünden, von erheblicher Bedeutung.[71]

Razvi verlangt im Rahmen der Prüfung der „Application-Worthiness“, dass der Zweck der international zwingenden Norm ihre Anwendung auf eine internationale Handelstransaktion rechtfertige. Die Schiedsrichter müssten hierauf im Besonderen achten, da international zwingende Normen häufig auf eine rein inländische Anwendung zugeschnitten seien. Dies folge aus Art. 7 Abs. 1 EVÜ. Das Abstellen auf die Natur und den Sinn der international zwingenden Norm führe dazu, dass in jedem Fall die Normen am Ort der Vertragserfüllung Anwendung fänden. Denn die Erfüllung müsse im Gleichklang mit den dort geltenden Normen erfolgen. Die Anwendung von international zwingenden Normen sei unausweichlich, wenn sensible Staatsinteressen, wie das Wettbewerbs- oder Umweltrecht, betroffen seien. Hier sollten die Schiedsrichter darauf achten, dass das Schiedsverfahren nicht zu einem Umgehungsinstrument werde.[72]

a) Wahrer internationaler ordre public

Die betroffenen Normen sollten ferner Ausdruck eines wahren internationalen *ordre public* sein.[73] Jede Norm, die diesen widerspiegle, sei „application

69 *Blessing*, Arb Int'l 1997, 23, 34 f.

70 *Blessing*, Arb Int'l 1997, 23, 34 f.

71 *Barraclough/Waincymer*, Melbourne Journal of International Law Vol. 6 2005, 205, 230.

72 *Razvi*, The Lahore Journal of Economics, Vol. 3 No. 2 1998, 35, 51 f.

73 Corte di Appello Milan, Urteil v. 4.12.1992, Yearbook Comm. Vol. XXII, 725, 726 [Rn. 4]; *Baniassadi*, Berkeley Journal of International Law, Vol. 10 No. 1 1992, 59, 63;

worthy."[74] Der Begriff des wahren internationalen *ordre public* erfasse „(all) fundamental rules of natural law, principles of universal justice, jus cogens[75] in public international law, and the general principles of morality by what are refered to as ‚civilised nations'."[76] Er enthalte die universellen Werte und habe Vorrang vor einzelstaatlichen Interessen oder dem Willen der Parteien.[77] Zu dem wahren internationalen *ordre public* gehörten bspw. das Verbot von Diskriminierungen aufgrund der Rasse, der Religion oder der Sexualität sowie bestimmte Formen von Korruption.[78]

Die Anwendung dieses Standards durch die Schiedsrichter beruhe auf dem Gedanken, dass sie in besonderem Maße dafür geeignet seien, diese Prinzipien anzuwenden und die Verantwortung für ein Mindestmaß an Gleichheit und „fair play" in dem Bereich des internationalen Handels zu tragen. Zudem dürften auch die Schiedsgerichte, wie die staatlichen Gerichte, Normen, die diesen ethischen und moralischen Grundvorstellungen zuwiderliefen, nicht zur Geltung verhelfen.[79] Dies habe zur Folge, dass das Erfordernis einer engen Verbindung entbehrlich werde, da angesichts der Universalität der geschützten Werte diese stets Anwendung finden müssten.[80]

Razvi, The Lahore Journal of Economics, Vol. 3 No. 2 1998, 35, 504 f.; *Waincymer*, 5 AIAJ 2009, 1, 44; *Commandeur/Gößling*, SchiedsVZ 2014, 12, 18.

74 *Commandeur/Gößling*, SchiedsVZ 2014, 12, 18. *Barraclough/Waincymer* sehen eine Norm, welche zum wahren internationalen *ordre public* gehöre nicht nur als „application-worthy" an, vielmehr sei sie zwingend und automatisch anzuwenden, vgl. *Barraclough/Waincymer*, Melbourne Journal of International Law Vol. 6 2005, 205, 218 f.

75 Es sei hier darauf hingewiesen, dass *Commandeur/Gößling*, SchiedsVZ 2014, 12, 18 f mit dem Begriff *ius cogens* nicht alle zwingenden Normen erfassen wollen. Andernfalls wäre das Erfordernis der Zugehörigkeit zum engen wahren internationalen *ordre public* entbehrlich. Sie können hier nur das Prinzip des *ius cogens* im Sinne des Völkerrechts meinen, was auch durch den Zusatz „in public international law" zum Ausdruck kommt, vgl. zu diesem Prinzip statt aller: *Schwarz*, Ius Cogens als Basis für ein stabiles Völkerrecht, S. 1 ff.

76 *Commandeur/Gößling*, SchiedsVZ 2014, 12, 18 m.w.N.

77 *Commandeur/Gößling*, SchiedsVZ 2014, 12, 18.

78 *Commandeur/Gößling*, SchiedsVZ 2014, 12, 18.

79 *Razvi*, The Lahore Journal of Economics, Vol. 3, No. 2, 35, 55.

80 *Commandeur/Gößling*, SchiedsVZ 2014, 12, 18.

b) *Vollstreckbarkeit des Schiedsspruchs*

Ein weiteres zu berücksichtigendes Kriterium sei die Vollstreckbarkeit des Schiedsspruches.[81] Die Schiedsrichter seien dazu verpflichtet, einen vollstreckbaren Schiedsspruch zu erlassen.[82] So müssten sie jedenfalls die international zwingenden Normen des potentiellen Vollstreckungsstaates berücksichtigen; zumal das Vollstreckbarerklärungsgericht im Rahmen seiner Prüfung eine *ordre public*-Kontrolle am Maßstab des internationalen *ordre public* vornehmen werde.[83]

Allerdings sei das Schiedsgericht in der Praxis selten in der Lage, den Vollstreckungsstaat vorherzusehen. Dies gelte zuvörderst, wenn große multinationale Konzerne beteiligt seien, da diese ihre Vermögensgegenstände in einer Reihe von Staaten hätten. Sofern ein Schiedsgericht international zwingende Normen eines Staates berücksichtige, in welchem letztlich keine Vollstreckbarerklärung begehrt werde, ließe es den Interessen dieses Staates ein überproportionales Gewicht zukommen und handele gegen den Parteiwillen.[84] Es müsse daher danach differenziert werden, ob der Vollstreckungsstaat bereits sicher voraussehbar sei. Insofern hätte das Schiedsgericht dessen international zwingende Vorschriften anzuwenden. Stehe der Vollstreckungsstaat nicht sicher fest, seien zwei Möglichkeiten denkbar. Sofern alle potentiellen Vollstreckungsstaaten international zwingende Normen erlassen hätten, müssten die Normen mindestens eines Staates angewandt werden. Hätten nicht alle Staaten international zwingende Vorschriften erlassen, dürfe der Schiedsrichter diese nicht anwenden.[85] In beiden Fällen bestehe die Möglichkeit, den Schiedsspruch in jedenfalls einem Staat ohne Verletzung einer international zwingenden Norm zu vollstrecken. Dies genüge dem Interesse der Parteien an einem vollstreckbaren Schiedsspruch.[86]

---

81 Siehe hierzu auch Kap. 7 A VI.

82 *Commandeur/Gößling*, SchiedsVZ 2014, 12, 19.

83 *Commandeur/Gößling*, SchiedsVZ 2014, 12, 19.

84 *Commandeur/Gößling*, SchiedsVZ 2014, 12, 19.

85 *Barraclough/Waincymer*, Melbourne Journal of International Law Vol. 6 2005, 205, 216; *Commandeur/Gößling*, SchiedsVZ 2014, 12, 19.

86 *Commandeur/Gößling*, SchiedsVZ 2014, 12, 19. Faktische Voraussetzung ist, dass in jedem der potentiellen Vollstreckungsstaaten ausreichend Vermögen vorhanden ist.

c) *Schutzfunktion der zwingenden Norm*

Die Notwendigkeit der Berücksichtigung der Schutzfunktion der Norm ergebe sich nun aus dem Wortlaut des Art. 9 Abs. 3 Rom I-VO. Abzustellen sei vornehmlich auf den Kreis der zu schützenden Personen.[87] Daher müssten international zwingende Normen angewandt werden, die einen generellen Anwendungsbereich hätten und nicht eine bestimmte Partei schützen würden.[88]

Barraclough und *Waincymer* prüfen in einem zweiten Schritt, ob die international zwingende Vorschrift für diesen Schutz tatsächlich geeignet ist.[89] Allerdings erweise sich die Prüfung der Effektivität der Norm für die Schiedsrichter als komplex und sei mit hohem Aufwand verbunden. Zudem drohe die Gefahr von abweichenden Entscheidungen.[90] Dieser Aspekt erfasse daher lediglich Normen, die evident nicht für diesen Zweck geeignet und somit vollständig ineffektiv seien, sodass sie den Parteiwillen nicht überwiegen könnten. Dies liege bspw. bei veralteten Normen vor, die der Gesetzgeber vergessen habe zu aktualisieren.[91]

d) *Auswirkungen auf das Vertragsverhältnis*

Die Notwendigkeit der Berücksichtigung der Auswirkungen der Anwendung von international zwingenden Normen auf das Vertragsverhältnis lasse sich aus Art. 7 Abs. 1 EVÜ bzw. nun Art. 9 Abs. 3 Rom I-VO ableiten. So sei zu beachten, ob die Anwendung zur Nichtigkeit des Vertrages bzw. der Schiedsvereinbarung führe oder ob nur einzelne Regelungen nichtig seien.[92] Sofern eine Gesamtnichtigkeit drohe, bestünden höhere Anforderungen an die Anwendung einer international zwingenden Norm.[93]

III. Vorläufige Einordnung

Die Schiedsverfahrensdoktrin führt dazu, dass die international zwingenden Normen des Sitzstaates berücksichtigt werden, da hier eine Aufhebung des

---

87 *Commandeur/Gößling*, SchiedsVZ 2014, 12, 19.

88 *Blessing*, Arb Int'l 1997, 23, 34; *Commandeur/Gößling*, SchiedsVZ 2014, 12, 20.

89 *Barraclough/Waincymer*, Melbourne Journal of International Law Vol. 6 2005, 205, 241 f.

90 *Barraclough/Waincymer*, Melbourne Journal of International Law Vol. 6 2005, 205, 242; *Commandeur/Gößling*, SchiedsVZ 2014, 12, 20.

91 *Commandeur/Gößling*, SchiedsVZ 2014, 12, 20.

92 *Blessing*, Arb Int'l 1997, 23, 35; *Commandeur/Gößling*, SchiedsVZ 2014, 12, 20.

93 *Commandeur/Gößling*, SchiedsVZ 2014, 12, 20.

Schiedsspruches droht.[94] Ferner sollen die international zwingenden Vorschriften des Staates, in dem der Vertrag erfüllt werden soll, angewandt werden.[95]

Kritisiert wird an der Schiedsverfahrensdoktrin in erster Linie ihre fehlende Bestimmtheit. Dies beruht auf der Vielzahl der möglicherweise anzuwendenden Kriterien. Das Fehlen einer einheitlichen Definition der international zwingenden Norm ermöglicht dem jeweiligen Staat, seine eigenen Gerechtigkeitsvorstellungen auf die internationale Ebene zu erstrecken, indem er Normen als international zwingend qualifiziert.[96] Die Unbestimmtheit und die Gefahr einander widersprechender Entscheidungen setzt sich im Rahmen der Prüfung der „Application-Worthiness“ durch die schwere Greifbarkeit der Kriterien fort[97] (zu denken ist hier bspw. an die Bestimmung des wahren internationalen *ordre public*). Zudem berücksichtigt die Schiedsverfahrensdoktrin aufgrund ihres Aufbaus auf Art. 7 Abs. 1 EVÜ die Parteiautonomie in geringem Maße. Art. 7 Abs. 1 EVÜ bzw. nun Art. 9 Rom I-VO sind auf den staatlichen Richter zugeschnitten und ein Ausdruck der Solidarität zwischen den Staaten.[98] Insgesamt müssen die Kriterien eng ausgelegt werden, um die Vorhersehbarkeit der anzuwendenden Normen und den Schutz der Privatautonomie zu gewährleisten.[99]

Hervorzuheben ist allerdings, dass die Schiedsverfahrensdoktrin ein weltweit anerkannter Ansatz darstellt. Es erscheint möglich, dass sie sowohl von Schiedsrichtern als auch staatlichen Richtern in internationalen Schiedsverfahren zur Anwendung gebracht wird.

Anzumerken ist darüber hinaus, dass dieser Ansatz mit den genannten Kriterien insbesondere unter Berücksichtigung der engen Auslegung einen restriktiven Ansatz zur Bestimmung der anzuwendenden zwingenden Normen darstellt.

---

94 Zur Beachtung der Eingriffsnormen des Sitzstaates wegen einer Gefahr der Aufhebung des Schiedsspruches aufgrund der Hague Principles on Choice of Law in International Commercial Contracts siehe Kap. 7 A III.

95 *Barraclough/Waincymer*, Melbourne Journal of International Law Vol. 6 2005, 205, 244; *Razvi*, The Lahore Journal of Economics, Vol. 3, No.2, 35, 51; *Commandeur/Gößling*, SchiedsVZ 2014, 12, 20.

96 *Czernich*, RIW 2016, 701, 705 f.

97 Vgl. *Commandeur/Gößling*, SchiedsVZ 2014, 12, 17.

98 *Barraclough/Waincymer*, Melbourne Journal of International Law Vol. 6 2005, 205, 232 verlangen, dass die Parteiautonomie stärker in den Test einbezogen werde, bspw. über das Kriterium der Auswirkung auf das Vertragsverhältnis, damit der Test überhaupt Anwendung finden könne.

99 *Commandeur/Gößling*, SchiedsVZ 2014, 12, 18.

C. Beschränkung auf fremde Eingriffsnormen

Ein weiteres Verfahren für die Bestimmung der anzuwendenden materiell zwingenden Vorschriften orientiert sich an der Anwendung von fremden Eingriffsnormen.

I. Definition Eingriffsnorm anhand des Art. 9 Rom I-VO

Voraussetzung ist diesem Ansatz zufolge zunächst das Vorliegen einer Eingriffsnorm. Dieser Ansatz definiert im Gegensatz zur Schiedsverfahrensdoktrin[100] den Begriff der Eingriffsnorm ausschließlich anhand von Art. 9 Abs. 1 Rom I-VO.[101]

Art. 9 Rom I-VO sei „eine Öffnungsklausel, die die Durchbrechung des Vertragsstatuts zugunsten von Eingriffsnormen gestattet."[102] Allerdings folge aus ihr nicht gleichzeitig ein Anwendungsbefehl. Vielmehr eröffne sie die Möglichkeit der Anwendung entgegen dem Vertragsstatut.[103] Diese richte sich alleine nach dem Anwendungswillen der jeweiligen Norm. Für eine Heranziehung der Legaldefinition des Art. 9 Abs. 1 Rom I-VO spreche der Sinn und Zweck des internationalen Privatrechts, welcher darin bestehe, die Entscheidungsharmonie zu gewährleisten. Dies gelte auch im Hinblick auf die Schiedsgerichte. Der Zweck von Eingriffsnormen bestehe darin, dass bestimmte staatliche Interessen im Falle von internationalen Sachverhalten durchgesetzt werden. Es obliege allerdings jedem Staat, die Reichweite und den Inhalt seiner Eingriffsnormen autonom festzulegen.[104]

Nach Art. 9 Abs. 1 Rom I-VO soll das durchzusetzende öffentliche Interesse „entscheidend" sein und dabei den Anwendungsbereich der Qualifikation von Eingriffsnormen einschränken. Dieses Erfordernis sei in den anderen Theorien zur Bestimmung der anzuwendenden international zwingenden Normen nicht enthalten, daher soll ein Rückgriff auf Art. 9 Abs. 1 Rom I-VO einen engeren Anwendungsbereich als bspw. die Schiedsverfahrensdoktrin eröffnen.[105]

100 Dazu soeben unter B II 1.

101 Siehe Kap. 1 D III.

102 *Czernich*, RIW 2016, 701, 702.

103 *Czernich*, RIW 2016, 701, 702.

104 *Czernich*, RIW 2016, 701, 702.

105 *Czernich*, RIW 2016, 701, 702. Allerdings gilt dies nur, soweit im Rahmen der Schiedsver-fahrensdoktrin nicht ebenfalls die Legaldefinition des Art. 9 Abs. 1 Rom I-VO herangezogen wird.

II. Voraussetzungen

Der Ansatz basiert auf dem Gedanken, dass das Schiedsgericht keine *lex fori* habe.[106] Daher kenne es auch keine „eigenen“ Eingriffsnormen.[107] Vielmehr seien alle in Betracht kommenden Eingriffsnormen „fremd.“[108] Für die Anwendung von fremden Eingriffsnormen könne auf Art. 9 Abs. 3 Rom I-VO abgestellt werden. Dieser erlaube die Durchbrechung des Territorialitätsprinzips für die Anwendung dieser Vorschriften. Aus Art. 9 Abs. 3 Rom I-VO ergebe sich, dass die Eingriffsnormen am Erfüllungsort der vertraglichen Verpflichtung angewendet werden müssten. Zudem müsste es sich bei der Vorschrift um eine Verbotsnorm handeln und die Norm dem Ermessen der Schiedsrichter zufolge inhaltlich kongruent sein.[109]

1. Erfüllungsort

Im Rahmen dieses Verfahrens bilde der „Erfüllungsort“ das Kriterium der engen Verbindung zwischen dem Sachverhalt und der Rechtsordnung der Eingriffsnorm ab.[110] Allerdings müsse dieses Verbindungselement („genuine link“) nicht rechtlich, sondern faktisch betrachtet werden.[111] Daher dürfe nicht auf den von Parteien planbaren rechtlichen Erfüllungsort abgestellt werden, sondern auf den Ort, an dem die Vertragsleistung tatsächlich erbracht werde. An diesem Ort manifestierten sich die Rechtsfolgen, sodass hier das Verbindungselement liege. Allerdings müsse, um eine Umgehung zu verhindern, der Leistungsort weit verstanden werden. Ein Vertrag könne dementsprechend mehrere Leistungsorte haben. Hingegen sei es entbehrlich, dass der Leistungsort am Sitz der Parteien liege. Es genüge vielmehr die unmittelbare Leistungserbringung in dem jeweiligen Staat. Auch insoweit reiche es jedoch nicht aus, dass in einem Staat nur Reflexwirkungen oder mittelbare wirtschaftliche Folgen einträten.[112]

---

106 Zur umstrittenen Frage der *lex fori* eines Schiedsgerichtes vgl. statt aller *Solomon*, RIW 1997, 981, 986 f.; *Sachs/Niedermaier*, FS von Hoffmann, S. 1056.

107 *Horn*, SchiedsVZ 2008, 209, 214.

108 Rauscher/*Thorn*, Art. 9 Rom I-VO Rn. 91; *Sachs/Niedermaier*, FS von Hoffmann, S. 1056.

109 *Czernich*, RIW 2016, 701, 704.

110 *Czernich*, RIW 2016, 701, 704. Siehe hierzu auch Kap. 7 A V.

111 Rauscher/*Thorn*, Art. 9 Rom I-VO Rn. 64; *Czernich*, RIW 2016, 701, 704.

112 *Czernich*, RIW 2016, 701, 704 f.

Sofern ein reiner Inlandssachverhalt bestehe, liege der Leistungsort (beinahe) immer im Sitzstaat des Schiedsgerichtes, sodass die Eingriffsnormen dieses Staates Anwendung fänden.[113]

2. *Verbotsnorm*

Im Hinblick auf die Rechtsnatur der Vorschriften sei die Anwendung von Eingriffsnormen auf Verbotsnormen beschränkt. Verbotsnormen seien solche Normen, welche „die Erfüllung des Vertrages unrechtmäßig werden lassen."[114] Es schieden alle Normen aus, welche nur die Modalitäten der Vertragserfüllung regelten und die im Falle ihrer Verletzung als Sanktion zu einem (Schadens-) Ersatzanspruch führten oder einen gesetzlichen Anspruch erst begründeten.[115] So sei bspw. der Handelsvertreterausgleich nach § 89b HGB als eine anspruchsbegründende Norm keine anzuwendende Eingriffsnorm i.S.d. vorliegenden Testverfahrens.[116] Erfasst seien ausschließlich „Normen, die die zivilrechtliche Nichtigkeit oder Unwirksamkeit eines Vertrages anordnen oder zumindest dessen Erfüllung untersagen."[117] Dies umfasse auch Vorschriften, welche „nur teilweise mit Nichtigkeit sanktioniert" würden.[118]

3. *Inhaltliche Kongruenz nach dem Ermessen des Schiedsgerichts*

In einem letzten Schritt müsse das Schiedsgericht die Eingriffsnormen unter Einbeziehung der Art, des Zweckes der Norm und den Rechtsfolgen der (Nicht-) Anwendung betrachten. Allerdings habe das Schiedsgericht im Rahmen dieser Prüfung einen „wertenden Ermessensspielraum." Hinsichtlich des Prüfungskriteriums des Zweckes müsse vorrangig ermittelt werden, ob die Norm „auf den konkreten Sachverhalt ihrem Telos nach in sachlicher und räumlich-territorialer Hinsicht Anwendung verlangt".[119]

Die sachliche Zweckrichtung könne anhand der Gesetzesmaterialien, der Literatur und der Rechtsprechung bestimmt werden. Zu prüfen sei, „ob die Norm auch auf Sachverhalte Anwendung finden soll, die ansonsten einem anderen

---

113 *Czernich*, RIW 2016, 701, 704 f.
114 *Czernich*, RIW 2016, 701, 705.
115 Reithmann/Martiny/*Freitag*, Rn. 5.116 ff.
116 Zur Qualifikation des Handelsvertreterausgleichs als Eingriffsnorm ausführlich: Kap. 5 B VI 1.
117 *Czernich*, RIW 2016, 701, 705.
118 *Czernich*, RIW 2016, 701, 705.
119 *Czernich*, RIW 2016, 701, 705.

Recht unterliegen und die von Schiedsgerichten entschieden werden.“[120] Für die Ermittlung des räumlich-territorialen Anwendungsbereiches sei der Territorialitätsgrundsatz heranzuziehen. So verlange der Anwendungsbereich in territorialer Hinsicht, dass sich der Sachverhalt innerhalb des jeweiligen Normerlassstaates abspiele. Hierfür genüge der Sitz einer Partei, die Belegenheit des Streitgegenstandes, die Anhängigkeit eines Verfahrens, welches für das Schiedsverfahren Präjudizwirkung entfalte oder der Eintritt des Erfolges, welcher von der Norm verhindert oder erreicht werden soll, in diesem Staat.[121]

Für die Bestimmung der Anwendungspflicht der Eingriffsnorm sei auf die in ihr enthaltenen Wertungsgesichtspunkte abzustellen. Teile die internationale Staatengemeinschaft diese Werte, spreche dies für die Anwendung der Vorschrift. Für die Prüfung könnten bspw. die UN-Menschenrechtskonvention oder weitere Rechtsakte der UN bzw. anderer internationaler Organisationen herangezogen werden. Sofern rein singuläre und temporär politische, nicht dem generellen Gerechtigkeitsmaßstab entsprechende Vorstellungen der Norm zugrunde lägen, dürften sie nicht angewandt werden. Dies verhindere, „dass sich das Schiedsgericht zum Erfüllungsgehilfen unangemessener staatlicher Normen degradiert.“[122]

III. Vorläufige Einordnung

Der vorliegende Ansatz führt im Vergleich zur Schiedsverfahrensdoktrin zu einer weiteren Verengung der Anwendbarkeit von international zwingenden Normen.[123] Zwar werden klare Prüfkriterien genannt,[124] allerdings bleiben auch sie nicht frei von jeder Rechtsunsicherheit (bspw. hinsichtlich der Bestimmung des Erfüllungsortes). Im Gegensatz zur Schiedsverfahrensdoktrin ist dieser Ansatz jedoch noch nicht weltweit etabliert. Angesichts der Anknüpfung an Art. 9 Rom I-VO, die nun teilweise auch i.R.d. Schiedsverfahrensdoktrin vertreten wird,[125] erscheint es aber denkbar, diese Kriterien in die Schiedsverfahrensdoktrin einfließen zu lassen.

---

120 *Czernich*, RIW 2016, 701, 705.
121 *Czernich*, RIW 2016, 701, 705.
122 *Czernich*, RIW 2016, 701, 705.
123 *Czernich*, RIW 2016, 701, 707 (sein Verfahren entspreche daher eher dem Parteiwillen).
124 Vgl. *Czernich*, RIW 2016, 701, 707.
125 Dazu soeben unter B II 1.

D. Kollisionsrechtliche Sonderanknüpfung: Abwägung im Wege der *comitas*

Eine weitere Methode zur Bestimmung der anzuwendenden zwingenden Normen baut auf der internationalprivatrechtlichen Theorie der kollisionsrechtlichen Sonderanknüpfung auf. Diese wird insoweit ergänzt, als eine Abwägung unter dem Gesichtspunkt der *comitas* erforderlich sein soll.

I. Definition der *comitas*

Die Lehre von der *comitas gentium* geht auf die im 17. Jahrhundert in den Niederlanden insbesondere von *Paul Voet* und *Ulrik Huber* begründete Theorie der zwischenstaatlichen Kooperation und Rücksichtnahme zur Erhaltung und Förderung des gemeinsamen Wohlergehens zurück. So wurde unter dem Begriff der *comitas* das Entgegenkommen der Herrscher verstanden, welches dazu dienen sollte, ihre Gesetze, sofern sie innerhalb ihrer Grenzen erlassen wurden, überall zur Entfaltung zu bringen. Die Grenze dieser Wirkung sollte erreicht sein, wenn ein Übergriff in die Rechte bzw. die Hoheitsgewalt eines anderen Herrschers drohte. Die *comitas* beruht *Huber* zufolge, der erstmals die Bedeutung der *comitas* für das internationale Privatrecht herausarbeitete, auf der Völkersitte.[126]

Die *Comitas*-Lehre wurde im 18. Jahrhundert erneut aufgegriffen. Basierend auf den Theorien von *Joseph Story* wurde sie zur Grundlage der angloamerikanischen „conflicts-of-law doctrine." Nach *Story* eigne sich die *comitas*, um die Verbindlichkeit von Gesetzen eines Staates in dem Territorium eines anderen zu begründen und die Reichweite dieser Verbindlichkeit zu bestimmen. Im Rahmen der Weiterentwicklung dieses *Comitas*-Gedankens wurde darauf verwiesen, dass über die Anwendung des fremden Rechts nicht die Gerichte, sondern der Staat entscheide.[127]

Hübner definierte die *comitas* in den 1980er-Jahren schließlich als die „freiwillige Selbstbeschränkung der Staaten bei der Durchsetzung der eigenen Vorstellungen auf den eigenen Territorien und die Anerkennung anderer Vorstellungen."[128]

---

126 *Gutzwiller*, Geschichte des Internationalprivatrechts, S. 136 ff, 155 ff.; *Berger/Scholl*, Gedächtnisschrift Hübner, S. 569 ff.

127 *Berger/Scholl*, Gedächtnisschrift Hübner, S. 571 f.

128 *Hübner*, Die methodische Entwicklung des internationalen Wirtschaftsrechts, S. 23.

II. Anwendungsbereiche der *comitas*

Für das internationale Privatrecht hat die *comitas* in den heutigen Rechtslehren nur noch eine eingeschränkte Bedeutung. Der Richter entscheidet den Fall anhand des (kodifizierten) Kollisionsrechts, daher ist die *comitas*-Lehre primär ein legislatives Prinzip.[129] Trotz der geringen Bedeutung kann die *comitas* im internationalen Privatrecht weiterhin zu der Begründung der Anwendung fremden Rechts herangezogen werden.[130] Dieser Begründungsaspekt spielt aufgrund der rechtshistorischen Bedeutung der *comitas* primär in den englischen Gerichtsentscheidungen eine nicht unerhebliche Rolle.[131]

In Deutschland ist die *comitas* wegen der fehlenden Kodifikation v.a. für das internationale öffentliche Recht bedeutsam.[132] So dient sie in diesem Bereich dazu, die Zurückhaltung bei der extraterritorialen Anwendung von nationalem Recht und die Rücksichtnahme auf die Belange der Völkergemeinschaft oder anderer Staaten im Rahmen der Auslegung des nationalen öffentlichen Rechts zu begründen.[133]

III. Voraussetzungen

Diese Methode zur Ermittelung der anzuwendenden Eingriffsnormen wurde in Anknüpfung an Art. 34 EGBGB a.F. entwickelt. Wie in dem zuvor dargestellten Verfahren[134] geht auch sie von der Annahme aus, dass es in internationalen Schiedsverfahren mangels *lex fori* keine einheimischen Eingriffsnormen gebe. Daher seien alle diese Vorschriften als fremde Eingriffsnormen zu behandeln.[135]

---

129 *Berger/Stoll*, Gedächtnisschrift Hübner, S. 574 f.

130 *Kegel/Schurig*, Internationales Privatrecht, X § 3, S. 185.

131 Vgl. statt aller: House of Lords, *Regazzioni vs K.C. Sethia* (1944) Ltd., A.C. (1958), 301, 317 ff.

132 *Kegel/Schurig*, Internationales Privatrecht, X § 3, S. 185 m.w.N.

133 *Berger/Stoll*, Gedächtnisschrift Hübner, S. 576 f. Zur Relevanz der *comitas* im internationalen Prozess- und Kartellrecht, vgl. *Berger/Stoll*, Gedächtnisschrift Hübner, S. 577 ff.

134 Soeben unter C.

135 *Horn*, SchiedsVZ 2008, 209, 214.

1. *Geltungsanspruch der fraglichen staatlichen Eingriffsnorm*

Zunächst sei der Geltungsanspruch der in Betracht kommenden staatlichen Eingriffsnorm zu ermitteln. Dieser werde unabhängig von Vertragsstatut bestimmt und könne eine extraterritoriale Anwendung einschließen.[136]

Der Geltungswille diene dazu, „einen Normenfundus"[137] für das (Schieds-) Gericht zu schaffen. Mithilfe dieses Kriteriums soll vorab geprüft werden, ob eine ausländische Norm bereits von sich aus in Auslandsfällen angewandt werden will.[138] Es sei notwendig, dass die fragliche staatliche Eingriffsnorm unabhängig von dem grundsätzlichen Statut zur Geltung gelangen soll. Allerdings müsse der Geltungswille nicht gesondert anhand von nationalen oder völkerrechtlichen Kriterien auf seine Erheblichkeit untersucht werden.[139]

2. *Enge Verbindung zwischen Normerlassstaat und dem zu entscheidenden Sachverhalt*

Wie die Schiedsverfahrensdoktrin[140] sieht auch diese Methode das Erfordernis einer engen Verbindung zwischen dem zu entscheidenden Sachverhalt und dem Erlassstaat der Eingriffsnorm vor.

Für die enge Verbindung sei ein „territoriales, räumliches Element" erforderlich. Dies ergebe sich aus dem nötigen Respekt vor der Territorialhoheit.[141] Hinsichtlich des Erlassstaates sei notwendig, dass in diesem zumindest teilweise Handlungen vorgenommen oder unterlassen würden bzw. Auswirkungen eintreten könnten. Jedenfalls müsse ein wesentlicher Teil des Tatbestandes in dem Erlassstaat verwirklicht werden. Die Wesentlichkeit bestimme sich wiederum nach dem Schutzzweck der jeweiligen Norm.[142]

---

136 *Horn*, SchiedsVZ 2008, 209, 214.

137 *Schiffer*, Normen ausländischen „öffentlichen" Rechts in internationalen Handelsschiedsverfahren, S. 160 m.w.N.

138 *Schiffer*, Normen ausländischen „öffentlichen" Rechts in internationalen Handelsschiedsverfahren, S. 160 m.w.N.

139 *Schiffer*, Normen ausländischen „öffentlichen" Rechts in internationalen Handelsschiedsverfahren, S. 185 ff.

140 Kap. 4 B II 2.

141 *Schiffer*, Normen ausländischen „öffentlichen" Rechts in internationalen Handelsschiedsverfahren, S. 177.

142 *Schiffer*, Normen ausländischen „öffentlichen" Rechts in internationalen Handelsschiedsverfahren, S. 179 m.w.N.

In Bezug auf materielle Normen begründe der Schiedsort, da der Tatbestand zumeist nicht dort in seinen wesentlichen Teilen verwirklicht werde, keine *per se* enge Verbindung.[143]

Im Falle der Vollstreckung des Schiedsspruches bestehe eine enge Verbindung zum Vollstreckungsstaat. Das Schiedsgericht habe im Rahmen seiner Entscheidung stets die Vollstreckbarkeit zu beachten, um einen vollstreckungsfähigen Schiedsspruch erlassen zu können. Die Vollstreckung trete an die Stelle der Erfüllung des eingeklagten Anspruches. Daher sei die Vollstreckung als „Surrogat" der Erfüllung durch die Partei wie diese zu behandeln. Sofern die Partei den Anspruch im Vollstreckungsstaat erfülle, liege eine enge Verbindung vor. Bestehe lediglich die Möglichkeit der Vollstreckung, werde diese aber nicht realisiert, sei ebenfalls eine enge Verbindung gegeben, da andernfalls Wertungswidersprüche zu dem Fall der tatsächlichen Vollstreckung drohten.[144] Sofern der Vollstreckungsstaat noch nicht feststehe, müsse in Anlehnung an die von *Zweigert* geforderte „Wertbewegung"[145] geprüft werden, „in welchem Staat die Schiedsentscheidung nach den ihm (Anm. dem Schiedsgericht) bekannten Tatsachen bei normaler Abwicklung vollstreckt werden wird."[146]

3. Anerkennung der extraterritorialen Wirkung durch andere Staaten nach dem Grundsatz der comitas

Zuletzt sei erforderlich, dass die extraterritoriale Wirkung durch andere Staaten nach dem Grundsatz der *comitas* anerkannt werde.[147] Dies setze eine Abwägung der Durchsetzungsinteressen der beteiligten Staaten voraus. Denn ein Staat könne die Berücksichtigung seiner Normen nur erwarten, sofern auch er die Normen der anderen Staaten respektiere.[148]

---

143 *Schiffer*, Normen ausländischen „öffentlichen" Rechts in internationalen Handelsschiedsverfahren, S. 181 f.

144 *Schiffer*, Normen ausländischen „öffentlichen" Rechts in internationalen Handelsschiedsverfahren, S. 183 f.

145 *Zweigert*, RabelsZ 14 (1942), 283, 296.

146 *Schiffer*, Normen ausländischen „öffentlichen" Rechts in internationalen Handelsschiedsverfahren, S. 185.

147 *Schiffer*, Normen ausländischen „öffentlichen" Rechts in internationalen Handelsschiedsverfahren, S. 148 ff. nimmt nur eine Prüfung anhand der ersten beiden Punkte vor, gleichwohl betont er die Bedeutung der *comitas*. Er erachtet diese als einen Vorteil der Sonderanknüpfungslehre.

148 *Wengler*, RabelsZ 47 (1983), 215, 250 ff.

Allerdings dürfe das Schiedsgericht im Rahmen der Prüfung nicht von der Sicht der *lex fori* ausgehen. Dies könne dazu führen, dass das Schiedsgericht die Eingriffsnormen einer Vielzahl von Staaten berücksichtigen und abwägen müsse, sofern diese eine enge Beziehung zum Sachverhalt aufweisen. Im Rahmen der Abwägung seien der Parteiwille und die Gefahr der Versagung der Anerkennung maßgeblich.[149] Zudem stehe die Heranziehung des wahren *ordre public international* als Kriterium offen.[150]

IV. Vorläufige Einordnung

Hervorzuheben ist an diesem Ansatz, dass die *comitas* ein international anerkanntes Rechtsprinzip darstellt. Allerdings ist auch dieses Verfahren mit unbestimmten Rechtsbegriffen verbunden. Zudem sind sowohl die Sonderanknüpfungslehre als auch, wie bereits gezeigt,[151] die *comitas*-Lehre weitgehend überholt. Es erscheint daher zweifelhaft, ob die *comitas* als entscheidendes Kriterium zur Bestimmung der anzuwendenden Eingriffsnormen eingesetzt werden kann.

E. „Parties' Legitimate Expectations"

Einen vollständig anderen Ansatz verfolgt die Orientierung an den „Parties' Legitimate Expectations."

I. Ansatz

Ausgangspunkt dieses Verfahrens sind die Parteiautonomie bzw. die legitimen Erwartungen der Parteien.[152] Das Testverfahren besteht aus zwei Schritten. Erstens müsse der Schiedsrichter bestimmen, welches Recht die Parteien als anwendbar erwarteten. Zweitens habe er festzustellen, ob diese Erwartung legitim sei.

---

149 *Horn*, SchiedsVZ 2008, 209, 214.

150 *Lalive*, ICCA Congress Series 1986 New York Vol. 3 1987, 258, 279.

151 Soeben unter D II.

152 *Derains*, Études offertes à Berthold Goldmann, S. 35 ff.; *Poudret/Besson*, Comparative Law of International Arbitration, Rn. 707c. *Pfeiffer*, Berichte der Deutschen Gesellschaft für Völkerrecht 2007, 93, 130 (anschließende Dikussion) sieht Umgehung von Eingriffsnormen als einen Anwendungsbereich der Abhängigkeit der Rechtskontrolle von Legitimitätserwägungen.

Im Rahmen der Identifikation der Parteierwartungen sei mangels eindeutiger Bestimmbarkeit nicht auf die subjektiven, sondern die objektiven Faktoren abzustellen.

Anschließend müsse die Legitimität der Parteierwartungen beurteilt werden. Diese richte sich in erster Linie danach, ob die Parteien von der Anwendung der Norm oder ihrer Außerachtlassung ausgingen. Im ersten Fall bilde wohl nur der wahre internationale *ordre public* die Grenze für die Legitimation des Parteiinteresses. Hier koinzidiere das Parteiinteresse mit dem Interesse des Normerlassstaates. Dies habe zur Folge, dass die Diskussion um die Anwendungspflicht von international zwingenden Normen zurücktrete.[153] Sofern die Parteien die Nichtanwendung der Norm erwarteten, sei unklar, welche Faktoren das legitime Interesse begrenzen könnten. Es stehe lediglich fest, dass der wahre internationale *ordre public* Beschränkungswirkungen entfalte.[154]

II. Vorläufige Einordnung

Der soeben dargestellte Ansatz erscheint zur Bestimmung der anzuwendenden Eingriffsnormen geeignet, falls sich im Laufe der Untersuchung zeigen sollte, dass die Anwendung dieser Vorschriften in nicht unerheblichem Maße durch den Parteiwillen bestimmt wird. Staatliche Interessen können zugleich i.R.d. Legitimität der Parteiinteressen berücksichtigt werden.

Offen bleibt nach diesem Ansatz, ob eine Partei auf die Anwendung der infrage stehenden Norm hinweisen muss, damit sie als vom Parteiwillen erfasst angesehen wird. Ferner gibt diese Methode den Schiedsrichtern, insbesondere hinsichtlich der Begrenzung des legitimen Interesses, keine klaren Prüfkriterien an die Hand[155] und eröffnet Raum für Rechtsunsicherheit.

F. Äquivalenzprinzip

Eine weitere Herangehensweise zur Bestimmung der anzuwendenden Eingriffsnormen bildet der Gleichwertigkeitsvergleich.

---

153 *Derains*, Études offertes à Berthold Goldmann, S. 35 ff.

154 *Derains*, Études offertes à Berthold Goldmann, S. 35 ff.; *Poudret/Besson*, Comparative Law of International Arbitration, Rn. 707c.

155 *Barraclough/Waincymer*, Melbourne Journal of International Law Vol. 6 2005, 205, 234 f.

I. Ansatz

Den Ausgangspunkt eröffnet die Wirksamkeitsprüfung der Schiedsvereinbarung i.R.d. staatsgerichtlichen Einredeverfahrens. Das staatliche Gericht sei durch die Verfassung an die international zwingenden Normen der *lex fori* gebunden und müsse diese durchsetzen.

Die Normen könnten nur unangewendet bleiben, sofern das gewählte Recht einen Schutz aufweise, der dem durch die Eingriffsnormen Vermittelten äquivalent sei. Allerdings obliege es der Partei, die Anhaltspunkte für diese Äquivalenz vorzubringen. Gelinge ihr dieser Nachweis nicht, bliebe nur die Anwendung der Eingriffsnormen der *lex fori* trotz der Rechtswahl als Möglichkeit, um die Schiedsvereinbarung zu „retten." Die hieraus folgende *dépeçage* sei für das Schiedsgericht bindend.[156]

II. Vorläufige Einordnung

Das Bedürfnis des Erlassstaates an der Durchsetzung seiner in den Eingriffsnormen verkörperten Interessen wird besonders deutlich, wenn das gewählte Recht keine dem Erlassstaat äquivalente Regelung enthält. In diesem Fall droht das Interesse des Erlassstaates, vollständig unberücksichtigt zu bleiben. Daher erscheint ein Gleichwertigkeitsvergleich auf den ersten Blick ein geeignetes Kriterium zur Bestimmung der anzuwendenden Norm.

Trotzdem verbleiben Zweifel, ob dieses Kriterium ausreicht, um die anzuwendenden Normen zu ermitteln. Zudem setzt die Vorgehensweise ein präventives staatliches Gerichtsverfahren voraus. Dieses wird in der Praxis nicht stets durchgeführt. Es obliegt zudem den Parteien, Anhaltspunkte für den Gleichwertigkeitsvergleich vorzubringen. Ist die Partei, welche die Anwendung der Eingriffsnormen erreichen will, juristisch unerfahren, kann sie es versäumen, dieser Last nachzukommen. Dieser Umstand mag gerade in Ungleichgewichtslagen einer effektiven Anwendung dieser Methode entgegenstehen.

G. Fazit

Obgleich es weltweit anerkannte Ansätze wie die Schiedsverfahrensdoktrin gibt,[157] hat sich gezeigt, dass eine einheitliche Herangehensweise zur Bestimmung der anzuwendenden international zwingenden Normen noch nicht

156 *Kleinheisterkamp*, RabelsZ 73 (2009), 818, 838 f.
157 Kap. 4 B.

erkennbar ist. Für die Mitgliedsstaaten der Europäischen Union ergibt sich dies vorrangig aus der abzulehnenden Anwendbarkeit der Rom I-VO für das Schiedsverfahren.[158]

Die grundlegenden Weichenstellungen für die Herangehensweise zur Bestimmung der anzuwendenden Eingriffsnormen richten sich zum einen nach dem Gewicht, welches auf den Parteiwillen bzw. die Interessen des Normerlassstaates gelegt wird, und zum anderen nach der Position in der Frage, ob das Schiedsgericht eine *lex fori* aufweist.

Die meisten Methoden bleiben vergleichsweise unbestimmt, sodass Rechtsunsicherheit und Wertungswidersprüche zu befürchten sind. Probleme ergeben sich v.a. für Kriterien, die dem Schiedsrichter ein weites Ermessen einräumen (zu denken ist hier an den Prüfungspunkt der inhaltlichen Kongruenz[159]).[160] Ein solches ist im staatlichen Gerichtsverfahren nur eingeschränkt auf seine Rechtmäßigkeit hin überprüfbar.

Gleichwohl zeigt ein Vergleich der Methoden, dass sich die jeweiligen Voraussetzungen teilweise decken. So verlangen die meisten Verfahren, darunter auch die weltweit anerkannte Schiedsverfahrensdoktrin, eine enge Verbindung zwischen dem Normerlassstaat und der Streitigkeit.[161] Ferner wird überwiegend auch ein inhaltliches Prüfelement gefordert (die „Application-Worthiness“,[162] die inhaltliche Kongruenz,[163] die *comitas*,[164] die Legitimität der Parteiinteressen[165] oder der Gleichwertigkeitsvergleich[166]). Mögen die jeweils aufgeführten Kriterien auch divergieren, so kann doch ein „common standard“ herausgearbeitet werden: Eine Eingriffsnorm, die Bestandteil des wahren internationalen *ordre public* ist, muss auch im Schiedsverfahren angewandt werden.

An der vorliegenden Stelle soll eine abschließende Bewertung der einzelnen Verfahren unterbleiben.[167] Vielmehr wird der weitere Verlauf der Untersuchung zeigen, ob einer dieser Ansätze sich zur Bestimmung der anzuwendenden

---

158 Kap. 4 A I.

159 Kap. 4 C II 3.

160 Vgl. *Barraclough/Waincymer*, Melbourne Journal of International Law Vol. 6 2005, 205, 227.

161 Kap. 4 B II 2, C II 1, D III 2.

162 Kap. 4 B II 3.

163 Kap. 4 C II 3.

164 Kap. 4 D III 3.

165 Kap. 4 E I.

166 Kap. 4 F I.

167 Die abschließende Betrachtung erfolgt in Kap. 7 A.

Eingriffsnormen am besten eignet oder erst eine Kombination der einzelnen Methoden bzw. eine ganz neue Herangehensweise den erfolgversprechendsten Lösungsansatz zu liefern vermag.

Kapitel 5: Die Umgehung materiell zwingenden Rechts durch Schiedsvereinbarungen

Die Umgehung materiell zwingenden Rechts durch den Abschluss von Schiedsvereinbarungen ist nicht nur ein in der Theorie weit diskutiertes Feld. Auch die Rechtsprechung muss sich seit mehreren Jahrzehnten mit dieser Konstellation befassen. Umgehungsfälle tauchen in verschiedenen Rechtsgebieten auf.[1] Beispielhaft wird hier auf das Warentermingeschäft,[2] den Handelsvertreterausgleich,[3] das Wettbewerbsrecht[4] und das AGB-Recht[5] eingegangen. Die zu untersuchenden Entscheidungen zeigen, wie die deutsche Rechtsprechung und der EuGH Umgehungsfälle dogmatisch lösen, wie sie das Kontrollinstrument des *ordre public*-Vorbehalts in der Praxis anwenden und welche weiteren Erwägungen im Rahmen der Konfliktlösung vorgenommen werden. Am Ende jedes Rechtsgebietes wird aufgezeigt, welche Kriterien für die in Kapitel 7 erfolgende Untersuchung fruchtbar gemacht werden können.

A. Termingeschäfts- und Differenzeinwand

Den Umgehungsfällen im Rahmen des Termingeschäfts- und Differenzeinwands liegt eine gewandelte Rechtsprechung und Gesetzgebung zugrunde. Wurde bis zum vierten Finanzmarktförderungsgesetz 1990 ihre Lösung primär der Rechtsprechung überlassen, griff der Gesetzgeber zu diesem Zeitpunkt mit der vergleichsweise weitgehenden Norm des § 37h WpHG a.F. in die Problematik ein.

I. Unwirksamkeit einer Gerichtsstands-/Schiedsvereinbarung vor Einführung des § 37h WpHG a.F.

Das Termingeschäft war bis zum vierten Finanzmarktförderungsgesetz nur verbindlich, sofern der Anleger börsentermingeschäftsfähig i.S.d. § 53 BörsG a.F.

1 Vgl. auch zu weiteren Rechtsgebieten, in denen Umgehungsfälle zu entscheiden waren: MünchKomm-ZPO/*Münch*, § 1059 Rn. 47 f. m.w.N.

2 Kap. 5 A.

3 Kap. 5 B.

4 Kap. 5 C.

5 Kap. 5 D.

war. Fehlte die Börsentermingeschäftsfähigkeit, war es dem Anleger möglich, im Gerichtsverfahren den sog. Termineinwand zu erheben. Die zur Durchführung des Termingeschäfts geleisteten Zahlungen konnte er nach bereicherungsrechtlichen Grundsätzen zurückfordern.[6]

Der Differenzeinwand war eröffnet, wenn der Anleger durch den Abschluss des Warentermingeschäftes nur die Schwankungen am Markt ausnutzen wollte, um aus den Differenzen Gewinne zu erzielen. War das Warentermingeschäft hingegen wegen der Börsentermingeschäftsfähigkeit des Anlegers gem. § 53 BörsG a.F. verbindlich, entfiel grundsätzlich auch der Differenzeinwand nach § 764 BGB a.F. Hatte es jedoch andere Waren oder Wertpapiere als die aufgeführten zum Gegenstand (sog. inoffizielles Börsentermingeschäft), war der Differenzeinwand unabhängig vom Bestehen des Termineinwandes gegeben (vgl. § 58 BörsG a.F.).[7]

Den nachfolgenden Fällen lag stets die Rückforderung eines deutschen Klägers gegen eine ausländische Beklagte aus Warentermingeschäften zugrunde.

1. § 61 BörsG a.F. als Kollisionsnorm

In seiner Entscheidung vom 4.6.1975 hatte sich der BGH mit der Rechtsnatur des § 61 BörsG a.F. auseinanderzusetzen. § 61 BörsG a.F. regelte die Anwendbarkeit der §§ 52 – 60 BörsG a.F., welche die Bestimmungen über die Börsentermingeschäftsfähigkeit enthielten.

Der BGH führte aus, dass § 61 BörsG a.F. auch gelte, wenn das Geschäft im Ausland abgeschlossen worden oder dort zu erfüllen gewesen sei. § 61 BörsG a.F. zeige den Willen des Gesetzgebers zur Anwendbarkeit der Bestimmungen über die Börsentermingeschäftsfähigkeit und den Differenzeinwand auf Termingeschäfte im Ausland, sofern die zu schützende Person ihren Wohnsitz im Inland habe.[8] Somit handele es sich bei § 61 BörsG a.F. um eine Kollisionsnorm des deutschen internationalen Privatrechts.[9] Zwar seien Börsentermingeschäfte trotz der mit ihnen verbundenen hohen Risiken nicht grundsätzlich verboten, allerdings sollte sich an diesen Geschäften nur der in §§ 53 f. BörsG a.F. bezeichnete kleine Kreis an „erfahrenen Kaufleuten“[10] beteiligen. Die Norm des § 61 BörsG a.F.

---

6 Vgl. BGH, Urteil v. 16.11.1987 – II ZR 24/87, NJW 1988, 1083, 1085 f. [III].

7 BGH, Urteil v. 20.12.1971 – II ZR 156/69, BGHZ 58, 1, 2 f. [II].

8 BGH, Urteil v. 4.6.1975 – VIII ZR 232/73, NJW 1975, 1600, 1601 [III 2].

9 BGH, Urteil v. 4.6.1975 – VIII ZR 232/73, NJW 1975, 1600, 1601 [III 2]; BGH, Urteil v. 12.6.1978 – II ZR 48/77, NJW 1979, 488, ebenda [III 1].

10 BGH, Urteil v. 4.6.1975 – VIII ZR 232/73, NJW 1975, 1600, 1601 [IV].

sollte „das deutsche Recht immer und überall gegenüber Inländern zur Anwendung bringen."[11] Könnten ausländische Urteile gegen Personen mit Wohnsitz im Inland vollstreckt werden, die über Forderungen aus Börsentermingeschäften ergingen, in welchen die deutschen Vorschriften zur Börsentermingeschäftsfähigkeit und dem Differenzeinwand nicht beachtet worden seien, drohte der Gesetzeszweck leer zu laufen. Irrelevant sei hingegen die Gleichwertigkeit der ausländischen Börsenregelungen.[12]

Bei § 61 BörsG a.F. handele es sich zudem um eine zwingende Vorschrift. Der zwingende Charakter sollte verhindern, dass „ausländische Börsentermingeschäfte eine günstigere Regelung genießen als inländische."[13] Andernfalls wären Spekulationen des deutschen Publikums aufgrund der weniger strengen Gesetze an ausländischen Börsen gefördert worden.[14]

Als dogmatische Grundlage für die Versagung der Vollstreckung dieser ausländischen Urteile zog der BGH die *ordre public*-Klausel des § 328 Abs. 1 Nr. 4 ZPO heran.[15]

2. *BGH 12.3.1984*

Mittels des Rückgriffs auf die soeben dargestellte Qualifikation des § 61 BörsG a.F. als Kollisionsnorm begründete der BGH die Notwendigkeit der Berücksichtigung des Termineinwandes durch den deutschen Richter, selbst wenn die Grundsätze des internationalen Privatrechts zur Anwendung eines ausländischen Rechts geführt hätten, welches keinen Termineinwand kannte.[16] Wie bei der Vollstreckung ausländischer Urteile sei „auch einer Gerichtsstandsvereinbarung die Wirksamkeit (zu versagen), die bei ihrer Anwendung in Verbindung mit einer Rechtswahlklausel zur Folge hätte, daß die zur Entscheidung berufenen Gerichte den Termineinwand nicht beachten, wie dies hier der Fall wäre, da das englische Recht diesen Einwand nicht kennt."[17] Zwar genüge für die Versagung der Anerkennung einer Gerichtsstandsvereinbarung nicht die Umgehung

11 BGH, Urteil v. 4.6.1975 – VIII ZR 232/73, NJW 1975, 1600, 1601 [IV].
12 BGH, Urteil v. 4.6.1975 – VIII ZR 232/73, NJW 1975, 1600, 1601 [IV].
13 BGH, Urteil v. 4.6.1975 – VIII ZR 232/73, NJW 1975, 1600, 1601 [IV].
14 BGH, Urteil v. 12.6.1978 – II ZR 48/77, NJW 1979, 488, ebenda [III 1].
15 BGH, Urteil v. 4.6.1975 – VIII ZR 232/73, NJW 1975, 1600, 1601 [III 3].
16 BGH, Urteil v. 12.3.1984 – II ZR 10/83, NJW 1984, 2037 [I 1].
17 BGH, Urteil v. 12.3.1984 – II ZR 10/83, NJW 1984, 2037, ebenda [I 1] unter Hinweis auf BGH, Urteil v. 30.1.1961 – VII ZR 180/60, NJW 1961, 1061, 1062 [3 a)].

national zwingenden Rechts,[18] allerdings handele es sich bei § 61 BörsG a.F. um eine Kollisionsnorm, deren Zweck es sei das „deutsche (...) Recht gegen entgegenstehendes ausländisches Recht durchzusetzen."[19] Daher dürfe eine Gerichtsstandsvereinbarung, welche zur Nichtbeachtung dieser Vorschriften führe, nicht anerkannt werden.[20]

Ob sich die Unwirksamkeit der Gerichtsstandsvereinbarung aus einem Verstoß gegen den *ordre public* ergeben sollte, blieb in der vorliegenden Entscheidung allerdings offen.

3. BGH 15.6.1987

In Fortführung des soeben dargestellten Urteils dehnte der BGH seine Rechtsprechung auf die Frage der Wirksamkeit einer Schiedsvereinbarung aus.

Die dort aufgestellten Grundsätze müssten auch gelten, wenn die Kombination aus der Rechtswahl und der Vereinbarung eines ausländischen Schiedsgerichtes zur Versagung des Termineinwandes für den Börseninländer führte. Andernfalls „stünden die börsenrechtlichen Schutzvorschriften zur Disposition der Parteien, was ihrem Charakter als unabdingbare gesetzliche Bestimmungen widerspräche."[21]

Sei der Kläger börsentermingeschäftsfähig, stünde der Anerkennung der Schiedsklausel der Differenzeinwand nach §§ 764, 762 Abs. 1 BGB a.F. entgegen.[22] Der durch die Rechtswahl herbeigeführte Ausschluss des Differenzeinwandes führe zu einem *ordre public*-Verstoß nach Art. 30 EGBGB a.F., „da die Vorschriften über die Spiel- und Differenzgeschäfte den Einzelnen vor den wirtschaftlichen Gefahren dieser Geschäfte schützen sollen und damit der Ordnung des innerstaatlichen Soziallebens dienen."[23] Wäre der Ausschluss des Differenzeinwandes uneingeschränkt anerkannt worden, hätte die Wirkung dieser Vorschriften vollständig leer zu laufen gedroht. Daher sei die Versagung der Anerkennung im vorliegenden Fall erforderlich, um die Wertentscheidung des Gesetzgebers durchzusetzen; zumal dem gewählten Recht der Differenzeinwand unbekannt gewesen sei.

---

18 BGH, Urteil v. 12.3.1984 – II ZR 10/83, NJW 1984, 2037, ebenda [I 1] unter Hinweis auf BGH, Urteil v. 30.1.1961 – VII ZR 180/60, NJW 1961, 1061, 1062 [3 a)].

19 BGH, Urteil v. 12.3.1984 – II ZR 10/83, NJW 1984, 2037, ebenda [I 1].

20 BGH, Urteil v. 12.3.1984 – II ZR 10/83, NJW 1984, 2037, ebenda [I 1].

21 BGH, Urteil v. 15.6.1987 – II ZR 124/86, NJW 1987, 3193, 3194 [II 2 a)].

22 BGH, Urteil v. 15.6.1987 – II ZR 124/86, NJW 1987, 3193, 3194 [II 2 b)].

23 BGH, Urteil v. 15.6.1987 – II ZR 124/86, NJW 1987, 3193, 3194 [II 2 b)].

Die genannten Gründe müssten auch für eine Schiedsvereinbarung gelten, welche in Kombination mit einer Wahl ausländischen Rechts zum Ausschluss des Differenzeinwands geführt habe. „Es ist kein sachlich gerechtfertigter Grund ersichtlich, in diesem Punkt den Differenzeinwand anders als den Termineinwand zu bewerten."[24] Hieran ändere auch die Einführung des für Verbraucherverträge geltenden Art. 29 EGBGB a.F. nichts. Zwar zeige diese Norm, „welch hoher Stellenwert dem Schutz des Verbrauchers in der Sozialordnung in der Bundesrepublik Deutschland zukommt",[25] allerdings könne die Anerkennung der Schiedsvereinbarung nicht davon abhängen, ob ein Rechtsstreit des ausländischen Brokers gegen den Börseninländer oder *vice versa* vorliege. Die Vorschriften der §§ 61, 50, 60 BörsG a.F. und der Differenzeinwand seien nicht nur anzuwenden, wenn sie Ansprüche gegen die Personen, die sie schützen sollten, abzuwehren hätten. Sie sollten diesen Personen auch die Rückzahlung ihrer ohne Rechtsgrund geleisteten Zahlungen ermöglichen. Andernfalls „würde der Zweck der gesetzlichen Vorschriften ausgehöhlt, weil der geschützte Personenkreis auf diese Weise Verlusten ausgesetzt wäre, vor denen er im eigenen, aber auch im Interesse des Gemeinwohls geschützt werden soll."[26]

Zudem sei es nicht ausreichend, wenn der Verstoß gegen die börsenrechtlichen Vorschriften und den *ordre public* erst im Anerkennungs- und Vollstreckbarerklärungsverfahren geprüft werden dürfe. Eine solche Beschränkung biete keinen ausreichenden Schutz, da der Kläger zunächst ein Verfahren vor den ausländischen Schiedsgerichten hätte durchführen müssen. Dieses Schiedsgericht hätte aufgrund der Wahl des Rechts von New York den Differenzeinwand nicht beachtet, sodass die Klage abgewiesen worden wäre. Die Versagung der Anerkennung des Schiedsspruches in Deutschland nach § 1044 Abs. 2 Nr. 2 ZPO a.F. hätte dem Kläger nicht zur Durchsetzung seiner Forderung verhelfen können.[27] Dieser Entscheidung stehe auch das UNÜ nicht entgegen, da hier der Streitgegenstand nicht nach Art. II UNÜ „auf schiedsrichterlichem Wege geregelt werden kann"[28] und ein *ordre public*-Verstoß nach Art. V Abs. 2 b) UNÜ bestehe.[29]

Die vorliegende Entscheidung zeigt in aller Deutlichkeit, dass der BGH den Termin- und Geschäftseinwand dem *ordre public* zurechnete. Zugleich

---

24 BGH, Urteil v. 15.6.1987 – II ZR 124/86, NJW 1987, 3193, 3194 [II 2 b)].
25 BGH, Urteil v. 15.6.1987 – II ZR 124/86, NJW 1987, 3193, 3194 [II 2 b)].
26 BGH, Urteil v. 15.6.1987 – II ZR 124/86, NJW 1987, 3193, 3194 [II 2 b)].
27 BGH, Urteil v. 15.6.1987 – II ZR 124/86, NJW 1987, 3193, 3194 [II 2 c)].
28 BGH, Urteil v. 15.6.1987 – II ZR 124/86, NJW 1987, 3193, 3194 [II 2 d) aa)].
29 BGH, Urteil v. 15.6.1987 – II ZR 124/86, NJW 1987, 3193, 3194 [II 2 d) aa)].

ist die Entscheidung eine Bestätigung der Anwendbarkeit des *ordre public* im Einredeverfahren.[30]

4. *BGH 26.2.1991*

Die aufgezeigte Einordnung des Differenzeinwandes zum *ordre public* sollte durch das folgende Urteil zumindest teilweise wieder zurückgenommen werden.

So führte der BGH unter Rekurs auf die bisherige Rechtsprechung[31] aus, dass der Schiedsspruch nur daraufhin überprüft werden dürfe, ob er gegen die „elementaren Grundlagen der deutschen Rechtsordnung"[32] verstoße. Zu diesen elementaren Grundlagen gehörten der Differenzeinwand „gegenüber Termingeschäften eines Börsentermingeschäftsfähigen"[33] nach „heutigem Verständnis"[34] nicht mehr. So könne die soeben dargestellte Entscheidung „angesichts der grundlegenden Wandlungen der Ansichten über die Schutzbedürftigkeit des Börsentermingeschäftsfähigen, die inzwischen sogar in der Börsengesetznovelle ihren Niederschlag gefunden hat, nicht länger aufrechterhalten werden."[35] In der Fassung vom 1.8.1989 schlösse § 58 BörsG „den Differenzeinwand für alle nach den §§ 53, 57 BörsG (a.F.) verbindlichen Börsengeschäfte [aus]. Damit ist die Anknüpfung an die Zulassung zum inländischen Börsenterminhandel entfallen".[36] Aus der Entscheidung des Gesetzgebers sei deutlich geworden, dass der Differenzeinwand nicht mehr dem *ordre public* zuzurechnen sei. Folglich verstoße der Schiedsspruch nicht gegen den *ordre public*.[37]

Zwar revidierte der BGH die Einordnung des Differenzeinwandes zum *ordre public*, allerdings betraf der Fall nur Warentermingeschäfte eines Börsentermingeschäftsfähigen. Dies wird, wie sogleich zu zeigen ist,[38] von erheblicher Bedeutung sein.

---

30 Vgl. hierzu Kap. 3 A III. Kritisch insoweit *Weller*, Ordre public-Kontrolle internationaler Gerichtsstandsvereinbarungen im autonomen Zuständigkeitsrecht, S. 236 ff.

31 Vgl. Kap. 3 A V 5.

32 BGH, Urteil v. 26.2.1991 – XI ZR 349/89, NJW-RR 1991, 757, 758 [II 3 b)].

33 BGH, Urteil v. 26.2.1991 – XI ZR 349/89, NJW-RR 1991, 757, 758 [II 3 b)].

34 BGH, Urteil v. 26.2.1991 – XI ZR 349/89, NJW-RR 1991, 757, 758 [II 3 b)].

35 BGH, Urteil v. 26.2.1991 – XI ZR 349/89, NJW-RR 1991, 757, 758 [II 3 b)].

36 BGH, Urteil v. 26.2.1991 – XI ZR 349/89, NJW-RR 1991, 757, 758 [II 3 b)].

37 BGH, Urteil v. 26.2.1991 – XI ZR 349/89, NJW-RR 1991, 757, 758 [II 3 b)].

38 Siehe hierzu Kap. 5 A I 6.

5. *BGH 22.11.1994*

Unter Hinweis auf die Entscheidung vom 15.6.1987[39] führte der BGH des Weiteren aus, dass die Unwirksamkeit der Schiedsabrede beruhend auf dem Termineinwand in Verbindung mit der Rechtswahlklausel lediglich Börsentermingeschäfte eines nichtbörsentermingeschäftsfähigen Inländers betreffe.[40]

Dieses Urteil scheint wiederum eine Abkehr von der Entscheidung vom 26.2.1991[41] zu sein. Allerdings erfasst der Fall hier den Termineinwand eines nichtbörsentermingeschäftsfähigen Inländers.

6. *Zuordnung des Termin- und Differenzeinwandes zum ordre public*

Wie bereits angedeutet, scheint der BGH nur seiner Zuordnung des Differenzeinwandes für die Warentermingeschäfte eines Börsentermingeschäftsfähigen zum *ordre public* eine Absage erteilt zu haben.

a) Zurechnung des Termineinwandes zum ordre public

Aufgrund der Börsentermingeschäftsfähigkeit der Klägerin hatte sich der BGH in seiner Entscheidung vom 26.2.1991[42] nicht mit dem Verhältnis von Termineinwand und *ordre public* auseinanderzusetzen. Diese Beschränkung könnte für den Termineinwand einen Rückgriff auf die Entscheidung vom 15.6.1987[43] ermöglichen.

Die Börsentermingeschäftsfähigkeit diente dem Schutz des deutschen Nichtkaufmannes, welcher mangels eigener Sachkunde die Risiken aus den eingegangenen Börsengeschäften nicht überblicken konnte.[44] Im Wege der Börsengesetznovelle von 1989 wurde der kleine Kreis an börsentermingeschäftsfähigen „erfahrenen Kaufleuten"[45] durch die Börsentermingeschäftsfähigkeit kraft Information nach § 53 Abs. 2 BörsG a.F. erweitert. Ziel dieser Neuregelung war es, neben der Ermöglichung einer eigenständigen Entscheidung des privaten

---

39 Vgl. soeben unter Kap. 5 A I 3.

40 BGH, Urteil v. 22.11.1994 – XI ZR 45/91, NJW 1995, 1225, 1227 [II 6 e)]. Vgl. auch OLG Düsseldorf, Urteil v. 27.10.2006 – I-16 U 186/05, [II 1 Rn. 46].

41 Kap. 5 A I 4.

42 Kap. 5 A I 4.

43 Kap. 5 A I 3.

44 *Samtleben*, RabelsZ 45 (1981), 218, 234. Vgl. auch *Roth*, IPRax 1985, 198, ebenda, 200, der in der Entscheidung vom 12.3.1984 eine Qualifikation des § 53 BörsG a.F. als Eingriffsnorm sieht.

45 Vgl. BGH, Urteil v. 4.6.1975 – VIII ZR 232/73, NJW 1975, 1600, 1601 [III 2].

Anlegers, den Termineinwand zu begrenzen.[46] Dabei sollte der Anlegerschutz jedoch in Bezug auf die Nichtbörsentermingeschäftsfähigen keine Einschränkung finden.[47]

Der besondere Stellenwert der Termingeschäftsfähigkeit könnte zudem anhand von § 61 BörsG a.F. ersichtlich werden. Die Qualifikation des § 61 BörsG a.F. als Kollisionsnorm war in der Entscheidung des BGH vom 15.6.1987[48] durch die Bezugnahme auf seine bisherige Rechtsprechung[49] von zentraler Bedeutung. § 61 BörsG (in der Fassung bis 1989) ordnete an, dass die §§ 52–60 BörsG a.F. auch dann Anwendung finden, sofern das Geschäft im Ausland geschlossen wurde oder dort zu erfüllen war. Aus dieser Verweisung ergab sich, dass aufgrund der Qualifikation des § 61 BörsG a.F. als Kollisionsnorm[50] auch die §§ 52 – 60 BörsG a.F. zu den zwingenden Regelungen gehörten, welche nicht durch die Wahl ausländischen Rechts umgangen werden konnten.[51] Jedoch wurde der Anwendungsbereich des § 61 BörsG a.F. durch die Börsengesetznovelle von 1989 enger gefasst. So knüpfte die Vorschrift an den Aufenthalt und die Abgabe der Willenserklärung zum Geschäftsabschluss im Inland an. Aus dieser Einschränkung soll sich eine rein defensive Bedeutung der zwingenden deutschen Vorschriften zum Termineinwand ergeben. Sie seien daher nicht mehr von international zwingender Natur.[52] Allerdings sollten sich die Abwehransprüche derjenigen, welche die Voraussetzungen des § 61 BörsG a.F. erfüllten, weiterhin in jedem Fall gegen das ausländische Recht durchsetzen.[53]

Ausschlaggebend ist jedoch, dass der BGH in seinem Urteil vom 22.11.1994,[54] in dem er sich ausschließlich mit dem Termineinwand auseinandersetzte, nicht

---

46 BT-Drucks. 11/4177, S. 1, 19.

47 Dies wird an den Worten „Anlegerschutz“ und der Einordnung des § 53 BörsG a.F. als Schutznorm ersichtlich, vgl. BT-Drucks. 11/4177, S. 1, 19.

48 Kap. 5 A I 3.

49 Kap. 5 A I 1 und 2.

50 Für eine Qualifikation als Kollisionsnorm siehe BGH unter Kap. 5 A I 1; sowie statt aller: *Samtleben*, RabelsZ 45 (1981), 218, 230; *Gundlach*, FS Schimansky, S. 619; *Schwark*, ZGR 1985, 465, 473 (§ 61 BörsG a.F. sei zudem eine Eingriffsnorm). *Kümpel*, WM 1978, 862, 863 spricht von einer zwingenden *lex specialis* des deutschen Kollisionsrechts. Andere Ansicht: *Mann*, FS von Caemmerer, S. 740 ff., der in § 61 BörsG a.F. eine „Sachnorm mit ausländischem Tatbestandsmerkmal“ sieht, welche eher mit § 92c HGB a.F. vergleichbar sei.

51 *Kümpel*, WM 1978, 862, 863.

52 *Welter*, EWiR 1991, 1039, 1040.

53 BT-Drucks. 11/4177, S. 21.

54 Kap. 5 A I 5.

die Zugehörigkeit des Termineinwandes zum *ordre public* ablehnte. Die Entscheidung erging nicht nur zeitlich nach dem Ausschluss des Differenzeinwandes vom *ordre public*. Vielmehr griff der BGH ausdrücklich zur Begründung der Unwirksamkeit der Schiedsvereinbarung auf seine Entscheidung vom 15.6.1987[55] zurück, in welcher der Termineinwand explizit dem *ordre public* zugerechnet wurde. Es ist daher nicht ersichtlich, dass diese Einordnung jedenfalls in Bezug auf den Nichtbörsentermingeschäftsfähigen geändert werden sollte.

Folglich gehörte der Termineinwand bis zur Einführung des § 37h WpHG a.F. zum *ordre public*.[56]

b) Zuordnung des Differenzeinwandes eines Nichtbörsentermingeschäftsfähigen zum ordre public

In der Entscheidung vom 26.2.1991[57] hat der BGH die Zurechnung des Differenzeinwandes zum *ordre public* abgelehnt. Allerdings betraf diese Entscheidung nur Warentermingeschäfte eines Börsentermingeschäftsfähigen.

Eine Zuordnung von Warentermingeschäften eines Nichtbörsentermingeschäftsfähigen zum *ordre public* könnte sich aus § 61 BörsG a.F. ergeben. Bis zum Börsenneuregelungsgesetz verwies § 61 BörsG a.F. auf § 58 BörsG a.F., der den Differenzeinwand ausschloss, sofern es sich um ein offizielles Börsentermingeschäft handelte. Aus dieser Verweisung sollte jedoch nicht der zwingende Charakter des Differenzeinwandes abgeleitet werden können, da § 58 BörsG a.F. nicht die Anwendbarkeit der §§ 762, 764 BGB a.F. anordnete.[58] Mit der Neuregelung von 1989 entfiel sogar die Verweisung des § 61 BörsG a.F. auf § 58 BörsG a.F., sodass einer „Verweisungskette" jegliche Grundlage entzogen worden sei.[59]

§ 58 S. 1 BörsG a.F. ordnete in seiner Neufassung an, dass der Differenzeinwand nicht mehr greift, sofern die Börsentermingeschäftsfähigkeit gegeben ist. Die vorliegende Fragestellung analysiert jedoch den Differenzeinwand eines Nichtbörsentermingeschäftsfähigen, sodass sich aus dem Wortlaut § 58 BörsG a.F. keine Beschränkung des *ordre public* ergeben kann. Allerdings soll die Neuformulierung des § 58 BörsG a.F. auch dazu gedient haben, dass

---

55 Kap. 5 A I 3.

56 Ebenso *Gundlach*, FS Schimansky, S. 619 ff. Zum alten Recht: *Samtleben*, RabelsZ 45 (1981), 218, 229. Andere Ansicht: *Ebbing*, WM 1999, 1264, 1267; bereits zuvor *Mann*, FS von Caemmerer, S. 751.

57 Kap. 5 A I 4.

58 *Kümpel*, WM 1978, 862, 863 f. Vgl. auch *Samtleben*, RabelsZ 45 (1981), 218, 232.

59 *Kümpel*, WM 1978, 862, 863 f. Vgl. auch *Samtleben*, RabelsZ 45 (1981), 218, 232.

Geschäfte welche nach § 50 BörsG a.F. zugelassen waren, an in- und ausländischen Börsen abgeschlossen werden konnten.[60] § 58 BörsG a.F. erfülle primär volkswirtschaftliche Interessen. Der Anlegerschutz sei eher eine Reflexwirkung. Aus der Unverbindlichkeit des Geschäftes im Inland könne nicht geschlossen werden, dass sich diese auch im internationalen Bereich durchsetzen müsste. Der unerfahrene Anleger werde bereits hinreichend über den Termineinwand geschützt.[61] § 58 BörsG a.F. war zwar Ausdruck eines Gleichlaufes von Termin- und Differenzeinwand, er besagte allerdings nicht, dass der Differenzeinwand neben dem Termineinwand überflüssig sei.[62] Trotz der Kritik[63] wurde die Vorschrift erst 2002 aufgehoben. Eine Versagung des Differenzeinwandes für den Nichtbörsentermingeschäftsfähigen hätte die Norm bereits viel früher ihres wesentlichen Anwendungsbereiches beraubt.

Die Gefahr, dass der Differenzeinwand auch Börsentermingeschäftsfähige erfasst und damit den Wertungen des Börsengesetzes zuwiderläuft, sowie einen „überschießenden Anlegerschutz" zur Folge gehabt hätte,[64] besteht im Falle der Begrenzung der *ordre public*-Zurechnung für den Nichtbörsentermingeschäftsfähigen nicht. Zudem begrenzte der BGH seine Entscheidung vom 26.2.1991 ausdrücklich auf „Termingeschäfte eines Börsentermingeschäftsfähigen".[65] Diese beschränkende Passage findet sich auch in dem Urteil des BGH vom 21.9.1993. Er führte dort unter Hinweis auf das Urteil vom 26.2.1991 aus, dass er entschieden habe, „daß der Differenzeinwand gegenüber Börsentermingeschäften zwischen börsentermingeschäftsfähigen Partnern im Hinblick auf die entsprechende Regelung der Börsengesetznovelle 1989 (§ 58 BörsG a.F.) nicht mehr zum deutschen ordre public gehört".[66] Hätte der BGH den Differenzeinwand insgesamt aus dem Anwendungsbereich des *ordre public* entfernen wollen, wäre es ihm ein Leichtes gewesen, dies jedenfalls im Wege eines *obiter dictums* klarzustellen.

Folglich gehörte auch der Differenzeinwand eines Nichtbörsentermingeschäftsfähigen bis zur Einführung des § 37h WpHG a.F. zum *ordre public*.[67]

---

60 BT-Drucks. 11/4177, S. 20; Kap. 5 A I 3.

61 *Samtleben*, RabelsZ 45 (1981), 218, 232.

62 Andere Ansicht: *Hartung*, ZIP 1991, 1185, ebenda.

63 Vgl. statt aller: *Samtleben*, RabelsZ 45 (1981), 218, 232 235 ff.

64 Vgl. *Samtleben*, RabelsZ 45 (2981), 218, 236.

65 Vgl. Kap. 5 A I 4.

66 BGH, Beschluss v. 21.9.1993 – XI ZR 52/92, NJW-RR 1993, 1519, 1520 [1].

67 Vgl. auch *Koller*, EWiR 1991, 559, 560, welcher der Ansicht ist, dass der BGH die Entscheidung vom 26.2.1991 nur zur Revision angenommen habe, weil sie einen Börsentermingeschäftsfähigen betraf. Zum alten Recht: *Franke*, DB 1975, 1541, 1546;

c) Dogmatische Grundlage der BGH-Entscheidungen

Ungeklärt ist bislang noch die dogmatische Grundlage der BGH-Entscheidungen. In Betracht kommt sowohl eine Begrenzung der Schiedsfähigkeit als auch eine *ordre public*-Kontrolle.

Eine Grundlage für die Begrenzung der Schiedsfähigkeit könnte § 28 BörsG a.F. bilden.[68] Nach § 28 BörsG a.F. konnten sich die Parteien der Zuständigkeit unter ein Börsenschiedsgericht nur unterwerfen, sofern sie börsentermingeschäftsfähig i.S.d. § 53 BörsG a.F. waren.[69] Nichtbörsentermingeschäftsfähige sollten nach prominent vertretener Auffassung hingegen sowohl vor inländischen als auch ausländischen Börsenschiedsgerichten sowie vor allen anderen Arten von Schiedsgerichten geschützt werden.[70] Denn die Begrenzung der Schiedsfähigkeit resultiere in diesem Bereich[71] aus dem Verzicht auf die staatliche Gerichtsbarkeit.[72] Dem ist entgegenzuhalten, dass sich der Wortlaut des § 28 BörsG a.F. bereits auf Börsenschiedsgerichte beschränkte.[73] Mit diesem Begriff sollten nicht alle Schiedsgerichte erfasst werden, welche über Börsenstreitigkeiten entscheiden müssen. Vielmehr erfasste er nur Schiedsgerichte, die „mit dem Börsenbetrieb an einer deutschen Börse organisatorisch verbunden

---

Möhring/Klingelhöffer, BB 1974, 1096, 1097; *Triebel/Peglow*, ZIP 1987, 613, 616 (für eine Zuordnung zum *ordre public international*). Andere Ansicht: *Ebbing*, WM 1999, 1264, 1267; *Gundlach*, FS Schimansky, S. 616; zum alten Recht: *Mann*, FS von Caemmerer, S. 752; *Kümpel*, WM 1978, 862, 864 ff. m.w.N. (sofern „der ausländische Börsenterminhandel einem dem inländischen offiziellen Terminhandel gleichwertigen Zulassungsreglement unterworfen ist“).

68 Für eine Begrenzung der subjektiven Schiedsfähigkeit durch § 28 BörsG a.F.: *Samtleben*, IPRax 1992, 362, 364; *ders.*, ZEuP 1999, 974, 978; *Ebbing*, WM 1999, 1264, ebenda.

69 Vgl. *Weller*, Ordre public-Kontrolle internationaler Gerichtsstandsvereinbarungen im autonomen Zuständigkeitsrecht, S. 90 m.w.N.

70 *Samtleben*, BB 1974, 1616, 1617 f.; *ders.*, IPRax 1992, 362, 364; *ders.*, ZEuP 1999, 974, 978; *Ebbing*, WM 1999, 1264, ebenda.

71 Börsenschiedsgerichte mussten aus „bestimmte(n) an der Börse thätige(n) Personen“ zusammengesetzt sein, vgl. amtliche Begründung: Reichstag Sten. Ber. 9. Legislaturperiode IV. Session 1895/97 Aktenstück Nr. 14 S. 20.

72 *Samtleben*, IPRax 1992, 362, 364; *ders.*, ZEuP 1999, 974, 978; *Ebbing*, WM 1999, 1264, ebenda.

73 Vgl. OLG Düsseldorf, Urteil v. 8.3.1990 – 6 U 213/89, WM 1990, 842, 845; *Thorn*, IPRax 1997, 98, 103; *Mann*, FS von Caemmerer, S. 754.

oder jedenfalls mit Börsenbesuchern besetzt sind."[74] § 28 BörsG a.F. würde dem BGH zufolge die „kaufmännisch-kooperativen Autonomie des Börsenwesens" zum Ausdruck bringen und sei dementsprechend auf diesen Wirkungskreis zu beschränken.[75] Zudem befand sich § 28 BörsG a.F. im 1. Abschnitt über die Börse und ihre Organe. Ferner lässt sich den BGH-Entscheidungen kein Hinweis für eine Beschränkung der subjektiven Schiedsfähigkeit durch § 28 BörsG a.F. entnehmen.[76] Somit stellte § 28 BörsG a.F. keine Begrenzung der subjektiven Schiedsfähigkeit dar.

Jedoch könnte der BGH seine Entscheidungen auf eine Beschränkung der objektiven Schiedsfähigkeit gestützt haben.[77] Diese Begrenzung soll sich aus dem Verweis des BGH in der Entscheidung vom 15.6.1987[78] auf Art. II UNÜ ergeben. So darf eine Schiedsvereinbarung nach Art. II UNÜ nicht anerkannt werden, wenn der Streitgegenstand nicht auf schiedsrichterlichem Wege geregelt werden kann. Eine Begrenzung der objektiven Schiedsfähigkeit bedarf als erheblicher Eingriff in die Parteiautonomie der gesetzlichen Grundlage.[79] Aus § 28 BörsG a.F. ergibt sich jedoch *e contrario* die objektive Schiedsfähigkeit von Börsenrechtsstreitigkeiten.[80]

Sofern eine Beschränkung der objektiven Schiedsfähigkeit bestanden hätte, wäre es auch Börsentermingeschäftsfähigen nicht möglich gewesen, eine wirksame Schiedsvereinbarung zu treffen.[81] Gegen eine Begrenzung der objektiven Schiedsfähigkeit und für die *ordre public*-Kontrolle als dogmatische Grundlage spricht des Weiteren die Heranziehung des Art. V Abs. 2 b) UNÜ in der

---

74 OLG Düsseldorf, Urteil v. 8.3.1990 – 6 U 213/89, WM 1990, 842, 845. Nach *Mann*, in FS von Caemmerer, S. 754 sei für das Vorliegen eines Börsenschiedsgerichtes erforderlich, dass es ein „Organ einer deutschen Börse" sei.

75 BGH, Urteil v. 13.1.2005 – III ZR 265/03, DB 2005, 495, 498 [II 5 a)].

76 Vgl. auch OLG Düsseldorf, Urteil v. 8.3.1990 – 6 U 213/89, WM 1990, 842, 846.

77 So *Niedermaier*, SchiedsVZ 2012, 177, 179; *Ebbing*, WM 1999, 1264, 1267, *Samtleben*, IPRax 1989, 148, 152; *Weller*, Ordre public-Kontrolle internationaler Gerichtsstandsverein-barungen im autonomen Zuständigkeitsrecht, S. 236.

78 Kap. 5 A I 3.

79 *Niedermaier*, Schieds- und Schiedsverfahrensvereinbarungen in strukturellen Ungleichgewichtslagen, 2013, S. 302.

80 Vgl. *Schütze*, EWiR 1990, 517, 518.

81 *Schütze*, EWiR 1990, 517, 518. In Betracht käme folglich nur eine partielle Begrenzung der Schiedsfähigkeit für Fälle, in denen das Schiedsgericht seinen Sitz im Ausland habe und eine Wahl ausländischen Rechts vorliege, vgl. *Niedermaier*, Schieds- und Schiedsverfahrensvereinbarungen in strukturellen Ungleichgewichtslagen, 2013, S. 302.

BGH-Entscheidung vom 15.6.1987.[82] Hätte der BGH seine Entscheidung auf die Begrenzung der objektiven Schiedsfähigkeit stützen wollen, hätte er auf Art. V Abs. 2 a) UNÜ zurückgreifen müssen. Zwar führt Art. II UNÜ einen *ordre public*-Verstoß nicht als Unwirksamkeitsgrund der Schiedsvereinbarung an, allerdings dient die Ergänzung durch Art. V Abs. 2 b) UNÜ, der für Einredefälle, wie dem vorliegenden, zumindest entsprechende Anwendung findet,[83] der Begründung der Unwirksamkeit auch im Rahmen des Art. II UNÜ. Dieses Ergebnis wird von der Rechtsprechung des BGH vom 6.6.1991 bestätigt. Die Schiedsvereinbarung betraf in diesem Fall Warentermingeschäfte, für die deutsches Recht Anwendung finden sollte. Hier führte der BGH als Begründung § 1041 Abs. 2 Nr. 2 ZPO a.F. an.[84] Wäre eine Begrenzung der objektiven Schiedsfähigkeit vom BGH favorisiert worden, hätte er § 1041 Abs. 2 Nr. 1 ZPO a.F. heranziehen müssen.

Entsprechend der soeben aufgeführten Urteile ergibt sich für die dogmatische Grundlage der BGH-Entscheidungen eine *ordre public*-Kontrolle.[85]

II. Unwirksamkeit einer Gerichtsstands-/Schiedsvereinbarung unter Beteiligung eines Verbrauchers – Rechtsprechung des OLG Düsseldorf

Die Oberlandesgerichte hatten sich in den 1990er-Jahren mit der Frage der Unwirksamkeit einer Gerichtsstands- bzw. Schiedsvereinbarung unter Beteiligung eines Verbrauchers auseinanderzusetzen. Beispielhaft wird hier die Rechtsprechung des OLG Düsseldorf vorgestellt.

Die zu entscheidenden Sachverhalte wiesen alle eine Ähnlichkeit auf, sodass hier nur die Grundkonstellation nachgezeichnet wird. Die klagenden Anleger wurden durch Telefonverkäufe einer Vermittlerin von Börsentermingeschäften (der Beklagten zu 1) dazu veranlasst, eine „Kundenvereinbarung“ zu unterzeichnen. In dieser beauftragten sie eine Brokerfirma mit Sitz in London (die Beklagte zu 2) mit der Durchführung von Börsentermingeschäften. In der „Kundenvereinbarung“ war die Wahl englischen Rechts vorgesehen und ihr war ein „Hinweis auf Risiken“ beigefügt. In einigen Fällen enthielt die „Kundenvereinbarung“ noch eine Schiedsvereinbarung, in der die Entscheidung durch ein *non-domestic* Schiedsgericht nach den Regeln des LCIA vorgesehen wurde. Das Schiedsgericht

82 Kap. 5 A I 3.

83 Vgl. Kap. 3 A III.

84 BGH, Urteil v. 6.6.1991 – III ZR 68/90, NJW 1991, 2215, 2216 [4 b)].

85 Vgl. Fuchs/*Jung*, § 37h Rn. 11. Ähnlich *Berger*, ZBB 2003, 77, 81.

sollte aus einem von der LCIA bestellten Schiedsrichter bestehen. Die klagenden Anleger verlangten die Rückzahlung ihrer Leistungen.

Das OLG Düsseldorf entschied hinsichtlich der Rechtswahl, dass diese nach Art. 27 Abs. 1, 31 EGBGB a.F. unwirksam sei. Es müsse einer Partei nach Art. 31 Abs. 2 EGBGB a.F. möglich sein, sich betreffend ihrer Vertragsschlusserklärung auf das Recht des Staates ihres gewöhnlichen Aufenthalts zu berufen, sofern sich aus den Umständen ergebe, dass eine Wirkung des Parteiverhaltens nach dem fremden Recht nicht gerechtfertigt sei. Art. 31 Abs. 2 EGBGB a.F. sei wiederum durch Art. 29 Abs. 1 EGBGB a.F. ausgefüllt worden. Aus Art. 29 Abs. 1 EGBGB a.F. folge, dass bei Verbraucherverträgen dem Verbraucher durch die Rechtswahl nicht der Schutz, welcher ihm durch die zwingenden Normen des Heimatrechts gewährt werde, entzogen werden dürfe.[86] Zu den nach Art. 29 Abs. 1 EGBGB a.F. anwendbaren zwingenden Bestimmungen gehörten auch die Vorschriften des AGBG a.F.

Bei der Rechtswahlklausel handele es sich um eine überraschende Bestimmung i.S.d. § 3 AGBG a.F. Die Beklagte zu 2 habe persönlich eingeräumt, dass sie die Rechtswahl zugunsten des englischen Rechts nur deshalb vorgesehen habe, damit die strengeren deutschen Regelungen nicht zur Unwirksamkeit der Geschäfte führten. Der Kläger müsse mit einer solchen seinen Interessen zuwiderlaufenden Rechtswahl nicht rechnen, wenn er, wie im vorliegenden Fall, in Deutschland durch Telefonverkäufer einer deutschen Vermittlungsgesellschaft zum Geschäftsabschluss geworben worden sei. Der Umstand, dass der Kunde durch die Zusendung der Kundenvereinbarung erfahren habe, dass hinter der Vermittlungsgesellschaft eine englische Brokerfirma stand, rechtfertige keine andere Betrachtungsweise. Vielmehr sei das Geschäft nach den Gesamtumständen gemäß dem deutschen Recht abzuwickeln. Dies gelte insbesondere, da die Vermittlungsgesellschaft das Geld des Kunden in Empfang genommen habe. Daher sei die Rechtswahl jedenfalls nach § 9 AGBG a.F. wegen treuwidriger, unangemessener Benachteiligung nichtig.[87]

Die Schiedsvereinbarung (in Kombination mit der Rechtswahl) sei ebenfalls nicht anzuerkennen, sofern sie „Börsentermingeschäfte eines nicht

86 OLG Düsseldorf, Urteil v. 14.1.1994 – 17 U 129/93, WM 1994, 376, ebenda [II A]. Vgl. auch für die Schiedsvereinbarung: OLG Köln, Urteil v. 15.12.1997, 16 U 34/97, OLGR 1998, 166, 167.

87 OLG Düsseldorf, Urteil v. 14.1.1994 – 17 U 129/93, WM 1994, 376, 377 [II A]. Zur formularmäßigen Einbindung Dritter in einen Schiedsvertrag: *Huber*, LMK 2011, Ausgabe 7, 320470.

termingeschäftsfähigen Inländers betrifft". Sie führe andernfalls dazu, dass die strengeren deutschen Regelungen zum Differenz- und Termineinwand sowie der Haftung aus Verschulden bei Vertragsschluss wegen unzureichender Aufklärung über die Risiken von Börsentermingeschäften, welche den Anleger schützen sollten, nicht beachtet werden müssten.[88] Ferner seien die soeben genannten Gründe und die Rechtsprechung des BGH[89] hinsichtlich der Unwirksamkeit der Rechtswahlklausel auch auf die Schiedsvereinbarung anzuwenden. Dies erfolge „zum Schutz des Verbrauchers".[90]

Aus den Entscheidungen des OLG Düsseldorf wird ersichtlich, dass neben der aufgezeigten BGH-Rechtsprechung Art. 29 EGBGB a.F. und das AGB-Recht als zentrale Begründungspunkte für die Unwirksamkeit der Schiedsvereinbarung herangezogen wurden.

III. § 37h WpHG a.F.

Im Wege des vierten Finanzmarktförderungsgesetzes wurde 2002 das Börsentermingeschäft in das WpHG integriert und § 37h WpHG a.F. eingefügt. Zugleich strich der Gesetzgeber den Differenzeinwand nach § 764 BGB a.F. und ersetzte das System der Börsentermingeschäftsfähigkeit durch die verschuldensabhängige Schadensersatzhaftung gem. § 37d Abs. 4 WpHG a.F. Folge war eine „Kehrtwende"[91] von der Unverbindlichkeit von Termingeschäften zu einer Schadensersatzpflicht wegen Informationspflichtverletzungen. Das vierte Finanzmarktförderungsgesetz sollte einer Stärkung Deutschlands als Finanzplatz und der Wettbewerbsfähigkeit von inländischen Börsen dienen. Damit einhergehend war eine Verbesserung des Anlegerschutzes und der Rechtssicherheit beabsichtigt. Ferner sollte das „Vertrauen der Verbraucher in den Kapitalmarkt" gestärkt werden.[92]

---

88 OLG Düsseldorf, Urteil v. 26.5.1995 – 17 U 240/95, WM 1995, 1349, 1350 [I 2 b)]; OLG Düsseldorf, Urteil v. 8.3.1996 – 17 U 179/95, WM 1996, 1489, 1492 [A 3 a)].

89 Vgl. hierzu auch Kap. 5 A I 3.

90 OLG Düsseldorf, Urteil v. 26.5.1995 – 17 U 240/95, WM 1995, 1349, 1351 [A 3 b)], OLG Düsseldorf, Urteil v. 8.3.1996 – 17 U 179/95, WM 1996, 1489, 1492 f. [I 2 b)]. Vgl. auch OLG Köln, Urteil v. 15.12.1997, 16 U 34/97, OLGR 1998, 166, 167.

91 *Berger*, ZBB 2003, 77, 83.

92 BT-Drucks. 14/8601, S. 9.

Die neue Regelung des § 37h WpHG a.F.[93] diente dem Ausgleich zwischen einem „angemessenen Anleger- und Verbraucherschutz"[94] und der Schiedsgerichtsbarkeit als zwischenzeitlich anerkannter gleichwertiger Alternative zur staatlichen Gerichtsbarkeit.[95] Diese besondere Bedeutung der Notwendigkeit des Verbraucherschutzes wurde durch das nicht unerhebliche Risiko der in § 2 WpHG a.F. bezeichneten Geschäfte ersichtlich. Der Anleger konnte im Falle einer ungünstigen Kursentwicklung sein gesamtes Geld verlieren und genötigt sein, einen Kredit aufzunehmen, um Nachschusszahlungen leisten zu können. Zugleich bestand aufgrund der Möglichkeit der Erzielung überdurchschnittlicher Gewinne durch *Leverage*-Effekte ein hoher Anreiz für den Abschluss solcher Geschäfte. Die in § 2 WpHG a.F. bezeichneten Geschäfte wiesen einen spekulativen Charakter auf und rückten in die Nähe des Glücksspiels.[96] Verstärkt wurden diese Effekte durch die in der Praxis auftauchenden Missbrauchsprobleme.[97]

Der durch § 37h WpHG a.F. zu erzielende Anlegerschutz sollte bereits „präventiv" bei dem Abschluss der Schiedsvereinbarung und nicht erst im Anerkennungs- und Vollstreckungsverfahren eingreifen, in welchem nur eine eingeschränkte inhaltliche Kontrolle stattfindet.[98]

Als Vorbild für § 37h WpHG a.F. diente § 28 BörsG a.F. § 37h WpHG a.F. war jedoch in mehrfacher Hinsicht weiter als § 28 BörsG a.F.[99] Zum einen erfasste § 37h WpHG a.F. alle Schiedsgerichte und war damit nicht auf Börsenschiedsgerichte beschränkt.[100] Zum anderen war § 37h WpHG a.F. unabhängig vom

---

93 Zur Frage der Europarechtswidrigkeit des § 37h WpHG a.F.: *Berger*, ZBB 2003, 77, 93; *Jordans*, EuZW 2007, 655, 655 ff.; Kölner Kommentar-WpHG/*Hirte*, § 37h Rn. 8; Fuchs/*Jung*, § 37h Rn. 48 f.; *Samtleben*, IPRax 2011, 469, 477 f.

94 BT-Drucks. 14/8601, S. 9.

95 Kritisch zur Einführung des § 37h WpHG a.F. in Bezug auf die Gleichwertigkeit von Schiedsgerichten insbesondere im Hinblick auf das Schiedsverfahrensneuregelungsgesetz: Fuchs/*Jung*, § 37h Rn. 2; *Berger*, ZBB 2003, 77, 83; *Lehmann*, SchiedsVZ 2003, 219, 222 m.w.N.

96 *Berger*, ZBB 2003, 77, 78.

97 *Berger*, ZBB 2003, 77, 78. Siehe zum Bedürfnis des Anlegerschutzes auch *Giesberts*, Anlegerschutz und anwendbares Recht bei ausländischen Börsentermingeschäften, S. 11 ff.

98 *Berger*, ZBB 2003, 77, 79; *Sethe/Hellgardt*, in: Assmann/Schneider/Mülbert (Hrsg.), § 101 Rn. 5. Zur Unvereinbarkeit der Begrenzung der subjektiven Schiedsfähigkeit für künftige Streitigkeiten mit Art. I Abs. 1 UNÜ: *Lehmann*, SchiedsVZ 2003, 219, 224 f. Andere Ansicht: Schwark/*Zimmer WpHG* (2010), § 37h Rn. 6.

99 *Huber*, LMK 2011, Ausgabe 7, 320470.

100 *Berger*, ZBB 2003, 77, 81; Schwark/*Zimmer* WpHG (2010), § 37h Rn. 3.

Ort des Sitzes des Schiedsgerichtes und dem anwendbaren Recht mit der Folge, dass er auch Geschäfte an ausländischen Börsen ergriff.[101] § 37h WpHG a.F. beschränkte nicht nur Finanztermingeschäfte, sondern alle Wertpapierdienstleistungen und Wertpapiernebendienstleistungen.[102] Zugleich war der Anwendungsbereich des § 37h WpHG a.F. auf künftige Streitigkeiten begrenzt.[103]

§ 37h WpHG a.F. stellte eine Beschränkung der subjektiven Schiedsfähigkeit dar.[104] Die Norm betraf nicht den Streitgegenstand als solchen. Vielmehr war die Schiedsfähigkeit nur in Fällen von Verbraucherstreitigkeiten ausgeschlossen. Damit wurde auf persönliche Merkmale abgestellt worden.[105] § 37h WpHG a.F. beruhte auf dem Gedanken, dass sich der Anleger durch den Abschluss einer Schiedsvereinbarung vor Entstehung einer Streitigkeit nicht darüber im Klaren war, dass er hierdurch den Zugang zu den staatlichen Gerichten ausschloss.[106] Ferner sollte der Anleger vor ihn benachteiligenden inhaltlichen Gestaltungen in der Schiedsvereinbarung bewahrt[107] und vor ausländischen Schiedsgerichten geschützt werden. Denn die Vereinbarung eines ausländischen Schiedsgerichtes ermöglichte die Umgehung der Schutzmechanismen für inländische Privatanleger.[108]

IV. Schadensersatzpflicht eines ausländischen Brokers bei Informationspflichtverletzung

Das praktische Missbrauchspotential von Schiedsvereinbarungen im Bereich von Wertpapiergeschäften zeigte sich in einer Reihe von Fällen, welche die Schadensersatzpflicht eines ausländischen Brokers aufgrund von

101 *Lehmann*, SchiedsVZ 2003, 219, 221 f.; Reithmann/Martiny/*Mankowski*, Rn. 6.1777.

102 Vgl. *Sethe/Hellgardt*, in: Assmann/Schneider/Mülbert (Hrsg.), § 101 Rn. 10; *Weller*, Ordre public-Kontrolle internationaler Gerichtsstandsvereinbarungen im autonomen Zuständigkeitsrecht, S. 91.

103 *Lehmann*, SchiedsVZ 2003, 219, 220.

104 BGH, Urteil v. 9.3.2010 – XI ZR 93/09, BGHZ 184, 365, 371, [II c) Rn. 21]; *Samtleben*, ZBB 2003, 69, 77; *ders.*, IPRax 2011, 469, 470; Kölner Kommentar-WpHG/*Hirte*, § 37h Rn. 1; Just/Voß/Ritz/Becker/*Harter*, § 37h Rn. 2; Fuchs/*Jung*, § 37h Rn. 1; Kronke/Melis/Kuhn/*Kronke/Haubold*, Teil L Rn. 483; Reithmann/Martiny/*Mankowski*, Rn. 6.1777; *Niedermaier*, SchiedsVZ 2012, 177, 183; *Sethe/Hellgardt*, in: Assmann/Schneider/Mülbert (Hrsg.), § 101 Rn. 4; *Thorn*, Symposium v. Hoffmann, S. 153.

105 *Thorn*, Symposium v. Hoffmann, S. 154.

106 *Sethe/Hellgardt*, in: Assmann/Schneider/Mülbert (Hrsg.), § 101 Rn. 4.

107 *Samtleben*, IPRax 2011, 469, 476.

108 BT-Drucks. 14/8017, S. 96.

Informationspflichtverletzung betrafen. Ausgangspunkt dieser Fälle war folgender Sachverhalt: Deutsche Vermittlungsgesellschaften warben bei Privatanlegern für den Abschluss von Terminoptionsgeschäften an US-amerikanischen Börsen. Diese Geschäfte sollten von einer Brokerfirma mit Sitz in den Vereinigten Staaten von Amerika durchgeführt werden. Für die Vermittlertätigkeiten stellte die Brokerfirma ein Online-System zur Verfügung. Dem Privatanleger wurde ein Vertragsangebot mit AGB übersandt, welches in englischer Sprache verfasst war. In diesen AGB war eine Schiedsklausel (auf welche in der Unterschriftenzeile nochmals ausdrücklich hingewiesen wurde) enthalten. Zwar erwiesen sich die getätigten Terminoptionsgeschäfte für die Vermittler als höchst lukrativ, den Privatanlegern bescherten sie jedoch zumeist hohe Verluste. Die Kläger forderten schließlich Schadensersatz aufgrund von Informationspflichtverletzungen.

1. Rechtsprechung des OLG Düsseldorf

Das OLG Düsseldorf zeigte auf, dass die Schiedsklausel nach § 37h WpHG a.F. unwirksam sei.[109] Auf die subjektive Schiedsfähigkeit, welche einen „auf das Schiedswesen bezogenen Teil der allgemeinen Geschäfts- und Prozessfähigkeit“[110] darstelle, sei nach Art. V Abs. 1 a) UNÜ analog[111] und § 1059 Abs. 2 Nr. 1a) ZPO (der hier durch das UNÜ verdrängt werde) das Personalstatut anwendbar und damit nach Art. 7 EGBGB a.F. das deutsche Recht.[112] Im

---

109 OLG Düsseldorf, Urteil v. 20.12.2007 – I-6 U 224/06 [II 1 b) Rn. 55]; OLG Düsseldorf, Urteil v. 20.12.2007 – I-6 U 242/06 [II 1 b) Rn. 39]; OLG Düsseldorf, Urteil v. 20.12.2007 – I-6 U 225/06, IPRax 2009 158, 160 [II 1 b)]; OLG Düsseldorf, Urteil v. 6.3.2008 – I-6 U 109/07 [II 1 b) Rn. 31]; OLG Düsseldorf, Urteil v. 29.1.2009 – I-6 U 254/07 [II 1 b) aa) Rn. 32]; OLG Düsseldorf, Urteil v. 19.3.2009 – I-6 U 46/08 [II 1 Rn. 52]; OLG Düsseldorf, Urteil v. 7.10.2010 – I-6 U 116/09 [II 1 c) Rn. 80].

110 OLG Düsseldorf, Urteil v. 20.12.2007 – I-6 U 224/06 [II 1 b) aa) Rn. 57]; OLG Düsseldorf, Urteil v. 20.12.2007 – I-6 U 242/06 [II 1 b) aa) Rn. 41]; OLG Düsseldorf, Urteil v. 20.12.2007 – I-6 U 225/06, IPRax 2009 158, 160 [II 1 b) aa)]; OLG Düsseldorf, Urteil v. 6.3.2008 – I-6 U 109/07 [II 1 b) aa) Rn. 33]; OLG Düsseldorf, Urteil v. 29.1.2009 –I-6 U 254/07 [II 1 b) aa) aaa) Rn. 34]; OLG Düsseldorf, Urteil v. 19.3.2009 – I-6 U 46/08 [II 1 a) Rn. 54]; OLG Düsseldorf, Urteil v. 7.10.2010 – I-6 U 116/09 [II 1 c) aa) Rn. 82].

111 Art. V Abs. 1 a) UNÜ war hier analog anzuwenden, da es sich um ein Einredeverfahren handelte.

112 OLG Düsseldorf, Urteil v. 20.12.2007 – I-6 U 224/06 [II 1 b) aa) Rn. 57]; OLG Düsseldorf, Urteil v. 20.12.2007 – I-6 U 242/06 [II 1 b) aa) Rn. 41]; OLG Düsseldorf, Urteil v. 20.12.2007 – I-6 U 225/06, IPRax 2009 158, 160 [II 1 b) aa)]; OLG Düsseldorf, Urteil v. 6.3.2008 – I-6 U 109/07 [II 1 b) aa) Rn. 33]; OLG Düsseldorf, Urteil v. 29.1.2009 –I-6

vorliegenden Fall habe dem Verbraucher wegen § 37h WpHG a.F. die subjektive Schiedsfähigkeit gefehlt. Hieran habe die Durchführung der Geschäfte über ein Onlinesystem in den USA nichts geändert.[113] Zudem seien keine Anhaltspunkte dafür ersichtlich, dass § 37h WpHG a.F. „auf die Vereinbarung eines ausländischen Schiedsgerichts mit einer im Ausland ansässigen Gesellschaft, die im Ausland Wertpapierdienstleistungen erbringt, keine Anwendung finden sollte".[114] Der erforderliche Inlandsbezug habe sich nicht nur aus den Vertragserklärungen, welche sich auf die Schiedsvereinbarungen richteten und in Deutschland unterzeichnet wurden, sondern auch aus den Angaben i.S.d. § 31 Abs. 2 Nr. 1 WpHG a.F. ergeben.[115]

Sofern die Kläger Kaufleute i.S.d. § 1 Abs. 1, 2 HGB waren bzw. § 37h WpHG a.F. mangels zeitlicher Geltung noch keine Anwendung gefunden habe, ergebe sich nach dem OLG Düsseldorf die Unwirksamkeit der Schiedsklausel aus einer analogen Anwendung des Art. 42 EGBGB a.F.[116] Die aus § 32 ZPO folgende internationale Zuständigkeit könne für zukünftige vorsätzliche unerlaubte

---

U 254/07 [II 1 b) aa) aaa) Rn. 34]; OLG Düsseldorf, Urteil v. 19.3.2009 - I-6 U 46/08 [II 1 a) Rn. 54]; OLG Düsseldorf, Urteil v. 7.10.2010 - I-6 U 116/09 [II 1 c) aa) Rn. 82].

113 OLG Düsseldorf, Urteil v. 20.12.2007 - I-6 U 224/06 [II 1 b) bb) Rn. 60]; OLG Düsseldorf, Urteil v. 20.12.2007 - I-6 U 242/06 [II 1 b) bb) Rn. 44]; OLG Düsseldorf, Urteil v. 20.12.2007 - I-6 U 225/06, IPRax 2009 158, 160 [II 1 b) bb)]; OLG Düsseldorf, Urteil v. 6.3.2008 - I-6 U 109/07 [II 1 b) bb) (1) Rn. 36]; OLG Düsseldorf, Urteil v. 29.1.2009 - I-6 U 254/07 [II 1 b) aa) aaa) Rn. 37]; OLG Düsseldorf, Urteil v. 19.3.2009 - I-6 U 46/08 [II 1 b) aa) Rn. 57].

114 OLG Düsseldorf, Urteil v. 16.6.2008 - I-9 U 17/08 [II 1 b) Rn. 53]; OLG Düsseldorf, Urteil v. 17.11.2008 - I-9 U 109/08 [II 1 b) Rn. 48].

115 OLG Düsseldorf, Urteil v. 20.12.2007 - I-6 U 224/06 [II 1 b) bb) Rn. 62]; OLG Düsseldorf, Urteil v. 20.12.2007 - I-6 U 242/06 [II 1 b) bb) Rn. 46]; OLG Düsseldorf, Urteil v. 20.12.2007 - I-6 U 225/06, IPRax 2009 158, 160 [II 1 b) bb)]; OLG Düsseldorf, Urteil v. 6.3.2008 - I-6 U 109/07 [II 1 b) bb) (1) Rn. 37]; OLG Düsseldorf, Urteil v. 29.1.2009 - I-6 U 254/07 [II 1 b) aa) bbb) (1) (a) Rn. 38 f.]; OLG Düsseldorf, Urteil v. 19.3.2009 - I-6 U 46/08 [II 1 b) aa) (1) Rn. 58 f.]; OLG Düsseldorf, Urteil v. 7.10.2010 - I-6 U 116/09 [II 1 c) bb) (1) Rn. 86 f.]; OLG Düsseldorf, Urteil v. 16.6.2008 - I-9 U 17/08, [II 1 b) Rn. 53]; OLG Düsseldorf, Urteil v. 17.11.2008 - I-9 U 109/08 [II 1 b) Rn. 48].

116 OLG Düsseldorf, Urteil v. 6.3.2008 - I-6 U 109/07 [II 1 b) Rn. 31]; OLG Düsseldorf, Urteil v. 16.6.2008 - I-9 U 17/08 [II 1 b) Rn. 55]; OLG Düsseldorf, Urteil v. 29.1.2009 - I-6 U 254/07 [II 1 b) bb) Rn. 42]; OLG Düsseldorf, Urteil v. 17.11.2008 - I-9 U 109/08 [II 1 b) Rn. 50]; OLG Düsseldorf, Urteil v. 19.3.2009 - I-6 U 46/08 [II 2 Rn. 63]; OLG Düsseldorf, Urteil v. 16.1.2009 - I-16 U 68/08 [B I 2 Rn. 25].

Handlungen nicht wirksam derogiert werden. Sofern die Schiedsvereinbarung wirksam gewesen wäre, sei eine Entscheidung des Streits über die unerlaubte Handlung nach deutschem Recht „nicht mehr gewährleistet".[117] Aufgrund der Wahl des Rechtes des Staates von New York könne „kaum erwartet" werden,[118] dass das Schiedsgericht deutsches Recht angewendet hätte. Jedenfalls sei seine Anwendung „keinesfalls sicher" gewesen.[119] „Um dem Gedanken des Art. 42 EGBGB (a.F.) Rechnung zu tragen, muss daher die Unwirksamkeit der Rechtswahl auf die Schiedsvereinbarung durchschlagen."[120]

Auch die Unterzeichnung der Schiedsvereinbarung stehe ihrer Unwirksamkeit nicht entgegen; sie stelle kein treuwidriges Verhalten dar. „§ 37h WpHG (a.F.) bzw. Art. 42 EGBGB (a.F.) dienen dem Schutz der Anleger, der nur dann erreicht werden kann, wenn eine Geltendmachung der Unwirksamkeit nicht ausgeschlossen ist."[121]

2. *Rechtsprechung des BGH*

Der BGH bestätigte die Unwirksamkeit der Schiedsvereinbarung.

Fehlte dem Kläger die Kaufmannseigenschaft, ergebe sich die Unwirksamkeit aus § 37h WpHG a.F.[122] Diese Vorschrift verstoße auch nicht gegen Art. II Abs. 1 UNÜ. § 37h WpHG a.F. stelle nur eine Beschränkung der subjektiven

---

117 OLG Düsseldorf, Urteil v. 6.3.2008 – I-6 U 109/07 [II 1 b) cc) Rn. 41]; OLG Düsseldorf, Urteil v. 29.1.2009 – I-6 U 254/07 [II 1 b) bb) Rn. 44]; OLG Düsseldorf, Urteil v. 19.3.2009 – I-6 U 46/08 [II 2 Rn. 63]; OLG Düsseldorf, Urteil v. 16.1.2009 – I-16 U 68/08 [II 2 Rn. 25].

118 OLG Düsseldorf, Urteil v. 6.3.2008 – I-6 U 109/07 [II 1 b) cc) Rn. 41]; OLG Düsseldorf, Urteil v. 29.1.2009 – I-6 U 254/07 [II 1 b) bb) Rn. 44]; OLG Düsseldorf, Urteil v. 19.3.2009 – I-6 U 46/08 [II 2 Rn. 63].

119 OLG Düsseldorf, Urteil v. 6.3.2008 – I-6 U 109/07 [II 1 b) cc) Rn. 41]; OLG Düsseldorf, Urteil v. 29.1.2009 – I-6 U 254/07 [II 1 b) bb) Rn. 44]; OLG Düsseldorf, Urteil v. 19.3.2009 – I-6 U 46/08 [II 2 Rn. 63].

120 OLG Düsseldorf, Urteil v. 6.3.2008 – I-6 U 109/07 [II 1 b) cc) Rn. 41]; OLG Düsseldorf, Urteil v. 29.1.2009 – I-6 U 254/07 [II 1 b) bb) Rn. 44]; OLG Düsseldorf, Urteil v. 19.3.2009 –I-6 U 46/08 [II 2 Rn. 63].

121 OLG Düsseldorf, Urteil v. 16.6.2008 – I-9 U 17/08 [II 1 b) Rn. 57]; OLG Düsseldorf, Urteil v. 17.11.2008 – I-9 U 109/08 [II 1 b) Rn. 51].

122 BGH, Urteil v. 25.1.2011 – XI ZR 350/08, SchiedsVZ 2011, 157, 159 [II 1 b) aa) Rn. 20]; BGH, Urteil v. 17.5.2011 – XI ZR 300/08 [II 1 b) Rn. 15]; BGH, Urteil v. 17.5.2011 – XI ZR 299/08 [II 1 b) Rn. 15]; BGH, Urteil v. 9.3.2010 – XI ZR 93/09, BGHZ 184, 365, 371 f. [II 1 c) Rn. 21 f.]; BGH, Urteil v. 8.6.2010 – XI ZR 349/08, SchiedsVZ 2011, 46, 48 [III 1 b)].

Schiedsfähigkeit dar. Mangels ausdrücklicher Regelung im UNÜ könne hinsichtlich der subjektiven Schiedsfähigkeit auf Art. V Abs. 1 a) UNÜ und damit das deutsche Recht zurückgegriffen werden.[123]

Sofern § 37h WpHG a.F. mangels zeitlicher Anwendbarkeit nicht eingriff,[124] sei die Schiedsvereinbarung formnichtig, da sie mangels beidseitiger Unterzeichnung nicht das Schriftformgebot des Art. II UNÜ wahre.[125]

Lag eine Rechtswahl vor, sei trotzdem Art. 29 EGBGB a.F. analog zur Bestimmung des Schiedsvereinbarungsstatuts anwendbar. Zwar sei die Schiedsabrede kein Verbrauchervertrag i.S.d. Art. 29 Abs. 1 EGBGB, sofern sie sich aber auf „Rechtsstreitigkeiten aus oder im Zusammenhang mit einem Verbrauchervertrag i.S. von Art. 29 Abs. 1 EGBGB a.F."[126] beziehe, müsste die Norm analog angewandt werden, um eine formfreie Unterwerfung des inländischen Verbrauchers unter die Zuständigkeit eines ausländischen Schiedsgerichtes zu vermeiden. Eine solche formfreie Unterwerfung sei nicht mit dem Verbraucherschutz zu vereinbaren. Daher gelte hier für die Form das Recht des gewöhnlichen Aufenthaltsorts des Verbrauchers. Ein Günstigkeitsvergleich finde nicht statt.[127] Der Verbraucher sei „meist nur mit den Formvorschriften seines Aufenthaltsstaates vertraut".[128] Zudem bestehe im Verbraucherschutz „ein enger Zusammenhang zwischen der für ein Rechtsgeschäft vorgeschriebenen Form und den zwingenden materiell-rechtlichen Schutzvorschriften (...), die den Verbraucher am Ort seines gewöhnlichen Aufenthalts auch im Fall einer Rechtswahl schützen".[129] Folglich sei aufgrund des Vertragsabschlusses mit deutschen Verbrauchern nach

123 BGH, Urteil v. 8.6.2010 – XI ZR 349/08, SchiedsVZ 2011, 46, 48 [III 1 a)].

124 BGH, Urteil v. 25.1.2011 – XI ZR 350/08, SchiedsVZ 2011, 157, 159 [II 1 b) aa) Rn. 20].

125 BGH, Urteil v. 8.6.2010 – XI ZR 349/08, SchiedsVZ 2011, 46, 48 [III 1 b) bb)]; BGH, Urteil v. 25.1.2011 – XI ZR 350/08, SchiedsVZ 2011, 157, 159 [II 1 b) bb) (1) Rn. 22]; BGH, Urteil v. 12.4.2011 – XI ZR 341/08, NJW-RR 2011, 1287, 1288 [II 2 a) Rn. 17 ff.]; BGH, Urteil v. 17.5.2011 – XI ZR 352/08 [II 1 b) bb) Rn. 22]; BGH, Urteil v. 25.1.2011 – XI ZR 100/09, RIW 2011, 406, 407 [II 1 b) bb) (2) Rn. 29]; BGH, Urteil v. 3.5.2011 – XI ZR 373/08, NJW-RR 2011, 1350, 1352 [II 1 c) aa) (1) Rn. 30].

126 BGH, Urteil v. 12.4.2011 – XI ZR 341/08, NJW-RR 2011, 1287, 1288 [II 2 b) aa) (3) Rn. 26].

127 BGH, Urteil v. 12.4.2011 – XI ZR 341/08, NJW-RR 2011, 1287, 1288 [II 2 b) aa) (3) Rn. 26].

128 BGH, Urteil v. 12.4.2011 – XI ZR 341/08, NJW-RR 2011, 1287, 1288 [II 2 b) aa) (3) Rn. 26].

129 BGH, Urteil v. 12.4.2011 – XI ZR 341/08, NJW-RR 2011, 1287, 1288 [II 2 b) aa) (3) Rn. 26].

Art. 29 Abs. 3 S. 2 EGBGB a.F. § 1031 Abs. 5 ZPO anzuwenden. Im vorliegenden Fall hätten die Urkunden jedoch „noch andere Vereinbarungen enthalten, die sich nicht auf das schiedsgerichtliche Verfahren beziehen“[130] und es habe keine eigenhändige, beidseitige Unterzeichnung vorgelegen. Damit sei die Formvorschrift des § 1031 Abs. 5 ZPO nicht eingehalten worden.[131]

Nach Auffassung des BGH könne sich die Unwirksamkeit der Schiedsvereinbarung hingegen nicht aus einer analogen Anwendung des Art. 42 EGBGB a.F. ergeben, falls die angegriffene Schiedsvereinbarung keine Rechtswahl vorsah.[132]

Die dargestellten Entscheidungen knüpfen an die Rechtsprechung des OLG Düsseldorf zur Unwirksamkeit einer Gerichtsstands-/Schiedsvereinbarung unter Verbraucherbeteiligung in den 1990er-Jahren an.[133] Die Parallelen werden besonders deutlich, wenn eine Anwendung des § 37h WpHG a.F. scheitert.

V. § 101 WpHG

§ 37h WpHG a.F. wurde durch das zweite Finanzmarktnovellierungsgesetz von 2018 durch den wortgleichen § 101 WpHG ersetzt. Diese Änderung erfolgte aufgrund der Neunummerierung des Gesetzes. Es handelt sich um eine rein redaktionelle Folgeänderung ohne inhaltliche Auswirkungen.[134] Somit können das bisher Gesagte sowie die Entscheidungen zu § 37h WpHG a.F. auf die neue Vorschrift übertragen werden.

Das zweite Finanzmarktnovellierungsgesetz dient der Umsetzung der Finanzmarktrichtlinie.[135] Die wichtigste Änderung für Finanztermingeschäfte stellt die

---

130 BGH, Urteil v. 25.1.2011 – XI ZR 350/08, SchiedsVZ 2011, 157, 159 [II 1 b) bb) (2) Rn 23 ff.]. Vgl. auch BGH, Urteil v. 17.5.2011 – XI ZR 352/08 [II 1. a) bb) Rn. 20, 22]; BGH, Urteil v. 25.1.2011 – XI ZR 100/09, RIW 2011, 406, 408 [II 1 b) bb) (2) Rn. 29]; BGH, Urteil v. 3.5.2011 – XI ZR 373/08, NJW-RR 2011, 1350, 1353 [III 2 c) cc) (1) Rn. 35 f.]; BGH, Urteil v. 12.4.2011 – XI ZR 341/08, NJW-RR 2011, 1287, 1288 [II 2 b) Rn. 18 ff.].

131 BGH, Urteil v. 25.1.2011 – XI ZR 350/08, SchiedsVZ 2011, 157, 159 [II 1 b) bb) (2) Rn. 23 ff.]. Vgl. auch BGH, Urteil v. 17.5.2011 – XI ZR 352/08 [II 1. a) bb) Rn. 20, 22]; BGH, Urteil v. 25.1.2011 – XI ZR 100/09, RIW 2011, 406, 408 [II 1 b) bb) (2) Rn. 29]; BGH, Urteil v. 3.5.2011 – XI ZR 373/08, NJW-RR 2011, 1350, 1353 [III 2 c) cc) (1) Rn. 35 f.]; BGH, Urteil v. 12.4.2011 – XI ZR 341/08, NJW-RR 2011, 1287, 1288 [II 2 b) Rn. 18 ff.].

132 BGH, Urteil v. 8.6.2010 – XI ZR 349/08, SchiedsVZ 2011, 46, 48 [III 2 c) cc) (1)].

133 Kap. 5 A II.

134 BT-Drucks. 18/10936, S. 251.

135 BR-Drucks. 833/06, S. 1.

Aufhebung des § 37d WpHG a.F. dar. Die Geschäfte und ihre Verhaltenspflichten richten sich nun nach den §§ 63 ff. WpHG und damit nach den allgemeinen Regelungen des Wertpapierhandels.

§ 101 WpHG zielt für die Beschränkung der subjektiven Schiedsfähigkeit weiterhin auf die Kaufmannseigenschaft bzw. den Status als juristische Person des öffentlichen Rechts ab. Hierdurch sollen auch Kunden von Wertpapierdienstleistungsunternehmen geschützt werden.[136] Der Kaufmannsbegriff berücksichtigt jedoch nicht, dass der Kaufmann aufgrund seines Handelsgewerbes in einem anderen als dem Finanzierungssektor tätig und daher im Hinblick auf Wertpapiergeschäfte unerfahren sein kann.[137] Ein Anlegerschutz wäre sinnvoll, wenn dieser keine derartige Geschäftserfahrung besitzt. Ein Abstellen auf die Geschäftserfahrung würde eine Orientierung an der Professionalität in jedem Einzelfall erfordern.[138] Dies läuft jedoch dem Anliegen des vierten Finanzmarktförderungsgesetzes, mehr Rechtssicherheit zu schaffen, zuwider. Folglich ist für die Begrenzung der subjektiven Schiedsfähigkeit ein klares Anknüpfungsmerkmal erforderlich.[139]

Eine Alternative zur Kaufmannseigenschaft bietet der Unternehmerbegriff des § 14 BGB.[140] Dieser ist im Gegensatz zum Kaufmannsbegriff nicht status-, sondern tätigkeitsbezogen;[141] eine tätigkeitsbezogene Anknüpfung entspricht dem § 1031 Abs. 5 ZPO.[142] Insoweit würde ein Rückgriff auf den Unternehmer- bzw. Verbraucherbegriff einen Gleichlauf mit § 1031 Abs. 5 ZPO gewährleisten.[143] Eine Anknüpfung an den Unternehmerbegriff wäre auch im internationalen Rechtsverkehr überlegen, da einige Rechtsordnungen keinen Kaufmannsbegriff

---

136 *Sethe/Hellgardt*, in: Assmann/Schneider/Mülbert (Hrsg.), § 101 Rn. 5.

137 Vgl. *Samtleben*, IPRax 2011, 469, 475.

138 Nach Art. 11 Abs. 1 S. 2, Abs. 3 Richtlinie 93/22/EWG vom 10. Mai 1993 über Wertpapierdienstleistungen, ABl. EU L 141 vom 11.6.1993 S. 37 mussten sich die von den Mitgliedsstaaten zu erlassenden Wohlverhaltensregeln, welche die Wertpapierfirmen einzuhalten hatten, an der Professionalität der Person orientieren.

139 *Sethe/Hellgardt*, in: Assmann/Schneider/Mülbert (Hrsg.), § 101 Rn. 6.

140 So *Sethe/Hellgardt*, in: Assmann/Schneider/Mülbert (Hrsg.), § 101 Rn. 6 f.; *Samtleben*, ZBB 2003, 69, 77; *ders.*, IPRax 2011, 469, 475; Kölner Kommentar-WpHG/*Hirte*, § 37h Rn. 4; Fuchs/*Jung*, § 37h Rn. 2; Kronke/Melis/Kuhn/*Kronke/Haubold*, Teil L Rn. 483.

141 *Sethe/Hellgardt*, in: Assmann/Schneider/Mülbert (Hrsg.), § 101 Rn. 6; Fuchs/*Jung*, § 37h Rn. 2.

142 *Sethe/Hellgardt*, in: Assmann/Schneider/Mülbert (Hrsg.), § 101 Rn. 7.

143 *Sethe/Hellgardt*, in: Assmann/Schneider/Mülbert (Hrsg.), § 101 Rn. 7; *Samtleben*, ZBB 2003, 69, 77.

kennen.[144] Eine solche Abgrenzung liegt besonders nahe, wenn man das Finanzterminrecht als einen Fall des Verbraucherrechts ansieht.[145] Allerdings schien der Gesetzgeber an der Anknüpfung an die Kaufmannseigenschaft festhalten zu wollen. Trotz der nicht unerheblichen Kritik wurde § 37h WpHG a.F. wortgleich in § 101 WpHG übernommen,[146] sodass es bei der Anknüpfung an den Kaufmannsbegriff verbleiben sollte.

Eine weitere Problematik eröffnet sich, sofern man, dem Personalstatut folgend, die Norm auf ihren Wortlaut begrenzt auslegt. In diesem Falle schützt sie ausschließlich den deutschen Anleger.[147] Vorzugswürdig erscheint eine Anknüpfung an den gewöhnlichen Aufenthalt im Inland.[148] Hierdurch würde ein Gleichlauf mit §§ 90, 91 WpHG,[149] die nicht auf die Staatsangehörigkeit des Anlegers, sondern auf den Ort des Geschäftsabschlusses abstellen, gewährleistet. Des Weiteren würde der Anlegerschutz gestärkt und eine Kongruenz von prozessualem und materiellem Schutz geschaffen.[150] Ferner hat eine Person zu der Rechtsordnung, in welcher sie sich gewöhnlich aufhält, eine engere Verbindung als zu derjenigen ihrer Staatsangehörigkeit.[151]

In zeitlicher Hinsicht stellt § 101 WpHG eine Beschränkung für künftige Streitigkeiten dar. Die Streitigkeit soll in Anlehnung an § 91 Abs. 1 S. 1 GWB a.F. entstanden sein, sofern „zwischen den Parteien eine konkrete Meinungsverschiedenheit über eine rechtliche Sachfrage besteht".[152] Die zeitliche Einschränkung sollte den Abschluss von Schiedsvereinbarungen im Rahmen von Vertragsverhandlungen verhindern. Sofern eine hinreichende Kenntnis von der

---

144 *Sethe/Hellgardt*, in: Assmann/Schneider/Mülbert (Hrsg.), § 101 Rn. 6.

145 *Sethe/Hellgardt*, in: Assmann/Schneider/Mülbert (Hrsg.), § 101 Rn. 7.

146 Vgl. *Sethe/Hellgardt*, in: Assmann/Schneider/Mülbert (Hrsg.), § 101 Rn. 7.

147 *Berger*, ZBB 2003, 77, 93; *Niedermaier*, SchiedsVZ 2012, 177, 180.

148 *Sethe/Hellgardt*, in: Assmann/Schneider/Mülbert (Hrsg.), § 101 Rn. 12; *Samtleben*, ZBB 2003, 69, 77; *ders.*, IPRax 2011, 469, 475; Just/Voß/Ritz/Becker/*Harter*, § 37h Rn. 8; Kronke/Melis/Kuhn/*Kronke/Haubold*, Teil L Rn. 483; Schwark/*Zimmer* WpHG (2010), § 37h Rn. 3 (will im Ausnahmefall an den Leistungsort bzw. für den Fall der gewerblichen oder beruflichen Tätigkeit an die Niederlassung anknüpfen). *Jordans*, EuZW 2007, 655, 658 stellt auf den Wohnsitz ab. Andere Ansicht: Reithmann/Martiny/*Mankowski*, Rn. 6.1778.

149 Sowie den §§ 31 Abs. 10, 37d Abs. 6 WpHG a.F., Art. 4 Abs. 2, 6 Abs. 1 Rom I-VO.

150 *Sethe/Hellgardt*, in: Assmann/Schneider/Mülbert (Hrsg.), § 101 Rn. 12; Just/Voß/Ritz/Be-cker/*Harter* WpHG, § 37h Rn. 8.

151 Schwark/*Zimmer WpHG* (2010), , § 37h Rn. 3.

152 Schwark/*Zimmer WpHG* (2010), § 37h Rn. 9; *Sethe/Hellgardt*, in: Assmann/Schneider/Mülbert (Hrsg.), § 101 Rn. 37 m.w.N.

Streitigkeit besteht, soll der Anleger über die mit dem Abschluss der Schiedsvereinbarungen verbundenen Gefahren hinreichend gewarnt sein.[153] Zudem würde eine Parallelität mit Art. 19 Nr. 1 Brüssel Ia-VO für Gerichtsstandsvereinbarungen mit Verbraucherbeteiligung erreicht werden.[154]

VI. Art. 46 Abs. 6 VO 600/2014

Die VO 600/2014[155] wurde als Reaktion auf die Finanzkrise erlassen. Ziel dieser Neuregelung war es, die „Transparenz und (die) Funktionsweise des Binnenmarkts für Finanzinstrumente“ zu verbessern.[156] Um diese Verbesserung zu erreichen, wurde die bisherige Richtlinie über die Märkte für Finanzinstrumente[157] durch eine überarbeitete Richtlinie[158] und die VO 600/2014 ersetzt.

Die VO 600/2014 enthält in Art. 46 Abs. 6 VO 600/2014 eine Regelung zur Schiedsgerichtsbarkeit.[159] So müssen „Drittlandfirmen, die gemäß diesem Artikel Dienstleistungen oder Tätigkeiten erbringen, (...) in der EU niedergelassenen Kunden vor der Erbringung von Dienstleistungen oder Tätigkeiten an(bieten), etwaige Streitigkeiten im Zusammenhang mit diesen Dienstleistungen oder Tätigkeiten zur Regelung an ein Gericht oder Schiedsgericht eines Mitgliedstaats zu übermitteln.“ Auf den ersten Blick lässt die Norm offen, ob sie nur die Vereinbarung eines Schiedsgerichtsverfahren im engeren Sinne erfassen will oder zugleich die Möglichkeiten der Rechtswahl im Wege der Schiedsvereinbarung

153 Schwark/*Zimmer WpHG* (2010), § 37h Rn. 9; Reithmann/Martiny/*Mankowski*, Rn. 6.1779.

154 Reithmann/Martiny/*Mankowski*, Rn. 6.1779.

155 Verordnung (EU) Nr. 600/2014 vom 15. Mai 2014 über Märkte für Finanzinstrumente und zur Änderung der Verordnung (EU) Nr. 648/2012, ABl. EU L 173 vom 12. Juni 2014, S. 84 ff.

156 Erwägungsgrund 1 VO 600/2014.

157 Richtlinie 2004/39/EG des Europäischen Parlaments und des Rates vom 21. April 2004 über Märkte für Finanzinstrumente, zur Änderung der Richtlinien 85/611/EWG und 93/6/EWG des Rates und der Richtlinie 2000/12/EG des Europäischen Parlaments und des Rates und zur Aufhebung der Richtlinie 93/22/EWG des Rates, ABl. EU L 145 vom 30. April 2004, S. 1 ff.

158 Richtlinie 2014/65/EU vom 15. Mai 2014 über Märkte für Finanzinstrumente sowie zur Änderung der Richtlinien 2002/92/EG und 2011/61/EU (Neufassung), ABl. EU L 173 vom 12. Juni 2014, S. 349 ff.

159 Zur besonderen Bedeutung der Drittstaatenregelungen für die Schweiz und Großbritannien nach dem *Brexit*: *Sethe*, SZW 2014, 615, 615 ff. (für die Schweiz); *Zetzsche/Lehmann*, AG 2017, 651, 651 ff. (für Großbritannien).

beschränkt werden. Sofern Letzteres der Fall ist,[160] sind zumindest die drei folgenden Ansätze denkbar, inwieweit die Rechtswahl eingeschränkt werden kann. Eine höchstrichterliche Entscheidung zu der Problematik ist bislang nicht ersichtlich.

1. *Ipso-iure-Anwendbarkeit des Sachrechts des Mitgliedsstaates, in dem der Kunde ansässig ist*

Den stärksten Eingriff in das Recht der freien Rechtswahl stellt die Möglichkeit der *Ipso-iure*-Anwendung des Sachrechts jenes Mitgliedsstaates dar, in welchem der Kunde ansässig ist.[161] Anknüpfungspunkt für diesen Lösungsansatz bietet in Art. 46 Abs. 6 VO 600/2014 die Ausführung zur Niederlassung des Kunden in der EU. Diese weitgehende Regelung könnte aus dem Interesse an einem möglichst umfassenden Schutz des Kunden resultieren.[162] Dieser wird gewöhnlich am besten mit der Rechtsordnung vertraut sein, in der er ansässig ist. Parallelen weist die Begründung zu der Beschränkung der Rechtswahl für Verbraucher im Wege des Art. 6 Rom I-VO auf, die Ausfluss eines umfassenden Schutzes des Verbrauchers in der Europäischen Union ist.[163] Eine Rechtfertigung dieser einschneidenden Beschränkung der Privatautonomie kommt daher am ehesten in Betracht, wenn es sich auch bei Art. 46 Abs. 6 VO 600/2014 um eine verbraucherschützende Vorschrift handelt. Faktisch führt diese Lösung dazu, dass eine Rechtswahl im Wege der Schiedsvereinbarung im Bereich von Finanzdienstleistungen von Drittstaatenfirmen, die an Kunden mit Niederlassung in der EU erbracht werden, ausgeschlossen wäre.

2. *Begrenzung der Rechtswahl auf die Sachrechte der Mitgliedsstaaten*

Ein gewisses Maß an Rechtswahl verleiben der Drittstaatenfirma und dem Kunden, wenn man davon ausgeht, dass durch Art. 46 Abs. 6 VO 600/2014 zwingend das Sachrecht eines Mitgliedsstaates zur Anwendung kommen muss. Feststellbar könnte dieser Wille des Unionsgesetzgebers anhand der Formulierung „Schiedsgericht eines Mitgliedsstaates" sein. Eine solche Beschränkung der Rechtswahl dient, wie der oben dargestellte Lösungsansatz,[164] dem Kundenschutz. Die Wahl

---

160 Siehe hierzu sogleich unter 1 – 3.
161 Ähnlich *Eichhorn/Klebeck*, RdF 2014, 189, 195.
162 Vgl. Erwägungsgrund 41 VO 600/2014.
163 Vgl. statt aller: MünchKomm-BGB/*Martiny*, Art. 6 Rom I-VO Rn. 1.
164 Soeben unter 1.

zwischen den mitgliedsstaatlichen Rechten könnte auf einer Äquivalenz des Schutzniveaus bzw. auf dem Aspekt eines Mindestschutzes beruhen.

3. Anwendung des zwingenden Unionsrechts

Eine liberalere Lösung eröffnet dagegen die Gewährung einer freien Rechtswahl, jedoch innerhalb der Grenze der Anwendung des zwingenden Unionsrechts.[165] Hier ist es dem EU-Gesetzgeber bzw. der EU-Rechtsprechung vorbehalten, die in jedem Fall anzuwendenden Normen zu bestimmen. Es lässt sich eine Regelung nur für sensible Bereiche erzielen. Ein umfassender Eingriff in die Parteiautonomie, wie in den ersten beiden Lösungen,[166] würde unterbleiben. Zugleich gelangt der Kern des Unionsrechts zur Geltung. Es besteht eine Möglichkeit des Ausgleichs zwischen dem Interesse an einer freien Rechtswahl, dem Schutz des Kunden und den essentiellen Normen im Binnenmarkt.

4. Würdigung

Dem Wortlaut des Art. 46 Abs. 6 VO 600/2014 scheint sich keine klare Präferenz für einen der genannten Ansätze entnehmen zu lassen. Möglicherweise trifft die Norm aber auch keine Aussage über die Grenzen der Rechtswahl.

Die Wirkung des Art. 46 Abs. 6 VO 600/2014 ist auf Drittlandfirmen begrenzt. Diese Begrenzung könnte ihre Rechtfertigung in dem Schutz der EU-Marktteilnehmer „vor unseriösen Angeboten aus dem Ausland" haben.[167]

a) Angebot des (Schieds-)Gerichts eines Mitgliedsstaates

Gem. Art. 46 Abs. 6 VO 600/2014 muss die Drittlandfirma ihrem Kunden nur ein Gericht bzw. ein Schiedsgericht eines Mitgliedsstaates anbieten. Somit können sich die Parteien nach einem Angebot trotzdem für ein drittstaatliches Schiedsgericht entscheiden.[168]

Die Möglichkeit zur Entscheidung für ein drittstaatliches (Schieds-)Gericht wird den Parteien auch in zeitlicher Hinsicht eröffnet. So müssen das Gericht bzw. Schiedsgericht nur „vor" der Erbringung der Dienstleistung oder Tätigkeit angeboten werden. Art. 46 Abs. 6 VO 600/2014 hat eine „präventive" Funktion,

---

165 Zur Bestimmmung des zwingenden Unionsrechts siehe Kap. 1 D II.

166 Soeben unter 1 und 2.

167 *Sethe*, SZW 2014, 615, 616.

168 *Zetzsche/Lehmann*, AG 2017, 651, 656; *dies.*, Grenzüberschreitende Finanzdienstleistungen, § 3 Rn. 32.

die vergleichbar mit § 101 WpHG lediglich den Abschluss im Wege der Schiedsklausel verhindern will. Nimmt man die Norm beim Wort, so ist es den Parteien möglich, nach der Erbringung der Dienstleistung/Tätigkeit ein drittstaatliches Schiedsgericht zu vereinbaren. Wenn es den Parteien jedoch offensteht, sich letztlich sogar für ein drittstaatliches Schiedsgericht zu entscheiden, muss ihnen erst recht die Möglichkeit gegeben werden, in der Schiedsvereinbarung eine Rechtswahl zu treffen.

b) Verweis auf den in der EU niedergelassenen Kunden

Aus dem Verweis auf den in der EU niedergelassenen Kunden die *Ipso-iure*-Anwendung des Rechts des Mitgliedsstaates, in dem er sich befindet, abzuleiten, korrespondiert letztlich nicht mit dem restlichen Wortlaut der Norm. Hätte der EU-Gesetzgeber diese Auslegung gewollt, so müsste er auch den Mitgliedsstaat am Ende des Art. 46 Abs. 6 VO 600/2014 näher durch die Worte „Gerichts- oder Schiedsgericht seines Mitgliedsstaates" präzisieren. Der Hinweis auf einen Mitgliedsstaat erfasst neben dem Mitgliedsstaat, in welchem der Kunde niedergelassen ist, auch alle weiteren EU-Mitgliedsstaaten.

Das Abstellen auf den in der EU niedergelassenen Kunden soll vielmehr die Anwendbarkeit des Art. 46 Abs. 6 VO 600/2014 begrenzen. Ziel des EU-Gesetzgebers war es, seine Marktteilnehmer zu schützen. Eine zu schützende Person benötigt ein beliebig geschaffenes Anknüpfungsmoment zur EU. Diesem Anknüpfungsmoment wurde in der Begrenzung auf Kunden, die in der EU niedergelassen sind, Rechnung getragen.

c) Ausfluss des umfassenden unionsrechtlichen Verbraucherschutzes

Eine andere Lesart des Art. 46 Abs. 6 VO 600/2014 wäre jedoch in Betracht zu ziehen, wenn er eine Emanation des umfassenden unionsrechtlichen Verbraucherschutzes darstellt.

Die Verordnung ist anwendbar auf geeignete Gegenparteien und geborene professionelle Kunden. Aus den Definitionen in Art. 4 Nr. 10 Richtlinie 2014/65/EU sowie ihres Anhanges II ergibt sich, dass die geeigneten Gegenparteien und geborenen professionellen Kunden i.d.R. nicht die Merkmale des Verbraucherbegriffes im konkreten Fall erfüllen werden.[169]

---

169 Vgl. *Sethe*, SZW 2014, 615, 627 Fn. 71.

Die Richtlinie 2014/65/EU erfasst hingegen Kleinanleger und gekorene professionelle Kunden. Sie enthält in Art. 75 Richtlinie 2014/65/EU[170] eine Regelung zur außergerichtlichen Streitbeilegung, die sich explizit an Verbraucher wendet. Zudem wird in Erwägungsgrund 151 für die Konkretisierung der außergerichtlichen Streitbeilegungsverfahren auf die Empfehlung 98/257/EG der Kommission verwiesen. Nach Art. V der Empfehlung 98/257/EG darf der Verbraucher in grenzüberschreitenden Fällen nicht der nach Art. 5 EVÜ (heute Art. 6 Rom I-VO) anwendbaren zwingenden Vorschriften beraubt werden.[171]

Nach Art. 46 Abs. 6 VO 600/2014 sind jedoch nur Drittlandfirmen erfasst, welche nach „diesem Artikel“ Dienstleistungen und Tätigkeiten erbringen. Art. 46 VO 600/2014 befindet sich im Abschnitt über die allgemeinen Bestimmungen. Diese sind auf die Verordnung selbst beschränkt. Es findet sich in Art. 46 Abs. 6 VO 600/2014 kein Verweis auf die Richtlinie 2014/65/EU. Somit kann Art. 46 Abs. 6 VO 600/2014 nicht das Ziel eines umfassenden Verbraucherschutzes zugesprochen werden.

d) Schweigen der Richtlinie in Bezug auf die Rechtswahl

Darüber hinaus trifft Art. 46 Abs. 6 VO 600/2014 direkt nur eine Aussage zur Gerichts- bzw. Schiedsgerichtswahl. Das Schweigen in Bezug auf die Rechtswahl könnte für ihre Beurteilung entscheidend sein.

Nach Art. 37 Abs. 13 Unterabs. 2 Richtlinie 2011/61/EU werden „(a)lle zwischen dem AIFM oder dem AIF und EU-Anlegern des jeweiligen AIF auftretenden Streitigkeiten (…) nach dem Recht eines Mitgliedstaats beigelegt und unterliegen dessen Gerichtsbarkeit.“

Der Wortlaut des Art. 46 Abs. 6 VO 600/2014 unterscheidet sich hiervon erheblich. Denn Art. 37 Abs. 13 Unterabs. 2 Richtlinie 2011/61/EU bezieht sich auch auf das anwendbare Recht. Er lässt das Angebot eines Gerichts-/Schiedsverfahrens in der EU nicht genügen.[172] Sein Ziel ist es, das zwingende Recht eines

---

170 Art. 75 Abs. 1 Richtlinie 2014/65/EU: „Die Mitgliedstaaten stellen die Einrichtung effizienter und wirksamer Beschwerde- und Schlichtungsverfahren für die außergerichtliche Beilegung von Streitfällen von Verbrauchern über die von Wertpapierfirmen erbrachten Wertpapier- und Nebendienstleistungen sicher und greifen dabei gegebenenfalls auf bestehende Einrichtungen zurück. Die Mitgliedstaaten stellen darüber hinaus sicher, dass alle Wertpapierfirmen einer oder mehreren solcher Einrichtungen, die entsprechende Beschwerde- und Schlichtungsverfahren durchführen, angehören.“

171 Siehe auch *Sethe*, SJZ 110 (2014), 417, 418.

172 *Zetzsche/Lehmann*, AG 2017, 651, 657; *dies.*, Grenzüberschreitende Finanzdienstleistungen, § 3 Rn. 33.

Mitgliedsstaates und die Zuständigkeit seiner Gerichte zu sichern.[173] Ferner wurde Art. 37 Abs. 13 Unterabs. 2 Richtlinie 2011/61/EU vor Art. 46 VO 600/2014 erlassen. Hätte der EU-Gesetzgeber mit Art. 46 VO 600/2014 eine ebenso weitreichende Regelung erlassen wollen, hätte er sich stärker am Wortlaut des Art. 37 Abs. 13 Unterabs. 2 Richtlinie 2011/61/EU orientieren können.[174]

e) Erwägungsgründe der VO 600/2014

Eine reine Beschränkung der Gerichtsstands- und Schiedsgerichtsvereinbarung auf drittstaatliche Gerichte bzw. Schiedsgerichte mit Sitz in einem Drittstaat wird durch die Erwägungsgründe der VO 600/2014 bestätigt.[175] Zwar war es ein Ziel, auch im Hinblick auf „Mechanismen zur Beilegung von Interessenkonflikten" einheitliche Regelungen zu schaffen. Unbenommen hiervon sollten die Betreiber von Handelsplätzen jedoch die Möglichkeit haben, Geschäfte mit einer Vielzahl von Dritten auf den Weg zu bringen.[176] Eine zu starke Beschränkung könnte dazu führen, dass „ausländische Anbieter den europäischen Raum meiden und schließlich Innovation und Wettbewerb aufgrund übermässiger Markteintrittsbarrieren verschwinden."[177] Dies würde dem Zweck der Marktöffnung zuwiderlaufen.[178] So dient die Verordnung dem Abbau von Handelshindernissen und Wettbewerbsverzerrungen[179] sowie der Schaffung von Transparenz in der Vor- und Nachhandelsphase.[180]

Für die Schaffung von Transparenz wird jedoch hinreichend gesorgt, wenn dem Kunden vor der Erbringung der Dienstleistung/Tätigkeit ein Schiedsgericht in einem Mitgliedsstaat angeboten wird. Art. 46 Abs. 6 VO 600/2014 will letztlich verhindern, dass dem Kunden bspw. in AGB eine Schiedsklausel „untergeschoben" wird, die eine Vereinbarung eines drittstaatlichen Schiedsgerichts enthält.

---

173 *Zetzsche/Lehmann*, AG 2017, 651, 657.

174 *Zetzsche/Lehmann*, AG 2017, 651, 657; *dies.*, Grenzüberschreitende Finanzdienstleistungen, § 3 Rn. 34.

175 Im Ergebnis ebenso *Zetzsche/Lehmann*, AG 2017, 651, 656; *dies.*, Grenzüberschreitende Finanzdienstleistungen, § 3 Rn. 31; *Hess*, IPRax 2016, 409, 411.

176 Erwägungsgrund 26 VO 600/2014.

177 *Sethe*, SZW 2014, 615, 616.

178 *Sethe*, SZW 2014, 615, 616.

179 Erwägungsgrund 3 VO 600/2014.

180 Erwägungsgrund 10 VO 600/2014.

f) Ergebnis

Art. 46 Abs. 6 VO 600/2014 trifft selbst keine Aussage über die Grenzen der Rechtswahl. Unter diesen Umständen sind die ersten beiden Lösungsansätze[181] aufgrund ihres erheblichen Eingriffs in die Parteiautonomie abzulehnen. Ob das zwingende Unionsrecht die Wirksamkeit der Schiedsvereinbarung berühren und damit auch hier Grenzen zu setzen vermag, soll am Ende der Untersuchung unter Würdigung aller zu betrachtenden Konstellationen näher geprüft werden.[182]

VII. Stellungnahme

Der Termingeschäfts- und der Differenzeinwand haben einen erheblichen Wandel durchlebt. Dieser reichte von einer umfassenden *ordre public*-Kontrolle[183] über den Ausschluss einer entsprechenden Zugehörigkeit für den Differenzeinwand des Börsentermingeschäftsfähigen[184] bis zur Regelung des § 37h WpHG a.F.[185] Zentral für die Einordnungen zum *ordre public* waren stets die Gefahren, welche sich aus der Kombination der Schiedsvereinbarung mit der Wahl eines ausländischen Rechts ergaben.[186]

1. Ausschluss der ordre public-Zugehörigkeit durch Einführung des § 37h WpHG a.F. bzw. § 101 WpHG

Durch die Begrenzung der subjektiven Schiedsfähigkeit nach §§ 37h WpHG a.F. bzw. § 101 WpHG könnte die Zugehörigkeit des Schutzes des Anlegers im Bereich des Warentermingeschäftes endgültig dem *ordre public* entzogen worden sein. Voraussetzung hierfür ist, dass zumindest der Kerngehalt von § 101 WpHG nicht dem *ordre public* zugerechnet werden kann.[187]

Eine Zurechnung könnte sich jedoch aus einer Parallele zum Termineinwand ergeben. Der Termineinwand knüpfte an die Börsentermingeschäftsfähigkeit und damit persönliche Merkmale an. Beide Normen erscheinen daher

---

181 Kap. 5 A VI 1 und 2.

182 Vgl. Kap. 7 B VII 2 c).

183 Kap. 5 A I 3.

184 Kap. 5 A I 4 und 6.

185 Kap. 5 A III.

186 Kap. 5 A I 2, 3, 5, II.

187 Die Frage, ob § 37d WpHG a.F. dem *ordre public* zugerechnet werden konnte, hat durch seine Aufhebung an Relevanz verloren, vgl. *Berger*, ZBB 2003, 77, 91 ff.

vergleichbar. Allerdings werden andere Rechtsbereiche geregelt. § 101 WpHG erfasst nur die Beschränkung des Abschlusses von Schiedsvereinbarungen. Der Termineinwand diente primär dazu, den Anleger vor Zahlungen zu schützen bzw. ihm einen Rückzahlungsanspruch zu ermöglichen.[188] Er stellte gerade keine Beschränkung der subjektiven Schiedsfähigkeit dar.[189] Folglich kann die Einordnung des Termineinwandes zum *ordre public* nicht ohne Weiteres für § 101 WpHG gelten.

Eine entsprechende Zuweisung könnte zugleich aus dem Bedürfnis eines umfassenden Verbraucherschutzes folgen. Sofern § 37h WpHG a.F. in den aufgezeigten Fällen nicht eingriff, behalf sich die Rechtsprechung mit der Heranziehung des Art. 29 EGBGB a.F., dem AGB-Recht bzw. Art. 42 EGBGB a.F. analog.[190] Gerade aus dem Wegfall des Art. 29 EGBGB a.F. und dem Ausschluss des Rückgriffs auf die Rom I- und II-VO[191] könnte sich ergeben, dass § 101 WpHG zum *ordre public* gerechnet werden muss, um einen umfassenden Verbraucherschutz sicherzustellen.

Allerdings bildet § 101 WpHG bereits eine Beschränkung der subjektiven Schiedsfähigkeit,[192] welche nach Art. V Abs. 1 a) UNÜ bzw. § 1059 Abs. 2 Nr. 1 a) Fall 1 ZPO (analog) zur Unwirksamkeit der Schiedsvereinbarung führen kann. Eine Zugehörigkeit zum *ordre public* wäre daher nur in den Fällen von Relevanz, in welchen diese Instrumente nicht eingreifen. So z.B. im Falle der Vollstreckung eines ausländischen Schiedsspruches, der eine Person verpflichtet, deren Schiedsfähigkeit sich nicht nach deutschem Recht richtet.[193] Allerdings würden auch hier nur Verbraucher erfasst, welche keine Kaufleute sind. Diese Begrenzung, welche gerade den Kaufmann, der im konkreten Fall außerhalb seines typischen Betätigungsfeldes handelt, nicht erfasst, ist Ausdruck eines unvollkommenen Verbraucherschutzes. Insoweit kann eine Zurechnung des § 101 WpHG zum *ordre public* nicht weiterhelfen.

Zudem hat sich der Gesetzgeber für eine Ausweitung der Schiedsgerichtsbarkeit entschieden.[194] Daher darf der *ordre public* nicht überdehnt werden. Eine

---

188 Kap. 5 A I.

189 Ähnlich *Thorn*, IPRax 1997, 98, 103. Siehe zudem Kap. 5 A I 6 b).

190 Kap. 5 A II und IV.

191 Kap. 4 A II.

192 Kap. 5 A V.

193 Vgl. *Sethe/Hellgardt*, in: Assmann/Schneider/Mülbert (Hrsg.), § 101 Rn. 50.

194 Vgl. *Sethe/Hellgardt*, in: Assmann/Schneider/Mülbert (Hrsg.), § 101 Rn. 50; Kölner Kommentar-WpHG/*Hirte*, § 37h Rn. 20.

solche Überdehnung droht im konkreten Fall, wenn § 101 WpHG zum *ordre public* gerechnet wird.[195]

2. *Abzuleitende Kriterien*

Trotz der fehlenden *ordre public*-Zugehörigkeit bieten diverse Kriterien Anhaltspunkte, auf die im Rahmen des Kapitel 7 zurückzugreifen sein könnte. Zusammenfassend lässt sich ableiten:

Das Verhältnis zwischen *ordre public* und Kollisionsnormen sollte näher betrachtet werden.[196]

Dasselbe gilt für die Begrenzung der subjektiven Schiedsfähigkeit. Kann eine Beschränkung als Indiz gegen die Notwendigkeit einer *ordre public*-Kontrolle gewertet werden?[197]

Sowohl im Rahmen der Rechtsprechung zum *ordre public* als auch in den anderen Anknüpfungspunkten zur Unwirksamkeit der Schiedsvereinbarungen war ein Inlandsbezug von erheblicher Bedeutung. Zugleich wurden unterschiedliche Anforderungen an das Kriterium eines Inlandsbezuges gestellt. Diese waren u.a. der Wohnsitz, der gewöhnliche Aufenthalt und der Ort der Leistungserbringung.[198]

Maßgeblich war ebenfalls das Bedürfnis nach einem effektiven Anlegerschutz. Dieser stellt letztlich eine Ausprägung des Verbraucherschutzes dar.[199] Der Grund für das Bedürfnis nach der Unwirksamkeit der Schiedsvereinbarung kann im Wesentlichen auf die Erwägung des Entzugs eines effektiven Rechtsschutzes und einer Unterlegenheit des Verbrauchers[200] zurückgeführt werden. Für die Versagung des effektiven Rechtsschutzes spielte die Unerfahrenheit des Anlegers mit den vorzunehmenden Geschäften und dem Schiedsverfahren in dem konkreten Fall eine erhebliche Bedeutung. Diese Unerfahrenheit war zugleich verantwortlich für eine Unterlegenheit des Anlegers. Aus dieser folgte ein erhebliches Missbrauchspotential bei Warentermingeschäften, welches auch *in praxi* zum Vorschein kam. Zugleich befindet sich der Anleger bei den vorliegenden Geschäften in einem finanziell sensiblen Bereich. Die Summen der

---

195 Im Ergebnis ebenso Fuchs/*Jung*, § 37h WpHG Rn. 46a; *Sethe/Hellgardt*, in: Assmann/Schneider/Mülbert (Hrsg.), § 101 Rn. 50.

196 Kap. 7 B VII 1 b).

197 Kap. 7 B II.

198 Kap. 5 A I 1 – 5, II und IV.

199 Kap. 5 II und IV.

200 Hierzu ausführlich in Kap. 7 B I 1 und 4 a) cc) (1).

Warentermingeschäfte sind für den privaten Anleger teilweise erheblich. Damit sind die negativen Folgen der Warentermingeschäfte für ihn auch wirtschaftlich bedeutend.

Differenzierungen wurden insoweit vorgenommen, als ein inländisches oder ausländisches Schiedsgericht vereinbart wurde. Dass dies für die Unwirksamkeit einer Schiedsvereinbarung von erheblicher Bedeutung sein kann, zeigt sich auch auf unionsrechtlicher Ebene mit der Regelung des Art. 46 Abs. 6 VO 600/2014.[201]

Entscheidend für die Frage des gewählten Rechts ist zudem ein Vergleich zwischen dem zu schützenden und dem gewählten Recht. Weist das gewählte Recht keine vergleichbaren Schutzkriterien auf bzw. wird das Schiedsgericht die deutschen zwingenden Normen nicht anwenden, scheint dies ein klares Anzeichen für die Unwirksamkeit der Schiedsvereinbarung zu sein.[202] Besonders hervorzuheben ist an dieser Stelle das OLG Düsseldorf, welches es als ausreichend betrachtet, dass die Anwendung der deutschen Vorschriften „keinesfalls sicher“ sei bzw. „kaum erwartet“ werden könne.[203]

Darüber hinaus zeigen §§ 37h WpHG a.F., 101 WpHG und Art. 46 Abs. 6 VO 600/2014, dass es möglich ist, die Frage der Gültigkeit der Schiedsvereinbarung abhängig von dem Zeitpunkt ihres Abschlusses unterschiedlich zu behandeln.[204]

Des Weiteren muss das Verhältnis von Schiedsvereinbarungen und AGBs näher beleuchtet werden. Die insbesondere vom OLG Düsseldorf aufgeführten Kriterien für eine überraschende Rechtswahl bzw. die Unangemessenheit der Schiedsvereinbarung werden ebenfalls erneut in den Blick zu nehmen sein.[205]

Auffällig ist, dass die Rechtsprechung den Belangen der Brokerfirmen an dem gewählten Recht in Kombination mit der Schiedsvereinbarung nur geringes Gewicht zuzumessen scheint. Dies muss allerdings vor dem Hintergrund betrachtet werden, dass die Brokerfirmen sich in den vorliegenden Fällen nicht besonders um die Rechtmäßigkeit ihres Verhaltens verdient gemacht haben, sondern das ihnen eröffnete Missbrauchspotential über Jahrzehnte in einer wahren Vielzahl von Fällen ausgenutzt haben.[206]

---

201 Kap. 5 VI.
202 Kap. 5 A I 1, 2, 3, and 4, II und IV.
203 Vgl. Kap. 5 A IV 1.
204 Kap. 5 A III, V und VI.
205 Kap. 5 A II.
206 Kap. 5 A I, II und IV.

B. Handelsvertreterausgleich

Die Auseinandersetzung mit der Frage, ob der Handelsvertreterausgleich nach § 89b HGB einen Bestandteil des *ordre public* bildet, begann bereits in den 1960er-Jahren. Sie ist zudem in erheblichem Maße durch unionsrechtliche Entwicklungen geprägt.

I. Rechtsprechung bis zur *Ingmar*-Entscheidung, BGH 30.1.1961

Maßgeblich für die deutsche Rechtsprechung bis zur *Ingmar*-Entscheidung des EuGH[207] zum Handelsvertreterausgleich als Bestandteil des *ordre public* ist die Entscheidung des BGH vom 30.1.1961.[208]

Dem Urteil lag eine Gerichtsstandsvereinbarung zugunsten eines niederländischen Gerichts unter gleichzeitiger Wahl niederländischen Sachrechts zugrunde. Die Klägerin, eine niederländische AG, die als Generalvertreterin für das Gebiet der Bundesrepublik tätig war, verlangte die Zahlung des Handelsvertreterausgleichs nach § 89b HGB a.F.

Der BGH führte in seiner Begründung aus, dass die Unwirksamkeit der Gerichtsstandsvereinbarung nicht aus Art. 30 EGBGB a.F. folge.[209] Art. 30 EGBGB a.F. greife nicht bei jeder Abweichung eines ausländischen Rechtssatzes von zwingenden deutschen Rechtsvorschriften ein. Vielmehr müsse unter Rückgriff auf die bisherige Rechtsprechung[210] „der Unterschied der staatspolitischen und sozialen Anschauung zwischen der vereinbarten ausländischen und der deutschen Rechtsordnung so erheblich (sein), daß durch die Anwendung des ausländischen Rechts die Grundlagen des deutschen staatlichen oder gesellschaftlichen Lebens angegriffen würden."[211] § 89b HGB a.F. erfüllte diese Anforderungen nach Auffassung des BGH jedoch nicht. Dies gelte selbst, wenn „die Beklagte mit der Vereinbarung niederländischen Rechts und des Gerichtsstandes bezweckte, den § 89b HGB (a.F.) auszuschließen und statt seiner die für sie günstigere Regelung des niederländischen Rechts anwendbar zu machen."[212] Die Beklagte war eine AG niederländischen Rechts, deren Sitz

207 Hierzu sogleich unter II.

208 BGH, Urteil v. 30.1.1961 – VII ZR 180/60, NJW 1961, 1061, 1061 ff.

209 BGH, Urteil v. 30.1.1961 – VII ZR 180/60, NJW 1961, 1061, 1062 [3 a)].

210 BGH, Urteil v. 15.11.1956 – VII ZR 249/56, NJW 1957, 184, 185; BGH, Urteil v. 21.11.1958 – IV ZR 107/58, NJW 1959, 529, 531.

211 BGH, Urteil v. 30.1.1961 – VII ZR 180/60, NJW 1961, 1061, 1062 [3 a)].

212 BGH, Urteil v. 30.1.1961 – VII ZR 180/60, NJW 1961, 1061, 1062 [3 b)].

und Fabrikationsbetrieb in den Niederlanden lagen. Zudem hatte sie dort den wesentlichen Teil ihres Vermögens. Dieser enge Bezug zum Ort des Gerichtsstandes und dem anzuwendenden Recht spreche ebenfalls gegen eine Unwirksamkeit der Gerichtsstandsvereinbarung.[213]

Dem BGH zufolge war somit der Handelsvertreterausgleich bis zur *Ingmar*-Entscheidung kein Bestandteil des *ordre public*.[214]

II. *Ingmar*-Entscheidung

Von grundlegender Bedeutung für die Mitgliedsstaaten der Europäischen Union ist die *Ingmar*-Entscheidung des EuGH vom 09.11.2000. Dieses Urteil betrifft die unionsrechtlich zwingende Anwendung des Handelsvertreterausgleichs, der in Art. 17, 18 der Handelsvertreterrichtlinie[215] gewährt wird.

Ausgangspunkt der Entscheidung war ein Handelsvertretervertrag zwischen einer in Großbritannien ansässigen Handelsvertreterin und einem Unternehmen mit Sitz in Kalifornien, auf den kalifornisches Recht Anwendung finden sollte. Der EuGH hatte sich mit der Frage zu befassen, ob die Vorschriften über den Handelsvertreterausgleich anzuwenden seien, wenn der Handelsvertreter eine rein mitgliedsstaatliche Tätigkeit für einen EU-Drittstaaten-Unternehmer erbringen sollte und die Parteien ausdrücklich die Anwendung eines EU-Drittstaatrechts auf den Handelsvertretervertrag vereinbart hatten.[216]

Der EuGH entschied, dass die freie Rechtswahl als Grundsatz des internationalen Privatrechts nur hinter zwingenden Normen zurücktreten könne.[217]

---

213 BGH, Urteil v. 30.1.1961 – VII ZR 180/60, NJW 1961, 1061, 1062 [3 b)].

214 Der in Art. 30 EGBGB a.F. verwendete Begriff der „öffentlichen Ordnung" und der *ordre public* sind im Hinblick auf die identischen Kernpunkte ihrer Definitionen weitgehend synonym anzuwenden. Der sprachliche Unterschied beruht auf der fehlenden gesetzlichen Verwendung des *ordre public*-Begriffs bis 1986 (vgl. Kap. 3 A I). Schon damals für eine Einordnung des Handelsvertreterausgleichs zum *ordre public*, sofern der Handelsvertreter seine Tätigkeit weitgehend in Deutschland ausübe: *Maier*, NJW 1958, 1327, 1330. Explizit hiergegen: *Beitzke*, DB 1961, 528, 531.

215 Richtlinie 86/653/EWG des Rates vom 18. Dezember 1986 zur Koordinierung der Rechtsvorschriften der Mitgliedstaaten betreffend die selbständigen Handelsvertreter ABl. L 382 vom 31.12.1986, S. 17 ff.

216 EuGH, Urteil v. 9.11.2000, C-381/98 – *Ingmar* [Rn. 13].

217 EuGH, Urteil v. 9.11.2000, C-381/98 – *Ingmar*, NJW 2001, 2007 , 2008 [Rn. 15].

Art. 17 der Handelsvertreterrichtlinie sei zwingendes Recht.[218] Dies ergebe sich aus Art. 19 der Handelsvertreterrichtlinie, demzufolge die Parteien vor Ablauf des Vertrages nicht zum Nachteil des Handelsvertreters von der Regelung abweichen könnten.[219] Der Zweck der Handelsvertreterrichtlinie bestehe in dem Schutz des Handelsvertreters.[220] Ferner dienten die Vorschriften der Aufhebung von Beschränkungen der Ausübung des Handelsvertreterberufs, der Vereinheitlichung der Wettbewerbsbedingungen und der Stärkung der Sicherheit im Handelsverkehr.[221] Daher seien die Art. 17–19 der Handelsvertreterrichtlinie Ausdruck der Niederlassungsfreiheit und gewährleisteten den Schutz eines unverfälschten Wettbewerbs im Binnenmarkt.[222]

Der EuGH führte aus, dass „für die gemeinschaftliche Rechtsordnung von grundlegender Bedeutung [sei], dass ein Unternehmer mit Sitz in einem Drittland, dessen Handelsvertreter seine Tätigkeit innerhalb der Gemeinschaft ausübt, diese Bestimmungen nicht schlicht durch eine Rechtswahlklausel umgehen kann."[223] Dies gelte unabhängig von der Rechtswahl der Parteien, solange der Sachverhalt einen „starken Gemeinschaftsbezug" aufweise.[224] Ein solcher sei im Falle der Tätigkeit des Handelsvertreters in dem Gebiet eines Mitgliedsstaates gegeben.[225] Folglich fänden die Art. 17, 19 der Handelsvertreterrichtlinie auch

---

218 EuGH, Urteil v. 9.11.2000, C-381/98 – *Ingmar*, NJW 2001, 2007 , 2008 [Rn. 21]. Kritisch hinsichtlich des vollständig zwingenden Charakters des Art. 17 der Handelsvertreterrichtlinie: *Michaels/Kamann*, EWS 2001, 301, 304.

219 EuGH, Urteil v. 9.11.2000, C-381/98 – *Ingmar*, NJW 2001. 2007, 2008 [Rn. 22].

220 EuGH, Urteil v. 9.11.2000, C-381/98 – *Ingmar*, NJW 2001, 2007 , 2008 [Rn. 20]. Unter Hinweis auf EuGH Urteil v. 30.04.1998 – C-215/97, *Bellone*, EuZW 1998, 409, ebenda [Rn. 13].

221 EuGH, Urteil v. 9.11.2000, C-381/98 – *Ingmar*, NJW 2001, 2007 , 2008 [Rn. 23]. Siehe auch Erwägungsgrund 1 der Handelsvertreterrichtlinie.

222 EuGH, Urteil v. 9.11.2000, C-381/98 – *Ingmar*, NJW 2001, 2007 , 2008 [Rn. 24]. Unter Verweis auf EuGH, Urteil v. 30.4.1998, C-215/97 – *Bellone*, EuZW 1998, 49, 410 [Rn. 17]. Siehe auch Erwägungsgrund 1 der Handelsvertreterrichtlinie.

223 EuGH, Urteil v. 9.11.2000, C-381/98 – *Ingmar*, NJW 2001, 2007 , 2008 [Rn. 25].

224 Bereits Art. 35 Abs. 2 des Vorentwurfs der Handelsvertreterrichtlinie sah vor, dass von den zwingenden Vorschriften, welche in Abs. 1 genannt wurden, nur abgewichen werden darf, sofern der Handelsvertreter außerhalb der Gemeinschaft tätig ist, vgl. Kommission der Euro-päischen Gemeinschaften, Vorschlag einer Richtlinie des Rates zur Koordinierung der Rechte der Mitgliedsstaaten die (selbstständigen) Handelsvertreter betreffend vom 17.12.1976, ABl. EG Nr. C 13/2 vom 18.1.1977, S. 8.

225 EuGH, Urteil v. 9.11.2000, C-381/98 –*Ingmar*, NJW 2001, 2007 , 2008 [Rn. 25].

in den der Vorlagefrage zugrunde liegenden Konstellationen und damit ohne Rücksicht auf das vereinbarte Recht Anwendung.[226]

Der EuGH hat somit entschieden, dass unionsrechtlich zwingende Normen zur Unwirksamkeit einer Rechtswahl führen können. Darüber hinausgehend vermag für die Vorschriften sowohl eine Qualifikation als Eingriffsnorm[227] als auch eine Zurechnung zum *ordre public* in Betracht kommen.[228]

III. Präzisierung der *Ingmar*-Entscheidung durch den EuGH

Die *Ingmar*-Rechtsprechung des EuGH erfuhr in der *Unamar*- und in der *Agro*-Entscheidung weitere Präzisierung.

1. Unamar-Entscheidung

Im Gegensatz zum Urteil in Sachen *Ingmar* lag der *Unamar*-Entscheidung[229] ein rein unionsrechtlicher Sachverhalt zugrunde. Zudem unterfiel sie nicht dem unmittelbaren Anwendungsbereich der Handelsvertreterrichtlinie, da der Handelsvertretervertrag über den Betrieb eines Seeverkehrsdienstes geschlossen worden war.[230]

---

226 EuGH, Urteil v. 9.11.2000, C-381/98 – *Ingmar*, NJW 2001, 2007, 2008 [Rn. 26].

227 So *Niedermaier*, Schieds- und Schiedsverfahrensvereinbarungen in strukturellen Ungleichgewichtslagen, S. 304; *Reich*, EuZW 2001, 50, 51; *Kindler*, BB 2001, 10, 11 ff.; *Kleinheisterkamp*, RabelsZ 73 (2009), 818, 824; Staudinger/*Magnus*, Art. 34 EGBGB Rn. 93; *Weller*, Ordre public-Kontrolle internationaler Gerichtsstandsvereinbarungen im autonomen Zuständigkeitsrecht, S. 134 (unter Hinweis, dass sich ein entgegenstehender Wille des europäischen Gesetzgebers auch nicht aus der fehlenden Aufnahme einer der Kollisionsnorm des Art. 35 des Vorentwurfs der Handelsvertreterrichtlinie entsprechenden Norm in die endgültige Fassung der Richtlinie ergebe).

228 Für eine solche Zurechnung: *Basedow*, FS Sonnenberger, S. 304 f. In diese Richtung auch die Schlussanträge des Generalanwalts *Léger* vom 11. Mai 2000 zur Rechtssache *Ingmar*, C-381/98, Rn. 89: So sei Art. 19 der Handelsvertreterrichtlinie „(…) nämlich mit der Kategorie von Gesetzen vergleichbar, die im Völkerrecht als ‚Polizeigesetze' qualifiziert werden." Dagegen: *Dathe*, NJOZ 2010, 2196, 2197.

229 EuGH, Urteil v. 17.10.2013, C-184/12 – *Unamar*.

230 Nach Art. 1 Abs. 2 der Handelsvertreterrichtlinie ist „Handelsvertreter im Sinne dieser Richt-linie (…), wer als selbständiger Gewerbetreibender ständig damit betraut ist, für eine andere Person (im Folgenden Unternehmer genannt) den Verkauf oder den Ankauf von Waren zu vermitteln oder diese Geschäfte im Namen und für Rechnung des Unternehmers abzu-schließen." Zu der *Unamar*-Entscheidung auch ausführlich in Kap. 5 B V 2 a), Kap. 7 B VI 5, VII 2 e) und 3.

Der Hof van Cassatie stellte dem EuGH zur Vorabentscheidung die Frage, ob die international zwingenden belgischen Vorschriften zum Handelsvertreterausgleich, die über den durch die Handelsvertreterrichtlinie vorgesehenen Mindestschutz hinausgingen, trotz der Vereinbarung bulgarischen Rechts, welches die Handelsvertreterrichtlinie ebenfalls umgesetzt hat, anwendbar seien.[231]

Ausgangspunkt der Begründung des EuGH war, dass die Handelsvertreterrichtlinie auf den vorliegenden Sachverhalt entsprechend anzuwenden sei, da „der belgische Gesetzgeber (…) bei der Umsetzung der Bestimmungen dieser Richtlinie in innerstaatliches Recht (…) entschieden (habe)," den Ver- oder Ankauf von Waren und den Betrieb eines Seeverkehrsdienstes „gleich zu behandeln".[232]

Der EuGH führte weiter aus, dass im Falle einer Unwirksamkeit der Rechtswahl das Recht eines anderen Mitgliedsstaates unangewendet bleibe, obwohl der betroffene Mitgliedsstaat die Handelsvertreterrichtlinie korrekt umgesetzt habe.[233] Das Recht dieses Mitgliedsstaates könne jedoch nur unangewandt bleiben, wenn das angerufene Gericht substantiiert feststelle, dass der Gesetzgeber der *lex fori* „es im Rahmen der Umsetzung dieser Richtlinie für unerlässlich erachtet habe, dem Handelsvertreter in der betreffenden Rechtsordnung einen Schutz zu gewähren, der über den in der genannten Richtlinie vorgesehenen hinausgeh(e)".[234]

Folglich kann sich das zwingende nationale Recht eines Mitgliedsstaates grundsätzlich nicht nur in Drittstaatenfällen, sondern auch in rein unionsrechtlichen Sachverhalten durchsetzen.

2. *Agro-Entscheidung*

In der *Agro*-Entscheidung[235] ist der EuGH vertieft auf das Kriterium des starken Gemeinschaftsbezuges eingegangen.

So sei für die Anwendbarkeit der Handelsvertreterrichtlinie nicht die Ansässigkeit des Unternehmers in einem Mitgliedsstaat, sondern der Ort der Ausübung der Tätigkeit des Handelsvertreters entscheidend.[236] Eine Ausdehnung

---

231 EuGH, Urteil v. 17.10.2013, C-184/12 – *Unamar* [Rn. 26].

232 EuGH, Urteil v. 17.10.2013, C-184/12 – *Unamar* [Rn. 30]. Vgl. hierzu ausführlich *Lüttring-haus*, IPRax 2014, 152, 152 ff.

233 EuGH, Urteil v. 17.10.2013, C-184/12 – *Unamar* [Rn. 51].

234 EuGH, Urteil v. 17.10.2013, C-184/12 – *Unamar* [Rn. 52].

235 EuGH, Urteil v. 16.2.2017, C-507/15 – *Agro*, IHR 2017, 221, 223.

236 EuGH, Urteil v. 16.2.2017, C-507/15 – *Agro*, IHR 2017, 221, 223 [Rn. 33].

des Schutzes auf Handelsvertreter, sofern nur der Unternehmer in einem Mitgliedsstaat ansässig sei, gebiete auch nicht das Erfordernis der Vereinheitlichung der Wettbewerbsbedingungen für Handelsvertreter.[237]

IV. Rezeption der *Ingmar*-Entscheidung in der deutschen Rechtsprechung

Die *Ingmar*-Entscheidung erfuhr in der deutschen Rechtsprechung eine weitreichende Rezeption.[238]

1. *OLG München 17.5.2006*

Der Rechtsstreit, welcher der Entscheidung des OLG München aus dem Jahr 2006 zugrunde lag, resultierte aus der Kündigung eines in englischer Sprache verfassten Handelsvertretervertrages zwischen einem in Deutschland ansässigen Vertriebsunternehmen und einem Unternehmen mit Sitz in Kalifornien. Es wurde vertraglich vereinbart, dass mögliche Streitigkeiten vor einem Schiedsgericht nach den Regeln der AAA zu klären seien. Ferner enthielt der Vertrag eine Gerichtsstandsvereinbarung zugunsten der Gerichte des Landkreises Santa Clara (Kalifornien) und die Wahl kalifornischen Rechts.

Das OLG München gab der Berufung unter Verweis auf die Unwirksamkeit der Gerichtsstandsvereinbarung statt. In seiner Begründung verwies es auf die Grundsätze der *Ingmar*-Entscheidung und erklärte, dass der deutsche Handelsvertreterausgleich nach § 89b HGB a.F.[239] „international zwingendes materielles Recht mit der Maßgabe (sei), dass sich der Geltungswille nur gegen die Wahl des Rechts eines Drittstaates richtet".[240] Folglich erlange § 89b HGB a.F. den Rang einer Eingriffsnorm i.S.d. Art. 34 EGBGB a.F.[241] Den erforderlichen starken Gemeinschaftsbezug leitet das OLG München aus dem Tätigkeitsort und Sitz des Vertriebsunternehmens im Gemeinschaftsgebiet ab.

Ferner stellte es klar, dass zur Sicherung der Geltung und Durchsetzbarkeit des zwingenden deutschen Rechts aus dem zwingenden Charakter des § 89b HGB a.F. ein Derogationsverbot folge. Unter Verweis auf die BGH-Entscheidung zum

237 EuGH, Urteil v. 16.2.2017, C-507/15 – *Agro*, IHR 2017, 221, 223 [Rn. 34].

238 Vgl. auch OLG München, Urteil v. 29.4.2015 – 7 U 185/15; OLG Frankfurt, Urteil v. 9.2.2016 – 11 U 136/14 (Kart) (zum Vertragshändlerausgleich).

239 § 89b HGB a.F. war Vorbild für den Handelsvertreterausgleich der Handelsvertreterrichtlinie, siehe hierzu *Kocher*, RIW 2003, 512, 515.

240 OLG München, Urteil v. 17.5.2006 – 7 U 1781/06, OLGR 2007, 138, ebenda [II 2 b)].

241 OLG München, Urteil v. 17.5.2006 – 7 U 1781/06, OLGR 2007, 138, 139 [II 2 b)].

Termin- und Differenzeinwand[242] resultiere aus dem wechselseitigen Verhältnis mit der Rechtswahlklausel die Unwirksamkeit der Gerichtsstandsvereinbarung. Der Handelsvertreterausgleich könne wegen Art. 34 EGBGB a.F. nicht dadurch umgangen werden, „dass über die Rechtswahl hinaus der Gerichtsstand eines Drittstaates gewählt wird, dessen Recht dem Handelsvertreterausgleich entsprechende Ansprüche des Handelsvertreters nicht kennt".[243]

Darüber hinaus hatte sich das OLG München mit der Frage zu befassen, ob die Unwirksamkeit auch gelte, wenn nicht feststehe, dass das kalifornische Gericht die deutschen Vorschriften über den Handelsvertreterausgleich nicht anwenden werde. Es entschied, dass es „angesichts des Schutzzwecks der Eingriffsnorm (…) vielmehr für die Annahme eines Derogationsverbots (ausreiche), wenn die nahe liegende Gefahr besteht, dass das Gericht des Drittstaats zwingendes deutsches Recht nicht zur Anwendung bringt." Eine solche Gefahr nahm das OLG München im vorliegenden Fall an, da das kalifornische Gericht aufgrund des Unternehmenssitzes, der Kaufmannseigenschaft beider Parteien und der fehlenden Bindung an EU-Richtlinien und der Rechtsprechung des EuGH zu dem Ergebnis gelangen könnte, ausschließlich das Sachrecht des Staates Kalifornien anzuwenden. Diese Gründe seien entsprechend auf die Schiedsvereinbarung anzuwenden.[244]

Offen blieb jedoch, ob sich die Unwirksamkeit der Schiedsvereinbarung aus einer *ordre public*-Kontrolle ergibt.[245]

2. *OLG Stuttgart 29.12.2011*

Anknüpfend an die Entscheidung des OLG München nahm das OLG Stuttgart ebenfalls die Unwirksamkeit der Vereinbarung eines ausschließlichen Gerichtsstandes an, sofern dies zur Verhinderung der Anwendung der Vorschriften über den Handelsvertreterausgleich führe.[246]

Die zur Entscheidung berufenen amerikanischen Gerichte würden die international zwingenden Normen nicht anwenden.[247] Zwar könne einer Rechts- und

242 BGH, Urteil v. 12.3.1984 – II ZR 10/83, NJW 1984, 2037, 2037 ff.; BGH, Urteil v. 15.6.1987 – II ZR 124/86, NJW 1987, 3193, 3193 ff. Siehe hierzu Kap. 5 A I 1 und 2.

243 OLG München, Urteil v. 17.05.2006 – 7 U 1781/06, OLGR 2007, 138, 139 [2].

244 OLG München, Urteil v. 17.05.2006 – 7 U 1781/06, OLGR 2007, 138, 140 [2].

245 Für eine *ordre public*-Kontrolle: *Thorn*, Symposium v. Hoffmann, S. 159; *Eichel*, AGB-Gerichtsstandsklauseln, S. 108 ff.

246 OLG Stuttgart, Urteil v. 29.12.2011 – 5 U 126/11, IHR 2012, 163, 163 ff.

247 OLG Stuttgart, Urteil v. 29.12.2011 – 5 U 126/11, IHR 2012, 163, 164 [III 2 b)].

Gerichtswahlklausel nicht die Anerkennung versagt werden, wenn durch sie zwingendes innerstaatliches Recht unangewendet bleibe. Eine Unwirksamkeit sei jedoch gegeben, wenn es sich bei der umgangenen Norm, wie im vorliegenden Fall, um eine Eingriffsnorm handele. Im Hinblick auf den starken Gemeinschaftsbezug verwies das OLG Stuttgart auf die Tätigkeit und den Wohnsitz des Handelsvertreters in Deutschland.

Es entschied ferner, dass aufgrund des vertraglichen Ausschlusses des Handelsvertreterausgleichs und dem Fehlen einer dem § 89b HGB entsprechenden Regelung im Recht des Staates Virginia nicht nur eine naheliegende Gefahr bestehe, dass die dortigen Gerichte die zwingenden Vorschriften nicht anwenden würden, vielmehr sei dies als sicher zu erwarten. Dies gelte unter Hinweis auf die Notwendigkeit der Durchsetzung des besonderen Schutzzwecks unabhängig davon, ob im Falle der Versagung des Handelsvertreterausgleichs die Entscheidung in Deutschland nach § 328 Abs. 1 Nr. 4 ZPO anerkennungsfähig sei.[248] Das OLG Stuttgart führte zur weiteren Begründung aus, dass „es bei der zu erwartenden Ablehnung des Ausgleichsanspruchs von vornherein keine in der Hauptsache zu vollstreckende Entscheidung gibt, die im Inland anzuerkennen und für vollstreckbar zu erklären wäre".[249] Folglich würde ein Abwarten der Entscheidung der Gerichte in Virginia zu einer endgültigen Nichtbeachtung der zwingenden Normen führen. Dies stehe jedoch im Widerspruch zu der *Ingmar*-Entscheidung.[250]

Der Handelsvertreter machte mit seiner Klage zudem die Zahlung einer Provision geltend, sodass sich das OLG Stuttgart mit der Frage der Teilunwirksamkeit der Gerichtsstandsvereinbarung auseinanderzusetzen hatte. Es entschied, dass „eine teilweise Aufrechterhaltung der Gerichtsstandsvereinbarung für die übrigen Ansprüche aus dem Handelsvertreterverhältnis nicht geboten"[251] sei. Mangels eines ausdrücklich entgegenstehenden Parteiwillens umfasse die Gerichtsstandsvereinbarung alle aus dem Rechtsverhältnis stammenden Ansprüche.[252]

In Bezug auf die dogmatische Grundlage der Entscheidung betonte das OLG Stuttgart, dass es verschiedene Ansatzpunkte gebe. Der Senat stützte seine

248 OLG Stuttgart, Urteil v. 29.12.2011 – 5 U 126/11, IHR 2012, 163, 165 [III 2 b) aa)].
249 OLG Stuttgart, Urteil v. 29.12.2011 – 5 U 126/11, IHR 2012, 163, 165 [III 2 b) aa)].
250 OLG Stuttgart, Urteil v. 29.12.2011 – 5 U 126/11, IHR 2012, 163, 165 [III 2 b) aa)].
251 OLG Stuttgart, Urteil v. 29.12.2011 – 5 U 126/11, IHR 2012, 163, 165 [III 2 b) bb)].
252 OLG Stuttgart, Urteil v. 29.12.2011 – 5 U 126/11, IHR 2012, 163, 165 [III 2 b) bb)].

Entscheidung auf Art. 34 EGBGB, jedoch käme insbesondere auch eine *ordre public*-Kontrolle als mögliche dogmatische Grundlage in Betracht.[253]

3. *BGH 5.9.2012*

Der BGH hatte über die Beschwerde der Nichtzulassung der Revision des soeben dargestellten Urteils des OLG Stuttgart zu entscheiden. Der Beschwerdeführer begehrte ein Vorabentscheidungsersuchen nach Art. 267 Abs. 3 AEUV zu der Frage, ob die Durchsetzung der Art. 17–19 der Handelsvertreterrichtlinie „die Unwirksamkeit einer Gerichtsstandsvereinbarung, mit der die ausschließliche internationale Zuständigkeit der Gerichte eines Drittstaates prorogiert wird, zwingend erfordert".[254]

Dem BGH zufolge sei das OLG Stuttgart nicht gehindert gewesen, der Gerichtsstandsvereinbarung die Anerkennung zu versagen.[255] Ein Vorabentscheidungsersuchen sei „auch nicht zu der weiter von der Beschwerde aufgeworfenen Frage geboten, ob eine partiell unwirksame Rechtswahlklausel die

253 OLG Stuttgart, Urteil v. 29.12.2011 – 5 U 126/11, IHR 2012, 163, 166 [IV 1].

254 BGH, Beschluss v. 5.9.2012 – VII ZR 25/12, IHR 2013, 35, ebenda [1 Rn. 2].

255 BGH, Beschluss v. 5.9.2012 – VII ZR 25/12, IHR 2013, 35, 36 [1 Rn. 4]. Im Ergebnis identisch entschied der OGH unter Berufung auf die eben genannte Entscheidung des BGH sowie die *Ingmar*- und *Unamar*-Entscheidungen des EuGH hinsichtlich des § 24 östHVertG (der die österreichische Umsetzungsvorschrift des Art. 17 der Handelsvertreterrichtlinie darstellt). So sei die Schiedsvereinbarung unwirksam, wenn ihr Ziel die Umgehung zwingenden Rechts darstelle. Eine offensichtliche Verletzung der grundlegenden Gemeinschaftsvorschriften begründe einen Verstoß gegen den materiellrechtlichen *ordre public*, der eine immanente Beschränkung der Schiedsfähigkeit sei. § 24 östHVertG fände aufgrund der Wahl des Rechts von New York in Kombination mit der Schiedsvereinbarung keine Anwendung. Daher sei die Versagung der Anerkennung auf Basis der Unwirksamkeit der Schiedsvereinbarung die einzige Möglichkeit, den Anwendungsbereich und Schutz der Art. 17, 18 der Handelsvertreterrichtlinie zu sichern, vgl. OGH, Beschluss v. 1.3.2017 – 5 Ob 72/16y, IPRax 2018, 532, 535 f. [Rn. 40 ff.]. Kritisch hinsichtlich der Entscheidung des OGH: *Thorn/Nickel*, IPRax 2018, 541, 544 ff. So habe es sich im vorliegenden Fall um eine sachliche Ausdehnung des Anwendungsbereiches der Handelsvertreterrichtlinie gehandelt, sodass der OGH den Eingriffsnormencharakter hätte explizit begründen müssen, da die *Ingmar*-Entscheidung insoweit nicht herangezogen werden könne. Zwar sei es begrüßenswert, dass der OGH sich mit der dogmatischen Grundlage der Unwirksamkeit der Schiedsvereinbarung befasse, allerdings sei die Einordnung des *ordre public* als Beschränkung der objektiven Schiedsfähigkeit zweifelhaft. Siehe zu dem letzten Aspekt auch Kap. 7 B II.

Unwirksamkeit einer Gerichtsstandsvereinbarung in Gänze nach sich zieht und zur Durchsetzung des effet utile nach sich ziehen muss." Vielmehr handele es sich insoweit um eine rein nach nationalem Recht zu beurteilende Frage. Zudem erfassten die Art. 17–19 der Handelsvertreterrichtlinie nur den Ausgleichs- bzw. Entschädigungsanspruch des Handelsvertreters und nicht mögliche Provisionszahlungen, „so dass sich die Frage nach ihrer Auslegung nicht stellt".[256]

V. Übertragung der Rechtsprechung zum Handelsvertreterausgleich auf den Vertragshändler – BGH 25.2.2016

In Anknüpfung an die Entscheidung des BGH vom 25.2.2016[257] drängt sich die Frage auf, ob die soeben dargestellte Rechtsprechung zum Handelsvertreterausgleich auf den Vertragshändler übertragen werden kann.

1. BGH 25.2.2016

Ausgangspunkt der Entscheidung war ein Streit zwischen einer Kapitalgesellschaft mit Sitz in Schweden und einer Kapitalgesellschaft mit Sitz in Deutschland über die Zahlung von Ausgleichsansprüchen analog § 89b HGB[258] aus einem Vertragshändlervertrag. Die inländische Kapitalgesellschaft hatte ihren Tätigkeitsbereich in der Europäischen Union. Nach Nr. 6.4 des Vertrages, der deutschem Recht unterstellt wurde, sollte keine Partei berechtigt sein, nach Beendigung Ausgleichszahlungen zu verlangen.

Der BGH gab entgegen den Vorinstanzen[259] dem Anspruch auf Zahlung des Ausgleichsanspruchs analog § 89b HGB statt. Aus der entsprechenden Anwendung des Ausschlussverbotes des § 89b Abs. 4 S. 1 HGB folge, dass der Ausgleichsanspruch, sofern deutsches Recht anwendbar sei und der Vertragshändler seine Tätigkeit in der Europäischen Union ausübe, nicht abbedungen werden könne. Dies ergebe sich ferner aus einem Erfordernis der Gleichbehandlung von Vertragshändlern und Handelsvertretern. Eine Besserstellung des ausschließlich

256 BGH, Beschluss v. 5.9.2012 – VII ZR 25/12, IHR 2013, 35, 36 [1 Rn. 6].

257 BGH, Urteil v. 25.2.2016 – VII ZR 102/15, NJW 2016, 1885, 1885 ff.

258 Für eine analoge Anwendbarkeit des § 89b HGB auf den Ausgleichsanspruch des Vertragshändlers: BGH, Urteil v. 16.2.2011 – VIII ZR 226/07, NJW-RR 2011, 614, 615 [II Rn. 13]; Oetker/*Busche*, § 89b Rn. 61; Baumbach/Hopt/*Hopt*, § 92c Rn. 11, jeweils m.w.N.

259 Vgl. LG Ulm, Urteil v. 22.10.2014 – 10 O 16/14 KfH; OLG Stuttgart, Urteil v. 30.4.2015 – 7 U 188/14.

in Deutschland tätigen Vertragshändlers verstoße gegen das ausgleichsrechtliche Gleichbehandlungsgebot.[260]

Der BGH führt zur weiteren Begründung aus, dass die bis zur Neufassung von § 92c Abs. 1 HGB im Jahr 1989[261] geltende Gleichbehandlung von Ausgleichsansprüchen des Handelsvertreters und Vertragshändlers nach dem Willen des Gesetzgebers nicht geändert werden sollte. Vielmehr trage die Neufassung dem durch die Handelsvertreterrichtlinie entstandenen Harmonisierungsbedürfnis Rechnung.[262] § 89b Abs. 4 HGB analog schütze vor den Gefahren, die sich aus der wirtschaftlichen Abhängigkeit von dem Hersteller oder Lieferanten ergäben und in deren Folge der Vertragshändler sich auf benachteiligende Vereinbarungen einlassen müsse. Diese Gefahr bestehe „für den Vertragshändler, der seine Tätigkeit für den Hersteller oder Lieferanten nach dem Vertrag in einem anderen Mitgliedstaat der Europäischen Union oder in einem anderen Vertragsstaat des Abkommens über den Europäischen Wirtschaftsraum auszuüben hat, in nicht geringerem Maße als für den Vertragshändler, der seine Tätigkeit für den Hersteller oder Lieferanten nach dem Vertrag im Inland auszuüben hat."[263]

An dieser Bewertung ändere auch eine mögliche Ungleichbehandlung, falls das schwedische Recht keinen zwingenden Ausgleichsanspruch vorsähe, von schwedischen und deutschen Herstellern nichts. „Denn ein derartiges Rechtsgefälle wird mangels Harmonisierung des Vertragshändlerrechts dadurch legitimiert, dass die Rom-I-Verordnung eine Rechtswahl bei Vertragshändlerverträgen zulässt."[264]

2. *Übertragbarkeit der Entscheidungen auf Fälle der Wahl eines ausländischen Rechts*

Im Gegensatz zu den aufgeführten Entscheidungen betreffend den Handelsvertreterausgleich[265] lag dem soeben geschilderten Sachverhalt eine Wahl deutschen Rechts zugrunde. Es stellt sich die Frage, ob die Entscheidung auf den Fall einer ausländischen Rechtswahl übertragen werden kann, sofern der Vertragshändler in einem EU-Mitgliedsstaat tätig ist. Falls der Vertragshändler seine Tätigkeit in einem EU-Drittstaat ausübt, fehlt es bereits an dem von

260 BGH, Urteil v. 25.2.2016 – VII ZR 102/15, NJW 2016, 1885, 1886 [II 4 b) aa) Rn. 24].
261 BGBl. 1989, 1910, 1911.
262 BGH, Urteil v. 25.2.2016 – VII ZR 102/15, NJW 2016, 1885, 1886 [II 4 b) aa) Rn. 24].
263 BGH, Urteil v. 25.2.2016 – VII ZR 102/15, NJW 2016, 1885, 1886 [II 4 c) cc) Rn. 33].
264 BGH, Urteil v. 25.2.2016 – VII ZR 102/15, NJW 2016, 1885, 1887 [II 5 Rn. 35].
265 Kap. 5 B I, II, III, and IV.

der *Ingmar*-Entscheidung geforderten starken Gemeinschaftsbezug.[266] Zudem besteht in diesem Fall nach dem EuGH insoweit bereits für den Handelsvertreter kein Bedürfnis, den unionsrechtlichen Schutz zu erweitern.

a) Ausdehnung der Handelsvertreterrichtlinie auf den Vertragshändler

Ziel der BGH-Entscheidung ist es, eine Diskriminierung der innerhalb der Europäischen Union tätigen Vertragshändler gegenüber Handelsvertretern zu verhindern.[267] Jedoch gilt die Handelsvertreterrichtlinie, welche unmittelbar nur Warenvertreter erfasst (vgl. Art. 1 Abs. 2 der Handelsvertreterrichtlinie), nicht für Vertragshändler.[268] Folglich gehört der Vertragshändlerausgleich nicht zum harmonisierten EU-Recht.[269] Die Grundsätze der *Ingmar*-Entscheidung sind daher nicht übertragbar.[270] Zwar hat es in der Vergangenheit Bestrebungen gegeben, die Handelsvertreterrichtlinie auf den Vertragshändler zu erweitern,[271] jedoch sind diese v.a. im Hinblick auf die Kritik an der Richtlinie nicht weiterverfolgt worden.[272]

Mit Blick auf die *Unamar*-Entscheidung des EuGH könnte eine Qualifikation des Vertragshändlerausgleichs als überschießende Umsetzung der Richtlinie angesehen werden.[273] Die Handelsvertreterrichtlinie entfaltet allerdings keine Sperrwirkung hinsichtlich solcher Schutzverstärkungen.[274] Jedoch gilt die *Unamar*-Rechtsprechung nur, wenn es sich bei dieser Schutzverstärkung um eine Eingriffsnorm handelt. Für die Einordnung muss das innerstaatliche Gericht

---

266 Kap. 5 B II.

267 In diesem Sinne auch *Hermes*, RIW 1999, 81, 86. Andere Ansicht: *Hagemeister*, RIW 2006, 498, 503 f.

268 BGH, Beschluss v. 29.4.2009 – VIII ZR 226/07, RIW 2009, 640, 641 f. [III Rn. 9]; *Michaels/Kamann*, EWS 2001, 301, 310. Andere Ansicht: *Mogendorf*, Der strukturell unterlegene Unternehmer, S. 112.

269 EuGH, Beschluss v. 10.2.2004, C-85/03 – *Mavrona*, BeckRS 2004, 77842 [Rn. 19]. In diesem Sinne auch LG Ulm, Urteil v. 22.10.2014 – 10 O 16/14 KfH [II 2 b) (2) Rn. 99]; OLG Stuttgart, Urteil v. 30.4.2015 – 7 U 188/14 [II 2 c) bb) (1) Rn. 41]; *Hagemeister*, RIW 2006, 498, 502; Martinek/Semler/Flohr/*Semler*, § 24 Rn. 3; Reithmann/Martiny/*Häuslschmid*, Rn. 6.1541; Ebenroth/Boujong/Joost/*Kindler*, Anhang zu § 92c Rn. 54.

270 In diesem Sinne auch LG Ulm, Urteil v. 22.10.2014 – 10 O 16/14 KfH [II 2 b) (2) Rn. 101]; OLG Stuttgart, Urteil v. 30.04.2015 – 7 U 188/14 [II 2 c) bb) (1) Rn. 40 ff.].

271 *Genzow*, ZVertriebsR 2013, 81, 82.

272 *Emde*, Vertriebsrecht, vor § 84 Rn. 18.

273 Schulze/*Staudinger*, Art. 9 Rom I-VO Rn. 7; Ferrari/Kieninger/Mankowski/*Staudinger*, Art. 9 Rom I-VO Rn. 16.

274 *Thume*, IHR 2009, 141, 143.

substantiiert feststellen, dass es unerlässlich ist, einen Schutz zu gewähren, der über den Willen des unionsrechtlichen Gesetzgebers hinausgeht.[275] Allerdings ist aufgrund des Gebotes zur gegenseitigen Rücksichtnahme nach Art. 4 Abs. 3 EUV eine zurückhaltende Einordnung durch die nationalen Gerichte erforderlich.[276] Nach der Entscheidung des BGH von 2005 handelt es sich bei Schutzverstärkungen grundsätzlich nicht um zwingende Vorschriften.[277]

Darüber hinaus hat der EuGH in der Entscheidung *Mavrona* einer (analogen) Anwendung der Handelsvertreterrichtlinie auf Vertragshändler eine explizite Absage erteilt.[278] Dies begründete er mit den divergierenden Tätigkeiten, Interessen sowie Schutzbedürfnissen von Handelsvertretern und Vertragshändlern.[279]

b) Qualifikation des Vertragshändlerausgleichs als Eingriffsnorm

Aus der Annahme eines identischen Schutzbedürfnisses von Handelsvertreter und Vertragshändler könnte allerdings entgegen der soeben genannten Rechtsprechungslinie des BGH schon eine Qualifikation als Eingriffsnorm folgen.

Zwar verfügt der Vertragshändler gewöhnlich über eine größere kaufmännische Handlungsfreiheit, jedoch muss er sein eigenes Kapital einsetzen.[280] Infolge der Einbindung in die Vertriebsorganisation des Unternehmers[281] sei er „auf die funktionierende Marktausrichtung des Unternehmers angewiesen und den Entscheidungen des Unternehmers ausgeliefert".[282] Somit soll ein dem Handelsvertreter vergleichbares Abhängigkeitsverhältnis und damit auch Schutzbedürfnis bestehen.[283]

---

275 Kap. 5 B III 1.

276 Schulze/*Staudinger*, Art. 9 Rom I-VO Rn. 7; Ferrari/Kieninger/Mankowski/*Staudinger*, Art. 9 Rom I-VO Rn. 16.

277 BGH, Urteil v. 13.12. 2005 – XI ZR 82/05 (KG), NJW 2006, 762, 764 [II 1 b) cc) Rn. 29] m.w.N.

278 EuGH, Urteil v. 10.2.2004, C-85/03 – *Mavrona* [Rn. 15 ff.].

279 EuGH, Urteil v. 10.2.2004, C-85/03 – *Mavrona* [Rn. 17].

280 Vgl. Martinek/Semler/Flohr/*van der Moolen*, § 27 Rn. 9.

281 Vgl. MünchKomm-HGB/*von Hoyningen-Huene*, vor § 84 Rn. 16.

282 *Mogendorf*, Der strukturell unterlegene Unternehmer, S. 30.

283 BGH, Urteil v. 6.2.1982 – I ZR 175/82, NJW 1985, 3076, 3077 [II 2 b)]; *Mogendorf*, Der strukturell unterlegene Unternehmer, S. 30; *Kocher*, RIW 2003, 512, 517; *Fabig*, IHR 2019, 1, 8 f.

Allerdings kennt die überwiegende Anzahl der Mitgliedsstaaten keinen Vertragshändlerausgleich.[284] Demzufolge fehlt auch der unionsrechtliche Wille zur Geltung als Eingriffsnorm.[285] Zudem hat der EuGH ein dem Handelsvertreter identisches Schutzbedürfnis des Vertragshändlers ausdrücklich abgelehnt.[286] Diese Ablehnung erfolgte vier Jahre nach der *Ingmar*-Entscheidung, sodass eine Ausdehnung der Qualifikation als Eingriffsnorm und eine ordre public-Zugehörigkeit des Vertragshändlersausgleichsanspruchs auf unionsrechtlicher Ebene wohl nicht gewollt erscheint. Das unterschiedliche Schutzbedürfnis wird an der zum Teil größeren unternehmerischen Freiheit des Vertragshändlers ersichtlich. Dieser ist im Gegensatz zum Handelsvertreter gerade im eigenen Namen und für eigene Rechnung tätig. Darüber hinaus sind Vertragshändler nicht stets mit den überwiegend als Einzelpersonen tätigen Handelsvertretern vergleichbar. Bei Vertragshändlern handelt es sich teilweise um eigenständige oder, wie die Konstellation im Fall des BGH[287] ursprünglich vorlag, um Konzerngesellschaften. Ihre wirtschaftliche Position (bspw. Vertragshändlerunternehmen im Bereich der Automobilbranche) und damit verbunden ihre Angewiesenheit auf den Ausgleichsanspruch sowie die finanziellen

---

284 LG Ulm, Urteil v. 22.10.2014 – 10 O 16/14 KfH [II 2 b) (2) Rn. 100]; OLG Stuttgart, Urteil v. 30.04.2015 – 7 U 188/14 [II 1 c) bb) (2) (d) Rn. 46]; *Kocher*, RIW 2003, 512, 518.

285 Eine besondere Stellung nimmt insoweit Art. 3 des belgischen Gesetzes vom 27.7.1961 und die dazu ergangene Rechtsprechung ein (vgl. Cour de cassation, Urteil v. 28.6.1979 – *AudiNSU AG c. SA Adelin Petit et Cie*, Yearbook Comm. 1980, 257 ff.; Cour de cassation, Urteil v. 16.11.2006, C.02.0445.F.). So bildeten Art. 3 f. des Gesetzes eine Einschränkung der ob-jektiven Schiedsfähigkeit, welche an das in der Sache anzuwendende Recht anknüpfe. Nach der Entscheidung des Cour de cassation, Urteil v. 16.11.2006, C.02.0445.F müsse das staatliche Gericht trotz entgegenstehender Rechtswahl das Gesetz vom 27.7.1961 anwenden („Le juge belge doit dès lors, pour apprécier la validité de la convention d'arbitrage, écarter la loi choisie par les parties, et appliquer immédiatement la loi du 27 juliet 1961." Vgl. Cour de cassation, Urteil v. 16.11.2006, C.02.0445.F10). Dieser unbedingte Anwendungswille lässt auf die Qualifikation des Ausgleichsanspruchs des belgischen Vertriebshändlers als Eingriffsnorm schließen, vgl. i.E. auch *Kleinheisterkamp*, RabelsZ 73 (2009), 818, 823. *Kocher*, RIW 2003, 512, 518 spricht insoweit von Anzeichen für eine Eingriffsnorm. Nach italienischem Recht sind Streitigkeiten über den Handelsvertreterausgleich nach Art. 806 i.V.m. Art. 409 codice di procedura civile nicht schiedsfähig, vgl. *Kindler*, Italienisches Handels- und Wirtschaftsrecht, § 7 Rn. 109.

286 EuGH, Urteil v. 10.2.2004, C-85/03 – *Mavrona* [Rn. 17].

287 Soeben unter 1.

Möglichkeiten der Geltendmachung dieses Anspruches sind folglich nicht stets mit derjenigen des regelmäßig wirtschaftlich unterlegenen Handelsvertreters vergleichbar.

§ 92c HGB dient zugleich der Wahrung der Interessen der deutschen Exportwirtschaft.[288] Es muss Unternehmen, welche Vertragshändler in verschiedenen Ländern beschäftigten, eine einheitliche Vertragsgestaltung ermöglicht werden.[289] Dieser Zweck wäre gefährdet, wenn stets auf die nationalen Besonderheiten Rücksicht zu nehmen wäre.[290] Dass es sich hier gerade um eine solche nationale Besonderheit handelt, wird ersichtlich, wenn der BGH selbst von einer „mangelnden Harmonisierung"[291] spricht. Zudem deutet sich in der Entscheidung eine Begrenzung auf Fälle der nationalen Rechtswahl an, soweit der BGH darauf hinweist, dass den Parteien eine Wahlmöglichkeit des Vertragsstatuts nach der Rom I-VO möglich gewesen wäre.[292] Eine solche Rechtswahl ist nur effektiv eröffnet, wenn der Vertragshändlerausgleich weder zu den Eingriffsnormen i.S.d. Art. 9 Abs. 1 Rom I-VO zählt noch ein Fall der *ordre public*-Widrigkeit vorliegt. Daraus resultierend ist die Wahl eines ausländischen Rechts wirksam. Anhaltspunkte dafür, dass eine Rechtswahl in einer Schiedsvereinbarung anders behandelt werden muss, sind nicht ersichtlich.

Folglich handelt es sich bei der Rechtsprechung des BGH um eine nationale Besonderheit, auf welche die oben angeführte Rechtsprechung zum Handelsvertreterausgleich[293] – jedenfalls nicht ohne das Hinzutreten weiterer Umstände im konkreten Einzelfall –[294] nicht übertragen werden kann.

288 *Kindler*, NJW 2016, 1855, 1857. Bei § 92c HGB handelt es sich nicht um eine Kollisionsvorschrift, vgl. *Bälz*, NJW 2003, 1559, 1559; *Kocher*, RIW 2003, 512, 514; *Detzer/Ulrich*, Gestaltung von Verträgen mit ausländischen Handelsvertretern und Vertragshändlern, Rn. 352; Röhricht/Graf von Westphalen/Haas/*Thume*, § 92c Rn. 1 m.w.N.; Ebenroth/Boujong/Joost/*Löwisch*, § 92c Rn. 3 m.w.N.

289 *Wauschkuhn/Meese*, RIW 2002, 301, 302.

290 *Hagemeister*, RIW 2006, 498, 501.

291 Vgl. BGH, Urteil v. 25.02.2016 – VII ZR 102/15, NJW 2016, 1885, 1887 [II 5 Rn. 35].

292 Vgl. BGH, Urteil v. 25.02.2016 – VII ZR 102/15, NJW 2016, 1885, 1887 [II 5 Rn. 35].

293 Kap. 5 B I, II, III, and IV.

294 Zu möglichen weiteren Umständen, welche ausnahmsweise doch eine ordre public-Zugehörigkeit rechtfertigen könnten, siehe Kap. 7 B VIII 3.

VI. Stellungnahme

Seit der *Ingmar*-Entscheidung wird der Handelsvertreterausgleich des § 89b HGB von der Rechtsprechung als Eingriffsnorm qualifiziert.[295] Zwar wird der Anspruch in keiner der genannten Entscheidungen ausdrücklich dem *ordre public* zugerechnet. Dass eine entsprechende Zurechnung[296] jedoch eine tragfähige dogmatische Grundlage bildet, wird an den Schlussanträgen des Generalanwaltes *Léger*[297] und der Entscheidung des OLG Stuttgart vom 29.11.2012[298] deutlich. Die Entscheidung des BGH vom 30.1.1961[299] ist folglich im Ergebnis nicht mehr tragbar.

1. Qualifikation des Handelsvertreterausgleichs als Eingriffsnorm

Allerdings wird zunehmend Kritik[300] an der Handelsvertreterrichtlinie und der soeben genannten Einordnung laut.

---

295 Kap. 5 B II und IV.

296 Für eine Zurechnung zum *ordre public*: Basedow, FS Sonnenberger, S. 304 f.; *Eichel*, AGB-Gerichtsstandsklauseln, S.108 ff.; *Thorn*, Symposium v. Hoffmann, S. 159. Ebenso der OGH für den Ausgleichsanspruch im österreichischen Recht, vgl. OGH, Beschluss v. 1.3.2017 – 5 Ob 72/16y, IPRax 2018, 532, 535 f. *Lachmann* zufolge würde jedenfalls eine Ausdehnung des internationalen *ordre public* auf den Handelsvertreterausgleich diesen „über Gebühr" ausweiten, vgl. *Lachmann*, Handbuch der Schiedsgerichtspraxis, Rn. 2710. Nach *Semler*, FS Wegen, S. 744 ff. führe die Kombination der Wahl eines ausländischen Rechts mit der Derogation deutscher Gerichte, welche den Ausschluss der Art. 17, 19 der Handelsvertreterrichtlinie zur Folge habe, zwar zur Unwirksamkeit der Gerichtsstandsvereinbarung, jedoch sei der Schiedsspruch mangels *ordre public*-Verletzung anzuerkennen. *Semler* verkennt insoweit, dass auch die Schiedsvereinbarung letztlich zu einer Derogation der deutschen staatlichen Gerichte führt. In ihren negativen Folgen sind die Gerichtsstands- und die Schiedsvereinbarung identisch, daher ist es nicht gerechtfertigt, diese für eine einheitliche Verletzung unter verschiedene Rechtsfolgen zu stellen. Dieser Gleichlauf wird auch von der Entscheidung des OLG München, Urteil v. 17.05.2006 – 7 U 1781/06, OLGR 2007, 138, 140 bestätigt.

297 Schlussanträge des Generalanwalts *Léger* vom 11. Mai 2000 zur Rechtssache *Ingmar*, C-381/98, Rn. 89.

298 Vgl. OLG Stuttgart, Urteil v. 29.12.2011 – 5 U 126/11, IHR 2012, 163, 166.

299 Kap. 5 B I.

300 *Michaels/Kamann*, EWS 2001, 301, 301 ff., insbesondere 310; *Antomo*, IHR 2013, 225, 228; *Fabig*, IHR 2019, 1, 3 ff.; MünchKomm-BGB/*v. Hein*, Art. 3 EGBGB Rn. 87, der die Einordnung für „kaum normativ konsistent" erachtet.

a) *Schutz vor Wettbewerbsverzerrungen*

So soll das Schutzbedürfnis vor Wettbewerbsverzerrungen lediglich der Kompetenzbegründung nach Art. 114 f. AEUV dienen. Sofern die zwingende Natur des Anspruchs auf Unternehmen, welche ihren Tätigkeitsort in einem Mitgliedsstaat haben, beschränkt bliebe, eröffne dies Anbietern aus Drittstaaten die Möglichkeit, ihre Produkte günstiger anzubieten und dadurch einen Wettbewerbsvorteil zu erlangen. Folglich würde sich im Falle einer solchen Sichtweise die Handelsvertreterrichtlinie sogar gegen die mitgliedsstaatlichen Teilnehmer wenden.[301]

Ferner soll einer Vielzahl von Richtlinienbestimmungen dieses Schutzbedürfnis zugrunde liegen, sodass eine uferlose Ausweitung der Eingriffsnormqualifikation zu befürchten sei. Angesichts der Wahlmöglichkeit zwischen dem Ausgleichs- und dem Schadensersatzanspruch (für den sich bspw. Frankreich entschieden hat, vgl. Art. L134-12 Code de Commerce) gebe es schon im Binnenmarkt keine einheitliche Wettbewerbsgestaltung. Zudem ergäben sich auch für den drittstaatlichen Unternehmer Kostennachteile durch Zölle, erhöhte Transportkosten oder die Versagung der Grundfreiheiten, welche die oben aufgeführten vermeintlichen Wettbewerbsverzerrungen nivellieren könnten.[302]

b) *Schutzbedürftigkeit des Handelsvertreters*

Darüber hinaus sollen Handelsvertreter im Hinblick auf die Schutzbedürftigkeit nicht mit Verbrauchern[303] oder Arbeitnehmern vergleichbar sein. Eine geringere Schutzbedürftigkeit des Handelsvertreters werde daran ersichtlich, dass weder die Rom I-VO noch die Brüssel Ia-VO spezielle kollisions- oder zuständigkeitsrechtliche Vorschriften für Handelsvertreter enthalten.[304] Vielmehr seien Handelsvertreter heute wirtschaftlich nicht unbedeutende Unternehmen, welche mit ausreichender Geschäftserfahrung und finanziellen Kapazitäten am Markt agierten. Folglich soll hier schon keine Ungleichgewichtslage bestehen.[305]

Zwar mag dies für einige Unternehmen zutreffend sein, jedoch ist weiterhin die überwiegende Anzahl von Handelsvertretern als Einzelperson oder als

---

301 Vgl. *Kindler*, BB 2001, 10, 12.

302 Vgl. *Schwarz*, ZVglRWiss 101 (2002), 45, 59 ff. Auch der Schutz der Niederlassungsfreiheit diene der Kompetenzbegründung: *Michaels/Kamann*, EWS 2001, 301, 305; *Freitag/Leible*, RIW 2001, 287, 292, die vor einer „Festung Europa" warnen, in der von der Privatautonomie nicht mehr viel übrigbliebe.

303 So allerdings ausdrücklich *Reich*, EuZW 2001, 51, 52.

304 MünchKomm-BGB/*v. Hein*, Art. 3 EGBGB Rn. 87.

305 Vgl. *Schwarz*, ZVglRWiss 101 (2002), 45, 56 ff.; *Freitag/Leible*, RIW 2001, 287, 291 f.

Kleinunternehmen tätig.[306] Viele Handelsvertreter stehen in Anbetracht der wirtschaftlichen Abhängigkeit schlechter als einfache Angestellte.[307] Damit können Ungleichgewichtslagen im Bereich des Handelsvertreterrechts nicht von vornherein ausgeschlossen werden.[308] Dass der zwingende Charakter des Ausgleichsanspruchs nach der Handelsvertreterrichtlinie auch einen Missbrauch in solchen Ungleichgewichtslagen verhindern soll, wird am Schlussantrag des Generalanwalts *Léger* in der Rechtssache *Ingmar* besonders deutlich. So würde sich „der aus der Wahl eines anderen Rechts ergebende Wettbewerbsvorteil (...) nämlich jeden Unternehmer, sofern er sich gegenüber dem künftigen Vertragspartner wirtschaftlich in einer stärkeren Position befindet, veranlassen, in den Vertrag eine Klausel aufzunehmen, mit der das Recht eines Drittstaates gewählt würde, um davon zu profitieren."[309]

Der Unternehmer hat mit der Senkung der Transaktionskosten und einem einhergehenden geringeren Beratungsbedarf grundsätzlich ein anerkennenswertes Interesse an einer einheitlichen Gestaltung seiner Verträge; zumal er überwiegend nicht nur eine Vielzahl von Handelsvertreterverträgen abschließt, vielmehr bilden diese einen Teil des gesamten Vertragssystems.[310] Die Senkung der Kosten mag im Sinne der Schaffung günstiger Preise für den Endkunden wünschenswert sein. Allerdings ist unter Berücksichtigung des Handelsvertreterausgleichs – zumindest eine am Maßstab des Art. 17 der Handelsvertreterrichtlinie orientierte Ausgestaltung – für in der Europäischen Union tätige Handelsvertreter eine einheitliche Vertragsgestaltung möglich. Die Schaffung zumindest zweier Vertragsformulare belastet den Unternehmer nicht übermäßig.

Der Schutz des Handelsvertreters soll ferner ausschließlich ein Individualinteresse und dementsprechend für eine Qualifikation als Eingriffsnorm nicht

---

306 Vgl. hierzu die Stellungnahme des deutschen Industrie- und Handelskammertages zur Bewertung der Handelsvertreterrichtlinie (86/653/EWG) vom 28.10.2014, S. 6, nach welcher der Schwerpunkt der Handelsvertretung bei Kleinst- und Kleinunternehmen (mit max. drei Beschäftigten) liege. 70 % der Handelsvertreter seien noch Einzelunternehmen.

307 BVerfG, Beschluss v. 7.2.1990 – 1 BvR 26/84, NJW 1990, 1469, 1470 [II 1].

308 Vgl. zur Problematik der strukturellen Ungleichgewichtslagen im Bereich der Handelsvertretertätigkeiten: *Niedermaier*, Schieds- und Schiedsverfahrensvereinbarungen in strukturellen Ungleichgewichtslagen, S. 55 f. sowie in Kap. 7 B I 4 a) dd).

309 Schlussanträge des Generalanwalts *Léger* vom 11. Mai 2000 zur Rechtssache *Ingmar*, C-381/98, Rn. 70. Für die Einschränkung der Verhandlungsfreiheit des Handelsvertreters siehe auch BVerfG, Beschluss v. 7.2.1990 – 1 BvR 26/84, NJW 1990, 1469, 1470.

310 *Bälz*, NJW 2003, 1559, 1559 ff.

ausreichend sein.[311] Letztlich stelle der Handelsvertreterausgleich einen reinen Vergütungsanspruch dar.[312] Allerdings schützt der Ausgleichsanspruch den Handelsvertreter vor den Verlusten, die sich aus der Beendigung des Vertrages ergeben, sodass § 89b HGB einen sozialrechtlichen Zweck verfolgt.[313] In diesem Sinne stellte auch das BVerfG in seinem Beschluss vom 22.8.1995 fest, dass der Gesetzgeber sich mit der Einführung des Anspruchs nach § 89b HGB dafür entschieden habe „einen Beitrag zur Verbesserung der wirtschaftlichen Situation und sozialen Absicherung des Handelsvertreters zu leisten".[314] Das Erfordernis eines sozialrechtlichen Schutzes wird umso deutlicher, wenn man sich vor Augen führt, dass der Handelsvertreter mit seiner Tätigkeit seinen Lebensunterhalt bestreitet und damit existentiell auf den Vertrag und im Falle der Kündigung durch den Unternehmer auf eine finanzielle Versorgung für die Übergangszeit, bis zu der er einen neuen Vertragspartner gefunden hat, angewiesen ist.[315] Somit

---

311 *Kühne*, FS Wegen, S. 458 ff.; Staudinger/*Magnus*, Art. 9 Rom I-VO Rn. 57 ff.; *Mankowski*, ZEuP 2008, 845, 856 f. Siehe zudem Kap. 1 D III.

312 So *Grundmann*, Der Treuhandvertrag, S. 375; *Bälz*, NJW 2003, 1559, 1559. Nach Staub/*Emde*, § 89b Rn. 16 handele es sich um einen „Vergütungsanspruch sui generis". *Canaris* nimmt zumindest primär einen Entgeltcharakter an, vgl. *Canaris*, Handelsrecht, § 17, Rn. 100, 104.

313 BVerfG, Beschluss v. 22.8.1995 – 1 BVR 1624/92, WM 1995, 1761, ebenda [2 a)]; BGH, Urteil v. 16.2.1961 – VII ZR 239/59, BGHZ 34, 282, 290 [I 3 a)]; BGH, Urteil v. 12.6.1963 – VII ZR 272/61, BGHZ 40, 13, 15 [1 c)]; BGH, Urteil v. 19.11.1970 – VII ZR 47/69, BGHZ 55, 45, 54 [II]; MünchKomm-HGB/*von Hoyningen-Huene*, § 89b Rn. 3; Martinek/Semler/Flohr/*Flohr*, § 89b Rn. 146; *Canaris*, Handelsrecht, § 17 Rn. 104; Röhricht/Graf von Westphalen/Haas/*Thume*, § 89b Rn. 6; zweifelnd *Mogendorf*, Der strukturell unterlegene Unternehmer, S. 104. Gegen einen sozialschützenden Zweck: Staub/*Emde*, § 89b Rn. 20; *Grundmann*, Der Treuhandvertrag, S. 375. Nach Oetker/*Busche*, § 89b HGB Rn. 1 sei die sozialschützende Komponente jedenfalls nicht überwiegend.

314 BVerfG, Beschluss v. 22.8.1995 – 1 BvR 1624/92, WM 1995, 1761, ebenda [2 a] unter Hinweis auf BT-Drucks. I/3856, S. 33 ff.

315 Vgl. *Mogendorf*, Der strukturell unterlegene Unternehmer, S. 27. Nach *Beitzke*, DB 1961, 528, 529 resultiere die Zustimmung des Handelsvertreters zu der für ihn nachteiligen Rechtswahl jedoch nicht nur aus einem Schwächeaspekt, sondern auch aus dem Wunsch des Beginns der Geschäftsbeziehungen. Hier wird allerdings ersichtlich, dass der Handelsvertreter in der für ihn existentiellen Lage ist, auf eine für ihn günstige Rechtswahl zu verzichten, um überhaupt mit seiner Tätigkeit beginnen zu können.

enthält der Handelsvertreterausgleich mit dem sozialrechtlichen Schutz des Handelsvertreters ein überindividuelles Interesse.[316]

c) Ergebnis

Der Handelsvertreterausgleich ist weiterhin als Eingriffsnorm zu qualifizieren. Dass auch der EuGH weiterhin eine solche Qualifikation vornimmt, wird an der Bestätigung der *Ingmar*-Rechtsprechung in der *Unamar*-[317] und nicht zuletzt an der *Agro*-Entscheidung[318] deutlich.[319]

2. Ableitbare Kriterien

Die soeben genannte Qualifikation wirft gleichzeitig die Frage nach der Zurechnung von Eingriffsnormen zum *ordre public* auf.[320]

Es hat sich ferner gezeigt, dass der Schutz des Handelsvertreters einer der zentralen Gesichtspunkte für die Zurechnung zum *ordre public* darstellt. Zudem könnte das Interesse der EU an der Erhaltung ihrer Ziele und des mitgliedsstaatlichen Wettbewerbs zur Zurechnung einzelner Normen zum *ordre public* führen.[321]

Für die Unwirksamkeit der Schiedsvereinbarung ist zusätzlich ein starker Gemeinschaftsbezug, jedenfalls in Form der Tätigkeit des Handelsvertreters in einem Mitgliedsstaat, erforderlich. Dies könnte zugleich ein Erfordernis für die Notwendigkeit eines engen Binnenbezuges in Form einer geschäftlichen Verbindung begründen.[322]

Die deutsche Rechtsprechung nimmt einen Ergebnisvergleich mit dem gewählten Recht vor.[323] Aus der *Unamar*-Entscheidung ergibt sich, dass eine Unwirksamkeit der Rechtswahl auch in den Fällen möglich ist, in welchen dem Handelsvertreter ein stärkeres Schutzniveau versagt wird.[324] Dies eröffnet die

---

316 Zur Ausdehnung des Gedankens des Sozialschutzes auf andere Gruppen von Selbstständigen in Kap. 7 B I 4 a) bb), Kap. 7 B I 4 a) dd) (3) und (4).

317 Kap. 5 B III 1.

318 Kap. 5 B III 2.

319 In diesem Sinne unter Hinweis auf die *Unamar*-Entscheidung *Kühne*, FS Wegen, S. 457.

320 Kap. 7 B VII 1 a).

321 Kap. 7 B VII 1 c) und 2 c) bb).

322 Kap. 7 B VIII 2 d).

323 Kap. 5 B IV 1 und 2.

324 Kap. 5 B III 1. Kritisch hinsichtlich der mitgliedsstaatlichen Durchsetzung einer Eingriffsnorm mit höherem Schutzniveau *Schwarz*, ZVglRWiss 101 (2002), 45, 69. In

Legitimation der Notwendigkeit eines solchen Ergebnisvergleiches sowie seiner Kriterien.[325]

Das OLG München verlangt zudem eine naheliegende Gefahr der Nichtanwendung des zwingenden Rechts durch das Schiedsgericht.[326] Dagegen indizierte die Wahl ausländischen Rechts und das Fehlen einer der deutschen zwingenden Norm entsprechenden Vorschrift aus Sicht des OLG Stuttgart bereits die Nichtanwendung dieser im Verfahren.[327] Ob das Schweigen des BGH in der Entscheidung vom 5.9.2012[328] als Zustimmung zur Ansicht des OLG Stuttgart zu qualifizieren ist, soll erst im weiteren Verlauf der Arbeit untersucht werden.[329]

Zudem könnte für das Eingreifen der *ordre public*-Kontrolle eine Umgehungsabsicht erforderlich sein.[330]

Schließlich bleibt die Frage zu klären, ob die Unwirksamkeit der Rechtswahl in Bezug auf eine Norm nur zur Teil- oder gar zur Gesamtnichtigkeit der Rechtswahl bzw. Schiedsvereinbarung führt.[331]

C. Wettbewerbsrecht

Die Rechtsprechung zum Wettbewerbsrecht als materiell zwingendem Recht in Schiedsvereinbarungen ist geprägt durch eine lange Tradition und vielfältige Einflüsse aus dem Unionsrecht. Besondere rechtliche und mediale Aufmerksamkeit erreichte der Fall *Pechstein* als wettbewerbsrechtliche Streitigkeit aus dem Bereich des professionellen Sports.

I. Schiedsfähigkeit von Kartellrechtsstreitigkeiten, § 91 GWB a.F.

Bis zum Jahre 1998 waren Kartellrechtsstreitigkeiten gem. § 91 Abs. 1 S. 1 GWB a.F. nicht schiedsfähig.

Ziel der Begrenzung der objektiven Schiedsfähigkeit[332] war es, eine Konzentration der kartellrechtlichen Streitigkeiten vor den staatlichen Gerichten zu

---

einem solchen Fall würde der Zweck der Vereinheitlichung der Wettbewerbsbedingungen im Binnenmarkt durch die Handelsvertreterrichtlinie konterkariert.

325 Kap. 7 B VI.

326 Kap. 5 B IV 1.

327 Kap. 5 B IV 2.

328 Kap. 5 B IV 3.

329 Siehe hierzu Kap. 7 B VI 2 b).

330 Kap. 7 B V 3.

331 Kap. 7 C II.

332 Statt aller: Wiedemann/*Ollerdißen*, § 63 Rn. 7.

erreichen.[333] Zum damaligen Zeitpunkt wurden die institutionellen Schiedsgerichte der klassischen Kartellorganisationen dazu missbraucht, die Interessen des Syndikats durchzusetzen. Eine funktionierende Schiedsgerichtsbarkeit in diesem Bereich wollte der Gesetzgeber gerade vermeiden. Vielmehr sollte mit § 91 Abs. 1 S. 1 GWB a.F. die Einhaltung der zwingenden Kartellrechtsnormen erreicht[334] und der Schutz der schwächeren Partei, welche ihre Rechte vor den institutionellen Schiedsgerichten nicht durchsetzen konnte, gewährleistet werden.[335]

Das aufgezeigte Gefahrenpotential nahm allerdings im Laufe der Zeit ab, bis auch im Bereich des Kartellrechts eine Gleichwertigkeit von staatlicher und Schiedsgerichtsbarkeit erzielt wurde. Daher erforderte der Schutz der schwächeren Partei nicht mehr zwingend die Lösung der Streitigkeiten im Wege eines staatlichen Gerichtsverfahrens. Diese Entwicklungen veranlassten den Gesetzgeber schließlich, den § 91 Abs. 1 S. 1 GWB a.F. zu streichen.[336]

Zwar ist in den §§ 87, 95 GWB noch heute eine ausschließliche Zuständigkeit der Kartellsenate vorgesehen, allerdings beschränkt sich diese auf das staatliche Gerichtsverfahren. Somit sind auch wettbewerbsrechtliche Streitigkeiten objektiv schiedsfähig.[337]

II. Wettbewerbsrecht als Teil des *ordre public*

Mit der Einordnung des Wettbewerbsrechts als Bestandteil des *ordre public* hat sich der BGH bereits in den 1950er-Jahren auseinandergesetzt.

---

333 BT-Drucks. 13/5274, S. 70 f.

334 Vgl. *Wolf*, RabelsZ 57 (1993), 643, 648 f.; OLG Frankfurt, Urteil v. 14.3.2019 – 26 Sch 10/18 [II A Rn. 92].

335 BT-Drucks. 13/5274, S. 70 f.

336 BT-Drucks. 13/5274, S. 70 f.; OLG Frankfurt, Urteil v. 14.3.2019 – 26 Sch 10/18 [II A Rn. 93].

337 Wiedemann/*Ollerdißen*, § 63 Rn. 7; OLG Frankfurt, Urteil v. 14.3.2019 – 26 Sch 10/18 [II A Rn. 88]. Eine partielle Ausnahme der Schiedsfähigkeit von Kartellrechtsstreitigkeiten in der Europäischen Union und in Deutschland bleibt aufgrund der Abhängigkeit von der behördlichen Entscheidung das Fusionskontrollverfahren, vgl. *Loewenheim/Meessen/Riesenkampff/Meyer-Lindemann*, Kartellrecht, 1 Teil. Einführung in das europäische und deutsche Kartellrecht, Rn. 119. Das Fusionskontrollverfahren soll in der vorliegenden Arbeit daher außer Acht bleiben. Auch in Österreich sind seit dem öKartG alle Kartellrechtsstreitigkeiten schiedsfähig, vgl. Torggler/Mohs/Schäfer/Wong/*Aschauer/Gantenberg/Gabriel*, Kap. 4 Rn. 725 m.w.N.

1. BGH 12.5.1958

So führte der BGH 1958 erstmals aus, dass die Nichtbeachtung kartellrechtswidriger Preisbeschränkungen der Anerkennung des Schiedsspruches entgegenstehe.[338] Für die Anerkennungsfähigkeit sei nach § 1041 Abs. 1 Nr. 1 ZPO a.F. die Parteiautonomie insoweit beschränkt als ein Verstoß gegen die guten Sitten oder die öffentliche Ordnung vorgelegen habe. Für die Beurteilung, ob die kartellrechtswidrige Preisbeschränkungen einen Verstoß gegen die öffentliche Ordnung begründen können, seien der Inhalt und die Bedeutung der ihr zugrunde liegenden Vorschriften entscheidend.[339]

2. BGH 23.4.1959

Im Folgejahr bestätigte der BGH die Zugehörigkeit der Normen des Kartellrechts zur öffentlichen Ordnung und erstreckte sie auf den inzwischen in Kraft getretenen § 1 GWB. Die Vorschriften des Kartellrechts seien im Interesse der Allgemeinheit und aus wirtschaftlichen sowie sozialpolitischen Erwägungen erlassen worden. Zudem zeige sich an ihrer strafrechtlichen Sanktionierung ihre Wesentlichkeit für den Gesetzgeber.[340]

Zugleich hob der BGH in Bezug auf den Kontrollumfang hervor, dass für die Beurteilung der *ordre public*-Widrigkeit die Feststellungen des Schiedsgerichts bindend seien.[341]

III. Schiedsspruch verstößt gegen Kartellrecht, BGH 25.10.1966

Im Jahr 1966 hatte sich der BGH erstmals ausführlich mit dem Verstoß eines Schiedsspruchs gegen die Vorschriften des GWB auseinanderzusetzen. Auch im Rahmen dieser Entscheidung versagte er einem Schiedsspruch aufgrund einer Verletzung zwingender Vorschriften des Kartellrechts die Anerkennung und Vollstreckbarerklärung.[342]

Jedoch sah er sich nicht an die Feststellungen des Schiedsgerichts in Bezug auf die Beurteilung der wettbewerbsrechtlichen Normen gebunden.[343] Vielmehr

---

338 BGH, Urteil v. 12.5.1958 – VII ZR 436/56, BGHZ 27, 249, 255 m.w.N. [I 2]. § 91 GWB a.F. spielte für diesen Fall noch keine Rolle, da das GWB und damit § 91 GWB a.F. erst am 01.01.1958 in Kraft trat, vgl. BGBl. I, 1957, S. 1081, 1098.

339 BGH, Urteil v. 12.5.1958 – VII ZR 436/56, BGHZ 27, 249, 254 ff. [I 2].

340 BGH, Urteil v. 23.4.1959 – VII ZR 2/58, BGHZ 30, 93, 96 ff. [II 2 b) bb), cc)].

341 BGH, Urteil v. 23.4.1959 – VII ZR 2/58, BGHZ 30, 93, 89 [II 2 a)].

342 BGH, Urteil v. 25.10.1966 – KZR 7/65, BGHZ 46, 365, 370 [II 2].

343 BGH, Urteil v. 25.10.1966 – KZR 7/65, BGHZ 46, 365, 367 [II 1].

könne das staatliche Gericht die Anerkennungs- und Vollstreckbarerklärungsversagungsgründe eigenständig beurteilen. Denn eine Bindung an die rechtlichen und tatsächlichen Feststellungen des Schiedsgerichts „würde die den ordentlichen Gerichten in den §§ 1041, 1042 und insbesondere § 1041 Abs. 1 Ziff. 2 ZPO zugewiesene Überwachungskompetenz aushöhlen und weitgehend wirkungslos machen".[344]

IV. *Eco-Swiss*-Entscheidung des EuGH

Leitend für die weitere Rechtsprechung in der Europäischen Union war die *Eco-Swiss*-Entscheidung des EuGH.[345]

Der Entscheidung lagen Lizenzstreitigkeiten zwischen *Benetton*, einer Gesellschaft mit Sitz in Amsterdam und *Eco-Swiss*, deren Sitz sich in Hongkong befand, zugrunde. In dem Lizenzvertrag wurde vereinbart, dass alle Rechtstreitigkeiten oder Auseinandersetzungen durch ein Schiedsverfahren nach den Regeln des Niederländischen Instituts für Schiedsgerichtsbarkeit beizulegen seien und die Schiedsrichter niederländisches Recht anzuwenden hätten. Die vorzeitige Kündigung Benettons führte schließlich zur Durchführung eines Schiedsverfahrens.

Der Hoge Raad, welcher mit dem Antrag auf Aufhebung des Schiedsspruches befasst war, legte dem EuGH u.a. die Frage vor, ob das Gericht, auch wenn nach niederländischem Recht ein Verstoß gegen das Wettbewerbsrecht nicht zu einem Widerspruch zur öffentlichen Ordnung führe, einer Klage auf Aufhebung des Schiedsspruchs wegen Verstoßes gegen Art. 85 EGV a.F. stattgeben müsse, sofern das Gericht der Ansicht sei, dass ein Verstoß vorliege.

Der EuGH entschied, dass Schiedssprüche aufgrund des Erfordernisses der Effizienz des Schiedsverfahrens nur in beschränktem Umfang zu überprüfen seien, und eine Aufhebung oder Versagung der Anerkennung nur in außergewöhnlichen Fällen vorzunehmen sei.[346] Jedoch stelle Art. 85 EGV a.F. wegen Art. 3 g) EGV a.F. „eine grundlegende Bestimmung dar, die für die Erfüllung der Aufgaben der Gemeinschaft und insbesondere für das Funktionieren des

344 BGH, Urteil v. 25.10.1966 – KZR 7/65, BGHZ 46, 365, 369 [II 1].

345 Aus der *Eco-Swiss*-Entscheidung ergibt sich implizit die Schiedsfähigkeit von unionsrecht-lichen Kartellrechtsstreitigkeiten, vgl. *Rigozzi*, ASA Bulletin 1999, 455, 460; *Lew/Mistelis/Kröll*, Comparative International Commercial Arbitration, Chap. 9 Rn. 9–43.

346 EuGH, Urteil v. 1.6.1999, C-126/97 – *Eco-Swiss* [Rn. 35].

Binnenmarktes unerläßlich ist".[347] Daher sei ein staatliches Gericht verpflichtet, einem Aufhebungsantrag wegen Verletzung der öffentlichen Ordnung auch dann stattzugeben, wenn dieser auf eine Verletzung des Art. 85 Abs. 1 EGV gestützt werde.[348] Dem stehe Art. V Abs. 2 b) UNÜ nicht entgegen.[349] Vielmehr könne Art. 85 EGV a.F. „als Vorschrift betrachtet werden, die der öffentlichen Ordnung im Sinne des erwähnten Übereinkommens zuzurechnen ist".[350] Nur im Falle der staatsgerichtlichen Überprüfung könne eine einheitliche Auslegung des Unionsrechts gesichert werden.[351]

Folglich sei auf die Frage „zu antworten, daß ein nationales Gericht, das mit einer Klage auf Aufhebung eines Schiedsspruchs befasst ist, dieser Klage stattgeben muß, wenn es der Auffassung ist, daß der Schiedsspruch Artikel 85 EG-Vertrag a.F. widerspricht, sofern es nach seinem nationalen Verfahrensrecht im Fall der Verletzung nationaler Rechtsvorschriften, die der öffentlichen Ordnung zuzurechnen sind, einer Aufhebungsklage stattzugeben hat."[352]

V. Rezeption der *Eco-Swiss*-Entscheidung in der deutschen Rechtsprechung

Die *Eco-Swiss*-Entscheidung des EuGH prägte die weitere deutsche Rechtsprechung zum Wettbewerbsrecht als Bestandteil des *ordre public*.

1. OLG Düsseldorf 21.7.2004

Das OLG Düsseldorf knüpfte an die *Eco-Swiss*-Entscheidung an und qualifizierte die unionsrechtlichen und nationalen Bestimmungen des Kartellrechts als Bestandteile der in der Bundesrepublik Deutschland geltenden öffentlichen Ordnung. Hingegen verneinte es eine entsprechende Zurechnung für das in § 34 GWB a.F. normierte Schriftformgebot.[353] Ein Verstoß gegen den *ordre*

347 EuGH, Urteil v. 1.6.1999, C-126/97 – *Eco-Swiss* [Rn. 36]. Ebenso Schlussanträge des Generalstaatsanwalts *Saggio* v. 25.2.1999 in der Rechtssache *Eco-Swiss*, C-126/97 [Rn. 36].

348 EuGH, Urteil v. 1.6.1999, C-126/97 – *Eco-Swiss* [Rn. 37].

349 EuGH, Urteil v. 1.6.1999, C-126/97 – *Eco-Swiss* [Rn. 38].

350 EuGH, Urteil v. 1.6.1999, C-126/97 – *Eco-Swiss* [Rn. 39]. Für eine Zurechnung zum *ordre public* auch die Schlussanträge des Generalstaatsanwalts *Saggio* v. 25.2.1999 in der Rechtssache *Eco-Swiss*, C-126/97 [Rn. 38].

351 EuGH, Urteil v. 1.6.1999, C-126/97 – *Eco-Swiss* [Rn. 40].

352 EuGH, Urteil v. 1.6.1999, C-126/97 – *Eco-Swiss* [Rn. 41].

353 OLG Düsseldorf, Urteil v. 21.7.2004 – VI-Sch (Kart) 1/02 [Rn. 30 f.] m.w.N.

public setze „eine offensichtliche Verletzung einer namentlich in der Rechts- und Wirtschaftsordnung des Vollstreckungsstaats als wesentlich geltenden Rechtsnorm oder eines dort grundlegend anerkannten Rechts voraus".[354] Normen, die nur Zweckmäßigkeitsfunktionen erfüllten, könnten folglich nicht Bestandteile des *ordre public* sein. Zu eben diesen Normen gehörte § 34 GWB a.F., da er lediglich die kartellbehördliche und gerichtliche Kontrolle sicherstellen sollte.[355]

2. OLG Celle 14.10.2016

Das OLG Celle ging, nachdem es die Zugehörigkeit der zwingenden europäischen und deutschen Kartellrechtsnormen zum *ordre public* betonte,[356] auf den Prüfungsumfang des staatlichen Gerichts betreffend des Verstoßes des Schiedsspruchs gegen Kartellrechtsvorschriften ein. So sei bisher davon ausgegangen worden, dass der Schiedsspruch sowohl in tatsächlicher als auch in rechtlicher Hinsicht uneingeschränkt auf *ordre public*-Verletzungen überprüft werden könne und dem Schiedsgericht kein Auslegungsspielraum bei der Anwendung kartellrechtlicher Vorschriften zur Verfügung stehe. „Auch von Vertretern dieser Auffassung", der sich das OLG Celle anschließt, „wird allerdings zugestanden, dass ‚de facto' eine Aufhebung des Schiedsspruchs regelmäßig dann nicht in Betracht kommt, wenn die Auffassungen des Schiedsgerichts und des staatlichen Gerichts in gleicher Weise vertretbar sind, so dass die Inhaltskontrolle in der Praxis regelmäßig auf eine kartellrechtliche Plausibilitätskontrolle beschränkt bleiben wird."[357]

VI. Der Fall *Pechstein*

Maßgebliche Bedeutung für die Beurteilung der wettbewerbsrechtlichen *ordre public*-Widrigkeit von Schiedssprüchen hat der sog. Fall *Pechstein*. Trotz der vielfältigen schiedsgerichtlichen Problematik, die der Fall aufwirft, sollen die Entscheidungen hier nur insoweit dargestellt und anschließend einer rechtlichen Würdigung unterzogen werden, als sie die *ordre public*-Kontrolle in Bezug auf die Umgehung materiell zwingenden Rechts betreffen.

---

354 OLG Düsseldorf, Urteil v. 21.7.2004 – VI-Sch (Kart) 1/02 [Rn. 30 ff.].

355 OLG Düsseldorf, Urteil v. 21.7.2004 – VI-Sch (Kart) 1/02 [Rn. 30 ff.].

356 OLG Celle, Urteil v. 14.10.2016 – 13 Sch 1/15 (Kart), WuW 2017, 508, 509 [Rn. 87] m.w.N.

357 OLG Celle, Urteil v. 14.10.2016 – 13 Sch 1/15 (Kart), WuW 2017, 508, 509 [Rn. 88 f.] m.w.N.

Den Verfahren lag folgender Sachverhalt zugrunde: Die Klägerin, *Claudia Pechstein*, war eine international erfolgreiche Eisschnellläuferin, die ihren Lebensunterhalt mit dieser Tätigkeit verdiente. Die Beklagte, gegen die sich die Klägerin betreffend einer Dopingsperre wandte (im Folgenden die Beklagte zu 1)), war der deutsche nationale Fachverband für Eisschnelllauf mit Sitz in München. Die Beklagte hinsichtlich der geforderten Schadensersatzzahlung (im Folgenden die Beklagte zu 2)) war der internationale Fachverband für Eisschnelllauf, der seinen Sitz in der Schweiz hat.

Die Klägerin und die Beklagte zu 1) schlossen eine Athletenvereinbarung ab, die eine Schiedsvereinbarung für alle daraus resultierenden Streitigkeiten, inkl. Dopingstreitigkeiten enthielt. Die Beklagte zu 1) teilte der Klägerin mit, dass die Annahme der Schiedsvereinbarung Bedingung für die Förderung durch die Beklagte zu 1) und die Nominierung zu internationalen Wettkämpfen sei. Die Klägerin wollte 2009 an den Eisschnelllauf-Mehrkampfweltmeisterschaften in Hamar teilnehmen. Dazu musste sie eine vorformulierte Wettkampfanmeldung der Beklagten zu 2) unterzeichnen. Darin erkannte die Klägerin die ausschließliche Zuständigkeit des CAS, ein Schiedsverfahren nach dessen Regeln und die Einhaltung der Anti-Doping-Regeln an. Die Beklagte zu 2) reichte nach dem Wettkampf aufgrund der entnommenen Blutproben eine Klage wegen Verletzung der Anti-Doping-Regeln bei ihrer Disziplinarkommission ein. Diese entschied, die Klägerin wegen eines Dopingverstoßes rückwirkend zu sperren und ihr die im Wettkampf erzielten Ergebnisse abzuerkennen. Ferner verlor die Klägerin die Möglichkeit, an den Olympischen Spielen 2010 in Vancouver teilzunehmen. Die Klägerin legte gegen den Beschluss der Disziplinarkommission Berufung beim CAS ein. Die Beklagte zu 1) trat dem Verfahren bei. Der CAS bestätigte mit dem Schiedsspruch die verhängte Dopingstrafe.

Die Klägerin begehrte nun zunächst vor dem LG München I die Feststellung der Rechtswidrigkeit der gegen sie verhängten Dopingsperre, die Zahlung von Schadensersatz und eines angemessenen Schmerzensgeldes sowie die Feststellung zur Verpflichtung zum Ersatz künftig entstehender Schäden. Als Anspruchsgrundlage berief sie sich auf § 33 Abs. 1 und 3 GWB i.V.m. § 20 Abs. 1 GWB a.F. und § 19 Abs. 1 und Abs. 4 Nr. 1 GWB a.F.

1. LG München I 26.2.2014

Das LG München I entschied, dass die Klage wegen der Unwirksamkeit der Schiedsvereinbarung nicht schon aufgrund der von der Beklagten erhobenen Einrede der Schiedsgerichtsbarkeit nach §§ 1032 Abs. 1, 1025 Abs. 2 ZPO unzulässig sei.

Auf die Schiedsvereinbarung zwischen der Klägerin und der Beklagten zu 1) sei mangels ausländischer Anknüpfungspunkte deutsches Recht anzuwenden.[358] Diese sei unfreiwillig zustande gekommen, da die Klägerin keine Wahl gehabt habe von der Unterzeichnung Abstand zu nehmen, weil die Beklagte zu 1) eine Monopolstellung wegen des Ein-Platz-Prinzips im Eisschnelllaufsport habe. Die Unterzeichnung der Schiedsvereinbarung sei Bedingung für die Wettkampfteilnahme gewesen, welche für die Klägerin die einzige Möglichkeit darstelle, „ihren Beruf angemessen auszuüben und gegen andere professionelle Konkurrenten anzutreten".[359] Verstärkt worden sei dies durch den Umstand, dass die Klägerin zum Unterzeichnungszeitpunkt keine Bezüge mehr von ihrem Arbeitgeber erhalten habe. Angesichts „der Monopolstellung der Beklagten und der hierarchischen Struktur des Wettkampfsportes"[360] stünden sich die Parteien „nicht wie sonstige Vertragspartner auf Augenhöhe gegenüber, sondern es besteht ein strukturelles Ungleichgewicht zwischen der Klägerin als Sportlerin auf der einen, und den Beklagten als Verbände auf der anderen Seite".[361] Eine solche fehlende Freiwilligkeit müsse sich nicht explizit manifestieren, sondern könne Folge der gegebenen Zwangslage sein. Die Schiedsvereinbarung mit der Beklagten zu 1) sei daher nach § 138 Abs. 1 BGB nichtig.[362]

Anschließend hatte sich das LG München I mit der Frage der Anerkennung und Vollstreckbarerklärung des Schiedsspruchs nach § 1061 Abs. 1 ZPO zu befassen. Das Gericht lehnte ein Anerkennungshindernis nach Art. V Abs. 1 a) UNÜ ab, da die Klägerin trotz Kenntnis von der fehlenden Freiwilligkeit das Schiedsgericht angerufen und sich im Schiedsverfahren nicht auf die Unfreiwilligkeit berufen habe. Folglich sei die Klägerin mit ihrer Einwendung präkludiert.[363] Zudem habe kein Verstoß gegen den materiell-rechtlichen *ordre public*

358 LG München I, Urteil v. 26.2.2014 – 37 O 28331/12, SchiedsVZ 2014, 100, 104 [III 3 a) aa)].

359 LG München I, Urteil v. 26.2.2014 – 37 O 28331/12, SchiedsVZ 2014, 100, 105 [III 3 c)] m.w.N.

360 LG München I, Urteil v. 26.2.2014 – 37 O 28331/12, SchiedsVZ 2014, 100, 105 [III 3 c)] m.w.N.

361 LG München I, Urteil v. 26.2.2014 – 37 O 28331/12, SchiedsVZ 2014, 100, 105 [III 3 c)] m.w.N.

362 LG München I, Urteil v. 26.2.2014 – 37 O 28331/12, SchiedsVZ 2014, 100, 105 [III 3 c)] m.w.N.

363 LG München I, Urteil v. 26.2.2014 – 37 O 28331/12, SchiedsVZ 2014, 100, 109 [IV 2 b) aa)].

nach Art. V Abs. 2 UNÜ vorgelegen.[364] Zwar werde von der Kammer „nicht in Abrede gestellt, dass die aus dem Schiedsspruch resultierende Sperre für die Klägerin durch das damit verbundene zweijährige Berufsverbot, die Rufschädigung und die finanziellen Folgen zu extremen Konsequenzen geführt hat. Dennoch berührt der Schiedsspruch nicht die Grundfesten der deutschen Rechtsordnung."[365] Denn im Schiedsverfahren sei die Klägerin nicht mehr in einer strukturell unterlegenen Position gewesen.[366]

2. OLG München 15.1.2015

Auch nach der Auffassung des OLG München sei die Schiedsvereinbarung mit der Beklagten zu 2) unwirksam.

Jedoch begründete das Gericht diese Unwirksamkeit mit einem Verstoß gegen zwingendes Kartellrecht. Es leitete die Nichtigkeit der Schiedsvereinbarung aus Art. 34 EGBGB, § 134 BGB, § 19 Abs. 1 und Abs. 4 Nr. 2 GWB a.F. ab.

Das OLG München ordnete die Beklagte zu 2) auf dem relevanten Markt der Zulassung zu Eisschnelllauf-Weltmeisterschaften als Monopolistin ein. Das Verlangen der Unterzeichnung der Schiedsvereinbarung sei ein verbotenes missbräuchliches Verhalten i.S.d. § 19 Abs. 1 und Abs. 4 Nr. 2 GWB gewesen. Der Begriff der Geschäftsbedingung sei weit zu verstehen. Er umfasse alles, was durch vertragliche Regelungen abgebildet werden könne. Damit falle auch eine Schiedsvereinbarung unter diesen Begriff. Zwar stelle das Verlangen einer Schiedsvereinbarung durch die Ausrichter von internationalen Sportwettkämpfen nicht schlechthin einen Missbrauch von Marktmacht dar, zudem sei die Schiedsvereinbarung nicht schon aufgrund der fehlenden Freiwilligkeit unwirksam. Denn die „bloße Verknüpfung der Bereitschaft, ein Wirtschaftsgut anzubieten, mit dem Verlangen einer Schiedsvereinbarung stellt keinen Zwang dar, der den freien Willen desjenigen, der das Wirtschaftsgut beziehen möchte, ausschließen würde".[367] Allerdings sei die Schiedsrichterbestellung im vorliegenden Fall einseitig ausgestaltet gewesen, sodass das Verlangen der Zustimmung zum

364 LG München I, Urteil v. 26.2.2014 - 37 O 28331/12, SchiedsVZ 2014, 100, 110 [IV 2 g) bb)].

365 LG München I, Urteil v. 26.2.2014 - 37 O 28331/12, SchiedsVZ 2014, 100, 111 [IV 2 g) bbb) (3)].

366 LG München I, Urteil v. 26.2.2014 - 37 O 28331/12, SchiedsVZ 2014, 100, 111 [IV 2 g) bbb) (3)].

367 OLG München, Urteil v. 15.1.2015 - U 1110/14 Kart, SchiedsVZ 2015, 40, 44 [A II 3 a) bb) (2)].

Abschluss der Schiedsvereinbarung einen Missbrauch von Marktmacht darstelle.[368] Dieser Einordnung stehe auch nicht § 1025 Abs. 2 ZPO a.F. entgegen, da es sich bei dem Grund für die Aufhebung des § 1025 Abs. 2 ZPO a.F. um eine kartellrechtsunabhängige Erwägung handele.[369]

Bezüglich der (teilweisen) Begründetheit der Klage führte das OLG München aus, dass der Schiedsspruch wegen eines Verstoßes gegen § 1061 Abs. 1 S. 1 ZPO i.V.m. Art. V Abs. 2 b) UNÜ nicht anerkennungsfähig sei. „Durch die inzidente Anerkennung des auf der Grundlage der kartellrechtswidrigen Vereinbarung ergangenen Spruchs würde der Missbrauch der Monopolstellung der Beklagten zu 2) perpetuiert, was dem Zweck des kartellrechtlichen Missbrauchsverbots zuwiderliefe."[370]

3. BGH 7.6.2016

Der BGH wies die Klage dagegen als unzulässig ab, da ihr die Einrede der Schiedsvereinbarung mit der Beklagten zu 2) entgegenstehe.[371]

Zwar müsse die Schiedsvereinbarung an § 19 GWB a.F. gemessen werden, jedoch sei diese wirksam. Es liege kein Missbrauch einer marktbeherrschenden Stellung vor. Dem Verlangen nach einer Schiedsvereinbarung, in welcher der CAS als zuständiges Schiedsgericht vorgesehen sei, widerspreche weder dem Justizgewährungsanspruch, der Berufsfreiheit nach Art. 12 GG, noch den Rechten der Klägerin aus Art. 6 EMRK. Zudem sei die Ausgestaltung des Verfahrens zur Bestellung der Schiedsrichter hinnehmbar gewesen. Betreffend der Abwägung der Grundrechte im Rahmen von § 19 GWB a.F. müssten auch die Grundrechte der Beklagten zu 2) beachtet werden.

Ferner habe sich die Klägerin der Schiedsvereinbarung freiwillig und somit wirksam unterworfen. Eine vertragliche Vereinbarung setze die Aufgabe eigener Positionen und die Akzeptanz von Vertragsbedingungen, die dem Willen der anderen Partei entstammten, voraus. Eine staatliche Regelung zum Schutze der Grundrechte sei erst erforderlich, wenn „einer der Vertragspartner ein so starkes Übergewicht (habe), dass er vertragliche Regelungen faktisch einseitig

368 OLG München, Urteil v. 15.1.2015 – U 1110/14 Kart, SchiedsVZ 2015, 40, 44 [A II 3 a) bb) (2)].

369 OLG München, Urteil v. 15.1.2015 – U 1110/14 Kart, SchiedsVZ 2015, 40, 45 [A II 3 a) bb) (2) eee)].

370 OLG München, Urteil v. 15.1.2015 – U 1110/14 Kart, SchiedsVZ 2015, 40, 46 [B II 2 a)].

371 BGH, Urteil v. 7.6.2016 – KZR 6/15, NJW 2016, 2266, 2268 [B II Rn. 22].

setzen kann"[372] und dies für den anderen Vertragsteil eine Fremdbestimmung bewirke. Wenn bei einer solchen Sachlage über grundrechtlich verbürgte Positionen verfügt werde, müssten staatliche Regelungen ausgleichend eingreifen, um den Grundrechtsschutz zu sichern. Zwar sei die Entscheidung der Klägerin fremdbestimmt gewesen,[373] allerdings ergebe eine Abwägung der grundrechtlich geschützten Positionen, dass die „Beklagte zu 2) mit ihrem Verlangen, die von ihr vorgegebene Schiedsvereinbarung abzuschließen, ihre Marktmacht nicht i.S.d. § 19 GWB a.F. missbraucht hat".[374] Für dieses Ergebnis spreche auch die Abschaffung des § 1025 Abs. 2 ZPO a.F.[375]

4. *Würdigung*

Es hat sich gezeigt, dass die Gerichte zum Teil sehr unterschiedliche Herangehensweisen an die Problematik der *causa Pechstein* gewählt haben.

So begründete das OLG München die Unwirksamkeit der Schiedsvereinbarung mit dem Missbrauch einer marktbeherrschenden Stellung.[376] Dieser Ansatz wurde als „gänzlich unangemessen" bzw. „klar exzessiv"[377] bezeichnet.

Der BGH erkannte in der Besetzung des CAS-Schiedsgerichts keine Verletzung des Rechts auf einen neutralen Schiedsrichter. Folglich hatte er sich nicht weiter mit einem möglichen Verstoß auseinanderzusetzen. Dennoch hat der BGH den vom OLG München gewählten Ansatz nicht explizit verworfen.[378] Ob dies bereits als Zustimmung bewertet werden darf, erscheint jedoch mehr als fraglich.

Übertragen auf die der Untersuchung zugrunde liegenden Konstellationen soll nun, ausgehend von dem Ansatz des OLG München, geklärt werden, ob die Vereinbarung eines ausländischen Rechts in einer Schiedsvereinbarung, an der ein marktbeherrschendes Unternehmen beteiligt ist, zu einem Missbrauch von Marktmacht nach Art. 102 AEUV, § 19 GWB und damit zur Unwirksamkeit der Schiedsvereinbarung führen kann.

---

372 BGH, Urteil v. 7.6.2016 – KZR 6/15, NJW 2016, 2266, 2271 [B II 3 c) bb) (1) Rn. 55].

373 BGH, Urteil v. 7.6.2016 – KZR 6/15, NJW 2016, 2266, 2271 [B II 3 c) bb) (1) Rn. 55].

374 BGH, Urteil v. 7.6.2016 – KZR 6/15, NJW 2016, 2266, 2272 [B II 3 c) bb) (1) Rn. 56].

375 BGH, Urteil v. 7.6.2016 – KZR 6/15, NJW 2016, 2266, 2272 [B II 3 c) bb) (1) Rn. 56].

376 Kap. 5 C VI 2.

377 *Schlosser*, SchiedsVZ 2015, 257, 258. Kritisch auch *Heermann*, NJW 2016, 2224, 2225, der davon spricht, dass der Kartellsenat sich im Rahmen der Interessenabwägung „von den üblichen Bewertungsstandards entfernt" habe.

378 Kap. 5 C VI 3.

a) *Missbrauchskontrolle einer Schiedsvereinbarung*

Erforderlich ist zunächst, dass die Schiedsvereinbarung überhaupt im Rahmen der Missbrauchskontrolle überprüft werden kann. Aus der Abschaffung des § 1025 ZPO a.F. im Jahre 1997, dessen Anwendungsfall das Verlangen einer Schiedsvereinbarung durch ein marktbeherrschendes Unternehmen gewesen sei, soll folgen, dass eine Prüfung im Wege der Missbrauchskontrolle ausgeschlossen werden müsse. Der Gesetzgeber habe gezeigt, dass ein solcher Fall gerade nicht mehr zur Unwirksamkeit der Schiedsvereinbarung führen sollte. Eine Anwendung des § 19 GWB würde diesen Willen umgehen.[379] Allerdings scheint eine Anwendung insoweit gerechtfertigt, als sie dazu führt, dass je marktmächtiger das Unternehmen ist, desto stärker die Interessen der gegnerischen Partei berücksichtigt werden müssen.[380]

b) *Schiedsvereinbarung als Geschäftsbedingung i.S.d. § 19 GWB*

Als problematisch wird des Weiteren die Einordnung der Schiedsvereinbarung unter den Begriff der Geschäftsbedingungen i.S.d. § 19 GWB angesehen. So hat *Bechtold*, auf den die Einordnung zurückzuführen ist, deutlich auf die systematische Verbundenheit mit dem Entgeltmissbrauch verwiesen.[381] Eine Beeinflussung des Wettbewerbs soll nur gegeben sein, wenn sich die Geschäftsbedingung auf den wirtschaftlichen Wert der Vereinbarung auswirke. Dies bleibe in den Ausführungen des OLG München[382] unerwähnt. Dass einer Schiedsvereinbarung eine solche Auswirkung innewohne, dürfe i.d.R. bezweifelt werden.[383]

c) *Ausnutzung durch Verlangen eines Schiedsverfahrens*

Allerdings ist nicht die Verbundenheit mit dem Entgeltmissbrauch, sondern der Begriff der „Ausnutzung" in Art. 102 AEUV das maßgebliche Kriterium.

Eine Ausnutzung umfasst solche Verhaltensweisen, die dem Marktbeherrscher auf Kosten der Marktgegenseite Vorteile, bspw. günstigere Geschäftsbedingungen gewähren und er diese Vorteile bei einem wirksamen Wettbewerb nicht erhalten hätte. Durch die Ausnutzung wird die Markmacht des Marktbeherrschers perpetuiert.[384]

---

379 *Nordmann/Förster*, WRP 2016, 312, 318.

380 BGH, Urteil v. 7.6.2016 – KZR 6/15, WuW 2016, 364, 367 mit Anmerkungen *Bunte*.

381 *Bechtold/Bosch*, § 19 Rn. 53.

382 Kap. 5 C VI 2.

383 *Nordmann/Förster*, WRP 2016, 312, 316.

384 *Eckel/Richter*, WuW 2015, 1078, 1083 m.w.N.

Das Erlangen eines Vorteils soll „im Wege eines differenzierenden Ansatzes zu bestimmen“ sein.[385] Sofern die ordentliche Gerichtsbarkeit unfreiwillig ausgeschlossen werde, nutze das marktbeherrschende Unternehmen die Abhängigkeit des Sportlers aus. „Diese Vorteilserlangung stellt schlechthin eine missbräuchliche Ausnutzung der marktbeherrschenden Stellung dar.“[386] Dies soll auch für das Verlangen nach einem Schiedsverfahren gelten, welches die Mindestverfahrensgarantien unterliefe. Ein solches Verfahren könne „den rechtlichen Bestand der eigenen Verbandsentscheidung zum eigenen Nutzen sicherstellen“.[387] Hinsichtlich verzichtbarer Verfahrensgarantien sei zusätzlich eine Schwächung der Marktgegenseite zugunsten des Marktbeherrschers erforderlich.[388]

Allerdings beruhe der Vergleich mit dem wirksamen Wettbewerb „auf einem groben Missverständnis der Vertragsfreiheit“.[389] Zwar sei die Vertragsfreiheit eines marktbeherrschenden Unternehmens grundsätzlich stärker eingeschränkt, jedoch stehe es ihm frei, betreffend einzelner Vertragspartner einer Änderung der Geschäftsbedingungen nicht zuzustimmen. „Andernfalls wären ja sämtliche allgemeine Vertragsbedingungen eines marktbeherrschenden Unternehmens null und nichtig.“[390]

d) *Missbräuchliche Koppelung*

Ferner kommt eine missbräuchliche Koppelung wegen der Verknüpfung der Zulassung zum Wettkampf mit dem Abschluss der Schiedsvereinbarung in Betracht. Voraussetzung hierfür soll sein, dass die Verpflichtung zum Abschluss der Schiedsvereinbarung ein „Produkt“ darstelle, für welches ein relevanter Markt bestehe. Ein „Markt durch Schiedsgerichte“[391] lasse sich mit der internationalen wirtschaftlichen Bedeutung des Schiedsverfahrens und den teilweise hohen Vergütungen der Schiedsrichter begründen.[392] Eine Abschottung des nachgelagerten Marktes könne dadurch entstehen, dass es potentiellen Schiedsrichtern unmöglich gemacht werde, ihre Schiedsrichterleistungen anzubieten. Die Fälle, in denen die Kommission den Abschluss einer Schiedsvereinbarung

385 *Eckel/Richter*, WuW 2015, 1078, 1084.
386 *Eckel/Richter*, WuW 2015, 1078, 1084.
387 *Eckel/Richter*, WuW 2015, 1078, 1084.
388 *Eckel/Richter*, WuW 2015, 1078, 1084.
389 *Schlosser*, SchiedsVZ 2015, 257, 263.
390 *Schlosser*, SchiedsVZ 2015, 257, 263.
391 *Eckel/Richter*, WuW 2015, 1078, 1084 m.w.N.
392 *Eckel/Richter*, WuW 2015, 1078, 1084 m.w.N.

als Missbrauch von Marktmacht nach Art. 102 AEUV ansehe, seien auf diejenigen beschränkt, in welchen das Schiedsgericht nicht bestimmten Verfahrensstandards genüge.[393]

e) Marktmissbrauch durch Rechtswahl in einer Schiedsvereinbarung

Die Anwendung der Art. 102 AEUV, § 19 GWB auf den Abschluss von Schiedsvereinbarungen ist in vielerlei Hinsicht problematisch.

Sinn und Zweck des Art. 102 AEUV und der §§ 18 f. GWB sind der Schutz der Handelspartner und Verbraucher vor unmittelbaren Schäden, die durch das Verhalten des Marktbeherrschers entstehen können,[394] sowie der Schutz der Institution Wettbewerb.[395] Allerdings wird durch Art. 102 AEUV und §§ 18 f. GWB nicht das Innehaben einer marktbeherrschenden Position als solches verboten, sondern deren Ausnutzung auf dem relevanten Markt.

Eine Ausnutzung setzt jedoch eine Beeinträchtigung des wirksamen Wettbewerbs voraus.[396] Im zu untersuchenden Fall scheitert eine Beeinträchtigung des oben genannten Marktes der Schiedsgerichte bereits daran, dass in Anbetracht der Globalisierung des Schiedsrechts davon ausgegangen werden kann, dass es für jedes Sachrecht mehrere Schiedsrichter gibt. Insoweit wird der Markt der Schiedsrichterleistungen nicht beeinträchtigt.

Allerdings könnte der unterlegenen Partei regelmäßig keine Alternative verbleiben, als die Schiedsvereinbarung mit der vorgenommenen Rechtswahl zu akzeptieren. Die fehlende Alternative wird sich aber nicht aus der Schiedsvereinbarung ergeben, sondern aus dem Gegenstand des Hauptvertrages. Dass das Unternehmen, welches den Abschluss der Schiedsvereinbarung verlangt, Monopolist für bestimmte Waren ist oder die Preise so günstig gestalten kann, dass eine Alternative faktisch ausgeschlossen ist, kann nicht der Rechtswahl in der Schiedsvereinbarung zugerechnet werden. Hier ist der Marktmissbrauch eine Frage des zu entscheidenden Rechtsstreites selbst.

Eine andere Betrachtungsweise würde dazu führen, dass jede Verfahrensvereinbarung, inkl. der Schiedsvereinbarung, einen Missbrauch von Marktmacht darstellt. Der Missbrauch im Rechtsstreit würde stets auf die Ebene der Wirksamkeit der Schiedsvereinbarung durchschlagen. Damit wären

---

393 *Eckel/Richter*, WuW 2015, 1078, 1085.

394 EuGH, Beschluss v. 11.12.1973, C-41/73, *Société Générale Sucrière u.a.*; *Kling/Thomas*, Kartellrecht, § 6 Rn. 4 m.w.N.

395 *Kling/Thomas*, Kartellrecht, § 6 Rn. 4 m.w.N.

396 *Kling/Thomas*, Kartellrecht, § 6 Rn. 5.

Schiedsvereinbarungen, an denen ein marktbeherrschendes Unternehmen beteiligt ist, regelmäßig unwirksam.[397]

Eine Missbrauchskontrolle wurde zudem größtenteils auf Konstellationen, in denen zentrale Verfahrensgarantien umgangen werden, beschränkt. Zu diesen zentralen Garantien gehört die freie Rechtswahl jedoch nicht. Die *ordre public*-Kontrolle wäre andernfalls für den Bereich des Marktmissbrauchs faktisch überflüssig. Eine solche Rechtsfolge erscheint weder aus der Sicht des Gesetzgebers noch aus der Sicht des OLG München[398] gewollt. Jedenfalls wäre zuvor eine Gesetzesänderung erforderlich.

Daher kann eine Schiedsvereinbarung, auf deren Abschluss und Rechtswahl ein marktbeherrschendes Unternehmen hinwirkt, alleine keinen Missbrauch von Marktmacht darstellen.

VII. Stellungnahme

Die §§ 1, 18 f. GWB und Art. 101, 102 AEUV sind Bestandteile des materiellrechtlichen *ordre public*.[399]

1. Qualifikation als Eingriffsnormen

Zudem könnten diese Vorschriften als Eingriffsnormen zu qualifizieren sein.

Das Wettbewerbsrecht soll einen unverfälschten Wettbewerb erhalten.[400] Es schützt damit ein Allgemeininteresse.[401] Zugleich dient es der Sicherstellung der

---

397 In diesem Sinne auch *Nordmann/Förster*, WRP 2016, 312, 316.

398 Kap. 5 C VI 2.

399 Vgl. Kap. 5 C II, III, IV. Ebenso: BGH, Urteil v. 27.2.1969 - KZR 3/68, NJW 1969, 978, 980 [III 2]; BGH, Urteil v. 31.5.1972 - KZR 43/71, NJW 1972, 2180, 2181 [I]; BGH, Urteil v. 25.10.1983 - KZR 27/82, NJW 1984, 1355, 1356 [III]; OLG Dresden, Beschluss v. 20.4.2005 - 11 Sch 01/05, SchiedsVZ 2005, 210, 211 f. [B II 1 b)]; Thüringer Oberlandesgericht, Beschluss v. 8.8.2007 - 4 Sch 03/06, SchiedsVZ 2008, 44, 46 [IV]; *Wolf*, RabelsZ 57 (1993), 643, 653; *Schmidt*, FS Pfeiffer, S. 770 f.; *ders.*, BB 2006, 1397, 1399 f.; *Raeschke-Kessler*, EuZW 1990, 145, 145 ff.; *Raeschke-Kessler/Berger*, Recht und Praxis des Schiedsverfahrens, Rn. 997. Für das unionsrechtliche Kartellverbot ebenso der OGH, Urteil v. 1.7.1998 - 3 Ob 115/95; OGH, Urteil v. 18.2.2015 - 2 Ob 22/14w [1].

400 Vgl. Kap. 5 C III.

401 Vgl. Kap. 5 C III sowie Schlussanträge des Generalstaatsanwalts *Saggio* v. 25.2.1999 in der Rechtssache *Eco-Swiss*, C-126/97 [Rn. 35].

Handlungsfähigkeit des Einzelnen. Die Kombination beider Schutzrichtungen trägt zur Schaffung eines gemeinsamen Binnenmarktes bei.[402]

Die Normen sind „grundlegende Bestandteile der Wirtschaftsverfassung“[403] und haben für das gesellschaftliche Zusammenleben überragende Bedeutung.[404] Folglich sind sie als Eingriffsnormen zu qualifizieren.[405]

2. *Begrenzung des Anwendungsbereichs der ordre public-Kontrolle*

Die scheinbar unbegrenzte Anwendbarkeit und Durchsetzung der Kartellrechtsvorschriften über den *ordre public* gegenüber drittstaatlichem Recht sind jedoch nicht in jedem Fall gewollt.[406]

Bereits aus dem Anwendungsbereich der Vorschriften ergibt sich, dass diese nur eingreifen, wenn im Rahmen der Art. 101, 102 AEUV die Voraussetzungen der Zwischenstaatlichkeitsklausel erfüllt sind bzw. bei der Anwendung der §§ 1, 18 f. GWB gem. § 185 Abs. 2 GWB deutsches Recht greift.

Die Zwischenstaatlichkeitsklausel verlangt eine Eignung zur Beeinträchtigung des Handels zwischen den Mitgliedsstaaten. Der zwischenstaatliche Handel soll den gesamten wirtschaftlichen Verkehr zwischen den Mitgliedsstaaten erfassen. Er ist bei jeglicher Beeinflussung beeinträchtigt.[407] Die Zielrichtung der Beeinflussung spielt keine Rolle.[408] Die erforderliche Eignung ist gegeben, wenn sich anhand objektiver rechtlicher oder tatsächlicher Umstände mit hinreichender Wahrscheinlichkeit feststellen lässt, dass die zu prüfende Verhaltensweise den wirtschaftlichen Verkehr zwischen den Mitgliedsstaaten unmittelbar

---

402 Vgl. Kap. 5 C III.

403 *Elsing*, FS Mailänder, S. 99.

404 *Elsing*, FS Mailänder, S. 99.

405 Statt aller: *Siehr*, RabelsZ 52 (1988), 41, 50 f.; *Elsing*, FS Mailänder, S. 99.

406 Für eine Anwendung des Auswirkungsprinzips auch: *Sachs/Niedermaier*, FS von Hoffmann, S. 1059. *Bien*, ZZP 2019, 93, 100 will zudem anhand des Auswirkungsprinzips eine Trennung zwischen nationalen und internationalen Schiedssprüchen vornehmen. So liege ein nationaler Schiedsspruch vor, wenn sich das betroffene Rechtsverhältnis auf den deutschen Markt auswirke. Ein internationaler Schiedsspruch sei hingegen gegeben, wenn sich das Rechtsverhältnis auf die Märkte mehrerer Staaten auswirke.

407 Statt aller: *Kling/Thomas*, Kartellrecht, § 5 Rn. 248 m.w.N.

408 EuGH, Urteil v. 13.7.1966, Rs. 56 u. 58/64 – *Consten und Grundig/Kommission*, GRUR 1966, 580, 580 ff.

oder mittelbar, faktisch oder potentiell beeinflussen und die Errichtung eines einheitlichen Binnenmarktes behindern könnte.[409]

Für die Anwendung des deutschen Kartellrechts ist nach § 185 Abs. 2 GWB eine Auswirkung der tatbestandsmäßigen Handlung auf den innerdeutschen Markt erforderlich. Irrelevant ist insoweit, ob die Adressaten des Kartellrechts ihren Wohnsitz in Deutschland haben oder der Kartellverstoß hier begangen worden ist.[410]

3. *Umfang der Kontrollbefugnis der staatlichen Gerichte im Falle der Verletzung ordre public-zugehöriger Wettbewerbsvorschriften*

Besonderheiten bei der schieds- und staatsgerichtlichen Kontrolle von kartellrechtlichen Streitigkeiten bestehen zum einen darin, dass die Parteien (bspw. aus Furcht vor behördlichen Sanktionen oder *follow-on*-Klagen) eine Verletzung der Kartellrechtsnormen teilweise nicht vorbringen.[411] Zum anderen ergibt sich eine Verletzung der Wettbewerbsvorschriften häufig nicht ohne weitere Prüfung aus dem Schiedsspruch. Vielmehr setzt die Prüfung der Kartellrechtswidrigkeit eine Auseinandersetzung mit dem zugrunde liegenden Vertrag und eine weitere Beweisaufnahme voraus. Es stellt sich die Frage, ob in Bezug auf die *ordre public*-Kontrolle betreffend der Normen des Wettbewerbsrechts die staatsgerichtliche Prüfungsbefugnis erweitert werden muss.[412]

Eine Erweiterung könnte jedenfalls für die Fälle vorzunehmen sein, in denen das Schiedsgericht das Kartellrecht überhaupt nicht berücksichtigt oder schwerwiegende Verstöße begangen hat.[413] Eine tiefer gehende Prüfung soll jedenfalls abgelehnt werden, wenn das Schiedsgericht zu einer vertretbaren Auffassung gelange.[414]

---

409 Statt aller: EuGH, Urteil v. 30.6.1966, Rs. 56/65 – *Société Technique Minie*, GRUR Ausl. 1966, 586, 588; EuGH, Urteil v. 11.12.1980, Rs. 31/80 – *L' Oréal*, GRUR Int. 1981, 315, 317 [Rn. 18]; EuGH, Urteil v. 21.1.1999, C-215/96 – *Bagnasco u.a.*, BeckRS 2004, 75147 [Rn. 47]; EuGH, Urteil v. 29.4.2004, C-359/01 – *British Sugar*, BeckRS 2004, 76717 [Rn. 27].

410 *Kling/Thomas*, Kartellrecht, § 17 Rn. 2.

411 Ähnlich *Hoffet*, ASA Bulletin 2000, 697, 698 ff.

412 Zu der grundsätzlich Kontrollbefugnis des staatlichen Gerichts siehe ausführlich in Kap. 3 A V 6.

413 *Spiegel*, Kartellprivatrecht in der internationalen Handelsschiedsgerichtsbarkeit, S. 196.

414 OLG München, Urteil v. 30.7.2012 – 34 Sch 18/10, SchiedsVZ 2012, 339, 341 [II 1]; OLG Frankfurt, Urteil v. 14.3.2019 – 26 Sch 10/18 [II A Rn. 91]; *Spiegel*, Kartellprivatrecht in der internationalen Handelsschiedsgerichtsbarkeit, S. 196.

Die Antwort auf die Frage nach dem Prüfungsumfang könnte sich allerdings bereits aus der *Eco-Swiss*-Entscheidung ergeben.[415] Der EuGH hat in dieser Entscheidung in Rn. 36[416] und Rn. 39[417] zwar das Prinzip der eingeschränkten staatsgerichtlichen Überprüfung von Schiedssprüchen erkannt. Im hierauf folgenden Satz in Rn. 40[418] verwendete er allerdings das Wort „jedoch." Zudem hat der EuGH in dieser Rn. weiter ausgeführt, „daß Fragen nach der Auslegung von Artikel 81 Absatz 1 EG (a.F.) durch die für die Überprüfung der Wirksamkeit von Schiedssprüchen zuständigen staatlichen Gerichte untersucht" werden müssten.[419] Hieraus ergibt sich jedenfalls das Untermaß für die Kontrolldichte.

---

415 *Kasolowsky/Steup*, SchiedsVZ 2008, 72, 73 zufolge habe sich der EuGH gegen eine umfassende Kontrollbefugnis ausgesprochen. *Münch*, FS Rüßmann, S. 883 will aus der Entscheidung einen auf die rechtlichen Feststellungen begrenzten Kontrollumfang ableiten.

416 EuGH, Urteil v. 1.6.1999, C-126/97 – *Eco-Swiss* [Rn. 36]: „Artikel 81 EG (a.F.) stellt jedoch, wie sich aus Artikel 3 Buchstabe g EG-Vertrag (nach Änderung jetzt Artikel 3 Absatz 1 Buchstabe g EG [a.F.]) ergibt, eine grundlegende Bestimmung dar, die für die Erfüllung der Aufgaben der Gemeinschaft und insbesondere für das Funktionieren des Binnenmarktes unerläßlich ist. Die Bedeutung dieser Bestimmung hat die Verfasser des Vertrages dazu veranlaßt, in Artikel 81 Absatz 2 EG (a.F.) ausdrücklich anzuordnen, daß die nach diesem Artikel verbotenen Vereinbarungen oder Beschlüsse nichtig sind."

417 EuGH, Urteil v. 1.6.1999, C-126/97 – *Eco-Swiss* [Rn. 39]: „Artikel 81 EG (a.F.) kann nämlich aus den in Randnummer 36 des vorliegenden Urteils angeführten Gründen als Vorschrift betrachtet werden, die der öffentlichen Ordnung im Sinne des erwähnten Übereinkommens zuzurechnen ist."

418 EuGH, Urteil v. 1.6.1999, C-126/97 – *Eco-Swiss* [Rn. 40]: „Schließlich ist darauf hinzuweisen, daß die Schiedsrichter, wie in Randnummer 34 des vorliegenden Urteils ausgeführt, im Unterschied zu den staatlichen Gerichten dem Gerichtshof keine Fragen zur Auslegung des Gemeinschaftsrechts zur Vorabentscheidung vorlegen können. Für die Gemeinschaftsrechtsordnung besteht jedoch ein offensichtliches Interesse daran, daß jede Bestimmung des Gemeinschaftsrechts unabhängig davon, unter welchen Voraussetzungen sie angewandt werden soll, eine einheitliche Auslegung erhält, damit künftige unterschiedliche Auslegungen verhindert werden (…). Daraus ergibt sich, daß das Gemeinschaftsrecht bei der hier gegebenen Situation, anders als im Urteil Van Schijndel und Van Veen, verlangt, daß Fragen nach der Auslegung von Artikel 81 Absatz 1 EG (a.F.) durch die für die Überprüfung der Wirksamkeit von Schiedssprüchen zuständigen staatlichen Gerichte untersucht und gegebenenfalls dem Gerichtshof zur Vorabentscheidung vorgelegt werden können."

419 *Tyrolt*, Sportschiedsgerichtsbarkeit und zwingendes staatliches Recht, S. 143 ff. zufolge, habe der EuGH in der *Eco-Swiss*-Entscheidung keine Aussage zugunsten einer uneingeschränkten Prüfung des Schiedsspruches hinsichtlich der Verletzung

Sie muss so umfassend sein, dass die Normen des Kartellrechts Beachtung finden.[420]

Um die Funktionsfähigkeit des Wettbewerbs zu schützen[421] und eine effektive Durchsetzung des Kartellrechts zu ermöglichen, könnte eine umfassende staatsgerichtliche Kontrolle notwendig sein. Die staatlichen Gerichte dürfen die entsprechenden Verstöße nicht perpetuieren.[422] Es soll verhindert werden, dass die Schiedsgerichte wieder zu einer Instanz werden, vor welchen Kartellrechtsstreitigkeiten geheim verhandelt und ohne die Furcht vor staatlichen Sanktionen durchgesetzt werden können. Allerdings hat der Gesetzgeber diese Gefahr inzwischen als gering eingeschätzt und sich bewusst für die Schiedsfähigkeit von Kartellrechtsstreitigkeiten entschieden.[423] Hierdurch hat er den Schiedsgerichten ein hohes Maß an eigener Entscheidungskompetenz zugesprochen. Diese liefen weitgehend leer, wenn das staatliche Gericht die Beurteilung der Vorschriften des Kartellrechts umfassend nachprüfen könnte. Das Schiedsverfahren würde damit zu einer für die Parteien kosten- und zeitintensiven Vorinstanz.[424]

Um die widerstreitenden Interessen in einen gerechten Ausgleich zu bringen und den kartellrechtlichen Besonderheiten hinreichend Rechnung zu tragen, ist die staatsgerichtliche Kontrolle auf eine Vertretbarkeitskontrolle in rechtlicher Hinsicht zu beschränken. Hierdurch werden auch die Fälle erfasst, in denen eine kartellrechtliche Kontrolle (unvertretbarerweise) unterblieben ist und gravierende Verstöße vorliegen. Zugleich wird verhindert, dass die staatlichen Gerichte Kartellrechtsverstöße perpetuieren und die staatlichen Sanktionen durch das Schiedsverfahren umgangen werden. Auf der anderen Seite bleibt das Entscheidungsermessen der Schiedsrichter in den Fällen, in welchen es berechtigt ist, gewahrt.

---

von unionsrechtlichen Eingriffs-normen getroffen. Der EuGH habe direkt Bezug auf die Urteile *Van Schijndel* und *Van Veen* genommen. Diese bezögen sich aber nicht auf den Maßstab einer *ordre public*-Kontrolle. Somit könnten sich die Ausführungen in *Eco-Swiss* lediglich auf die Prüfung von Amts wegen und nicht auf eine entsprechende Kontrolldichte erstrecken. Dies folge auch aus dem Umstand, dass der EuGH in Rn. 40 nur von einer „Überprüfung" spreche.

420 *Spiegel*, Kartellprivatrecht in der internationalen Handelsschiedsgerichtsbarkeit, S. 196; *Ason*, WuW 2014, 1057, 1059.

421 *Eilmansberger*, SchiedsVZ 2006, 5, 11.

422 *Ason*, WuW 2014, 1057, 1062.

423 Kap. 5 C I.

424 Vgl. *Ason*, WuW 2014, 1057, 1060.

Auch in tatsächlicher Hinsicht muss ein Ausgleich vorgenommen werden. Wie bereits erwähnt, sind Verstöße gegen die Normen des Kartellrechts häufig nicht ohne Weiteres erkennbar. Gerade in den Fällen, in welchen die Schiedsrichter die wettbewerbsrechtlichen Vorschriften außer Acht gelassen haben, wird sich dem Schiedsspruch kaum entnehmen lassen, ob ein Verstoß vorliegt. Daher muss es auch im Rahmen der staatsgerichtlichen Kontrolle erlaubt sein, den dem Schiedsspruch zugrunde liegenden Vertrag und die Verfahrensakten[425] heranzuziehen. Die Kontrollbefugnis ist in tatsächlicher Hinsicht demgegenüber klar überschritten, wenn das staatliche Gericht, so wie das OLG Düsseldorf,[426] eine darüber hinausgehende eigene Beweisaufnahme vornimmt.[427]

4. *Ableitbare Kriterien*

Nach der Betrachtung des Wettbewerbsrechts scheint sich die im Rahmen des Handelsvertreterausgleichs gefundene Abgrenzung zwischen national zwingenden und Eingriffsnormen für die Frage der Zurechnung als Kriterium des *ordre public* bestätigt zu haben.[428]

Zugleich hat auch die wettbewerbsrechtliche *ordre public*-Kontrolle keinen uneingeschränkten Anwendungsbereich. Vielmehr ist sie auf das Auswirkungsprinzip begrenzt.[429] Es stellt sich die Frage, ob ein Standard für den sachlichen und räumlichen Anwendungsbereich der *ordre public*-Kontrolle herausgearbeitet werden kann.[430]

Zentraler Aspekt für die Zurechnung der Kartellrechtsnormen zum *ordre public* war der Schutz des Wettbewerbs als zentrales Ziel des Binnenmarktes. Es könnten zur Durchsetzung dieses Zieles noch weitere Normen dem *ordre public* zuzurechnen sein.[431]

Speziell in der Entscheidung des LG München I im Fall *Pechstein*[432] hat die Frage des Ungleichgewichts und die Freiwilligkeit der Eingehung der

---

425 So auch Schlussanträge des Generalstaatsanwalts *Saggio* v. 25.2.1999 in der Rechtssache *Eco-Swiss*, C-126/97 [Rn. 42].

426 OLG Düsseldorf, Beschluss v. 21.7.2004, VI-Sch (Kart) 1/02 [Rn. 24].

427 In diesem Sinne auch *Kasolowsky/Steup*, SchiedsVZ 2008, 72, 76; *Münch*, FS Rüßmann, S. 876. Ähnlich Schlussanträge des Generalstaatsanwalts *Saggio* v. 25.2.1999 in der Rechts-sache *Eco-Swiss*, C-126/97 [Rn. 42].

428 Ausführlich hierzu in Kap. 7 B VII 1 a).

429 Kap. 5 C VII 2.

430 Ausführlich in Kap. 7 B VIII.

431 Kap. 7 B VII 2 c) bb).

432 Kap. 5 C VI 1.

Schiedsvereinbarung eine tragende Rolle gespielt. Der Einschränkung der Wirksamkeit der Schiedsvereinbarung in Ungleichgewichtsfällen vermag insoweit eine Leitbildfunktion zuzukommen.[433]

Aus dem Fall *Pechstein* könnte sich zudem ableiten lassen, dass grundrechtlich geprägte Normen dem *ordre public* zugerechnet werden.[434] Darüber hinaus erscheint es möglich, weitere Aspekte des Schiedsverfahrens wie die Schiedsrichterbestellung in die *ordre public*-Kontrolle einfließen zu lassen.[435]

Des Weiteren stellt sich die Frage, ob die *ordre public*-Verletzung, so vom OLG Düsseldorf gefordert,[436] stets offensichtlich sein muss.[437]

D. AGB-Recht, §§ 305 ff. BGB

Im Gegensatz zu den vorherigen Beispielen ist die Frage nach der Zugehörigkeit der §§ 305 ff. BGB zum *ordre public* ein vergleichsweise neues Problem, zu dem sich die deutsche Rechtsprechung bislang noch nicht ausführlich geäußert hat. Dies steht im Kontrast zu der ausführlichen Entscheidungspraxis des EuGH im Bereich der Verbraucherbeteiligung. Solch eine zentrale Unterscheidung zwischen Fällen mit Verbraucherbeteiligung und reinen *B2B*-Konstellationen wird auch im Folgenden vorgenommen.

I. §§ 305 ff. BGB als zwingende Normen

Zunächst soll der Frage nachgegangen werden, ob die §§ 305 ff. BGB als zwingende bzw. sogar als Eingriffsnormen zu qualifizieren sind.

1. National zwingende Normen

Das AGB-Recht dient der Verhinderung eines Missbrauchs der dem AGB-Verwender eingeräumten Vertragsgestaltungsfreiheit zum Nachteil des Vertragspartners. Diese Gefahr soll grundsätzlich unabhängig von der Stärke der Marktstellung des AGB-Verwenders eingedämmt werden.[438] Ein gerechter Interessenausgleich ist andernfalls gefährdet.[439] Zugleich sollten die §§ 305 ff. BGB

433 Zu der Behandlung von Ungleichgewichtslagen ausführlich in Kap. 7 B I.

434 Kap. 7 B VII 2 b).

435 Kap. 7 B VIII 3.

436 Kap. 5 C V 1.

437 Kap. 7 B V 1.

438 Wolf/Lindacher/Pfeiffer/*Pfeiffer*, Einl. Rn. 3. Noch zum alten Recht: OLG Frankfurt, Urteil v. 21.12.1978 – 6 U 57/78, NJW 1979, 985, ebenda m.w.N.

439 Wolf/Lindacher/Pfeiffer/*Pfeiffer*, Einl. Rn. 3 f.

den schwächeren Vertragspartner schützen. Dieser Schutzzweck greift vorrangig bei einem Verbraucher als Vertragspartner ein.[440]

Die Schwäche des Vertragspartners resultiert zum einen aus seiner juristischen Unerfahrenheit und zum anderen aus seinem – häufig zumeist notwendigen – Rationalisierungsinteresse. Während der AGB-Verwender dieselben Klauseln in einer Vielzahl von Verträgen verwenden kann, muss sich der Vertragspartner im Rahmen seiner Geschäftsgesamtheit mit diversen AGB auseinandersetzen. Es wird sich angesichts der Kosten, die eine Beratung im Einzelfall mit sich führen würde, für ihn schlicht nicht „lohnen", stets Rechtsrat einzuholen und somit seine Informationsdefizite auszugleichen. Ferner stellt der Verwender seine Klauseln nicht zur Disposition, sodass die Beratung letztlich kaum zu einer Änderung der Verhandlungssituation führen würde.[441]

Ausdruck eines solchen Schutzerfordernisses stellen nicht nur die Inhaltskontrollvorschriften der §§ 307 ff. BGB dar, vielmehr ist es dem gesamten AGB-Recht immanent. Bestätigt wird dies durch das Umgehungsverbot des § 306a BGB.[442] Somit rechtfertigt das Vorliegen einer Ungleichgewichtslage zwischen den Parteien, in welcher der Vertragspartner nicht schutzlos gestellt bleiben darf, die Qualifizierung der §§ 305 ff. BGB als national zwingende Normen.[443]

2. *Eingriffsnormen*

Unter Beachtung des soeben dargestellten Schutzzweckes stellt sich die Frage, ob die §§ 305 ff. BGB nicht sogar als Eingriffsnormen einzustufen sind. Der Schutzcharakter soll im Ansatz bereits in Art. 2 Abs. 1 GG enthalten sein. Zudem reflektiere die Privatautonomie des Art. 2 Abs. 1 GG das Bedürfnis nach einer Begrenzung der einseitigen Interessendurchsetzung des AGB-Verwenders. Dieser enge Grundrechtsbezug soll es erlauben, auf einen internationalen Geltungswillen der §§ 305 ff. BGB zu schließen.[444] Obgleich die Grundrechte bei der

---

440 Wolf/Lindacher/Pfeiffer/*Pfeiffer*, Einl. Rn. 3. Noch zum alten Recht: OLG Frankfurt, Urteil v. 21.12.1978 – 6 U 57/78, NJW 1979, 985, ebenda. Zum Verbraucherschutz sogleich unter II.

441 Vgl. Wolf/Lindacher/Pfeiffer/*Pfeiffer*, Einl. Rn. 3 f.

442 Ulmer/Brandner/Hensen/*Ulmer/Habersack*, Einl. Rn. 53.

443 Im Ergebnis ebenso: MünchKomm-BGB/*Martiny*, Art. 3 Rom I-VO Rn. 88; *Pfeiffer*, NJW 2012, 1169, ebenda; Ulmer/Brandner/Hensen/*Ulmer/Habersack*, Einl. Rn. 53; *Ostendorf*, SchiedsVZ 2010, 234, ebenda. Noch zum alten Recht: OLG Frankfurt, Urteil v. 21.12.1978 – 6 U 57/78, NJW 1979, 985, 986.

444 Zum alten Recht: *Graf von Westphalen*, NJW 1994, 2113, 2117.

Anwendung von ausländischem Sachrecht geschützt werden müssten, unterlägen auch grundrechtlich materialisierte Zivilrechtsnormen den gewöhnlichen Anknüpfungsregeln des internationalen Privatrechts.[445]

Bedenken bezüglich der Einordnung als Eingriffsnormen ergeben sich aus der Rechtsnatur des § 307 BGB als Generalklausel. Sofern eine Generalklausel als international zwingend eingestuft wird, können auch rein national zwingende Normen in Auslandsfällen durchgesetzt werden. Zudem weist das dispositive Recht im Rahmen des § 307 Abs. 2 Nr. 1 BGB Leitbildfunktion auf. Dieses müsste ebenfalls berücksichtigt werden.[446] Hierdurch würde eine Ausweitung der Durchsetzung des deutschen Rechts bewirkt, welche unter dem Aspekt der *comitas* nicht mehr mit dem Ausnahmecharakter der Eingriffsnormen[447] zu vereinbaren ist.

Darüber hinaus zeigt sich an dem Schutzzweck der §§ 305 ff. BGB, dass diesen primär Individualinteressen und gerade kein überindividuelles wirtschaftliches Interesse zugrunde liegt.[448]

All dies lässt darauf schließen, dass den §§ 305 ff. BGB kein internationaler Geltungswille zukommt. Dementsprechend können sie nicht als Eingriffsnormen qualifiziert werden.[449]

II. Verbraucherbeteiligung

Anknüpfend an die Beurteilung der Rechtsnatur der §§ 305 ff. BGB stellt sich die Frage, ob das AGB-Recht im Falle der Verbraucherbeteiligung dem *ordre public* zugerechnet werden kann. Für eine solche Einordnung könnten sich die Richtlinie 93/13/EWG[450] und die Rechtsprechung des EuGH als ausschlaggebend erweisen.

---

445 MünchKomm-BGB/*Martiny*, Art. 9 Rom I-VO Rn. 17.

446 Palandt/*Grüneberg*, § 307, Rn. 28; *Kondring*, RIW 2010, 184, 186.

447 Kap. 1 D III.

448 MünchKomm-BGB/*Martiny*, Art. 9 Rom I-VO Rn. 17; *Ostendorf*, SchiedsVZ 2010, 234, 238.

449 Vgl. *Pfeiffer*, NJW 2012, 1169, ebenda; *Brachert/Dietzel*, ZGS 2005, 441, ebenda; *Kondring*, ZIP 2017, 706, ebenda; *Ostendorf*, SchiedsVZ 2010, 234, ebenda. Andere Ansicht zum alten Recht: *Graf von Westphalen*, NJW 1994, 2113, 2116 f.

450 Richtlinie 93/13/EWG des Rates vom 5. April 1993 über mißbräuchliche Klauseln in Verbraucherverträgen (im Folgenden: Klauselrichtlinie).

1. Nr. 1 q) des Anhangs zu Art. 3 der Richtlinie 93/13/EWG

Art. 3 der Klauselrichtlinie befasst sich mit der Missbräuchlichkeit von Klauseln in AGB. Für die Beurteilung der Missbräuchlichkeit verweist Art. 3 Abs. 3 der Klauselrichtlinie auf die im Anhang enthaltene „als Hinweis dienende und nicht erschöpfende Liste von Klauseln." Nach Anhang Nr. 1 q) der Klauselrichtlinie sind „Klauseln gemäss Artikel 3 Absatz 3 Klauseln, die darauf abzielen oder zur Folge haben, daß dem Verbraucher die Möglichkeit, Rechtsbehelfe bei Gericht einzulegen oder sonstige Beschwerdemittel zu ergreifen, genommen oder erschwert wird, und zwar insbesondere dadurch, daß er ausschließlich auf ein nicht unter die rechtlichen Bestimmungen fallendes Schiedsgerichtsverfahren verwiesen wird (…)."

Eines der Hauptanliegen der Klauselrichtlinie ist es, im Binnenmarkt einheitliche Wettbewerbsbedingungen zu schaffen. Zugleich soll sie einen Mindestschutz für Verbraucher in Bezug auf AGB sicherstellen.[451] Anhang Nr. 1 q) der Klauselrichtlinie bezweckt den Schutz der prozessualen Rechtsstellung des Verbrauchers. Dieser Schutz dient zugleich dazu, die materiellrechtlichen Rechtspositionen, welche die Richtlinie begründet, sicherzustellen.[452]

Die Liste im Anhang ist infolge der ausdrücklichen Erklärung in Art. 3 Abs. 3 der Klauselrichtlinie, dass sie nur ein Hinweis und nicht erschöpfend ist, nicht enumerativ. Auch aus den Erwägungsgründen wird ersichtlich, dass die Liste der Klauseln im Anhang als Beispiele dienen. Sie stellen den „Minimalcharakter" des umzusetzenden Schutzes dar. Aus diesem Grund kann der Geltungsbereich der Klauseln im Anhang durch die Mitgliedsstaaten ergänzt werden.[453]

2. Art. 6 Abs. 1 der Richtlinie 93/13/EWG

Zentral für die Rechtsprechung des EuGH in Bezug auf die Problematik der *ordre public*-Zugehörigkeit der Klauselrichtlinie ist Art. 6 Abs. 1 der Klauselrichtlinie. Art. 6 Abs. 1 der Klauselrichtlinie erlegt den Mitgliedsstaaten die Pflicht auf, „daß missbräuchliche Klauseln in Verträgen, die ein Gewerbetreibender mit einem Verbraucher geschlossen hat, für den Verbraucher unverbindlich sind, und die Bedingungen hierfür in ihren innerstaatlichen Rechtsvorschriften fest(zulegen)." Zudem müssen sie vorsehen, „daß der Vertrag für beide Parteien

---

451 Siehe Erwägungsgründe der Klauselrichtlinie.
452 Wolf/Lindacher/Pfeiffer/*Pfeiffer*, Richtlinie 93/13/EWG Anhang Rn. 140.
453 Erwägungsgründe Richtlinie 93/13/EWG.

auf derselben Grundlage bindend bleibt, wenn er ohne die missbräuchlichen Klauseln bestehen kann."

a) Rechtsprechung des EuGH

Die Leitentscheidungen für die Rechtsprechung des EuGH zur Zugehörigkeit der Klauselrichtlinie zum *ordre public* sind die Urteile in Sachen *Mostaza Claro* und *Asturcom.*

aa) Mostaza Claro

Auslöser des Rechtsstreits im Fall *Mostaza Claro* war ein Mobiltelefonvertrag zwischen einer spanischen Gesellschaft und einer Verbraucherin. In diesem Vertrag war eine Schiedsklausel enthalten, nach der alle Streitigkeiten dem Schiedsverfahren der Asociación Europea de Arbitraje de Derecho y Equidad unterworfen wurden. Der Asociación sollte auch das Recht der Bestimmung des Schiedsrichters zustehen. Die spanische Gesellschaft betrieb im Hinblick auf die Nichteinhaltung der Mindestlaufzeit des Vertrages ein Schiedsverfahren. Sie sendete der Verbraucherin ein Schreiben zu, in welchem ihr eine Ablehnungsfrist von zehn Tagen in Bezug auf das Schiedsverfahren und die Möglichkeit des staatlichen Rechtsweges für den Ablehnungsfall eröffnet wurde. Die Verbraucherin verhandelte zwar zur Sache, sie griff jedoch weder das Schiedsverfahren an noch berief sie sich auf die Nichtigkeit der Schiedsvereinbarung. Schließlich erging ein Schiedsspruch zu ihren Lasten. Hierauf wandte sich die Verbraucherin an das staatliche Gericht und beantragte, unter erstmaliger Berufung auf die Missbräuchlichkeit der Schiedsvereinbarung, die Aufhebung des Schiedsspruches.

Das staatliche Gericht stellte die Missbräuchlichkeit der Schiedsklausel fest. Zugleich legte es dem EuGH die Frage vor, ob es der Verbraucherschutz der Klauselrichtlinie gebiete, dass das Gericht die Aufhebungsklage hinsichtlich des Schiedsspruches entscheide und in diesem Verfahren die Wirksamkeit der Schiedsvereinbarung prüfe, sofern diese eine missbräuchliche Klausel zulasten der Verbraucherin enthalte und sie die Missbräuchlichkeit zwar im Aufhebungs- nicht jedoch im Schiedsverfahren vorgebracht habe.[454]

Unter Berufung auf das Äquivalenz- und Effektivitätsprinzip entschied der EuGH, dass die innerstaatliche Rechtsordnung nationale Fälle und solche mit Gemeinschaftsbezug gleichbehandeln müsse. Die Rechtsausübung der durch das Gemeinschaftsrecht verliehenen Rechte dürfe nicht ausgeschlossen oder

454 EuGH, Urteil v. 26.10.2006, C-168/05 – *Mostaza Claro* [Rn. 20].

übermäßig erschwert werden.[455] Die Richtlinie beruhe auf der schwächeren Verhandlungsposition und dem Informationsdefizit des Verbrauchers im Vergleich zum gewerbetreibenden Klauselverwender. Dieses Ungleichgewicht habe zur Folge, dass der Verbraucher den AGB zustimme, ohne eine Einflussnahmemöglichkeit auf ihren Inhalt zu haben.[456] Daher verlangten Art. 6 und die Ziele des Art. 7 der Klauselrichtlinie eine Entscheidungsmöglichkeit durch das staatliche Gericht, um eine Bindung des Verbrauchers an eine missbräuchliche Klausel zu verhindern. Durch diese Kontrolle solle die Verwendung missbräuchlicher Klauseln eingedämmt werden.[457] Hierdurch werde der Notwendigkeit des Verbraucherschutzes in diesem Bereich Rechnung getragen, denn der Verbraucher kenne seine Rechte häufig nicht bzw. habe Schwierigkeiten diese auszuüben.[458] Diese Schwierigkeiten könnten auch aus der Abschreckung vor einer Klage aus Kostengründen resultieren.[459] Um das Ziel des Art. 6 der Klauselrichtlinie zu erreichen, dürfe das staatliche Gericht nicht aufgrund der fehlenden Berufung des Verbrauchers auf die Nichtigkeit der Schiedsvereinbarung im Schiedsverfahren, an diese Vereinbarung gebunden sein.[460]

Unter Berufung auf die *Eco-Swiss*-Entscheidung führte der EuGH weiter aus, „dass ein staatliches Gericht, soweit es nach seinen nationalen Verfahrensregeln einem Antrag auf Aufhebung eines Schiedsspruchs wegen Verletzung nationaler Bestimmungen, die zur öffentlichen Ordnung gehören, stattgeben muss, einem solchen Antrag auch dann stattgeben muss, wenn er auf die Verletzung von entsprechenden Gemeinschaftsvorschriften gestützt ist."[461] Es handele sich bei „Art. 6 Abs. 1 der Klauselrichtlinie um eine zwingende Vorschrift, die wegen der Unterlegenheit einer der Vertragsparteien darauf zielt, die formale Ausgewogenheit der Rechte und Pflichten der Vertragsparteien als solcher durch eine materielle Ausgewogenheit zu ersetzen und so deren Gleichheit wiederherzustellen."[462] Die Richtlinie diene der Erfüllung der Gemeinschaftsaufgaben und sei unerlässlich für die „Hebung der Lebenshaltung und Lebensqualität in der ganzen Gemeinschaft."[463] Daher müsse das staatliche Gericht wegen der Art und

455 EuGH, Urteil v. 26.10.2006, C-168/05 – *Mostaza Claro* [Rn. 24] m.w.N.
456 EuGH, Urteil v. 26.10.2006, C-168/05 – *Mostaza Claro* [Rn. 25] m.w.N.
457 EuGH, Urteil v. 26.10.2006, C-168/05 – *Mostaza Claro* [Rn. 27] m.w.N.
458 EuGH, Urteil v. 26.10.2006, C-168/05 – *Mostaza Claro* [Rn. 28] m.w.N.
459 EuGH, Urteil v. 26.10.2006, C-168/05 – *Mostaza Claro* [Rn. 30] m.w.N.
460 EuGH, Urteil v. 26.10.2006, C-168/05 – *Mostaza Claro* [Rn. 31].
461 EuGH, Urteil v. 26.10.2006, C-168/05 – *Mostaza Claro* [Rn. 35].
462 EuGH, Urteil v. 26.10.2006, C-168/05 – *Mostaza Claro* [Rn. 36].
463 EuGH, Urteil v. 26.10.2006, C-168/05 – *Mostaza Claro* [Rn. 37].

Bedeutung des öffentlichen Interesses, auf welchem der Verbraucherschutz der Richtlinie beruhe, die Missbräuchlichkeit von Amts wegen prüfen „und damit dem Ungleichgewicht zwischen dem Verbraucher und dem Gewerbetreibenden abhelfen".[464]

Dementsprechend ergebe sich aus der Richtlinie, dass das nationale Gericht, welches über den Aufhebungsantrag entscheide, auch die Nichtigkeit der Schiedsvereinbarung prüfen und den Schiedsspruch aufheben müsse, sofern in der Schiedsvereinbarung eine missbräuchliche Klausel enthalten sei. Dies gelte unabhängig davon, ob der Verbraucher bereits im Schiedsverfahren oder erst im Rahmen der Aufhebungsklage hinsichtlich der Nichtigkeit der Schiedsvereinbarung vortrage.[465]

bb) Asturcom

Auch in dem Fall *Asturcom* waren Streitigkeiten aus einem Mobiltelefonvertrag zwischen einer spanischen Gesellschaft und einer Verbraucherin der Entscheidung der Schiedsgerichtsbarkeit der Asociación Europea de Arbitraje de Derecho y Equidad mit Sitz in Bilbao unterworfen worden. Nachdem die Verbraucherin ihre Rechnungen nicht bezahlt hatte und die Mindestlaufzeit des Vertrages nicht einhielt, leitete die Gesellschaft ein Schiedsverfahren ein. In dem Schiedsspruch wurde die Verbraucherin zur Zahlung von 669,60 Euro verpflichtet. Der Schiedsspruch wurde rechtskräftig, nachdem die Verbraucherin gegen diesen keinen Aufhebungsantrag gestellt hatte. Hierauf beantragte die Gesellschaft beim zuständigen staatlichen Gericht die Zwangsvollstreckung.

Das vorlegende Gericht stellte mit Blick auf die Reisekosten zum Sitz des Schiedsgerichtes, welche höher waren als die Hauptforderung, die Missbräuchlichkeit der Schiedsvereinbarung fest. Ferner befinde sich der Sitz des Schiedsgerichts in einer erheblichen Entfernung vom Wohnsitz der Verbraucherin und sei nicht in der Schiedsvereinbarung angegeben worden. Zudem habe die Schiedsgerichtsinstitution den Vertrag ausgearbeitet. Dieser sei von Telekommunikationsunternehmen lediglich weiterverwendet worden.[466]

Allerdings enthalte das spanische Schiedsrecht keine Bestimmungen nach welcher die Missbräuchlichkeit der Schiedsvereinbarung im Rahmen der Zwangsvollstreckung von Amts wegen geprüft werden dürfe. Das staatliche Gericht wollte daher vom EuGH wissen, ob sich aus dem Verbraucherschutz, welcher

464 EuGH, Urteil v. 26.10.2006, C-168/05 – *Mostaza Claro* [Rn. 38].
465 EuGH, Urteil v. 26.10.2006, C-168/05 – *Mostaza Claro* [Rn. 39].
466 EuGH, Urteil v. 6.10.2009, C-40/08 – *Asturcom* [Rn. 25 ff.].

durch die Klauselrichtlinie gewährt werde, ergeben könne, dass das Gericht die Nichtigkeit der Schiedsvereinbarung im Rahmen des Antrags auf Zwangsvollstreckung selbst dann von Amts wegen prüfen müsse, wenn der Schiedsspruch in Abwesenheit des Verbrauchers rechtskräftig ergangen sei und das Gericht, sofern es die Schiedsvereinbarung für missbräuchlich halte, den Schiedsspruch aufheben müsse.

Der EuGH wies unter Berufung auf die *Mostaza-Claro*-Entscheidung zunächst auf die unterlegene Stellung des Verbrauchers hin.[467] Im Unterschied zu diesem Fall sei die Verbraucherin allerdings in jedem Verfahrensstadium vollständig untätig geblieben, insbesondere habe sie keinen Aufhebungsantrag unter Berufung auf die Missbräuchlichkeit der Schiedsvereinbarung gestellt.[468]

Hinsichtlich des Äquivalenzgrundsatzes entschied der EuGH jedoch, dass „in Anbetracht von Natur und Bedeutung des öffentlichen Interesses, auf dem der Schutz beruht, den die Richtlinie 93/13 für den Verbraucher sicherstellt, festzustellen ist, dass Art. 6 der Richtlinie als eine Norm zu betrachten ist, die den nationalen Bestimmungen, die im nationalen Recht zwingend sind, gleichwertig ist".[469] Daher müsse das staatliche Gericht im Rahmen des Antrags auf Zwangsvollstreckung, „die Missbräuchlichkeit der Schiedsklausel von Amts wegen (...) prüfen, sobald es über die hierzu erforderlichen rechtlichen und tatsächlichen Grundlagen verfügt, wenn es nach den Bestimmungen seines nationalen Verfahrensrechts eine solche Beurteilung im Rahmen vergleichbarer Anträge nationaler Art vornehmen kann. Ist dies der Fall, so obliegt es diesem Gericht, alle Konsequenzen zu ziehen, die sich daraus nach nationalem Recht ergeben, um sich zu vergewissern, dass diese Klausel für den Verbraucher unverbindlich ist."[470]

b) *Rezeption in Deutschland*

Bislang noch nicht höchstrichterlich geklärt ist, ob die Entscheidungen des EuGH auf die §§ 305 ff. BGB übertragen werden können.

Die Klauselrichtlinie wurde durch das Gesetz vom 19.7.1996 in das AGB-Recht unter Änderung des damaligen § 12 AGBG und der Einführung des § 24a AGBG a.F. in das nationale Recht umgesetzt.[471] Sowohl die Vorschriften

467 EuGH, Urteil v. 6.10.2009, C-40/08 – *Asturcom* [Rn. 29 ff.].
468 EuGH, Urteil v. 6.10.2009, C-40/08 – *Asturcom* [Rn. 33].
469 EuGH, Urteil v. 6.10.2009, C-40/08 – *Asturcom* [Rn. 52].
470 EuGH, Urteil v. 6.10.2009, C-40/08 – *Asturcom* [Rn. 59].
471 Wolf/Lindacher/Pfeiffer/*Pfeiffer*, Einl. Rn. 11.

des AGBG als auch der §§ 308, 309 BGB enthalten in Bezug auf Schiedsvereinbarungen kein Äquivalent zu Nr. 1 q) des Anhangs der Klauselrichtlinie.

Im Falle der Zurechnung der Klauselrichtlinie zum *ordre public* durch die Entscheidungen des EuGH könnte sich jedoch eine Pflicht ergeben, diese auch im nationalen Recht vorzunehmen. Eine solche Übertragung ist unter dem Gedanken der einheitlichen Auslegung und Anwendung des AGB-Rechts möglich.[472] Zugleich widerspricht eine solche Zurechnung der bisherigen BGH-Rechtsprechung,[473] die allerdings noch vor der *Mostaza-Claro*-Entscheidung ergangen ist.[474]

Jedenfalls bleibt festzuhalten, dass noch keine deutsche Rechtsprechung ersichtlich ist, welche eine Zustimmung zur Zurechnung der Klauselrichtlinie zum nationalen *ordre public* erkennen lässt.

3. Zurechnung der Art. 3 und 6 der Klauselrichtlinie zum ordre public

Wie aus den Schlussanträgen des Generalanwaltes *Tizzano* in Sachen *Mostaza Claro* deutlich wird, wollte bereits die Kommission die Bestimmungen der Klauselrichtlinie der öffentlichen Ordnung zurechnen.[475]

a) Überdehnung des ordre public-Begriffs

Das Erfordernis dieser Zugehörigkeit soll sich aus der Bedeutung des Verbraucherschutzes für die Rechtsordnung der Gemeinschaft und den Binnenmarkt ergeben. Die Vorschriften der Klauselrichtlinie und das mit ihr verbundene Harmonisierungsbedürfnis seien Ausfluss des effektiven Verbraucherschutzes, der nach Art. 3 t) EG a.F. eine zentrale Aufgabe der Gemeinschaft darstelle.[476]

Der Generalanwalt *Tizzano* äußerte jedoch Bedenken hinsichtlich dieses Ansatzes. Eine Einordnung der Klauselrichtlinie zum *ordre public* könnte zu einer Überdehnung des materiellen Begriffs der öffentlichen Ordnung führen, welchem „traditionell nur Grundsätze beigelegt (werden), die in der Rechtsordnung von wesentlicher und absoluter Bedeutung sind".[477] Im Fall *Mostaza Claro* sei vielmehr ein Verstoß gegen den prozessualen *ordre public* infolge der Verletzung des Rechts auf Verteidigung denkbar gewesen.[478]

---

472 Vgl. Palandt/*Grüneberg*, Überl. v. § 305 Rn. 13.

473 BGH, Urteil v. 13.12.2005 – XI ZR 82/05, NJW 2006, 762, 763 f. [II 1 b) Rn. 21 ff.].

474 Vgl. auch *Wagner*, SchiedsVZ 2007, 46, 51.

475 Schlussanträge GA *Tizzano* v. 27.4.2006, C-168/05 – *Mostaza Claro*, Rn. 55.

476 Schlussanträge GA *Tizzano* v. 27.4.2006, C-168/05 – *Mostaza Claro*, Rn. 55.

477 Schlussanträge GA *Tizzano* v. 27.4.2006, C-168/05 – *Mostaza Claro*, Rn. 56.

478 Schlussanträge GA *Tizzano* v. 27.4.2006, C-168/05 – *Mostaza Claro*, Rn. 57 ff.

Gleichwohl verwies der EuGH in seinem Urteil auf die *Eco-Swiss*-Entscheidung[479] und die dort dargelegte Möglichkeit der Aufhebung des Schiedsspruches, sofern dieser gegen Bestimmungen verstoße, welche nach der nationalen Rechtsordnung der öffentlichen Ordnung zuzurechnen seien.[480] Diese Möglichkeit müsse gleichermaßen bei einer „entsprechenden" Verletzung von Gemeinschaftsvorschriften gelten.[481] Darüber hinaus betonte der EuGH den zwingenden Charakter des Art. 6 Abs. 1 der Klauselrichtlinie.[482]

Die Zuordnung zum *ordre public* ergibt sich ebenfalls unter Berücksichtigung der Ausführungen des Generalanwaltes *Tizzano*. Der EuGH setzte sich in seiner Begründung mit einer Verletzung der wesentlichen Verteidigungsrechte und damit einhergehend eines Verstoßes gegen den prozessualen *ordre public* nicht auseinander. Hieraus kann im Umkehrschluss abgeleitet werden, dass er vielmehr der Kommission folgt, welche die Klauselrichtlinie zur öffentlichen Ordnung rechnete.[483] Diese zumindest implizite[484] Zurechnung der Klauselrichtlinie zum *ordre public* bestätigte der EuGH in der *Asturcom*-Entscheidung ausdrücklich.[485] In der deutschen Fassung des Urteils ist zwar nur von dem zwingenden Charakter des Art. 6 der Klauselrichtlinie die Rede, allerdings ist diese Übersetzung missverständlich. In den englischen, französischen,[486] italienischen[487] und spanischen[488] Fassungen wird deutlich, dass der EuGH hiermit eine Zugehörigkeit zum *ordre public* zum Ausdruck bringen wollte.[489]

479 Kap. 5 C V.

480 Vgl. auch *Liebscher*, CML Rev. 2008, 545, 554; *Hilbig*, SchiedsVZ 2010, 74, 78.

481 Siehe oben unter D II 2 a) aa).

482 Vgl. auch Schlussanträge GA *Trstenjak* v. 14.5.2009, C-40/08 – *Asturcom*, Rn. 47.

483 Vgl. *Liebscher*, CML Rev. 2008, 545, 554.

484 So auch Schlussanträge GA *Trstenjak* v. 14.5.2009, C-40/08 – *Asturcom*, Rn. 70.

485 Vgl. *Mak*, ERCL 2010, 437, 445; *Hilbig*, SchiedsVZ 2010, 74, 79.

486 „(Q)ue l'article 6 de celle-ci doit être considéré comme une norme équivalente aux règles nationales qui occupent, au sein de l'ordre juridique interne, le rang de normes d'ordre public", vgl. EuGH, Urteil v. 6.10.2009, C-40/08 – *Asturcom* [Rn. 52].

487 „(C)he il suo art. 6 deve essere considerato come una norma equivalente alle disposizioni nazionali che occupano, nell'ambito dell'ordinamento giuridico interno, il rango di norme di ordine pubblico", vgl. EuGH, Urteil v. 6.10.2009, C-40/08 – *Asturcom* [Rn. 52].

488 „(Q)ue el artículo 6 de dicha Directiva debe considerarse una norma equivalente a las dis-posiciones nacionales que, en el ordenamiento jurídico interno, tienen rango de normas de orden público", vgl. EuGH, Urteil v. 6.10.2009, C-40/08 – *Asturcom* [Rn. 52].

489 Vgl. auch *Hilbig*, SchiedsVZ 2010, 74, 78.

Eine solche Einordnung der Klauselrichtlinie ist anknüpfend an den Generalanwalt *Tizzano* in erster Linie in Bezug auf eine Überdehnung des *ordre public*-Begriffs Bedenken ausgesetzt.[490]

Die Entscheidungen des EuGH könnten eine „Vorbildfunktion" für andere verbraucherschützende Richtlinien aufweisen. Ein solch umfassender *ordre public*-Begriff würde jede Schiedsvereinbarung, in der ein Verstoß gegen die verbraucherschützenden Richtlinienbestimmungen vorliegt, einer *ordre public*-Widrigkeit aussetzen. Es kann jedoch nicht davon ausgegangen werden, dass der EuGH durch seine Entscheidung jede dieser Vorschriften beinahe beiläufig dem *ordre public* zurechnen wollte.[491]

Zudem stellt auch Art. 3 t) EG a.F. keine hinreichende Grundlage dar, um der Klauselrichtlinie den erforderlichen fundamentalen Charakter zu verleihen. Art. 3 t) EG a.F. war sehr weit gefasst, sodass eine Ableitung der *ordre public*-Zugehörigkeit aus Art. 3 t) EG a.F. es ermöglichen würde, einer Vielzahl von Normen eben diesem Begriff zuzurechnen. Dies läuft ebenfalls auf eine Überdehnung des *ordre public*-Begriffs hinaus.[492]

Diese Überdehnung wird ebenfalls aus einem Rechtsvergleich zwischen den Mitgliedsstaaten ersichtlich. Nur wenige von ihnen rechnen die Klauselrichtlinie dem *ordre public* zu.[493]

Letztlich ist der EuGH dieser Kritik in Bezug auf die Überdehnung trotz Kenntnis in beiden Entscheidungen nicht gefolgt, sodass die Klauselrichtlinie auf Grundlage der EuGH-Rechtsprechung wohl dem *ordre public* zugerechnet werden muss.[494]

---

490 Vgl. *Wagner*, SchiedsVZ 2007, 46, 51; *Jordans*, GPR 2007, 48, 50; *Mak*, ERCL 2010, 437, 446.

491 *Wagner*, SchiedsVZ 2007, 46, 51. Ähnlich *Mak*, ERCL 2010, 437, 446.

492 Vgl. *Liebscher*, CML Rev. 2008, 545, 555 f. Er hebt hervor, dass eine solch umfassende Kontrolle ein Ausdruck des Misstrauens des EuGH gegenüber der Schiedsgerichtsbarkeit sei. So auch *Niedermaier*, Schieds- und Schiedsverfahrensvereinbarungen in strukturellen Ungleichgewichtslagen, S. 340.

493 *Liebscher*, CML Rev. 2008, 545, 556 f. Eine explizite Zurechnung findet sich in Art L 212-3 Code de la Consummation, nach dem die Vorschrift über missbräuchliche Klauseln des Art. L 212-1 Code de la Consummation dem *ordre public* angehört. Zu diesen möglichen missbräuchlichen Klauseln gehören auch solche i.S.d. Art. R 212-2 No. 10 Code de la Consummation. Dieser setzt Nr. 1 q) des Anhangs der Klauselrichtlinie deckungsgleich um.

494 So auch *Bermann*, Arbitration International, Vol. 28 (2012), 397, 418; *Mankowski*, EWiR 2010, 91, 92 m.w.N. (unter Hinweis auf die gemeinschaftsrechtliche Prägung des *ordre public*-Begriffs der Mitgliedsstaaten). Andere Ansicht: MünchKomm-ZPO/

b) *Schiedsvereinbarung unter Verbraucherbeteiligung stets missbräuchlich i.S.d. Klauselrichtlinie?*

Aus der Zurechnung zum *ordre public* resultiert sodann die Frage, ob eine Schiedsvereinbarung in einem Verbrauchervertrag stets als missbräuchlich und damit *ordre public*-widrig anzusehen ist.

Der EuGH hatte die Missbräuchlichkeit der Schiedsvereinbarung nicht eigenständig zu beurteilen, vielmehr sah er sich an die Feststellungen der vorlegenden Gerichte gebunden.[495]

Dem Verbraucher wird durch die Schiedsvereinbarung der Weg zu den staatlichen Gerichten versperrt. Dies soll auch der Grund der Aufnahme in Nr. 1 q) des Anhangs der Klauselrichtlinie sein. Im Falle der Verbraucherbeteiligung würden die Nachteile des Schiedsgerichtsverfahrens überwiegen.[496] Daher sei eine Schiedsklausel in AGB zwischen einem Unternehmer und einem Verbraucher stets missbräuchlich.[497]

Aus der Einschränkung in Nr. 1 q) des Anhangs der Klauselrichtlinie auf „ein nicht unter die rechtlichen Bestimmungen fallende(s) Schiedsgerichtsverfahren" wird jedoch ersichtlich, dass nicht jede Schiedsvereinbarung als missbräuchlich angesehen werden muss.[498] Dies entspricht dem Willen des deutschen

---

Münch, § 1059 Rn. 48. Zur Frage der Auswirkungen der *Mostaza Claro* und *Asturcom*-Entscheidung auf die nationalen Präklusions- und Rechtskraftvorschriften siehe *Niedermaier*, Schieds- und Schiedsverfahrensvereinbarungen in strukturellen Ungleichgewichtslagen, S. 337 ff. m.w.N.

495 Vgl. EuGH, Urteil v. 26.10.2006, C-168/05 – *Mostaza Claro* [Rn. 23].

496 Vgl. *Thode*, DNotZ 2007, 404, 408 f.; *Graf von Westphalen*, ZIP 2013, 2184, 2187; *Wagner/Quinke*, JZ 2005, 932, 936 (sprechen von einer „asymmetrischen Distribution").

497 *Thode*, DNotZ 2007, 404, 408; *Graf von Westphalen*, Vertragsrecht und AGB-Klauselwerke, Schiedsgerichtsklauseln Rn. 13, 15; *ders.*, ZIP 2013, 2184, 2188 ff. (Er fordert aus diesem Grunde eine Änderung des § 1059 Abs. 2 Nr. 2 ZPO bzw. des § 1031 Abs. 5 ZPO dahingehend, dass Schiedsvereinbarungen unter Verbraucherbeteiligung in AGB stets unwirksam seien.). Ähnlich Ulmer/Brandner/Hensen/*Schmidt*, Bes. Klauseln Teil 3 (8) Rn. 4, der eine Schiedsvereinbarung nur als wirksam ansehen will, sofern ein schutzwürdiges Interesse des Verwenders an der Vereinbarung der Schiedsgerichtsbarkeit vorliege und diesem nicht ein erhebliches Verbraucherinteresse entgegenstehe. Ein solcher Fall liege nur ausnahmsweise vor. Andere Ansicht: BGH, Urteil v. 13.1.2005 – III ZR 265/03, BGHZ 162, 9, 15 ff. [II 4]; *Schwab/Walter*, Schiedsgerichtsbarkeit, Kap. 5 Rn. 14; *Wagner/Quinke*, JZ 2005, 932, 934.

498 Vgl. *Graf von Westphalen*, ZIP 2013, 2184, 2186.

Gesetzgebers, nach dem die staatliche und die Schiedsgerichtsbarkeit gleichwertig sind.[499] Aufgrund des Zusatzes „und zwar insbesondere“ zählen Schiedsverfahren, welche die rechtlichen Bestimmungen einhalten, nicht zu dieser missbräuchlichen Erschwerung.

Ein Schiedsverfahren fällt unter die rechtlichen Bestimmungen, sofern es gesetzlich zugelassen ist. Angesichts des Schutzzweckes der Klauselrichtlinie ist maßgeblich, ob vorbehaltlich der Kollisionsnorm des Art. 6 Abs. 2 der Klauselrichtlinie die Zulässigkeit nach dem Recht der *lex causae* besteht.[500] Prozessrechtlich darf das Schiedsgerichtsverfahren in Bezug auf die Form, die Art und den Inhalt nicht von den gesetzlichen Vorschriften abweichen. Demnach hält ein Schiedsverfahren mit Sitz in Deutschland die rechtlichen Bestimmungen ein, sofern es sich nach den §§ 1025 ff. ZPO richtet.[501] Für das Vorliegen eines unter die rechtlichen Bestimmungen fallenden Schiedsgerichts muss materiellrechtlich nach Recht und Gesetz entschieden werden, sodass eine Entscheidung *ex aequo et bono* ausgeschlossen ist.[502] Sofern eine solche Entscheidung nach Billigkeit vorliegt, ist der Zugang zu den staatlichen Gerichten nicht nur erschwert, sondern zumeist sogar ausgeschlossen; zumal sich aus dem möglichen „Rechtsumschwung“ im Wege der Entscheidung nach Billigkeit und der damit verbundenen Gefahr ergibt, dass die zwingenden Vorschriften des Verbraucherschutzes unbeachtet bleiben. Zu diesen zwingenden Vorschriften gehört auch das AGB-Recht.[503] Sofern kein solcher Sonderfall vorliegt, sind Schiedsvereinbarungen nicht von Anhang Nr. 1 q) der Klauselrichtlinie erfasst.[504]

Es kann somit aus der ausdrücklichen Nennung bestimmter Schiedsvereinbarungen abgeleitet werden, dass auch nach der Klauselrichtlinie die

---

499 BT-Drucks. 13/5274, S. 34; OLG Thüringen, Beschluss v. 15.12.2008 – 1 SchH 3/08, SchiedsVZ 2009, 237, 238 [II 2].

500 Wolf/Lindacher/Pfeiffer/*Pfeiffer*, Richtlinie 93/13/EWG Anhang Rn. 148.

501 OLG Düsseldorf, Urteil v. 23.5.1996 – 6 U 114/95, NJW-RR 1997, 372, 374. Siehe auch BGH, Urteil v. 13.1.2005 – III ZR 265/03, BGHZ 162, 9, 17 [II 4 b) (2)]; *Baur/Arnold/Kramer*, AG 2014, 677, 680.

502 Wolf/Lindacher/Pfeiffer/*Pfeiffer*, Richtlinie 93/13/EWG Anhang Rn. 151; *Weller*, Ordre public-Kontrolle internationaler Gerichtsstandsvereinbarungen im autonomen Zuständigkeitsrecht, S. 204 ff.

503 *Weller*, Ordre public-Kontrolle internationaler Gerichtsstandsvereinbarungen im autonomen Zuständigkeitsrecht, S. 204 ff.

504 So auch OLG Brandenburg, Urteil v. 16.2.2011 – 13 U 11/10, BeckRS 2011, 07366 [II 2]; *Wagner/Quinke*, JZ 2005, 932, 934.

Schiedsvereinbarung im Wege von AGB zulässig ist.[505] Demzufolge sind Schiedsvereinbarungen unter Verbraucherbeteiligung nicht stets missbräuchlich i.S.d. Klauselrichtlinie.

c) Missbräuchlichkeit der Wahl eines fremden Rechts

Die Bedeutung der Klauselrichtlinie für die vorliegende Untersuchung hängt somit davon ab, ob die Konstellationen der Wahl eines fremden Rechts in Verbindung mit einer Schiedsklausel in AGB unter Verbraucherbeteiligung als missbräuchlich anzusehen sind.

Grundsätzlich birgt die Rechtswahl ein nicht unerhebliches Missbrauchspotential. So wird dem Verbraucher sein Heimatrecht genommen, mit dem er vertraut ist. Dass zumindest den zwingenden Vorschriften des Heimatstatuts des Verbrauchers besondere Bedeutung zukommt, wird an einem Vergleich des Art. 6 Abs. 1 Rom I-VO und des Art. V der Empfehlung der Kommission vom 30. März 1998 betreffend die Grundsätze für Einrichtungen, die für die außergerichtliche Beilegung von Verbraucherrechtsstreitigkeiten zuständig sind, ersichtlich.

Obwohl die Rechtswahl nicht explizit in Anhang Nr. 1 q) der Klauselrichtlinie genannt ist, eröffnet der Wortlaut des Art. 3 Abs. 3 der Klauselrichtlinie ohne Weiteres eine Subsumtion des vorliegenden Umgehungsfalles unter den Begriff der Missbräuchlichkeit. Nach Art. 3 Abs. 3 der Klauselrichtlinie dient der Anhang nur als Hinweis und ist nicht erschöpfend. Eine weite Auslegung des Missbräuchlichkeitsbegriffs würde zudem den durch die Richtlinie vorgesehenen Verbraucherschutz verstärken. Allerdings findet sich in den §§ 308, 309 BGB keine Vorschrift, nach welcher Schiedsklauseln in Kombination mit der Wahl eines fremden Rechts eine unangemessene Benachteiligung darstellen. Auch andere Schiedsrechte haben Vorschriften über die Zulässigkeit von Schiedsverfahren mit Verbrauchern (zwar teilweise mit Einschränkungen) noch nach der *Asturcom*-Entscheidung eingeführt.[506]

Die Schiedsklausel soll bei Verbraucherbeteiligung, sofern das Schiedsgericht seinen Sitz in Deutschland hat, die §§ 1025 ff. ZPO einhalten, um nicht als missbräuchlich angesehen zu werden. § 1051 ZPO lässt ausdrücklich die Rechtswahlmöglichkeit zu. Es soll mit Anhang Nr. 1 q) der Klauselrichtlinie

---

505 *Niedermaier*, Schieds- und Schiedsverfahrensvereinbarungen in strukturellen Ungleichgewichtslagen, S. 241.

506 Siehe bspw. § 617 öZPO.

eine Entscheidung nach Billigkeit und nicht nach fremdem Recht ausgeschlossen werden. Darüber hinaus eröffnet Art. 3 Abs. 3 der Klauselrichtlinie Ermessen bezüglich der Qualifikation der Missbräuchlichkeit. Nach dieser Vorschrift „können" Klauseln, welche die Voraussetzungen des Anhangs erfüllen, für missbräuchlich erklärt werden.[507]

Demzufolge sind Schiedsklauseln unter Verbraucherbeteiligung in Kombination mit der Wahl eines fremden Rechts, jedenfalls nicht ohne das Vorliegen weiterer Umstände, für missbräuchlich i.S.d. der Klauselrichtlinie zu erklären. Entsprechend hat die Einordnung der Klauselrichtlinie zum *ordre public* zunächst nur eingeschränkte Bedeutung für die vorliegende Untersuchung.

Des Weiteren stellt sich die Frage, welche Auswirkungen die *ordre public*-Zugehörigkeit der Klauselrichtlinie hat, wenn das Recht eines Drittstaates gewählt wird und die Wirksamkeit von AGB für die Streitentscheidung relevant ist. Problematisch an einer Kontrolle der AGB anhand der Klauselrichtlinie könnte diesbezüglich sein, dass der *ordre public* durch die Anwendung der Richtlinie eine positive Komponente erhalten würde. Bei ihm handelt es sich jedoch, zumindest nach der Rechtsprechung in Deutschland, um ein rein negatives Instrument zur Ergebniskontrolle.[508] Allerdings erfordert auch die Ergebniskontrolle, dass zunächst überhaupt ein Ergebnis gefunden wird. Bspw. musste in den *Mostaza Claro* und *Asturcom*-Fällen das vorlegende Gericht zunächst prüfen, ob eine Missbräuchlichkeit nach der Klauselrichtlinie bestand.[509] Ziel der Klauselrichtlinie ist es, die Verwendung missbräuchlicher AGB zum Schutze des Verbrauchers zu verhindern.[510] Diese Schutzwirkung ist für die *ordre public*-Zugehörigkeit der Klauselrichtlinie entscheidend. Das Eingreifen des Schutzzweckes ist letztlich allerdings nur erforderlich, wenn die konkrete AGB gegen die Klauselrichtlinie verstößt. Andernfalls, d.h. wenn die AGB mit der Klauselrichtlinie vereinbar ist, sieht diese keine Rechtsfolge vor, sodass keine Korrektur mittels des *ordre public* erforderlich ist. Sofern die AGB tatsächlich missbräuchlich i.S.d. Klauselrichtlinie wäre, würde dies zu einem Verstoß gegen den *ordre public* führen.

---

507 Vgl. auch EuGH, Urteil v. 7.5.2002, C-478/99 – *Kommission der EG/Königreich Schweden*, EuZW 2002, 465, 466 [Rn. 20]; *Reich*, ERCL 2007, 41, 44.

508 Kap. 3 A V 5.

509 Kap. 5 D II 2 a).

510 Kap. 5 D II 2.

In diesem Falle greifen die noch aufzuzeigenden Rechtsfolgen[511] in Bezug auf das jeweilige Schiedsverfahren ein. Dass sich die Klauselrichtlinie im Falle ihrer Anwendbarkeit auch gegen die Wahl eines EU-Drittstaatsrechts mithilfe des *ordre public* durchsetzen muss, ist zu einer Verhinderung der Umgehung ihrer Schutzzwecke durch die Wahl eines drittstaatlichen Rechts, das zumeist für den Verbraucher in Bezug auf die AGB-Vorschriften nachteiliger ist als das Recht seines Mitgliedsstaates, erforderlich. Somit ist auch im Falle der Wahl eines EU-drittstaatlichen Rechts die Wirksamkeit der AGB anhand der Klauselrichtlinie aufgrund der *ordre public*-Zugehörigkeit zu prüfen.

III. Schiedsvereinbarungen zwischen Unternehmern

Der Abschluss von Schiedsvereinbarungen zwischen Unternehmern in Bezug auf das AGB-Recht ist *in praxi* geprägt durch die Fälle der „Rechtsflucht", vornehmlich in das schweizerische Recht.[512] Das Bedürfnis für eine solche „Rechtsflucht" ergibt sich daraus, dass im Unternehmerverkehr das deutsche AGB-Recht als zu rigide empfunden wird.[513]

Das AGB-Recht ist primär auf den Verbraucher zugeschnitten. Zugleich wird es ohne gravierende Unterschiede auf den Unternehmerverkehr übertragen. Die Bedürfnisse von Unternehmern jedenfalls im Rechtsverkehr untereinander sollen nicht mit denen des Verbrauchers zu vergleichen sein.[514] Zwar könnten die strengen Rechtsfolgen des AGB-Rechts durch eine Individualvereinbarung umgangen werden, eine solche wird aber in Verhandlungen in der Praxis häufig nicht stattfinden. Zudem stellt die Rechtsprechung hohe Anforderungen an das Vorliegen einer solchen.[515]

Dieser Umgehung der §§ 305 ff. BGB könnte jedoch ihre mögliche *ordre public*-Zugehörigkeit entgegenstehen. Der Problematik soll sich dabei schrittweise genähert werden, indem der Grad des Inlandsbezuges der Konstellationen verstärkt und schließlich auf den wohl problematischsten Fall der Abwahl der §§ 305 ff BGB in reinen Binnensachverhalten im Wege einer Schiedsvereinbarung eingegangen wird.

---

511 Kap. 7 C II 4.

512 Siehe auch *Berger*, ZIP 2006, 2149, ebenda; *Kessel/Stomps*, BB 2009, 2666, ebenda.

513 Vgl. *Berger*, NJW 2010, 465, ebenda, *ders.*, ZIP 2006, 2149, ebenda; *Kessel/Stomps*, BB 2009, 2666, ebenda.

514 *Berger*, NJW 2010, 465, 466.

515 *Kondring*, RIW 2010, 184, 185 m.w.N.

1. *Wahl ausländischen Sachrechts und Sitz des Schiedsgerichts im Ausland*

Den geringsten Inlandsbezug der drei Konstellationen weist die Kombination der Wahl eines ausländischen Sachrechts und der Sitz des Schiedsgerichtes im Ausland auf. Auf den ersten Blick erscheint hier kein Bedürfnis gegeben, das deutsche AGB-Recht durchzusetzen. Eine andere Betrachtungsweise könnte jedoch gerechtfertigt sein, sofern zumindest für eine der Parteien das deutsche Recht das Heimatrecht ist.

Das AGB-Recht schützt grundsätzlich alle jene, welche den Gefahren einer den §§ 305 ff. BGB zuwiderlaufenden Klausel ausgesetzt sind.[516] Allerdings sind die §§ 305 ff. BGB, wie oben gezeigt,[517] nur national zwingend und nicht Eingriffsnormen. Sie weisen keinen internationalen Geltungswillen auf. Zudem wird die Sonderanknüpfung der §§ 305 ff. BGB über Art. 29 Abs. 1, 29a bzw. Art. 31 Abs. 1 EGBGB a.F. (heute wohl Art. 6 Abs. 1 Rom I-VO) nur für Fälle der Verbraucherbeteiligung favorisiert.[518]

Ferner ermöglicht § 1051 Abs. 1 S. 1 ZPO die freie Rechtswahl. Zwar ist diese Vorschrift nach dem Territorialitätsprinzip nur anwendbar, wenn das Schiedsgericht seinen Sitz in Deutschland hat. Es lässt sich *e contrario* folgern, dass die §§ 1025 ff. ZPO einer Abwahl des deutschen AGB-Rechts – vorbehaltlich ausländischer Kollisionsnormen – in der vorliegenden Konstellation nicht entgegenstehen.

Des Weiteren sind Schiedsklauseln im internationalen Handelsverkehr weder überraschend noch *per se* benachteiligend.[519] Dies soll selbst dann gelten, wenn eine Partei mangelnde Erfahrung mit Schiedsverfahren aufweise. Denn sie habe sich freiwillig und auf eigenes Risiko auf die Teilnahme am internationalen Handel eingelassen.[520]

Es zeigt sich, dass einer Wahl fremden Sachrechts, welche zum Ausschluss der §§ 305 ff. BGB führt, in Kombination mit einem ausländischen Schiedsgerichtssitz im Unternehmerverkehr keine fundamentalen Gerechtigkeitsvorstellungen entgegenstehen,[521] die eine Zurechnung der §§ 305 ff. BGB zum *ordre public* rechtfertigen

516 Vgl. Palandt/*Grüneberg*, Überbl. vor § 305 Rn. 8. Zum alten Recht: *Lenkaitis/Löwisch*, ZIP 2009, 441, ebenda.

517 Kap. 5 D I.

518 Siehe zur Sonderanknüpfung statt aller: *Berger*, ZBB 2003, 77, 89 f.

519 OLG Frankfurt, Beschluss v. 4.6.2019 – 26 Sch 1/19 [II 2 b) aa) Rn. 34].

520 OLG Frankfurt, Beschluss v. 4.6.2019 – 26 Sch 1/19 [II 2 b) aa) Rn. 35].

521 Im Ergebnis ebenso *Valdini*, ZIP 2017, 7, 7 f.; *Pfeiffer*, NJW 2012, 1169, ebenda.

können.[522]

2. *Wahl ausländischen Sachrechts und Sitz des Schiedsgerichts in Deutschland*

Ein erheblicher Inlandsbezug, welcher eine andere Betrachtung nach sich zöge, könnte in der Wahl des Schiedsgerichtssitzes in Deutschland liegen. Nach § 1025 ZPO ist auf das Schiedsverfahren das 10. Buch der ZPO anzuwenden, sofern das Schiedsgericht seinen Sitz in Deutschland hat.

Zugleich wird das schiedsgerichtliche Verfahren nicht nur vom Ort des Schiedsgerichtes geprägt. Weitere Anknüpfungspunkte können das anzuwendende Sachrecht, der Verhandlungsort, die Beweisregelungen, ein Auslandsbezug der Schiedsparteien und der Streitgegenstand sein. Es zeigt sich, dass neben dem Schiedsort noch weitere nicht unerhebliche Auslandsberührungen denkbar sind, sodass es nicht von vornherein gerechtfertigt erscheint, aus dem bloßen Sitz im Inland einen dem reinen Binnensachverhalt vergleichbaren Inlandsbezug ableiten zu wollen. Ferner führt die Vereinbarung des Sitzes des Schiedsgerichtes nicht automatisch und zwingend zur Anwendung seines Sachrechts, sodass die Verbindung zwischen Schiedsgericht und dem Recht des Staates, in welchem es seinen Sitz hat, nicht mit dem Verhältnis zwischen dem staatlichen Gericht und seiner *lex fori* vergleichbar erscheint.[523]

Zudem gilt nach § 1051 Abs. 1 S. 1 ZPO, auch wenn das Schiedsgericht seinen Sitz in Deutschland hat, der Grundsatz der freien Rechtswahl. Im Unternehmerverkehr besteht ferner ein besonderes Bedürfnis an der Wahl ausländischen Rechts und der damit verbundenen Möglichkeit, flexible bzw. neutrale Lösungen zu schaffen.

---

522 Eine andere Betrachtungsweise könnte erforderlich sein, wenn mit Ausnahme der Wahl ausländischen Rechts und eines ausländischen Schiedsgerichtssitzes ein reiner Binnensachverhalt vorliegt. Hier könnte die Nähe einer Umgehung der §§ 305 ff. BGB entgegenstehen. Allerdings sind weder § 1051 ZPO noch § 242 BGB anwendbar. Die zentralen Aspekte, die einer Umgehung entgegenstehen können, wären insoweit nicht heranziehbar. Sofern die Parteien daher auf Augenhöhe stehen, kann auch in diesem Fall nicht von einer *ordre public*-Zugehörigkeit ausgegangen werden. Für Ausnahmefälle siehe Kap. 5 D III 3 b) sowie der Möglichkeit der Heranziehung des Nähekriteriums und der Verwendung einer Schiedsklausel in AGB in Fällen eines strukturellen Ungleichgewichts in Kap. 7 B III 2 b) und VIII 2.

523 Siehe hierzu auch Kap. 7 B VIII.

Dementsprechend stehen auch hier der Wahl eines ausländischen Sachrechts mit der Folge der Umgehung der §§ 305 ff. BGB, ohne das Hinzutreten weiterer Umstände, keine durchschlagenden Bedenken entgegen.

3. *Abwahl des AGB-Rechts bei reinen Binnensachverhalten*

Der problematischste Fall stellt die gezielte Abwahl der §§ 305 ff. BGB in reinen Binnensachverhalten dar. Im Rahmen der Abwahl ist zum einen an die Wahl eines fremden Sachrechts zu denken, als auch an die Abwahl „nur" der §§ 305 ff. BGB im Wege einer unechten Teilrechtswahl. Dreh- und Angelpunkt der Streitigkeiten ist hierbei das Verhältnis zwischen den §§ 305 ff. BGB, Art. 3 Abs. 3 Rom I-VO und § 1051 ZPO.

a) *Diskussion in der Literatur*

Die vorliegende Konstellation ist von den deutschen Gerichten – soweit ersichtlich – noch nicht entschieden worden. Dem Schweigen der Gerichte steht eine laute Diskussion in der Literatur gegenüber, welche momentan besonders intensiv geführt wird.

aa) *Wirksamkeit der Abwahl des AGB-Rechts*

Zunächst wurden Stimmen laut, welche die Abwahl der §§ 305 ff. BGB im Wege einer Schiedsvereinbarung auch in reinen Binnensachverhalten für zulässig halten.[524] Zwar seien die AGB-Vorschriften national zwingendes Recht und damit grundsätzlich unabdingbar, allerdings könne im Wege der Rechtswahl auch von den national zwingenden Normen abgewichen werden. Die Zulässigkeit der Abwahl der §§ 305 ff. BGB in einem reinen Binnensachverhalt ergebe sich aus § 1051 ZPO, nach dem die Parteien ebenfalls nichtstaatliches Recht wählen könnten. Darüber hinaus habe der Gesetzgeber ausdrücklich die Möglichkeit der Wahl lediglich eines Teils einer Rechtsordnung (*dépeçage*) vorgesehen.[525] Eine solche Teilrechtswahl, hier in Form der Abwahl, sei auch in Bezug auf die §§ 305 ff. BGB zulässig.[526]

---

524 Statt aller: *Pfeiffer*, NJW 2012, 1169, 1170 ff.; Reithmann/Martiny/*Hausmann*, Rn. 8.430; *Kondring*, ZIP 2017, 706, 707 m.w.N. Ähnlich *Brachert/Dietzel*, ZGS 2005, 441, ebenda.

525 BT-Drucks. 13/5274, S. 52.

526 *Pfeiffer*, NJW 2012, 1169, 1170.

Dem stehe Art. 3 Abs. 3 Rom I-VO nicht entgegen.[527] Das Schiedsgericht sei nicht in demselben Umfang an die Rom I-VO gebunden wie ein staatliches Gericht.[528] Im Schiedsgerichtsverfahren sei vielmehr der Parteiwille ausschlaggebend. Dass dies auch in Bezug auf die Rechtswahl gelte, weise § 1051 Abs. 2 ZPO nach. Die vom Gesetz vorgesehenen Abweichungen von dem national zwingenden Recht seien nur erklärbar, sofern auch eine Abwahl in reinen Binnensachverhalten ermöglicht werden sollte. Eine dieser Abweichungsmöglichkeiten stelle die Ermächtigung zur Entscheidung *ex aequo et bono* dar, welche auch in reinen Inlandsfällen eröffnet sei.[529] Ferner enthalte § 1059 Abs. 2 Nr. 2 b) ZPO keine Bindung an Art. 3 Abs. 3 Rom I-VO. Zuletzt folgten das nationale und das internationale Schiedsverfahren denselben Regelungen.[530]

Des Weiteren gehörten die §§ 305 ff. BGB nicht dem *ordre public* an.[531] Dies ergebe sich aus der engen Auslegung des *ordre public*-Begriffs und der Qualifikation der §§ 305 ff. BGB als rein national zwingende Vorschriften.[532]

Unbillige Ergebnisse könnten im Einzelfall über § 242 BGB korrigiert werden. Diese Kontrollmöglichkeit sei letztlich weiter als die *ordre public*-Kontrolle, sodass keine Lücken zu befürchten seien. Eine andere Betrachtungsweise ergebe sich nicht aus der Rechtsprechung zum Handelsvertreterausgleich,[533] da ohne das Vorliegen besonderer Umstände nicht davon ausgegangen werden könne, dass zwischen den Parteien ein nicht unerhebliches Kräfteungleichgewicht bestehe.[534]

bb) Unwirksamkeit der Abwahl des AGB-Rechts

Hiergegen wandte sich im Besonderen *Valdini*.[535] Die Unwirksamkeit der Abwahl des AGB-Rechts[536] ergebe sich aus dem Umgehungsverbot des § 306a BGB.

527 *Pfeiffer*, NJW 2012, 1169, 1171.
528 Reithmann/Martiny/*Hausmann*, Rn. 8.430. Siehe zur Anwendbarkeit der Rom I-VO auf Schiedsverfahren auch Kap. 4 A I.
529 *Pfeiffer*, NJW 2012, 1169, 1171. Ebenso *Wegen*, FS Prütting, S. 920 f.
530 *Pfeiffer*, NJW 2012, 1169, 1171.
531 *Pfeiffer*, NJW 2012, 1169, 1172; *Kondring*, RIW 2010, 184, 191.
532 *Pfeiffer*, NJW 2012, 1169, 1172.
533 Dazu in Kap. 5 B.
534 *Pfeiffer*, NJW 2012, 1169, 1173.
535 *Valdini*, ZIP 2017, 7, 7 ff.
536 Ebenfalls für die Unwirksamkeit der Abwahl des AGB-Rechts in reinen Binnensachverhalten im Wege einer Schiedsvereinbarung: *Lenkaitis/Löwisch*, ZIP 2009, 441, 444 f., 448.

Dieses werde nicht durch § 1051 Abs. 1 S. 1 ZPO als *lex specialis* verdrängt. Die Rechtswahlfreiheit des § 1051 Abs. 1 S. 1 ZPO sei Ausfluss der schiedsverfahrensrechtlichen Parteiautonomie. Diese werde wiederum eingeschränkt durch das einfach zwingende Recht.[537] Folglich stelle § 1051 ZPO die Regel und nicht die Ausnahme dar. Infolgedessen sei das Fehlen einer Subordinationsnorm im Verhältnis zwischen dem einfach zwingenden Recht und § 1051 ZPO nicht ausreichend, um eine Abwahl der §§ 305 ff. BGB zu begründen.

Die Frage, ob Art. 3 Abs. 3 Rom I-VO auf das Schiedsverfahren anwendbar sei, spiele für die Entscheidung der vorliegenden Situation ebenfalls keine Rolle. Aus den Vorgängernormen der Art. 3 EVÜ a.F. bzw. Art. 27 Abs. 3 EGBGB a.F. ergebe sich, dass es sich bei Art. 3 Abs. 3 Rom I-VO um eine Norm mit rein „deskriptiver Natur" handele.[538] Art. 3 Abs. 3 Rom I-VO beziehe sich nur auf das Verhältnis zwischen dem Unionsrecht und dem Recht der Mitgliedsstaaten.

Die Schranken der Rechtswahlfreiheit würden sich aus dem einfach zwingenden Recht, den Eingriffsnormen und dem *ordre public* ergeben. In reinen Binnensachverhalten könne nur vom dispositiven Recht abgewichen werden. Hieran ändere auch die Vereinbarung eines Schiedsgerichtsverfahrens nichts.

Eine andere Beurteilung folge nicht aus § 1051 Abs. 3 ZPO. Sowohl aus dem Wortlaut („nur dann nach Billigkeit zu entscheiden, wenn ausdrücklich dazu ermächtigt") als auch aus dem von der Rechtsprechung angewandten strengen Maßstab ergebe sich der Ausnahmecharakter des § 1051 Abs. 3 ZPO.[539] Der Ausschluss des national zwingenden Rechts würde hier stets die Partei benachteiligen, welche eigentlich durch sie geschützt werden sollte.

Die Beschränkung in § 1059 Abs. 2 Nr. 2 b) ZPO sei dem durch das UNÜ geprägten internationalen Standard geschuldet.[540] Aufgrund der verschiedenen Ursachen, welche der „Wächterfunktion" der staatlichen Gerichte zugrunde lägen (bspw. die Verfahrensökonomie und die Förderung der Schiedsgerichtsbarkeit), könne aus ihr nicht gefolgert werden, dass die Abwahl der §§ 305 ff. BGB bei reinen Binnensachverhalten zulässig sei.

---

537 Nach *Lenkaitis/Löwisch*, ZIP 2009, 441, 444 f. ergebe sich die Unwirksamkeit der Schiedsvereinbarung aus Art. 27 Abs. 3 EGBGB a.F., da die §§ 305 ff. BGB zwingendes Recht i.S.d. Vorschrift seien.

538 *Valdini*, ZIP 2017, 7, 9.

539 Vgl. OLG München, Beschluss v. 22.6.2005 – 34 Sch 10/05, SchiedsVZ 2005, 308, 309 [II 2 e)].

540 *Saenger*, ZPO, § 1059 Rn. 1.

Daher ergebe sich aus dem Umgehungsverbot des § 306a BGB, dass die Rechtswahl im Wege der Schiedsvereinbarung in reinen Binnensachverhalten nur eine materiell-rechtliche Verweisung darstelle.[541]

cc) Verteidigung der Abwahlmöglichkeit in reinen Binnensachverhalten

Hieran anknüpfend wurde die Abwahlmöglichkeit der §§ 305 ff. BGB in reinen Binnensachverhalten verteidigt.

Eine Rechtswahl im Rahmen von Binnensachverhalten sei bereits im Anwendungsbereich des EGBGB a.F. möglich gewesen. Die Rechtswahlklausel habe insoweit die ausreichende Verbindung zum ausländischen Recht geliefert. Zudem sei Art. 27 Abs. 3 EGBGB a.F. allseitig ausgestaltet gewesen, sodass die Annahme eines Anwendungsbefehls nur für ausländisches einfach zwingendes Recht nicht gerechtfertigt erscheine. Ferner wirke das Umgehungsverbot des § 306a BGB lediglich materiell-rechtlich; es setze die Anwendbarkeit deutschen Sachrechts voraus und sei deshalb für die Kollisionsnormen ohne Bedeutung.[542]

§ 1051 ZPO enthalte im Gegensatz zu Art. 3 Abs. 3 Rom I-VO und seinen Vorgängernormen keine „Wiederverweisung" auf das inländische Recht,[543] sofern ein reiner Binnensachverhalt vorliege. Die Anwendung des gewählten Rechts dürfe nicht durch eine teleologische Reduktion des § 1051 ZPO infolge einer „angeblichen Gesetzesumgehung" korrigiert werden.[544] Die Gründe, aus denen ein Recht gewählt werde, seien lediglich ein unbeachtliches Motiv. Angesichts der deutlichen Unterschiede zwischen § 1051 ZPO und Art. 3 Abs. 3 Rom I-VO ergebe sich, dass Letzterer ein „aliud" sei, dessen Wertungen nicht auf § 1051 ZPO übertragen werden könnten.[545]

Obgleich das AGB-Recht auf *B2B*-Konstellationen Anwendung finden solle, müsse es „einen Wirtschaftsverkehr auf Augenhöhe"[546] sicherstellen. Dies gelte v.a. unter dem Aspekt des Verbraucherschutzes.[547] Folglich sollten Ungleichgewichtslagen, wie sie für *B2C*-Fälle charakteristisch seien, vermieden werden.[548] Dagegen greife in reinen Unternehmerkonstellationen nur ein eingeschränkter

---

541 *Valdini*, ZIP 2017, 7, 10 f.
542 *Kondring*, ZIP 2017, 706, 708 m.w.N.
543 *Kondring*, ZIP 2017, 706, 709 m.w.N.
544 *Kondring*, ZIP 2017, 706, 709 m.w.N.
545 *Kondring*, ZIP 2017, 706, 709 m.w.N.
546 *Wegen*, FS Prütting, S. 921 m.w.N.
547 *Wegen*, FS Prütting, S. 921 m.w.N.
548 Palandt/*Grüneberg*, Überbl. vor § 305 BGB Rn. 9; *Wegen*, FS Prütting, S. 921 m.w.N.

Prüfungsmaßstab ein, der sich primär an § 307 BGB orientiere. Diese Einschränkung beruhe auf dem Gedanken des Gesetzgebers, dass Unternehmern im Rechtsverkehr ein höheres Maß an Selbstverantwortung übertragen werden könne.[549] Daraus folge, dass sie als „schlicht weniger schutzwürdig als Verbraucher anzusehen"[550] seien. Eine „normale" Prüfung nach § 307 Abs. 1 und 2 BGB würde dazu führen,[551] dass im Rahmen der Prüfung der unangemessenen Benachteiligung die Leitlinien des § 242 BGB Anwendung fänden. Diese Kontrolle sei jedoch umfassender als die des *ordre public*.[552]

Eine wirksame Abwahl würde darüber hinausgehend die Attraktivität Deutschlands als Standort für die Schiedsgerichtsbarkeit steigern. Zugleich könne durch ein Mehr an Rechtssicherheit und einer geringen Einschränkung des Unternehmerverkehrs durch zwingende Normen die „Rechtsflucht" eingedämmt werden.[553]

b) *Würdigung*

Führt man sich die historische Grundlage des *ordre public*[554] erneut vor Augen, so erscheint in der vorliegenden Konstellation besondere Vorsicht geboten. In seiner territorialen Bedeutung soll der *ordre public* die zentralen Gerechtigkeitsvorstellungen des jeweiligen Staates schützen. Der Bezug zum Staat ist in reinen Binnensachverhalten am stärksten ausgeprägt, sodass eine Abweichung hier am problematischsten erscheint.

Dass der Gesetzgeber den §§ 305 ff. BGB eine nicht zu verachtende Bedeutung beigemessen hat, wird an dem Umgehungsverbot des § 306a BGB ersichtlich. Eine Umgehungsmöglichkeit eröffnet sich, wenn eine Abwahl der §§ 305 ff. BGB bei reinen Binnensachverhalten im Wege der Schiedsvereinbarungen möglich wäre. Hiermit würde die Schiedsgerichtsbarkeit den Parteien eine Option an die Hand geben, welche vor staatlichen Gerichten ausgeschlossen ist. Jedoch soll das Umgehungsverbot des § 306a BGB primär die Zulässigkeit von Klauseln, die gegen §§ 308, 309 BGB verstoßen, verhindern.[555] In den §§ 308, 309 BGB lässt sich kein Anhaltspunkt dafür finden, dass eine Rechtswahl in Kombination mit

---

549 *Wegen*, FS Prütting, S. 923 m.w.N.

550 *Pfeiffer*, NJW 2012, 1169, 1173; *Wegen*, FS Prütting, S. 923.

551 *Pfeiffer*, NJW 2012, 1169, 1173; *Wegen*, FS Prütting, S. 923.

552 *Pfeiffer*, NJW 2012, 1169, 1173; *Wegen*, FS Prütting, S. 923.

553 *Wegen*, FS Prütting, S. 924.

554 Kap. 3 A I.

555 Wolf/Lindacher/Pfeiffer/*Lindacher*/*Hau*, § 306a BGB Rn. 2.

einer Schiedsvereinbarung als unwirksam angesehen wird. Zugleich zeigt sich die materiell-rechtliche Wirkung des § 306a BGB. Ihm kann jedenfalls keine kollisionsrechtliche Wirkung zukommen.

Auch die vermeintlichen Probleme im Rahmen des Art. 27 Abs. 3 EGBGB a.F. sind durch dessen Aufhebung entfallen. Sie können nicht auf Art. 3 Abs. 3 Rom I-VO übertragen werden, da dieser auf die Schiedsvereinbarung keine Anwendung findet.[556] Im Gegensatz zu Art. 3 Abs. 3 Rom I-VO enthält § 1051 ZPO keine Begrenzung der freien Rechtswahl in Binnenfällen. Vielmehr wird die *dépeçage* als zulässig erachtet. Auf den ersten Blick macht es keinen Unterschied, ob eine Teilrechtswahl im Wege der An- oder Abwahl eines Rechtes vorgenommen wird; zumal eine Abwahl stets durch die Wahl einer anderen Rechtsordnung in ihrer Gesamtheit vorgenommen wird. Die unechte Teilrechtswahl ermöglicht den Parteien hingegen, sich ausschließlich den für sie unliebsamen Normen zu entziehen. Der Anreiz für das Ausnutzen des sich hieraus ergebenden Missbrauchspotentials ist ungemein größer. Die Parteien werden sich die Wahl einer fremden Rechtsordnung in ihrer Gesamtheit eher überlegen, als die Abwahl von Einzelvorschriften. Geht man demnach davon aus, dass jede unechte Teilrechtswahl bei reinen Binnensachverhalten zulässig ist, wäre dies zu weit gefasst.

Der unechten Teilrechtswahl der §§ 305 ff. BGB könnte daher eine *ordre public*-Zugehörigkeit entgegenstehen. Allerdings war bereits im Rahmen des Verbraucherrechts, in welchem eine besondere Schutzbedürftigkeit des Verbrauchers besteht, die Einordnung zum *ordre public* nicht unproblematisch.[557] Daher muss diese Frage im Verhältnis zwischen Unternehmern, die auf Augenhöhe stehen, noch restriktiver gehandhabt werden.

Der *ordre public* hat Ausnahmecharakter. Die §§ 305 ff. BGB, im Besonderen § 307 BGB, stellen dagegen weitreichende Vorschriften dar. Die Zugehörigkeit des § 307 BGB zum *ordre public* würde dazu führen, dass die Grundsätze von Treu und Glauben, deren Emanation § 307 BGB ist, und die zwingenden sowie die dispositiven Vorschriften des deutschen Rechts, wenn sie einen wesentlichen Grundgedanken enthalten, über den *ordre public* beachtet werden müssten.[558] Die Definition des wesentlichen Grundgedankens in § 307 Abs. 2 Nr. 2 ZPO ist weiter als der *ordre public*-Begriff. Nach diesem führt nicht die Verletzung jeder zwingenden Norm oder gar die Verletzung einer dispositiven Vorschrift zu einer *ordre public*-Widrigkeit. Über eine Zurechnung des AGB-Rechts zum *ordre*

---

556 Kap. 3 A I.

557 Dazu unter II.

558 Vgl. *Kondring*, RIW 2010, 184, 186.

public würde letztlich der Ausnahmecharakter dieses Begriffs in einer Weise ausgedehnt, welcher im Widerspruch zu seinem Grundgedanken steht.

Unabhängig hiervon ist die Frage nach einer subsidiären Kontrolle über § 242 BGB. Anhand dieser subsidiären Kontrollmöglichkeit wird ersichtlich, dass – wie teilweise auch von den Befürwortern einer Abwahl deutlich zum Ausdruck gebracht wird – dem Grundsatz der Abwahlmöglichkeit das Gleichgewicht und die Augenhöhe im Unternehmerverkehr zugrunde liegen. Sollte jedoch eine gestörte Vertragsparität vorliegen, es ist erneut an das Verhältnis zwischen Handelsvertreter und Unternehmer erinnert,[559] ist diese unechte Teilrechtswahl Bedenken ausgesetzt. Hier erhält sie das Missbrauchspotential, welches auch im Verbraucherschutzrecht vermieden werden soll. Der Möglichkeit der Abwahl der §§ 305 ff. BGB in reinen Binnensachverhalten sollte insoweit eine Absage erteilt werden. Wann jedoch solche bedenklichen Fälle im Unternehmerverkehr vorliegen, soll erst später geklärt werden.[560]

IV. Ableitbare Kriterien

Im Rahmen der Untersuchung hat sich gezeigt, dass die Klauselrichtlinie dem *ordre public* zugerechnet werden muss. Allerdings ist diese Zurechnung in Bezug auf eine Überdehnung dieses Begriffs nicht unproblematisch. Die *ordre public*-Zugehörigkeit für die vorliegenden Konstellationen hat zunächst nur geringe Bedeutung, da die Wahl eines fremden Rechts ohne das Hinzutreten weiterer Umstände nicht *per se* als missbräuchlich i.S.d. Anhangs Nr. 1 q) i.V.m. Art. 3 Abs. 3 der Klauselrichtlinie angesehen werden kann.[561]

Die §§ 305 ff. BGB sind im Unternehmerverkehr nicht Bestandteile des *ordre public*. Dies gilt sogar dann, wenn sie im Wege einer unechten Teilrechtswahl bei reinen Binnensachverhalten abgewählt werden. Voraussetzung hierfür ist jedoch, dass zwischen den Unternehmern ein Kräftegleichgewicht herrscht.[562]

---

559 Kap. 5 B.

560 Vgl. Kap. 7 B I. Eine strukturelle Unterlegenheit lag bspw. im Fall *Pechstein* vor (Kap. 5 C VI). Einer Unwirksamkeit der AGB-mäßigen Schiedsvereinbarung wegen der Wahl des schweizerischen Rechts steht jedoch entgegen, dass hier kein reiner Binnensachverhalt vorlag. So hatte bspw. die Beklagte zu 2) ihren Sitz in der Schweiz. Zudem betraf die gegenständliche Dopingsperre insbesondere die Teilnahme an internationalen Wettkämpfen. Des Weiteren sollte das Schiedsgericht seinen Sitz in der Schweiz haben.

561 Kap. 5 D II.

562 Kap. 5 D III.

Die Zurechnung zum *ordre public* kann von der persönlichen Stellung der Parteien abhängen. Es besteht ein enger Zusammenhang zwischen der *ordre public*-Zugehörigkeit und dem Merkmal der Vertragsparität. Im vorliegenden Beispiel hat sich gezeigt, dass eine Unterscheidung zwischen dem reinen Unternehmerverkehr und dem Fall der Verbraucherbeteiligung angezeigt sein könnte. Diese unterschiedliche Behandlung lässt sich zentral auf das Maß an Schutzbedürftigkeit und Geschäftserfahrung, welche eine selbstverantwortliche Entscheidung ermöglichen, zurückführen. Aber auch innerhalb des Unternehmerverkehrs können differenzierte Systematisierungen geboten sein. Diese sind vorzunehmen, wenn zwischen den Unternehmern ein Kräfteungleichgewicht herrscht.[563]

Abstufungen in der Fallbehandlung könnten sich aus der Nähe bzw. Ferne des Falles zum gewählten Recht ergeben. Besonders kritisch ist die Rechtswahl im Rahmen von reinen Binnensachverhalten zu betrachten.[564]

Des Weiteren vermag sich die Schiedsvereinbarung im Wege von AGB noch in Bezug auf das Kriterium der Form als problematisch erweisen.[565]

Zuletzt lässt sich den Fällen *Mostaza Claro* und *Asturcom* entnehmen, dass auch weitere Punkte für die Wirksamkeit der Schiedsvereinbarung bedeutsam sein können. Als mögliche Kriterien ist hier an die Kosten des Schiedsverfahrens sowie die Entfernung zwischen Wohnsitz und Schiedsort zu denken.[566]

---

563 Zu den Fällen struktureller Unterlegenheit ausführlich in Kap. 7 B I.

564 Kap. 7 B VIII.

565 Kap. 7 B III 2 b).

566 Kap. 7 B VIII 1 und 3.

Kapitel 6: Die Umgehung materiell zwingenden Rechts durch eine Schiedsvereinbarung im internationalen Vergleich

Wie eingangs dargestellt,[1] ist die Schiedsgerichtsbarkeit in hohem Maße internationalisiert. Der *ordre public* ist ebenfalls ein weltweit verbreitetes Konzept, dessen Begriff stark von den Anschauungen des Anwenders und den Umständen des Betrachtungszeitpunktes abhängt. Nicht zuletzt aus diesen Gründen wird ein Blick auf die Behandlung der Umgehung materiell zwingenden Rechts durch eine Schiedsvereinbarung außerhalb Deutschlands geworfen. Näher eingegangen wird im Rahmen dieser Untersuchung auf die Schweiz[2] und England.[3] Wie im vorangegangenen Kapitel wird auch hier am Ende aufgezeigt, welche Charakteristika für die Entwicklung der Kriterien im nächsten Kapitel fruchtbar gemacht werden könnten.

A. Die Schweiz

Die Schweiz ist seit vielen Jahren einer der zentralen Orte für die Durchführung von Schiedsgerichtsverfahren. Zu diesen gehört eine Vielzahl von Verfahren mit internationalen Bezügen, die wirtschaftlich von erheblicher Bedeutung sind. Die Schweiz wird von den Parteien, sowohl unter dem Gesichtspunkt der örtlichen wie auch der rechtlichen Neutralität gewählt. Sie ist daran interessiert, diesen Status zumindest aufrechtzuerhalten; wenn nicht gar das Maß an Attraktivität von Schiedsgerichtsverfahren in der Schweiz zu steigern.[4]

---

1 Einleitung A.

2 Sogleich unter A.

3 Hierzu unter B.

4 Vgl. hierzu auch Erläuternder Bericht zur Änderung des Bundesgesetzes über das Internationale Privatrecht (Internationale Schiedsgerichtsbarkeit) vom 11.1.2017, S. 5 f.; Basler Kommentar-IPRG/*Hochstrasser/Fuchs*, Einl. 12. Kap. Rn. 154.

I. Abgrenzung zwischen nationaler und internationaler Schiedsgerichtsbarkeit

Seit Einführung des IPRG 1989 muss zwischen der nationalen und der internationalen Schiedsgerichtsbarkeit abgegrenzt werden. Während die nationale Schiedsgerichtsbarkeit seit der bundeseinheitlichen Regelung über den Zivilprozess in den Art. 353 ff. schwZPO enthalten ist, befinden sich die Bestimmungen über die internationale Schiedsgerichtsbarkeit im 12. Kapitel des IPRG (Art. 176 ff. IPRG).[5]

Nach Art. 176 Abs. 1 IPRG finden die Vorschriften über die internationale Schiedsgerichtsbarkeit Anwendung auf „Schiedsgerichte mit Sitz in der Schweiz, sofern beim Abschluss der Schiedsvereinbarung wenigstens eine Partei ihren Wohnsitz oder ihren gewöhnlichen Aufenthalt nicht in der Schweiz hatte". Grundvoraussetzung für die Anwendbarkeit des 12. Kapitels des IPRG ist somit, dass das Schiedsgericht seinen Sitz in der Schweiz hat.[6] Der Sitz des Schiedsgerichtes soll das „rechtliche Verbindungsglied" zwischen der Rechtsordnung der Schweiz und den Parteien sowie den Schiedsrichtern darstellen. Durch ihn wird das Schiedsgericht in formeller Form im Territorium fixiert.[7]

Zugleich legt Art. 176 Abs. 1 IPRG den erforderlichen internationalen Bezug fest, welcher für eine Qualifikation als internationales Schiedsgerichtsverfahren erforderlich ist. Der Wohnsitz oder gewöhnliche Aufenthalt zumindest einer Partei muss außerhalb der Schweiz liegen. Unerheblich soll insoweit sein, ob bei dem Abschluss der Schiedsvereinbarung beide Parteien ihren Wohnsitz noch in

---

5 Vor Einführung des 12. Kapitels der IPRG unterlagen auch internationale Schiedsgerichtsverfahren dem Konkordat über die Schiedsgerichtsbarkeit (im Folgenden Konkordat). Die Entwicklungen in der Schiedsgerichtsbarkeit und insbesondere die Zunahme von internationalen Schiedsgerichtsverfahren in der Schweiz führten zu dem Bedürfnis nach einer Regelung auf Bundesebene. Ferner zeigten sich im Konkordat Defizite in den Vorschriften in Bezug auf die internationale Schiedsgerichtsbarkeit. Das Konkordat, welches nach Einführung des IPRG noch für die nationale Schiedsgerichtsbarkeit fortgalt, wurde 2011 durch die bundeseinheitliche schwZPO ersetzt. Zur geschichtlichen Entwicklung dieses dualen Systems, vgl. statt aller: Basler Kommentar-IPRG/*Hochstrasser/Fuchs*, Einl. 12. Kap. Rn. 151 ff. Ein Überblick findet sich zudem bei *Berger*, SchiedsVZ 2011, 301, 302, der sich kritisch mit diesem System auseinandersetzt.

6 Der Sitz des Schiedsgerichts wird nach Art. 176 Abs. 3 IPRG in erster Linie von den Parteien (oder einer von ihnen benannten Schiedsgerichtsinstitution) bestimmt. Hilfsweise obliegt das Bestimmungsrecht den Schiedsrichtern.

7 Zürcher Kommentar-IPRG/*Vischer*, Art. 176 Rn. 5.

der Schweiz gehabt haben und der persönliche Auslandsbezug erst durch einen Umzug einer Partei aus der Schweiz geschaffen wird.[8]

Art. 176 Abs. 1 IPRG steht im Gegensatz zum französischen Recht, welches ebenfalls eine Trennung in nationale und internationale Schiedsgerichtsverfahren vornimmt. Nach Art. 1504 CPC ist entscheidendes Kriterium, ob das Schiedsverfahren die Belange des internationalen Handels betrifft. Die Frage, ob ein internationales Schiedsverfahren vorliegt, ist somit abhängig vom Inhalt des Schiedsverfahrens. Das schweizerische Recht nimmt dagegen keine inhaltliche Trennung vor, vielmehr knüpft es – bewusst vom Gesetzgeber gewollt – an die formale Stellung der Personen an.[9] Bei der Bestimmung, ob ein internationales Schiedsgerichtsverfahren vorliegt, bleibt daher unberücksichtigt, ob die Streitigkeit einen internationalen Sachverhalt betrifft,[10] die Vertragserfüllung im Ausland erfolgen soll, die Parteien ausländisches Recht als anwendbares Sachrecht bestimmt haben oder eine Vollstreckung des Schiedsspruches im Ausland vorgesehen ist.[11]

Liegen die Voraussetzungen des Art. 176 Abs. 1 IPRG nicht vor, handelt es sich um ein nationales Schiedsgerichtsverfahren, sofern das Schiedsgericht seinen Sitz in der Schweiz hat (vgl. Art. 353 Abs. 1 schwZPO).

Hinsichtlich dieser Abgrenzung sind die Parteien nicht ohne jede Wahlmöglichkeit. So können sie die Geltung des 12. Kapitels ausschließen, selbst wenn die Voraussetzungen des Art. 176 Abs. 1 IPRG vorliegen. Hieraus folgt die Anwendung der Art. 353 ff. schwZPO. Der Ausschluss bedarf nach Art. 176 Abs. 2 IPRG einer ausdrücklichen Erklärung. Diese muss gemäß Art. 178 Abs. 1 IPRG schriftlich oder in einer Form, welche den Nachweis durch Text ermöglicht, erfolgen.[12] Seit der Einführung der schwZPO ist auch *vice versa* das *Opting-in* möglich (vgl. Art. 353 Abs. 2 schwZPO i.V.m. Art. 358 schwZPO), sodass die liberaleren

---

8 Basler Kommentar-IPRG/*Pfisterer/Hochstrasser*, Art. 176 Rn. 36.

9 Vgl. Basler Kommentar-IPRG/*Pfisterer/Hochstrasser*, Art. 176 Rn. 38; *Bucher*, Die neue internationale Schiedsgerichtsbarkeit in der Schweiz, Rn. 39.

10 BG, Urteil v. 24.6.2002 – 4P. 54/2002 [C 2]. Ein internationaler Sachverhalt liegt bspw. vor, wenn eine Partei einen wesentlichen Teil ihres Vermögens außerhalb der Schweiz hat oder die streitgegenständliche Sache nicht in der Schweiz belegen ist.

11 *Bucher*, Die neue internationale Schiedsgerichtsbarkeit in der Schweiz, Rn. 46. Er betont, dass die vom Gesetzgeber gewählten Kriterien aufgrund ihrer Formalität geeignet seien, zur Verstärkung der Rechtssicherheit beizutragen.

12 *Bucher*, Die neue internationale Schiedsgerichtsbarkeit in der Schweiz, Rn. 60; Basler Kommentar-IPRG/*Pfisterer/Hochstrasser*, Art. 176 Rn. 45 m.w.N.

Vorschriften der Art. 176 ff. IPRG auf nationale Schiedsverfahren Anwendung finden können.

II. *Ordre public* als Kontrollmechanismus

Im Konkordat war der Begriff des *ordre public* noch nicht enthalten. Vielmehr war nach Art. 36 f) des Konkordats eine Aufhebung des Schiedsspruches wegen Willkür möglich.[13] Ein Willkürverstoß lag im Falle von offensichtlich aktenwidrigen Tatsachenfeststellungen und einer klaren Rechts-/Billigkeitsverletzung vor.[14]

Der Anfechtungsgrund der Willkür war weiterhin im bundesrätlichen Entwurf zum 12. Kapitel des IPRG (dort Art. 177 IPRG) enthalten. Allerdings wurde dieser durch den *ordre public*-Begriff ersetzt, um die Anfechtungsmöglichkeiten eines Schiedsspruches zu beschränken.[15] Bis heute ist der *ordre public*-Begriff nicht in den Vorschriften über die nationale Schiedsgerichtsbarkeit enthalten. Vielmehr sieht Art. 393 e) schwZPO in Anlehnung an das Konkordat weiterhin den Beschwerdegrund der Willkür vor.

1. Abgrenzung zwischen prozessualem und materiellem ordre public

Wie im deutschen Recht, wird auch in der Schweiz grundsätzlich zwischen dem prozessualen und dem materiellen *ordre public* differenziert.[16]

---

13 *Habscheid*, FS Keller, S. 576 bezeichnete den Verzicht auf den *ordre public*-Begriff als „mutig."

14 Vgl. hierzu zusammenfassend BG, Urteil v. 14.11.1990, BGE 116 II 634, 636 [4].

15 StenBull Nationalrat 1986, 1368; BG, Urteil v. 14.11.1990, BGE 116 II 634, 636 [4]; BG, Urteil v. 8.3.2006, BGE 132 III 389, 393 [2.2.2]. *Arfazadeh*, SZIER 1995, 223, 227 hebt hervor, dass es sich beim Begriff des *ordre public* nicht um den Kern des Willkürbegriffs handele. Vielmehr seien die beiden Konzepte streng voneinander zu unterscheiden. So handele es sich bei der Willkür um ein nationales Rechtskonzept, welches die korrekte Anwendung des Rechts durch den Schiedsrichter sicherstellen solle. Der *ordre public* sei ein eigenes Konzept des Kollisionsrechts, welches bestimmte Prinzipien, die als grundlegend anerkannt wurden, schützen solle. „En d'autres termes, si l'arbitraire veille au respect du droit, l'ordre public ne fait que protéger, d'une manière ciblée, certains intérêts et valeurs supérieurs de l'ordre juridique."

16 Vgl. BG, Urteil v. 3.4.2002, BGE 128 III 191, 194 [4 a)]; BG, Urteil v. 27.3.2012, BGE 138 III 322, 327 [4.1]; BG, Urteil v. 8.3.2006, BGE 132 III 389, 392 [2.2.1]; BG, Urteil v. 20.2.2018, BGE 144 III 120, 129 [3.4.3].

Im Rahmen des Aufhebungsverfahrens könnte der *ordre public*-Begriff des Art. 190 Abs. 2 e) IPRG jedoch nur den materiellen *ordre public* erfassen.[17] Es soll nicht dem Sinn und Zweck des Art. 190 Abs. 2 e) IPRG entsprechen, wenn eine *ordre public*-Kontrolle über Fragen des Verfahrens erfolgen könnte. Art. 182 Abs. 1 und 2 IPRG sehen für Verfahrensfragen vor, dass sie der freien Regelung der Parteien und der Schiedsrichter unterstehen. Darüber hinaus enthielten die Art. 190 Abs. 2 a)–d) IPRG, insbesondere der Anfechtungsgrund der Gehörsverletzung nach Art. 190 Abs. 2 d) IPRG, ausreichende Möglichkeiten, um den verfahrensrechtlichen *ordre public* sicherzustellen.[18]

Jedoch sind Verstöße gegen den *ordre public* denkbar, welche nicht unter Art. 190 Abs. 2 a)–d) IPRG fallen. So hat das BG einen Verstoß gegen den *res iudicata* Grundsatz als eine Verletzung des *ordre public* i.S.d. Art. 190 Abs. 2 e) IPRG angesehen.[19] Zudem bestätigte es die Trennung zwischen dem prozessualen und materiellen *ordre public* in mehreren Entscheidungen, welche sich mit dem Begriff der öffentlichen Ordnung des Art. 190 Abs. 2 e) IPRG auseinandersetzten.[20] Der Wortlaut des Art. 190 Abs. 2 e) IPRG lässt diese Zuordnung des BG ebenfalls zu. Er spricht neutral vom *ordre public*. Folglich verbleibt es im Rahmen des Art. 190 Abs. 2 e) IPRG bei dem Grundsatz der Differenzierung in den prozessualen und den materiellen *ordre public*-Begriff.

In Bezug auf die Trennung der beiden Kategorien dient der prozessuale *ordre public* der Garantie der Parteien, dass über die Vereinbarkeit der dem Schiedsgericht vorgelegten Anträge und Tatsachen in Übereinstimmung mit dem anzuwendenden Verfahrensrecht von einem unabhängigen Gericht entschieden wird. Eine Verletzung des prozessualen *ordre public* liegt vor, sofern gegen grundlegende und allgemein anerkannte Grundsätze verstoßen worden ist. Dieser Verstoß muss in einem unerträglichen Widerspruch mit dem Gerechtigkeitsempfinden stehen und zur Folge haben, dass die Entscheidung mit den anerkannten Werten eines Rechtsstaates als nicht mehr vereinbar erscheint.[21]

---

17 So *Bucher*, Die neue internationale Schiedsgerichtsbarkeit in der Schweiz, Rn. 359; *v. Berti*, FS Heini, S. 10.

18 *Bucher*, Die neue internationale Schiedsgerichtsbarkeit in der Schweiz, Rn. 359; *v. Berti*, FS Heini, S. 10.

19 BG, Urteil v. 13.4.2010, BGE 136 III 345, 347 ff. [2].

20 Vgl. statt aller: BG, Urteil v. 3.4.2002, BGE 128 III 191, 194 [4 a)]. Ebenfalls für eine Zuordnung des prozessualen *ordre public* zu Art. 190 Abs. 2 e) IPRG: Basler Kommentar-IPRG/*Pfisterer*, Art. 190 Rn. 81 ff.

21 BG, Urteil v. 3.4.2002, BGE 128 III 191, 194 [4 a)]; BG, Urteil v. 8.3.2006, BGE 132 III 389, 392 [2.2.1].

Der materielle *ordre public* greift hingegen ein, wenn ein Verstoß gegen die grundlegenden Rechtssätze des materiellen Rechts droht.[22] Welche zusätzlichen Voraussetzungen das BG an einen Verstoß gegen den materiellen *ordre public* stellt, wird sogleich aufzeigt.[23]

2. *Auslegungsweite des materiellen ordre public*

Hinsichtlich der Auslegungsweite des materiellen *ordre public* könnte zwischen dem Begriff des *ordre public* in Art. 190 Abs. 2 e) IPRG, demjenigen, welchen das Schiedsgericht respektieren muss und dem vollstreckungsrechtlichen *ordre public*-Begriff des Art. V Abs. 2 b) UNÜ (i.V.m. Art. 194 IPRG) zu differenzieren sein.[24]

a) Ordre public-Begriff des Art. 190 Abs. 2 e) IPRG

Als Anknüpfungspunkt für die maßgebliche Rechts- und Werteordnung des *ordre public*-Begriffs in Art. 190 Abs. 2 e) IPRG kommen die nationale Ordnung der Schweiz, eine ausländische oder gar eine supranationale bzw. universelle Ordnung in Betracht. Das BG ließ diese Frage zunächst bewusst offen.[25]

In einer späteren Entscheidung führte das BG erstmals aus, dass der *ordre public* des Art. 190 Abs. 2 e) IPRG in seiner Herkunft schweizerisch, in seiner Funktion jedoch international sei.[26] So spreche der Wortlaut des Art. 190 Abs. 2 e) IPRG angesichts des Fehlens des Adjektivs „schweizerisch" im Gegensatz zu Art. 17 und Art. 27 Abs. 1 IPRG[27] für eine weite Auslegung des *ordre public*-Begriffs.[28] Dies entspreche sowohl der Systematik als auch der Teleologie

---

22 BG, Urteil v. 3.4.2002, BGE 128 III 191, 198 [6 b)].

23 Siehe Kap. 6 A II 2 und 3.

24 Vgl. auch *Karrer/Imhoff-Scheier*, IPRax 1996, 282, 284.

25 BG, Urteil v. 14.11.1990, BGE 116 II 634, 637 [4]; BG, Urteil v. 5.11.1991, BGE 117 II 604, 606 [3]. In BG, Urteil v. 19.4.1994, BGE 120 II 155, 167 [6 a)] weist es daraufhin, dass es sich in der Entscheidung vom 5.11.1991, BGE 117 II 604, 606 [3] in einer „manière quelque peu contradictoire" auf das schweizerische Rechts- und Wertesystem bezogen habe.

26 BG, Urteil v. 19.4.1994, BGE 120 II 155, 167 [6 a)].

27 Art. 17 und Art. 27 Abs. 1 IPRG befassen sich mit der Anwendung ausländischen Rechts durch den staatlichen Richter bzw. der Anerkennung ausländischer Urteile. Daher wiesen sie im Vergleich zu Art. 190 Abs. 2 e) IPRG bereits eine viel stärkere Beziehung zur Schweiz auf, vgl. *v. Berti*, FS Heini, S. 4.

28 BG, Urteil v. 19.4.1994, BGE 120 II 155, 167 [6 a)]. Ebenso *v. Berti*, FS Heini, S. 4; *Heini*, FS Habscheid, S. 154; *Bucher*, Die neue internationale Schiedsgerichtsbarkeit in der Schweiz, Rn. 354; *Kaufmann-Kohler*, SZIER 1993, 273, 276.

des Art. 190 Abs. 2 e) IPRG. Die Anwendung des 12. Kapitels des IPRG sei unabhängig von dem Vorliegen einer Binnenbeziehung zwischen der Schweiz und dem Schiedsverfahren oder dem anzuwendenden Sachrecht.[29] Der Begriff des *ordre public* in Art. 190 Abs. 2 e) IPRG erfordere daher „une interprétation extensive de la notion d'ordre public, soit le choix d'un ordre public transnational ou universel incluant les principes fondamentaux du droit qui s'imposent sans égard aux liens du litige avec un pays déterminé."[30] Allerdings seien die Unterschiede zwischen der Anwendung eines universellen und eines (wohl internationalen) schweizerischen *ordre public* in internationalen vertragsrechtlichen oder handelsrechtlichen Angelegenheiten allenfalls geringfügig.[31]

Zuletzt führte das BG jedoch aus, die Berufung auf zu respektierende Grundwerte oder ein anerkanntes Wertesystem seien „n'est, de fait, guère parlant car cela".[32] Die soeben genannte Definition lasse nicht erkennen, welche Werte oder Systeme hiervon erfasst würden. Der Verweis auf die gemeinsamen Werte der zivilisierten Länder sei in Bezug auf die „political correctness" problematisch. Allerdings stelle diese Kritik „l'édifice jurisprudentiel que le Tribunal fédéral a patiemment bâti ces quinze dernières années"[33] nicht vollständig infrage.[34] Die Konstanz der Rechtsprechung des BG zeige sich bspw. an dem Katalog der Rechtsprinzipen, welche dem *ordre public* zuzurechnen seien. So habe die Rechtsprechung grundsätzlich versucht „à délier l'ordre public de l'art. 190 al. 2 let. e LDIP de toute attache nationale."[35] Dies betreffe sowohl die *lex fori* als auch die *lex causae* sowie die Rechtsordnung eines Drittstaates. Der *ordre public*

---

29 BG, Urteil v. 19.4.1994, BGE 120 II 155, 167 [6 a)].

30 BG, Urteil v. 19.4.1994, BGE 120 II 155, 168 [6 a)] m.w.N. Vgl. auch BG, Urteil v. 17.8.1994, ASA Bulletin 1995, 198, 202 [3 a)], BG, Urteil v. 30.12.1994, ASA Bulletin 1995, 217, 224 [2 b)]; BG, Urteil v. 13.11.1998, ASA Bulletin 1999, 529, 533 [1 b) aa)]. Ebenfalls für einen universellen *ordre public*: *Karrer/Imhoff-Scheier*, IPRax 1996, 282, 284; *Heini*, FS Habscheid, S. 154 m.w.N.; Basler Kommentar-IPRG/*Karrer*, Art. 187 Rn. 200 ff. Nach BG, Urteil v. 13.11.1998, ASA Bulletin 1999, 529, 533 [1 b) aa)] sei entscheidend, „l'incompatibilité avec les principes juridiques ou moraux fondamentaux reconnus dans tous les Etats civilisés." Differenzierend: *Kaufmann-Kohler*, SZIER 1993, 273, 281 f.

31 BG, Urteil v. 19.4.1994, BGE 120 II 155, 168 [6 a)]. So auch BG, Urteil v. 8.3.2006, BGE 132 III 389, 391 [2.1] unter Hinweis darauf, dass eine Beschwerde nach Art. 190 Abs. 2 e) IPRG nur selten Erfolg haben werde.

32 BG, Urteil v. 8.3.2006, BGE 132 III 389, 393 [2.2.2].

33 BG, Urteil v. 8.3.2006, BGE 132 III 389, 393 [2.2.2].

34 BG, Urteil v. 8.3.2006, BGE 132 III 389, 393 [2.2.2].

35 BG, Urteil v. 8.3.2006, BGE 132 III 389, 394 [2.2.2].

des Art. 190 Abs. 2 e) IPRG solle nicht die schweizerische Rechtsordnung oder eine korrekte Anwendung ausländischen Rechts sicherstellen.[36]

Dies soll sogar dann gelten, wenn es sich bei den ausländischen Vorschriften um zwingende Normen bzw. „une loi de police ou d'application immédiate"[37] handele. Trotz seiner globalen Verbreitung sei es Sache des schweizerischen Richters, den *ordre public* auszulegen und anzuwenden. Allerdings sei zweifelhaft, ob der *ordre public*-Begriff weltweit einheitlich gelte. Infolgedessen müsse der schweizerische Richter bei der Auslegung des *ordre public* das Wertesystem beachten, „qui prévaut dans la partie du monde où se trouve le pays dont il est chargé d'édicter les lois et les principes qui constituent le fondement de la civilisation à laquelle appartient ce pays."[38] Er habe die Grundsätze aus diesem System zu ermitteln und zu prüfen, ob der Schiedsspruch mit diesen vereinbar sei.[39] Der *ordre public* sei daher „une soupape de sécurité qui sert à préserver des principes cardinaux dont tout Etat – dans l'idéal – devrait assurer le respect en sanctionnant."[40] Dementsprechend sei der Schiedsspruch mit dem *ordre public* unvereinbar, „si elle méconnaît les valeurs essentielles et largement reconnues qui, selon les conceptions prévalant en Suisse, devraient constituer le fondement de tout ordre juridique."[41]

b) Der schiedsgerichtliche ordre public

Dem BG zufolge ist auch das Schiedsgericht verpflichtet, den *ordre public* zu respektieren. Das BG stellte zunächst klar, dass der Maßstab für diesen *ordre public*-Begriff derjenige des Landes sei, dessen Sachrecht das Schiedsgericht anzuwenden habe.[42]

Um eine einheitliche Auslegung[43] und Anwendung des Art. 190 Abs. 2 e) IPRG sicherzustellen, sei es notwendig, den *ordre public*, welchen das Schiedsgericht zu berücksichtigen habe, und denjenigen des Anfechtungsverfahrens zu trennen. Sofern das Schiedsgericht ausländisches Sachrecht anwende und damit zugleich einen ausländischen *ordre public* beachten müsse, bestehe

36 BG, Urteil v. 8.3.2006, BGE 132 III 389, 394 [2.2.2].

37 BG, Urteil v. 8.3.2006, BGE 132 III 389, 394 [2.2.2].

38 BG, Urteil v. 8.3.2006, BGE 132 III 389, 394 [2.2.2].

39 BG, Urteil v. 8.3.2006, BGE 132 III 389, 394 [2.2.2].

40 BG, Urteil v. 8.3.2006, BGE 132 III 389, 395 [2.2.3].

41 BG, Urteil v. 8.3.2006, BGE 132 III 389, 395 [2.2.3]; BG, Urteil v. 20.2.2018, BGE 144 III 120, 129 [3.4.3].

42 BG, Urteil v. 19.4.1994, BGE 120 II 155, 167 [6 a)].

43 BG, Urteil v. 19.4.1994, BGE 120 II 155, 167 [6 a)].

kein Rechtfertigungsgrund für die Anwendung des schweizerischen *ordre public* im Anfechtungsverfahren.[44]

Letztlich soll hinsichtlich der beiden *ordre public*-Begriffe ein gewisses Maß an Kohärenz in dem Sinne existieren, dass im Falle der Anwendbarkeit ausländischen Sachrechts nicht der schweizerische *ordre public* gelte.[45]

Die Vereinheitlichung könnte weiter ausgebaut werden, indem auch das Schiedsgericht den universellen *ordre public* als Maßstab heranzieht. Der Wortlaut des Art. 187 IPRG soll hierzu keine Aussage treffen. Aus ihm lasse sich nicht unmittelbar ein Hinweis in Bezug auf die Auslegungsweite des *ordre public*-Begriffs entnehmen. Vom Schiedsgericht könne nicht verlangt werden, dass es einen anderen, insbesondere strengeren Begriff als das staatliche Gericht anwenden müsse. Denn im Gegensatz zum staatlichen Richter habe der Schiedsrichter eine noch geringere Binnenbeziehung zur Schweiz, welche zu einem strengeren *ordre public*-Maßstab führen könnte.[46]

Eine kongruente Anwendung soll zudem gewährleisten, dass der Begriff des *ordre public* (mit Ausnahme der Fälle der Anwendung des schweizerischen Rechts, in welchen eine Prüfung im Aufhebungsverfahren jedoch entbehrlich sei) von jeglichen Vorstellungen des Forumstaates befreit und nur angewandt werde, sofern eine enge Beziehung zur Schweiz bestehe.[47] Eine einheitliche Anwendung des universellen *ordre public*-Begriffs entspreche der schweizerischen Herangehensweise des „favor arbitri".[48]

c) Vollstreckungsrechtlicher ordre public

Art. 190 Abs. 2 e) IPRG betrifft die Aufhebung eines Schiedsspruches. Das schweizerische Recht enthält keine dem § 1060 ZPO vergleichbare Vorschrift, welche für die Vollstreckbarerklärung eines nationalen Schiedsspruches auf die Aufhebungsgründe verweist. Für die Exequatur eines ausländischen Schiedsspruches ist nach Art. 194 IPRG das UNÜ maßgeblich. Art. 190 Abs. 2 e) IPRG kann somit nicht unmittelbar auf die Vollstreckbarerklärungssituation übertragen werden.[49]

---

44 BG, Urteil v. 19.4.1994, BGE 120 II 155, 168 [6 a)], BG, Urteil v. 30.12.1994, ASA Bulletin 1995, 217, 224 [2 b)]. Ebenso *Bucher*, Die neue internationale Schiedsgerichtsbarkeit in der Schweiz (1989), Rn. 354.

45 So *Karrer/Imhoff-Scheier*, IPRax 1996, 282, 285.

46 *Rigozzi*, ASA Bulletin 1999, 455, 477 m.w.N.

47 *Rigozzi*, ASA Bulletin 1999, 455, 477 m.w.N.

48 *Karrer/Imhoff-Scheier*, IPRax 1996, 282, 285.

49 *v. Berti*, FS Heini, S. 5; *Kaufmann-Kohler*, SZIER 1993, 273, 280 m.w.N.

Die Funktion des *ordre public* im Rahmen der Aufhebung von Schiedssprüchen soll vielmehr die Akzeptanz von Schiedssprüchen, die in der Schweiz ergangen seien, in einer Vielzahl von Staaten gewährleisten. Es handele sich daher um einen „ordre public d'envoi".[50]

Aufgrund dieser Differenzierung soll es für die Bestimmung der Auslegungsweite des *ordre public* in Art. 190 Abs. 2 e) IPRG irrelevant sein, ob die Vollstreckbarerklärung des Schiedsspruches in der Schweiz am vollstreckungsrechtlichen *ordre public*-Begriff scheitern würde. Vielmehr würden die angefochtenen Schiedssprüche zumeist im Ausland vollstreckt. Sie sollten deshalb „exportfähig" sein.[51] Um diese Fähigkeit zu sichern, müsste der *ordre public*-Begriff des Art. 190 Abs. 2 e) IPRG eng ausgelegt werden.[52]

Das UNÜ verlangt nach Art. V Abs. 2 b) UNÜ einen Verstoß gegen den *ordre public* des Staates der *lex fori*,[53] also hier des schweizerischen *ordre public.* Dies soll Art. 27 Abs. 1 IPRG entsprechen; zumal der Schiedsspruch im Vollstreckungsverfahren bereits ein „fait accompli"[54] darstelle. Infolgedessen sei im Rahmen der vollstreckungsrechtlichen *ordre public*-Prüfung noch größere Zurückhaltung als bei der Prüfung des Art. 190 Abs. 2 e) IPRG geboten.[55] Entsprechend dieses abgestuften Verhältnisses gelte jedenfalls, dass sofern der Schiedsspruch mit dem *ordre public* des Art. 190 Abs. 2) IPRG als vereinbar angesehen werden könne, auch kein Verstoß gegen den vollstreckungsrechtlichen *ordre public* vorliege.[56]

d) Auslegungsweite des universellen ordre public-Begriffs

Zu klären bleibt die Auslegungsweite dieses universellen *ordre public.*

Die Verwendung dieses Begriffs ist geeignet, Verwirrung zu stiften. Vornehmlich für die Fälle, in welchen er auch als transnationaler *ordre public* bezeichnet wird. Wie im Rahmen der Darstellung der abstrakten Prüfungsverfahren erläutert,[57] wird der Begriff transnationaler *ordre public* weit überwiegend im Sinne

---

50 *v. Berti*, FS Heini, S. 13; *Kaufmann-Kohler*, SZIER 1993, 273, 281 m.w.N.

51 *v. Berti*, FS Heini, S. 6 ff.

52 *v. Berti*, FS Heini, S. 6 ff.

53 Kap. 3 A IV 1 a).

54 Basler Kommentar-IPRG/*Patocchi/Jermini*, Art. 194 Rn. 128.

55 BG, Urteil v. 19.12.1990, BGE 116 II 625, 630 [4 a)]; BG, Urteil v. 9.1.1995, ASA Bulletin 1996, 294, 302 f. [7]; *Bucher*, Die neue internationale Schiedsgerichtsbarkeit in der Schweiz, Rn. 456; Basler Kommentar-IPRG/*Patocchi/Jermini*, Art. 194 Rn. 125.

56 Basler Kommentar-IPRG/*Patocchi/Jermini*, Art. 194 Rn. 128.

57 Kap. 4 B II 3 a).

einer Verschärfung des (jeweiligen) internationalen *ordre public* verstanden. Der transnationale *ordre public* wird insoweit auch als „truly international" *ordre public* bezeichnet. Bereits dieser Zusatz durch das Wort „truly" bringt zum Ausdruck, dass der *ordre public* hier äußerst eng ausgelegt werden muss. Er erfasst im Wesentlichen die Kernprinzipien wie das Verbot des Menschenhandels oder der Diskriminierung aufgrund der Person. So stark eingeschränkt ist der universelle Begriff des *ordre public* des BG jedoch nicht, wie ersichtlich wird, wenn das BG diesen Begriff als „weit" im Gegensatz zum schweizerischen *ordre public*-Begriff bezeichnet.[58] Somit sind der universelle und der weltweit verwendete trans-nationale *ordre public*-Begriff nicht identisch.

Obwohl der *ordre public*-Begriff „weit"[59] sein soll, beschränkt ihn das BG zugleich auf alle Grundwerte, die in den zivilisierten Ländern anerkannt würden, welchen der Staat angehöre, dessen Recht zu überprüfen sei.[60] Im Vergleich zu der deutschen Konkretisierung des *ordre public*[61] zeigt sich, dass das BG diesen Begriff tatsächlich sehr eng versteht.[62]

Ziel des BG ist es, den *ordre public* von jeglicher Binnenbeziehung zu befreien.[63] Ursprung dieser Möglichkeit bildet letztlich die ausschließliche Verwendung des *ordre public*-Begriffs im internationalen Schiedsgerichtsverfahren. Aus Art. 176 Abs. 1 IPRG ergibt sich, dass hier im Regelfall ein geringer Bezug zum schweizerischen Territorium besteht. Daher bedarf der *ordre public* aus seiner ursprünglichen Funktion[64] heraus keiner weiten Auslegung.

Freilich ist auch das internationale Schiedsgerichtsverfahren nicht frei von jeglicher Verankerung in der Schweiz. So verlangt Art. 176 IPRG, dass das Schiedsgericht seinen Sitz in der Schweiz hat.[65] Selbst wenn man diese Verankerung

---

58 Kap. 6 A II 2 a).

59 Vgl. auch *Karrer/Imhoff-Scheier*, IPRax 1996, 282, 285.

60 Kap. 6 A II 2 a).

61 Kap. 3 A V 5.

62 So auch *Knoepfler*, FS Lalive, S. 532. *Landolt*, ASA Bulletin 2006, 535, 543 m.w.N. bezeichnet diese enge Auslegung als beinahe „idiosynkratisch".

63 Vgl. hierzu auch *Bucher*, Die neue internationale Schiedsgerichtsbarkeit in der Schweiz, Rn. 358 f.; *Karrer/Imhoff-Scheier*, IPRax 1996, 282, 287; *Kaufmann-Kohler*, SZIER 1993, 273, 281 m.w.N. Nach *Arfazadeh*, SZIER 1995, 223, 241 ff. sei jedoch fraglich, ob in Bezug auf die Anwendung des universellen *ordre public* zur Erreichung dieses Zwecks „le jeu en vaut la chandelle" war. Denn auch im Rahmen des schweizerischen *ordre public* könnte auf das Erfordernis der Binnenbeziehung verzichtet werden. Daher sei ein schweizerischer internationaler *ordre public* vorzugswürdig.

64 Kap. 3 A I.

65 Vgl. auch *v. Berti*, FS Heini, S. 4.

als geringfügig betrachtet,[66] ergibt sich aus Art. 192 IPRG, dass die Anfechtung nur zwischen zwei ausländischen Parteien ausgeschlossen werden kann. Daraus lässt sich ableiten, dass der *ordre public*-Begriff einen Bezug zur schweizerischen Rechtsordnung hat.[67] Der vermeintlich fehlende Binnenbezug in Art. 190 Abs. 2 e) IPRG mutet begrifflich seltsam an, wenn man ihn mit dem des vollstreckungsrechtlichen *ordre public* vergleicht. Im Rahmen des Vollstreckungsverfahrens soll der schweizerische *ordre public* maßgeblich sein.[68] Das UNÜ findet jedoch nur auf ausländische Schiedssprüche Anwendung. Einziges Erfordernis für eine Vollstreckung in der Schweiz ist, dass der Schuldner einen Vermögenswert in der Schweiz hat. Es scheint, dass das BG in dem Vermögenswert einen engeren Bezug zur Schweiz sieht als in dem Sitz des Schiedsgerichtes.

Zugleich soll die Anwendung des universellen *ordre public*-Begriffs der Vereinheitlichung eines internationalen Standards dienen.[69] Zwar hat der schweizerische Richter einen Vergleich zwischen dem jeweils betroffenen Rechtskreisen vorzunehmen, allerdings ist letztlich doch seine und damit die schweizerische Sicht, ob ein Prinzip als universell bezeichnet werden kann, maßgeblich. Ein Richter in der Schweiz befindet sich nicht in der Lage, universelle Prinzipien mithilfe des *ordre public* zu erlassen. Es besteht einzig die Möglichkeit, dass das BG *ordre public*-Entscheidungen im Namen des schweizerischen Rechts oder eines internationalen Prinzips, welches bereits ein Teil der nationalen Rechtsordnung geworden ist, ausspricht. Das schweizerische Gericht, bei dem es sich nicht um ein internationales Gericht handelt, kann nur versuchen, die internationalen Vorstellungen zu beeinflussen. So soll die Verwendung des Begriffs des universellen *ordre public* auch nichts weiter als eine „coquille“ darstellen.[70]

Die enge Auslegung und Anwendung des universellen *ordre public*-Begriffs dient der Einschränkung der Aufhebungsgründe und Steigerung der Attraktivität

---

66 So Zürcher Kommentar-IPRG/*Heini*, Art. 190 Rn. 41 ff. m.w.N.

67 *Landolt*, ASA Bulletin 2006, 535, 541.

68 Kap. 6 A II 2 c).

69 Kap. 6 A II 2 a). Ebenfalls international für einen einheitlichen Maßstab des *ordre public*-Begriff – jedenfalls im Exequaturverfahren: Final Report on Public Policy as a Bar to Enforcement of International Arbitral Awards by tbe Committee on International Commercial Arbitration of the International Law Association, presented at the Seventieth Conference of the International Law Association held in New Delhi, April 2002, Professor Mayer, Chairman of the Committee; A. Sheppard, Rapporteur of the Committee, Arb Int.'l Vol. 19 No. 2 (2003), 249, 250 ff.

70 *Arfazadeh*, SZIER 1995, 223, 239.

des Schiedsgerichtsplatzes Schweiz.[71] Den Parteien ist (regelmäßig) an dem Bestand ihres Schiedsspruches gelegen. Eine von vornherein, v.a. unter dem Aspekt der inhaltlichen Kontrolle, stark eingeschränkte *ordre public*-Prüfung ist geeignet, dieses Vertrauen zu bestärken und so die Schiedsgerichtsbarkeit in der Schweiz weiter zu fördern.

Alles in allem zeigt sich dennoch, dass auch dem universellen *ordre public*-Begriff des BG eine schweizerische Komponente anhaftet. Es handelt sich im Vergleich zur weltweiten Verwendung des *ordre public*-Begriffs um einen für die Schweiz spezifischen universellen *ordre public*-Begriff.

3. *Inhalt des materiellen ordre public*

Die enge Auslegungsweite des *ordre public*-Begriffs wirkt sich auf dessen inhaltliche Konkretisierung aus.

Ein Verstoß gegen den materiell-rechtlichen *ordre public* liegt nach dem BG vor, sofern er „fundamentale Rechtsgrundsätze verletzt und daher mit der Rechts- und Werteordnung schlechthin unvereinbar ist".[72] Es müsse sich um die weitgehend anerkannte Werteordnung handeln, welche „nach in der Schweiz herrschender Auffassung Grundlage jeder Rechtsordnung bilden sollte".[73] Die Verletzung einer zwingenden schweizerischen Rechtsnorm durch eine ausländische Vorschrift stelle aus diesem Grund nicht stets einen Verstoß gegen den *ordre public* dar.[74]

Vielmehr zählt das BG zu diesen unvereinbaren Prinzipien den Grundsatz *pacta sunt servanda*, den Grundsatz von Treu und Glauben, das Verbot des Rechtsmissbrauchs, der entschädigungslosen Enteignung, der Diskriminierung sowie den Schutz von Handlungsunfähigen.[75] Allerdings soll diese Aufzählung

---

71 Vgl. hierzu Kap. 6 A.

72 BG, Urteil v. 14.11.1990, BGE 116 II 634, 636 [4]; BG, Urteil v. 27.3.2012, BGE 138 III 322, 327 [4.1]; BG, Urteil v. 19.4.1994, BGE 120 II 155, 166 [6 a)]; BG, Urteil v. 30.12.1994, ASA Bulletin 1995, 217, 224 [2 b)]; BG, Urteil v. 17.8.1994, ASA Bulletin 1995, 198, 202 [3 a)]; BG, Urteil v. 3.4.2002, BGE 128 III 191, 198 [6 b)]; BG, Urteil v. 13.11.1998, ASA Bulletin 1999, 529, 533 [1 b) aa)]; BG, Urteil v. 8.3.2006, BGE 132 III 389, 392 [2.1]; BG, Urteil v. 20.2.2018, BGE 144 III 120, 130 [5.1]. Zustimmend Basler Kommentar-IPRG/*Pfisterer*, Art. 190 Rn. 73.

73 BG, Urteil v. 9.1.1995, ASA Bulletin 1996, 294, 302 f. [7]; BG, Urteil v. 27.3.2012, BGE 138 III 322, 327 [4.1].

74 BG, Urteil v. 9.1.1995, ASA Bulletin 1996, 294, 303 [7]. So auch Basler Kommentar-IPRG/*Patocchi/Jermini*, Art. 194 Rn. 125.

75 BG, Urteil v. 14.11.1990, BGE 116 II 634, 636 [4] m.w.N.; BG, Urteil v. 19.4.1994, BGE 120 II 155, 166 [6 a)]; BG, Urteil v. 17.8.1994, ASA Bulletin 1995, 198, 202 [3 a)];

nicht enumerativ sein.[76] So verstoße ebenfalls das nachgewiesene Versprechen von Schmiergeldzahlungen gegen den *ordre public*.[77] Auch der Vertrauensschutz und ggf. die c.i.c. gehörten ihm an.[78] Denkbar soll zudem ein Verstoß für Fälle der Zwangsarbeit sein.[79] Ferner könne eine Verletzung der Menschenwürde eine *ordre public*-Widrigkeit begründen.[80] Einen Verstoß hat das BG darüber hinaus im Falle einer Verletzung des Art. 27 ZGB angenommen.[81] Es wird somit deutlich, dass nur besonders schwerwiegende Zuwiderhandlungen dem *ordre public* zugerechnet werden. Folglich greift dieser in der Praxis selten durch.[82]

Entscheidend für eine Verletzung des materiellen *ordre public* soll sein, dass der Schiedsspruch im Ergebnis gegen diesen verstoße. Es reiche nicht aus, wenn nur die Begründung des Schiedsspruches den *ordre public* verletze.[83] Bereits der Anfechtungsgrund der Willkür des Konkordates habe vorgesehen, dass nur eine Ergebniskontrolle stattfinden dürfe. In Anbetracht der eingeschränkten Weite

---

BG, Urteil v. 30.12.1994, ASA Bulletin 1995, 217, 224 [2 b)]; BG, Urteil v. 3.4.2002, BGE 128 III 191, 198 [6 b)]; BG, Urteil v. 27.3.2012, BGE 138 III 322, 327 [4.1]; BG, Urteil v. 13.11.1998, ASA Bulletin 1999, 529, 533 [1 b) aa)]; BG, Urteil v. 8.3.2006, BGE 132 III 389, 392 [2.1]; BG, Urteil v. 20.2.2018, BGE 144 III 120, 130 [5.1].

76 BG, Urteil v. 27.3.2012, BGE 138 III 322, 327 [4.1]; BG, Urteil v. 20.2.2018, BGE 144 III 120, 130 [5.1].

77 BG, Urteil v. 2.9.1993, BGE 119 II 380, 384 f. [4].

78 BG, Urteil v. 10.7.2006 – 4P.88/2006 [4].

79 BG, Urteil v. 21.2.2008 – 4A_370/2007 [5.3.2].

80 BG, Urteil v. 20.2.2018, BGE 144 III 120, 130 [5.1].

81 In dem zu entscheidenden Fall hatte der Weltfußballverband einem Spieler ein lebenslanges Berufsverbot angedroht. Das BG sah hierin eine übermäßige Beschränkung der Freiheit des Spielers, welcher in seiner wirtschaftlichen Existenz gefährdet und der Willkür seines Arbeitgebers ausgeliefert sei. Diese Einschränkungen könnten nicht durch überwiegende Interessen des Weltfußballverbandes gerechtfertigt werden. Somit stelle das angedrohte Berufsverbot eine offensichtliche und schwerwiegende Persönlichkeitsverletzung i.S.d. Art. 27 ZGB dar, vgl. BG, Urteil v. 27.3.2012, BGE 138 III 322, 329 ff. [4.3]. Nach Basler Kommentar-IPRG/*Pfisterer*, Art. 190 Rn. 77 sei dies der einzige Fall, in welchem das BG eine Verletzung des materiell-rechtlichen *ordre public* angenommen habe.

82 Vgl. *Lachmann*, Handbuch der Schiedsgerichtsbarkeit, Rn. 2680.

83 BG, Urteil v. 14.11.1990, BGE 116 II 634, 637 [4] m.w.N.; BG, Urteil v. 19.4.1994, BGE 120 II 155, 166 [6 a)]; BG, Urteil v. 17.8.1994, ASA Bulletin 1995, 198, 202 [3 a)]; BG, Urteil v. 27.3.2012, BGE 138 III 322, 327 [4.1]; BG, Urteil v. 13.11.1998, ASA Bulletin 1999, 529, 533 [1 b) aa)] m.w.N.; BG, Urteil v. 20.2.2018, BGE 144 III 120, 129 [3.4.3]. Zustimmend: Basler Kommentar-IPRG/*Pfisterer*, Art. 190 Rn. 74.

des Anfechtungsgrundes des *ordre public*, müsse dies erst recht für Art. 190 Abs. 2 e) IPRG gelten.[84]

Nach der Formulierung des Nationalrates war zudem erforderlich, dass der „Entscheid derart offensichtlich fundamentale Rechtsgrundsätze verletzt, dass er dem *ordre public* widerspricht".[85] Das Kriterium der Offensichtlichkeit wurde jedoch nicht in die Endfassung des Art. 190 Abs. 2 e) IPRG übernommen, da es bereits im *ordre public*-Begriff enthalten sein soll.[86]

Zugleich stelle der *ordre public* nach Art. 190 Abs. 2 e) IPRG nur einen einfachen Vorbehalt bzw. eine Unvereinbarkeitsklausel dar. Er soll eine negative (Schutz-)Funktion und keine positive (normative) Wirkung haben.[87] Diese rein negative Funktion ergibt sich aus der durch Art. 190 Abs. 2 e) IPRG dem Richter eingeräumten Befugnis, einen Schiedsspruch zu bestätigen oder zu kassieren. Er kann keine andere inhaltliche Entscheidung anstelle des Schiedsspruches treffen.[88] Eine inhaltliche Überprüfung soll vom Gesetzgeber im Hinblick auf die Einschränkung der Anfechtungsgründe nicht gewollt sein, allen voran soll keine Kontrolle dahin gehend erfolgen, ob das Recht von den Schiedsrichtern richtig angewandt worden sei.[89]

Somit wird die enge Auslegung des *ordre public* auch anhand seiner Konkretisierung ersichtlich, welche sich auf eine rein negative Ergebniskorrektur für eine geringe Anzahl von Fallgruppen bezieht.

4. *Umfang der staatlichen Kontrollbefugnis*

Die Grenzen der staatsgerichtlichen *ordre public*-Kontrolle lassen sich aus dem Willen des Gesetzgebers ableiten, die Aufhebungsgründe im Gegensatz zur früheren Willkürprüfung stark in ihrem Anwendungsbereich einzuschränken. Diese Einschränkung soll die Effizienz des schiedsgerichtlichen Verfahrens

---

84 BG, Urteil v. 14.11.1990, BGE 116 II 634, 636 f. [4]; BG, Urteil v. 17.8.1994, ASA Bulletin 1995, 198, 202 [3 a)].

85 Amtl. Bull NR 1986, S. 1368.

86 Amtl.Bull. NR 1987, S. 1072; *Bucher*, Die neue internationale Schiedsgerichtsbarkeit in der Schweiz, Rn. 352.

87 BG, Urteil v. 19.4.1994, BGE 120 II 155, 166 [6 a)]; BG, Urteil v. 30.12.1994, ASA Bulletin 1995, 217, 224 [2 b)]; BG, Urteil v. 13.11.1998, ASA Bulletin 1999, 529, 533 [1 b) aa)]; Basler Kommentar-IPRG/*Pfisterer*, Art. 190 Rn. 74.

88 Vgl. *Arfazadeh*, SZIER 1995, 223, 228.

89 Basler Kommentar-IPRG/*Pfisterer*, Art. 190 Rn. 80.

sicherstellen.[90] Die Schnelligkeit wäre gefährdet, sofern das staatliche Gericht im Rahmen der Prüfung des Art. 190 Abs. 2 e) IPRG inhaltlich über den Streitgegenstand verhandeln könnte.[91] Es gilt auch hier das Verbot einer inhaltlichen Kontrolle des Schiedsspruches.[92] So dürfe nicht überprüft werden, ob eine offensichtlich falsche Tatsachenfeststellung, Beweisaufnahme oder Rechtsanwendung durch das Schiedsgericht stattgefunden habe.[93] Die Kontrolle ist auf diejenigen Aspekte beschränkt, welche eine *ordre public*-Widrigkeit begründen können.[94]

III. Art. 19 IPRG

Auch in der Schweiz sind die Zugehörigkeit von Eingriffsnormen zum *ordre public* und die Pflicht der Schiedsrichter zur Anwendung von (ausländischen) Eingriffsnormen höchst umstritten. Der staatliche Richter kann nach Art. 19 Abs. 1 IPRG „anstelle des Rechts, das durch dieses Gesetz bezeichnet wird, (…) die Bestimmung eines anderen Rechts, die zwingend angewandt sein will, berücksichtig(en) (…), wenn nach schweizerischer Rechtsauffassung schützenswerte und offensichtlich überwiegende Interessen einer Partei es gebieten und der Sachverhalt mit jenem Recht einen engen Zusammenhang aufweist".

---

90 BG, Urteil v. 2.9.1993, BGE 119 II 380, 383 [3 c)]; BG, Urteil v. 30.12.1994, ASA Bulletin 1995, 217, 223 [2 a)]; Basler Kommentar-IPRG/*Patocchi/Jermini*, Art. 194 Rn. 125; *Arfazadeh*, SZIER 1995, 223, 224.

91 BG, Urteil v. 2.9.1993, BGE 119 II 380, 383 [3 c)]; Basler Kommentar-IPRG/*Patocchi/Jermini*, Art. 194 Rn. 125.

92 Basler Kommentar-IPRG/*Pfisterer*, Art. 190 Rn. 72; *Möhler*, Konsumentenverträge im schweizerischen Schiedsverfahren, Rn. 770.

93 BG, Urteil v. 14.11.1990, BGE 116 II 634, 636 [4]; BG, Urteil v. 30.12.1994, ASA Bulletin1995, 217, 223 [2 a)]; BG, Urteil v. 13.11.1998, ASA Bulletin 1999, 529, 533 [1 b) aa)]; BG, Urteil v. 20.2.2018, BGE 144 III 120, 129 [3.4.3]; Basler Kommentar-IPRG/*Pfisterer*, Art. 190 Rn. 80.

94 BG, Urteil v. 14.11.1990, BGE 116 II 634, 636 [4]. Ähnlich *Arfazadeh*, SZIER 1995, 223, 224. Nach Art. 190 Abs. 1 a) IPRG des Entwurfs vom 29.12.2018 zu einer Änderung des IPRG, BBl 2018, 7213, 7217 soll eine Partei die Revision eines Entscheides verlangen können, „wenn sie nachträglich erhebliche Tatsachen erfährt oder entscheidende Beweismittel findet, die sie im früheren Verfahren trotz gehöriger Aufmerksamkeit nicht beibringen konnte; ausgeschlossen sind Tatsachen und Beweismittel, die erst nach dem Schiedsentscheid entstanden sind". Diesem Entwurf hat der Ständerat am 4.3.2020 zugestimmt, vgl. AB 2020 S 46 / B 2020 E 46. Damit wird eine eingeschränkte inhaltliche Nachprüfung ermöglicht, allerdings wird sie unabhängig davon eröffnet, ob eine *ordre public*-Verletzung vorliegt.

Art. 19 Abs. 2 IPRG räumt dem staatlichen Richter in Bezug auf die Frage der Berücksichtigung insoweit Ermessen ein.

1. BG 30.12.1994

Der Entscheidung des BG lag ein Streit zwischen einer Gesellschaft nach panamaischem Recht und zwei weiteren Unternehmen um die Kündigung eines Vertrages, der die Lieferung von Rüstungsindustrie zum Gegenstand hatte, zugrunde. Die Kündigung erfolgte unter Berufung auf einen Verstoß des Vertrages gegen das Recht des Staates Kuwait. Die panamaische Gesellschaft leitete ein Schiedsverfahren unter der Organisation der ICC ein. In diesem Verfahren wurden die beiden Unternehmen zur Zahlung eines zweistelligen Millionenbetrages verpflichtet. Hiergegen legten sie öffentlich-rechtliche Beschwerde nach Art. 85 c) ABl. und Art. 190 Abs. 2 IPRG ein. Sie führten aus, dass eine Verletzung des materiell-rechtlichen *ordre public* u.a. vorliege, da die Schiedsrichter die zwingenden Normen des Staates Kuwait nicht angewandt hätten. Hierzu seien sie jedoch nach Art. 19 IPRG verpflichtet gewesen.

Das BG entschied, dass für das internationale Schiedsgericht – v.a. im Falle der Rechtswahl – keine Pflicht bestehe, ausländisches Recht auf das Vertragsstatut anzuwenden. Jedenfalls sei die bloße Nichtbeachtung nicht ausreichend, um einen Verstoß gegen den *ordre public* nach Art. 190 Abs. 2 e) IPRG zu begründen. Art. 19 IPRG sei im Gegensatz zu Art. 187 IPRG eine Anpassungsregel, welche eine Ermessensentscheidung des Richters erfordere. Art. 187 IPRG räume den Parteien hingegen die Autonomie in Bezug auf die Rechtswahl ein.[95]

Allerdings ließ das BG die Frage, ob hier ein *ordre public*-Verstoß wegen einer Verletzung des Art. 19 IPRG vorlag, offen. Das Schiedsgericht habe festgestellt, dass die vorgebrachten Normen des Staates Kuwait nicht zwingend seien und infolgedessen nicht gegen den *ordre public* verstoßen worden sei. Hieran sei das Berufungsgericht bei seiner Entscheidung gebunden. So schließt das BG seine Begründung zu Art. 19 IPRG folgend ab: „Dès lors, indépendamment du point de savoir si l'art. 19 LDIP est applicable à la procédure d'arbitrage, on doit admettre que les griefs reposant sur cette disposition ne sont pas fondés".[96]

Obgleich das BG die Frage der Qualifikation des Art. 19 IPRG als Bestandteil des *ordre public* letztlich offen ließ, zeigte das Gericht doch, indem es auf das Verhältnis von Art. 19 IPRG und Art. 187 IPRG einging, eine Tendenz in

95 BG, Urteil v. 30.12.1994, ASA Bulletin 1995, 217, 225 [2 c)].

96 BG, Urteil v. 30.12.1994, ASA Bulletin 1995, 217, 225 [2 c)].

die Richtung einer Ablehnung der Qualifikation des Art. 19 IPRG als Bestandteil des *ordre public*. Jedenfalls wird für einen *ordre public*-Verstoß aufgrund der Verletzung einer Eingriffsnorm aus Sicht des BG erforderlich sein, dass das Schiedsgericht die verletzte Eingriffsnorm dem schiedsgerichtlichen *ordre public* zurechnet.

2. *Art. 19 IPRG als Bestandteil des ordre public*

Fraglich ist, ob sich weitere Anhaltspunkte ableiten lassen, welche die Tendenz des BG gegen eine Zurechnung des Art. 19 IPRG als Bestandteil des *ordre public* bestätigen.

a) Direkte Anwendbarkeit des Art. 19 IPRG im Schiedsverfahren

Einer Zurechnung des Art. 19 IPRG zum *ordre public* könnte eine fehlende direkte Anwendbarkeit des Art. 19 IPRG im Schiedsverfahren entgegenstehen.

Der Wortlaut des Art. 19 IPRG spricht nicht explizit vom staatlichen Richter, sodass eine Übertragung auf den Schiedsrichter nicht von vornherein ausgeschlossen scheint. Allerdings befindet sich Art. 19 IPRG außerhalb des 12. Kapitels für die internationale Schiedsgerichtsbarkeit. Die Vorschriften dieses Kapitels sollten für die Schiedsgerichtsbarkeit abschließend sein, um staatliche Interventionen weitestgehend auszuschließen.[97] Art. 187 IPRG enthält keinen Hinweis auf die Anwendbarkeit des Art. 19 IPRG. Vielmehr handelt es sich bei Art. 187 IPRG um eine schiedsspezifische Kollisionsnorm, welche die allgemeinen Kollisionsnormen (wie Art. 19 IPRG) verdrängt.[98]

Ein Hinweis auf die Anwendbarkeit des Art. 19 IPRG im Schiedsverfahren könnte sich in Art. 177 Abs. 2 IPRG finden. Dieser soll implizit auf den Fall hinweisen, dass eine Partei zwingende ausländische Vorschriften geltend mache.[99] Art. 177 Abs. 2 IPRG bezieht sich nur auf die Schiedsfähigkeit von Staaten, staatlich beherrschten Unternehmen bzw. Organisationen und ist daher ein Sonderfall für die Investitionsschiedsgerichtsbarkeit. Die Norm stellt eine Ausformulierung des Verbotes des *venire contra factum propium* dar und verbietet den genannten Parteien, zunächst eine Schiedsvereinbarung einzugehen

---

97 *Heini*, FS Zäch, S. 319 f.; *Knoepfler*, FS Lalive, S. 534 m.w.N.

98 *Ostendorf*, SchiedsVZ 2010, 234, 239; *Schnyder*, RabelsZ 59 (1995), 293, 299.

99 *Bucher*, Die neue internationale Schiedsgerichtsbarkeit in der Schweiz, Rn. 100 f. Nach *Bucher* schränke Art. 19 IPRG als Grundlage des ausländischen *ordre public* die Schiedsfähigkeit gem. Art. 177 Abs. 1 IPRG ein.

und sich anschließend auf die fehlende Schiedsfähigkeit zu berufen.[100] Es handelt sich damit bei Art. 177 Abs. 2 IPRG um einen Spezialfall, welcher nicht alle Eingriffsnormen i.S.d. Art. 19 IPRG erfasst. Er ist nicht in der Lage, die direkte Anwendbarkeit des Art. 19 IPRG für den Schiedsrichter zu begründen.

Vielmehr zeigt der Wortlaut des Art. 19 IPRG, dass er auf den staatlichen Richter zugeschnitten ist.[101] Dies ergibt sich aus dem Verweis auf die schweizerische Rechtsauffassung. Der Schiedsrichter ist nicht an ein bestimmtes Forum gebunden. Daher kann die schweizerische Rechtsauffassung für ihn nicht maßgeblich sein.[102] Art. 19 IPRG räumt dem staatlichen Richter nur die Befugnis zur Anwendung von ausländischen Eingriffsnormen ein. Dieser Ermessensspielraum und die damit verbundenen Unsicherheit über die Pflicht zur Anwendung einer Eingriffsnorm ist mit der Verpflichtung des Schiedsrichters zum Erlass eines vollstreckungsfähigen Schiedsspruches unvereinbar.[103] Dem BG ist daher zuzustimmen, wenn es Art. 19 IPRG als Anpassungsregel bezeichnet, welche dem staatlichen Richter Ermessen einräumt.

Folglich kann der Schiedsrichter Art. 19 IPRG nicht direkt anwenden.[104]

b) Weitere Anhaltspunkte gegen eine Zurechnung des Art. 19 IPRG zum ordre public

Über die fehlende Anwendbarkeit des Art. 19 IPRG im Schiedsverfahren hinaus, könnten sich weitere Anhaltspunkte dafür finden lassen, dass dieser nicht dem *ordre public* zugerechnet werden kann.

Das BG wendet den *ordre public* als rein negatives Ergebniskontrollinstrument an.[105] Er ist daher auf den Ausnahmefall beschränkt, dass eine Eingriffsnorm zu Unrecht nicht angewandt wird.[106] Sofern über Art. 19 IPRG alle Eingriffsnormen Bestandteil des *ordre public* wären, sind diese Einschränkungen angesichts der Vielzahl an Eingriffsnormen gefährdet. Zudem legt das BG den universellen *ordre public* eng aus und beschränkt ihn auf Normen, welche „intérêts individuels et de la communauté humaine qui sont d'importance fondamentale" schützen

---

100 Vgl. Basler Kommentar-IPRG/*Mabillard/Briner*, Art. 177 Rn. 23.

101 *Poudret/Besson*, Comparative Law of International Arbitration, S. 610 Rn. 707; *Knoepfler*, FS Lalive, S. 534 m.w.N.

102 Vgl. *Knoepfler*, FS Lalive S. 534 m.w.N.

103 *Rigozzi*, ASA Bulletin 1999, 455, 464.

104 Ebenso *Poudret/Besson*, Comparative Law of International Arbitration, S. 610 Rn. 707; *Ostendorf*, SchiedsVZ 2010, 234, 239; *Knoepfler*, FS Lalive S. 532.

105 Kap. 6 A II 3.

106 *Karrer/Imhoff-Scheier*, IPRax 1996, 282, 285.

sollen.[107] Diese Beschränkungen sind mit der im Vergleich hierzu weiteren Auslegung von Eingriffsnormen nicht vereinbar.

Dies hat zur Folge, dass Art. 19 IPRG nicht als Bestandteil des *ordre public* qualifiziert werden kann.

IV. Wettbewerbsrecht als Bestandteil der *ordre public*-Kontrolle

Das BG hat sich intensiv mit der Frage auseinandergesetzt, ob das Wettbewerbsrecht einen Bestandteil der *ordre public*-Kontrolle darstellt.

1. BG 28.4.1992

Ausgangspunkt der Entscheidungshistorie war die Aufhebung eines Schiedsspruches wegen Verstoßes gegen Art. 190 Abs. 2 b) IPRG. Das Schiedsgericht hatte sich im vorliegenden Fall geweigert einen Vertrag zwischen einem belgischen und einem italienischen Unternehmen, für den belgisches Recht gelten sollte, auf einen Verstoß gegen das unionsrechtliche Kartellverbot zu prüfen.

Das BG entschied, dass die Schiedsrichter über Art. 190 Abs. 2 b) IPRG und damit den *ordre public*, der auch für die Schiedsrichter gelte, zur Prüfung des Art. 85 EGV a.F. verpflichtet seien. Es verwies dabei u.a. auf die Ansicht von *Koch*.[108] Dieser führte in der zitierten Stelle aus, dass ein Verstoß gegen den *ordre public* vorliege, sofern der Schiedsspruch gegen Art. 85 EGV a.F. verstoße. Allerdings müsse (erst) das Vollstreckungsgericht diesen Verstoß sanktionieren. Für den BG war für die Anwendungspflicht des Art. 85 EGV a.F. in Bezug auf die Schiedsrichter nicht ausschlaggebend, ob eine widersprüchliche Entscheidung der Kommission oder die Versagung der Anerkennung und Vollstreckbarerklärung des Schiedsspruches drohe. „L'examen par les arbitres de la conformité des conventions qui leur sont soumises à la réglementation communautaire s'impose si l'on veut éviter des décisions qui y seraient contraires. Aussi le Tribunal arbitral ne pouvait-il rendre sa sentence sans avoir examiné au préalable s'il devait le faire en fonction d'une convention valable ou non."[109]

Die Lösung über Art. 190 Abs. 2 b) IPRG ermöglichte dem BG zugleich die Frage der Zurechnung des Wettbewerbsrechts zum *ordre public* zunächst offen zu lassen.[110]

---

107 BG, Urteil v. 17.4.1990, ASA Bulletin 1990, 253, ebenda.

108 *Koch*, in: Grabitz (Hrsg.), Kommentar zum EWG-Vertrag, Art. 85 Rn. 138.

109 BG, Urteil v. 28.4.1992, BGE 118 II 193, 198 [5 c) bb)].

110 Kritisch in Bezug auf diesen Lösungsweg: Basler Kommentar-IPRG/*Karrer*, Art. 187 Rn. 236.

2. *BG 13.11.1998*

Das BG bestätigte den soeben dargestellten Lösungsweg über die mögliche Anwendungspflicht des EU-Wettbewerbsrechts durch die Schiedsrichter. Trotzdem verstoße eine fehlende Anwendung des Art. 85 EGV a.F. durch den Schiedsrichter im Falle der Vereinbarung schweizerischen Sachrechts nicht gegen Art. 190 Abs. 2 e) IPRG.[111]

Es sei „douteux", ob das nationale und europäische Wettbewerbsrecht „fassent partie des principes juridiques ou moraux fondamentaux reconnus dans tous les Etats civilisés".[112] Daher sei die Entscheidung des Schiedsrichters, das Gemeinschaftsrecht nicht zu beachten, nicht „manifestament insoutenable"[113] gewesen, sodass der Schiedsspruch im Ergebnis nicht gegen die öffentliche Ordnung verstoße.[114] Darüber hinaus könne von einem Schiedsrichter im Falle der Anwendung des schweizerischen Sachrechts nicht verlangt werden, dass er ausländische Vorschriften berücksichtige, obwohl deren Anwendung von keiner der Parteien vorgebracht worden sei. Dies gelte sogar dann, wenn die Parteien sich aus „raisons pratiques"[115] nicht auf diese Vorschriften beriefen. Denn der Schiedsrichter könne, wie im vorliegenden Fall hinsichtlich Art. 85 EGV a.F., nicht verpflichtet werden, „qu'il connaisse ou qu'il recherche systématiquement les lois de police qui pourraient exister dans chacune des législations présentant un point de contact significatif avec la relation litigieuse."[116]

3. *BG 1.2.2002*

Das BG betonte unter Hinweis auf die zuvor dargestellte Entscheidung erneut, dass es die Zugehörigkeit des nationalen und europäischen Wettbewerbsrechts zum *ordre public* für „douteux" halte.[117] Darüber hinaus hob das BG hervor, dass auch die von der Klägerin zitierte Literaturstelle,[118] nach welcher das Schiedsgericht verpflichtet sei, das EU-Wettbewerbsrecht anzuwenden, nicht die Aufhebung des Schiedsspruches nach Art. 190 Abs. 2 e) IPRG zur Folge habe.[119]

---

111 BG, Urteil v. 13.11.1998, ASA Bulletin 1999, 529, 532 [1 a)].
112 BG, Urteil v. 13.11.1998, ASA Bulletin 1999, 529, 534 [1 b) bb)] m.w.N.
113 BG, Urteil v. 13.11.1998, ASA Bulletin 1999, 529, 534 [1 b) bb)].
114 BG, Urteil v. 13.11.1998, ASA Bulletin 1999, 529, 534 [1 b) bb)].
115 BG, Urteil v. 13.11.1998, ASA Bulletin 1999, 529, 535 [1 b) bb)] m.w.N.
116 BG, Urteil v. 13.11.1998, ASA Bulletin 1999, 529, 535 [1 b) bb)] m.w.N.
117 BG, Urteil v. 1.2.2002, BGE 128 III 234, 243 [5 c)].
118 *Rigozzi*, ASA Bulletin 1999, 455, 474.
119 BG, Urteil v. 1.2.2002, BGE 128 III 234, 243 f. [5 c)].

4. *BG 8.3.2006*

In dieser Entscheidung wies das BG erstmals eine Beschwerde nach Art. 190 Abs. 2 e) IPRG unter ausdrücklicher Ablehnung der Zurechnung des EU-Wettbewerbsrechts zum *ordre public* ab.

Das schweizerische Kartellgesetz sei in Bezug auf horizontale Vereinbarungen erlassen worden, um die wirtschaftlichen und sozialschädlichen Folgen von Kartellen einzudämmen. Aus Art. 1 des Kartellgesetzes werde ersichtlich, dass die liberale Marktwirtschaft gefördert und die Folgen von Wettbewerbsbeschränkungen eingedämmt werden sollten. Allerdings sei dieses Ziel nicht auf die Schweiz begrenzt. Vielmehr teilten es die wichtigsten Industrie- und einige Entwicklungsländer.[120] An Art. 81 EGV a.F. zeige sich, dass das Ziel auch ein Hauptanliegen der EU bilde. Freilich sei es „déjà présomptueux", wenn die westlichen, europäischen und schweizerischen Vorstellungen „devraient s'imposer d'évidence à tous les Etats de la planète, telle une panacée, liées qu'elles sont à un certain type d'économie et de régime".[121]

Auch im schweizerischen Kartellrecht seien Ausnahmen von diesem Ziel zugelassen (vgl. Art. 5 Abs. 2 a LCart). So sei der Versuch, einen gemeinsamen Nenner zwischen den staatlichen Vorschriften der relevanten Rechtsordnungen zu finden nicht „pas forcément couronnée de succès".[122] Zudem würde ein solcher gemeinsamer Nenner nicht mit Art. 81 EGV a.F. übereinstimmen.[123] Daher seien die Divergenzen insbesondere zwischen der EU und der Schweiz „trop marquées (…) pour que l'on puisse y voir une règle transnationale ou d'ordre public international".[124]

Hieran ändere auch die *Eco-Swiss*-Entscheidung des EuGH nichts.[125] Dieser habe für die Zuordnung zum *ordre public* die Erfüllung der Gemeinschaftsaufgaben und das Funktionieren des Binnenmarktes durch Art. 81 EGV a.F. als maßgeblich erachtet. Dementsprechend sei die Anwendung des EU-Wettbewerbsrechts räumlich begrenzt. Die Verpflichtung eines Gerichtes der EU einen Schiedsspruch, der gegen Art. 81 EGV a.F. verstoße, für nichtig zu erklären,

---

120 BG, Urteil v. 8.3.2006, BGE 132 III 389, 395 [3.1].

121 BG, Urteil v. 8.3.2006, BGE 132 III 389, 396 [3.1].

122 BG, Urteil v. 8.3.2006, BGE 132 III 389, 396 [3.1].

123 BG, Urteil v. 8.3.2006, BGE 132 III 389, 396 [3.1].

124 BG, Urteil v. 8.3.2006, BGE 132 III 389, 396 [3.1]. Zustimmend: *Poudret/Besson*, Comparative Law of International Arbitration, S. 615 Rn. 707c.

125 BG, Urteil v. 8.3.2006, BGE 132 III 389, 396 [3.1]. Zustimmend: *Tyrolt*, Sportschiedsgerichtsbarkeit und zwingendes staatliches Recht, S. 83.

ergebe sich aus internen Verfahrensvorschriften.[126] Infolgedessen habe das BG im Gegensatz zu den vorgenannten Entscheidungen[127] keine Zweifel mehr: „(L)es dispositions du droit de la concurrence, quel qu'il soit, ne font pas partie des valeurs essentielles et largement reconnues qui, selon les conceptions prévalant en Suisse, devraient constituer le fondement de tout ordre juridique."[128]

Hinsichtlich der Anwendungspflicht des Art. 81 EGV a.F. durch den Schiedsrichter führte das BG aus, dass der schiedsrichterliche und der *ordre public* des Art. 190 Abs. 2 e) IPRG nicht identisch seien.[129] Es bestehe kein Widerspruch, wenn die Nichtanwendung des europäischen Wettbewerbsrechts nach Art. 190 Abs. 2 b) IPRG sanktioniert werde, obwohl dieses nicht Bestandteil des *ordre public* nach Art. 190 Abs. 2 e) IPRG sei. Dem BG sei es nämlich nicht möglich zu prüfen, ob das Schiedsgericht das Gemeinschaftsrecht korrekt angewandt habe.[130] Dies ergebe sich aus der fehlenden Vorlagebefugnis des schweizerischen Gerichtes zur Vorabentscheidung durch den EuGH.[131] Daher drohten widersprüchliche Entscheidungen. Zudem bestehe eine Gefahr für die Rechtssicherheit und „porterait une atteinte certaine à l'autorité de la juridiction suprême du pays".[132] Folglich müsse das BG nicht prüfen, ob das europäische Wettbewerbsrecht vom Schiedsgericht korrekt angewandt worden sei, da es keinen Bestandteil des *ordre public* nach Art. 190 Abs. 2 e) IPRG bilde.[133]

5. *Zwischenergebnis*

Die Frage, ob wettbewerbsrechtliche Streitigkeiten überhaupt schiedsfähig sind, hat die schweizerische Rechtsprechung in einem positiven Sinne entschieden.[134]

---

126 BG, Urteil v. 8.3.2006, BGE 132 III 389, 397 [3.1]. Zustimmend: *Rigozzi*, ASA Bulletin 1999, 455, 474 ff.

127 Soeben unter 1.–3.

128 BG, Urteil v. 8.3.2006, BGE 132 III 389, 399 [3.3].

129 Hierzu bereits unter II 2 b).

130 BG, Urteil v. 8.3.2006, BGE 132 III 389, 399 [3.3].

131 BG, Urteil v. 8.3.2006, BGE 132 III 389, 399 [3.3]. Zustimmend: *Rigozzi*, ASA Bulletin 1999, 455, 474 ff.

132 BG, Urteil v. 8.3.2006, BGE 132 III 389, 399 f. [3.3].

133 BG, Urteil v. 8.3.2006, ASA Bulletin 2006, 521, 533.

134 Siehe BG, Urteil v. 28.4.1992, BGE 118 II 193 und die weiteren Urteile in Kap. 6 A IV, welchen zumindest implizit die Schiedsfähigkeit von wettbewerbsrechtlichen Streitigkeiten zu entnehmen ist. Ähnlich *Rigozzi*, ASA Bulletin 1999, 455, 459; *Spiegel*, Kartellprivatrecht in der internationalen Handelsschiedsgerichtsbarkeit, S. 63 ff.; *Tyrolt*, Sportschiedsgerichtsbarkeit und zwingendes staatliches Recht, S. 155.

Offen ließ das BG hingegen zunächst, ob das Wettbewerbsrecht einen Bestandteil des *ordre public* bildet.[135] Es verpflichtete vielmehr die Schiedsrichter, das (ausländische) Wettbewerbsrecht anzuwenden, sofern sich eine der Parteien hierauf beruft.[136] In seiner Entscheidung von 2006 hat es sich explizit gegen die Zurechnung nationalen und ausländischen Wettbewerbsrechts zum *ordre public* entschieden. Die Anwendungspflicht des Schiedsrichters ließ es unbeeinflusst fortbestehen.[137]

a) Keine Zurechnung des Wettbewerbsrechts zum ordre public

Die Entscheidung des BG gegen eine Zurechnung des Wettbewerbsrechts zum *ordre public* ist jedoch nicht frei von jedem Zweifel.[138]

Ausgangspunkt für die fehlende Zurechnung zum *ordre public* ist das Bestreben des BG, den Begriff des Art. 190 Abs. 2 e) IPRG eng auszulegen.[139] Das BG stützt seine Entscheidung auf die (vermeintlich) fehlende Universalität des Wettbewerbsrechts. In Bezug auf dieses soll es keinen gemeinsamen Nenner geben.[140] Allerdings sind den Art. 81 EGV a.F. und Art. 5 des Bundesgesetzes über Kartelle das Verbot von *Hard-core*-Kartellen gemein, wie es in der Entscheidung des BG vom 8.3.2006[141] vorgelegen hat. Dieser Nenner geht weit über die Industriestaaten hinaus.[142] Auch mehrere supranationale Organisationen, wie die WTO gehen von der Schädlichkeit von *Hard*-core-Kartellen und dem Erfordernis ihres Verbotes aus.[143] Daher soll die Aussage, dass die Wettbewerbsvorschriften keine

---

135 Soeben unter 2. und 3. Bei den Vorschriften des Wettbewerbsrechts handelt es sich um Eingriffsnormen, vgl. *Rigozzi*, ASA Bulletin 1999, 455, 461 f.; *Heini*, FS Habscheid, S. 156.

136 Vgl. hierzu 1. und 2.

137 Soeben unter 4.

138 So sind *Rigozzi*, ASA Bulletin 1999, 455, 461; Basler Kommentar-IPRG/*Pfisterer*, Art. 190 Rn. 86; *Landolt*, ASA Bulletin 2006, 535, 543 ff. der Ansicht, dass das Wettbewerbsrecht dem *ordre public* zugerechnet werden müsse. In diese Richtung auch *Hoffet*, ASA Bulletin 2000, 697, 702. Andere Ansicht: *Heini*, FS Habscheid, S. 156.

139 Ähnlich *Meinhardt/Ahrens*, SchiedsVZ 2006, 182, 187.

140 Soeben unter 4.

141 Vgl. hierzu 4.

142 *Meinhardt/Ahrens*, SchiedsVZ 2006, 182, 187; *Girsberger/Weber-Stecher*, FS Zäch,S. 689. So auch *Landolt*, ASA Bulletin 2006, 535, 545 m.w.N. Ähnlich *Hoffet*, ASA Bulletin 2000, 697, 701.

143 OECD, Recommendation of the OECD Council concerning effective action against hard core cartels, 25. March 1998, C(98)35/FINAL. Ebenso *Meinhardt/Ahrens*, SchiedsVZ 2006, 182, 187; *Girsberger/Weber-Stecher*, FS Zäch, S. 689. So auch *Landolt*,

grundlegenden und allgemein anerkannten Werte enthielten, „in dieser Allgemeinheit (…) nicht haltbar“ sein.[144] Aus der Vielfalt der Wettbewerbsrechtssysteme kann sich die Ablehnung der Internationalität des Wettbewerbsrechts nicht ergeben. Dass bestimmte Bereiche oder Typen von Wettbewerbsbeschränkungen von den Verboten ausgenommen werden, stellt nicht das System des Wettbewerbsrechts als solches infrage. Dies gilt auch für Art. 5 Abs. 2 a) LCartR. Dieser zeigt nicht eine Vielfalt von Wettbewerbssystemen. Vielmehr beruht die Vorschrift auf dem Gedanken der (positiven) Wirkung von Effizienzen, welcher sich ebenfalls im europarechtlichen Wettbewerbsrecht findet und beinahe allen Wettbewerbsrechtssystemen gemeinsam ist.[145]

Aus dem Vergleich mit der „Liste“ an Grundsätzen, welche das BG dem *ordre public* zurechnet,[146] müsste sich ergeben, dass auch das Wettbewerbsrecht in diese aufzunehmen wäre. Die genannten Grundprinzipien sollen nicht in jedem Staat auf dieser Welt verteidigt werden.[147] Die genannten Prinzipien sind anerkannte ethische oder moralische Werte. Das Wettbewerbsrecht entspringt zwar v.a. dem Bereich der Wirtschaftsregulierung, jedoch werden Kartellverstöße zunehmend kriminalisiert. Obgleich auch in der Schweiz keine Haftstrafen für Privatpersonen möglich sind, können (wie in der EU) Geldbußen verhängt werden (§§ 49a ff. LCartR). Somit wohnt dem Wettbewerbsrecht ein moralischer bzw. ethischer Aspekt inne.[148]

Durch die enge Auslegung des *ordre public*-Begriffs beraubt das BG diesen Kontrollmechanismus fast gänzlich seines Anwendungsbereiches.[149] Allerdings dient die Hervorhebung der restriktiven Auslegung (vordergründig) dem Schutz der Autonomie der Schiedsgerichtsbarkeit. Sie steigert die Attraktivität des Schiedsgerichtsorts Schweiz, indem neben die Aspekte der Neutralität und kulturellen Öffnung eine schiedsfreundliche Rechtsprechung tritt.[150] Zugleich

---

ASA Bulletin 2006, 535, 545 m.w.N., der darauf hinweist, dass das Fehlen eines Wettbewerbsrechts in einem Staat auf dessen wirtschaftlicher Schwäche und nicht auf der Ablehnung von Normen des Wettbewerbsrechts beruhe.

144 *Meinhardt/Ahrens*, SchiedsVZ 2006, 182, 187.

145 *Landolt*, ASA Bulletin 2006, 535, 546 m.w.N.

146 Kap. 6 A II 3.

147 *Meinhardt/Ahrens*, SchiedsVZ 2006, 182, 187.

148 *Landolt*, ASA Bulletin 2006, 535, 547 m.w.N.

149 Ähnlich *Radicati di Brozolo*, L'ordre public et l'overkill du Tribunal Fédéral, http://fr.groups.yahoo.com/group/arbitrage-adr/message/978 (zuletzt abgerufen am 22.09.2021).

150 *Meinhardt/Ahrens*, SchiedsVZ 2006, 182, 188.

besteht die Gefahr, dass die in der Schweiz erlassenen Schiedssprüche, insbesondere in der EU, nicht vollstreckt werden.[151] Ferner steht es weder im Interesse der Schweiz noch der Schiedsrichter, wenn Parteien die Schweiz als Sitz des Schiedsgerichtes unter gleichzeitiger Geltung des schweizerischen Sachrechts ausschließlich wählen, um die zwingenden Vorschriften einer anderen Rechtsordnung zu umgehen.[152]

b) Anwendungspflicht der Schiedsrichter

Die Anwendungspflicht der Schiedsrichter erscheint jedoch geeignet, die fehlende Qualifikation des Wettbewerbsrechts als Bestandteil des *ordre public* des Art. 190 Abs. 2 e) IPRG zu rechtfertigen.

Bei den Vorschriften des Wettbewerbsrechts handelt es sich um Eingriffsnormen.[153] Das BG hat in seiner Entscheidung vom 30.12.1994 explizit keine Anwendungspflicht der Schiedsrichter für Eingriffsnormen begründet,[154] sodass hier eine Diametrik bestehen könnte.[155] Es hat in der Entscheidung jedoch nicht abgelehnt, dass die Schiedsrichter Eingriffsnormen anwenden müssen. Vielmehr ist die Entscheidung bereits im Lichte der Rechtsprechung vom 28.4.1992[156] zu sehen, in der (wenn auch noch vermittelt über Art. 190 Abs. 2 b) IPRG) eine Pflicht zur Anwendung des Wettbewerbsrechts statuiert wurde. Daher steht die Entscheidung vom 30.12.1994[157] nicht im Widerspruch zu der wettbewerbsrechtlichen Rechtsprechung.[158]

Das Wettbewerbsrecht dient der Durchsetzung der wirtschaftspolitischen Ordnungsinteressen. Hieraus soll sich ergeben, dass der Schiedsrichter noch

---

151 *Poudret/Besson*, Comparative Law of International Arbitration, S. 615 Rn. 707c; *Meinhardt/Ahrens*, SchiedsVZ 2006, 182, 188. Nach *Tyrolt*, Sportschiedsgerichtsbarkeit und zwingendes staatliches Recht, S. 83 sei dies für die Zurechnung zum *ordre public* irrelevant.

152 *Meinhardt/Ahrens*, SchiedsVZ 2006, 182, 188. Ähnlich *Rigozzi*, ASA Bulletin 1999, 455, 485.

153 Vgl. hierzu auch Kap. 5 C VII 1.

154 Kap. 6 A III.

155 Vgl. *Rigozzi*, ASA Bulletin 1999, 455, 465 f.

156 Soeben unter 1.

157 Kap. 6 A IV 1.

158 Zwar erwähne das BG in den wettbewerbsrechtlichen Entscheidungen den Art. 19 IPRG nicht (mehr). Allerdings ergebe sich aus den Nachweisen, dass das BG einer Orientierungsmöglichkeit der Schiedsrichter an Art. 19 IPRG zugeneigt sei, vgl. *Rigozzi*, ASA Bulletin 1999, 455, 466.

weniger als der staatliche Richter zur Durchsetzung dieser Interessen und damit zur Anwendung dieser Normen verpflichtet werden könnten.[159] Der Maßstab des universellen *ordre public* des Art. 190 Abs. 2 e) IPRG gilt auch für den Schiedsrichter.[160] Seine Befugnis zur Rechtsprechung beruht auf staatlicher Ermächtigung und ist nicht vollständig von dem staatlichen Recht unabhängig.[161] Demzufolge müssen auch die Schiedsrichter das staatliche Kartellrecht anwenden. Gegen die Anwendung des Kartellrechts können sich die Parteien nicht mit dem Grundsatz *volenti non fit iniuria* verteidigen. Denn das Kartellrecht dient dem Schutz aller Marktteilnehmer.[162] Kartelle verzerren die Preise in der gesamten Wirtschaft. Sie sind sehr lukrativ und schwer aufzudecken. Die Überprüfung der Einhaltung des Kartellrechts durch den privaten Akteur Schiedsgericht ist dementsprechend von Vorteil für die Wirtschaft.[163] Somit sollte das Kartellrecht, auf dessen Markt es sich auswirkt, zwingend vom Schiedsrichter angewandt werden.[164]

Aber auch die Trennung zwischen der Anwendungspflicht und der Versagung der Zurechnung zum *ordre public* des Art. 190 Abs. 2 e) IPRG wird teilweise als widersprüchlich angesehen.[165] Die Frage nach der Anwendung des Wettbewerbsrechts würde letztlich von der Einordnung durch die Schiedsrichter abhängen.[166] Eine solche Unterscheidung könnte nur aus dem Aspekt des Schutzes des Richters vor der Anwendung ausländischen Rechts geboten sein. Dieses Problem vermag jedoch mithilfe der Einholung von Gutachten oder Anrufung der Gerichte der betroffenen *lex fori* gelöst werden.[167] Der Schiedsrichter wird durch die Anwendung des Kartellrechts nicht übermäßig belastet, da dieses inzwischen auf nationaler, europäischer sowie globaler Ebene hinreichend konvergent ist.

Die Entscheidung zwischen der Trennung von der Anwendungspflicht der Schiedsrichter und der fehlenden Zurechnung des Wettbewerbsrechts zum *ordre public* ist Ausfluss des Willens, den Anfechtungsgrund des Art. 190 Abs. 2 e) IPRG möglichst restriktiv anzuwenden. Diese restriktive Anwendung soll im Ergebnis

---

159 *Heini*, FS Zäch (1999), S. 320.

160 Kap. 6 A II 2 b).

161 Ähnlich *Rigozzi*, ASA Bulletin 1999, 455, 466. In diesem Sinne, *Heini*, FS Zäch, S. 321.

162 *Heini*, FS Zäch, S. 321 f.

163 *Landolt*, ASA Bulletin 2006, 535, 543.

164 *Heini*, FS Zäch, S. 322.

165 Vgl. *Arfazadeh*, SZIER 1995, 223, 251; *Landolt*, ASA Bulletin 2006, 535, 543. Ähnlich Basler Kommentar-IPRG/*Karrer*, Art. 187 Rn. 236.

166 *Arfazadeh*, SZIER 1995, 223, 251.

167 *Landolt*, ASA Bulletin 2006, 535, 544.

nicht zulasten der Schiedstätigkeit in der Schweiz und damit ihrer Attraktivität als Schiedsgerichtsort gehen. Diese „Qualität“ soll durch die Verpflichtung der Schiedsrichter zur Anwendung des Wettbewerbsrechts gesichert werden.[168] Hiermit ist ein Mindestmaß an Schutz gewahrt, sodass im Sinne der Effektivität des wettbewerbsrechtlichen Schutzes die Anwendungspflicht nicht als widersprüchlich verworfen werden soll.[169]

c) Keine Änderung der Rechtsprechung des BG in Sicht

Es ist nicht ersichtlich, dass das BG seine Rechtsprechung in diesem Bereich bald ändern wird. In seiner neuesten Entscheidung hat es sich mit dem Einwand der Prüfung der Verallgemeinerung des Wettbewerbsrechts auch zuletzt nicht auseinandergesetzt („Point n'est besoin d'examiner ici le bien-fondé de cette seule affirmation ni, partant, de soumettre la jurisprudence critiquée à un nouvel examen.“[170]). Zwar äußert sich das BG zurückhaltender als im Jahre 2006,[171] aber es behält seine Linie in Bezug auf die fehlende Zurechnung des Wettbewerbsrechts zum *ordre public* bei.[172]

V. Verbraucherschutz als Bestandteil des *ordre public*

Das schweizerische Schiedsrecht enthält keine speziellen Vorschriften für Verbraucher.[173]

1. Verbraucherschutzrecht als direkter Bestandteil des ordre public

Dennoch könnte das Verbraucherrecht direkt einen Bestandteil des *ordre public* bilden.

Diese Zurechnung vermag sich aus Art. 120 IPRG ergeben. Art. 120 IPRG enthält für bestimmte Verbraucherverträge ein Rechtswahlverbot. Der Gesetzgeber wies in seiner Botschaft im Zusammenhang mit Art. 120 IPRG (nach dem

168 *Meinhardt/Ahrens*, SchiedsVZ 2006, 182, 186.

169 Im Ergebnis ebenso *Meinhardt/Ahrens*, SchiedsVZ 2006, 182, 186.

170 BG, Urteil v. 20.2.2018, BGE 144 III 120, 131 [5.2].

171 So führt das BG aus, dass „le moyen pris de la violation de l'ordre public matériel pour cause d'atteintes gravissimes au droit de la concurrence (…) n'en devraient pas moins (Anm. trotz des Vorbringens einer Verallgemeinerung des Wettbewerbsrechts) être écartés.“

172 BG, Urteil v. 20.2.2018, BGE 144 III 120, 131 [5.2].

173 Torggler/Mohs/Schäfer/Wong/*Zeiler*, Kap. 3 Rn. 631.

Entwurf noch Art. 117) darauf hin, dass den staatlichen Schutznormen „oft sogar ordre public-Charakter zukommt".[174] Art. 120 IPRG kollidiert in der internationalen Schiedsgerichtsbarkeit jedoch mit dem Grundsatz der freien Rechtswahl nach Art. 187 Abs. 1 IPRG.[175] Art. 187 IPRG ist eine eigenständige spezielle Kollisionsnorm für das Schiedsrecht, welche die Anwendung der Kollisionsnormen außerhalb des 12. Kapitels des IPRG ausschließt.[176] Art. 120 IPRG befindet sich aber außerhalb des 12. Kapitels des IPRG und ist auf die staatliche Gerichtsbarkeit zugeschnitten.[177] Damit kann im Bereich der Schiedsgerichtsbarkeit nicht auf Art. 120 IPRG zurückgegriffen werden.

Der *ordre public* sieht keinen speziellen Verbraucherschutz vor. Als entscheidend soll sich für dessen Eingreifen die „Fundamentalität des verletzten Rechts"[178] und nicht die Stellung der Parteien erweisen.[179] Der *ordre public* ist nur verletzt, wenn im Falle einer Verbraucherstreitigkeit die von dem BG genannten Prinzipien, wie bspw. das Rechtsmissbrauchsverbot verletzt sind. Die *ordre public*-Widrigkeit soll somit unabhängig von der Frage bestehen, ob es sich bei der verletzten Norm um eine verbraucherschützende handelt. Daher folgt aus dem Zweck einer Norm als Verbraucher schützend keine Qualifikation hinsichtlich des *ordre public*.[180]

Dementsprechend lassen sich auch die Erwägungen des BG[181] in Bezug auf das Wettbewerbsrecht auf die Frage der *ordre public*-Zugehörigkeit des Verbraucherschutzes übertragen. Das Verbraucherschutzrecht hängt von den jeweiligen wirtschaftlichen und politischen sowie den rechtlichen Vorstellungen ab. Daher sollen die Divergenzen zwischen den einzelnen Staaten „(d)ementsprechend gross" und die erforderliche „dénominateur commun" im Bereich des Verbraucherschutzes nicht gegeben sein.[182] An diesem Ergebnis ändert auch die Rechtsprechung des EuGH in Bezug auf die Klauselrichtlinie nichts.[183] Diese ist für

---

174 Botschaft zum Bundesgesetz über das internationale Privatrecht (IPR-Gesetz) v. 10. November 1982, S. 413.

175 *Möhler*, Konsumentenverträge im schweizerischen Schiedsverfahren, Rn. 657.

176 Basler Kommentar-IPRG/*Karrer*, Art. 187 Rn. 26 ff.; *Bucher*, Die neue internationale Schiedsgerichtsbarkeit in der Schweiz, Rn. 239; *Möhler*, Konsumentenverträge im schweizerischen Schiedsverfahren, Rn. 664.

177 *Möhler*, Konsumentenverträge im schweizerischen Schiedsverfahren, Rn. 664.

178 Kap. 6 A II 3.

179 *Möhler*, Konsumentenverträge im schweizerischen Schiedsverfahren, Rn. 748.

180 *Möhler*, Konsumentenverträge im schweizerischen Schiedsverfahren, Rn. 749.

181 BG, Urteil v. 8.3.2006, BGE 132 III 389, 395 ff. [3].

182 *Möhler*, Konsumentenverträge im schweizerischen Schiedsverfahren, Rn. 761.

183 Kap. 5 D II 2.

die Schweiz genauso wie die *Eco-Swiss*-Entscheidung[184] ohne ausschlaggebende Bedeutung, zumal die Zurechnung des Art. 6 der Klauselrichtlinie zum *ordre public* mit der Bedeutung der Norm für die Erfüllung der Gemeinschaftsaufgaben und somit unionsrechtlich spezifisch begründet wird.[185]

Folglich gehört das Verbraucherschutzrecht weder zum *ordre public* i.S.d. Art. 190 Abs. 2 e) IPRG noch zum vollstreckungsrechtlichen *ordre public* des Art. V Abs. 2 b) UNÜ.[186] Der *ordre public*-Vorbehalt bietet dem Verbraucher daher keinen besonderen Schutz.

2. *Einschränkung der Schiedsfähigkeit*

Ein Schutz könnte dem Verbraucher jedoch über die Einschränkung der Schiedsfähigkeit von Verbraucherstreitigkeiten zukommen.

Nach Art. 177 Abs. 1 IPRG kann jeder vermögensrechtliche Anspruch Gegenstand eines Schiedsverfahrens sein. Ansprüche aus Verbraucherverträgen haben zumeist geldwerten Charakter, sodass die Voraussetzung des Art. 177 Abs. 1 IPRG in den meisten Fällen erfüllt ist. Strengere Vorschriften aus einer ausländischen *lex causae*, dem zwingenden schweizerischen Verbraucherrecht[187] oder den zwingenden Verbrauchergerichtsständen sollen grundsätzlich irrelevant sein.[188]

Gem. Art. 114 Abs. 2 IPRG kann der Verbraucher nicht im Voraus auf das Recht, seine Klage an seinem Aufenthaltsort vor Gericht zu bringen, verzichten. Es handelt sich bei Art. 114 Abs. 2 IPRG um eine „teilzwingende" Norm.[189] Die zwingenden Gerichtsstände dienen dem Schutz des Verbrauchers als der schwächeren Vertragspartei. Folglich soll der Verbraucher nicht im Wege des Schiedsverfahrens auf diesen Gerichtsstand im Voraus verzichten können.[190] Allerdings handelt es sich bei dieser Vorschrift um eine Beschränkung außerhalb

184 Kap.5 C IV.

185 *Möhler*, Konsumentenverträge im schweizerischen Schiedsverfahren, Rn. 762.

186 *Möhler*, Konsumentenverträge im schweizerischen Schiedsverfahren, Rn. 761, 772 ff.

187 Siehe z.B. Art. 19 PauRG.

188 Torggler/Mohs/Schäfer/Wong/*Zeiler*, Kap. 3 Rn. 634; Basler Kommentar-IPRG/*Mabillard/Briner*, Art. 177 Rn. 12; *Möhler*, Konsumentenverträge im schweizerischen Schiedsverfahren, Rn. 252, Rn. 265. Andere Ansicht: *Bucher*, Die neue internationale Schiedsgerichtsbarkeit in der Schweiz, Rn. 94. Anders noch im Rahmen des Art. 5 des Konkordates, welcher einen Vorbehalt bzgl. der zwingenden Gerichtsstände enthielt.

189 Basler Kommentar-IPRG/*Mabillard/Briner*, Art. 177 Rn. 12.

190 Zürcher Kommentar-IPRG/*Vischer*, Art. 177 Rn. 13 ff.

des 12. Kapitels des IPRG, die für die internationale Schiedsgerichtsbarkeit ohne Bedeutung sind.[191]

Demzufolge sind Verbraucherstreitigkeiten im Bereich der internationalen Schiedsgerichtsbarkeit schiedsfähig.[192] Dies entspricht dem Willen des Gesetzgebers, welcher alle Einschränkungen der Schiedsfähigkeit in Verbraucherstreitigkeiten ersatzlos gestrichen hat. Auch die früher außerhalb des 12. Kapitels des IPRG bestehenden Beschränkungen der Schiedsfähigkeit von Verbraucherstreitigkeiten (z.B. Art. 226l aOR, Art. 27 Abs. 2 aAFG) sind aufgehoben worden.[193]

Für die nationale Schiedsgerichtsbarkeit regelt Art. 354 schwZPO die Schiedsfähigkeit. Hiernach muss der Anspruch frei verfügbar sein. Wie in der internationalen Schiedsgerichtsbarkeit stehen jedoch zwingende Verbrauchergerichtsstände[194] der freien Verfügbarkeit und damit der Schiedsfähigkeit nicht entgegen.[195]

Insofern kann die Schiedsfähigkeit in Verbraucherstreitigkeiten nicht ohne Weiteres eingeschränkt werden.

3. *Einschränkung der Schiedsfähigkeit unter Heranziehung des ordre public*

Eine Einschränkung der Schiedsfähigkeit könnte jedoch mithilfe des *ordre public* erreicht werden.[196]

Aber sogar aus einer Beschränkung ergibt sich nicht, dass die (teil)zwingenden Gerichtsstände zum *ordre public* gehören. So soll bspw. das Verbot des Vorausverzichtes nach Art. 114 Abs. 2 IPRG kein Bestandteil des *ordre public* sein.[197] Zudem unterläuft eine Einschränkung der Schiedsfähigkeit die Regelung

---

191 Basler Kommentar-IPRG/*Mabillard/Briner*, Art. 177 Rn. 12.

192 *Möhler*, Konsumentenverträge im schweizerischen Schiedsverfahren, Rn. 355 ff.

193 Vgl. hierzu ausführlich *Möhler*, Konsumentenverträge im schweizerischen Schiedsverfahren, Rn. 252 ff.

194 Siehe z.B. Art. 32 Abs. 1 schwZPO.

195 *Möhler*, Konsumentenverträge im schweizerischen Schiedsverfahren, Rn. 355 ff.; Torggler/Mohs/Schäfer/Wong/*Zeiler*, Kap. 3 Rn. 636.

196 Für die Möglichkeit einer Einschränkung der Schiedsfähigkeit mithilfe des *ordre public*: Basler Kommentar-IPRG *Mabillard/Briner*, Art. 177 Rn. 13. So sei auch die fehlende Schiedsfähigkeit als Anerkennungsversagungsgrund nach Art. V Abs. 2 a) IPRG eine Form des *ordre public*, vgl. *Gentinetta*, Die lex fori internationaler Handelsschiedsgerichte, S. 305 f.; Basler Kommentar-IPRG/*Jermini*, Art. 194 Rn. 122; *Bucher*, Die neue internationale Schiedsgerichtsbarkeit in der Schweiz, Rn. 453.

197 *Möhler*, Konsumentenverträge im schweizerischen Schiedsverfahren, Rn. 352.

des Art. 177 IPRG. Art. 177 Abs. 1 IPRG stellt ausschließlich auf den vermögensrechtlichen Charakter des Anspruches ab.

Jedenfalls ergibt sich aus dem *ordre public* keine Einschränkung der Schiedsfähigkeit zugunsten des Schutzes einer schwächeren Partei. Hätte der Gesetzgeber aus Erwägungen des Sozialschutzes bestimmten Ansprüchen die Schiedsfähigkeit versagen wollen, so hätte er dies explizit tun können. Sofern ein solcher expliziter Ausschluss nicht besteht, darf dieser nicht „ersatzweise" über den *ordre public* abgeleitet werden.[198]

Der *ordre public* umfasst aber, wie soeben dargestellt,[199] nicht den Verbraucherschutz. Dieses Ergebnis würde durch die Heranziehung der Schiedsfähigkeit umgangen.

In Anbetracht dessen kann der Verbraucherschutz nicht dem *ordre public* zugerechnet werden. Damit gibt es weder im internationalen noch im nationalen Schiedsverfahrensrecht der Schweiz einen besonderen Schutzmechanismus für Verbraucher.

VI. Arbeitnehmerschutz als Bestandteil des *ordre public*

Für die Frage nach dem Arbeitnehmerschutz als Bestandteil des *ordre public* gilt im Wesentlichen *mutatis mutandis* das soeben Ausgeführte. Auch für Arbeitnehmer bestehen im schweizerischen Schiedsverfahrensrecht keine spezifischen Bestimmungen. Eine Ausnahme gilt im Rahmen des nationalen Schiedsgerichtsverfahrens.[200] Nach Art. 341 Abs. 1 schwOR dürfen Arbeitnehmer über Ansprüche aus zwingenden Bestimmungen des Arbeitsrechts nur beschränkt verfügen.[201]

1. BG 28.6.2010

Das BG musste sich mit der Frage des Verhältnisses von Art. 341 Abs. 1 schwOR[202] und dem Schiedsverfahren auseinandersetzen. So handele es sich bei den

198 *Möhler*, Konsumentenverträge im schweizerischen Schiedsverfahren, Rn. 368 f.

199 Soeben unter 1.

200 Vgl. auch Torggler/Mohs/Schäfer/Wong/*Zeiler*, Kap. 3 Rn. 645.

201 Art. 341 Abs. 1 schwOR: „Während der Dauer des Arbeitsverhältnisses und eines Monats nach dessen Beendigung kann der Arbeitnehmer auf Forderungen, die sich aus unabdingbaren Vorschriften des Gesetzes oder aus unabdingbaren Bestimmungen eines Gesamtarbeitsvertrages ergeben, nicht verzichten."

202 Eine Lösung über Art. 24 LFors, wie sie noch das Zivilgericht vorgenommen habe, nach der die Schiedsvereinbarung wegen des Auseinanderfallens von dem Sitz des Schiedsgerichtes und dem Erfüllungsort der Arbeit die Unwirksamkeit der

Ansprüchen des Arbeitnehmers (hier die Auszahlung von Überstunden und nicht genommenem Urlaub) um zwingende gesetzliche Vorschriften. Dies habe zur Folge, dass die Ansprüche nicht nach Art. 5 des Konkordats schiedsfähig seien.[203]

Zwar erwiesen sich Streitigkeiten im Bereich des Arbeitsrechts nicht *per se* als schiedsunfähig, trotzdem hätten verschiedene Kantone Normen zur Beschränkung der Schiedsfähigkeit im Arbeitsrecht erlassen.[204] Jedoch seien die bundesrechtlichen Regelungen zur Einschränkung der Schiedsfähigkeit[205] mit Ausnahme des Art. 274c schwOR für den Bereich der Wohnraummiete ersatzlos gestrichen worden.[206] Die Schiedsfähigkeit von individuellen Arbeitnehmerstreitigkeiten werde auch nicht durch Art. 24 Abs. 1 LFors eingeschränkt. Die vom Bundesrat vorgeschlagene Regelung, nach welcher die Parteien in Arbeitsrechtsstreitigkeiten Schiedsvereinbarungen frei abschließen könnten, solange sie das zwingende Forum einhielten,[207] hätte der Ständerat abgelehnt.[208] Art. 5 des CA beziehe sich zudem nur auf die Fälle des Vorliegens eines zwingenden Gerichtsstandes.[209]

Art. 341 Abs. 1 schwOR berücksichtige hingegen, „que le travailleur se trouve dans une situation de dépendance aiguë et que celle-ci peut l'entraîner à accepter une réduction de ses prétentions, en particulier s'il redoute de perdre son emploi".[210] Dementsprechend sei es dem Arbeitnehmer während des in Art. 341 Abs. 1 schwOR bestimmten Zeitraums nicht möglich, frei (insbesondere entschädigungslos) auf die zwingenden Bestimmungen zu verzichten.

Schiedsvereinbarung zur Folge habe, lehnte das BG ab, vgl. BG, Urteil v. 28.6.2010, BGE 136 III 467, 469 [3].

203 BG, Urteil v. 28.6.2010, BGE 136 III 467, 471 [4.2].

204 Bspw. Art. 1 Abs. 1 a) und Art. 2 Abs. 1 a) LJT/VD des Kantons Waadt, nach dem die Zu-ständigkeit des Arbeitsgerichtes nur ausgeschlossen werden kann, wenn der Streitwert 30.000 CHF nicht übersteigt und eine Schiedsvereinbarung nur in einem Tarifvertrag die ausschließliche Zuständigkeit des Arbeitsgerichtes ausschließen kann (vgl. Art. 3 Abs. 1 LJT/VD).

205 Bspw. § 13 Abs. 3 GVG ZH a.F. nach dem die Parteien „nicht befugt waren, in die Zuständigkeit des Arbeitsgerichts fallende Streitigkeiten im Voraus durch Vereinbarung einem Schiedsgericht zu unterstellen."

206 BG, Urteil v. 28.6.2010, BGE 136 III 467, 471 [4.2].

207 Message concernant la loi fédérale sur les fors en matière civile (Loi sur les fors, LFors) du 18 novembre 1998, FF 1999, 2591, 2640.

208 Conseil des Etats, BO 1999 CE 893.

209 BG, Urteil v. 28.6.2010, BGE 136 III 467, 472 [4.3 f.].

210 BG, Urteil v. 28.6.2010, BGE 136 III 467, 473 [4.5].

So sei die Gültigkeit eines Geschäftes abhängig von der „équivalence appropriée de leurs concessions réciproques".[211] Sofern ein Arbeitnehmer nicht nach Art. 341 Abs. 1 schwOR im Voraus auf bestimmte Ansprüche verzichten könne, sei er auch nicht im Voraus in der Lage, für die Lösung von Streitigkeiten aus diesen Ansprüchen eine Schiedsvereinbarung abzuschließen.[212]

Die Entscheidung des BG stellt somit eine (teilweise) Beschränkung der objektiven Schiedsfähigkeit im Bereich des Arbeitsrechts dar.[213] Im Rahmen der internationalen Schiedsgerichtsbarkeit ist nach Art. 177 Abs. 1 IPRG einzig relevant, ob der Anspruch vermögensrechtlicher Natur ist. Infolgedessen kann die Einschränkung der Schiedsfähigkeit über Art. 341 Abs. 1 schwOR, welche nur die freie Verfügbarkeit betrifft, die Schiedsfähigkeit von arbeitsrechtlichen Streitigkeiten in internationalen Schiedsgerichtsverfahren nicht einschränken.[214] Zudem enthält Art. 115 IPRG keinen zwingenden Gerichtsstand für den Arbeitnehmer.[215]

2. *Zurechnung des Arbeitnehmerschutzes zum ordre public*

Aus der Entscheidung des BG kann nicht gefolgert werden, dass der Arbeitnehmerschutz dem *ordre public* zuzurechnen ist. Sie betrifft ausschließlich das nationale Schiedsverfahren. Weder das Konkordat noch die schwZPO enthalten den Begriff des *ordre public*. Damit war dem BG nur eine Lösung über die Schiedsfähigkeit oder den Willkürbegriff möglich.

Zugleich kann die Entscheidung nicht auf die internationale Schiedsgerichtsbarkeit übertragen werden. Vielmehr handelt es sich bei ihr um eine nationale Ausnahme. Es kann nicht davon ausgegangen werden, dass der Arbeitnehmerschutz die hohen Anforderungen an das Vorliegen eines *ordre public*-Verstoßes erfüllen würde; in erster Linie ist er angesichts der vielfältigen internationalen

---

211 BG, Urteil v. 28.6.2010, BGE 136 III 467, 473 [4.5].

212 BG, Urteil v. 28.6.2010, BGE 136 III 467, 473 [4.5].

213 *Möhler*, Konsumentenverträge im schweizerischen Schiedsverfahren, Rn. 271; Torggler/Mohs/Schäfer/Wong/*Zeiler*, Kap. 3 Rn. 646. Zwar erging die Entscheidung noch zu Art. 5 des Konkordats, allerdings müsse sie auch im Rahmen des Art. 354 schwZPO aufrechterhalten werden, vgl. *Möhler*, Konsumentenverträge im schweizerischen Schiedsverfahren, Rn. 258.

214 *Möhler*, Konsumentenverträge im schweizerischen Schiedsverfahren (2014), Rn. 271; Torggler/Mohs/Schäfer/Wong/*Zeiler*, Kap. 3 Rn. 647.

215 Zürcher Kommentar-IPRG/*Vischer*, Art. 177 Rn. 13 ff.

Ausgestaltungen kein international vereinheitlichtes Konzept. Daher kann der Arbeitnehmerschutz in der Schweiz nicht dem *ordre public* zugerechnet werden.

VII. Fazit

Im Vergleich zu Deutschland[216] wird in der Schweiz strikt zwischen der nationalen und der internationalen Schiedsgerichtsbarkeit unterschieden. Das liberalere internationale Schiedsverfahrensrecht greift nur, wenn die persönliche Binnenbeziehung zur Schweiz geringer ist oder die Parteien die Anwendung des 12. Kapitels explizit vereinbart haben.[217] Es wird ein Zusammenhang zwischen der persönlichen Stellung zum Territorium und dem Schiedsverfahrensrecht deutlich.[218]

In Bezug auf die Abgrenzung zwischen dem prozessualen und dem materiellen *ordre public* hat sich in der Schweiz ebenso wie in Deutschland[219] eine einheitliche Vornahme dieser Trennung gezeigt.[220]

Erhebliche Unterschiede bestehen dagegen in Bezug auf die Auslegungsweite des *ordre public*. Der schweizerische *ordre public*-Begriff wird, so hier vertreten, als ein spezifisch auf die Schweiz zugeschnittener universeller *ordre public*-Begriff ausgelegt. Zudem wird formal zwischen einem schiedsgerichtlichen und dem *ordre public* des Art. 190 Abs. 2 e) IPRG differenziert. Diese beiden Begriffe sind von dem noch restriktiver auszulegenden vollstreckungsrechtlichen *ordre public* zu trennen. Die enge Auslegung beruht auf dem Wunsch, auf jegliche Binnenbeziehung zu verzichten. Allerdings ist faktisch für den schiedsgerichtlichen und den *ordre public* des Art. 190 Abs. 2 e) IPRG erforderlich, dass das Schiedsgericht seinen Sitz in der Schweiz hat.[221] Es stellt sich die Frage, ob der Sitz des Schiedsgerichtes einen hinreichenden Binnenbezug begründet.[222]

Aus der Konkretisierung des *ordre public* ergibt sich, dass das BG für die Bestimmung des Inhalts – wie der BGH[223] – nicht auf die Zugehörigkeit einer Norm zum zwingenden Recht abstellt. Vielmehr existiert eine Reihe von zwingenden Normen (bspw. den Formzwang für bestimmte Rechtsgeschäfte), die

---

216 Kap. 3 A V 2.
217 Kap. 6 A II 2.
218 Kap. 7 B VIII 1.
219 Kap. 3 A V 1.
220 Kap. 6 A II 1.
221 Kap. 6 A II 2.
222 Kap. 7 B VIII 1.
223 Kap. 3 A V 5.

nicht zum *ordre public* gehören. Zugleich schließt die Konkretisierung nicht im Vorhinein aus, dass auch dispositive Normen dem *ordre public* zugerechnet werden können.[224]

Ferner wird aus der Auflistung der Fallgruppen, die dem *ordre public* zugerechnet werden sollen,[225] ersichtlich, dass die Frage des Grundrechtsbezuges[226] für eine *ordre public*-Zugehörigkeit ausschlaggebend sein kann. In Bezug auf Art. 27 ZGB stand der Ausfluss als Persönlichkeitsrecht im Vordergrund.

Wie in Deutschland,[227] enthält auch der schweizerische Normtext nicht das explizite Erfordernis der Offensichtlichkeit der *ordre public*-Widrigkeit.[228] Es wird insoweit angenommen, dass dieses Merkmal bereits im Begriff des *ordre public* enthalten ist.[229]

Wenn die Frage weniger umstritten als in Deutschland[230] erscheint, so greift auch in der Schweiz nur eine begrenzte staatsgerichtliche Kontrollbefugnis.[231] Dass hier eine geringere Auseinandersetzung stattfindet, liegt an der engen Auslegung des *ordre public*-Begriffs in der Schweiz. Durch diese ist eine Korrektur unerwünschter Ergebnisse über das Verbot der inhaltlichen Nachprüfung durch das staatliche Gericht entbehrlich.

In Bezug auf das Verhältnis zwischen dem *ordre public* und den Eingriffsnormen wurde ersichtlich, dass dieses Problem auch in der Schweiz nicht gelöst ist. Art. 19 IPRG ist, wie Art. 9 Rom I-VO, nicht direkt auf das Schiedsgerichtsverfahren anwendbar. Er ist u.a. aus diesem Grunde nicht Bestandteil des *ordre public*.[232]

Im Gegensatz zur Qualifikation in Deutschland und der des EuGH[233] wird das nationale und ausländische (auch unionsrechtliche) Wettbewerbsrecht in der Schweiz nicht dem *ordre public* zugerechnet. Maßgeblich für die Entscheidung des BG waren die fehlende Vereinheitlichung des *ordre public* und die Anwendungspflicht für Schiedsrichter. Es soll durch diese Konstellation eine Umgehung des Wettbewerbsrechts vermieden werden. Der Nachteil besteht in der

224 *Habscheid*, FS Keller, S. 575. Ausführlich hierzu in Kap. 7 B VII 1.
225 Kap. 6 A II 3.
226 Kap. 7 B VII 2 b).
227 Kap. 3 A V 5.
228 Kap. 6 A II 3.
229 Kap. 7 B V 1.
230 Kap. 3 A V 6.
231 Kap. 6 A II 4.
232 Kap.6 A III.
233 Kap. 5 C.

Vollstreckungssituation für ausländische Schiedssprüche. Hier kann die Anwendungspflicht der Schiedsrichter nicht sichergestellt, und damit eine Anwendung des Wettbewerbsrechts gewährleistet werden. Die vom BG gewählte Lösung ist dementsprechend nicht frei von Bedenken.[234]

Weder das Verbraucherschutzrecht[235] noch das Arbeitnehmerschutzrecht[236] werden in der Schweiz dem *ordre public* zugerechnet. Im Rahmen dieser Ausführungen wurde dargestellt, dass in der Schweiz erwogen wird, den Begriff der Schiedsfähigkeit durch den *ordre public* zu begrenzen. Es muss daher intensiver dem Verhältnis von *ordre public* und Schiedsfähigkeit nachgegangen werden.[237]

Mit Ausnahme der Begrenzung der Schiedsfähigkeit in individuellen Arbeitnehmerstreitigkeiten über Art. 341 schwOR gibt es in der Schweiz keine besonderen Schutzinstrumente für Verbraucher oder Arbeitnehmer im Bereich der Schiedsgerichtsbarkeit. Mögliche Ungleichgewichtslagen zwischen den Parteien scheinen den schweizerischen Gesetzgeber und die Rechtsprechung, anders als in Deutschland (man denke an den Handelsvertreter[238] oder § 101 WphG[239] zurück) und der EU (bspw. Art. 6 der Klauselrichtlinie[240] und die *Ingmar*-Rechtsprechung[241]), nicht zu veranlassen, bestimmte Schutzinstrumente heranzuziehen. Die Behandlung von Ungleichgewichtslagen ist demzufolge im nächsten Kapitel erneut in den Blick zu nehmen.[242]

B. England

Die Schiedsgerichtsbarkeit und damit einhergehend die *ordre public*-Kontrolle haben in England eine lange Tradition.[243] Besonderes Augenmerk wird auf die Entscheidungspraxis der letzten dreißig Jahre gelegt.

---

234 Kap. 6 A IV.
235 Kap. 6 A V.
236 Kap. 6 A VI. Ausführlich zum Arbeitnehmerschutz, insbesondere auch im deutschen Recht: Kap. 7 B VII 2 b) bb).
237 Kap. 7 B II.
238 Kap. 5 B.
239 Kap. 5 A V.
240 Kap. 5 D II 2.
241 Kap. 5 B II.
242 Kap. 7 B I.
243 Vgl. bereits das einleitende Zitat von *Lord Denning*: „public policy is a very unruly horse".

I. Historische Entwicklungen

Die englische Tradition beinhaltet neben der Durchführung von Schiedsverfahren auch die Kodifikation des Schiedsrechts.[244] So wurde der erste Arbitration Act bereits 1698 erlassen.[245]

Geprägt war das Schiedsverfahrensrecht zunächst durch weitreichende Möglichkeiten der staatlichen Intervention. Art. IV des Common Law Procedure Act 1854 sah vor, dem staatlichen Gericht eine Rechts- bzw. Tatsachenfrage mit bindender Entscheidungswirkung für den Schiedsrichter vorzulegen. Darüber hinaus konnte der Schiedsspruch weitreichend auf „errors in law and fact" untersucht werden.[246]

Die Wurzeln der staatlichen Interventionsmöglichkeiten liegen im fundamentalen Prinzip des englischen *ordre public*. Die Rechts- und Tatsachenkontrolle nach dem Grundprinzip des Art. IV des Common Law Procedure Act 1854 wurde bis zur Einführung des Arbitration Act 1979 beibehalten.[247] Allen voran in den 1960er- und 1970er-Jahren wurde das Instrument der Rechts- und Tatsachenkontrolle von den Parteien dazu missbraucht, das Schiedsverfahren mutwillig zu verzögern. Diese Praxis wirkte sich zulasten der Attraktivität von England als Sitz der Schiedsgerichtsbarkeit aus, sodass der Gesetzgeber die Interventionsmöglichkeiten einzuschränken versuchte.[248]

Dies geschah in einem ersten Schritt durch den Arbitration Act 1979.[249] Nach Art. 2 Abs. 1 und 2 Arbitration Act 1979 konnte dem staatlichen Gericht innerhalb des Schiedsverfahrens im Falle der Zustimmung aller Beteiligten (inkl. der Schiedsrichter) eine Rechtsfrage zur Entscheidung vorgelegt werden, sofern dies zu einer erheblichen Reduzierung der Kosten der Parteien führen könnte und es wahrscheinlich war, dass diese Rechtsfrage nach der Entstehung des Schiedsspruches zu einem Aufhebungsantrag führen würde. Somit wurden die Anforderungen an den Antrag verschärft und die Interventionsmöglichkeit auf

---

244 Zur Geschichte des Schiedsrechts in England ausführlich: *Lew/Holm*, in: Arbitration in England, Chap. 1 Rn. 1-1 ff.

245 *Lew/Holm*, in: Arbitration in England, Chap. 1 Rn. 1–5; *Lew/Mistelis/Kröll*, Comparative International Commercial Arbitration, Chap. 2 Rn. 2–8.

246 Vgl. Art. IV ff. Common Law Procedure Act 1854.

247 Vgl. Art. 21 Abritration Act 1950.

248 Vgl. *Lew/Holm*, in: Arbitration in England, Chap. 1 Rn. 1–7.

249 Vgl. *Marriott*, The Arbitration Journal Vol. 44 No. 3 1989, 4, 4 f.; *Tarlinton*, International Commercial Arbitration and Public Policy, S. 134 ff. Ähnlich *Lew/Holm*, in: Arbitration in England, Chap. 1 Rn. 1–7.

Rechtsfragen beschränkt. Die Möglichkeit, bereits während des Schiedsverfahrens eine Rechtsfrage durch das staatliche Gericht klären zu lassen, ist endgültig mit der Einführung des Arbitration Act 1996 entfallen. Eine staatliche Kontrolle betreffend den Schiedsspruch auf Rechtsfehler ist nur noch innerhalb der engen Grenzen des Aufhebungsgrundes des Art. 69 Arbitration Act 1996 möglich.

Die Einführung des Arbitration Act 1996 soll auf der Unzufriedenheit der Parteien mit den Kosten, der Komplexität und der Verzögerung „in all but the simplest of arbitrations in England" basieren.[250] Damit einherging die Sorge, dass in England künftig weniger (v.a. internationale) Schiedsverfahren ausgetragen und damit England seine Attraktivität als traditioneller Standort der Schiedsgerichtsbarkeit verlieren würde.[251] Inhaltlich und sprachlich nähert sich der Arbitration Act 1996 zwar dem Modellgesetz an, es übernimmt dieses jedoch nicht vollständig.[252]

Heute ist England, vornehmlich London, neben der Schweiz und Paris eines der Zentren der Schiedsgerichtsbarkeit. Die Attraktivität als Sitz eines Schiedsgerichtsverfahrens (vorwiegend für Verfahren, in denen die Parteien aus unterschiedlichen Ländern stammen) resultiert u.a. aus dem englischen Recht als „Welthandelsrecht"[253] und der englischen Sprache als *lingua franca*.[254] Zudem ist England der Sitz vieler weltweit anerkannter Schiedsgerichtsinstitutionen wie dem LCIA, der wahrscheinlich ältesten Schiedsgerichtsinstitution.[255]

---

250 *Lord Lester of Herne Hill* während der zweiten Lesung der Arbitration Bill im House of Lords am 18. Januar 1996, Hansard (House of Lords), Sp. 765.

251 Vgl. *Lew/Holm*, in: Arbitration in England, Chap. 1 Rn. 1–2; *Triebel/Plaßmeier*, BB 1997 Beilage Nr. 13, 2, ebenda.

252 Anders bspw. in Deutschland. Unterschiede gibt es aber auch im UK selbst, da Schottland das Modellgesetz vollständig übernommen hat, vgl. *Triebel/Plaßmeier*, BB 1997 Beilage Nr. 13, 2, 3.

253 Vgl. *Capper/Zagonek*, in: Arbitration in England, Chap. 2 Rn. 2–2; *Triebel/Plaßmeier*, BB 1997 Beilage Nr. 13, 2, ebenda.

254 Vgl. *Triebel/Plaßmeier*, BB 1997 Beilage Nr. 13, 2, ebenda; *Lu*, 23 Ariz. J. Int'l & Comp. L. 747 (2006), 747, 748.

255 Vgl. *Capper/Zagonek*, in: Arbitration in England, Chap. 2 Rn. 2–2; *Triebel/Plaßmeier*, BB 1997 Beilage Nr. 13, 2, ebenda.

II. Abgrenzung zwischen nationalen Schiedsverfahren, Schiedsverfahren mit Sitz in England und ausländischen Schiedsverfahren

Der Arbitration Act 1996 scheint bei flüchtiger Betrachtung eine Abgrenzung zwischen „domestic arbitration“ (im Folgenden: Nationale Schiedsverfahren), Schiedsverfahren mit Sitz in England, Wales oder Nordirland und ausländischen Schiedsverfahren nahezulegen.

1. Nationales Schiedsverfahren

Die Art. 85–87 Arbitration Act 1996 stehen unter der Überschrift „domestic arbitration agreement.“ Nach Art. 85 Abs. 2 Arbitration Act 1996 liegt ein „domestic arbitration agreement“ vor, wenn kumulativ: a) keine der Parteien eine Staatsangehörigkeit oder ihren gewöhnlichen Aufenthalt außerhalb des UK hat oder b) eine Körperschaft ist, die in einem anderen Staat inkorporiert ist oder dessen zentrale Kontrolle in einem anderen Staat als dem UK ausgeübt wird und das Schiedsgericht seinen Sitz im UK haben soll. Verglichen mit der Abgrenzung zwischen internationalen und nationalen Schiedsgerichtsverfahren in der Schweiz[256] zeigt sich, dass auch hier ein Bezug zwischen dem Sitz des Schiedsgerichtes und dem Territorialitätsstaat gezogen wird. Zudem wird zur Abgrenzung zwischen *domestic* und *non-domestic* Schiedsverfahren auf streng formale personelle Kriterien abgestellt.

Allerdings sind die Art. 85–87 Arbitration Act 1996 noch nicht in Kraft getreten. Sie bilden einen Ausfluss der noch im Arbitration Act 1979 vorgenommenen Trennung von *domestic*[257] und *non-domestic*[258] Schiedsverfahren. Der Anwendungsbereich des *non-domestic* Schiedsverfahrens sollte möglichst weit sein, damit diese in den vollen Nutzen der weniger strengen Regelungen kamen.[259] So konnte in *non-domestic* Schiedsverfahren die staatsgerichtliche Kontrolle in Bezug auf Rechtsfragen durch eine Vereinbarung ausgeschlossen

---

256 Kap. 6 A I.

257 Die Voraussetzungen, die ein *domestic* Schiedsverfahren nach dem Arbitration Act 1979 erfüllen musste, sind identisch mit denjenigen des Art. 85 Abs. 2 Arbitration Act 1996.

258 Im Umkehrschluss unterfielen alle Schiedsverfahren, welche die Anforderungen des Art. 3 Abs. 7 Arbitration Act 1979 nicht erfüllten, der nicht im Arbitration Act 1979 definierten Kategorie der *non-domestic* Schiedsverfahren.

259 Vgl. *Schmitthoff*, Yearbook Comm. Vol. V 1980, 231, 234.

werden. In *domestic* Schiedsverfahren war ein solcher Ausschluss nur nach der Entstehung des Streitgegenstandes möglich.[260]

Im Rahmen der Konzeption des Arbitration Act 1996 war die Aufrechterhaltung der Trennung in *domestic* und *non-domestic* Schiedsverfahren eine der am stärksten debattierten Fragen. Für die Trennung setzten sich die Befürworter einer stärkeren Interventionsmöglichkeit der staatlichen Gerichte in Bezug auf *domestic* Schiedsverfahren ein. Für den weiteren Ablauf der Debatte entscheidend waren zwei Ereignisse im Juli 1996.[261] Zum einen entschied der Court of Appeal, dass die zu diesem Zeitpunkt bestehende Exklusivität des Consumer Arbitration Agreements Act 1998[262] für *domestic* Schiedsverfahren eine nicht zu rechtfertigende Diskriminierung i.S.d. Art. 6, 59 EGV a.F. darstelle.[263] Damit wurde ersichtlich, dass eine Trennung in *domestic* und *non-domestic* Schiedsverfahren auch von den nationalen Gerichten in Bezug auf eine europarechtliche Diskriminierung als höchst kritisch betrachtet werden könnte. Zum anderen wurde ein Bericht des Department of Trade and Industry betreffend der Einführung

---

260 Vgl. Art. 3 Abs. 6 Arbitration Act 1979.

261 Vgl. *Harris/Planterose/Tecks*, Arbitration Act 1996, General Note on Sections 85 to 88 Rn. 85GN.

262 Vgl. Art. 1 Consumer Arbitration Agreements Act 1988: „(1) Where a person (…) enters into a contract as a customer, an agreement that future differences arising between parties to the contract are to be referred to arbitration cannot be enforced against him in respect of any cause of action so arising to which this section applies (…)." Art. 2: „Section 1 above does not affect (a) the enforcement of an arbitration agreement to which section 1 of the Arbitration Act 1975 applies, that is, an arbitration agreement other than a domestic arbitration agreement (…)."

263 Vgl. Court of Appeal, Urteil v. 22.7.1996, *Philip Alexander Securities and Futures LTD vs Bamberger and Others*, [1996] CLC 1757. Diesem Fall lag ein Warentermingeschäft i.S.d. Kap. 5 A II zugrunde. Der englische Broker beantragte den Erlass einer einstweiligen Ver-fügung, nach welcher dem Kunden die Rechtsverfolgung in Deutschland verboten werden sollte. Das Gericht entschied, dass, sofern es sich um Kunden mit englischer Staatsangehörigkeit gehandelt hätte, die Schiedsvereinbarung wegen Art 1 Consumer Arbitration Agreements Act 1988 unwirksam gewesen wäre. Die Schiedsvereinbarungen mit den deutschen Kunden seien allerdings *non-domestic*, sodass der Verbraucherschutz hier eigentlich nicht hätte eingreifen können. Aufgrund der Diskriminierung wandte der Court of Appeal den Art. 1 Consumer Arbitration Agreements Act 1988 gleichwohl an und wies die Anträge des Brokers zurück. Es zeigt sich, dass die Unwirksamkeit der Schiedsvereinbarung in Warentermingeschäften mit Verbrauchern nach der deutschen Rechtsprechung im Ergebnis, wenn auch nicht in der Begründung, mit der Ansicht der englischen Gerichte einhergeht.

des Arbitration Act 1996 veröffentlicht und die Abschaffung der Trennung sowie die Anwendung des internationalen Systems insgesamt gefordert.[264] Im *Parliament* wurde zunächst eine Kompromisslösung ausgearbeitet, nach welcher *domestic* und *non-domestic* Schiedsverfahren mit den in Art. 85–87 Arbitration Act 1996 genannten Ausnahmen gleichbehandelt werden sollten.[265] Zugleich wurde entschieden, dass diese Vorschriften (noch) nicht in Kraft treten.[266]

Die Trennung in *domestic* und *non-domestic* Schiedsverfahren ist damit zumindest formal noch nicht abgeschafft. Allerdings sind die Vorschriften seit der Einführung des Arbitration Act 1996 nicht in Kraft gesetzt worden. Es ist in Anbetracht der langen Zeitspanne und den genannten Bedenken unwahrscheinlich, dass diese Vorschriften jemals in Kraft treten werden. Da die Trennung in *domestic* und *non-domestic* Schiedsverfahren, wie dargestellt, nicht nur aus unionsrechtlichen Gründen als problematisch angesehen wurde, ist eine Inkraftsetzung dieser Vorschriften mit dem Brexit nicht zwingend zu erwarten.

Für die folgende Untersuchung kann eine mögliche Trennung in *domestic* und *non-domestic* Schiedsverfahren außer Betracht bleiben.

2. *Schiedsverfahren mit Sitz in England, Wales oder Nordirland*

Nach Art. 2 Abs. 1 Arbitration Act findet Part I des Gesetzes mit den in Abs. 2–5 genannten Ausnahmen[267] nur Anwendung auf Schiedsverfahren mit Sitz in England, Wales oder Nordirland. Der Sitz des Schiedsgerichtes richtet sich nach Art. 3 Arbitration Act 1996. Er wird primär durch die Parteien oder eine Schiedsgerichtsinstitution bzw. das Schiedsgericht mit Autorisierung der Parteien bestimmt. Damit gilt im englischen Schiedsverfahrensrecht, wie in Deutschland, das Territorialitätsprinzip. Für die Frage der Anwendbarkeit des Part I Arbitration Act 1996 ist grundsätzlich irrelevant, ob die Parteien das englische Recht als in der Sache anzuwendendes Recht gewählt haben.[268]

---

264 *Harris/Planterose/Tecks*, Arbitration Act 1996, General Note on Sections 85 to 88 Rn. 85GN.

265 *Triebel/Plaßmeier*, BB 1997 Beilage Nr. 13, 2, 4.

266 *Harris/Planterose/Tecks*, Arbitration Act 1996, General Note on Sections 85 to 88 Rn. 85GN; *Triebel/Plaßmeier*, BB 1997 Beilage Nr. 13, 2, 4.

267 Zu den Ausnahmen gehören u.a. Art. 9 Arbitration Act 1996, welcher die Aussetzung des staatsgerichtlichen Verfahrens regelt und die Vollstreckungsnorm des Art. 66 Arbitration Act 1996.

268 *Harris/Planterose/Tecks*, Arbitration Act 1996, Section 2 Rn. 2B.

Der Schiedsspruch eines Schiedsgerichtes mit Sitz in England ist in den Fällen des Art. 68 Arbitration Act 1996 aufhebbar. Ziel der Einführung des Art. 68 Arbitration Act 1996 war es, die Aufhebung von Schiedssprüchen zu begrenzen.[269] Er sollte nur in „extreme cases where the tribunal has gone so wrong in its conduct of the arbitration that justice calls out for it to be corrected" anwendbar sein.[270] Nach Art. 68 Abs. 1 Arbitration Act 1996 kann ein Schiedsspruch nur aufgehoben werden „on the ground of serious irregularity affecting the tribunal, the proceedings or the award". Das Erfordernis der „serious irregularity" sollte einen „high threshold"[271] begründen. Art. 68 Abs. 2 Arbitration Act definiert die „serious irregularity" als eine „irregularity of one or more of the following kinds (Anm.: der in a) – i) näher definierten Umstände) which the court considers has caused or will cause substantial injustice to the applicant". Die dort genannte Liste ist enumerativ. Es gibt daher für das staatliche Gericht keine allgemeine Interventionsmöglichkeit mehr.[272] In Art. 68 Abs. 2 g) Arbitration Act wird eine „serious irregularity" angenommen, wenn „the award being obtained by fraud or the award or the way in which it was procured being contrary to public policy".

Eine Kontrolle auf Rechtsfehler in Bezug auf den Schiedsspruch ist, wie bereits angedeutet,[273] im Rahmen des Aufhebungsgrundes des Art. 69 Arbitration Act 1996 möglich. Bei Art. 69 Arbitration Act 1996 handelt es sich um eine nicht zwingende Bestimmung;[274] die Parteien können daher die Anwendbarkeit dieses Aufhebungsgrundes ausschließen (vgl. auch Art. 69 Abs. 1 Arbitration Act 1996 „unless otherwise agreed by the parties"). Der Begriff „question of law" wird in Art. 82 Abs. 1 Arbitration Act 1996 definiert als Frage des Rechts von England, Wales oder Nordirland. Fragen, welche das Recht einer anderen (ausländischen) Rechtsordnung betreffen, können nur Tatsachenfragen darstellen,[275] welche Art. 69 Arbitration Act 1996 nicht erfasst.

Die Anforderungen an eine Entscheidung über Rechtsfragen sind allerdings sehr hoch angelegt. So ist nach Art. 69 Abs. 3 Arbitration Act 1996 erforderlich,

---

269 Vgl. The 1996 DAC Report on the English Arbitration Bill, Rn. 280; *Wolfson/Charlwood*, in: Arbitration in England, Chap. 25 Rn. 25–30 m.w.N.

270 The 1996 DAC Report on the English Arbitration Bill, Rn. 280.

271 *Wolfson/Charlwood*, in: Arbitration in England, Chap. 25 Rn. 25–28.

272 *Wolfson/Charlwood*, in: Arbitration in England, Chap. 25 Rn. 25–28.

273 Soeben unter I.

274 Vgl. für die Auflistung der zwingenden Bestimmungen: Schedule I Arbitration Act 1996.

275 Vgl. *Harris/Planterose/Tecks*, Arbitration Act 1996, Section 69 Rn. 69B; *Nairn*, in: Intl. Handbook on Comm. Arb., England and Wales, S. 6.

dass a) die Feststellung über die Rechtsfrage die Rechte mindestens einer Partei substantiell betrifft, b) sich das Schiedsgericht bereits mit der Rechtsfrage auseinandersetzen sollte, c) dass auf Grundlage der tatsächlichen Feststellungen im Schiedsspruch (i) die Entscheidung des Schiedsgerichts in Bezug auf die Rechtsfrage offensichtlich falsch war oder (ii) die Rechtsfrage „(is) of general public importance and the decision of the tribunal is at least open to serious doubt". Zudem muss es trotz der Entscheidung der Parteien für ein Schiedsverfahren für das staatliche Gericht unter allen Umständen „just and proper" sein, die Rechtsfrage zu entscheiden (vgl. Art. 69 Abs. 3 d) Arbitration Act 1996). Diese strengen Voraussetzungen sollten die staatlichen Interventionsmöglichkeiten erheblich einschränken. Wie weit diese Interventionsmöglichkeit trotzdem reicht, wird daran ersichtlich, dass es dem staatlichen Gericht im Rahmen des Art. 69 Abs. 7 Arbitration Act 1996 möglich ist, den Schiedsspruch inhaltlich zu ändern.

Die Einführung des Arbitration Act 1996 sollte die Vollstreckung inländischer Schiedssprüche (d.h. Schiedssprüche, welche von einem Schiedsgericht mit Sitz in England, Wales oder Nordirland erlassen wurden) vereinfachen.[276] Die Vollstreckung inländischer Schiedssprüche richtet sich nach Art. 66 i.V.m. Art. 81 Abs. 1 c) Arbitration Act 1996. Nach Art. 81 Abs. 1 c) Arbitration Act 1996 kann die Vollstreckung eines inländischen Schiedsspruches versagt werden, sofern eine Verletzung des *ordre public* vorliegt. Gem. Art. 81 Abs. 2 Arbitration Act 1996 finden die common law rules insoweit keine Anwendung als sie eine Nachprüfung auf „errors of fact or law"[277] erlauben.

3. *Ausländisches Schiedsverfahren*

Der Begriff der ausländischen Schiedsverfahren wird im Arbitration Act 1996 nicht verwendet. Er soll hier in Abgrenzung zu den soeben genannten Schiedsverfahren gebraucht werden und alle Schiedsverfahren erfassen, welche ihren Sitz außerhalb von England, Wales oder Nordirland haben.

In Part III Arbitration Act 1996 wird die Vollstreckung ausländischer Schiedssprüche geregelt. Insoweit wird zwischen verschiedenen Arten von Schiedssprüchen differenziert.

---

276 *Lew/Holm*, in: Arbitration in England, Chap. 1 Rn. 1–2.

277 Die Möglichkeit der Aufhebung des Schiedsspruches in diesen Fällen wurde durch den Arbitration Act 1979 gestrichen (vgl. Art. 1 Abs. 1 Arbitration Act 1979) und sollte durch die Einführung des Arbitration Act 1996 nicht wiederaufleben, vgl. *Harris/Planterose/Tecks*, Arbitration Act 1996, Section 81 Rn. 81D; *Lew/Holm*, in: Arbitration in England, Chap. 1 Rn. 1–2.

Die Art. 100–104 Arbitration Act 1996 erfassen die Vollstreckung von „New York Convention award(s).“ Nach Art. 100 Abs. 1 Arbitration Act 1996 sind „New York Convention award(s)“ solche, die in einem anderen Vertragsstaat des UNÜ als dem UK erlassen wurden. Das UK hat nach Art. I Abs. 3 UNÜ die sogenannte „reciprocity declaration“ abgegeben. Dies hat zur Folge, dass eine Vollstreckung nach dem UNÜ nur möglich ist, sofern der Schiedsspruch in einem anderen Vertragsstaat erlassen wurde. Dagegen hat das UK nicht den Handelsvorbehalt erklärt, welcher zur Folge hätte, dass das UNÜ nur auf Schiedssprüche anwendbar wäre, welche Handelssachverhalte betreffen.[278] Art. 103 Arbitration Act 1996 übernimmt die Vollstreckungsversagungsgründe des Art. V UNÜ. Somit kann einem Schiedsspruch die Vollstreckung versagt werden, wenn er gegen den *ordre public* verstößt (vgl. Art. 103 Abs. 3 Arbitration Act 1996).

Sofern der Schiedsspruch in dem Gebiet eines Staates erlassen wurde, welcher nicht Vertragspartner des UNÜ ist, gilt über Art. 99 Arbitration Act 1996 der Part II Arbitration Act 1950 fort. Dieser Teil regelt die Vollstreckung von ausländischen Schiedssprüchen im Sinne des Protokolls von Genf. Für eine Vollstreckung nach dem Genfer Vertrag ist erforderlich, dass der Schiedsspruch zwischen zwei Parteien aus verschiedenen Vertragsstaaten ergangen ist und er in einem der in Art. 35 Abs. 1 c) Arbitration Act 1950 bezeichneten Gebiete erlassen wurde. Aufgrund der hohen Anzahl von Vertragsstaaten des UNÜ hat Part II des Arbitration Act 1950 nur noch einen geringen praktischen Anwendungsbereich.[279] Art. 37 Abs. 1 Arbitration Act 1950 sieht als Vollstreckungsversagungsgrund eine Verletzung des *ordre public* vor.

Alle weiteren ausländischen Schiedssprüche können wegen Art. 2 Abs. 2 b) Arbitration Act 1996 über Art. 66 Arbitration Act 1996 vollstreckt werden. Wie bereits dargestellt, greift auch hier die *ordre public*-Kontrolle über Art. 81 Abs. 1 c) Arbitration Act 1996 ein.

Über die genannten Differenzierungen hinaus stellt Art. 104 Arbitration Act 1996 klar, dass auch für Schiedssprüche i.S.d. UNÜ eine Vollstreckung nach *common law rules* oder Art. 66 Arbitration Act 1996 möglich bleibt. Allerdings stehen diese beiden Möglichkeiten ebenfalls unter dem Vorbehalt des *ordre public*.[280]

Damit unterliegt jede Vollstreckung eines ausländischen Schiedsspruches in England dem Kontrollinstrument des *ordre public*.

---

278 *Tevendale/Cannon*, in: Arbitration in England, Chap. 26 Rn. 26–27.

279 *Harris/Planterose/Tecks*, Arbitration Act 1996, Section 99 Rn. 99E.

280 Vgl. *Tevendale/Cannon*, in: Arbitration in England, Chap. 26 Rn. 26–17 m.w.N.

4. *Zwischenergebnis*

Das englische Gesetz sieht, wie das deutsche und das schweizerische IPRG, für nationale Schiedssprüche als Aufhebungsgrund den *ordre public* vor. Im Unterschied zu den beiden zuletzt genannten Rechtsordnungen kennt das englische Recht mit Art. 69 Arbitration Act 1996 eine Möglichkeit der staatsgerichtlichen Kontrolle auf Rechtsfehler in Bezug auf nationale Schiedssprüche. Zugleich wird die Vollstreckung von inländischen und ausländischen Schiedssprüchen einheitlich unter den Vorbehalt des *ordre public* gestellt. Im englischen Recht wird die *ordre public*-Kontrolle ferner auf das repressive Verfahren beschränkt.[281]

III. *Ordre public* als Kontrollmechanismus

Obgleich das *common law* anerkennt, dass der *ordre public* „paramount" sei, müsse sich diesem Begriff mit extremer Vorsicht genähert werden.[282]

1. *Maßstab des ordre public*

Der Arbitration Act 1996 bezieht sich in Art. 68 Abs. 2 g) Arbitration Act 1996, Art. 81 Abs. 1 c) Arbitration Act 1996 und Art. 103 Abs. 3 Arbitration Act 1996 auf den Begriff „public policy", ohne diesen weiter zu konkretisieren.

Für die Vollstreckung ausländischer Schiedssprüche nach Art. 103 Abs. 3 Arbitration Act 1996 könnte sich aus Art. V Abs. 2 b) UNÜ ein zentraler Hinweis für den Prüfungsmaßstab ergeben. Mit Art. 103 Arbitration Act 1996 sollten die Vollstreckungsversagungsgründe des Art. V UNÜ inhaltsgleich übernommen werden. Art. V Abs. 2 UNÜ stellt, wie bereits aufgezeigt, auf den *ordre public*

---

281 Darüber hinaus wird teilweise eine Beschränkung der Schiedsfähigkeit durch den *ordre public* angenommen. Bestätigung soll diese Beschränkung in Art. 1 b) Arbitration Act 1996 finden, nach welchem die Parteien grundsätzlich frei sind zu bestimmen, wie ihr Streit gelöst werden soll. Beschränkt wird diese Freiheit allerdings durch „such safeguards as are necessary in the public interest." Vgl. *Lew/Marsden*, in: Arbitration in England, Chap. 19 Rn. 19-1, 19-3. Die Gültigkeit dieser Aussage soll vorerst offengelassen und später im Rahmen des Kap. 7 B II geklärt werden.

282 Court of Appeal, Urteil v. 24.3.1987, *Deutsche Schachtbau- und Tiefbohrgesellschaft mbH vs Ras Al Khaimah National Oil Co.*, Yearbook Comm. Vol. XIII 1988, 522, 534 [E (3) Rn. 26]; Technology and Construction Court, Urteil v. 30.4.2014, *Honeywell International Middle East Limited vs Meydan Group LLC* (2014) EWHC 1344 (TCC) [Rn. 182]; *Tevendale/Cannon*, in: Arbitration in England, Chap. 26 Rn. 26–70.

des Vollstreckungsstaates ab.[283] Damit gilt für die Vollstreckung ausländischer Schiedssprüche der englische *ordre public*. Bestätigung findet dies durch eine Vielzahl an Entscheidungen,[284] in denen ebenfalls der englische *ordre public*-Begriff herangezogen wird.

Zugleich bleibt offen, ob dieser Maßstab für inländische Schiedssprüche gilt. Der Entscheidung *Soleimany vs Soleimany* lag die Frage der Vollstreckbarerklärung eines nationalen Schiedsspruches zugrunde. In Bezug auf den Maßstab der *ordre public*-Kontrolle führte der Court of Appeal aus, dass sich die Kontrolle über die Vollstreckung eines Schiedsspruches nach der *lex fori* richte. Sie sei unabhängig von dem auf die Schiedsvereinbarung anzuwendenden Recht und dem Ort, an dem die Schiedsvereinbarung zu erfüllen sei. Infolgedessen könne die Kontrolle nur englischem Recht unterliegen. Im vorliegenden Fall richtete sie sich nach Art. 26 des Arbitration Act 1950. In dieser Vorschrift gab es den Verstoß gegen den *ordre public* nicht als Vollstreckungsversagungsgrund. Allerdings existierte eine solche Kontrolle im Rahmen der Vollstreckung ausländischer Schiedssprüche nach Art. 37 Abs. 1 des Arbitration Act 1950. Es könne dem Court of Appeal zufolge nicht angenommen werden, dass ein liberaleres System für englische Schiedssprüche Anwendung finden sollte. „It follows that an award, whether domestic or foreign, will not be enforced by an English court if enforcement would be contrary to the public policy of this country."[285]

Auch aus der historischen Erwägung des *ordre public* als Schutz des jeweiligen Territorialitätsinteresses folgt,[286] dass ein englisches Gericht auf den *ordre public* der *lex fori* abstellen muss.

Damit gilt der englische *ordre public* als einheitlicher Prüfungsmaßstab für inländische und ausländische Schiedssprüche.

---

283 Vgl. Kap. 3 A IV 1 a), sowie statt aller: *Tevendale/Cannon*, in: Arbitration in England, Chap. 26 Rn. 26–70.

284 Vgl. statt aller Commercial Court, Urteil v. 24.5.1999, *Omnium de Traitement et de Valorisa-tion SA vs Hilmarton Ltd*, (1999) 2 All ER (Comm) 146, 147; Technology and Construction Court, Urteil v. 30.4.2014, *Honeywell International Middle East Limited vs Meydan Group LLC* (2014) EWHC 1344 (TCC) [Rn. 182]. Ebenso *Hill/Chong*, International Commercial Disputes, Chap. 24 Rn. 24.2.43.

285 Court of Appeal, Urteil v. 19.2.1998, *Soleimany vs Soleimany* (1998) APP.L.R. 02/19 [4 Rn. 43].

286 Kap. 3 A I.

2. *Auslegungsweite des ordre public*

Hinsichtlich der Auslegungsweite des *ordre public* kommt, wie im deutschen Recht,[287] zunächst eine Unterteilung in den nationalen und internationalen *ordre public* in Frage.[288]

Das Erfordernis einer solchen Unterteilung könnte sich aus der Anwendung des *ordre public* im Aufhebungsverfahren, der nationale Schiedsverfahren erfasst und Art. 103 Abs. 3 Arbitration Act 1996, der ausschließlich auf „New York Convention award(s)" Anwendung findet, ergeben. Im Rahmen der Vollstreckung eines ausländischen Schiedsspruches würden häufig auch Kollisionsnormen tangiert. Deren Anwendung im Bereich eines internationalen *ordre public* soll aber „more limited"[289] als in rein nationalen Sachverhalten sein. Er erfordere eine sehr restriktive Handhabung. Welcher *ordre public* eingreife, müsse danach im Wege der Auslegung und damit anhand der Frage ermittelt werden, ob die vorgebrachte *ordre public*-Erwägung von „overriding nature"[290] sei und sich in allen Fällen durchsetzen solle oder ob sie ein reines Element der „internal policy"[291] widerspiegele. Im letzteren Fall dürfe sie nur auf Streitigkeiten Anwendung finden, für die ausschließlich nationales Recht gelte.[292]

Das Gesetz selbst sieht nach dem Wortlaut keine klare Trennung vor, sondern spricht neutral vom Begriff „public policy". Eine Trennung in einen nationalen und internationalen *ordre public* könnte dazu führen, die vom Gesetzgeber *in praxi* abgelehnte Differenzierung zwischen nationalen und internationalen Schiedsverfahren[293] jedenfalls hinsichtlich der *ordre public*-Kontrolle wieder „durch die Hintertür" einzuführen. Auch die Gerichte scheinen keine klare Trennung vorzunehmen. Aus dem Gesetz ergibt sich jedoch ein Hinweis auf die Ablehnung einer derartigen Differenzierung. Wie bereits dargestellt,[294] können inländische und ausländische Schiedssprüche einheitlich nach Art. 66 i.V.m. Art. 81 c) Arbitration Act 1996 vollstreckt werden. Dass innerhalb derselben

---

287 Kap. 3 A V 2.

288 Für eine solche Trennung: *Maurer*, The public policy exception under the New York Convention, S. 88 m.w.N.; *Lu*, 23 Ariz. J. Int'l & Comp. L. 747 (2006), 747, 776 m.w.N.

289 *Maurer*, The public policy exception under the New York Convention, S. 88 m.w.N.

290 *Maurer*, The public policy exception under the New York Convention, S. 88 m.w.N.

291 *Maurer*, The public policy exception under the New York Convention, S. 88 m.w.N.

292 *Maurer*, The public policy exception under the New York Convention, S. 88 m.w.N.

293 Dazu soeben unter II 1.

294 Kap. 6 B II 3.

Norm der *ordre public*-Begriff unterschiedlich ausgelegt werden soll, erscheint vom Gesetzgeber aber nicht gewollt.

Somit findet im englischen Recht keine klare Trennung in den nationalen und internationalen *ordre public* statt.

Es muss deshalb einheitlich die Auslegungsweite des *ordre public*-Begriffs ermittelt werden.

Zentral für die Bestimmung der Auslegungsweite ist das Gewicht, welches dem Prinzip der Parteiautonomie (vgl. hierzu Art. 1 b) Arbitration Act 1996) und dem Recht der freien Rechtswahl (Art. 46 Arbitration Act 1996) zugemessen wird. Die Parteiautonomie steht in Art. 1 b) Arbitration Act 1996 zwar unter der Einschränkung des *ordre public*, allerdings soll die Lösung einer privaten wirtschaftlichen Streitigkeit „the public interest" gar nicht bzw. kaum tangieren.[295] Die Parteien sollten auf die Endgültigkeit des Schiedsspruches (welche in den Prinzipien von *res iudicata* und „issue estoppel" ersichtlich werde) vertrauen dürfen.[296] Diese Prinzipien kommen nur zur vollen Sinnentfaltung, wenn der *ordre public* eng ausgelegt wird.

Auch die internationale *comity*, welche in England, wie an anderer Stelle bereits erwähnt wurde,[297] historisch bedingt einen höheren Stellenwert als in Deutschland aufweist, kann einen engen *ordre public*-Begriff erfordern. Aufgrund der Verschränkungen der Länder untereinander ist es nicht möglich, dass ein Land alleine die Maßstäbe für den internationalen Handel und die Wirtschaft festlegt.[298] Auch ein staatliches Gericht muss den internationalen Handel berücksichtigen und vorhersehbare Entscheidungen treffen. Um insoweit Streitigkeiten effektiv zu lösen, haben sich die Staaten gegenseitig sowie die ausländischen und internationalen Schiedsgerichte zu respektieren.[299] Dieser Respekt erfordert es, die eigenen Territorialitätsinteressen und deren Schutzumfang zu minimieren.

Darüber hinaus spricht das auf das Vorliegen von Präzedenzfällen bezogene *common-law*-System für eine enge Auslegung des *ordre public*-Begriffs. Im Bereich der Vollstreckung von ausländischen Schiedssprüchen gibt es nur wenig

---

295 *Lu*, 23 Ariz. J. Int'l & Comp. L. 747 (2006), 747, 777 m.w.N.

296 *Beatson*, 33 Arb Int'l (2017), 175, 185; *Lu*, 23 Ariz. J. Int'l & Comp. L. 747 (2006), 747, 777 m.w.N.

297 Vgl. Kap. 4 D I.

298 *Lu*, 23 Ariz. J. Int'l & Comp. L. 747 (2006), 747, 776 m.w.N.

299 *Lu*, 23 Ariz. J. Int'l & Comp. L. 747 (2006), 747, 777 m.w.N.

Fallmaterial, sodass die letztlich zitierten Entscheidungen diejenigen sind, in welchen der *ordre public* restriktiv gehandhabt wird.[300]

Letztendlich wird der Begriff des *ordre public* in England daher eng ausgelegt.[301]

3. *Inhalt des ordre public*

Der Begriff des *ordre public* wird im Arbitration Act 1996 inhaltlich nicht näher konkretisiert. Diese Aufgabe wird, wie für ein *common-law*-System typisch, der Rechtsprechung überlassen.

Lord Truro konkretisierte allgemein den Begriff des *ordre public* bereits 1853 als „that principle of law which holds that no subject can lawfully do that which has a tendency to be injurious to the public, or against the public good, which may be termed, as it sometimes has been, the policy of the law, or public policy in relation to the administration of the law."[302]

a) *Deutsche Schachtbau- und Tiefbohrgesellschaft mbH vs Ras Al Khaimah National Oil Co.*

Die bis heute wohl zentrale Konkretisierung des *ordre public*-Begriffs des Schiedsverfahrensrechts entstammt der Entscheidung *Deutsche Schachtbau- und Tiefbohrgesellschaft mbH vs Ras Al Khaimah National Oil Co.* (1987).[303] In dieser musste sich der Court of Appeal mit der Frage auseinandersetzen, ob die Anwendung von „internationally accepted principles of law" durch das

---

300 *Lu*, 23 Ariz. J. Int'l & Comp. L. 747 (2006), 747, 777 m.w.N. Ähnlich *Nairn*, in: Intl. Handbook on Comm. Arb., England and Wales, S. 82 f.

301 Ebenso *Beatson*, 33 Arb Int'l (2017), 175, 185; *Nairn*, in: Intl. Handbook on Comm. Arb., England and Wales, S. 82 f.; *Lu*, 23 Ariz. J. Int'l & Comp. L. 747 (2006), 747, 776 m.w.N.; *Tevendale/Cannon*, in: Arbitration in England, Chap. 26 Rn. 26–66; *Andrews*, Arbitration and Contract Law, Chap. 9 Rn. 9.15; *Hill/Chong*, International Commercial Disputes, Chap. 24 Rn. 24.2.44; *Maurer*, The public policy exception under the New York Convention, S. 87.

302 *Lord Truro*, House of Lords, *Egerton vs Brownlow (Earl)* (1853) 4 HL Cas 1 zitiert bei *Tevendale/Cannon*, in: Arbitration in England, Chap. 26 Rn. 26–67.

303 *Maurer* bezeichnet diesen Fall als „(t)he leading case which defined public policy in an enforcement proceeding under the New York Convention", vgl. *Maurer*, The public policy exception under the New York Convention, S. 87.

Schiedsgericht, welches zur Bestimmung des anzuwendenden Sachrechts nach Billigkeit ermächtigt worden war, gegen den *ordre public* verstoße.[304]

Der Court of Appeal wies darauf hin, dass der Begriff des *ordre public* nie endgültig definiert werden könne, gleichwohl konkretisierte er dessen mögliche Verletzung. Für eine solche müsse nachgewiesen werden, dass es „some element of illegality" gebe oder dass „the enforcement of the award would cleary (be) in-jurious to the public good or, possibly, that enforcement would be wholly offensive to the ordinary reasonable and fully informed member of the public on whose behalf the powers of the State are exercised."[305] Die Anwendung von internationalen Rechtsprinzipien in Kombination mit der Ermächtigung zur Entscheidung *ex aequo et bono* verstoße jedenfalls nicht gegen den *ordre public*.[306]

Aus diesen beiden Konkretisierungen zeigt sich, dass die Auswirkungen einer möglichen *ordre public*-Verletzung auf die Allgemeinheit zentral für die Bestimmung der *ordre public*-Widrigkeit sind. Dies ergibt sich aus der Schutzfunktion des *ordre public*, mit welchem ein Staat seine fundamentalen Interessen verteidigen will. Diese fundamentalen Interessen bestehen nicht um den Staat selbst Willen, sondern im Interesse der Staatsbürger.[307] Dies wird an der Konkretisierung selbst deutlich, wenn der Court of Appeal in einem Nebensatz ausführt „on whose behalf the powers of the State are exercised".[308] Er benennt zugleich den Stellvertreter der Allgemeinheit, auf dessen Sichtweise bei der Bestimmung einer *ordre public*-Verletzung abzustellen ist: „the ordinary reasonable and fully informed member of the public".[309] Hiermit sollte der Testmaßstab

---

304 Court of Appeal, Urteil v. 24.3.1987, *Deutsche Schachtbau- und Tiefbohrgesellschaft mbH vs Ras Al Khaimah National Oil Co.*, Yearbook Comm. Vol. XIII 1988, 522, 530 [E (3) Rn. 19].

305 Court of Appeal, Urteil v. 24.3.1987, *Deutsche Schachtbau- und Tiefbohrgesellschaft mbH vs Ras Al Khaimah National Oil Co.*, Yearbook Comm. Vol. XIII 1988, 522, 534 [E (3) Rn. 26].

306 Court of Appeal, Urteil v. 24.3.1987, *Deutsche Schachtbau- und Tiefbohrgesellschaft mbH vs Ras Al Khaimah National Oil Co.*, Yearbook Comm. Vol. XIII 1988, 522, 535 [E (3) Rn. 26 ff.].

307 Vgl. *Tarlinton*, International Commercial Arbitration and Public Policy, S. 85 m.w.N.

308 Court of Appeal, Urteil v. 24.3.1987, *Deutsche Schachtbau- und Tiefbohrgesellschaft mbH vs Ras Al Khaimah National Oil Co.*, Yearbook Comm. Vol. XIII 1988, 522, 534 [E (3) Rn. 26].

309 Court of Appeal, Urteil v. 24.3.1987, *Deutsche Schachtbau- und Tiefbohrgesellschaft mbH vs Ras Al Khaimah National Oil Co.*, Yearbook Comm. Vol. XIII 1988, 522, 534 [E (3) Rn. 26].

objektiviert und verallgemeinert werden. Darüber hinaus muss der Stellvertreter „fully informed“[310] sein. Entsprechend soll der sog. „man on the Clapham omnibus“-Test[311] Anwendung finden. Dieser bestimmt bspw. im Rahmen der Fahrlässigkeitsprüfung den einzuhaltenden Maßstab und definiert die durchschnittlich sorgfältige Person.[312]

Im Vergleich der beiden genannten Konkretisierungen des deutschen[313] und schweizerischen[314] *ordre public* ergibt sich, dass die Ausführungen „policy of the law“ in der Konkretisierung der Entscheidung *Deutsche Schachtbau- und Tiefbohrgesellschaft mbH vs Ras Al Khaimah National Oil Co.* keine Entsprechung finden. Vielmehr fehlt ein Hinweis darauf, dass jede (zwingende) Vorschrift einen Bestandteil des englischen *ordre public* bilden soll. Eine solche Konkretisierung würde jedoch der anzuwendenden engen Auslegungsweite zuwiderlaufen.

b) Katalog an Bestandteilen des ordre public

Es stellt sich die Frage, ob es im englischen Recht einen Katalog an Bestandteilen gibt, welche gesichert dem *ordre public* zugerechnet werden können.

Es fehlt in der englischen Rechtsprechung eine dem schweizerischen Recht[315] vergleichbare Aufzählung der *ordre public*-Bestandteile. Vielmehr wird im Einzelfall entschieden.[316]

Aus dem *case law* ergeben sich (zunächst) folgende Bestandteile des *ordre public*:[317] (i) Der Schiedsspruch ist durch „prejury or fraud“[318] erlangt worden. (ii) Für die schiedsgerichtlich unterlegene Partei besteht das Risiko, dass

---

310 Court of Appeal, Urteil v. 24.3.1987, *Deutsche Schachtbau- und Tiefbohrgesellschaft mbH vs Ras Al Khaimah National Oil Co.*, Yearbook Comm. Vol. XIII 1988, 522, 534 [E (3) Rn. 26].

311 *Tarlinton*, International Commercial Arbitration and Public Policy, S. 84 f.

312 *Tarlinton*, International Commercial Arbitration and Public Policy, S. 84 f.

313 Kap. 3 A V 5.

314 Kap. 6 A II 3.

315 Kap. 6 A II 3.

316 Vgl. *Tweeddale*, The International Construction Law Review 2000, 159, ebenda.

317 Vgl. *Merkin/Flannery*, Arbitration Act 1996, S. 403.

318 Vgl. Commercial Court, Urteil v. 15.2.2008, *Gater Assets Ltd vs Nak Naftogaz Ukrainiy* [2008] EWHC 237 (Comm) [Rn. 40]; Technology and Construction Court, Urteil v. 30.4.2014, *Honeywell International Middle East Limited vs Meydan Group LLC* (2014) EWHC 1344 (TCC) [Rn. 182] m.w.N. Die Fallgruppe „fraud“ wird teilweise dem prozessualen *ordre public* (bspw. wenn Beweise gefälscht wurden) und dem materiellen *ordre public* zugerechnet (so wenn z.B. der Vertrag durch Betrug zustande kam).

sie Zahlungen sowohl in England als auch in einer anderen Jurisdiktion leisten muss.[319] (iii) Der Schiedsspruch ist „illegal."[320] (iv) Er ist unter Verletzung der Regelungen der „natural justice" entstanden.[321] (v) Der Schiedsspruch ist in Bezug auf die Verpflichtungen der unterlegenen Partei so unklar formuliert, dass eine Vollstreckung unmöglich ist.[322]

Aus den genannten Fallgruppen wird deutlich, dass der *ordre public* zumeist die moralischen, politischen oder ökonomischen Prinzipien eines Staates oder die grundsätzlichen Werte der Gerechtigkeit und Moral schützen soll.[323]

Im Vergleich zum deutschen[324] und schweizerischen[325] Recht zeigt sich, dass im englischen Recht keine strikte Trennung in einen prozessualen und materiellen *ordre public* vorgenommen wird. Anhaltspunkt für eine solche Trennung könnte Art. 68 Abs. 2 g) Arbitration Act 1996 bilden. Aus seinem Wortlaut „the way in which it was procured being contrary to public policy" und dem Verweis auf „fraud" ergibt sich möglicherweise, dass Art. 68 Abs. 2 g) Arbitration Act 1996 nur den prozessualen *ordre public* erfasst.

Hierfür lassen sich auch systematische Erwägungen anführen. Die weiteren Fallgruppen des Art. 68 Arbitration Act 1996 beinhalten alle prozessualen Defizite. Art. 69 Arbitration Act 1996 betrifft hingegen nur materielle Rechtsfehler. Allerdings erfasst Art. 68 Abs. 2 g) Arbitration Act 1996 von seinem Wortlaut her nicht nur die Weise wie der Schiedsspruch zustande kam, sondern auch

319 Vgl. Court of Appeal, Urteil v. 22.1.1997, *Soinco SACI vs Novokuznetsk Aluminium Plant (No 2)* (1998) 2 Lloyd's Rep. 346.

320 Court of Appeal, Urteil v. 19.2.1998, *Soleimany vs Soleimany* (1998) APP.L.R. 02/19, [4 Rn. 67]. Dies ist, soweit ersichtlich, der einzige Fall, in dem ein englisches staatliches Gericht einem Schiedsspruch wegen Verletzung des *ordre public* die Vollstreckung verweigert hat. Ebenso Technology and Construction Court, Urteil v. 30.4.2014, *Honeywell International Middle East Limited vs Meydan Group LLC* (2014) EWHC 1344 (TCC) [Rn. 182]; Commercial Court, Urteil v. 24.5.1999, *Omnium de Traitement et de Valorisation SA vs Hilmarton Ltd*, (1999) 2 All ER (Comm) 146, 151 („They (Anm.: *ordre public* and illegality) are but two strands of the same principle."). Allerdings sind hier, wie unter 5. noch zu zeigen sein wird, Differenzierungen vorzunehmen.

321 Commercial Court, Urteil v. 20.1.1999, *Minmetals Germany GmbH vs Ferco Steel Ltd.* (1999) CLC 647, 659 ff.; *Orawiec*, Comparative Law Review 21 2016, 53, 64.

322 Aufzählung nach *Merkin/Flannery*, Arbitration Act 1996, S. 403.

323 Kronke/Nacimiento/Otto/Port/*Otto/Elwan*, Art. V S. 365; *Orawiec*, Comparative Law Review 21 2016, 53, 55; *Sheppard*, in: Arbitration in England, Chap. 12 Rn. 12–53.

324 Kap. 3 A V 1.

325 Kap. 6 A II 1.

diesen selbst („the award or the way"). Zudem sollte mit Art. 69 Arbitration Act 1996 lediglich die zur *ordre public*-Kontrolle zusätzliche Möglichkeit einer Rechtskontrolle beibehalten werden. Die englischen staatlichen Gerichte wenden Art. 68 Abs. 2 g) Arbitration Act 1996 auch auf Fälle des materiellen *ordre public* an.[326] Folglich umfasst der Begriff der „public policy" prozessuale und materielle Defizite. Eine klare Trennung wird jedoch nicht vorgenommen.

Die Konkretisierung und die dargestellten Fallgruppen bestätigen die enge Aus-legungsweite des *ordre public*. Indes sind beide weiterhin vergleichsweise unbestimmt.[327] Es werden aus diesen Gründen, wie noch zu zeigen ist,[328] weitere Differenzierungen für die Frage des Vorliegens einer *ordre public*-Verletzung vorgenommen.

4. *Umfang der staatlichen Kontrollbefugnis*

Auch im englischen Recht stellt sich die Frage, inwieweit die staatlichen Gerichte befugt sind, die Entscheidungen der Schiedsrichter im Rahmen der *ordre public*-Kontrolle nachzuprüfen, allen voran ob das staatliche Gericht „(could) go behind the award."[329]

Für die Bestimmung dieser Grenzen ist die bereits erwähnte Entscheidung *Soleimany vs Soleimany* maßgebend. Der Court of Appeal führte aus, dass das staatliche Gericht eine Prüfung über den Schiedsspruch hinaus jedenfalls vornehmen dürfe, wenn auf das Schiedsverfahren englisches Recht anzuwenden sei.[330]

Das staatliche Gericht verweigere die Vollstreckung eines *ordre public*-widrigen Vertrages nicht zugunsten des Beklagten oder des Klägers. Es müsse die Integrität des Prozesses herstellen und dafür sorgen, dass dieser nicht missbraucht werde. Die Parteien dürften nicht im Wege des Abschlusses einer

---

326 Vgl. Court of Appeal, Urteil v. 19.2.1998, *Soleimany vs Soleimany* (1998) APP.L.R. 02/19 [4 Rn. 67].

327 Vgl. *Tarlinton*, International Commercial Arbitration and Public Policy, S. 84 f.; *Lu*, 23 Ariz. J. Int'l & Comp. L. 747 (2006), 747, 776 m.w.N. (v.a. hinsichtlich der Merkmale „clearly injurious" und „wholly offensive").

328 Sogleich unter 5.

329 Vgl. Court of Appeal, Urteil v. 19.2.1998, *Soleimany vs Soleimany* (1998) APP.L.R. 02/19, [4 Rn. 48].

330 Court of Appeal, Urteil v. 19.2.1998, *Soleimany vs Soleimany* (1998) APP.L.R. 02/19, [4 Rn. 48].

Schiedsvereinbarung den Versuch der Vollstreckung eines illegalen Vertrages unternehmen können. „Public policy will not allow it.“[331]

Schwierigkeiten träten auf, wenn die Schiedsrichter sich mit der der *ordre public*-Widrigkeit zugrunde liegenden Frage befasst hätten, aber der Ansicht seien, dass es keine gebe. Vielleicht hätten die Schiedsrichter einen „non-speaking award“[332] erlassen oder den Schiedsspruch nicht begründet. „In such a case there is a tension between the public interest that the awards of arbitrators should be respected, so that there be an end to lawsuits, and the public interest that illegal contracts should not be enforced.“[333] Bestehe ein *Prima-facie*-Beweis von einer Seite, dass der Schiedsspruch auf einem *ordre public*-widrigen Vertrag beruhen könnte, müsse der staatliche Richter weitere Ermittlungen durchführen (z.B. ob es Beweise für eine andere Sichtweise gebe; ob der Schiedsrichter explizit befunden habe, dass der Vertrag nicht *ordre public*-widrig sei oder es einen Hinweis gegeben habe, dass der Schiedsrichter nicht fähig gewesen sein könnte, diese Frage zu beurteilen). Zwar habe der staatliche Richter erster Instanz kein vollständiges Verfahren durchzuführen. Dies würde dem Ziel des Schiedsverfahrens zuwiderlaufen. Der staatliche Richter müsse jedoch entscheiden, ob es angemessen sei, „to give full faith and credit to the arbitrator's award. Only if he decides at the preliminary stage that he should not take that course does he need to embark on a more elaborate enquiry into the issue of illegality.“[334]

Somit entschied der Court of Appeal *obiter dictum*, dass dem staatlichen Gericht eine Nachprüfungsbefugnis zukommt, wenn das Schiedsgericht selbst die *ordre public*-Verletzung nicht erkannt hat.[335] Hierzu darf jedenfalls der dem Schiedsspruch zugrunde liegende Vertrag auf seine *ordre public*-Konformität untersucht werden.

Es besteht des Weiteren eine Bindung an die tatsächlichen Feststellungen des Schiedsgerichtes;[336] allerdings nur sofern nicht *prima facie* Beweise für eine

---

331 Court of Appeal, Urteil v. 19.2.1998, *Soleimany vs Soleimany* (1998) APP.L.R. 02/19, [4 Rn. 49].

332 Court of Appeal, Urteil v. 19.2.1998, *Soleimany vs Soleimany* (1998) APP.L.R. 02/19, [4 Rn. 50].

333 Court of Appeal, Urteil v. 19.2.1998, *Soleimany vs Soleimany* (1998) APP.L.R. 02/19, [4 Rn. 50].

334 Court of Appeal, Urteil v. 19.2.1998, *Soleimany v. Soleimany* (1998) APP.L.R. 02/19, [4 Rn. 51].

335 *Orawiec*, Comparative Law Review 21 2016, 53, 59 m.w.N.

336 So *Harbst*, SchiedsVZ 2007, 22, 25 unter Hinweis auf Entscheidung *Omnium de Traitement et de Valorisation SA v Hilmarton Ltd*, (1999) 2 All ER (Comm) 146.

ordre public-Widrigkeit vorgebracht werden. In diesen Fällen kann das staatliche Gericht eine „preliminary inquiry" durchführen.

Die Entscheidung *Soleimany vs Soleimany* bezog sich auf einen nationalen Schiedsspruch. Ob die eröffneten Befugnisse auch für die Prüfung eines ausländischen Schiedsspruches gelten sollten, blieb zunächst offen.[337]

5. *Anwendungsverfahren*

Im Rahmen der Anwendung des *ordre public* führen die englischen staatlichen Gerichte eine Abwägung durch.[338] Neben diesem Abwägungsverfahren gibt es ein weiteres, stark ausdifferenziertes System für die Bestimmung der *ordre public*-Widrigkeit.

a) Abwägung

Dem Abwägungsverfahren liegt der Gedanke zugrunde, dass bei der *ordre public*-Prüfung mehrere einzelne *ordre public*-Erwägungen betrachtet werden müssen. Diesen einzelnen Erwägungen kommt zwar jeweils ein abstraktes Wertegewicht zu, doch ist für den Ausgang der Abwägung ihr Gewicht *in concreto* entscheidend. Das abstrakte Gewicht kann im Rahmen dieser Prüfung lediglich ein Indiz bilden.[339]

Die einzelnen Erwägungen werden zunächst in zwei zentrale Gruppen eingeteilt und anschließend gegeneinander abgewogen. Die erste Gruppe bilden die *ordre public*-Erwägungen, welche Ausdruck der fundamentalen durch den *ordre public* geschützten Normen sind[340] (bspw. die *illegality* des Vertrages). Der anderen Gruppe werden die Endgültigkeit des Schiedsspruches und das Interesse an

---

337 Gegen eine Nachprüfungsbefugnis im Falle eines ausländischen Schiedsspruches: *Tweeddale*, The International Construction Law Review 2000, 159, 162. Vgl. hierzu auch sogleich unter 5 b) bb).

338 Abwägungsverfahren finden sich bspw. in High Court of Justice, Urteil v. 19.1.2001, *Tongyuan International Trading Group vs Uni-Clan Limited*, Yearbook Comm. Vol. XXVI 2001, 886, 893; Commercial Court, Urteil v. 20.1.1999, *Minmetals Germany GmbH vs Ferco Steel Ltd.* (1999) CLC 647, 660; Commercial Court, Urteil v. 19.12.1997, *Westacre Investments Inc vs Jugoimport-SDPR Holding Company Ltd* (1998) 4 All ER, 570, 582.

339 Vgl. Commercial Court, Urteil v. 19.12.1997, *Westacre Investments inc vs Jugoimport-SDPR Holding Company Ltd* (1998) 4 All ER, 570, 593. Kritisch in Bezug auf diese Prinzipien: *Merkin/Flannery*, Arbitration Act 1996, S. 405 f.

340 Vgl. *Merkin/Flannery*, Arbitration Act 1996, S. 403. Ähnlich *Orawiec*, Comparative Law Review 21 2016, 53, 55.

dessen Vollstreckung zugeordnet.[341] Grundsätzlich gilt, dass die Prinzipien der zweiten Gruppe überwiegen.[342] Dies wird bspw. an der Entscheidung *Tongyuan International Trading Group vs Uni-Clan Limited* deutlich, wenn der High Court of Justice ausführt: „(I)t would require a very strong and unusual case to render the enforcement of an award (…) contrary to public policy."[343] Der Entscheidung der Abwägung liegt zugrunde, dass die Vollstreckung von Schiedssprüchen nur versagt wird, wenn die zentralen Prinzipien von „morality and justice" des Forumstaates verletzt werden.[344]

b) *Weitere Kriterien*

Die staatlichen Gerichte haben zur Prüfung der *ordre public*-Widrigkeit weitere Kriterien entwickelt.

aa) *Minmetals Germany GmbH vs Ferco Steel Ltd.*

Im vorliegenden Fall war wegen prozessualer Verletzungen das Verhältnis von *ordre public* und der „substantial justice" zu klären.[345]

Im Rahmen der Prüfung der Vollstreckbarkeit sei entscheidend, ob „considerations of public policy involve investigation not only of the core procedural defect relied upon by way of objection to enforcement but of all those other surrounding circumstances which are material to the English court's decision whether, as a matter of policy considerations which should be refused."[346] Im internationalen Handel sei eine Partei durch das staatliche Gericht am Sitz des

---

341 Vgl. High Court of Justice, Urteil v. 19.1.2001, *Tongyuan International Trading Group vs Uni-Clan Limited*, Yearbook Comm. Vol. XXVI 2001, 886, 893 [Rn. 18]; Commercial Court, Urteil v 24.5.1999, *Omnium de Traitement et de Valorisation SA vs Hilmarton Ltd*, (1999) 2 All ER (Comm) 146, 149; *Merkin/Flannery*, Arbitration Act 1996, S. 403.

342 *Tarlinton*, International Commercial Arbitration and Public Policy, S. 190 f. warnt davor, die Finalität des Schiedsspruches stets als die entscheidende *ordre public*-Erwägung anzusehen. Ansonsten würde die Effektivität des *ordre public* als Kontrollmechanismus leerlaufen.

343 High Court of Justice, Urteil v. 19.1.2001, *Tongyuan International Trading Group vs Uni-Clan Limited*, Yearbook Comm. Vol. XXVI 2001, 886, 893 [Rn. 18].

344 Vgl. auch *Beatson*, 33 Arb Int'l (2017), 175, 187.

345 Vgl. Commercial Court, Urteil v. 20.1.1999, *Minmetals Germany GmbH vs Ferco Steel Ltd.* (1999) CLC 647, 659.

346 Commercial Court, Urteil v. 20.1.1999, *Minmetals Germany GmbH vs Ferco Steel Ltd.* (1999) CLC 647, 660.

Schiedsgerichts (im Folgenden: „supervisory jurisdiction“) gebunden. Somit müsse die Partei, welche sich auf die Unwirksamkeit des Schiedsspruches oder die fehlerhafte Durchführung des Schiedsverfahrens berufe, diese Gründe zunächst vor den staatlichen Gerichten der „supervisory jurisdiction“ vorbringen. Durch die Vereinbarung eines bestimmten Schiedsgerichtsortes hätte sich die Partei nicht nur verpflichtet, das Schiedsverfahren an diesem Ort durchzuführen, sondern alle aus dem Schiedsverfahren resultierenden Streitigkeiten dieser „supervisory jurisdiction“ zu unterstellen. Dies sei eine „cardinal policy consideration“, wenn das englische staatliche Gericht sich mit der Frage der Vollstreckung eines ausländischen Schiedsspruches befassen müsse.[347]

Zusammengefasst soll ein „New York Convention award“, dessen Vollstreckung zu einer „substantial injustice“ und damit zu einer *ordre public*-Widrigkeit führen würde, nicht vollstreckt werden. Im Rahmen der Prüfung müsse als erstes „the nature of the procedural injustice“ berücksichtigt werden.[348]

bb) Westacre Investments Inc vs Jugoimport-SDPR Holding Company Ltd.

Der Fall *Westacre Investments Inc vs Jugoimport-SDPR Holding Company Ltd.* wurde bereits im Rahmen der Schweiz behandelt.[349] Ergänzend ist darauf hinzuweisen, dass, nachdem das BG die Aufhebung des Schiedsspruches ablehnte, dieser in England vollstreckt werden sollte.

(1) Urteil des High Court

Der High Court entschied, dass sofern die direkte Vollstreckung des Hauptvertrages gegen den englischen *ordre public* verstoße, die Vollstreckung eines auf diesem Vertrag beruhenden Schiedsspruches nur mit dem *ordre public* vereinbar sei, wenn das Interesse an der Durchführung des Schiedsverfahrens die verletzten *ordre public*-Erwägungen überlagere.[350]

---

347 Commercial Court, Urteil v. 20.1.1999, *Minmetals Germany GmbH vs Ferco Steel Ltd.* (1999) CLC 647, 661.

348 Commercial Court, Urteil v. 20.1.1999, *Minmetals Germany GmbH vs Ferco Steel Ltd.* (1999) CLC 647, 661.

349 Vgl. Kap. 6 A III 1.

350 Commercial Court, Urteil v. 19.12.1997, *Westacre Investments Inc vs Jugoimport-SDPR Holding Company Ltd* (1998) 4 All ER, 570, 582.

(a) Der Abwägungsvorgang

Dieser Abwägungsmechanismus zwischen der Vollstreckung des Hauptvertrages und einem darauffolgenden ausländischen Urteil, welches den Vertrag für illegal erkläre, ergebe sich aus der Entscheidung *Soleimany vs Soleimany.*[351]

Es müsse ermittelt werden, ob die Feststellung der Illegalität innerhalb der Zuständigkeit der Schiedsrichter gelegen habe. Nach englischem Recht gebe es keine generelle Regelung, nach welcher eine Schiedsvereinbarung, die auf einem illegalen Vertrag beruhe, dem Schiedsrichter keine Zuständigkeit für die Lösung der Streitigkeit einräumen könne. Die Frage, ob die Schiedsvereinbarung die Zuständigkeit der Schiedsrichter begründe, hänge von der Natur der Illegalität ab. So müsse ermittelt werden, ob *ordre public*-Erwägungen verlangten, dass Streitigkeiten aus dem Vertrag nicht schiedsfähig sein sollten. Zudem habe das Gericht im Vollstreckbarerklärungsverfahren die Natur des Streits zu beachten. Sofern Zahlungen aufgrund eines illegalen Vertrages geleistet werden sollten, liege eine „palpable and indisputable“[352] Illegalität vor und der Schiedsrichter dürfe aufgrund des *ordre public* nicht über diese Streitigkeit entscheiden. Sofern er über die Frage der Illegalität entscheiden müsse, habe das staatliche Gericht zunächst zu beurteilen, ob der Vertrag gegen den *ordre public* verstoße.[353]

Im vorliegenden Fall sei die Frage der Zuständigkeit der Schiedsrichter weder im Schiedsverfahren noch im schweizerischen staatlichen Gerichtsverfahren vorgebracht worden.[354] Allerdings ergäbe sich aus den Umständen, insbesondere dem schweizerischen Recht, dass das Schiedsgericht die Kompetenz über die Feststellung der Illegalität des Vertrages gehabt habe.[355]

Da der Schiedsspruch von einem englischen Gericht für vollstreckbar erklärt werden sollte, müsse ermittelt werden, ob der englische *ordre public*

351 Commercial Court, Urteil v. 19.12.1997, *Westacre Investments Inc vs Jugoimport-SDPR Holding Company Ltd* (1998) 4 All ER, 570, 592.

352 Commercial Court, Urteil v. 19.12.1997, *Westacre Investments inc vs Jugoimport-SDPR Holding Company Ltd* (1998) 4 All ER, 570, 593.

353 Commercial Court, Urteil v. 19.12.1997, *Westacre Investments inc vs Jugoimport-SDPR Holding Company Ltd* (1998) 4 All ER, 570, 593. Kritisch in Bezug auf diese Prinzipien: *Merkin/Flannery*, Arbitration Act 1996, S. 405 f.

354 Commercial Court, Urteil v. 19.12.1997, *Westacre Investments inc vs Jugoimport-SDPR Holding Company Ltd* (1998) 4 All ER, 570, 593.

355 Commercial Court, Urteil v. 19.12.1997, *Westacre Investments inc vs Jugoimport-SDPR Holding Company Ltd* (1998) 4 All ER, 570, 594.

zu einem anderen Ergebnis führe. Sollte dies der Fall sein, müsse das Resultat im Rahmen der Abwägung beachtet werden. Im vorliegenden Fall sei der Vertrag nach dem Recht von Kuwait illegal gewesen. Allerdings hätten beide Parteien (als panamaische Gesellschaft bzw. jugoslawische *entity*) keine Verbindung zu England aufgewiesen. Bis auf die Adresse der panamaischen Gesellschaft in England, wie auf dem Vertrag angegeben, hätte auch diese keine Verbindung zu England gehabt. Die Zahlungen sollten zudem in den Vereinigten Staaten von Amerika erfolgen.[356] Darüber hinaus hätten die Parteien hier die international höchst kompetente Schiedsgerichtsinstitution der ICC vorgesehen. Daher könne von der Erfahrung und Qualität der Schiedsrichter ausgegangen werden. Auch sei der Fall nicht von solch rechtlicher Komplexität, dass er ausschließlich durch die englischen staatlichen Gerichte entschieden werden könne. Die Tatsachen- und Beweiserhebung sei inzwischen im Schiedsverfahren alltäglich. Zwar könnten Fehler unterlaufen, sofern dieser Punkt stets zur Verneinung der Kompetenz der Schiedsrichter führe, sei jedoch eine effektive Schiedsgerichtsbarkeit nicht mehr möglich.[357] Infolgedessen überwog für den High Court der Wille der Parteien an der Durchführung des Schiedsverfahrens gegenüber der Versagung der Vollstreckbarerklärung des Vertrages wegen Illegalität.[358]

(b) Ordre public-Widrigkeit aufgrund der vorgebrachten neuen Beweise

Somit könnten ausschließlich die vorgebrachten neuen Beweise eine *ordre public*-Widrigkeit begründen. Allerdings hätten die Parteien versucht, die *ordre public*-Kontrolle zur Einführung neuer Beweise zu nutzen, welche sie bereits vor dem Schiedsgericht hätten vorbringen können.

Die entscheidende Frage im Rahmen dieser Abwägung sei, „whether the public policy of discouraging corrupt trading represents a social policy to which effect ought to be given in the interests of the international comity generally, or some section of it, in preference to the public policy of sustaining the finality of international arbitration awards."[359]

356 Commercial Court, Urteil v. 19.12.1997, *Westacre Investments inc vs Jugoimport-SDPR Holding Company Ltd* (1998) 4 All ER, 570, 594.

357 Commercial Court, Urteil v. 19.12.1997, *Westacre Investments inc vs Jugoimport-SDPR Holding Company Ltd* (1998) 4 All ER, 570, 595.

358 Commercial Court, Urteil v. 19.12.1997, *Westacre Investments inc vs Jugoimport-SDPR Holding Company Ltd* (1998) 4 All ER, 570, 597.

359 Commercial Court, Urteil v. 19.12.1997, *Westacre Investments inc vs Jugoimport-SDPR Holding Company Ltd* (1998) 4 All ER, 570, 597.

Im vorliegenden Fall müsse die voranschreitende internationale Bekämpfung von Korruption beachtet werden. So unterzeichnete das UK die „OECD Convention on Combating the Bribery of Foreign Offcials in International Transactions“. Das englische staatliche Gericht dürfe Korruption nicht fördern. Allerdings seien die Rüstungstransaktionen hier beinahe zehn Jahre her. Zudem habe der Fall aus den oben genannten Gründen fast keinen Bezug zu England.[360]

Obwohl Korruption von den Gerichten und Behörden verfolgt werde, seien nur wenige der Ansicht „that it stood in the scale of opprobrium quite at the level of drug-trafficking“.[361] Infolgedessen überwiege insgesamt die *ordre public*-Erwägung der Finalität von Schiedssprüchen, sodass keine Verletzung des *ordre public* nach Art. 5 Abs. 3 Arbitration Act 1975 vorgelegen habe.[362]

(c) *Verstoß gegen die internationale comity*

Im vorliegenden Fall verstoße die Vollstreckung des schweizerischen Schiedsspruches nicht gegen die internationale *comity*. Hier solle nicht der Vertrag direkt, sondern der Schiedsspruch vollstreckt werden.[363] Dieser sei aber in Übereinstimmung mit dem von den Parteien gewählten schweizerischen Schiedsverfahrensrecht ergangen, welches den Schiedsrichtern die Kompetenz zur Sachentscheidung eröffnet habe. Sie seien zu dem Ergebnis gekommen, dass der Vertrag weder gegen das schweizerische Schiedsverfahrensrecht[364] noch gegen das Recht von Kuwait verstoße. Daher ergebe sich aus dem „face“[365] des Schiedsspruches nichts, was auf eine Verletzung des englischen oder des kuwaitischen *ordre public* (als *ordre public* des Erfüllungsortes) hindeute.[366]

---

360 Commercial Court, Urteil v. 19.12.1997, *Westacre Investments inc vs Jugoimport-SDPR Holding Company Ltd* (1998) 4 All ER, 570, 597.

361 Commercial Court, Urteil v. 19.12.1997, *Westacre Investments inc vs Jugoimport-SDPR Holding Company Ltd* (1998) 4 All ER, 570, 598.

362 Commercial Court, Urteil v. 19.12.1997, *Westacre Investments inc vs Jugoimport-SDPR Holding Company Ltd* (1998) 4 All ER, 570, 598.

363 Commercial Court, Urteil v. 19.12.1997, *Westacre Investments inc vs Jugoimport-SDPR Holding Company Ltd* (1998) 4 All ER, 570, 600.

364 Zustimmend der Court of Appeal, Urteil v. 12.5.1999, *Westacre Investments inc vs Jugo-import-SDPR Holding Company Ltd* (1999), APP.LR.05/12 [Rn. 25].

365 Commercial Court, Urteil v. 19.12.1997, *Westacre Investments inc vs Jugoimport-SDPR Holding Company Ltd* (1998) 4 All ER, 570, 600.

366 Commercial Court, Urteil v. 19.12.1997, *Westacre Investments inc vs Jugoimport-SDPR Holding Company Ltd* (1998) 4 All ER, 570, 600.

So wies das Gericht erneut darauf hin, dass die Abwägung hier gegen eine *ordre public*-Widrigkeit spreche.[367]

(2) Urteil des Court of Appeal

Gegen die Entscheidung wurde Rechtsmittel beim Court of Appeal eingelegt.

Im Gegensatz zur Entscheidung *Soleimany vs Soleimany* sei die Illegalität hier nicht bereits nach dem Recht des Erfüllungsortes gegeben. Es gebe keinen Hinweis darauf, dass eine Verletzung des kuwaitischen *ordre public* vorliege. Zudem habe das Schiedsgericht den schweizerischen *ordre public* berücksichtigt.[368] Für die Frage der *ordre public*-Widrigkeit sei einzig die Beurteilung des Schiedsspruches und nicht des zugrunde liegenden Vertrages relevant.

Die Tatsachen aus dem Schiedsspruch und seiner Begründung ergäben, dass keine Verletzung des *ordre public* vorliege, in dessen Fall ein englisches staatliches Gericht den Schiedsspruch unabhängig vom „proper law or place of performance"[369] nicht vollstrecken würde. Hier habe das Schiedsgericht die nationalen *ordre public*-Erwägungen des Rechts, welches auf den Vertrag Anwendung finde, sowie des Schiedsverfahrensrechts angestellt und sei zu dem Ergebnis gekommen, dass keine Verletzung vorliege. Dies gelte unabhängig davon, ob die „English domestic public policy"[370] zu einem anderen Ergebnis gekommen wäre.[371]

Somit war der *appeal* abzuweisen.[372]

cc) Übertragbarkeit auf die Umgehung materiell zwingenden Rechts

Der Entscheidung *Minmetals Germany GmbH vs Ferco Steel Ltd.* lag ein prozessuales Defizit zugrunde. Wie bereits gezeigt,[373] muss zwischen materiellrechtlichen und prozessualen Verletzungen differenziert werden.

---

367 Commercial Court, Urteil v. 19.12.1997, *Westacre Investments inc vs Jugoimport-SDPR Holding Company Ltd* (1998) 4 All ER, 570, 601.

368 Court of Appeal, Urteil v. 12.5.1999, *Westacre Investments inc vs Jugoimport-SDPR Holding Company Ltd* (1999), APP.LR.05/12 [Rn. 25].

369 Court of Appeal, Urteil v. 12.5.1999, *Westacre Investments inc vs Jugoimport-SDPR Holding Company Ltd* (1999), APP.LR.05/12 [Rn. 36].

370 Court of Appeal, Urteil v. 12.5.1999, *Westacre Investments inc vs Jugoimport-SDPR Holding Company Ltd* (1999), APP.LR.05/12 [Rn. 36].

371 Court of Appeal, Urteil v. 12.5.1999, *Westacre Investments inc vs Jugoimport-SDPR Holding Company Ltd* (1999), APP.LR.05/12 [Rn. 36].

372 Court of Appeal, Urteil v. 12.5.1999, *Westacre Investments inc vs Jugoimport-SDPR Holding Company Ltd* (1999), APP.LR.05/12.

373 Kap. 6 B III 3.

Allerdings bezieht sich nur der erste der in der Entscheidung genannten Prüfungspunkte wörtlich auf die prozessrechtliche Natur des Fehlers. So muss „the nature of the procedural injustice“ ermittelt werden.[374] Hiermit soll nur die Natur der der Entscheidung zugrunde liegenden Verletzung in die Betrachtung einbezogen werden.

Für die Prüfung der Umgehung materiell zwingenden Rechts kann dieser Punkt durch die Prüfung der Natur der verletzten Rechtsnorm ersetzt werden. Er ist somit nicht exklusiv für die Verletzung prozessualer Normen. Dies wird dadurch bestätigt, dass im englischen Recht keine klare Trennung zwischen prozessualem und materiellem *ordre public* stattfindet[375] und damit eine jeweilige Übertragbarkeit nicht von vornherein ausscheidet. Dementsprechend sind die Prüfungspunkte in der Entscheidung *Minmetals Germany GmbH vs Ferco Steel Ltd.* unter Vornahme der genannten Anpassung auf die Umgehung materiell zwingenden Rechts übertragbar.

Die Entscheidungen *Westacre Investments Inc vs Jugoimport-SDPR Holding Company* betrafen einen Fall der „illegality“. Diese Fallgruppe erfasst, wie die Umgehung materiell zwingenden Rechts, materiell-rechtliche Defizite. Sie werden beide dem materiell-rechtlichen *ordre public* zugerechnet, wodurch eine Übertragbarkeit bestehen könnte.

Das Prinzip der „illegality“ ist im englischen Recht weit gefasst und erlaubt eine Einwendung für vertragliche Verpflichtungen.[376] Es findet gleichermaßen Anwendung im Deliktsrecht, im *trust law* sowie im Gesellschaftsrecht. Eine Ausprägung des Prinzips der „illegality“ ist die ungerechtfertigte Bereicherung.

Zugleich besteht eine enge Verbindung zum *ordre public*, sodass im Rahmen der Frage der „illegality“ *ordre public*-Erwägungen herangezogen werden könnten.[377] Infolgedessen kann die Umgehung materiell zwingenden Rechts unter die Fallgruppe der „illegality“ gerechnet werden. Damit sind die Prinzipien in den Entscheidungen *Westacre Investments Inc vs Jugoimport-SDPR Holding Company* auf die Umgehung materiell zwingenden Rechts anwendbar.

---

374 Soeben unter aa).

375 Kap. 6 B III 3.

376 Court of King's Bench, Urteil v. 5.7.1775, *Holmann vs Johnson* [1775], 98 Engl. Rep. 1120 (1. Cowp. 341).

377 Supreme Court, Urteil v. 20.7.2016, *Patel vs Mirza* [2014] EWCA Civ 1047.

dd) Zwischenergebnis

U.a. auf Grundlage der dargestellten Entscheidungen lässt sich folgender Katalog von Kriterien, die im Rahmen der *ordre public*-Kontrolle beachtet werden müssen, entwickeln:[378]

(i) Ausgangspunkt der Prüfung der *ordre public*-Widrigkeit ist die *separability doctrine.*[379] Sofern nicht (nur) eine *ordre public*-Widrigkeit der Schiedsvereinbarung bzw. des Schiedsspruches, sondern auch des ihr zugrunde liegenden Vertrages in Betracht kommt, muss die vermeintliche *ordre public*-Widrigkeit auf die „roots of the contract“[380] zurückzuführen sein. Nur in diesem Fall kann sie zumindest mittelbar die Schiedsvereinbarung bzw. den Schiedsspruch betreffen und damit eine Kontrollpflicht für die staatlichen Gerichte auslösen.[381]

(ii) Es gibt universelle Prinzipien[382] („category of cases considered to be universally repugnant“[383]), deren Verletzung stets eine *ordre public*-Widrigkeit und die Ablehnung der Vollstreckbarerklärung begründet. Zu diesen Prinzipien zählen „universally condemned international activities as terrorism, drug-trafficking, prostitution and paedophilia.“[384] Es ist zu beachten, dass

---

378 Ähnliche Zusammenfassungen finden sich bei *Tweeddale*, The International Construction Law Review 2000, 159, 173; *Orawiec*, Comparative Law Review 21 2016, 53, 69.

379 Vgl. statt aller: Court of Appeal, Urteil v. 19.2.1998, *Soleimany vs Soleimany* (1998) APP.L.R. 02/19, [4 Rn. 36].

380 *Tweeddale*, The International Construction Law Review 2000, 159, 161.

381 *Tweeddale*, The International Construction Law Review 2000, 159, 161. Vgl. auch Court of Appeal, Urteil v. 19.2.1998, *Soleimany vs Soleimany* (1998) APP.L.R. 02/19, [4 Rn. 36].

382 *Lew/Marsden*, in: Arbitration in England, Chap. 19 Rn. 19–25 bezeichnen diese universellen Prinzipien auch als „core rules“. In Abgrenzung hierzu seien alle anderen *ordre public*-Bestandteile nur „non-core rules“, welche auf nationalen Erwägungen beruhten. *Andrews* bezeichnet diese Prinzipien als „Super-Norm of public policy“, vgl. *Andrews*, Arbitration and Contract Law, Chap. 9 Rn. 9.22.

383 Commercial Court, Urteil v. 19.12.1997, *Westacre Investments inc vs Jugoimport-SDPR Holding Company Ltd* (1998) 4 All ER, 570, 600. Ebenso *Tweeddale*, The International Construction Law Review 2000, 159, 173.

384 Commercial Court, Urteil v. 19.12.1997, *Westacre Investments inc vs Jugoimport-SDPR Holding Company Ltd* (1998) 4 All ER, 570, 600. Ebenso *Tweeddale*, The International Construction Law Review 2000, 159, 173.

seit der Entscheidung *Westacre Investments inc vs Jugoimport-SDPR Holding Company Ltd*[385] bspw. durch die OECD Convention in diesem Bereich einige Veränderungen eingetreten sind. Allerdings ist bislang noch keine höchstrichterliche Entscheidung ersichtlich, die „corruption or fraud" den universellen Prinzipien des *ordre public* im Bereich der Schiedsgerichtsbarkeit zurechnen würde.

Um die genannten universellen Prinzipien ist der oben[386] dargestellte Inhalt des *ordre public*-Begriffs zu erweitern.

(iii) Eine *ordre public*-Widrigkeit kommt in Betracht, wenn die Entscheidung über die infrage kommende *ordre public*-Verletzung nicht innerhalb der Kompetenz des Schiedsgerichts lag. Ist die Kompetenz der Schiedsrichter dagegen zu bejahen, muss der Schiedsspruch *prima facie* vollstreckt werden.[387]

Es besteht nach englischem Recht insoweit eine Vermutung für die Kompetenz des Schiedsgerichts. Eine Ausnahme von dieser Vermutung greift nur, wenn sich aus der Natur der verletzten Norm unter Heranziehung des *ordre public* ergibt, dass sie nicht schiedsfähig war.[388]

(iv) Die Natur der verletzten Rechtsnorm muss auch im Rahmen der Beurteilung der *ordre public*-Widrigkeit geprüft werden. Zudem sind die Natur des dem Schiedsverfahren zugrunde liegenden Streits, die Schwere der Verletzung und ihre Offensichtlichkeit heranzuziehen.[389] Darüber hinaus muss geprüft werden, ob die verletzte Rechtsnorm ein Prinzip der internationalen *comity* repräsentiert. Zu dieser Bestimmung können aktuelle Entwicklungen und bestehende staatsvertragliche Verpflichtungen betrachtet werden.[390]

---

385 Kap. 6 B III 5 b) bb).

386 Kap. 6 B III 3 b).

387 Commercial Court, Urteil v. 19.12.1997, *Westacre Investments inc vs Jugoimport-SDPR Holding Company Ltd* (1998) 4 All ER, 570, 593.

388 Commercial Court, Urteil v. 19.12.1997, *Westacre Investments inc vs Jugoimport-SDPR Holding Company Ltd* (1998) 4 All ER, 570, 593.

389 Vgl. Commercial Court, Urteil v. 20.1.1999, *Minmetals Germany GmbH vs Ferco Steel Ltd.* (1999) CLC 647, 661; Commercial Court, Urteil v. 19.12.1997, *Westacre Investments inc vs Jugoimport-SDPR Holding Company Ltd* (1998) 4 All ER, 570, 593.

390 Commercial Court, Urteil v. 19.12.1997, *Westacre Investments inc vs Jugoimport-SDPR Holding Company Ltd* (1998) 4 All ER, 570, 597. Ebenso *Hill/Chong*, International

Zudem muss der Frage nachgegangen werden, ob der Vertrag über die *ordre public*-Verletzung geschlossen wurde (bspw. ob der Vertrag die Zahlung von Schmiergeld zum Gegenstand hatte) oder ob er nur durch bzw. unter Verletzung des *ordre public* zustande gekommen ist (so wenn der Vertrag erst durch Zahlung von Schmiergeld an die genehmigenden Behörden Wirkung entfalten konnte). Der letzte Fall kann i.d.R. keine *ordre public*-Widrigkeit begründen.[391]

(v) Haben sich die Parteien auf die Anwendung englischen Sachrechts geeinigt und/oder ist das englische Schiedsverfahrensrecht anzuwenden, mit der Folge, dass es sich um einen nationalen Schiedsspruch handelt, wird das englische staatliche Gericht zumeist eine Verletzung des englischen *ordre public* annehmen und dem Schiedsspruch die Vollstreckung versagen.[392]

(vi) Nicht eindeutig geklärt ist, ob im Falle der Anwendung ausländischen Sachrechts geprüft werden muss, ob ein englisches Schiedsgericht bei Anwendung des englische Rechts zu einem anderen Ergebnis gekommen wäre.[393] In der neueren Entscheidung *Omnium de Traitement et de Valorisation SA vs Hilmarton Ltd.* wird eine solche Begründungspflicht unter Hinweis darauf, dass nur die Vollstreckung des Schiedsspruches

---

Commercial Disputes, Chap. 24 Rn. 24.2.47; *Tarlinton*, International Commercial Arbitration and Public Policy, S. 211.

391 Vgl. Court of Appeal, Urteil v. 12.5.1999, *Westacre Investments inc vs Jugoimport-SDPR Holding Company Ltd* (1999), APP.LR.05/12 [Rn. 67]; Technology and Construction Court, Urteil v. 30.4.2014, *Honeywell International Middle East Limited vs Meydan Group LLC* (2014) EWHC 1344 (TCC) [Rn. 185]. Da das englische Recht keine *ordre public*-Kontrolle im Rahmen des Einredeverfahrens vorsieht, sind die Entscheidungen zu den repressiven Kontrollverfahren eines Schiedsspruches ergangen. Die dort genannten Kriterien werden dementsprechend nicht explizit nach einer *Ex-ante-* oder *Ex-post-*Betrachtung getrennt.

392 Court of Appeal, Urteil v. 19.2.1998, *Soleimany vs Soleimany* (1998) APP.L.R. 02/19 [4 Rn. 44]; *Tweeddale*, The International Construction Law Review 2000, 159, 162, 173; *Andrews*, Arbitration and Contract Law, Chap. 9 Rn. 9.18; *Lu*,23 Ariz. J. Int'l & Comp. L. 747 (2006), 747, 778 f.

393 Für eine Prüfungspflicht: Commercial Court, Urteil v. 19.12.1997, *Westacre Investments inc vs Jugoimport-SDPR Holding Company Ltd* (1998) 4 All ER, 570, 594. Andere Ansicht: Commercial Court, Urteil v. 24.5.1999, *Omnium de Traitement et de Valorisation SA vs Hilmarton Ltd*, (1999) 2 All ER (Comm) 146, ebenda.

in England und nicht der zugrunde liegende Vertrag untersucht werde, abgelehnt.[394]

Unbeachtlich ist jedenfalls, ob der streitige Punkt in einem englischen Gerichtsverfahren anders verhandelt worden wäre.[395]

(vii) Für die Annahme einer *ordre public*-Verletzung spricht eine Verbindung der Streitigkeit zu England. Eine solche kann sich bspw. aus der Nationalität der Parteien oder dem Ort der Zahlungen aus dem Schiedsspruch ergeben.[396]

(viii) Die Vereinbarung der Verwaltung des Schiedsverfahrens durch eine höchst kompetente Schiedsgerichtsinstitution wie der ICC, die Erfahrung und Qualität der Schiedsrichter, eine geringere rechtliche Komplexität des Streites sowie die Beteiligung der Parteien am Schiedsverfahren sind als Kriterien gegen eine *ordre public*-Widrigkeit zu beachten.[397]

(ix) Die Verletzung des *ordre public* eines anzuwendenden ausländischen Sachrechts ist eher eine schwächere Erwägung und kann nicht *per se* eine Verletzung des englischen *ordre public* begründen.[398]

(x) Eine *ordre public*-Widrigkeit ist abzulehnen, wenn sich aus dem zugrunde liegenden Vertrag, dem Schiedsspruch und seiner Begründung ergibt, dass keine Verletzung des *ordre public* vorliegt. Diese Betrachtung ist unabhängig vom „proper law or place of performance".[399] Eine Ausnahme kommt nur in Betracht, wenn zulässigerweise neue Beweise vorgebracht wurden.

---

394 Commercial Court, Urteil v. 24.5.1999, *Omnium de Traitement et de Valorisation SA vs Hilmarton Ltd*, (1999) 2 All ER (Comm) 146, 149.

395 Commercial Court, Urteil v. 3.7.2008, *R vs V* (2008), APP.L.R. 07/03 [Rn. 14].

396 Commercial Court, Urteil v. 19.12.1997, *Westacre Investments inc vs Jugoimport-SDPR Holding Company Ltd* (1998) 4 All ER, 570, 594.

397 Commercial Court, Urteil v. 19.12.1997, *Westacre Investments inc vs Jugoimport-SDPR Holding Company Ltd* (1998) 4 All ER, 570, 595; Commercial Court, Urteil v. 3.7.2008, *R vs V* (2008), APP.L.R. 07/03 [Rn. 14].

398 Commercial Court, Urteil v. 19.12.1997, *Westacre Investments inc vs Jugoimport-SDPR Holding Company Ltd* (1998) 4 All ER, 570, 598.

399 Court of Appeal, Urteil v. 12.5.1999, *Westacre Investments inc vs Jugoimport-SDPR Holding Company Ltd* (1999), APP.LR.05/12 [Rn. 36]; Commercial Court, Urteil v. 3.7.2008, *R vs V* (2008), APP.L.R. 07/03 [Rn. 27]. Ähnlich Commercial Court, Urteil v. 24.5.1999, *Omnium de Traitement et de Valorisation SA vs Hilmarton Ltd*, (1999) 2 All ER (Comm) 146, 150. Ebenso *Andrews*, Arbitration and Contract Law, Chap. 9 Rn. 9.20.

(xi) Die Verletzung des *ordre public* muss abgelehnt werden, sofern die staatlichen Gerichte der „supervisory jurisdiction“ nicht vor einer Prüfung der Vollstreckung angerufen wurden, es für dieses Verhalten keinen vernünftigen Grund gab und innerhalb dieser „supervisory jurisdiction“ eine Abhilfemöglichkeit in Bezug auf die Verletzung vorhanden war.[400]

(xii) Eine „very strong policy consideration“[401] gegen eine *ordre public*-Widrigkeit ist es, wenn die Gerichte der „supervisory jurisdiction“ keine *ordre public*-Verletzung annehmen. Eine Ausnahme besteht nur, wenn die Befugnisse des Gerichts der „supervisory jurisdiction“ so eingeschränkt sind, dass diese sogar bei offensichtlichen und ernsthaften Fehlern der zentralen Rechtsprinzipien nicht eingreifen können. Zumeist findet keine erneute Prüfung durch das englische Gericht i.R.d. Vollstreckungsverfahrens statt.[402]

(xiii) Gegen eine Verletzung des *ordre public* spricht es, wenn der „place of performance“ des Vertrages außerhalb Englands liegen soll[403] und sich das Recht an diesem Ort von dem anzuwendenden Sach- und Schiedsverfahrensrecht unterscheidet. In diesem Fall bestimmt das Recht am Erfüllungsort weder die vertraglichen Verpflichtungen oder hat sonst irgendeinen Bezug zu der Verfahrensdurchführung. Sofern die Schiedsrichter daher den *ordre public* am Erfüllungsort berücksichtigen, verletzen sie ihre Verpflichtung, einen vollstreckbaren Schiedsspruch zu erlassen. Folglich dürfen auch die englischen Gerichte bei der Überprüfung im Vollstreckungsverfahren das Recht am Erfüllungsort nicht berücksichtigen.[404]

---

400 Vgl. Commercial Court, Urteil v. 20.1.1999, *Minmetals Germany GmbH vs Ferco Steel Ltd.* (1999) CLC 647, 661. *Hill*, Journal of Private International Law, Vol. 8 Issue 2 (2012), 159, 184 nimmt an, dass in der Entscheidung der staatlichen Gerichte der „supervisiory jurisdiction“ ein „issue estoppel“ liege, welcher eine Nachprüfung durch das englische Vollstreckungsgericht ausschließe.

401 Vgl. Commercial Court, Urteil v. 20.1.1999, *Minmetals Germany GmbH vs Ferco Steel Ltd.* (1999) CLC 647, 661.

402 Vgl. Commercial Court, Urteil v. 20.1.1999, *Minmetals Germany GmbH vs Ferco Steel Ltd.* (1999) CLC 647, 661.

403 Commercial Court, Urteil v. 19.12.1997, *Westacre Investments inc vs Jugoimport-SDPR Holding Company Ltd* (1998) 4 All ER, 570, 600.

404 *Tweeddale*, The International Construction Law Review 2000, 159, 172.

Dies gilt sogar dann, wenn es sich bei dem Staat des „place of performance“ um einen „foreign friendly state“ handelt.[405] Eine bislang gerichtlich ungeklärte Frage bleibt, ob für EU-Mitgliedsstaaten aufgrund des Gebots der Gleichbehandlung nach Art. 6 EUV eine Ausnahme angenommen werden muss.[406] Sofern ausländisches Sach- und Schiedsverfahrensrecht anwendbar sind, kann allerdings eine Verletzung des *ordre public* am „place of performance“ eine Erwägung pro *ordre public*-Widrigkeit begründen.[407]

In Bezug auf die Nachprüfungsbefugnis der staatlichen Gerichte ergeben sich folgende Kriterien, um welche die dargestellte Begrenzung der *ordre public*-Kontrolle ergänzt werden muss.

Sofern neue Beweise für die *ordre public*-Widrigkeit vorgebracht werden (auch in Bezug auf den zugrunde liegenden Vertrag) muss eine Abwägung i.S.d. oben dargestellten Weise durchgeführt werden.[408] Zudem dürfen neue Beweise nur vorgebracht werden, wenn kumulativ:

(i) Die neuen Beweise von solchem Gewicht sind, dass sie die Entscheidung der Schiedsrichter beeinflussen konnten.
(ii) Sie weder zum Zeitpunkt der Durchführung des Schiedsverfahrens noch bei der Durchführung eines staatlichen Gerichtsverfahrens in der „supervisory jurisdiction“ erreichbar waren.
(iii) Sofern die Beweise bereits vor dem Verfahren eines staatlichen Gerichts der „supervisory jurisdiction“ vorgebracht wurden, dürfen sie im Rahmen der *ordre public*-Kontrolle im Vollstreckungsverfahren nicht mehr berücksichtigt werden.[409]

---

405 *Tweeddale*, The International Construction Law Review 2000, 159, 173. Andere Ansicht: Court of Appeal, Urteil v. 19.2.1998, *Soleimany vs Soleimany* (1998) APP.L.R. 02/19 [4 Rn. 66].

406 So *Tweeddale*, The International Construction Law Review 2000, 159, 172 f.

407 Commercial Court, Urteil v. 3.7.2008, *R vs V* (2008), APP.L.R. 07/03 [Rn. 27]; Commercial Court, Urteil v. 24.5.1999, *Omnium de Traitement et de Valorisation SA vs Hilmarton Ltd*, (1999) 2 All ER (Comm) 146, ebenda. Ebenso *Sheppard*, in: Arbitration in England, Chap. 12 Rn. 12–54. Andere Ansicht: *Andrews*, Arbitration and Contract Law, Chap. 9 Rn. 9.19.

408 Commercial Court, Urteil v. 19.12.1997, *Westacre Investments inc vs Jugoimport-SDPR Holding Company Ltd* (1998) 4 All ER, 570, 593.

409 Commercial Court, Urteil v. 19.12.1997, *Westacre Investments inc vs Jugoimport-SDPR Holding Company Ltd* (1998) 4 All ER, 570, 608.

Im Rahmen der „preliminary inquiry" muss zudem ohne das Vorbringen neuer Beweise beachtet werden:

(i) Ob die Schiedsrichter über ausreichend Material zur Beurteilung der in Betracht kommenden *ordre public*-Widrigkeit verfügten.
(ii) Das Schiedsgericht keine *ordre public*-Verletzung angenommen hat.
(iii) Das Schiedsgericht aus qualifizierten Schiedsrichtern bestand.
(iv) Ob kein Hinweis darauf existiert, dass der Schiedsspruch aufgrund von Kollusion oder „bad faith" erlassen wurde.[410]

IV. Eingriffsnormen als Teil des *ordre public*

Es stellt sich die Frage, ob im englischen Recht Eingriffsnormen stets als Bestandteile des *ordre public* anzusehen sind.

1. Rom I-VO

Der Arbitration Act 1996 wurde beinahe zehn Jahre vor dem Inkrafttreten der Rom I-VO erlassen. Aus Art. 46 Arbitration Act 1996 ergibt sich kein Hinweis auf die Anwendbarkeit der Rom I-VO auf das Schiedsverfahrensrecht. Sofern die Parteien keine Rechtswahl getroffen haben, müssen die Schiedsrichter das anzuwendende Recht nach den Kollisionsregeln bestimmen (Art. 46 Abs. 3 Arbitration Act 1996). Jedoch wird in Bezug auf die anzuwendenden Kollisionsregeln angeführt: „which it considers applicable". Das Wort „it" bezieht sich auf das vorhergehend verwendete Wort „tribunal". Folglich obliegt die Bestimmung der anzuwendenden Kollisionsnormen den Schiedsrichtern. Art. 46 Arbitration Act 1996 enthält daher keinen Hinweis auf eine Anwendungspflicht der Rom I-VO (oder der Vorgängerverordnung des EVÜ) und damit für deren Anwendbarkeit im Schiedsverfahren.[411] Vielmehr wird auch in England auf Art. 1 Abs. 2 d) Rom I-VO abgestellt und eine direkte Anwendung der Rom I-VO auf das Schiedsverfahren abgelehnt.[412] Allerdings können die Regelungen der Rom I-VO als Auslegungshilfe herangezogen werden.[413]

---

410 Commercial Court, Urteil v. 3.7.2008, *R vs V* (2008), APP.L.R. 07/03 [Rn. 30].

411 Im Ergebnis ebenso: *Beatson*, 33 Arb Int'l (2017), 175, 180.

412 Statt aller: *Merkin*, Journal of Private International Law, 69, 70 f.; *Beatson*, 33 Arb Int'l (2017), 175, 180. Siehe zur Anwendbarkeit der Rom I-VO auf Schiedsverfahren Kap. 4 A I.

413 *Merkin*, 5 Journal of Private International Law (2009), 69, 71.

2. *Tamil Nadu Electricity Board vs ST-CMS Electric Company Private Limited*

Der Entscheidung lag ein Streit zwischen einer Gesellschaft des indischen Bundesstaates Tamil Nadu und einer indischen Gesellschaft, an der ausländische Investoren beteiligt waren, zugrunde.

Für die folgende Untersuchung sollen die Ausführungen des High Court betrachtet werden, in welchen er die Frage diskutiert, ob sich aus dem englischen *ordre public* das Erfordernis der Anwendung indischen Rechts ergibt.[414]

In Bezug auf die Anwendbarkeit der Rom I-VO führte der High Court aus, dass nach Art. 1 Abs. 2 Rom I-VO Art. 3 Abs. 3 Rom I-VO auf Schiedsvereinbarungen nicht anwendbar sei. Darüber hinaus habe das UK nach Art. 2 Abs. 2 Contracts (Applicable Law) Act 1990, durch welchen das EVÜ im UK Gesetzeskraft erlangte, „exempted from its application Article 7.1, which provided that effect might be given to the mandatory rules of law of another country, with which the situation had a close connection."[415]

Zudem wurde vorgebracht, dass es im *common law* ein analoges Prinzip mit demselben Effekt wie Art. 3 Abs. 3 Rom I-VO gebe. In jeder Hinsicht geht nach dem High Court allerdings die Parteiautonomie, welche das Prinzip der freien Rechtswahl enthalte und ein grundlegendes Prinzip des englischen *common law* sei, dem englischen *statute* vor. Daher könne hier nichts der Wahl eines ICC-Schiedsverfahrens nach englischem Recht und der ausdrücklichen Ausschließung des Indischen Arbitration Act entgegenstehen.[416] Es seien keine weiteren Gründe vorgebracht worden, aus welchen sich nach dem *ordre public* ein Rechtsumschwung ergeben könnte. Hier sei kein „fundamental principle (...) of justice, good morals or deep-rooted tradition of the common weal" betroffen.[417]

Infolgedessen ergebe sich weder aus einem Prinzip des englischen internationalen Privatrechts noch aus dem englischen *ordre public*, dass hier anstelle des

---

414 Commercial Court, Urteil v. 16.7.2007, *Tamil Nadu Electricity Board vs ST-CMS Electric Company Private Limited*, (2007) EWHC 1713 (Comm) [Rn. 40].

415 Commercial Court, Urteil v. 16.7.2007, *Tamil Nadu Electricity Board vs ST-CMS Electric Company Private Limited*, (2007) EWHC 1713 (Comm) [Rn. 44].

416 Commercial Court, Urteil v. 16.7.2007, *Tamil Nadu Electricity Board vs ST-CMS Electric Company Private Limited*, (2007) EWHC 1713 (Comm) [Rn. 44].

417 Commercial Court, Urteil v. 16.7.2007, *Tamil Nadu Electricity Board vs ST-CMS Electric Company Private Limited*, (2007) EWHC 1713 (Comm) [Rn. 45] m.w.N.

englischen Rechts das Recht von Indien Anwendung finde. Eben daher sei der *appeal* abzuweisen gewesen.[418]

Das Ergebnis, dass die Rom I-VO in Schiedsverfahren nicht anwendbar ist, wird somit durch die Entscheidung des High Court bestätigt.

3. *Zwischenergebnis*

Eine *ordre public*-Zugehörigkeit für sämtliche ausländische Eingriffsnormen kommt aufgrund der Entscheidung *Tamil Nadu Electricity Board vs ST-CMS Electric Company Private Limited* nicht in Betracht. Das Gericht lehnte die Anwendung der indischen Eingriffsnormen über den *ordre public* und die Anwendbarkeit der Rom I-VO explizit ab. Sofern die Eingriffsnormen bereits im Schiedsverfahren nicht anwendbar sind, dürfen sie nicht dem *ordre public* angehören. Andernfalls drohen widersprüchliche Ergebnisse.

Stets eine Zugehörigkeit von Eingriffsnormen zum *ordre public* anzunehmen, würde auch den restriktiven Fallgruppen des *ordre public* und seiner engen Auslegungsweite zuwiderlaufen. So sind bspw. die Normen des Bribery Act 2010 „mandatory rules". Allerdings löst nicht jeder Verstoß gegen das Verbot der *bribery* eine *ordre public*-Widrigkeit aus.[419]

Es kann somit nicht davon ausgegangen werden, dass Eingriffsnormen stets dem *ordre public* zugerechnet werden können.

V. Zwingendes Unionsrecht als Bestandteil der *ordre public*-Kontrolle

Die bereits dargestellten Entscheidungen des EuGH[420] könnten eine Zurechnung zwingenden Unionsrechts zum englischen *ordre public* rechtfertigen.

1. *Handelsvereterausgleich – Accentuate Limited vs Asigra*

Die, soweit ersichtlich, einzige Entscheidung, in der sich ein englisches Gericht mit dem Verhältnis von zwingendem EU-Recht und der Wirksamkeit einer Schiedsvereinbarung auseinandergesetzt hat, stammt aus dem Bereich des Handelsvertreterrechts.

---

418 Commercial Court, Urteil v. 16.7.2007, *Tamil Nadu Electricity Board vs ST-CMS Electric Company Private Limited*, (2007) EWHC 1713 (Comm) [Rn. 50].

419 *Sheppard*, in: Arbitration in England, Chap. 12 Rn. 12–45.

420 Vgl. Kap. 5 B II, C IV, D II 2 a).

Der Entscheidung lag ein Rechtsstreit zwischen einer englischen Gesellschaft, die als Handelsvertreterin Softwareprodukte einer Gesellschaft kanadischen Rechts vertreiben sollte, zugrunde. In dem Handelsvertretervertrag waren eine Rechtswahlklausel zugunsten kanadischen Rechts sowie eine Schiedsvereinbarung enthalten. Die Schiedsvereinbarung sah als Sitz des schiedsgerichtlichen Verfahrens Toronto vor. Nachdem die kanadische Gesellschaft den Vertrag kündigte, verlangte die Handelsvertreterin den Handelsvertreterausgleich auf Grundlage des Art. 17 der Handelsvertreterrichtlinie. Die kanadische Gesellschaft leitete ein Schiedsverfahren ein. Das Schiedsgericht stellte entgegen des Antrags der englischen Gesellschaft fest, dass das kanadische Recht und nicht die Handelsvertreterrichtlinie anwendbar seien. Die kanadische Gesellschaft verlangte nun nach Art. 9 Arbitration Act 1996 eine Aussetzung des englischen Gerichtsverfahrens.

Das Gericht entschied, dass es verpflichtet sei, die zwingenden Regelungen des EU-Rechts anzuwenden, selbst wenn die Parteien eine ausdrückliche entgegenstehende Vereinbarung getroffen hätten.[421] Der High Court nahm sowohl Bezug auf die *Ingmar-*,[422] die *Mostaza Claro-*[423] als auch die *Eco-Swiss*-Entscheidung.[424]

Er führte weiter aus, dass es sich bei ihm um einen „Community court“[425] handele, welcher verpflichtet sei, die zwingende Vorschrift des Art. 17 der Handelsvertreterrichtlinie durchzusetzen. Dies sei selbst erforderlich, wenn andere nationale Vorschriften (wie bspw. der Arbitration Act 1996) eine solche Durchsetzung normalerweise verhindern würden.[426] Zwar sei es „accepted that it is arguable that a breach of mandatory European law is a ground for refusing enforcement of an arbitration award“.[427]

Das wahre Vorbringen des Handelsvertreters liege hier jedoch darin, dass das Schiedsgericht die Handelsvertreterrichtlinie und nicht das kanadische Recht

---

421 High Court, Urteil v. 30.10.2009, *Accentuate Limited vs Asigra*, [2009] EWHC 2655 (QB), 260, 262 [Rn. 3].

422 Kap. 5 B II.

423 Kap. 5 D II 2 a) aa).

424 High Court, Urteil v. 30.10.2009, *Accentuate Limited vs Asigra*, [2009] EWHC 2655 (QB), 260, 275 ff. [Rn. 74 ff.]. Zur *Eco-Swiss*-Entscheidung ausführlich in Kap. 5 C IV.

425 High Court, Urteil v. 30.10.2009, *Accentuate Limited vs Asigra*, [2009] EWHC 2655 (QB), 260, 278 [Rn. 83].

426 High Court, Urteil v. 30.10.2009, *Accentuate Limited vs Asigra*, [2009] EWHC 2655 (QB), 260, 277 [Rn. 79].

427 High Court, Urteil v. 30.10.2009, *Accentuate Limited vs Asigra*, [2009] EWHC 2655 (QB), 260, 278 [Rn. 83].

anwenden sollte. Aus der *Ingmar*-Entscheidung ergebe sich die Pflicht, die zwingenden EU-Vorschriften sogar gegen eine entgegenstehende, ausdrückliche Parteivereinbarung anzuwenden. Dies beziehe sich auf die Schiedsvereinbarung „providing for both a place and a law other than a law that would give effect to the Directive, as it does to the simple choice of law clause that was under consideration in Ingmar". Insoweit sei die Schiedsvereinbarung „null and void" und „inoperative" nach Art. 9 Abs. 4 Arbitration Act 1996, „in so far as it purported to require the submission to arbitration of ‚questions pertaining to' mandatory provisions of EU law, and reg. 17 in particular, provided that the Regulations apply at all".[428]

Hilfsweise führte das Gericht aus, dass das Schiedsgericht sich für zuständig erachtet habe, die Handelsvertreterrichtlinie zu prüfen. Es habe diese nach dem kanadischen Recht allerdings für nicht anwendbar gehalten.[429] Sofern die Handelsvertreterrichtlinie anwendbar sei, verdränge sie allerdings das kanadische Recht. Somit müsse das Gericht entscheiden, welches Recht auf den Ausgleichsanspruch nach der Handelsvertreterrichtlinie anzuwenden sei. Im vorliegenden Fall käme ausschließlich das englische oder walisische Recht in Betracht.

Der Antrag auf Aussetzung des staatlichen Gerichtsverfahrens nach Art. 9 Arbitration Act 1996 wurde daher abgewiesen.[430]

2. *Wettbewerbsrecht*

Das EU-Wettbewerbsrecht ist aufgrund der weiten Fassung des Art. 4 Abs. 1 Arbitration Act 1996, welcher sowohl vertragliche als auch deliktische Streitigkeiten erfasst, schiedsfähig.[431] Fraglich ist, ob es ebenfalls dem *ordre public* zugerechnet werden kann.

Nach dem Prinzip der Supranationalität („supremacy") geht das EU-Recht, inkl. dem EU-Sekundärrecht dem nationalen Kollisionsrecht vor. Es ist in allen Mitgliedsstaaten anwendbar.[432] Dort galt es sogar spezifisch als „law of the

---

428 High Court, Urteil v. 30.10.2009, *Accentuate Limited vs Asigra*, [2009] EWHC 2655 (QB), 260, 279 [Rn. 84 ff.].

429 High Court, Urteil v. 30.10.2009, *Accentuate Limited vs Asigra*, [2009] EWHC 2655 (QB), 260, 279 [Rn. 84 ff.].

430 Anders noch die Richterin des District Courts, welche die *Ingmar*-Entscheidung des EuGH auf ein noch laufendes Schiedsverfahren, an welchem sich der Handelsvertreter beteilige, nicht für anwendbar erachtete, vgl. High Court, Urteil v. 30.10.2009, *Accentuate Limited vs Asigra*, [2009] EWHC 2655 (QB), 260, 262, 267 [Rn. 23].

431 Vgl. *Blanke*, in: Arbitration in England, Chap. 13 Rn. 13–9, 13–36 m.w.N.

432 *Blanke*, in: Arbitration in England, Chap. 13 Rn. 13–16.

land".[433] Zudem bestand für das englische Gericht als „Community court" eine Pflicht zur Anwendung des EU-Rechts.[434] Eine Verpflichtung, das EU-Wettbewerbsrecht dem *ordre public* zuzurechnen, ergab sich aus der bereits dargestellten *Eco-Swiss*-Entscheidung.[435] Infolgedessen waren die Art. 101, 102 AEUV Bestandteile des englischen *ordre public*.[436] Das englische staatliche Gericht war verpflichtet eine Schiedsvereinbarung, die gegen die Art. 101, 102 AEUV verstößt, für unwirksam zu erklären, bzw. einen Schiedsspruch aufzuheben oder ihm die Vollstreckung zu versagen.[437] Darüber hinaus bestand für Schiedsgerichte mit Sitz in England aufgrund der *ordre public*-Zugehörigkeit und ihres zwingenden Charakters eine Pflicht zur Anwendung des EU-Wettbewerbsrechts.[438]

Angemerkt sei, dass die Qualifikation des EU-Wettbewerbsrechts zum *ordre public* nicht ohne Weiteres auf das englische nationale Kartellrecht übertragen werden kann. Mangels Rechtsprechung und wegen der engen Auslegung des englischen *ordre public*, muss vielmehr davon ausgegangen werden, dass die Vorschriften des nationalen Wettbewerbsrechts diesem nicht zugerechnet werden.

3. *Verbraucherschutz*

Nach Art. 89 Arbitration Act 1996 findet Part 2 (unfair terms) of the Consumer Rights Act 2015 auf Schiedsvereinbarungen Anwendung.[439] Dies gilt unabhängig von dem auf die Schiedsvereinbarung anzuwendenden Recht (vgl. Art. 89 Abs. 3 Arbitration Act 1996).

---

433 *Hill/Chong*, International Commercial Disputes, Chap. 24 Rn. 24.2.43; *Blanke*, in: Arbitration in England, Chap. 13 Rn. 13–16.

434 *Blanke*, in: Arbitration in England, Chap. 13 Rn. 13–31.

435 *Blanke*, in: Arbitration in England, Chap. 13 Rn. 13–18; *Spiegel*, Kartellprivatrecht in der internationalen Handelsschiedsgerichtsbarkeit, S. 195; *Hill/Chong*, International Commercial Disputes, Chap. 24 Rn. 24.2.43.

436 Vgl. *Nairn*, in: Intl. Handbook on Comm. Arb., England and Wales, S. 83; *Blanke*, in: Arbitration in England, Chap. 13 Rn. 13–18; *Hill/Chong*, International Commercial Disputes, Chap. 24 Rn. 24.2.43.

437 *Blanke*, in: Arbitration in England, Chap. 13 Rn. 13–19, 13–62, 13–64; *Hill/Chong*, Inter-national Commercial Disputes, Chap. 24 Rn. 24.2.43.

438 *Blanke*, in: Arbitration in England, Chap. 13 Rn. 13–40.

439 Nach Art. 108 Abs. 3 Arbitration Act 1996 finden die Vorschriften über Schiedsvereinbarungen mit Verbraucherbeteiligungen auch auf Schiedsgerichtsverfahren mit Sitz in Schottland Anwendung.

Der Consumer Rights Act 2015 setzt wie seine Vorgängernormen die EU-Klauselrichtlinie um.[440] Part 2 (unfair terms) of the Consumer Rights Act 2015 erfasst grundsätzlich alle Verträge zwischen einem Unternehmer und einem Verbraucher (vgl. Art. 61 Abs. 1 Consumer Rights Act 2015), insbesondere auch AGB-mäßige Vereinbarungen. Eine unfaire Vereinbarung ist für den Verbraucher gem. Art. 61 Abs. 1 Consumer Rights Act 2015 nicht bindend.

Vereinbarungen unter Verbraucherbeteiligung sind nach Art. 61 Abs. 4 Consumer Rights Act 2015 unfair, wenn sie „contrary to the requirement of good faith, it causes a significant imbalance in the parties' rights and obligations under the contract to the detriment of the consumer" sind. Zur Bestimmung, ob eine Vereinbarung unfair ist, muss gem. Art. 62 Abs. 1 Consumer Rights Act 2015 Part 1 der Schedule 2 beachtet werden. Nach Part 1 der Schedule 2 Nr. 24 ist eine Vereinbarung unwirksam, „which has the object or effect of excluding or hindering the consumer's right to take legal action or exercise any other legal remedy, in particular by – (a) requiring the consumer to take disputes exclusively to arbitration not covered by legal provisions". Durch die Einschränkung „not covered by legal provisions" wird ersichtlich, dass nicht jede Schiedsvereinbarung unter Verbraucherbeteiligung unfair ist.[441]

Der Court of Appeal[442] hat eine unfaire Schiedsvereinbarung in einem Fall angenommen, in welchem der Verbraucher (mit beschränkten finanziellen Mitteln) aufgrund der Trennung der streitigen Ansprüche zur Lösung vor einem Schiedsgericht und einem staatlichen Gericht die Kosten für zwei Verfahren hätte zahlen müssen.[443] Für den Richter war nicht ausreichend, dass sich der Verbraucher im Verhältnis zum Unternehmer in einer schwächeren Verhandlungsposition befunden habe. Die Schiedsvereinbarung sei nicht nur nicht individuell ausgehandelt worden, der Verbraucher habe vielmehr von ihr keine Kenntnis gehabt.[444]

In einer anderen Entscheidung hielt das Gericht eine Schiedsvereinbarung unter Beteiligung eines Verbrauchers hingegen nicht für unfair, obwohl die

---

440 *Harris/Planterose/Tecks*, Arbitration Act 1996, General Note on Sections 89 to 91 Rn. 89GN.

441 Siehe hierzu auch Kap. 5 D II 3 b).

442 Die Entscheidungen ergingen noch zu den Unfair Terms in Consumer Contracts Regulations 1999. Allerdings sind die Voraussetzungen in den hier zentralen Punkten identisch, sodass diese Entscheidungen auf die neue Rechtslage übertragen werden können.

443 Court of Appeal, *Zealander and Anor vs Laing Homes Ltd* [1999] CILL 1510.

444 Court of Appeal, *Zealander and Anor vs Laing Homes Ltd* [1999] CILL 1510.

Schiedsvereinbarung nicht individuell ausgehandelt worden sei und das Schiedsverfahren in Dänemark stattfinden sollte.[445]

Darüber hinaus ist nach Art. 91 Arbitration Act 1996 eine Schiedsvereinbarung unter Verbraucherbeteiligung stets unwirksam, wenn der Streitwert einen bestimmten Betrag nicht übersteigt. Nach Unfair Arbitration Agreements (Specified Amount) Order 1999, SI 1999 No. 2167 liegt dieser Betrag momentan für England und Wales bei £ 5,000.

Art. 89 Arbitration Act 1996 knüpft an die Unverbindlichkeit der Schiedsvereinbarung nach Art. 61 Abs. 1 Consumer Rights Act 2015 an. Es handelt sich deswegen nicht um einen Fall der Beschränkung der objektiven Schiedsfähigkeit. Vielmehr setzt Part 2 (unfair terms) of the Consumer Rights Act 2015 die EU-Klauselrichtlinie beinahe deckungsgleich um. Entsprechend der Entscheidungen *Mostaza Claro* und *Asturcom*[446] wird Art. 61 Consumer Rights Act 2015 dem *ordre public* zuzurechnen sein.

Nach Art. 91 Arbitration Act 1996 ist die Schiedsvereinbarung dagegen stets unfair und unwirksam, wenn die Wertgrenze erreicht ist. Damit handelt es sich bei Art. 91 Arbitration Act 1996 um eine Beschränkung der objektiven Schiedsfähigkeit.[447]

4. *Stellungnahme und Ausblick*

Auch wenn die Entscheidung *Accentuate Limited vs Asigra*[448] für eine Einschränkung der Schiedsfähigkeit in Fällen der Anwendung des Art. 17 der Handelsvertreterrichtlinie zu sprechen scheint, wird nur die Kombination aus der Wahl eines EU-ausländischen Sachrechts mit der Schiedsvereinbarung missbilligt. Es soll in Fällen des Handelsvertreterausgleichs nicht *per se* ein Schiedsverfahren ausgeschlossen werden. Demgemäß handelt es sich bei der Beschränkung um eine Anwendung des *ordre public*,[449] wie durch die Bezugnahme auf die *Eco-Swiss*-Entscheidung deutlich wird. Der Handelsvertreter wurde, wie in der EU und in Deutschland,[450] auch in England davor geschützt, dass er

---

445 Technology and Construction Court, Urteil v. 18.12.2007, *Heifer International Inc vs Helge Christiansen & Ors* [2007] EWHC 3015 (TCC).

446 Kap. 5 D II 2 a).

447 *Niedermaier*, Schieds- und Schiedsverfahrensvereinbarungen in strukturellen Ungleichgewichtslagen, S. 172.

448 Soeben unter 1.

449 So auch *Blanke*, in: Arbitration in England, Chap. 13 Rn. 13–22; *Antomo*, IHR 2013, 225, 230.

450 Kap. 5 B.

seinen Ausgleichsanspruch durch die Wahl einer Schiedsvereinbarung und der Anwendbarkeit EU-ausländischen Sachrechts verliert.[451]

Die Zurechnung des Handelsvertreterausgleichs, des unionsrechtlichen Wettbewerbsrechts und des Art. 61 Consumer Rights Act 2015 als Ausfluss der Klauselrichtlinie beruhen auf der Verpflichtung zur Umsetzung der Entscheidungen des EuGH. Es kann insoweit festgehalten werden, dass im englischen Recht das zwingende EU-Recht in demselben Maße wie vom EuGH dem *ordre public* zugerechnet wurde. Eine darüber hinausgehende Qualifikation ist nicht ersichtlich.

Nunmehr stellt sich jedoch die Frage, ob der *Brexit* an dieser Qualifikation etwas ändern wird. Es hat sich gezeigt, dass die Qualifikation einer Rechtsnorm als zwingend nicht immer zu ihrer Zurechnung zum *ordre public* führt. Vielmehr sind für die Qualifikation des genannten EU-Rechts bzw. der EU-rechtsumsetzenden Normen die Entscheidungen des EuGH maßgeblich. Durch den *Brexit* wurden die englischen staatlichen Gerichte von einem Befehl der Unionsorgane und einer Bindung an die Rechtsprechung des EuGH befreit. Es wird insoweit künftig nicht mehr entscheidend sein, dass das EU-Recht vor einer Abwahl geschützt wird.[452] Aufgrund der engen Auslegung des *ordre public* ist es wahrscheinlich, dass die genannten Normen nach dem *Brexit* durch die englischen staatlichen Gerichte nicht mehr dem *ordre public* zugerechnet werden.

VI. Fazit

Es wurde sichtbar, dass der Tradition des englischen Schiedsverfahrensrechts bis in die 1990er-Jahre die Idee einer weitreichenden staatlichen Interventionsmöglichkeit innewohnte. Inzwischen ist die Kontrolle auf „errors in law and fact" weitgehend eingeschränkt worden.[453]

Rein formal unterscheidet das englische Schiedsrecht zwischen *domestic* und *non-domestic* Schiedsverfahren. Deren Trennung erfolgt, wie im schweizerischen Recht,[454] nach streng formalen personellen Kriterien und ist ein Ausdruck des Wechselspieles von Binnenbeziehung und Kontrolldichte. Da diese Trennung noch nicht in Kraft gesetzt worden ist, kann sie nur eingeschränkt auf das Erfordernis der Binnenbeziehung im Rahmen einer *ordre public*-Kontrolle

---

451 Vgl. *Blanke*, in: Arbitration in England, Chap. 13 Rn. 13–49; *Engelmann*, International Commercial Arbitration and the Commercial Agency Directive, S. 190.

452 So bereits *Rentsch*, EuZW 2017, 981, 987.

453 Kap. 6 B I.

454 Kap. 6 A I.

übertragen werden. Faktisch greift im englischen Schiedsverfahrensrecht das Territorialitätsprinzip ein.[455]

Im englischen Recht erfolgt keine eindeutige Trennung in den nationalen und internationalen *ordre public*-Begriff. Es hat sich ferner offenbart, dass der englische *ordre public* enger als derjenige in Deutschland[456] ausgelegt wird. Der englische[457] und schweizerische[458] *ordre public*-Begriff sind in ihrer Auslegungsweite beide stark begrenzt. Allerdings scheint unter Betrachtung der zum *ordre public*-gehörenden Fallgruppen und insbesondere eines Teils der EU-Vorschriften als Bestandteile des *ordre public* der Englische eine Nuance weiter zu sein als der universelle *ordre public*-Begriff in der Schweiz.

Auch kennt das englische Recht keine deutliche Differenzierung in einen prozessualen und einen materiellen *ordre public*. Beide Fallgruppen werden unter dem Begriff *public policy* größtenteils einheitlich behandelt.[459]

In der zentralen Konkretisierung aus dem *case law* für den schiedsverfahrensrechtlichen *ordre public* findet sich die Begrenzung auf „clearly injurious“ und „wholly offensive“ Verletzungen. Zugleich ergibt sich aus der Konkretisierung, dass der *ordre public* vorrangig dem Schutz von Allgemeininteressen dient. Zur Bestimmung dieser Interessen wird eine objektive Betrachtung anhand einer Durchschnittsperson durchgeführt.[460]

Die englischen staatlichen Gerichte sind jedenfalls im Falle eines nationalen Schiedsspruches befugt, eine Prüfung über den Schiedsspruch hinaus und auf den zugrunde liegenden Vertrag vorzunehmen. Auch die Bindung an die tatsächlichen Feststellungen des Schiedsspruches ist, sofern die Voraussetzungen einer „preliminary inquiry“ eingreifen, beschränkt. Damit sind die Kontrollbefugnisse des englischen staatlichen Gerichtes insoweit weiter als diejenigen der schweizerischen[461] und der deutschen[462] Gerichte.[463]

455 Kap. 6 B II.

456 Kap. 3 A V.

457 Kap. 6 B III 2.

458 Kap. 6 A II 2.

459 Kap. 6 B III 2.

460 Kap. 6 B III 3 a).

461 Kap. 6 A II 4. Eine Ausnahme wird ab Inkrafttreten des Art. 190a Abs. 1 a) IPRG für die Überprüfung des Schiedsspruches anhand neuer Beweise gelten. Insoweit scheint das schweizerische Recht die weitestgehenste Überprüfung zu ermöglichen.

462 Kap. 3 A V 6.

463 Kap. 6 B II 4.

Die englischen Gerichte wenden zur Bestimmung der *ordre public*-Widrigkeit ein Abwägungsverfahren anhand der dargestellten Kriterien an.[464] Dieses System ermöglicht Ausdifferenzierungen anhand des Einzelfalls und bestätigt, dass im Rahmen einer *ordre public*-Kontrolle weitere Kategorisierungen möglich sind.[465]

Es kann, wie im schweizerischen Recht,[466] nicht davon ausgegangen werden, dass Eingriffsnormen stets Bestandteile des *ordre public* bilden. Es bleibt auch hier offen, welche Eingriffsnormen durch das Schiedsgericht angewandt werden müssen.[467]

Es wurde deutlich, dass der Handelsvertreterausgleich nach der Handelsvertreterrichtlinie, die Art. 101, 102 AEUV und der die Klauselrichtlinie umsetzende Art. 61 Consumer Rights Act 2015 dem *ordre public* zugerechnet wurden.[468] Eine Qualifikation von zwingenden EU-Normen über diese *Trias* hinaus ist aufgrund fehlender Entscheidungen des EuGH nicht ersichtlich. Zudem wird die Qualifikation dieser Normen zum *ordre public* wohl im Wege des *Brexit* das Ende ihrer Legitimation vor den englischen Gerichten finden.[469]

Für die Entscheidung zum Handelsvertreterausgleich ist bemerkenswert, dass keine Prüfung des starken Gemeinschaftsbezuges vorgenommen wird. Es sollte daher vertieft ein Blick auf das Verhältnis zwischen *ordre public* und Binnenbeziehung stattfinden.[470]

Hinsichtlich des Verbraucherschutzes greift im Rahmen des Art. 89 Arbitration Act 1996 der *ordre public* als Schutzmechanismus ein.[471] Entscheidend für eine unfaire Verbraucherschiedsvereinbarung waren aber nicht die schwächere Verhandlungsposition des Verbrauchers[472] oder der Sitz des Schiedsgerichtes außerhalb Englands,[473] sondern die Kosten im Vergleich zu den finanziellen Mitteln des Verbrauchers und seine Kenntnismöglichkeiten. Dies liefert einen weiteren Anreiz zur Prüfung, welche Umstände im Rahmen des Verbraucherschutzes

---

464 Kap. 6 B II 5.

465 Hierzu ausführlich in Kap. 7.

466 Kap. 6 A III.

467 Kap. 6 B IV.

468 Kap. 6 B V.

469 Kap. 6 B V 4.

470 Kap. 7 B VIII.

471 Kap. 6 B V 3.

472 Hierzu ausführlich in Kap. 7 B I 1 und 4.

473 Zum Verhältnis des Sitzes des Schiedsgerichtes und der Position des Verbrauchers ausführlich in Kap. 7 B VII 1 b) bb).

im Verhältnis zum *ordre public* berücksichtigt werden[474] und ob der Schutz des Verbrauchers insgesamt einen Bestandteil des *ordre public* bildet.[475]

C. Ergebnis

Die Betrachtung der Handhabung der Umgehung materiell zwingenden Rechts in der Schweiz und England zeichnet sich dadurch aus, dass in beiden Staaten die Interventionsmöglichkeiten für staatliche Gerichte in den letzten Jahrzehnten stark eingeschränkt worden sind und dementsprechend die Anwendung des *ordre public* und der Eingriffsnormen restriktiv gehandhabt werden.

Aus diesem Grunde wird der *ordre public* enger ausgelegt als durch die deutsche Rechtsprechung. Zudem wird der *ordre public* in Deutschland[476] und die Schweiz[477] in einen prozessualen und einen materiellen Begriff unterteilt. Inhaltlich schützt der *ordre public* auch in der Schweiz[478] und England[479] die zentralen staatlichen Gerechtigkeitsvorstellungen. Er dient primär dem Schutz des Allgemeinwohls. Ferner wurde deutlich, dass in allen Rechtsordnungen letztlich eine offensichtliche Verletzung des *ordre public* gefordert wird.[480] Zudem ist die staatliche Kontrollbefugnis in den drei Rechtsordnungen eingeschränkt.[481]

Darüber hinaus muss sich im Rahmen der *ordre public*-Kontrolle nicht nur mit der Rechtsnatur der verletzten Norm auseinandergesetzt werden.[482] Vielmehr könnten weitere Kriterien hinzuzuziehen sein.[483] Als vorrangig scheinen sich insoweit die beteiligten Personen,[484] der Schutzzweck der Norm[485] und ein möglicher Binnenbezug des jeweiligen Sachverhaltes zu erweisen.[486]

Zudem wurde deutlich, dass in Deutschland mit der Zurechnung des Handelsvertreterausgleichs, des unionsrechtlichen und nationalen Kartellverbotes, der

---

474 Hierzu insbesondere Kap. 7 B VIII.
475 Kap. 7 B VII 2 c) aa).
476 Kap. 3 A V 1.
477 Kap. 6 A II 1.
478 Kap. 6 A II 3.
479 Kap. 6 B III 3.
480 Kap. 3 A V 5, 6 A II 3 und B III 3. Ausführlich zum Kriterium der Offensichtlichkeit: Kap. 7 B V 1.
481 Kap. 3 A V 6, 6 A II 4, B III 4 und 5 dd).
482 Zur Rechtsnatur der verletzten Rechtsnorm ausführlich in Kap. 7 B VII 1.
483 Hierzu in Kap. 7 B.
484 Kap. 7 B I.
485 Kap. 7 B VII 2.
486 Kap. 7 B VIII.

Klauselrichtlinie und früher dem Termin- und Differenzeinwand eine größere Anzahl von Fallgruppen dem *ordre public* zugerechnet wird.[487] Zugleich zeigt sich am Vergleich der englischen[488] und schweizerischen Rechtsprechung,[489] dass eine unionsrechtliche Qualifikation als Bestandteil des *ordre public* geeignet ist, den Schutz der Umgehung materiell zwingenden Rechts und entsprechend die nationalen *ordre public*-Konkretisierungen zu erweitern. Inwiefern dieser Aspekt wünschenswert ist, soll der abschließenden Betrachtung vorbehalten werden.[490]

In Bezug auf Eingriffsnormen werden in keinem der drei untersuchten Staaten sämtliche dieser Vorschriften dem *ordre public* zugerechnet bzw. die Schiedsrichter verpflichtet, alle Eingriffsnormen anzuwenden.[491]

---

487 Kap. 5.

488 Kap. 6 B V.

489 Kap. 6 A IV und V.

490 Kap. 7 B VII 1 c) und 2 c).

491 Kap. 7 A.

Kapitel 7: Kriterien der *ordre public*-Kontrolle zur Beurteilung der Umgehung materiell zwingenden Rechts

Auf Grundlage der bisherigen Untersuchung erfolgt die Entwicklung der Kriterien, welche im Rahmen der *ordre public*-Kontrolle zur Beurteilung der Fälle der Umgehung materiell zwingenden Rechts herangezogen werden können.

Einleitend wird in Anknüpfung an die dargestellten Ansätze in Kapitel 4 ermittelt, welche Eingriffsnormen das Schiedsgericht überhaupt zu berücksichtigten hat. Anschließend soll der Versuch einer Katalogisierung der zu berücksichtigenden Belange unternommen werden. Abschließend werden die Auswirkungen der Umgehung materiell zwingenden Rechts auf den Bestand der Schiedsvereinbarung näher betrachtet.

A. Die Bestimmung der anzuwendenden Eingriffsnormen

Der Rechtsvergleich hat bestätigt, dass ein Grundkonsens insoweit besteht, als dass ein Schiedsgericht grundsätzlich zur Anwendung von Eingriffsnormen verpflichtet ist.[1] Es haben sich Tendenzen abgezeichnet, an welche Umstände zur Bestimmung dieser Normen angeknüpft werden können. In Betracht kommt die Anwendung sämtlicher möglicherweise betroffener Eingriffsnormen, derjenigen der *lex contractus* oder derjenigen der *lex loci arbitri*. Zudem erscheint es denkbar, an das Personalstatut, den Erfüllungsort und den Vollstreckungsstaat anzuknüpfen.

I. Möglicherweise betroffene Normen

Die umfassendste Pflicht zur Anwendung von Eingriffsnormen könnte sich aus dem Erfordernis der Anwendung aller möglicherweise betroffenen Eingriffsnormen ergeben; d.h. sowohl zur Anwendung von Eingriffsnormen des gewählten Rechts als auch ausländischen Eingriffsnormen, die im konkreten Fall einschlägig sein könnten.

Die Schiedsrichter müssten insoweit zunächst ermitteln, welche Rechtsordnungen überhaupt berührt sein könnten. Sodann obläge ihnen die Pflicht, aus

---

1 Siehe hierzu Kap. 5 B und C, Kap. 6 A III und B IV. Zudem ausführlich in Kap. 4.

jeder dieser Rechtsordnungen die möglicherweise betroffenen Eingriffsnormen herauszufiltern. Eine solche Ermittlungspflicht würde die Schiedsrichter oft mit der Prüfung einer Vielzahl fremder Rechtsordnungen belasten und könnte zu erheblichen zeitlichen Verzögerungen führen. Diese Belastungen würden sich durch die stetige Zunahme an Eingriffsnormen verstärken.[2] Dem wird entgegengehalten, dass in internationalen Streitigkeiten regelmäßig ein erfahrenes und international besetztes Schiedsgericht gewählt werde. Diesem könne eine solche Ermittlungspflicht aufgebürdet werden.[3]

Die Ermittlungspflicht trifft *de facto* jedoch nicht ausschließlich die Schiedsrichter. Die Parteien nehmen i.d.R. eine Prognose über ihre Erfolgsaussichten vor. Die juristisch unerfahrene Person wäre für eine effektive Prognose gezwungen, den Rechtsrat aus mehreren Ländern einzuholen. Dies führt zu einer erheblichen Kostensteigerung. Eine Erstreckung der Anwendungspflicht auf alle möglicherweise in Betracht kommenden Eingriffsnormen ist daher mit dem Erfordernis an Rechtssicherheit und dem Schutz der schwächeren Partei nicht vereinbar.

Diese Aspekte könnten allerdings durch den Willen der Normerlassstaaten an der Sicherstellung ihrer staatlichen Interessen überlagert werden.[4] Zugleich greift jedoch der *ordre public* zum Schutz der staatlichen Interessen ein. Er soll die nationale Rechtsordnung im Wege einer einzelfallbezogenen Ergebniskorrektur schützen.[5] Eine Ausdehnung auf alle in Betracht kommenden Eingriffsnormen ließe das Instrument des *ordre public* leer laufen. Sie wäre zudem geeignet, den staatlichen Expansionismus in Bezug auf Eingriffsnormen zu verstärken. Durch den Erlass von Eingriffsnormen hätten Staaten die Möglichkeit, im Bereich der Schiedsgerichtsbarkeit ihre Interessen umfassend durchzusetzen.[6]

Eine Erstreckung der Anwendungspflicht auf alle möglicherweise in Betracht kommenden Eingriffsnormen könnte freilich ein effektives Instrument zur Lösung der vorliegenden Umgehungsfälle bieten.[7] Dennoch ist die

---

2 Vgl. *Barraclough/Waincymer*, Melbourne Journal of International Law Vol. 6 2005, 205, 225.

3 Im Ergebnis ebenso: *Spiegel*, Kartellprivatrecht in der internationalen Handelsschiedsgerichtsbarkeit, S. 124 (bezogen auf das Kartellrecht); *Rigozzi*, ASA Bulletin 1999, 455, 469; *Tyrolt*, Sportschiedsgerichtsbarkeit und zwingendes staatliches Recht, S. 88.

4 Vgl. *Barraclough/Waincymer*, Melbourne Journal of International Law Vol. 6 2005, 205, 225.

5 *Dathe*, NJOZ 2010, 2196, 2199 f.

6 *Barraclough/Waincymer*, Melbourne Journal of International Law Vol. 6 2005, 205, 226.

7 So auch *Poudret/Besson*, Comparative Law of International Arbitration, Rn. 705; *Czernich*, RIW 2016, 701, ebenda.

Schiedsgerichtsbarkeit in erheblichem Maße von der Parteiautonomie geprägt. Die staatlichen und die Parteiinteressen müssen in einen gerechten Ausgleich gebracht werden. Eine Ausdehnung auf die Anwendung aller möglicherweise in Betracht kommenden Eingriffsnormen läuft dem Parteiwillen im Regelfall zuwider.[8] Die Parteien wären teilweise in noch höherem Maße als im staatsgerichtlichen Verfahren an Eingriffsnormen gebunden.[9] Das Schiedsverfahren soll die Parteien jedoch nicht stärker an Rechtsnormen binden als im „Normalfall" des staatlichen Gerichtsverfahrens.

Eine Anwendungspflicht für alle in Betracht kommenden Eingriffsnormen ist ebendaher abzulehnen.

II. *Lex contractus*

Sofern die Parteien das Recht eines bestimmten Staates gewählt haben, könnten die Schiedsrichter jedenfalls zur Anwendung der Eingriffsnormen dieses Rechts verpflichtet sein.

Eine solche Verpflichtung könnte sich aus dem Umstand ergeben, dass diese Eingriffsnormen grundsätzlich Teil des gewählten Rechts sind.[10]

Jedoch beruht die Kompetenz der Schiedsrichter auf dem Vertrag mit den Parteien. Sie sollen regelmäßig nicht daran interessiert sein, dass auch die Eingriffsnormen des gewählten Rechts Anwendung fänden. Diese dienten zumeist nicht den Parteien, sondern der Durchsetzung der Interessen ihres Erlassstaates. Zudem beziehe sich die Rechtswahlfreiheit des § 1051 Abs. 1 ZPO auf privatrechtliche Normen. Eingriffsnormen würden nicht aufgrund der Rechtswahl, sondern von sich aus ihre Geltung beanspruchen. Sie seien somit unabhängig von der Wahl der Parteien. Daher könne sich aus der Zugehörigkeit der Eingriffsnormen zur *lex contractus* nicht eine diesbezügliche Anwendungspflicht ergeben.[11]

---

8 Vgl. Ferrari/Kröll/*Bermann*, Conflict of Laws in International Arbitration, 105, 106; *Czernich*, RIW 2016, 701, ebenda.

9 So sind vor den mitgliedsstaatlichen Gerichten fremde Eingriffsnormen bspw. nur unter den Voraussetzungen des Art. 9 Abs. 3 Rom I-VO anzuwenden, vgl. Kap. 4. Die schweizerische Rechtsordnung räumt dem staatlichen Richter sogar Ermessen bei der Frage der Berücksichtigung dieser Normen ein (vgl. Art. 19 IPRG).

10 *Drobnig*, FS Kegel, S. 106 f.; *Baniassadi*, Berkley Journal of International Law Vol. 10 Issue 1 (1992), 59, 71 f.; *Commandeur/Gößling*, SchiedsVZ 2014, 12, 15 m.w.N.

11 *Czernich*, RIW 2016, 701, 703 (eine Ausnahme bestehe nur, wenn die Parteien ausdrücklich die Anwendung der Eingriffsnormen der *lex contractus* vereinbart hätten).

Die Annahme, dass die Anwendung der Eingriffsnormen der *lex contractus* nicht im Parteiinteresse steht, greift zu kurz. So kann die Anwendung von Eingriffsnormen (bspw. des § 89b HGB) im Interesse der durch sie geschützten Partei geboten sein.[12] Darüber hinaus haben die Parteien durch die Rechtswahl selbst eine enge Verbindung zu dem Sachrecht dieses Staates geschaffen.[13] Dies rechtfertigt die Durchsetzung seiner Interessen. Zwar ist der Geltungswille von Eingriffsnormen parteiunabhängig, doch ist die Anwendung der gewählten Rechtsordnung in ihrer Gesamtheit der Regelfall. Ersichtlich wird dies auch an § 1051 ZPO, welcher die Möglichkeit einer Teilrechtswahl statuiert. Sie liegt ausnahmsweise vor, wenn die Parteien eine solche vornehmen. Eingriffsnormen sind darüber hinaus Bestandteil des Rechts des Erlassstaates und damit nicht frei von jeglicher staatlichen Verankerung. Es ist nicht ersichtlich, warum die Rechtswahlbefugnis des § 1051 ZPO Eingriffsnormen nicht erfassen soll. Folglich müssen die Schiedsgerichte die Normen der *lex contractus* anwenden.[14]

Bestätigung findet diese Anwendungspflicht in der Rechtsprechung des EuGH. Im Fall *Eco-Swiss* hatten die Parteien die Anwendung des niederländischen Rechts gewählt. Der EuGH erklärte, dass die Eingriffsnorm des Art. 81 EG a.F. von den Schiedsrichtern angewandt werden müsse.[15] Art. 81 EG a.F. ist zugleich integraler Bestandteil des niederländischen Rechts und gehört damit der *lex contractus* an.[16] Auch die schweizerische Rechtsprechung geht in die Richtung einer solchen Anwendungspflicht. Wie bereits gezeigt, erlegt sie den Schiedsrichtern die Pflicht auf, die wettbewerbsrechtlichen Normen des gewählten Rechts anzuwenden.[17]

---

12 Vgl. *Barraclough/Waincymer*, Melbourne Journal of International Law Vol. 6 2005, 205, 220. Sowie ausführlich in Kap. 5 B VI 1.

13 *Commandeur/Gößling*, SchiedsVZ 2014, 12, 17.

14 *Gaillard*, Aspects philosophiques du droit de l'arbitrage international, S. 167 ff. ; *Lazareff*, Arbitration International Vol. 11, No. 2 1995, 137, 138 ; *Razvi*, The Lahore Journal of Economics, Vol. 3, No. 2 1998, 35, 45; *Barraclough/Waincymer*, Melbourne Journal of International Law Vol. 6 2005, 205, 219 f., 226 (mit der Ausnahme, dass keine Anwendungspflicht bestehe, wenn die Parteien diese explizit ausgeschlossen hätten); Wieczorek/Schütze/*Schütze*, § 1051 Rn. 26; *Baniassadi*, Berkley Journal of International Law Vol. 10 Issue 1 (1992), 59, 71 f.; *Commandeur/Gößling*, SchiedsVZ 2014, 12, 15 m.w.N.

15 Kap. 5 C IV.

16 Vgl. *Rigozzi*, ASA Bulletin 1999, 455, 462.

17 Siehe Kap. 6 A IV 1.

Eine Einschränkung könnte sich insoweit ergeben, als eine Anwendungspflicht zwar besteht, aber nur eingreift, wenn zumindest eine Partei sich auf die anzuwendende Norm beruft.[18] Hierdurch würde dem Parteiinteresse an einer autonomen Entscheidung über die anzuwendenden Normen Vorrang eingeräumt.

Allerdings entspricht die Anwendung des gewählten Rechts *in toto* zumeist den Erwartungen der Parteien,[19] sodass sie hierzu häufig nicht vorgetragen werden.[20] Ferner würde eine solche Parteipflicht ein erhöhtes Ausnutzungspotential für die stärkere Partei begründen. Sie wird aufgrund ihrer Schiedsverfahrenserfahrungen bzw. rechtlichen Beratung um ein solches Erfordernis wissen. Dies kann sie in ihrem Sinne nutzen,[21] sodass eine solche Parteipflicht der effektiven Lösung der hier zu untersuchenden Umgehungsfälle zuwiderlaufen würde. So hätten es die Parteien in der Hand zu entscheiden, ob die Eingriffsnormen des gewählten Rechts Anwendung finden sollen. Vor den staatlichen Gerichten wird aber die gewählte Rechtsordnung inkl. ihrer Eingriffsnormen Anwendung finden. Den Parteien würde durch die Pflicht zum Vorbringen ein Missbrauchsinstrument an die Hand gegeben, das ihnen im Rahmen der staatlichen Gerichtsbarkeit nicht zusteht. Eine solche Pflicht läuft der Lösung der dieser Arbeit zugrunde liegenden Fälle massiv zuwider, und ist infolgedessen abzulehnen.

III. *Lex loci arbitri*

Eine weitere Anwendungspflicht kommt hinsichtlich der Eingriffsnormen des Rechts der *lex loci arbitri* in Betracht.

Das Schiedsgericht soll im Gegensatz zum staatlichen Gericht nicht in das Rechtssystem des Sitzstaates eingebunden sein.[22] Es handelt sich bei ihm nicht um eine staatliche Institution, da es seine Legitimation aus der parteivertraglichen Vereinbarung und nicht aus einem staatlichen Auftrag erhält.[23] Damit

---

18 Dieses Erfordernis findet sich auch im Ansatz der „Parties' Legitimate Expectations", vgl. Kap. 4 E I.

19 *Barraclough/Waincymer*, Melbourne Journal of International Law Vol. 6 2005, 205, 220 ff.

20 Ein entsprechender Parteivortrag wird insbesondere in Rechtssystemen fehlen, denen der Grundsatz „iura novit curia" zugrunde liegt.

21 Vgl. *Barraclough/Waincymer*, Melbourne Journal of International Law Vol. 6 2005, 205, 222.

22 *Hausmann*, FS von Hoffmann, S. 985; Reithmann/Martiny/*Hausmann*, Rn. 8.427.

23 *Czernich*, RIW 2016, 701, 702.

besteht nur eine Bindung an das Schiedsverfahrensrecht des Sitzstaates, nicht aber an dessen materielles Recht.[24] Aus dieser fehlenden Bindung folgt, dass das Schiedsgericht nicht die Interessen des Sitzstaates durchsetzen und fördern müsse. Es besteht dem Sitzstaat gegenüber grundsätzlich keine Loyalitätspflicht.[25]

Die Annahme einer möglichen Anwendungspflicht der Eingriffsnormen des Sitzstaates scheint ungerechtfertigt, wenn man sich vor Augen führt, dass der Sitz des Schiedsgerichtes häufig aus dem Wunsch nach Neutralität gewählt wird.[26] In diesem Fall besteht auch kein Interesse des Erlassstaates an der Durchsetzung seiner Eingriffsnormen. Mangels Verbindung zum Sitzstaat im Falle der Neutralität tangiert eine Verletzung der Eingriffsnormen die allgemein- und wirtschaftspolitischen Interessen des Sitzstaates nicht. Damit erfüllen die Eingriffsnormen von vornherein nicht ihre Zielsetzung.[27] Auch die Parteien haben (außer im Falle einer für sie günstigen Wirkung) kein Interesse an der Anwendung der Eingriffsnormen des Sitzstaates und der Durchsetzung seiner Interessen. Damit überwiegt hier das Parteiinteresse. Folglich besteht im Grundsatz keine Anwendungspflicht der Eingriffsnormen des Rechts des Sitzstaates.[28]

Eine Ausnahme könnte sich freilich für die Eingriffsnormen ergeben, deren Verletzung aufgrund einer *ordre public*-Widrigkeit zur Aufhebbarkeit am Sitz des Schiedsgerichtes führt.

Die Aufhebung eines Schiedsspruches stellt nach Art. V Abs. 1 e) UNÜ einen Vollstreckungsversagungsgrund dar. Ein aufgehobener Schiedsspruch kann

---

24 *Barraclough/Waincymer*, Melbourne Journal of International Law Vol. 6 2005, 205, 224.

25 *Beulker*, Die Eingriffsnormenproblematik in internationalen Schiedsverfahren, S. 225 f.; *Sheppard*, in: Arbitration in England, Chap. 12 Rn. 12–53; *Drobnig*, FS Kegel, S. 106.

26 *Beulker*, Die Eingriffsnormenproblematik in internationalen Schiedsverfahren, S. 226; *Tyrolt*, Sportschiedsgerichtsbarkeit und zwingendes staatliches Recht, S. 77; *Hausmann*, FS von Hoffmann, S. 985; Reithmann/Martiny/*ders.*, Rn. 8.427; *Barraclough/Waincymer*, Melbourne Journal of International Law Vol. 6 2005, 205, 224; *Commandeur/Gößling*, SchiedsVZ 2014, 12, 16 m.w.N.

27 *Schnyder*, RabelsZ 59 (1995), 293, 302 f.; *Tyrolt*, Sportschiedsgerichtsbarkeit und zwingendes staatliches Recht, S. 77; *Hausmann*, FS von Hoffmann, S. 985; Reithmann/Martiny/*ders.*, Rn. 8.427.

28 *Beulker*, Die Eingriffsnormenproblematik in internationalen Schiedsverfahren, S. 227; *Tyrolt*, Sportschiedsgerichtsbarkeit und zwingendes staatliches Recht, S. 77; *Hausmann*, FS von Hoffmann, S. 985; *Czernich*, RIW 2016, 701, 702; *Barraclough/Waincymer*, Melbourne Journal of International Law Vol. 6 2005, 205, 224 (jedenfalls nicht ohne das Hinzutreten weiterer Umstände, die eine enge Verbindung zur Folge haben könnten).

daher die Pflicht der Schiedsrichter zum Erlass eines vollstreckungsfähigen Schiedsspruches verletzen.[29]

Zudem wird an der englischen Rechtsprechung ersichtlich, dass das Aufhebungsgericht eine herausragende Stellung einnimmt. Die Entscheidung des Aufhebungsgerichts ist eine „cardinal policy consideration" im Hinblick auf die Beurteilung einer *ordre public*-Widrigkeit.[30] Aus dieser vorrangigen Stellung kann abgeleitet werden, dass das Schiedsgericht die Eingriffsnormen, welche das Gericht der „supervisory jursidiction" prüfen wird, ebenfalls anwenden sollte. Dies senkt die Risiken der Versagung der Vollstreckbarerklärung und damit einer schiedsrichterlichen Haftung wegen Pflichtverletzung[31] in nicht zu verachtendem Maße.

Dieser Umstand ergibt sich auch aus Art. 11 Abs. 5 of the Hague Principles on Choice of Law in International Commercial Contracts. Nach diesem sollen die Prinzipien „not prevent an arbitral tribunal (...) from applying or taking into account overriding mandatory provisions of a law other than the law chosen by the parties, if the arbitral tribunal is required or entitled to do so." Gem. der Introduction I.20 b) of the Hague Principles on Choice of Law in International Commercial Contracts bieten die Prinzipien für Schiedsgerichte „guidance as to how to approach questions concerning the validity and effects of a choice of law agreement, and resolve choice of law disputes within the prevailing legal framework (...)." Dem Wortlaut des Art. 11 Abs. 5 of the Hague Principles on Choice of Law in International Commercial Contracts zufolge muss das Schiedsgericht den Rechtsrahmen beachten, in welchem es seine Entscheidung zu treffen hat. Dies gilt u.a. für die Eingriffsnormen am Sitz des Schiedsgerichtes und für mögliche staatsgerichtliche Kontrollen, in denen das nationale Schiedsverfahrensrecht angewendet wird.[32] Darunter fällt auch das Aufhebungsverfahren.

Insoweit müssen die Eingriffsnormen des Rechts der *lex loci arbitri*, deren Verletzung zu einer Aufhebung des Schiedsspruches führen würde, angewandt werden.[33]

---

29 *Hausmann*, FS von Hoffmann, S. 985; Reithmann/Martiny/*ders.*, Rn. 8.427; *Sheppard*, in: Arbitration in England (2013), Chap. 12 Rn. 12–53.

30 Vgl. statt aller: Commercial Court, Urteil v. 20.1.1999, *Minmetals Germany GmbH vs Ferco Steel Ltd.* (1999) CLC 647, 661. Hierzu Kap. 6 B III 5 b) aa).

31 Statt aller: *Spohnheimer*, Gestaltungsfreiheit bei antezipiertem Legalanerkenntnis des Schiedsspruchs, S. 146.

32 Official Commentary to the Hague Principles on Choice of Law in International Commercial Contracts, Art. 11 Rn. 11.31.

33 Vgl. *Thorn/Grenz* in: Conflict of Laws in International Arbitration, S. 206 f; *Hausmann*, FS von Hoffmann, S. 985; Reithmann/Martiny/*ders.*, Rn. 8.429; *Poudret/Besson*,

IV. Anknüpfung an das Personalstatut

Denkbar zur Bestimmung der anzuwendenden Eingriffsnormen erscheint des Weiteren eine Anknüpfung an das Personalstatut.

Die Anwendungspflicht dieser Normen könnte aus dem engen Territorialitätsbezug der Parteien zu ihrem Heimatrecht folgen. Ziel der Eingriffsnormen ist es, die Interessen des Erlassstaates zu schützen.[34] Diese Interessen übt der Staat nicht um seiner selbst willen, sondern zum Schutz seiner Bürger aus. Jedoch dienen Eingriffsnormen dem überindividuellen Interesse und gerade nicht dem Schutz einer bestimmten Person.[35] Dieser entsteht i.d.R. lediglich reflexartig.

Zugleich droht eine Kollision der Eingriffsnormen verschiedener Staaten, sofern beide Parteien nicht demselben Heimatrecht angehören. Den Schiedsrichtern wird es aber zumutbar sein, die Eingriffsnormen zweier Staaten zu ermitteln und anzuwenden. Besondere Probleme drohen (wie in allen Fällen) nur, falls die beiden Staaten einander widersprechende Eingriffsnormen erlassen haben.

Bedenklich erscheint die Anknüpfung an das Personalstatut in den Fällen, in welchen sich die Parteien aus Neutralitätsgründen auf die Durchführung eines Schiedsverfahrens geeinigt haben. Die Neutralität des Schiedsverfahrens kann von den Parteien[36] dahingehend genutzt werden, dass sie sich auf ein Recht einigen, welches kein Heimatrecht darstellt. Der Neutralitätsaspekt ist gefährdet, sofern zumindest die Eingriffsnormen des Heimatrechts durch die Anwendungspflicht der Schiedsrichter quasi durch die „Hintertür" wieder zur Geltung gelangen.

Jedoch könnte die Anwendung der Eingriffsnormen des Heimatstatutes der schwächeren Partei zweckdienlich sein und damit zur Eindämmung von Umgehungsfällen beitragen. Eine solche Vorgehensweise findet sich in Art. V der Empfehlung 98/257/EG. Nach Art. V der Empfehlung 98/257/EG darf „(b)ei grenzübergreifenden Rechtsstreitigkeiten (...) die Entscheidung der Einrichtung nicht zur Folge haben, daß der Verbraucher in den in Artikel 5 des Übereinkommens von Rom vom 19. Juni 1980 über das auf vertragliche Schuldverhältnisse anzuwendende Recht genannten Fällen den Schutz verliert, der ihm durch die

Comparative Law of International Arbitration, Rn. 706; *Gaillard*, Aspects philosophiques du droit de l'arbitrage international, S. 167 ff.; *Commandeur/Gößling*, SchiedsVZ 2014, 12, 16 m.w.N. Im Ergebnis auch *Lazareff*, Arbitration International Vol. 11, No. 2 1995, 137, 142.

34 Kap. 1 D III.

35 *Commandeur/Gößling*, SchiedsVZ 2014, 12, 20.

36 Zumeist werden die Parteien hier unterschiedlicher Nationalität sein.

zwingenden Bestimmungen des Mitgliedstaats, in dem er seinen gewöhnlichen Aufenthalt hat, gewährt wird." Aus dieser Vorschrift wird zugleich ersichtlich, dass sie lediglich einen Sonderfall in grenzüberschreitenden Rechtsstreitigkeiten unter Verbraucherbeteiligung erfasst. Zudem wird an die Eingriffsnormen des Aufenthaltsrechts des Verbrauchers angeknüpft. Auf Unternehmer kann die Vorschrift, welche Ausfluss des umfassenden EU-rechtlichen Verbraucherschutzes ist, nicht angewandt werden. Es kann *e-contrario* gefolgert werden, dass auch Art. V der Empfehlung 98/257/EG nicht für jeden Fall eine Geltung der Eingriffsnormen des Heimatrechts der Parteien vorsieht.

Somit besteht keine Pflicht für den Schiedsrichter, die Eingriffsnormen des Heimatstatutes der Parteien anzuwenden.

V. Anknüpfung an den Erfüllungsort

Prinzipiell möglich erscheint, zur Bestimmung der anzuwendenden Eingriffsnormen an den Erfüllungsort anzuknüpfen.

Die Erfüllung der vertraglichen Verpflichtungen berührt die territorialen Interessen des Erfüllungsstaates.[37] Die Abhängigkeit der Durchsetzung der staatlichen Interessen vom Erfüllungsort wird, wie bereits dargelegt, vorwiegend in der englischen[38] Rechtsprechung deutlich. Der Wille des Gesetzgebers des Erfüllungsstaates ist darauf gerichtet, seine staatlichen Interessen zu wahren. Dies gilt im Besonderen, sofern die Erfüllung der Vertragspflichten gegen die Eingriffsnormen des Staates verstößt und damit an sich nach seinem Recht verboten ist. Könnten die Schiedsrichter eine entsprechende Verpflichtung aussprechen, welche in einem staatlichen Gerichtsverfahren nicht rechtmäßig wäre, droht eine Divergenz zwischen staatlichen Gerichts- und Schiedsverfahren. Dass einer solchen Divergenz i.d.R. die staatlichen Interessen entgegenstehen, zeigt sich bspw. im Kartellrecht. Einer kartellrechtswidrigen Vereinbarung, die in Deutschland erfüllt werden soll, stehen die wettbewerbsrechtlichen Eingriffsnormen entgegen. Nach schweizerischem Recht sollte bzw. muss das Schiedsgericht diese Normen beachten.[39] Andernfalls droht dem Schiedsspruch die Aufhebung bzw. Versagung der Anerkennung und Vollstreckbarerklärung.[40]

Allerdings könnten bei der Bestimmung des Erfüllungsortes Schwierigkeiten auftreten, sofern dieser nicht bereits feststeht bzw. mehrere Leistungsorte in

---

37 Vgl. Reithmann/Martiny/*Freitag*, Rn. 5.120 ff. *Czernich*, RIW 2016, 701, 704.

38 Vgl. Kap. 6 B III 5 b).

39 Kap. 6 A IV 1und 2.

40 BGH, Urt. v. 27.2.1969 – KZR 3/68 [III 4 Rn. 35]; Kap. 5 C.

Betracht kämen.[41] Es ist aber denkbar, die genannten Probleme durch weitere Untersuchungspflichten der Schiedsrichter einzudämmen. Dies eröffnet eine Anwendungspflicht der Eingriffsnormen des Erfüllungsstaates.[42]

VI. Normen des Vollstreckungsstaates

Die Auswirkungen einer fehlenden Anwendung der Eingriffsnormen des Erfüllungsortes auf den Schiedsspruch leiten zu der Frage über, ob die Schiedsrichter nach der bereits erwähnten Pflicht zum Erlass eines vollstreckbaren Schiedsspruches[43] die Eingriffsnormen des Vollstreckungsstaates anwenden müssen.[44]

Das Schiedsgericht ist im Rahmen der Vollstreckung auf die staatliche Unterstützung angewiesen. Es besteht hier eine besonders enge Wechselwirkung zwischen der Schieds- und der staatlichen Gerichtsbarkeit.[45] Diese rechtfertigt die Durchsetzung der Eingriffsnormen des Vollstreckungsstaates und eine mögliche Einschränkung der Parteiautonomie.

Probleme könnten sich jedoch daraus ergeben, dass das Schiedsgericht nicht in der Lage wäre, den zukünftigen Vollstreckungsstaat zu bestimmen. Die Voraussehbarkeit würde zudem dadurch erschwert, dass teilweise mehrere potentielle Vollstreckungsstaaten in Betracht kämen.[46] Dies könnte bspw. bei multinationalen Konzernen der Fall sein, welche ihre Vermögensgegenstände in mehreren Staaten haben.[47] Eine Anwendungspflicht im Hinblick auf alle theoretisch in

---

41 *Czernich*, RIW 2016, 701, 704.

42 So *Czernich*, RIW 2016, 701, 704; *Razvi*, The Lahore Journal of Economics, Vol. 3, No. 2 1998, 35, 51; *Poudret/Besson*, Comparative Law of International Arbitration, Rn. 706 (jedenfalls soweit sich aus dem Recht des Erfüllungsstaates ein Fall von *force majeure* oder der Unmöglichkeit der Erfüllung ergeben könnte).

43 Siehe hierzu auch Art. 41 ICC Rules und Art. 32.2 LCIA Rules.

44 So *Lazareff*, Arbitration International Vol. 11, No. 2 1995, 137, 139 ff.; *Schiffer*, Normen ausländischen „öffentlichen“ Rechts in internationalen Handelsschiedsverfahren, S. 184. Andere Ansicht: Basler Kommentar-IPRG/*Karrer*, Art. 187 Rn. 267; *Thorn/Grenz* in: Conflict of Laws in International Arbitration, S. 207 f. Eine entsprechende Anwendungspflicht soll sich hingegen nicht aus Art. 11 Abs. 5 of the Hague Principles on Choice of Law in International Commercial Contracts ergeben, vgl. Official Commentary to the Hague Principles on Choice of Law in International Commercial Contracts, Art. 11 Rn. 11.32.

45 *Commandeur/Gößling*, SchiedsVZ 2014, 12, 13 f.

46 *Lazareff*, Arbitration International Vol. 11, No. 2 1995, 137, 140; *Commandeur/Gößling*, SchiedsVZ 2014, 12, 19; *Van Houtte*, ASA Bulletin 2005, 431, 439; *Lazareff*, Arbitration International Vol. 11, No. 2 1995, 137, 139 f.

47 *Commandeur/Gößling*, SchiedsVZ 2014, 12, 19.

Betracht kommenden Vollstreckungsstaaten würde zu einem Verlust an Rechtssicherheit für das Schiedsverfahren führen.[48] Berücksichtigt das Schiedsgericht die Eingriffsnormen eines Staates, in welchem letztlich keine Vollstreckung stattfindet, verleiht es dem Interesse dieses Staates ein überproportionales Gewicht. Dies wäre mit dem Willen der Parteien nicht zu vereinbaren.[49]

Vor diesem Hintergrund müssen, um einen vollstreckungsfähigen Schiedsspruch zu erlassen, jedenfalls die Eingriffsnormen der bereits im Voraus sicher feststehenden Vollstreckungsstaaten angewandt werden.[50] Ein solches Maß an Sicherheit ergibt sich aus einem entsprechenden Vorbringen der Parteien; aus dem Umstand, dass die unterlegene Partei ihre Vermögensgegenstände in nur einem Staat hat und der beabsichtigten Verpflichtung im Schiedsspruch. Bezieht sich diese bspw. auf die Übertragung des Eigentums an einer Sache, wird regelmäßig der Belegenheitsort der Vollstreckungsort sein.

Sofern der Vollstreckungsort nicht sicher bestimmbar ist, muss das Schiedsgericht zumindest die Eingriffsnormen eines potentiellen Vollstreckungsstaates anwenden.[51] So kann der Schiedsspruch in diesem vollstreckt werden und der Schiedsrichter damit seine vertragliche Verpflichtung erfüllen. Indes sollte sich der Schiedsrichter auch hier an den soeben genannten Kriterien orientieren und die Eingriffsnormen der Staaten anwenden, in welchen die Vollstreckung wahrscheinlich erscheint.[52]

Demzufolge müssen die Schiedsrichter auch die Eingriffsnormen der wahrscheinlichen Vollstreckungsstaaten anwenden.

---

48 *Van Houtte*, ASA Bulletin 2005, 431, 439; *Poudret/Besson*, Comparative Law of International Arbitration, Rn. 705; *Thorn/Grenz* in: Conflict of Laws in International Arbitration, S. 207 f.

49 *Lazareff*, Arbitration International Vol. 11, No. 2 1995, 137, 140; *Commandeur/Gößling*, SchiedsVZ 2014, 12, 19.

50 *Barraclough/Waincymer*, Melbourne Journal of International Law Vol. 6 2005, 205, 216; *Commandeur/Gößling*, SchiedsVZ 2014, 12, 19; *Niedermaier*, Schieds- und Schiedsverfahrensvereinbarungen in strukturellen Ungleichgewichtslagen, S. 313; *Gaillard*, Aspects philo-sophiques du droit de l'arbitrage international, S. 167 ff. (es soll die Voraussehbarkeit genügen).

51 Vgl. *Barraclough/Waincymer*, Melbourne Journal of International Law Vol. 6 2005, 205, 216; *Commandeur/Gößling*, SchiedsVZ 2014, 12, 19.

52 Ähnlich Reithman/Martiny/*Hausmann*, Rn. 8.429; *Lazareff*, Arbitration International Vol. 11, No. 2 1995, 137, 139 ff.; *Schiffer*, Normen ausländischen „öffentlichen" Rechts in internationalen Handelsschiedsverfahren, S. 185.

VII. Stellungnahme

Die Schiedsrichter sollen die Eingriffsnormen der *lex contractus*, der Sitzstaaten, sofern die Verletzung der jeweiligen Eingriffsnormen zur Aufhebung des Schiedsspruches führen kann, und die Normen des Erfüllungsortes sowie des wahrscheinlichen Vollstreckungsstaates anwenden.

Die Anwendungspflicht der Schiedsrichter in Bezug auf die genannten Eingriffsnormen bildet einen Schutz zur Verhinderung der Umgehung des materiell zwingenden Rechts. Trotz der Rechtswahl werden diese Normen angewandt, sodass *de facto* eine Umgehung ausscheidet und die schwächere Partei reflexartig geschützt wird.

Allerdings spielen im Schiedsverfahren die Neutralitätsaspekte eine wichtige Rolle. Diese umfassen neben dem Schiedsort auch die Rechtswahl. Ferner erfolgt die Anwendung der Eingriffsnormen nach dem „Alles-oder-nichts-Prinzip." Besteht eine Anwendungspflicht, kann der Schiedsrichter nicht aus Gründen der Einzelfallgerechtigkeit von dieser Verpflichtung abweichen. Eine Anwendung von Normen über den *ordre public* ermöglicht dagegen eine abgestufte Anwendung anhand des Einzelfalls.

Die Problematik der Anwendungspflicht von Eingriffsnormen beruht auf einer Kollision zwischen dem Expansionismus der staatlichen Interessen und der Parteiautonomie. Die Lösung dieser Problematik erfordert eine gerechte Abwägung beider Interessen.[53]

Zugleich schwebt auch das internationale Schiedsgericht nicht frei in der Rechtssphäre.[54] Es ist auf die staatliche Akzeptanz und in einem gewissen Maße auf eine staatliche Unterstützung angewiesen. Aus diesem Wechselspiel resultiert eine Pflicht zur Anwendung der Eingriffsnormen der *lex contractus*.[55] Andernfalls droht das Schiedsgerichtsverfahren ein Missbrauchsinstrument zu eröffnen.

Die Anwendung der Eingriffsnormen des Sitzstaates wegen der Gefahr der Aufhebung des Schiedsspruches[56] läuft letztlich auf den Aspekt der Vollstreckbarkeit des Schiedsspruches hinaus und korrespondiert mit der Anwendungspflicht der Eingriffsnormen des wahrscheinlichen Vollstreckungsstaates.[57] Auch

---

53 Vgl. *Barraclough/Waincymer*, Melbourne Journal of International Law Vol. 6 2005, 205, 215.

54 Official Commentary to the Hague Principles on Choice of Law in International Commercial Contracts, Art. 11 Rn. 11.30.

55 Dazu unter II.

56 Dazu unter III.

57 Soeben unter VI.

die Anwendungspflicht der Eingriffsnormen des Erfüllungsortes trägt dazu bei, die Vollstreckbarkeit des Schiedsspruches zu sichern.[58] Im Bereich der Vollstreckung ist das Schiedsgericht auf die staatliche Unterstützung angewiesen. Der Staat muss hier seine eigene öffentliche Gewalt ausüben, um die Verpflichtungen aus dem Schiedsspruch durchzusetzen. Sofern eine Verletzung der zentralen Interessen des Vollstreckungsstaates droht, darf diese nicht sanktionslos bleiben. Auch die Schiedsrichter sind an der Anwendung dieser Normen im Ergebnis interessiert, da sie einen vollstreckungsfähigen Schiedsspruch erlassen müssen, um einer möglichen vertraglichen Haftung zu entgehen. Ferner besteht die Pflicht zur Anwendung der Eingriffsnormen, die sich auf die Vollstreckung des Schiedsspruches auswirken können, auch im Parteiinteresse.[59] Sofern die Vollstreckbarkeit versagt wird, haben die Parteien das zeit- und kostenintensive Schiedsverfahren umsonst durchgeführt. Eine Anwendung der genannten Eingriffsnormen sichert unter Einhaltung einer gewissen staatlichen Zurückhaltung einen gerechten Ausgleich der widerstreitenden Interessen.

Probleme in der Anwendung entstehen, wenn der Schiedsrichter die Eingriffsnormen mehrerer Rechtsordnungen anwenden muss. Dies wird außer in rein nationalen Sachverhalten der Regelfall sein. So können sich die Parteien bspw. auf den Sitz des Schiedsgerichts einer anderen Rechtsordnung als derjenigen des gewählten Rechts einigen.

Unproblematisch ist die Anwendung der Eingriffsnormen, wenn sie identische Regelungen enthalten. Hier erfüllt die Anwendung dieser Regel alle Verpflichtungen in Bezug auf Eingriffsnormen.

Haben die Eingriffsnormen jeweils unterschiedliche Regelungen, die allerdings nicht im Widerspruch zueinander stehen, müssen sämtliche angewandt werden. Ein Außerachtlassen einzelner Normen führt dazu, dass die Interessen der Normerlassstaaten, deren Eingriffsnormen angewandt werden, der Vorzug eingeräumt wird und sie damit ein Übergewicht erhalten. Dies ist unter dem Gesichtspunkt der Gleichrangigkeit der Rechtsordnungen nicht vereinbar.

Die größte Schwierigkeit besteht im Fall des Widerspruchs der anzuwendenden Eingriffsnormen untereinander. Hier sind zwei Lösungen denkbar: Zum einen kann eine Anwendungspflicht für jedenfalls eine Eingriffsnorm bestehen. Wird zumindest eine Eingriffsnorm angewandt, kann der Schiedsspruch in diesem Staat vollstreckt werden. Allerdings führt diese Lösung zu einem

58 Dazu unter V.

59 Vgl. *Barraclough/Waincymer*, Melbourne Journal of International Law Vol. 6 2005, 205, 216.

Übergewicht der Interessen dieses Normerlassstaates. Ein solches Übergewicht entspricht weder der Gleichwertigkeit der Rechtsordnungen noch dem Parteiinteresse. Zum anderen führt ein Widerspruch möglicherweise dazu, dass der Schiedsrichter keine der Eingriffsnormen anwenden darf. Diese Lösung räumt keiner Rechtsordnung ein Übergewicht ein und entspricht dem Gedanken der *comitas*. Sie verwirklicht das Parteiinteresse und den Wunsch nach Neutralität. Diese Lösung stellt die Parteien auch nicht schutzlos, da Einzelfallkorrekturen noch anhand des *ordre public* denkbar sind. In dem Fall widersprüchlicher Regelungen dürfen die Eingriffsnormen grundsätzlich nicht zur Geltung gelangen. Eine Ausnahme ist jedoch insoweit anzuwenden, als der Sachverhalt eine deutlich größere Nähe zu einer der Rechtsordnungen aufweist.[60] In diesem Fall wird das eingeräumte Übergewicht durch die enge Verbindung gerechtfertigt.

Zusammenfassend lässt sich festhalten, dass die Verpflichtung der Schiedsrichter zur Anwendung der aufgeführten Eingriffsnormen geeignet erscheint, die berührten staatlichen und die Parteiinteressen in einen gerechten Ausgleich zu bringen. Gleichwohl könnte zusätzlich eine *ordre public*-Kontrolle notwendig sein. Lücken in der Lösung der hier thematisierten Umgehungsfälle über die Anwendung von Eingriffsnormen ergeben sich v.a., wenn die Schiedsrichter ihrer Anwendungspflicht nicht nachkommen sollen bzw. der Schutz der Partei lediglich mit einer national zwingenden Norm erreicht werden soll.

B. Kriterien im Rahmen der *ordre public*-Kontrolle

Ein Verstoß gegen den *ordre public* verlangt einen untragbaren Widerspruch zu den Gerechtigkeitsvorstellungen der jeweiligen Rechtsordnung.[61] Die Untragbarkeit kann sich nicht nur aus den verletzten Rechtsnormen ergeben. Vielmehr sind, wie in den vorangegangenen Kapiteln ersichtlich wurde,[62] auch die Umstände des Einzelfalls zur Beurteilung heranzuziehen. Im Folgenden wird der Versuch unternommen, einen Katalog an Kriterien zu entwickeln, die im Rahmen der *ordre public*-Kontrolle herangezogen werden können. Dabei sind allen voran die in den Kapiteln 5 und 6 angeführten Kriterien näher zu beleuchten.

Bei allen zu untersuchenden Kriterien gilt, dass das Vorliegen eines Kriteriums lediglich ausnahmsweise geeignet ist, angesichts der hohen Anforderungen des *ordre public* eigenständig einen Verstoß gegen diesen herbeiführen zu

60 Zu dem Nähekriterium in Kap. 4 B II 2, C II 1, D III 2 und Kap. 7 VIII.

61 Vgl. Kap. 3 A V 5 und Kap. 6 A II 3.

62 Siehe insbesondere Kap. 5 und 6.

können. Vielmehr gilt das „Sandhaufen-Theorem." Je mehr Kriterien erfüllt sind, welche Bedenken gegen die *ordre public*-Mäßigkeit begründen, desto eher werden die Anforderungen der Untragbarkeit erreicht.[63] Zudem hängen die Kriterien voneinander ab und beeinflussen sich zum Teil gegenseitig.

Bei der Entwicklung der Kriterien ist indes Zurückhaltung geboten. Zwar steht eine wirksame *ordre public*-Kontrolle im Interesse des Staates, dessen Belange durchgesetzt werden, es hat sich jedoch gezeigt, dass der internationale Trend in Richtung einer engen Auslegung des *ordre public* geht.[64] Zudem ist und bleibt der *ordre public* eine Korrekturmöglichkeit für „extreme Ausnahmefälle."[65]

I. Beteiligte Personen

Eines der wichtigsten Kriterien, welches einen erheblichen Einfluss auf die noch zu entwickelnden weiteren Faktoren haben kann, ist der Status der beteiligten Personen. Es hat sich vorrangig im Rahmen des Handelsvertreterausgleichs,[66] des Termin- und Differenzeinwands (jedenfalls des Nichtbörsentermingeschäftsfähigen)[67] und der Klauselrichtlinie[68] gezeigt, dass die an der Schiedsvereinbarung beteiligten Personen ein zentrales Kriterium für die Begründung der *ordre public*-Widrigkeit bilden können. Auch in den Bereichen der Verbraucher- und Arbeitnehmerbeteiligung wurde deutlich, dass hier teilweise eine Nähe zum *ordre public* angenommen wird.[69]

Die Bedeutung des Status der beteiligten Personen in den vorliegenden Umgehungsfällen lässt sich auf ein Grundproblem zurückführen. Die überlegene Partei wird zumeist daran interessiert sein, das für sie vorteilhafte Recht zur Anwendung zu bringen. Vorteilhaft ist das Recht regelmäßig, wenn es für die andere Partei ein geringes Schutzniveau aufweist. Die unterlegene Partei will dagegen die Wahl einer Rechtsordnung mit einem für sie möglichst umfassenden Schutz durchsetzen.[70] Mithin liegt ein Interessenkonflikt vor. An sich ist der „Wettbewerb der Rechtsordnungen" im internationalen Handel erwünscht.[71]

---

63 Vgl. *Pfeiffer*, SchiedsVZ 2014, 161, 165.
64 Kap. 3 A V, Kap. 6 A II 1 und B III 2.
65 Kap. 3 A V.
66 Kap. 5 B.
67 Kap. 5 A.
68 Kap. 5 D II.
69 Vgl. Kap. 6 A V, VI und B IV 2.
70 *Mankowski*, RIW 2003, 2, 4 ff.
71 Vgl. Isensee/Kirchhof/*Kersten*, § 233 Rn. 28 f.

Allerdings wird ein Staat eher bereit sein, Maßnahmen zu ergreifen, desto stärker die Normen, welche er aus sozialpolitischen Gründen erlassen hat, verletzt werden.[72]

Problematisch ist dies ebenfalls vor dem Hintergrund des Ausnutzens einer gestörten Vertragsparität durch die überlegene Partei. In Anbetracht der enormen Bedeutung der Rechtswahl für die weitere Verfahrensgestaltung und die Rechtsfolgen (bspw. in Bezug auf Ausgleichsansprüche[73]) wird die stärkere Partei kaum bereit sein, von ihrer Rechtswahl abzuweichen. Während andere, weniger bedeutende Verfahrensgestaltungen (wie u.U. der Verhandlungsort des Schiedsgerichtes) durch die schwächere Partei in Form einer höheren Entgeltleistung durchgesetzt werden können, wird die stärkere Partei sich meistens auch nicht durch ein erhöhtes Entgelt oder andere Zugeständnisse zu der Wahl des von der schwächeren Partei gewünschten Rechts bringen lassen. Dies gilt v.a. vor dem Hintergrund, dass die schwächere Partei teilweise gar nicht über die finanziellen Mittel verfügt, um die gestörte Vertragsparität auf diese Weise zu kompensieren.[74]

Es wird deutlich, dass die Fälle der Umgehung materiell zwingenden Rechts in Schiedsvereinbarungen primär im Zusammenhang mit einem gestörten Vertragsgleichgewicht der Parteien auftreten werden, sodass der Status der beteiligten Personen eines der zentral zu untersuchenden Kriterien bildet. Weiterführend stellt sich die Frage, ob dieses Ungleichgewicht an sich kategorisiert werden kann und ob es möglich ist, Personengruppen herauszuarbeiten, deren Rechte der *ordre public* schützen soll.

1. Anknüpfung an §§ 13, 14 BGB

Zur Ermittlung der schutzbedürftigen Personengruppen könnte an §§ 13, 14 BGB und damit an die Trennung zwischen Verbraucher und Unternehmer angeknüpft werden.

Dieser Trennung liegt die Unterlegenheit des Verbrauchers im Vergleich zum Unternehmer und seine damit verbundene Schutzbedürftigkeit zugrunde. Die Unterlegenheit des Verbrauchers resultiert aus seiner geschäftlichen und

---

72 *Mogendorf*, Der strukturell unterlegene Unternehmer, S. 50.

73 Kap. 5 B.

74 Vgl. Schlussanträge des Generalanwalts *Léger* vom 11. Mai 2000 zur Rechtssache *Ingmar*, C-381/98, Rn. 70; *Mogendorf*, Der strukturell unterlegene Unternehmer, S. 22.

juristischen Unerfahrenheit sowie seinem Rationalisierungsinteresse und der schwächeren Verhandlungsposition.[75]

Darüber hinaus nimmt der Verbraucher mit einem geringeren Maß an Freiwilligkeit am Rechtsgeschäft teil. Er ist zu der Teilnahme „faktisch gezwungen." Der Verbraucher will am Markt keine Gewinne erzielen, sondern schließt rechtsgeschäftliche Vereinbarungen ab, um seine alltäglichen Bedürfnisse zu erfüllen. Zur Befriedigung dieser Bedürfnisse kommt der Verbraucher zwingend mit Unternehmern in Kontakt.[76] Dies wird bspw. in den Fällen *Mostaza Claro* und *Asturcom* ersichtlich. Hier haben die Verbraucherinnen Mobiltelefonverträge abgeschlossen, in denen eine Schiedsklausel enthalten war.[77]

Die Rechtsprechung erkennt diese besondere Schutzbedürftigkeit des Verbrauchers (auch über den *ordre public*) bspw. in den beiden genannten Entscheidungen und im Rahmen der dargestellten Wertpapierhandelsgeschäfte[78] an. Darüber hinausgehend haben diverse Schiedsrechte besondere Verbraucherschutzvorschriften erlassen. Beispielhaft zu nennen sind hier § 1031 Abs. 5 ZPO,[79] Art. 89, 91 Arbitration Act 1996[80] und § 617 öZPO sowie Art. 2060 Abs. 2 CC.

Im Unternehmerverkehr soll hingegen davon auszugehen sein, dass die Beteiligten auf Augenhöhe stünden.[81] Sie gestalteten ihre Vertragsverhältnisse so, dass für beide Parteien der maximale Nutzen erreicht werde.[82] Unternehmer seien geschäftserfahren und könnten die rechtsgeschäftliche Tragweite der eigenen Entscheidungen einschätzen. Zudem sei der Unternehmer angesichts der Vielzahl von Geschäften, die er vornehme, besser in der Lage, eine Absicherung gegen ihn benachteiligende Klauseln zu treffen.[83] Ferner trete der Unternehmer aus freien Stücken in den rechtsgeschäftlichen Verkehr ein. Dies gelte in erster Linie für den internationalen Handel. Die Unternehmer bedürften eines

75 EuGH, Urteil v. 26.10.2006, C-168/05 – *Mostaza Claro* [Rn. 38]; Schlussanträge GA *Tizzano* v. 27.4.2006, C-168/05 – *Mostaza Claro*, Rn. 26 f.; *Lenkaitis/Löwisch*, ZIP 2009, 441, 443; Wolf/Lindacher/Pfeiffer/*Pfeiffer*, Einl. Rn. 3.

76 *Lenkaitis/Löwisch*, ZIP 2009, 441, 443.

77 Kap. 5 D II 2 a).

78 Kap. 5 A II und IV.

79 Siehe hierzu auch Kap. 2 A II 4 b) und Kap. 7 B III 2 b).

80 Kap. 6 B V 3.

81 Problematisch ist, wie unter 4. noch zu zeigen sein wird, dass auch innerhalb der „Gruppe der Unternehmer" Differenzierungen bspw. in Großunternehmen und KMU vorgenommen werden müssen.

82 *Rühl*, IPRax 2007, 294, 302.

83 *Berger*, ZIP 2006, 2149, 2151.

breiteren Handlungsspielraumes, um effektiv auf die Veränderungen am Markt reagieren zu können.[84] Sie seien daran interessiert, eine neutrale Gestaltung ihrer Vertragsverhältnisse zu erreichen und damit auch ausländisches Recht wählen zu können.[85]

Entsprechend der unterschiedlichen Anforderungen wäre anknüpfend an §§ 13, 14 BGB ein Schutz durch den *ordre public* ausschließlich erforderlich, wenn ein Verbraucher und ein Unternehmer eine Schiedsvereinbarung mit ausländischer Rechtswahl eingehen. In reinen *B2B-Fällen* könnte von der Augenhöhe der Parteien und damit eines vertraglichen Gleichgewichts ausgegangen werden, sodass eine Korrektur über den *ordre public* eher fernliegen würde.

Sollte (ausnahmsweise) eine Schiedsvereinbarung unter ausschließlicher Verbraucherbeteiligung mit der Wahl eines zumindest für einen Verbraucher fremden Rechts vorliegen, ist nach der oben genannten Trennung ebenfalls kein Grund für einen Schutz über den *ordre public* gegeben. Hier besteht *de facto* eine Vertragsparität in der Unerfahrenheit. Eine Ungleichgewichtslage ist folglich ausgeschlossen.

Eine Anknüpfung an §§ 13, 14 BGB führt dazu, dass die Verbrauchereigenschaft gegeben ist, wenn eine natürliche Person eine Schiedsvereinbarung „zu Zwecken abschließt, die überwiegend weder ihrer gewerblichen noch ihrer selbstständigen beruflichen Tätigkeit zugerechnet werden können." Zugleich muss eine weitere Schiedspartei ein Unternehmer i.S.d. § 14 Abs. 1 BGB sein, d.h. eine natürliche oder juristische Person bzw. eine rechtsfähige Personengesellschaft, welche die Schiedsvereinbarung in Ausübung ihrer gewerblichen oder selbstständigen beruflichen Tätigkeit abschließt.

Der Rückgriff auf die §§ 13, 14 BGB für das Schiedsrecht ist mangels eigenständiger Definitionen im 10. Buch der ZPO[86] heute überwiegend anerkannt.[87]

---

84 *Lenkaitis/Löwisch*, ZIP 2009, 441, 443.

85 *Rühl*, IPRax 2007, 294, 302; *Niedermaier*, Schieds- und Schiedsverfahrensvereinbarungen in strukturellen Ungleichgewichtslagen, S. 374.

86 § 1031 Abs. 5 S. 3 ZPO a.F. enthielt eine Definition des Verbraucherbegriffs. Verbraucher war demnach „eine natürliche Person, die bei dem Geschäft, das Gegenstand der Streitigkeit ist, zu einem Zweck handelt, der weder ihrer gewerblichen noch ihrer selbstständigen beruflichen Tätigkeit zugerechnet werden kann." Dies entsprach den Abgrenzungskriterien des nach Änderung des § 1031 Abs. 5 S. 3 ZPO a.F. neu eingeführten § 13 BGB. Es bestand damit bereits zu dieser Zeit ein Gleichlauf zwischen beiden Verbraucherbegriffen, welcher daran deutlich wird, dass eine Definition des Verbraucherbegriffs i.R.d. § 1031 Abs. 5 S. ZPO a.F. entbehrlich wurde, da die allgemeine Definition des § 13 BGB auch für diesen Verbraucherbegriff gelten sollte.

87 Vgl. statt aller: Zöller/*Geimer*, § 1031 Rn. 34.

Damit ist eine Anknüpfung an die §§ 13, 14 BGB als maßgebliche Kriterien im Rahmen der *ordre public*-Prüfung kongruent mit dem Verbraucherschutz des 10. Buches der ZPO. Ferner kennen, wie soeben gesehen, diverse andere Schiedsrechte eine Trennung in Unternehmer und Verbraucher. Zugleich verschafft ein Abstellen auf §§ 13, 14 BGB rechtssichere Kriterien.

Allerdings gibt es auch außerhalb der Verbraucherbeteiligung Ungleichgewichtslagen,[88] in welchen der Schutz einer Partei erreicht werden muss.[89] In den vorangegangenen Kapiteln hat sich gezeigt, dass solche Ungleichgewichtslagen bspw. im Bereich des Handelsvertreterrechts[90] und des Sports[91] bestehen. Sowohl Handelsvertreter als auch Athleten (sofern sie im Rahmen ihrer selbstständigen beruflichen Tätigkeit an Wettkämpfen teilnehmen) sind Unternehmer i.S.d. § 14 BGB. Gerade der Handelsvertreterausgleich ist jedoch ein Paradeanwendungsfall des *ordre public*.

Ein Abstellen auf die §§ 13, 14 BGB als Abgrenzungskriterien erfasst infolgedessen nicht alle Fälle der *ordre public*-Widrigkeit. Die Kriterien sind für die Einordnung von Fällen gestörter Vertragsparität letztlich zu formal und erlauben keine flexible Handhabung des *ordre public*. Unbeachtet einer möglichen Notwendigkeit des Verbraucherschutzes[92] scheiden die §§ 13, 14 BGB als Abgrenzungskriterien aus.

2. *Anknüpfung an §§ 38, 40 ZPO*

Denkbar ist, in Anlehnung an die Parallelität von Gerichtsstands- und Schiedsvereinbarung, zur Bestimmung der zu schützenden beteiligten Personen eine Anknüpfung an §§ 38, 40 ZPO vorzunehmen.

Nach § 38 Abs. 1 ZPO können Kaufleute (bzw. juristische Personen des öffentlichen Rechts sowie öffentlich rechtliches Sondervermögen) untereinander

---

88 Zu den weiteren Ungleichgewichtslagen außerhalb der Verbraucherbeteiligung insbesondere unter 4. Der Arbeitnehmer unterfällt dem Verbraucherbegriff des § 13 BGB, vgl. statt aller: BAG, Urteil v. 25.5.2005 – 5 AZR 572/04, NJW 2005, 3305, 3308 [V 1 b) aa)]; BAG, Urteil v. 18.3.2008 – 9 AZR 186/07, NZA 2008, 1004, 1006 [A II 1 b) aa) Rn. 17]. Daher ist das Ungleichgewicht zwischen Arbeitnehmer und Arbeitgeber im Rahmen der Anknüpfung der §§ 13, 14 BGB erfasst.

89 *Niedermaier*, Schieds- und Schiedsverfahrensvereinbarungen in strukturellen Ungleichgewichtslagen, S. 350.

90 Kap. 5 B.

91 Kap. 5 C VI.

92 Dazu auch unter Kap. 7 B I 4 und VII 2 c) aa).

Gerichtsstandsvereinbarungen abschließen. Diese Möglichkeit beruht auf der Geschäftserfahrung der genannten Parteien. Sie sind in der Lage, die Risiken einer entsprechenden Vereinbarung abzuschätzen. Da beide Parteien für die Wirksamkeit der Gerichtsstandsvereinbarung Kaufleute sein müssen, sollen sie (formal) auf Augenhöhe stehen. Es sei nicht zu erwarten, dass eine Partei ihre Rechte unfreiwillig preisgebe und somit ein Fall einer gestörten Vertragsparität auftauchen könne.[93]

Eine weitgehend uneingeschränkte Wahlfreiheit in Bezug auf den Gerichtsstand wird auch Nichtkaufleuten gewährt, wenn mindestens eine Partei ihren allgemeinen Gerichtsstand im Ausland hat, vgl. § 38 Abs. 2 S. 1 ZPO. Hierdurch soll der Internationalität des Rechtsgeschäftes Rechnung getragen werden.[94] Allerdings wird diese scheinbar weitreichende Freiheit zum einen ihrerseits durch die Rechtsprechung eingeschränkt, wie bereits in den Abschnitten über den Handelsvertreterausgleich[95] und das Warentermingeschäft[96] ersichtlich wurde. Zum anderen grenzt auch § 38 Abs. 2 S. 3 ZPO diese Wahlfreiheit ein. Nach § 38 Abs. 2 S. 3 ZPO kann keine inländische, vom allgemeinen Gerichtsstand abweichende, Vereinbarung getroffen werden, sofern eine Partei ihren allgemeinen Gerichtsstand im Inland hat. Diese Regelung soll dem Schutz des inländischen Verbrauchers vor seinem ausländischen Vertragspartner dienen.[97]

Im Übrigen ist eine Gerichtsstandsvereinbarung unabhängig von dem Status der beteiligten Personen zulässig, sofern diese nach dem Entstehen der Streitigkeit abgeschlossen wird (§ 38 Abs. 3 Nr. 1 ZPO) oder die im Klageweg in Anspruch zu nehmende Partei nach Vertragsschluss ihren Wohnsitz ins Ausland verlegt (§ 38 Abs. 3 Nr. 2 ZPO). § 38 Abs. 3 ZPO stellt nicht auf die beteiligten Personen, sondern den Zeitpunkt des Abschlusses bzw. zusätzlich auf den fehlenden Binnenbezug ab. Mit dem Abschlusszeitpunkt und der fehlenden Binnenbeziehung soll sich jedoch erst im Laufe der weiteren Untersuchung intensiv auseinandergesetzt werden.[98]

Einschränkungen erfährt die Gerichtsstandswahl durch § 40 ZPO. Nach § 40 Abs. 2 Nr. 2 ZPO ist eine Gerichtsstandsvereinbarung ausgeschlossen, sofern ein ausschließlicher Gerichtsstand für die Klage begründet ist. Ausschließliche

---

93 Vgl. Stein/Jonas/*Bork*, § 38 Rn. 9.

94 BT-Drucks. 7/1384, S. 4.

95 Kap. 5 B IV.

96 Kap. 5 A I 3.

97 Musielak/Voit/*Heinricht*, § 38 Rn. 21.

98 Vgl. Kap. 7 B III und VIII.

Gerichtsstände in Bezug auf ein Ungleichgewicht der Parteien bestehen vornehmlich in Miet-, Kindschafts- und Versicherungssachen (z.B. § 29a ZPO).

Eine Anknüpfung an die §§ 38, 40 ZPO zur Bestimmung der zu schützenden Partei erweist sich in vielerlei Hinsicht als problematisch. Die §§ 38, 40 ZPO befinden sich außerhalb des 10. Buches der ZPO. Hätte der Gesetzgeber einen Rückgriff auf die §§ 38, 40 ZPO ermöglichen wollen, wäre es ihm ein Leichtes gewesen, innerhalb der Regeln über das Schiedsverfahren auf diese Bestimmungen zu verweisen. Die Vorschriften des 10. Buches der ZPO kennen vielmehr keine den §§ 38, 40 ZPO vergleichbaren Regelungen.

Darüber hinaus erweist sich die Grundstruktur des § 38 ZPO, der zunächst auf die Eigenschaft als Kaufmann abstellt, als problematisch. Diese Eigenschaft bestimmt sich nach den §§ 1 ff. HGB. Im internationalen Vergleich ergibt sich aber, dass nicht alle Rechtsordnungen einen Kaufmannsbegriff kennen.[99] Ein Abstellen auf § 38 ZPO läuft tendenziell auf eine nationale Sonderregelung hinaus. Zudem können Kaufleute ihr Handelsgewerbe in einem vollständig anderen Bereich haben als in demjenigen, aus welchem die schiedsgerichtlichen Streitigkeiten stammen (bspw. ein Autohändler der Warentermingeschäfte vornimmt). Hier ist der Kaufmann genauso geschäftsunerfahren wie ein Verbraucher.[100]

Zuvörderst hat sich gezeigt, dass die §§ 38, 40 ZPO in Bezug auf den Schutz einer schwächeren Partei unvollständig sind. Andernfalls wäre eine *ordre public*-Kontrolle in den dargestellten Fällen[101] überflüssig gewesen. So schützen die §§ 38, 40 ZPO nicht den Handelsvertreter, da er die Kaufmannseigenschaft erfüllt und für den Fall einer Einhaltung der Formvorschrift des § 38 Abs. 2 S. 2 ZPO auch nicht den deutschen Anleger, der Warentermingeschäfte mit einer ausländischen Brokerfirma abschließt.

Damit vermitteln die §§ 38, 40 ZPO keine ausreichenden Kriterien zur Ermittlung der zu schützenden Partei.

3. *Anknüpfung an § 138 BGB*

Zur Bestimmung der zu schützenden Personen könnte auf die subjektiven Tatbestandsvoraussetzungen des § 138 Abs. 2 BGB abgestellt werden.

§ 138 Abs. 2 BGB soll die in einer Schwächesituation der näher zu umschreibenden Art befindlichen Personen davor schützen, wirtschaftlich ausgebeutet zu werden. Die Ausbeutung der schwächeren Partei muss dabei in einer sittlich

99 *Sethe/Hellgardt*, in: Assmann/Schneider/Mülbert (Hrsg.), § 101 Rn. 6.
100 Vgl. *Samtleben*, IPRax 2011, 469, 475.
101 Vgl. Kap. 5 A I 3 und B IV.

anstößigen Weise vorgenommen werden, wodurch der Wucherer einen Vermögensvorteil erlangt, welcher in einem auffälligen Missverhältnis zur Gegenleistung der schwächeren Partei steht.[102] Insgesamt sind an die Voraussetzungen des § 138 Abs. 2 BGB hohe Anforderungen zu stellen.

Der subjektive Tatbestand des § 138 Abs. 2 BGB erfordert, dass eine Partei sich alternativ in einer Zwangslage befindet, unerfahren ist, einen Mangel an Urteilsvermögen oder eine erhebliche Willensschwäche aufweist. Diese Schwäche muss der Wucherer bewusst ausgenutzt haben.[103]

Eine Zwangslage soll bestehen, sofern sich die bewucherte Partei in einem „unmittelbar drohenden oder gegenwärtigen erheblichen Bedrängnis bestehende(n) Bedürfnis nach einer bestimmten Leistung" befinde.[104] Eine Zwangslage scheidet hingegen aus, wenn es der Partei möglich ist, sich die benötigte Leistung zu angemessenen Bedingungen unter zumutbarem Aufwand innerhalb eines funktionsfähigen Wettbewerbs zu verschaffen.[105] Dies ist in den vorliegenden Fällen i.d.R. gegeben. Eine Ausnahme besteht nur, sofern die andere Partei Monopolist des streitgegenständlichen Gutes ist. Dennoch ist die Schiedsvereinbarung mit einem Monopolisten nicht *per se* unwirksam.[106]

Wie bereits oben dargestellt,[107] befindet sich bspw. der Verbraucher in einer Lage der Unerfahrenheit. Allerdings erfasst der Begriff i.S.d. § 138 Abs. 2 BGB ausschließlich eine allgemeine Unerfahrenheit, wie sie bspw. bei Jugendlichen vorliegt. Nicht ausreichend ist es, wenn sich die Unerfahrenheit, wie beim Verbraucher, nur auf bestimmte Lebens- bzw. Wirtschaftsbereiche bezieht.[108]

Insgesamt stellt § 138 Abs. 2 BGB sehr hohe Anforderungen zur Ermittlung der unterlegenen Partei auf. So genügt die reine Überlegenheit der anderen Partei nicht.[109] Die Norm wird lediglich in Ausnahmefällen bspw. den Verbraucher oder Handelsvertreter in den vorliegenden Umgehungsfällen als die zu schützende Partei qualifizieren. Zugleich erscheint es denkbar, die Kriterien des § 138 Abs. 2 BGB zumindest in abgeschwächter Form in die nachfolgende Ermittlung einfließen zu lassen.

---

102 BeckOK-BGB/*Wendtland*, § 138 Rn. 40.

103 BeckOK-BGB/*Wendtland*, § 138 Rn. 50.

104 Palandt/*Ellenberger*, § 138 Rn. 70; BeckOK-BGB/*Wendtland*, § 138 Rn. 51.

105 BeckOK-BGB/*Wendtland*, § 138 Rn. 51.

106 Kap. 5 C VI 4 e).

107 Soeben unter 1.

108 BeckOK-BGB/*Wendtland*, § 138 Rn. 52.

109 Zur Wirkung von § 138 BGB auf Schiedsvereinbarungen, vgl. *Lachmann*, Handbuch der Schiedsgerichtsbarkeit, Rn. 545; Musielak/Voit/*Voit*, § 1029 Rn. 10.

4. *Strukturelle Unterlegenheit*

Ein effektives Instrument, die zu schützende Partei im Einzelfall zu ermitteln, könnte das Kriterium der strukturellen Unterlegenheit darstellen.

Der Begriff der strukturellen Unterlegenheit wurde in der Rechtsprechung erstmals vom BVerfG in einem Bürgschaftsfall im Rahmen der Generalklausel des § 138 Abs. 1 BGB herangezogen. Eine strukturelle Unterlegenheit liege vor, wenn eine Vertragspartei der anderen typischerweise unterlegen sei.[110] Die Lagen, aus denen sich eine Unterlegenheit ergeben könnte, sind mannigfaltig. So kommt eine Unterlegenheit aufgrund von sozialen, emotionalen, wirtschaftlichen, informationellen oder intellektuellen Defiziten in Betracht.[111]

a) Bestimmung der überlegenen Partei

Angesichts dieser Vielfältigkeit muss zunächst ein Mechanismus gefunden werden, mit dessen Hilfe die strukturell unterlegene Partei bestimmt werden kann.

Grundsätzlich ist eine Typisierung nach den jeweiligen Personengruppen, der Art des Vertrages oder den Umständen des Vertragsschlusses denkbar. Diese Ansätze könnten kombiniert betrachtet werden. Die letzten beiden Kriterien setzen an der Möglichkeit an, ob sich die Partei in einer Situation befindet, in welcher sie ihren Willen nicht frei bilden und gegenüber ihrem Vertragspartner nicht durchsetzen kann. Dagegen bildet die personelle Betrachtungsweise Personenfallgruppen, welche generell unterlegen sind.[112]

Der vorliegende Ansatz nimmt eine Kombination dieser beiden Typisierungen vor. In Betracht kommt eine Ermittlung der strukturellen Unterlegenheit anhand von wirtschaftlichen Kennzahlen. Geeignet erscheint des Weiteren das Kriterium der wirtschaftlichen Abhängigkeit. Anknüpfend an die personenbezogene Betrachtung lässt sich möglicherweise eine Indizwirkung für ein strukturelles Ungleichgewicht entwickeln.

aa) Maßstab der Fusionskontrolle

Die Herangehensweise zur Bestimmung der strukturell unterlegenen Partei, welche die Grundsätze von Rechtssicherheit und Bestimmtheit zu erfüllen vermag

---

110 BVerfG, Beschluss v. 19.10.1993 – 1 BvR 567/89 u.a., NJW 1994, 36, 38 [II 2 b)].

111 *Niedermaier*, Schieds- und Schiedsverfahrensvereinbarungen in strukturellen Ungleichgewichtslagen, S. 2.

112 *Niedermaier*, Schieds- und Schiedsverfahrensvereinbarungen in strukturellen Ungleichgewichtslagen, S. 63 ff.

sowie eine widerspruchsfreie internationale Anwendbarkeit ermöglicht, ist das Abstellen auf wirtschaftliche Kennzahlen.[113] Diese Methode soll hier am Beispiel der Fusionskontrolle nach dem GWB[114] auf ihre Tauglichkeit untersucht werden.

§ 35 GWB regelt die Umsatzschwellen, ab welchen die Zusammenschlusskontrolle eingreift und für den Zusammenschluss eine Freigabe durch das Bundeskartellamt (§ 40 Abs. 2 GWB) erforderlich ist. Die Vorschrift soll durch die Ausnahme von unerheblichen Zusammenschlussfällen die Kartellbehörden entlasten.[115] Nach § 35 Abs. 2 GWB findet die Zusammenschlusskontrolle nach Abs. 1 keine Anwendung, wenn u.a. ein Unternehmen bestimmte Umsatzschwellen nicht überschreitet. Diese sog. *de-minimis*-Klausel oder „Kleinstunternehmensklausel"[116] regelt, dass ein Unternehmen mit einem weltweiten Umsatzerlös von weniger als 10 Millionen Euro im letzten Geschäftsjahr seine Zusammenschlussvorhaben nicht anmelden muss. Ziel der *de-minimis*-Klausel ist es, die Sanierung mittelständischer Unternehmen zu fördern.[117]

Das Vorliegen von Ungleichgewichtslagen ist im Kartellrecht anerkannt. Kleinen und mittleren Unternehmen (im folgenden KMU[118]) soll im Wettbewerb

---

113 Diese Methode wendet bspw. *Mogendorf*, Der strukturell unterlegene Unternehmer, 2016, S. 377 an. Er schlägt vor, zur Definition der strukturell unterlegenen Partei einen Artikel 23a in die Brüssel Ia-VO einzuführen. Nach diesem läge eine strukturell unterlegene Partei vor, wenn „(1) Ein Unternehmer, der mindestens zwei der unter Buchstabe a) genannten Kriterien unterschreitet, ist einem Unternehmer, der mindestens zwei der unter Buchstabe b) genannten Kriterien überschreitet, strukturell unterlegen, sofern nicht der wirtschaftlich schwächere Unternehmer eine marktbeherrschende Stellung einnimmt. a) Bilanzsumme 4,84 Millionen Euro; Nettoumsatz: 9,68 Millionen Euro; durchschnittliche Beschäftigtenzahl im Verlauf des Wirtschaftsjahres: 50 b) Bilanzsumme: 19,25 Millionen Euro; Nettoumsatz; 38,5 Millionen Euro; durchschnittliche Beschäftigtenzahl im Verlauf des Wirtschaftsjahres: 250."

114 Die Umsatzschwellen der FKVO (Art. 1 FKVO) sollen insoweit ohne nähere Betrachtung bleiben. Sie regeln, ab welchen Umsatzschwellen die FKVO eingreift und der Fall gemeinschaftsweite Bedeutung hat, sodass eine Entscheidung der Kommission erforderlich ist, vgl. *Kling/Thomas*, Kartellrecht, § 8 Rn. 80.

115 *Rittner/Dreher/Kulka*, § 14 Rn. 1660.

116 Immenga/Mestmäcker/*Thomas*, § 35 GWB Rn. 86.

117 *Kling/Thomas*, Kartellrecht, § 22 Rn. 88.

118 Eine Bestimmung eines KMU anhand von wirtschaftlichen Kennzahlen enthält auch Art. 7 Abs. 2 GEK. Nach Art. 7 Abs. 2 GEK liegt ein KMU vor, wenn das Unternehmen (a) weniger als 250 Personen beschäftigt und (b) einen Jahresumsatz von höchstens 50 Mio. EUR oder eine Jahresbilanzsumme von höchstens 43 Mio. EUR erzielt, vgl.

die Möglichkeit eingeräumt werden, ihre Flexibilität auch gegen Großunternehmen durchsetzen zu können. KMU sind für das Funktionieren der Marktwirtschaft unerlässlich. Zugleich wird die Unterlegenheit der KMU in Bezug auf die Vorteile bei der Beschaffung mit zunehmender Unternehmensgröße, dem Vertrieb und der Produktion anerkannt.[119]

Trotz der Umsatzschwelle in § 35 Abs. 1 S. 1 GWB wird zur letztlichen Bestimmung eines KMU nicht nur auf diese absolute Zahl oder weitere absolute Größen, wie die Beschäftigtenzahl, abgestellt. Vielmehr ist eine Qualifikation von weiteren Umständen und der jeweiligen Marktstruktur abhängig. Ein KMU kann lediglich relativ bestimmt werden.[120] Die Eigenschaft als Kleinunternehmen bedeutet nicht automatisch einen Wettbewerbsnachteil. Vielmehr gibt es Kleinunternehmen, welche hoch spezialisierte Produkte anbieten und sich auch gegen Großunternehmen im Rahmen der Vertragsgestaltung durchsetzen können.

Objektiv wirtschaftliche Kennzahlen können jedoch einen Maßstab für eine geringe Wirtschaftskraft darstellen.[121] Diese wird deutlich, wenn man die Kenngröße für die schwächere Partei in Relation zu den Kennzahlen der überlegenen Partei setzt.[122] Eine geringere Wirtschaftskraft führt dazu, dass die schwächere Partei nicht über die notwendigen finanziellen Ressourcen verfügt, welche für effektive Vertragsverhandlungen und im Notfall für ein Absehen vom Vertragsschluss notwendig sind.[123]

Allerdings sind die dargestellten Kennzahlen letztlich zu grob und unflexibel, als dass sie alleine eine effektive Bestimmung der unterlegenen Partei eröffnen.[124] Dies gilt allen voran im Rahmen des Verbraucher- oder Arbeitsrechts. So kann ein Verbraucher mit einem Unternehmen kontrahieren, welches zwar seit Jahren

---

Vorschlag für eine Verordnung des Europäischen Parlaments und des Rates über ein Gemeinsames Europäisches Kaufrecht KOM(2011) 635 endgültig.

119 Merkblatt des Bundeskartellamtes über Kooperationsmöglichkeiten für kleinere und mittlere Unternehmen, März 2007, Rn. 11.

120 Merkblatt des Bundeskartellamtes über Kooperationsmöglichkeiten für kleinere und mittlere Unternehmen, März 2007, Rn. 12.

121 *Mogendorf*, Der strukturell unterlegene Unternehmer, S. 11 m.w.N.

122 *Thorn*, Symposium von Hoffmann, S. 135; *Mogendorf*, Der strukturell unterlegene Unternehmer, S. 11.

123 *Mogendorf*, Der strukturell unterlegene Unternehmer, 2016, S. 11. Vgl. auch *Niedermaier*, Schieds- und Schiedsverfahrensvereinbarungen in strukturellen Ungleichgewichtslagen, S. 69.

124 *Berger/Kleine*, BB 2007, 2137, 2139; *Rinaldo*, ERCL 2019, 227, 233 f.

Produkte verkauft, dabei aber nicht zwingend einen Millionenumsatz generiert. Trotzdem wird der Unternehmer in der Lage sein, die Vertragsbestimmungen einseitig zu diktieren. Für den Arbeitnehmer gilt eine ähnliche Betrachtung. Er kann in einem kleinen Betrieb bspw. mit zehn Mitarbeitern angestellt sein und ist ohne einen Millionenumsatz oder eine noch höhere Beschäftigtenzahl existentiell auf seine Anstellung angewiesen, sodass er sich gegenüber seinem Arbeitgeber in einer schwächeren Verhandlungsposition befindet.

Das reine Abstellen auf wirtschaftliche Kennzahlen ist dementsprechend nicht ausreichend, um die unterlegene Partei im Einzelfall effektiv ermitteln zu können.

bb) Wirtschaftliche Abhängigkeit

Eine strukturelle Unterlegenheit könnte sich aus einer wirtschaftlichen Abhängigkeit ergeben.

Paradebeispiel für die wirtschaftliche Abhängigkeit ist das Verhältnis des Arbeitnehmers gegenüber seinem Arbeitgeber.[125] Das Arbeitsentgelt bildet die Grundlage der wirtschaftlichen Existenz des Arbeitnehmers. Er ist von dessen Erhalt zum wirtschaftlichen Überleben abhängig.

Das Kriterium der wirtschaftlichen Abhängigkeit ist über den Arbeitnehmerbereich hinaus zentral für die Einordnung von arbeitnehmerähnlichen Personen. Diese sind im Gegensatz zum Arbeitnehmer nicht in die Betriebsorganisation eingebunden und können bspw. eigenständig über ihre Arbeitszeiten bestimmen. Eine Ähnlichkeit zum Arbeitnehmer ist insoweit gegeben, als auch eine arbeitnehmerähnliche Person in der wesentlichen Beschäftigung für zumindest einen Auftraggeber ihre Existenzgrundlage erwirtschaftet.[126] Wie aus den § 2 S. 2 BUrlG und § 5 Abs. 1 S. 2 ArbGG ersichtlich wird, ist die wirtschaftliche Abhängigkeit das zentrale Kriterium für die Qualifikation als arbeitnehmerähnliche Person. Entsprechend enthält die Legaldefinition in § 12a Abs. 1 Nr. 1 TVG, der über das Tarifrecht hinaus Anwendung finden soll,[127] das Merkmal der wirtschaftlichen Abhängigkeit. So ist nach § 12a Abs. 1 Nr. 1 TVG eine arbeitnehmerähnliche Person diejenige, welche „wirtschaftlich abhängig und vergleichbar einem Arbeitnehmer sozial schutzbedürftig“ ist.

---

125 Vgl. Münchener Handbuch zum Arbeitsrecht, Band 1/*Schneider*, § 21 Rn. 9; BG, Urteil v. 28.6.2010, BGE 136 III 467, 473 [4.5].

126 BAG, Beschluss v. 11.4.1997 – 5 AZB 33/96, NZA 1998, 499, ebenda [II 1]; NK-ArbR/*Schöne*, § 611 BGB Rn. 82.

127 NK-ArbR/*Schöne*, § 611 BGB Rn. 82.

Die Schaffung einer Existenzgrundlage i.S.d. wirtschaftlichen Abhängigkeit verlangt ein gewisses Dauerelement. So muss die arbeitnehmerähnliche Person aufgrund eines Vertrages, der auf eine gewisse Dauer angelegt ist, oder eines Rahmenvertrages mit entsprechenden Einzelaufträgen beschäftigt sein.[128] Sofern die wirtschaftliche Abhängigkeit besteht, begründet sie auch die soziale Schutzbedürftigkeit.[129]

Eine wirtschaftliche Abhängigkeit besteht, wie bereits ausgeführt wurde,[130] für den Handelsvertreter und den Vertragshändler.[131]

Vorstellbar erscheint sie auch hinsichtlich des Franchisenehmers.[132] In Anbetracht des Verbotes des Vertriebes von Konkurrenzprodukten ist er für die Weiterführung seines Geschäftes auf den Bestand des Franchisevertrages angewiesen. Der Franchisenehmer richtet sein Geschäft auf die Marke des Franchisegebers aus. Ihm ist ein Wechsel des Vertriebsproduktes i.d.R. nicht ohne erheblichen Aufwand und zusätzliche Investitionen möglich. Im Falle der willkürlichen Beendigung des Franchisevertrages verliert der Franchisenehmer seine bisherigen Investitionen, sofern sie sich noch nicht amortisiert haben.[133] Damit besteht auch für den Franchisenehmer eine wirtschaftliche Abhängigkeit.[134]

Hingegen ist der Verbraucher mit Ausnahme des Arbeitsvertrages nicht von einem Unternehmer wirtschaftlich abhängig. Er erhält von diesem nicht dauerhaft seine wirtschaftliche Existenzgrundlage. Dasselbe gilt für den Kapitalanleger. Zwar investiert dieser ggf. einen beträchtlichen Teil seines Vermögens und ist auf Gewinne angewiesen, er wirtschaftet aber nicht für einen Auftraggeber. Das Verhältnis gestaltet sich vielmehr umgekehrt. Der Unternehmer wirtschaftet (auch) für den Anleger. Infolgedessen besteht im Verhältnis Kapitalanleger und Unternehmer ebenfalls keine wirtschaftliche Abhängigkeit. Dass aber der Verbraucher sich in einer schwächeren Position befindet und geschützt werden muss, ist bereits oben deutlich geworden.[135]

---

128 BAG, Urteil v. 15.11.2005 – 9 AZR 626/04, NJOZ 2007, 5250, 5253 [I 1 a) bb) (1) Rn. 20]; Däubler/*Reinecke/Rachor*, § 12a TVG Rn. 45; *Willemsen/Müntefering*, NZA 2008, 193, 195.

129 Münchener Handbuch zum Arbeitsrecht, Band 1/*Schneider*, § 21 Rn. 9.

130 Kap. 5 B VI.

131 Vgl. statt aller: BGH, Urteil v. 14. 11. 1966 – VII ZR 112/64, NJW 1967, 248, 249 [III 2]; BGH, Urteil v. 6.2.1985 – I ZR 175/82, NJW 1985 3076, 3077 [II 2 b)].

132 Zur strukturellen Unterlegenheit des Franchisenehmers auch in Kap. 7 B VIII 3 a).

133 *Mogendorf*, Der strukturell unterlegene Unternehmer, S. 31.

134 So auch BAG, Beschluss v. 16.7.1997 – 5 AZB 29/96, NZA 1997, 1126, 1127 [II 5].

135 Kap. 7 B I 1.

cc) Indizwirkung

In Anlehnung an die personenbezogene Typisierung von strukturellen Ungleichgewichtslagen könnte die Beteiligung bestimmter Personen Indizwirkung für ein solches Ungleichgewicht entfalten. Insoweit kommen Verbraucher- und Arbeitnehmerbeteiligungen in Betracht.

(1) Verbraucherbeteiligung

Der Verbraucher ist, wie bereits oben dargelegt,[136] auf bestimmte Güter teilweise existenziell (bspw. Nahrungs- oder Verkehrsmittel) oder jedenfalls zur Erfüllung einer selbstverantwortlichen Lebensgestaltung (z.B. die Mobiltelefonverträge der *Mostaza-Claro*- und *Asturcom*-Entscheidungen[137]) angewiesen. Die Rechtsgeschäfte stellen für den Unternehmer als Vertragspartner Massengeschäfte dar. Dieser Umstand führt zum einen dazu, dass es ihm gleichgültig ist, mit welchem konkreten Verbraucher er kontrahiert. Der konkrete Verbraucher ist für ihn vielmehr austauschbar. Zum anderen hat die Eigenschaft als Massengeschäft zur Folge, dass der Unternehmer mit der Abwicklung dieser Geschäfte (und ggf. hieraus resultierender Rechtsstreitigkeiten) vertraut ist und die Risiken dieser Geschäfte besser absichern kann. Der Verbraucher wird die Geschäfte zwar oftmals mehrfach in seinem Leben abschließen, im Vergleich zum Unternehmer wird die Kontrahierungszahl doch deutlich verringert sein. Dieser Effekt wird verstärkt, wenn man sich vor Augen führt, dass der Verbraucher die Geschäfte nicht dauerhaft mit demselben Unternehmer vornehmen wird. Der Verbraucher mag in einem gewissen Maße mit dem konkreten Rechtsgeschäft vertraut sein, mit den Geschäftsbedingungen des jeweiligen Unternehmers ist er es zumeist nicht. Damit ist der Verbraucher im Vergleich zum Unternehmer geschäftlich unerfahren. Diese Unerfahrenheit erstreckt sich auch auf den gerichtlichen Bereich. Der Verbraucher wird in seinem Leben regelmäßig weniger Gerichtsverfahren über Verbrauchergeschäfte durchführen als der Unternehmer. Dies folgt allein schon aus der Anzahl der jeweils vorgenommenen Geschäfte. Er wird seine Vorstellungen gegenüber dem Unternehmer kaum durchsetzen können, sodass er sich in einer schwächeren Verhandlungsposition[138] und damit in einer strukturellen Ungleichgewichtslage

---

136 Kap. 7 B I 1.

137 Kap. 5 D II 2 a).

138 Vgl. EuGH, Urteil v. 26.10.2006, C-168/05 – *Mostaza Claro* [Rn. 25, 38]; EuGH, Urteil v. 19.1.1993 , C-89/91 – *Shearson Lehmann Hutton* [Rn. 18]; Schlussanträge GA *Tizzano* v. 27.4.2006, C-168/05 – *Mostaza Claro*, Rn. 26 f.; *Lenkaitis/Löwisch*, ZIP 2009,

befindet.[139]

Eine andere Betrachtung könnte jedoch vorzunehmen sein, wenn der Verbraucher seine typische Handlungssphäre verlässt. Im Hinblick auf die abgebauten Hemmnisse im Binnenmarkt und den zunehmenden Möglichkeiten des *e-commerce* nimmt die Bedeutung des Verbraucherhandelns außerhalb seiner gewöhnlichen Geschäftssphäre zu.[140]

Ein Beispiel für einen solchen Fall könnte das Warentermingeschäft bilden.[141] Warentermingeschäfte sind für Verbraucher nicht zur Deckung ihrer Alltagsbedürfnisse erforderlich. Sie nehmen diese Geschäfte, eher wie bei Unternehmern den Handelseintritt, freiwillig vor und sollen sich wissentlich ins Ausland begeben, um höhere Gewinne zu erzielen. Zugleich würden die Geschäfte einen spekulativen Charakter aufweisen und näherten sich dem Glücksspiel an.[142] Aus der Atypizität dieser Geschäfte für Verbraucher folgt, dass diese mit den Warentermingeschäften noch weniger vertraut sind als mit verbrauchertypischen Rechtsgeschäften. Ihr Maß an Unerfahrenheit ist hier vielmehr ungleich höher.[143] Der Anleger befindet sich in einem für ihn finanziell sensiblen Bereich. Er kann im Falle einer ungünstigen Kursentwicklung einen erheblichen Teil seines Vermögens verlieren und zu finanziell schädlichen Folgegeschäften gezwungen sein. Zugleich besteht ein nicht unerheblicher Anreiz für den Anleger wegen der Aussicht erheblicher Gewinne solche Geschäfte abzuschließen. Dass hier ein Fall struktureller Unterlegenheit vorliegt, zeigte sich zuletzt an den erheblichen Missbrauchsmöglichkeiten der Brokerfirmen.[144] Folglich bestand ein Bedürfnis nach dem Schutz des Anlegers in seiner Stellung als Verbraucher.[145]

Alles in allem greift eine Indizwirkung für ein strukturelles Ungleichgewicht ein, wenn ein Verbraucher am Rechtsgeschäft beteiligt ist. Diese Indizwirkung wird bei atypischen Verbrauchergeschäften nur selten widerlegt sein. Angesichts

---

441, 443; Wolf/Lindacher/Pfeiffer/*Pfeiffer*, Einl. Rn. 3; Palandt/*Grüneberg*, Überbl. v. § 305 Rn. 9; *Wegen*, FS Prütting, S. 921.

139 Vgl. EuGH, Urteil v. 26.10.2006, C-168/05 – *Mostaza Claro* [Rn. 25] m.w.N.; BGH, Urteil v. 13.12.2005 – XI ZR 82/05, NJW 2006, 762, 764 [II 1 b) bb) (4) Rn. 27]; *Mogendorf*, Der strukturell unterlegene Unternehmer, S. 7.

140 Vgl. EU-Kommission, Report on cross-border e-commerce in the EU, SEC (2009), 283 final.

141 Siehe auch ausführlich Kap. 5 A.

142 *Samtleben*, ZEuP 1999, 974, 981; *Berger*, ZBB 2003, 77, 78; *Thorn*, IPRax 1997, 98, 106.

143 Vgl. *Gundlach*, FS Schimansky, S. 622.

144 Vgl. *Berger*, ZBB 2003, 77, 78.

145 Vgl. Kap. 5 A VI.

der Atypizität wird die Unerfahrenheit und damit einhergehend die Schutzbedürftigkeit des Verbrauchers eher in einem stärkeren Maß bestehen. Eine Widerlegung ist fast ausschließlich in Bereichen denkbar, in denen kein staatliches Schutzbedürfnis besteht, bspw. weil es sich um kriminelle Geschäfte handelt. Zudem greift die Indizwirkung nicht in Fällen reiner Verbraucherbeteiligung ein. Die Beteiligten sind einheitlich in einer schwächeren Position, sodass zwischen ihnen Vertragsparität besteht. Damit ist in reinen Verbraucherfällen kein strukturelles Ungleichgewicht anzunehmen.

(2) Arbeitsverhältnisse

Eine Indizwirkung der strukturellen Unterlegenheit könnte auch in Bezug auf den Arbeitnehmer bestehen.

Wie oben bereits ausgeführt,[146] ist der Arbeitnehmer auf seinen Arbeitsplatz existenziell angewiesen. Er befindet sich im Verhältnis zu seinem Arbeitgeber in einer wirtschaftlichen Abhängigkeit.[147]

Hiergegen steht das Arbeitgeberinteresse. Er will, dass ein hinreichend qualifizierter Arbeitnehmer die ihm aufgetragene Arbeit erfüllt. Der Arbeitgeber wird in aller Regel an seiner konkreten Person kein Interesse haben. Der Arbeitnehmer ist für ihn austauschbar.[148]

Darüber hinaus wird ein Arbeitnehmer in seinem Leben im Vergleich zum Arbeitgeber eine deutlich geringere Anzahl von Arbeitsverträgen abschließen. Er ist somit auch geschäftlich unerfahren.

Aufgrund dieser Umstände hat der Arbeitgeber eine erhöhte Verhandlungsmacht und kann die Vertragsbedingungen ohne große Beeinflussung seitens des Arbeitnehmers durchsetzen. Es liegt eine schwächere Position des Arbeitnehmers vor,[149] welche zu einer gestörten Vertragsparität führt.[150] Infolgedessen ist er seinem Arbeitgeber gegenüber strukturell

---

146 Soeben unter bb).

147 Nach Münchener Handbuch zum Arbeitsrecht, Band 1/*Schneider*, § 21 Rn. 9 ergebe sich die soziale Schutzbedürftigkeit des Arbeitnehmers unabhängig von dessen wirtschaftlicher Abhängigkeit.

148 Ähnlich Clemenz/Kreft/Krause/*Krause*, Einführung Rn. 14, 60.

149 Vgl. LAG Hessen, Urteil v. 14.8.2000 – 10 Sa 982/99, NJOZ 2001, 45, 51; *Mogendorf*, Der strukturell unterlegene Unternehmer, S. 7.

150 Statt aller: BAG, Urteil v. 30.10.1969 – 3 AZR 119/69 [2 b) Rn. 18]; BAG, Urteil v. 21.11.2001 – 5 AZR 158/00, NZA 2002, 551, 552 [I 2 b)]; Clemenz/Kreft/Krause/*Krause*, Einführung Rn. 14.

unterlegen.[151]

Diese Indizwirkung könnte widerlegt sein, wenn es sich bei dem Arbeitnehmer um einen Manager oder leitenden Angestellten handelt. Hier soll, wenn überhaupt, lediglich ein geringes Machtgefälle bestehen.[152] Durch die höhere Position des leitenden Angestellten im „Machtgefüge" verfüge er über mehr Verhandlungsmacht. Zudem weise er regelmäßig mehr Geschäftserfahrung als der „einfache" Angestellte auf.[153] An dem Gesetz zeigt sich, dass es zwar Sonderregelungen für leitende Angestellte gibt, diese gelten aber nicht als generell nicht oder nur kaum schutzbedürftig. Dennoch beruht bspw. die Sonderregelung des § 14 Abs. 2 S. 1 KSchG für leitende Angestellte auf dem Gedanken eines besonderen Vertrauensverhältnisses zu dem leitenden Angestellten[154] und dem Arbeitgeber und nicht auf einer Schutzbedürftigkeit des leitenden Angestellten. Dennoch ist der leitende Angestellte bis zu einem gewissen Maße auf die Anstellung existenziell angewiesen und für den Arbeitgeber austauschbar. Daher kann nicht davon ausgegangen werden, dass die Indizwirkung einer strukturellen Unterlegenheit für leitende Angestellte ausgeschlossen ist.

dd) Strukturelles Ungleichgewicht im Einzelfall

Wie deutlich wurde, genügen die aufgeführten Kriterien jeweils für sich nicht, um eine effektive Erfassung der Fälle strukturellen Ungleichgewichts zu ermöglichen. Die oben genannten Merkmale können trotzdem zur Bestimmung der strukturell unterlegenen Partei im Einzelfall herangezogen werden.

(1) Wirtschaftliche Kennzahlen

Ungleichgewichtslagen resultieren häufig aus divergierenden finanziellen Kapazitäten. Kleinunternehmer (sowie Verbraucher und Arbeitnehmer) verfügen über eine geringere Wirtschaftskraft mit der Folge, dass sie die schwächere Partei darstellen.[155]

Diese geringe Wirtschaftskraft kann sich in den wirtschaftlichen Kennzahlen widerspiegeln.[156] Hierfür sind die Kennzahlen des Umsatzes, der Bilanz und

151 Statt aller: BVerfG, Urteil v. 4.7.1995 – 1 BvF 2/86 [Rn. 65, 109]; *Mogendorf*, Der strukturell unterlegene Unternehmer, S. 7 m.w.N.

152 *Mankowski*, RIW 2018, 1, 13.

153 *Mankowski*, RIW 2018, 1, 13.

154 MünchKomm-BGB/*Hergenröder*, § 14 KSchG Rn. 2.

155 Vgl. *Schwarz*, ZVglRWiss 101 (2002), 45, 56 ff.; *Freitag/Leible*, RIW 2001, 287, 291 f.

156 Kap. 7 B I 4 a) aa).

der Arbeitnehmeranzahl geeignet. Eine Relation der wirtschaftlichen Kennzahlen der einzelnen Beteiligten vermag ein Gefälle der Wirtschaftskraft zwischen ihnen abzubilden.[157] Somit ist die geringe Wirtschaftskraft einer Partei, ermittelt anhand der wirtschaftlichen Kennzahlen,[158] ein Hinweis auf eine strukturell unterlegene Stellung.

(2) Informationsasymmetrien

Eines der zentralen Merkmale für eine strukturelle Unterlegenheit stellt das Vorliegen von Informationsasymmetrien dar. Diese können sich sowohl aus einer fehlenden Geschäftserfahrung als auch aus einer nicht vorhandenen (Schieds-) Gerichtsverfahrenserfahrung[159] ergeben.[160]

(a) Fehlende Geschäftserfahrung

Die Geschäftserfahrung ist zentraler Umstand für die Zulässigkeit der Wahl des Gerichtsstandes nach § 38 Abs. 1 ZPO.[161] Sie kann über den Ausschluss der Derogationsmöglichkeit hinaus ein strukturelles Ungleichgewicht begründen.[162]

Geschäftserfahrung resultiert neben entsprechenden Vorbildungsmöglichkeiten (bspw. Studium und Lehre) aus dem Abschluss einer Vielzahl sich wiederholender oder zumindest ähnlicher Geschäfte. Die sich hieraus ergebenden Erfahrungswerte führen zum einen dazu, dass der Unternehmer ihn benachteiligende Klauseln erkennt und sich gegen die hieraus resultierenden Nachteile absichern kann,[163] und zum anderen dazu, dass er weiß, welche Verhandlungspunkte er durchsetzen muss, um für ihn wirtschaftlich günstige Ergebnisse zu erlangen.

---

157 Vgl. *Mogendorf*, Der strukturell unterlegene Unternehmer, S. 11.

158 *Thorn*, Symposium von Hoffmann, S. 135 f. stellt zur Ermittlung der strukturell unterlegenen Partei neben Informationsasymmetrien auf das Kriterium der Marktmacht ab. Eine Marktmacht sei gegeben, wenn die vermeintlich überlegene Partei nicht austauschbar sei und damit einhergehend über eine größere Verhandlungsmacht verfüge.

159 Der Begriff der Geschäfts- bzw. Gerichtserfahrung erfasst hier im Gegensatz zu § 138 Abs. 2 BGB nicht nur die allgemeine Geschäftsunerfahrenheit, sondern die Erfahrung mit dem konkreten Rechtsgeschäft.

160 Allerdings werden die fehlende Geschäfts- und (Schieds-)Gerichtserfahrung häufig zusammentreffen, so bspw. im Verbraucherbereich.

161 Kap. 7 B I 2.

162 So auch *Schwarz*, ZVglRWiss 101 (2002), 45, 56 ff.; *Freitag/Leible*, RIW 2001, 287, 291 f.; *Gundlach*, FS Schimansky, S. 622. Ähnlich *von Hoffmann*, RabelsZ 38 (1974), 396, 398.

163 *Berger*, ZIP 2006, 2149, 2151.

Fehlende Geschäftserfahrung hat umgekehrt zur Folge, dass die Risiken und Folgen eingegangener Vertragsklauseln (inkl. der Rechtswahl) nicht zutreffend bewertet[164] und entsprechende Absicherungsmaßnahmen getroffen werden bzw. ein Absehen vom Vertragsschluss erfolgt.

Dies wurde bspw. an den Fällen zum Warentermingeschäft deutlich.[165] Die §§ 37 ff. WpHG a.F. bzw. § 53 BörsG a.F., welchen ein Informationsmodell zugrunde lag, konnten den Anleger nicht ausreichend schützen, wenn die notwendige Information unterblieb. Dic Information war erforderlich, da der Anleger andernfalls kaum die Möglichkeit hatte, sich über die vertragstypischen Risiken (jedenfalls ohne erheblichen finanziellen und praktischen Aufwand) zu unterrichten.[166]

Darüber hinaus ist die geschäftsunerfahrene Partei nicht in der Lage, die jeweiligen Angebote, mit Ausnahme des Preises, ohne zusätzliche Beratung zu prüfen und damit sinnvoll zu vergleichen.[167]

Geschäftsunerfahrenheit kann sich aber auch auf Unternehmer erstrecken. Hier tritt die Geschäftsunerfahrenheit nicht nur auf, wenn es sich für den Unternehmer um ein atypisches Geschäft handelt,[168] sondern auch wenn durch den konkreten Vertragsschluss die geschäftliche Tätigkeit erst aufgenommen werden soll. Zu denken ist hier an den Franchisevertrag.[169] Der Franchisenehmer kann bisher noch keinerlei Unternehmergeschäfte vorgenommen haben. Mit dem Abschluss des Franchisevertrages tritt er in die Unternehmersphäre ein.[170] Ihm fehlt bis dahin regelmäßig, jedenfalls in Bezug auf das konkrete Franchisemodell, jede Erfahrung.

Folglich begründet die fehlende Geschäftserfahrung einer Partei eine Informationsasymmetrie, die zu einer strukturellen Unterlegenheit führen kann.

(b) Fehlende (Schieds-) Gerichtsverfahrenserfahrung

Über die fehlenden Erfahrungswerte mit dem konkreten Rechtsgeschäft hinaus, begründet eine fehlende (Schieds-) Gerichtserfahrung einer Partei ein Informationsdefizit.

---

164 *Von Hoffmann*, RabelsZ 38 (1974), 396, 398.
165 Kap. 5 A.
166 *Gundlach*, FS Schimansky, S. 622.
167 Vgl. *Thorn*, Symposium von Hoffmann, S. 136.
168 Vgl. hierzu *Samtleben*, IPRax 2011, 469, 475.
169 *Mogendorf*, Der strukturell unterlegene Unternehmer, S. 12.
170 Vgl. hierzu auch die Subway-Fälle in Kap. 7 B VIII 3 a).

In Bezug auf die Gerichtserfahrenheit kann zwischen „repeat players" und „one-shotters" differenziert werden.[171] „Repeat players" führen vergleichsweise häufig Gerichtsverfahren, es kommt für sie regelmäßig nicht auf den konkreten Ausgang eines Prozesses an. Vielmehr verfolgen sie langfristige Ziele.[172]

Den „one-shotters", die nur selten vor Gericht auftreten, ist an dem für sie günstigen Ausgang ihres konkreten Verfahrens im erheblichen Maße gelegen. In Anbetracht der Seltenheit, mit der sie vor Gericht auftreten, ist ihre Erfahrung mit dem gerichtlichen Verfahren dementsprechend gering. Des Weiteren resultiert die Streitigkeit häufig aus einer für den „one-shotter" „unüblichen Transaktion",[173] sodass ihm auch in Bezug auf den Streitgegenstand die entsprechende Erfahrung fehlt. Der „one-shotter" muss, um sein Informationsdefizit auszugleichen, Rechtsrat einholen. Angesichts der Kosten wird er hiervon jedoch häufig absehen. Die „repeat players" verfügen dagegen wegen der Häufigkeit an Gerichtsverfahren über mehr Erfahrung und können sich mit den entsprechenden Fazilitäten bspw. ausländischen Anwälten versorgen.[174] Zudem ist die emotionale Belastung im konkreten Prozess für sie geringer.[175]

Das Gesagte gilt ebenfalls, wenn nicht sogar verstärkt, für den Bereich der Schiedsgerichtsbarkeit. Zwar ist die Schiedsgerichtsbarkeit inzwischen als Alternative zur staatlichen Gerichtsbarkeit anerkannt, jedoch wird die Mehrzahl der Fälle immer noch vor den staatlichen Gerichten ausgetragen.[176] Es kann folglich unterstellt werden, dass die Anzahl an Personen, welche noch keine oder kaum Erfahrung mit einem Schiedsgerichtsverfahren gemacht haben, im Vergleich zum staatlichen Gerichtsverfahren ungleich höher ist.

Zugleich wird die Anzahl der „one-shotter" im Bereich der Schiedsgerichtsbarkeit geringer ausfallen. Parteien, welche die Schiedsgerichtsbarkeit wählen, haben regelmäßig mit dieser Erfahrung. Andernfalls würde sich der Aufwand, sich auf die Spezifika des schiedsgerichtlichen Verfahrens einzustellen, kaum lohnen. Zudem sind die Vorteile der Schiedsgerichtsbarkeit besonders für

---

171 Geprägt wurden diese Begriffe von *Galanter*, Law & Society Rev. Vol. 9 No. 1 (1974/75), 95, 95 ff.

172 *Cappelletti*, RabelsZ 40 (1976), 669, 679 f. m.w.N.

173 *Cappelletti*, RabelsZ 40 (1976), 669, 679 f. m.w.N.

174 *Cappelletti*, RabelsZ 40 (1976), 669, 679 f. m.w.N.

175 *Niedermaier*, Schieds- und Schiedsverfahrensvereinbarungen in strukturellen Ungleichgewichtslagen, S. 72.

176 Vgl. *Bartels*, Einleitungsreferat, Referate im Rahmen der gemeinsamen Veranstaltung des Hamburg Arbitration Circle und des Max-Planck-Instituts am 04.02.2015 in Hamburg, S. 7.

diejenigen Parteien lohnenswert, welche vornehmlich dem Bereich der „repeat players" zugerechnet werden (d.h. zumindest mittelständische und multinationale Unternehmen).

Wird (ausnahmsweise) eine Schiedsvereinbarung mit einem „one-shotter" geschlossen, kann davon ausgegangen werden, dass seine Erfahrung im Vergleich zum „repeat player" deutlich geringer ist. Somit begründet auch die fehlende (Schieds-) Gerichtserfahrenheit einer Partei eine Informationsasymmetrie.

(3) Wirtschaftliche Abhängigkeit

Wie sich gezeigt hat,[177] ist die wirtschaftliche Abhängigkeit ein starkes Kriterium für eine Ungleichgewichtslage. Dies beruht auf der existenziellen Angewiesenheit auf den Vertrag(sschluss) und damit den Beginn der Geschäftsbeziehungen. Mit dem Beginn der Geschäftsbeziehungen soll die Tätigkeit, die der Finanzierung des Lebensunterhaltes dient, aufgenommen werden.

Eine ähnliche wirtschaftliche Abhängigkeit wird im Fall *Pechstein* ersichtlich.[178] In ihrem Fall waren die Wettkampfteilnahme und die damit zusammenhängenden Sponsoringverträge zu diesem Zeitpunkt für die Klägerin die einzige Möglichkeit, in Ausübung ihres Berufes Geld zu verdienen.[179]

(4) Wirtschaftliche Schwäche

Eine wirtschaftliche Schwäche kann, wie im Rahmen der Untersuchung der Indizwirkung einer strukturellen Unterlegenheit bei Verbraucherbeteiligung aufgezeigt wurde,[180] wegen der Angewiesenheit auf bestimmte Güter[181] oder wie beim Arbeitnehmer hinsichtlich seines Arbeitsplatzes bestehen.[182] Das Merkmal der wirtschaftlichen Schwäche erkennt auch § 138 BGB an, wenn er eine Zwangslage fordert.[183] Allerdings wird dieses Kriterium hier in einer abgeschwächten Form angewandt. So muss eine Partei auf das vertragliche Gut in der Weise angewiesen sein, dass der Abschluss des Geschäftes zur Führung einer selbstverantwortlichen Lebensgestaltung (vgl. Art. 2 Abs. 1 GG) erforderlich ist.

---

177 Kap. 7 B I 4 a) bb).
178 Kap. 5 C VI.
179 LG München I, 26.02.2014 – 37 O 28331, SchiedsVZ 2014, 100, 111 [IV 2 g) bb) (3)].
180 Kap. 7 B I 4 a) cc) (1).
181 *Von Hoffmann*, RabelsZ 38 (1974), 396, 398.
182 Kap. 7 B I 4 a) cc) (2).
183 Kap. 7 B I 3.

(5) Fehlende Freiwilligkeit

Aus § 1025 Abs. 2 ZPO a.F. könnte zu folgern sein, dass die fehlende Freiwilligkeit beim Abschluss der Schiedsvereinbarung ein Indiz für eine strukturelle Unterlegenheit ist. Nach § 1025 Abs. 2 ZPO a.F. war die Schiedsvereinbarung unwirksam, „wenn eine Partei ihre wirtschaftliche oder soziale Überlegenheit dazu ausgenutzt hat, den anderen Teil zu seinem Abschluß oder zur Annahme von Bestimmungen zu nötigen, die ihr im Verfahren (…) ein Übergewicht über den anderen Teil einräumen." Hinter § 1025 Abs. 2 ZPO a.F. stand der Gedanke, dass durch die Auswirkung von einseitig belastendem, wirtschaftlichem Druck beim Abschluss der Schiedsvereinbarung kein vertragliches Mindestmaß an Freiwilligkeit mehr vorliegt.

Der Gedanke des § 1025 Abs. 2 ZPO a.F. soll einigen Stimmen zufolge auch nach dessen Aufhebung noch dem *ordre public* zugerechnet werden.[184] Freilich hat der Gesetzgeber diese Regelung im Wege des Schiedsverfahrensneuregelungsgesetzes bewusst gestrichen;[185] zumal Verträge, an welchen eine wirtschaftlich oder sozial überlegene Partei beteiligt ist, sehr häufig vorliegen.[186] Ferner droht im Fall einer entsprechenden Zurechnung eine uferlose Ausweitung des *ordre public*, welche vom Gesetzgeber nicht gewollt schien. Deshalb kann § 1025 Abs. 2 ZPO a.F. nicht zum *ordre public* gerechnet werden.

Ein Fall des § 1025 Abs. 2 ZPO a.F. setzte voraus, dass die unterlegene Partei die Schiedsvereinbarung in ihrer begründeten Befürchtung abgeschlossen hatte, andernfalls schwere wirtschaftliche oder andersartige Nachteile zu erleiden.[187] Im Rechtsverkehr (insbesondere im AGB-Recht) tritt fehlende Freiwilligkeit häufig auf. Sie kann nicht stets den Fall eines strukturellen Ungleichgewichts begründen. Andernfalls droht eine Überdehnung dieser Fallgruppe, was mit dem Erfordernis an Bestimmtheit und den Folgen, die sich aus einer strukturellen Ungleichgewichtslage ergeben können,[188] nicht vereinbar ist.

(6) Austauschbarkeit

Zuletzt könnte das Merkmal der Austauschbarkeit ein Charakteristikum für eine strukturelle Unterlegenheit bilden.

---

184 Für die Zurechnung des § 1025 Abs. 2 ZPO a.F. zum *ordre public* vor dessen Aufhebung: OLG Hamburg, Urteil v. 17.2.1989 – 1 U 86/87, RIW 1989, 574, 576.

185 *Mogendorf*, Der strukturell unterlegene Unternehmer, S. 282.

186 BT-Drucks. 13/5274, S. 34.

187 OLG Düsseldorf, Urteil v. 23.5.1996 – 6 U 114/95, NJW-RR 1997, 372, 374.

188 Hierzu sogleich unter 5.

Wie bereits aufgeführt, tritt Austauschbarkeit hinsichtlich des Verbrauchers und des Arbeitnehmers auf.[189] Sie kann auch im Bereich von Vertriebsverträgen bestehen.[190] Der Vertragspartner vermag hier seine Vertriebsorganisation beliebig umzustrukturieren und den Vertrieb einer anderen Person übertragen oder in Zukunft selbst vornehmen.[191] Ihm ist, wie im Verbraucher- und Arbeitsrecht, nicht an der konkreten Person gelegen. Es kommt dem Vertragspartner darauf an, dass möglichst viele seiner Produkte vertrieben werden. Die Austauschbarkeit hat zur Folge, dass der Unternehmer diese als Druckmittel in seine Verhandlungen einbeziehen könnte.[192] Zudem wird die schwächere Partei in Anbetracht der Sorge, dass der Vertrag mit ihr beendet wird, in einem geringeren Maße versuchen ihre vertraglichen Vorstellungen durchzusetzen.

Eine umgekehrte Austauschbarkeit, d.h. eine Austauschbarkeit der vermeintlich stärkeren Partei, schließt dagegen regelmäßig eine strukturelle Unterlegenheit aus.[193] Entsprechend zu den soeben dargestellten Ausführungen kann hier eher die vermeintlich schwächere Partei ihre Vorstellungen durchsetzen. Die Gefahr, dass sie dem wirtschaftlichen Druck nicht standhalten kann, besteht nicht in derselben Weise. Ein Beispiel für eine umgekehrte Austauschbarkeit ist der Zulieferer hochspezialisierter Produkte für größere Unternehmen.[194]

Folglich ist die Austauschbarkeit der vermeintlich schwächeren Partei als ein starkes Merkmal für eine strukturelle Unterlegenheit zu bewerten.

b) Würdigung

Einzig die Einzelbetrachtung ist geeignet, die bereits aufgezeigten Fallgruppen zu erfassen. Eine Partei ist nach den dargestellten Kriterien strukturell unterlegen, wenn sie kumulativ Informationsdefizite (in Form einer fehlenden Geschäfts- und oder [Schieds-]Gerichtserfahrung)[195] aufweist, sich in einer wirtschaftlich schwächeren Position[196] befindet und für ihren Geschäftspartner

---

189 Kap. 7 B I 4 a) cc).

190 Vgl. Kap. 5 B VI.

191 Vgl. *von Hoffmann*, RabelsZ 38 (1974), 396, 403; *Mogendorf*, Der strukturell unterlegene Unternehmer, S. 13.

192 Für einen wirtschaftlichen Druck auch *Mogendorf*, Der strukturell unterlegene Unternehmer, S. 12 ff.

193 Voraussetzung für diese „umgekehrte Austauschbarkeit" ist i.d.R. ein funktionierender Markt.

194 *Mogendorf*, Der strukturell unterlegene Unternehmer, S. 12 ff.

195 Kap. 7 B I 4 a) dd) (2).

196 Kap. 7 B I 4 a) dd) (4).

austauschbar[197] ist.[198] Die schwächere Position kann sich allen voran aus einem wirtschaftlichen Abhängigkeitsverhältnis[199] oder einem Vergleich der wirtschaftlichen Kennzahlen ergeben.[200] Eine Indizwirkung für eine strukturelle Unterlegenheit besteht im Rahmen von *B2C-Vereinbarungen*[201] und Arbeitsverhältnissen.[202] In allen anderen Fällen kommt eine strukturelle Unterlegenheit im Einzelfall in Betracht, sofern die soeben genannten Merkmale erfüllt sind.

Es sind insoweit jedenfalls strukturell unterlegen: der Handelsvertreter, der Vertragshändler, der Franchisenehmer und Athleten, sofern sie auf die Teilnahme an Wettkämpfen angewiesen sind, um in Ausübung ihrer Sportart Geld zu verdienen. Die Aufzählung der genannten Personengruppen ist nicht enumerativ und, wie der *ordre public*, entwicklungsoffen zu handhaben, um einen effektiven Schutz bieten zu können.[203]

Zwar setzt eine vertragliche Vereinbarung stets die Akzeptanz von Vertragsbedingungen, welche dem Willen der anderen Partei entstammen, und die Aufgabe von eigenen Rechtspositionen voraus, im Fall der strukturellen Unterlegenheit einer Partei ist es ihr jedoch kaum oder gar nicht möglich, ihre eigenen Interessen vertraglich durchzusetzen. Der Austauschprozess verschiebt sich völlig zugunsten einer Partei. Dies hat zur Folge, dass der Parteiautonomie das immanente Selbstregulierungsinstrument fehlschlägt.[204] Die überlegene Partei kann ihre Interessen der anderen Partei aufdiktieren und ihre Kosten auf sie abwälzen. Dadurch wird die Parteiautonomie für die unterlegene Partei zur Fremdbestimmung[205] bzw. zu „(e)ine(r) furchtbare(n) Waffe in der Hand des Starken, ein stumpfes Werkzeug in der Hand des Schwachen, (…) zum Mittel der Unterdrückung des Einen durch den Anderen, der schonungslosen Ausbeutung geistiger und wirtschaftlicher Uebermacht.“[206] Der Vertrag entspricht

197 Kap. 7 B I 4 a) dd) (6).
198 *Mogendorf*, Der strukturell unterlegene Unternehmer, S. 16.
199 Kap. 7 B I 4 a) bb).
200 Kap. 7 B I 4 a) aa).
201 Kap. 7 B I 4 cc) (1).
202 Kap. 7 B I 4 cc) (2).
203 *Mogendorf*, Der strukturell unterlegene Unternehmer, S. 6 f.
204 *Niedermaier*, Schieds- und Schiedsverfahrensvereinbarungen in strukturellen Ungleichgewichtslagen, S. 46.
205 *Niedermaier*, Schieds- und Schiedsverfahrensvereinbarungen in strukturellen Ungleichgewichtslagen, S. 46; *Mogendorf*, Der strukturell unterlegene Unternehmer, S. 20.
206 *Von Gierke*, Die soziale Aufgabe des Privatrechts, S. 28 f.

lediglich formal dem Willen beider Parteien. Materiell ist er dagegen nur noch mit dem Willen der überlegenen Partei identisch.[207] In diesem Falle ist der Staat in der Pflicht, angemessene Schutzmaßnahmen zu treffen.[208]

5. *Zwischenergebnis*

Es stellt sich die Frage, ob der erforderliche Schutz verlangt, dass im Falle des Abschlusses einer Schiedsvereinbarung in strukturellen Ungleichgewichtslagen die Schiedsvereinbarung stets *ordre public*-widrig ist.[209]

Eine solche Lösung ist unter einer zu vermeidenden Überdehnung des *ordre public*-Begriffs problematisch. Wie sich gezeigt hat,[210] kommen strukturelle Ungleichgewichtslagen in einer Vielzahl von Fällen in Betracht. Der Anwendungsbereich des *ordre public* würde erheblich ausgeweitet werden. Dies steht jedoch im Widerspruch zu seiner Natur als Korrekturinstrument in Ausnahmefällen.

Zudem wäre einer überlegenen Partei bei einer solchen Lösung der Abschluss einer Schiedsvereinbarung faktisch unmöglich. Aus § 1025 Abs. 2 ZPO a.F. ergab sich jedoch bereits, dass das Vorliegen eines wirtschaftlichen oder sozialen Übergewichtes für die Unwirksamkeit der Schiedsvereinbarung nicht ausreichend war. Vielmehr musste eine Nötigung hinzukommen. Diese ist aber in Anbetracht ihrer hohen Anforderungen nicht in allen Ungleichgewichtslagen gegeben. Ferner wurde § 1025 Abs. 2 ZPO a.F. bewusst abgeschafft.[211] Damit könnte eine Ablehnung der Unwirksamkeit von Schiedsvereinbarungen in strukturellen Ungleichgewichtslagen impliziert worden sein.

Darüber hinaus hat sich ergeben, dass die Schiedsvereinbarung nicht schon bei Beteiligung eines Marktbeherrschers unwirksam ist.[212] Die überlegene Partei wird aber regelmäßig noch nicht einmal ein Marktbeherrscher sein. Sofern eine

---

207 *Mogendorf*, Der strukturell unterlegene Unternehmer, S. 20; *Rinaldo*, ERCL 2019, 227, 234.

208 BVerfG, Beschluss v. 7.2.1990 – 1 BvR 26/84, NJW 1990, 1496 1496 ff.; *Niedermaier*, Schieds- und Schiedsverfahrensvereinbarungen in strukturellen Ungleichgewichtslagen, S. 47, 54; *von Hoffmann*, RabelsZ 38 (1974), 396, 398.

209 Nach *Pfeiffer*, SchiedsVZ 2014, 161, 164 könne eine strukturelle Unterlegenheit eine *ordre public*-Widrigkeit der Schiedsvereinbarung nur begründen, wenn sie „in einer Situation besonders struktureller Unterlegenheit zustande gekommen sei".

210 Kap. 7 B I 4 b).

211 Kap. 7 B I 4 a) dd) (5).

212 Kap. 5 C VI 4 e).

Unwirksamkeit der Schiedsvereinbarung aufgrund der Beteiligung eines Marktbeherrschers abzulehnen war, muss sie erst recht für die Fälle eines einfacheren strukturellen Ungleichgewichts abgelehnt werden.

Dieser Befund wird von den untersuchten Fallgruppen bestätigt. Zwar war im Falle der Beteiligung eines Handelsvertreters eine *ordre public*-Widrigkeit anzunehmen,[213] hingegen schied sie unter der Beteiligung eines Vertragshändlers zumindest nach der Rechtsprechung aus.[214] Des Weiteren folgt aus der Schiedsvereinbarung in einem Franchisevertrag nicht ohne Weiteres wegen der unterlegenen Stellung des Franchisenehmers die *ordre public*-Widrigkeit der Schiedsvereinbarung.[215]

Folglich führt das Vorliegen einer strukturellen Unterlegenheit allein nicht zu einem *ordre public*-Verstoß.[216] Dennoch kann die strukturelle Unterlegenheit in Verbindung mit weiteren der noch zu entwickelnden Kriterien zur *ordre public*-Widrigkeit der Schiedsvereinbarung führen.

II. Einhergehende Begrenzung der Schiedsfähigkeit

Wie sich im Besonderen anhand der Untersuchung des schweizerischen[217] und englischen Schiedsrechts gezeigt hat, besteht eine enge Verflechtung zwischen der Schiedsfähigkeit[218] und dem *ordre public*. Eine Begrenzung der Schiedsfähigkeit in einem Rechtsbereich, bspw. dem Anlegerschutz,[219] könnte ein Merkmal für eine *ordre public*-Widrigkeit begründen.

1. Objektive Schiedsfähigkeit

Die objektive Schiedsfähigkeit regelt die abstrakte Möglichkeit des Abschlusses einer Schiedsvereinbarung. Angeknüpft wird zur Beantwortung dieser Frage an den Streitgegenstand[220] und die Befugnis, diesem einer Lösung vor einem Schiedsgericht zuzuführen.

Auf die Frage der objektiven Schiedsfähigkeit ist, sofern das Schiedsgericht seinen Sitz in Deutschland hat, zwingend deutsches Recht anwendbar

---

213 Kap. 5 B II und IV.

214 Kap. 5 B V.

215 *Schulz/Niedermaier*, SchiedsVZ 2009, 196, 203. Hierzu auch in Kap. 7 B VIII 3 a).

216 So auch *Mogendorf*, Der strukturell unterlegene Unternehmer, S. 283.

217 Insbesondere Kap. 6 A V 2.

218 Kap. 6 B III 5 b).

219 Kap. 5 A III und V.

220 MünchKomm-ZPO/Münch, § 1030 Rn. 11.

(§ 1059 Abs. 2 Nr. 1 a) ZPO).[221] Im UNÜ beurteilt sich das auf die objektive Schiedsfähigkeit anzuwendende Recht nach der Kollisionsnorm des Art. V Abs. 2 a) UNÜ.[222] Dieser verweist auf das Recht desjenigen Staates, dessen Gericht die Vollstreckbarerklärung des Schiedsspruches zu prüfen hat. Es ist daher, wie im Rahmen der *ordre public*-Prüfung, das Recht der *lex fori* maßgeblich.

Nach § 1030 Abs. 1 S. 1 ZPO ist jeder vermögensrechtliche Anspruch schiedsfähig. Nichtvermögensrechtliche Ansprüche sind hingegen nur objektiv schiedsfähig, sofern die Parteien über den Streitgegenstand einen Vergleich schließen können (§ 1030 Abs. 1 S. 2 ZPO). Einen expliziten Ausschluss der objektiven Schiedsfähigkeit sieht das 10. Buch der ZPO gem. § 1030 Abs. 2 ZPO für Streitigkeiten in Bezug auf den „Bestand eines Mietverhältnisses über Wohnraum im Inland" vor.

§ 1030 Abs. 3 ZPO impliziert, dass über diesen Ausschluss hinausgehende Begrenzungen der objektiven Schiedsfähigkeit erlassen werden können.[223] Der Vorschrift liegt der Gedanke der Gleichwertigkeit von staatlicher und Schiedsgerichtsbarkeit zugrunde. Die Schiedsgerichtsbarkeit soll nur ausgeschlossen werden, wenn „der Staat sich im Interesse besonders schutzwürdiger Rechtsgüter ein Entscheidungsmonopol vorbehalten hat".[224] Dieses Kriterium ist allerdings zu vage, als dass es zur Abgrenzung hätte verwendet werden können. Ein Interesse an einem Ausschluss der Schiedsgerichtsbarkeit besteht für einen Großteil der nichtvermögensrechtlichen Ansprüche. In Bezug auf vermögensrechtliche

---

221 MünchKomm-ZPO/*Münch*, § 1029 Rn. 43.

222 Kronke/Nacimiento/Otto/Port/*Otto/Elwan*, S. 349; MünchKomm-ZPO/*Adolphsen*, Anh. zu § 1061, Art. V UNÜ Rn. 21.

223 Eine solche Begrenzung könnte in Bezug auf Eingriffsnormen bestehen. Allerdings geht der Gesetzgeber bei § 89b HGB, welcher eine Eingriffsnorm darstellt, bewusst von dessen Schiedsfähigkeit aus, vgl. BT-Drucks. 13/5274, S. 34. Daher kann nicht *per se* von einer Schiedsunfähigkeit von Eingriffsnormen ausgegangen werden. So auch *Horn*, SchiedsVZ 2008, 209, 217 f.; *Quinke*, SchiedsVZ 2007, 246, 247; *Ferrari/Kröll*, Conflicts of Laws in International Arbitration, S. 195 f. *Mogendorf*, Der strukturell unterlegene Unternehmer, S. 287.

224 BT-Drucks. 13/5274, S. 34. Ähnlich *Tarlinton*, International Commercial Arbitration and Public Policy, S. 108 zum englischen Begriff der *arbitrability*. Auch hier sei anzunehmen, dass die *arbitrability* ausgeschlossen werden solle, wenn Staaten (insbesondere Entwicklungsstaaten) die Kontrolle über ihre Wirtschaftspolitik und -entwicklung behalten wollten. Dies sei etwa der Fall, wenn bestimmte Wirtschaftszweige für das Allgemeinwohl essentiell seien. Hier sollte den Parteien kein Forum zur privaten Streitbeilegung eröffnet werden.

Ansprüche gilt dieses Interesse jedoch nicht. Aus diesem Grund hat sich der Gesetzgeber in Anlehnung an Art. 177 Abs. 1 IPRG bewusst für eine umfassende Schiedsfähigkeit von vermögensrechtlichen Ansprüchen entschieden. Auf das frühere Merkmal der Vergleichsfähigkeit (§ 1025 Abs. 1 ZPO a.F.) ist somit nur noch zur Abgrenzung in Bezug auf die Schiedsfähigkeit von nichtvermögensrechtlichen Ansprüchen abzustellen.[225]

Begrenzungen der objektiven Schiedsfähigkeit bedürfen als erhebliche Eingriffe in die Parteiautonomie einer gesetzlichen Grundlage.[226] Einschränkungen der objektiven Schiedsfähigkeit finden sich im deutschen Recht bspw. in §§ 101 ff. ArbGG.[227] Auf den Inhalt dieser Regelung soll an späterer Stelle noch näher eingegangen werden,[228] es sei nur so viel angemerkt, dass den §§ 101 ff. ArbGG der Gedanke innewohnt, dass der Arbeitnehmer in Anbetracht seiner unterlegenen Stellung grundsätzlich nicht an einem Schiedsverfahren teilnehmen soll. Die Beschränkung der Schiedsfähigkeit in Arbeitnehmerstreitigkeiten ist keine nationale Besonderheit. Sie ist, wie gesehen, für nationale Schiedsverfahren in der Schweiz anerkannt.[229]

Im internationalen Vergleich hat sich gezeigt, dass Beschränkungen der objektiven Schiedsfähigkeit über diese Bereiche hinausgehend bspw. im Vertriebshändlerrecht zu finden sind.[230] So sind im belgischen Schiedsrecht Streitigkeiten über den Ausgleichsanspruch des belgischen Vertriebshändlers nicht schiedsfähig, wenn in der Sache ausländisches Recht Anwendung finden soll.[231] Nach italienischem Recht sind Streitigkeiten über den Handelsvertreterausgleich ebenfalls nicht objektiv schiedsfähig (vgl. Art. 806 i.V.m. Art. 409 codice di procedura civile).[232] Weitere Beschränkungen der objektiven Schiedsfähigkeit finden

---

225 BT-Drucks. 13/5274, S. 34.

226 *Niedermaier*, Schieds- und Schiedsverfahrensvereinbarungen in strukturellen Ungleichgewichtslagen, S. 302.

227 Zöller/*Geimer*, § 1030 Rn. 1 a; Torggler/Mohs/Schäfer/Wong/*Zeiler*, Kap. 3 Rn. 627. *Thorn*, Symposium von Hoffmann, S. 153 zufolge handelt es sich bei dem Ausschluss der Schiedsgerichtsbarkeit im Arbeitsrecht um eine Begrenzung der subjektiven Schiedsfähigkeit.

228 Kap. 7 B VII 2 b) bb).

229 Vgl. Kap. 6 A VI.

230 Kap. 5 B V 2 b).

231 Vgl. Cour de cassation, Urteil v. 28.6.1979 – *AudiNSU AG c. SA Adelin Petit et Cie*, Yearbook Comm. 1980, 257 ff.; Cour de cassation, Urteil v. 16.11.2006, C.02.0445.F.

232 Vgl. *Kindler*, Italienisches Handels- und Wirtschaftsrecht, § 7 Rn. 109.

sich im englischen Recht im Bereich der Verbraucherbeteiligung (Art. 91 Arbitration Act 1996).[233]

Zugleich wurde die objektive Schiedsfähigdet sich eine solche zeitliche Schranke in keit, wie am Beispiel des § 91 Abs. 1 S. 1 GWB zu sehen war,[234] im Laufe der Zeit erweitert. Diese Erweiterung fand statt, da das staatliche Schutzbedürfnis nach dem Schutz der schwächeren Partei entfallen war. Zudem drohte nicht länger die Durchsetzung kartellrechtswidriger Vereinbarungen mithilfe der Schiedsgerichtsbarkeit. Vielmehr etablierte sich diese auch im Bereich des Kartellrechts als eine der staatlichen Gerichtsbarkeit gleichwertige Alternative.[235]

2. *Subjektive Schiedsfähigkeit*

Im Gegensatz zur objektiven Schiedsfähigkeit knüpft die subjektive Schiedsfähigkeit an die Frage an, ob die Parteien *in concreto* befähigt sind, eine Schiedsvereinbarung abzuschließen.[236] Es handelt sich um einen besonderen Fall der Rechts- und Geschäftsfähigkeit der Parteien.[237]

Die subjektive Schiedsfähigkeit beurteilt sich nach dem Recht, welches für die Parteien persönlich maßgebend ist (§ 1059 Abs. 2 Nr. 1 a) Fall 1 ZPO).[238] Dieses Recht bestimmt sich wiederum nach dem jeweiligen Personalstatut.[239] Im UNÜ befindet sich keine ausdrückliche Regelung in Bezug auf die subjektive Schiedsfähigkeit. Gleichwohl ist nach Art. V Abs. 1 a) UNÜ hier das Personalstatut der Parteien anzuwenden. Dieses richtet sich nach dem Internationalen Privatrecht desjenigen Staates, dessen Gericht sich mit der Vollstreckbarerklärung des Schiedsspruches befassen muss.[240]

---

233 Vgl. Kap. 6 B IV 2.

234 Vgl. Kap. 5 C I.

235 Bundesministerium der Justiz, Kommission zur Neuordnung des Schiedsverfahrensrechts, Bericht mit einem Diskussionsentwurf zur Neufassung des zehnten Buchs der ZPO, Februar 1994, S. 96.

236 MünchKomm-ZPO/*Münch*, § 1030 Rn. 11.

237 Vgl. MünchKomm-ZPO/*Münch*, § 1029 Rn. 41.

238 BT-Drucks. 13/5274, S. 59; MünchKomm-ZPO/*Münch*, § 1029 Rn. 41.

239 OLG Düsseldorf, Urteil v. 20.12.2007 – I-6 U 225/06, IPRax 2009, 158, 160 [II 1 b) aa)]; *Huber*, IPRax 2009, 134, 138; Reithmann/Martiny/*Hausmann*, Rn. 8.376f.; *Schmidt-Ahrendts/Höttler*, SchiedsVZ 2011, 267, 275. In Deutschland ist damit Art. 7 Abs. 1 S. 1 EGBGB anzuwenden.

240 Vgl. BGH, Urteil v. 8.6.2010 – XI ZR 349/08, SchiedsVZ 2011, 46, 48 [B III 1 a) Rn. 22]; *Schwab/Walter*, Schiedsgerichtsbarkeit, Kap. 44 Rn. 18; *Lehmann*, SchiedsVZ 2003, 219, 224.

Die für die vorliegende Arbeit wichtigste Beschränkung der subjektiven Schiedsfähigkeit ist in dem bereits dargestellten[241] § 101 WpHG enthalten. § 101 WpHG trägt dem Bedürfnis des Anlegerschutzes, der aus einer strukturellen Unterlegenheit des Anlegers resultiert,[242] Rechnung.

3. *Zwischenergebnis*

Die Begrenzungen der objektiven und subjektiven Schiedsfähigkeit dienen unter anderem dem Schutz strukturell unterlegener Parteien und der Verhinderung der Umgehung der zentralen staatlichen Interessen. Hieran wird eine gewisse Parallele zur Schutzrichtung des *ordre public*[243] ersichtlich. Eine Begrenzung der Schiedsfähigkeit könnte somit einen Hinweis auf eine *ordre public*-Widrigkeit begründen.

Die enge Verflechtung zwischen *ordre public* und Schiedsfähigkeit wird deutlich, wenn man ihn als eine immanente Begrenzung der inzwischen stark ausgeweiteten Schiedsfähigkeit[244] ansieht.[245] Die Zulässigkeit einer solchen Lösung wird an dem Gesetzgebungswillen bei Einführung des § 1030 ZPO ersichtlich. Dass nicht auf die zentralen Staatsinteressen abgestellt wurde, trug alleine dem Bestimmtheitserfordernis Rechnung. Die grundlegenden Staatsinteressen wurden wiederum bereits damals durch den *ordre public* geschützt.

Damit stellt die Begrenzung der objektiven Schiedsfähigkeit im Rahmen des § 1030 ZPO möglicherweise einen Ausfluss der *ordre public*-Kontrolle dar. Dass der *ordre public* eine immanente Beschränkung der Schiedsfähigkeit darstellt, vermag sich aus einem Rechtsvergleich ergeben. Diese dogmatische Lösung wurde vom OGH in der Entscheidung zum Handelsvertreterausgleich gewählt.[246] Ferner enthält das französische Schiedsrecht eine ausdrückliche Begrenzung der objektiven Schiedsfähigkeit durch den *ordre public*.[247] Allerdings

---

241 Kap. 5 A V.

242 Vgl. Kap 7 B I.

243 Kap. 3 A I.

244 *Elsing*, FS Mailänder, S. 93. Allerdings dürften die Parteien in Anbetracht dieses Umstandes nicht das Vertrauen des Gesetzgebers in die Schiedsgerichtsbarkeit missbrauchen.

245 So MünchKomm-ZPO/*Münch*, § 1059 Rn. 47.

246 OGH, Beschluss v. 1.3.2017 – 5 Ob 72/16y, IPRax 2018, 532, 535 f. unter Hinweis auf die soeben zitierte Fundstelle im Münchener Kommentar. Siehe auch Kap. 5 B IV 3.

247 Art. 2060 CC: „On ne peut compromettre sur les questions d'état et de capacité des personnes, sur celles relatives au divorce et à la séparation de corps ou sur les contestations intéressant les collectivités publiques et les établissements publics et plus généralement dans toutes les matières qui intéressent l'ordre public."

wird diese Einschränkung im Bereich von Schiedsvereinbarungen mit ausländischem Bezug nur angewandt, sofern nach den Grundsätzen des internationalen *ordre public* eine Entscheidung durch ein Schiedsgericht unerträglich wäre.[248] Des Weiteren wird eine Beschränkung teilweise für das englische[249] und das schweizerische Schiedsrecht[250] angenommen.

Allerdings sieht Art. V Abs. 2 UNÜ eine Trennung in die Vollstreckungsversagungsgründe der fehlenden objektiven Schiedsfähigkeit (a) und die *ordre public*-Widrigkeit vor (b). Eine solch explizite Trennung wäre überflüssig, wenn die fehlende objektive Schiedsfähigkeit bereits im *ordre public*-Vorbehalt enthalten wäre. § 1059 Abs. 2 ZPO setzt Art. V Abs. 2 UNÜ um. Es kann nicht davon ausgegangen werden, dass die Trennung im deutschen Recht nur deshalb erfolgte, um dem Bestimmtheitserfordernis Rechnung zu tragen.

Der Frage, ob der *ordre public* eine immanente Begrenzung der objektiven Schiedsfähigkeit darstellt, lässt sich letztlich nur entnehmen, dass dieser auf die Schiedsfähigkeit einwirken könnte. Eine Einwirkungsmöglichkeit in die umgekehrte Richtung, nämlich der objektiven Schiedsfähigkeit auf die Frage, ob eine *ordre public*-Widrigkeit vorliegt, kann aus dieser dogmatischen Lösung nicht abgeleitet werden. Die Begrenzung der Schiedsfähigkeit bedarf aufgrund ihrer erheblichen Folgen stets einer gesetzlichen Grundlage. Zudem liegt einer Begrenzung ein „Alles oder nichts"-Prinzip zugrunde.[251] Wenn die Voraussetzungen der jeweiligen Beschränkungsnorm erfüllt sind, muss die Schiedsfähigkeit versagt werden. Der *ordre public* ermöglicht dagegen ein abgestuftes Mittel der Einzelfallkorrektur. Im Vergleich zur Beschränkung der Schiedsfähigkeit stellt sie das mildere Mittel dar.

Diese Lösung entspricht einer Entwicklung in der Schiedsgerichtsbarkeit. Ersichtlich wurde diese bspw. im Bereich des Kartellrechts. Während Kartellrechtsstreitigkeiten früher überwiegend als nicht schiedsfähig betrachtet

---

248 BGH, Urteil v. 20.3.1980 – III ZR 151/79, NJW 1980, 2022, 2024.

249 Diese Beschränkung soll sich in Art. 1 b) Arbitration Act 1996 finden, nach welchem die Parteien grundsätzlich frei sind zu bestimmen, wie ihr Streit gelöst werden soll. Beschränkt wird diese Freiheit allerdings durch „such safeguards as are necessary in the public interest." Vgl. *Lew/Marsden* in: Arbitration in England, Chapter 19 Rn. 19–1, 19–3. Für eine Begrenzung zumindest implizit: Commercial Court, Urteil v. 19.12.1997, *Westacre Investments inc vs Jugoimport-SDPR Holding Company Ltd* (1998) 4 All ER, 570, 593. *Merkin/Flannery*, Arbitration Act 1996, S. 403 (sehen jedenfalls „some overlap" zwischen diesen beiden Bereichen).

250 Vgl. Kap. 6 A V.

251 *Thorn*, Symposium von Hoffmann, S. 161.

wurden,[252] müssen die zentralen Verbote heute dem *ordre public* zugerechnet werden.[253] Aus dem Warentermingeschäftsrecht[254] und der Rechtsprechung zur Kündigung eines Flugbegleiters[255] wird deutlich, dass im Falle der Beschränkung der Schiedsfähigkeit eine Lösung über den *ordre public* entbehrlich ist. Aus der Erfüllung eines Begrenzungstatbestandes folgt bereits die Unwirksamkeit der Schiedsvereinbarung bzw. die Versagung der Vollstreckbarerklärung des Schiedsspruches. Eine zusätzliche Korrektur über den *ordre public* ist in diesem Fall nicht mehr erforderlich.

Alles in allem kann sich die Begrenzung der Schiedsfähigkeit nicht unmittelbar auf die Frage der *ordre public*-Widrigkeit auswirken. Gleichwohl vermag aus ihr ein Hinweis auf eine gewisse Sensibilität des Gesetzgebers in bestimmten Bereichen abgeleitet werden. Schließlich erachtete er den ausgeschlossenen Bereich für den Schutz der staatlichen Interessen als so wichtig, dass er hier bewusst die Lösung einer Streitigkeit im Wege des schiedsgerichtlichen Verfahrens ausschloss. So kann aus dem Anlegerschutz des § 101 WpHG folgen, dass im Bereich des Verbraucherschutzes eine erhöhte Schutzbedürftigkeit besteht, welcher auch im Rahmen der Schiedsgerichtsbarkeit Rechnung getragen werden muss.

III. Anknüpfung an den Abschluss der Schiedsvereinbarung

Eine weitere Möglichkeit zur Bestimmung der Kriterien der *ordre public*-Widrigkeit könnte sich aus den Umständen des Abschlusses der Schiedsvereinbarungen ergeben. Es hat sich gezeigt, dass hier ein zeitliches Kriterium[256] und die Form[257] eine Rolle spielen.

1. Zeitpunkt des Abschlusses der Schiedsvereinbarung

Es wurde ersichtlich,[258] dass diverse Normen auf den Zeitpunkt der Schiedsvereinbarungen abstellen.

Im deutschen Recht findet sich eine solche zeitliche Schranke in § 101 WpHG.[259] Auch das schweizerische Recht enthält mit Art. 341 schwOR

---

252 Kap. 5 C I.
253 Kap. 5 C II, III, IV, and V.
254 Vgl. Kap. 5 A.
255 LAG Hessen, Urteil v. 21.11.2008 – 17 Sa 682/07 [Rn. 55].
256 Kap. 5 A III, V, VI und Kap. 6 A VI 1.
257 Kap. 5 A II, IV und D II.
258 Kap. 5 A III, V, VI und Kap. 6 A VI 1.
259 Vgl. Kap. 5 A V.

eine zeitliche Differenzierung hinsichtlich der Begrenzung der Schiedsfähigkeit von nationalen Arbeitnehmerstreitigkeiten.[260] Das österreichische Recht sieht für Schiedsvereinbarungen zwischen Verbrauchern und Unternehmern eine Regelung zu dem Abschlusszeitpunkt der Schiedsvereinbarung vor. Nach § 617 Abs. 1 öZPO können Verbraucher und Unternehmer eine Schiedsvereinbarung nur über bereits entstandene Streitigkeiten wirksam abschließen. Darüber hinaus findet sich in Art. 46 Abs. 6 VO 600/2014 eine zeitliche Einschränkung in Bezug auf das Erfordernis des Angebotes eines Schiedsgerichtes. Dieses ist lediglich bis zur Entstehung der Streitigkeit erforderlich.[261]

Maßgeblicher Zeitpunkt für die differenzierte Behandlung ist in all diesen Fällen das Entstehen der Streitigkeit.

a) *Streitigkeit vor Abschluss der Schiedsvereinbarung bereits entstanden*

Im Zeitpunkt des Abschlusses der Schiedsvereinbarung ist der zu entscheidende Streitgegenstand bereits hinreichend konkretisiert. Die Parteien können in Bezug auf diese konkrete Streitigkeit beurteilen, ob sie ein Schiedsgerichtsverfahren durchführen wollen, falls sich die Streitigkeit ihrer Ansicht nach für die Lösung im Wege eines solchen eignet (d.h., dass die Vorteile des Schiedsverfahrens hier zum Tragen kommen). Zugleich können sie die Schiedsverfahrensvereinbarungen auf den Streitgegenstand abstimmen und so bspw. eine Schiedsgerichtsinstitution für einen bestimmten Rechtszweig (z.B. das GATA) vereinbaren.

b) *Streitigkeit erst nach Abschluss der Schiedsvereinbarung entstanden*

Die genannten Vorteile bestehen im Falle des Abschlusses einer Schiedsvereinbarung vor dem Entstehen der Streitigkeit lediglich in abgeschwächter Weise. Der Abschluss zu diesem Zeitpunkt ist hauptsächlich in internationalen Unternehmenstransaktionen und bei AGB-mäßigen Schiedsvereinbarungen zu finden. Ersteres resultiert aus einem internationalen Standard und dem Interesse an einer umfangreichen vertraglichen Regelung der Transaktion. Zudem erweist sich dieser Bereich als der typische Anwendungsbereich der Schiedsgerichtsbarkeit, weshalb die Aufnahme von Schiedsvereinbarungen auf eine geringere Ablehnungsquote im Rahmen der Vertragsverhandlungen stößt. Im Falle von AGB hat der Verwender ein Interesse daran, alle (künftigen) Verträge einem einheitlichen Muster zu unterwerfen. Er wird bereits zu diesem Zeitpunkt die Entscheidung über die Aufnahme einer Schiedsklausel getroffen haben.

---

260 Vgl. Kap. 6 A VI 1.
261 Kap. 5 A VI.

Die Schiedsvereinbarung erfasst an diesem Punkt die künftigen Streitigkeiten aus einem bestimmten Rechtsverhältnis. Für die Parteien ist es bei Abschluss der Schiedsvereinbarung schwer oder teilweise überhaupt nicht absehbar, ob und über welche konkreten Streitgegenstände später eine Auseinandersetzung auftauchen wird. Sie können die Frage des Ob und der Ausgestaltung der Schiedsvereinbarung daher ausschließlich in Abstimmung auf das bestimmte Rechts- und Parteiverhältnis treffen.

c) *Zwischenergebnis*

Es wird deutlich, dass die Phase bis zum Entstehen der Streitigkeit mit mehr Unsicherheiten verbunden ist. Die Folgen in Bezug auf die Einlassung auf ein Schiedsverfahren und die einzelnen Schiedsverfahrensvereinbarungen inkl. der Rechtswahl lassen sich deutlich schwerer abschätzen. Ein Beispiel hierfür ist eine typische Unternehmenstransaktion. Die Parteien können künftig bspw. über gewerbliche Schutzrechte, die Verletzung von Garantien oder Altlasten auf einem Betriebsgrundstück streiten. Es kommt insoweit eine Vielfalt zu entscheidender Streitigkeiten in Betracht.

Sowohl § 1029 ZPO als auch Art. II UNÜ lassen ausdrücklich beide Abschlusszeitpunkte zu. Es kann dementsprechend nicht ohne Weiteres davon ausgegangen werden, dass der Abschluss einer Schiedsvereinbarung vor Entstehung der Streitigkeit ein Kriterium für eine *ordre public*-Widrigkeit bildet. Den Parteien ist, erneut am Beispiel der Unternehmenstransaktion, die Reichweite der Vereinbarung eines Schiedsverfahrens gewöhnlich bewusst bzw. sie werden hierzu rechtlich beraten. Die Vorteile des Schiedsgerichtsverfahrens (insbesondere die Vertraulichkeit, die Wahl der Schiedsrichter, etc.) treten für sie in den genannten künftigen Streitigkeiten ein. Es besteht grundsätzlich kein staatliches Bedürfnis, sie über die Folgen ihres Handelns zu warnen bzw. hieran zeitliche Bedenkphasen zu knüpfen.

Anders verhält es sich, wenn zwischen den Parteien ein strukturelles Ungleichgewicht besteht. Hier ist eine Partei bereits in einer informationell defizitären Ausgangslage.[262] Mangels konkreter Erfahrung mit Schiedsgerichtsverfahren ist die Beurteilung der Folgen des Eingehens einer Schiedsvereinbarung für die unterlegene Partei noch schwieriger. Dies betrifft in erster Linie den Ausschluss des Zugangs zur staatlichen Gerichtsbarkeit durch den Abschluss der Schiedsvereinbarung.[263] Darüber hinaus ist der Wille der Partei zu diesem Zeitpunkt auf

---

262 Kap. 7 B I 4 a) dd) (2).

263 Vgl. *Sethe/Hellgardt*, in: Assmann/Schneider/Mülbert (Hrsg.), § 101 Rn. 4; Schwark/*Zimmer* WpHG (2010), § 37h Rn. 9; Reithmann/Martiny/*Mankowski*, Rn. 6.1779.

den Abschluss des konkreten Vertrages gerichtet. Sie wird eher bereit sein, eine aus ihrer Sicht „unwichtigere“ Klausel zu akzeptieren, damit der Vertragsschluss insgesamt nicht gefährdet wird. Zudem schenkt sie der Schiedsklausel aufgrund mangelnder Erfahrung weniger Beachtung und konzentriert sich auf den Inhalt der (aus ihrer Sicht) maßgeblichen Klauseln (insbesondere den Preis) und versucht hier, ihre Vorstellungen durchzusetzen.

Dass insoweit eine Schutzbedürftigkeit besteht, wird durch die eingangs dargestellten Normen hervorgehoben.[264] Ihnen liegt, mit Ausnahme des Art. 46 Abs. 6 VO 600/2014, eine Konstellation der strukturellen Unterlegenheit zugrunde.

Folglich ist der Abschluss der Schiedsvereinbarung vor dem Entstehen der Streitigkeit im Falle eines strukturellen Ungleichgewichtes zwischen den Parteien ein Hinweis für eine *ordre public*-Widrigkeit.

2. *Form der Schiedsvereinbarung und der Rechtswahl*

Die Form der Schiedsvereinbarung und der Rechtswahl könnte im Rahmen der *ordre public*-Kontrolle vorrangig für Fälle eines ausländischen Schiedsverfahrensstatuts an Bedeutung gewinnen. Richtet sich die Schiedsvereinbarung hingegen nach deutschem Recht, muss die Formvorschrift des § 1031 ZPO eingehalten werden. In diesem Fall kann angesichts der Befolgung der gesetzlichen Vorschrift kaum von einem Hinweis auf eine *ordre public*-Widrigkeit ausgegangen werden.

Dasselbe gilt für ausländische Schiedsvereinbarungen, welche die Formerfordernisse des Art. II UNÜ einhalten. Durch die Unterzeichnung des UNÜ hat der deutsche Gesetzgeber für ausländische Schiedssprüche die Anforderungen des UNÜ akzeptiert. Dies gilt auch in Bezug auf die Formvorschrift. Allerdings müssen nach dem Meistbegünstigungsgrundsatz des Art. VII UNÜ ausländische Schiedsvereinbarungen nicht zwingend die Formerfordernisse des Art. II UNÜ einhalten, damit sie für vollstreckbar erklärt werden können. Es gelten vielmehr die jeweils günstigsten Formregelungen.[265]

Die Problematik soll an folgenden Beispielen verdeutlicht werden: (1) Ein deutscher Handelsvertreter und ein U.S.-amerikanisches Unternehmen schließen einen Handelsvertretervertrag. Zudem vereinbaren sie mündlich, dass alle Streitigkeiten durch ein Schiedsgericht mit Sitz in Paris entschieden werden

---

264 Soeben unter 1. und 2.

265 Siehe hierzu auch Kap. 2 A II 4 a).

sollen. (2) Ein deutscher Verbraucher bestellt bei einem Schweizer Unternehmer über dessen Onlinesystem einen Laptop. Im Rahmen des Bestellvorgangs wird der Verbraucher auf die AGB des Unternehmers hingewiesen. In diesen ist, neben weiteren Klauseln, eine Schiedsklausel enthalten, nach der alle Streitigkeiten durch ein Schiedsgericht mit Sitz in Zürich gelöst werden sollen.

a) Schriftformerfordernis

Sowohl § 1031 ZPO als auch Art. II UNÜ verlangen für die Schiedsvereinbarung die Schriftform.[266]

Das Schriftformerfordernis dient dazu, mündliche Schiedsvereinbarungen auszuschließen.[267] Die Möglichkeit des mündlichen Abschlusses war in § 859 CPO/§ 1027 ZPO a.F. bis 1933 für alle Schiedsvereinbarungen und bis 1997 jedenfalls noch im Bereich des Handelsverkehrs gestattet (vgl. § 1027 Abs. 2 a.F.). Das Gesetz geht heute mit Ausnahme der Formvorschriften für Verbraucher in § 1031 Abs. 5 ZPO davon aus, dass sich die Parteien auf Augenhöhe gegenüberstehen. Sie würden die Schiedsvereinbarung zur Klarstellung und Beweisbarkeit schriftlich verfassen.[268] Die Parteien sollen daran interessiert sein, mithilfe der Schriftform sicherzustellen, dass sie sich tatsächlich auf die Durchführung eines Schiedsverfahrens geeinigt hätten.[269] Diese Sicherstellung vereint die Beweisfunktion mit einer Warnung vor den Folgen des Ausschlusses der staatlichen Gerichtsbarkeit. Zugleich trägt sie dem öffentlichen Interesse an einer rechtssicheren Abgrenzung zwischen diesen beiden Gerichtsbarkeiten Rechnung.[270]

Die strengeren Voraussetzungen des § 1031 Abs. 5 ZPO sollten Verbraucher vor etwaigen Missbräuchen aufgrund ihrer rechtlichen Unerfahrenheit schützen. Neben dieser Schutzfunktion erfüllt § 1031 Abs. 5 ZPO eine Warnfunktion. Seine Anforderungen sollen dem Verbraucher die Tragweite der Folgen des Abschlusses der Schiedsvereinbarung, insbesondere den Ausschluss der staatlichen Gerichtsbarkeit vor Augen führen.[271]

---

266 Ausführlich hierzu in Kap. 2 A II 4.

267 Statt aller: Thomas/Putzo/*Seiler*, § 1031 Rn. 2.

268 Statt aller: Zöller/*Geimer*, § 1031 Rn. 5.

269 Zum alten Recht: BGH, Urteil v. 3.4.2000 – II ZR 373/98, BGHZ 144, 146, 148 f. [II 2].

270 OLG Hamm, Urteil 28.3.2006 – 21 U 134/04, OLGR 2006, 527, ebenda [I]; MünchKomm-ZPO/*Münch*, § 1031 Rn. 8. Zum alten Recht: BGH, Urteil v. 11.1.1962 – VII ZR 188/60, BGHZ 36, 273, 278 [2 d)]; OLG Koblenz, Urteil v. 27.4.1995 – 5 U 1536/94, NJW-RR 1996, 970, ebenda [1].

271 Statt aller: BGH, Beschluss v. 24.7.2014 – III ZB 83/13, BGHZ 202, 168, 179 f. [3 b) Rn. 19].

b) Schiedsvereinbarung und Rechtswahl in AGB

Wie im Rahmen des Kap. 5 D ersichtlich wurde, sind die Schiedsvereinbarung und die Rechtswahl in AGB nicht unproblematisch. Dies gilt vornehmlich unter Beteiligung eines Verbrauchers.

Kennzeichnend für AGB ist, dass sie nicht individuell ausgehandelt, sondern vom Verwender einseitig gestellt sind. Der Vertragspartner hat keine Möglichkeit, den Inhalt der AGB zu beeinflussen. Für ihn gilt vielmehr das Prinzip „take it or leave it." Der Verwender bringt mit einer Schiedsvereinbarung und Rechtswahl in Form von AGB implizit zum Ausdruck, dass er diese Punkte nicht mehr zur Verhandlung stellen wird. Entsprechende Verhandlungsversuche der Vertragspartei sind von vornherein aussichtslos. Allerdings dienen AGB dazu, den Wirtschaftsverkehr zu vereinfachen und die Transaktionskosten zur Schaffung einer effizienten Ressourcenallokation zu senken. Diese Vereinfachung wird dadurch erreicht, dass der Klauselverwender für eine Vielzahl von Fällen AGB verwendet und die Verträge insoweit nicht individuell aushandeln bzw. anpassen muss.

Problematisch sind Schiedsvereinbarungen in AGB zudem unter dem Aspekt der Kenntnisnahmemöglichkeiten. In den AGB findet sich die Schiedsklausel häufig neben einer Vielzahl weiterer Bestimmungen. Die einzelnen Klauseln werden formell einheitlich gestaltet. Die Schiedsvereinbarung wird nicht besonders im Text hervorgehoben. Zudem enthält der Vertrag lediglich einen Hinweis auf die AGB in ihrer Gesamtheit und nicht auf die Schiedsklausel. Der Vertragspartner wird damit in formeller Hinsicht nicht besonders auf die Schiedsklausel aufmerksam gemacht werden. Er nimmt die Schiedsklausel nur zur Kenntnis, wenn er die AGB jedenfalls in ihren Grundzügen liest. Ein solcher Fall wird allerdings selten auftreten. Denn *in praxi* liegt den AGB die Besonderheit zugrunde, dass sie gerade nicht gelesen werden. Mangels Einflussnahmemöglichkeiten auf ihren Inhalt ist das fehlende Lesen und Prüfen der AGB wirtschaftlich rational. Es lohnt sich nicht, die einzelnen AGB zu vergleichen. Dies gilt v.a. unter dem Gesichtspunkt, dass zum Zeitpunkt des Abschlusses noch nicht ersichtlich ist, welche Klausel(n) letztlich relevant wird (werden).[272] Die fehlende Prüfung verstärkt damit das ohnehin bereits bestehende Informationsdefizit der unterlegenen Partei.[273]

272 Vgl. MünchKomm-BGB/*Basedow*, vor § 305 Rn. 6.

273 Zum Verbraucherschutzrecht: *Rühl*, 44 Cornell Int'l L. J. 2011, 569, 576; vgl. zum AGB-Recht: MünchKomm-BGB/*Basedow*, vor § 305 Rn. 6. Zum Informationsdefizit ausführlich in Kap. 7 B I 4 a) dd) (2).

Diesem Umstand trägt § 1031 Abs. 5 ZPO Rechnung. Nach § 1031 Abs. 5 S. 3 ZPO gilt das Eigenständigkeitserfordernis. Dieses soll verhindern, dass der Verbraucher eine Schieds*klausel* abschließen kann. Der Ausschluss vermeidet, dass dem Verbraucher eine Schiedsklausel und Rechtswahl im „Kleingedruckten" untergeschoben werden. Zugleich wird gewährleistet, dass der Verbraucher eine ausreichende Kenntnis von der Schiedsabrede erlangt.[274] Zwar muss die Schiedsvereinbarung nicht individuell gestaltet werden, eine AGB-mäßige Verweisung auf Schiedsvereinbarungen ist jedoch im Falle des Sitzes des Schiedsgerichtes in Deutschland unter Verbraucherbeteiligung nach § 1031 Abs. 5 ZPO stets unwirksam.[275]

c) Würdigung

Sind die dargestellten Formvorschriften nicht eingehalten, ist die Schiedsvereinbarung (mit Ausnahme von Heilungsmöglichkeiten wie § 1031 Abs. 6 ZPO) nach deutschem Recht unwirksam. Ein Rückgriff auf den *ordre public* ist entbehrlich. Dennoch vermag ein entsprechender Rückgriff erforderlich sein, wenn der Meistbegünstigungsgrundsatz des Art. VII UNÜ eingreift.

In dem eingangs dargestellten[276] Beispiel 1 könnte Art. 1507 CPC anzuwenden sein. Voraussetzung ist nach Art. 1504 CPC, dass der Gegenstand der Schiedsvereinbarung eine Angelegenheit des internationalen Handels darstellt. Im vorliegenden Beispiel haben ein deutsches und ein U.S.-amerikanisches Unternehmen einen Handelsvertretervertrag geschlossen und als Sitz des Schiedsgerichts Frankreich vorgesehen. Die Voraussetzungen des Art. 1504 CPC liegen daher vor. Damit gilt für die Form der Schiedsvereinbarung Art. 1507 CPC. Nach diesem ist der Abschluss einer Schiedsvereinbarung im Bereich der internationalen Schiedsgerichtsbarkeit formfrei möglich. Die mündliche Vereinbarung genügt Art. 1507 CPC.[277] Muss nun ein deutsches Gericht bspw. im Einredeverfahren die Schiedsvereinbarung prüfen, gilt für die Form über Art. VII UNÜ der günstigere Art. 1507 CPC. Zwar dient das Schriftformerfordernis im Bereich des

274 BGH, Beschluss v. 24.7.2014 – III ZB 83/13, BGHZ 202, 168, 179 f. [3 b) Rn. 19]. Eine weitgehende Regelung findet sich bspw. im italienischen Recht. Gem. Art. 1341 Abs. 2 Codice Civile muss eine Schiedsvereinbarung eigenständig und in Schriftform vereinbart werden. Eine rein AGB-mäßige Schiedsvereinbarung ist hier sogar in *B2B*-Konstellationen unwirksam.

275 MünchKomm-ZPO/*Münch*, § 1031 Rn. 59.

276 Soeben unter 2.

277 Für nationale Schiedsverfahren gilt nach Art. 1443 CPC das Schriftformerfordernis.

Unternehmerverkehrs primär Beweiszwecken, im vorliegenden Beispiel liegt aber ein Fall struktureller Unterlegenheit vor.[278] Somit greift hier neben dem Beweiszweck auch die Warnfunktion der Schriftlichkeit. Diese wird vorliegend durch Art. 1507 CPC umgangen.

Eine ähnliche Lage offenbart sich in Beispiel 2. Das schweizerische Recht kennt keine dem § 1031 Abs. 5 ZPO vergleichbare Formvorschrift in Bezug auf Schiedsvereinbarungen unter Verbraucherbeteiligung.[279] Im vorliegenden Beispiel liegt ein internationales Schiedsverfahren nach Art. 176 IPRG vor, sodass die Formvorschrift des Art. 178 Abs. 1 IPRG eingreift. Nach Art. 178 Abs. 1 IPRG genügt der Abschluss im Rahmen eines Onlinesystems[280] unter Verwendung von AGB. Nach dem Meistbegünstigungsgrundsatz (Art. VII UNÜ)[281] gilt im Rahmen des Einredeverfahrens vor einem deutschen Gericht die günstigere Formvorschrift des Art. 178 Abs. 1 IPRG. Die verbraucherschützende Funktion des § 1031 Abs. 5 ZPO kann also durch die Wahl eines ausländischen Schiedsgerichtssitzes umgangen werden.

Sofern die jeweiligen Formvorschriften des UNÜ bzw. die nationalen Regelungen aufgrund der Wahl eines formgünstigeren Schiedsverfahrensrechts keine Anwendung finden, könnte dies ein Kriterium für eine *ordre public*-Widrigkeit begründen. Allerdings haben sich der deutsche Gesetzgeber und die UNÜ-Vertragsparteien bewusst für den Meistbegünstigungsgrundsatz des Art. VII UNÜ entschieden. Durch den Beitritt zum UNÜ ist diese Akzeptanz ersichtlich geworden. Der Vorrang nationaler Sonderregelungen läuft dem Interesse des UNÜ an einer einheitlichen Handhabung der Vollstreckung von Schiedssprüchen zuwider. Die Verletzung nationaler Formvorschriften könnte durch den *ordre public* quasi im Wege einer Lösung durch die Hintertür sanktioniert werden. Dies widerspricht den Interessen der Parteien an einer flexiblen Lösung in Bezug auf die Form der Schiedsvereinbarung; zumal das Schriftformerfordernis für den Fall, dass sich die Parteien auf Augenhöhe befinden, nur den Beweis sichern soll. Der *ordre public* schützt die grundlegenden

---

278 Kap. 7 B I 5.

279 Basler Kommentar-IPRG/*Gränicher*, Art. 178 Rn. 12.

280 Basler Kommentar-IPRG/*Gränicher*, Art. 178 Rn. 13 m.w.N. Das Onlinesystem muss eine dauerhafte Speicherung oder ein Ausdrucken der Schiedsvereinbarung ermöglichen. Im Falle der Verwendung eines modernen Kommunikationsmittels ist eine Unterzeichnung durch den Erklärenden entbehrlich.

281 Es wird hier unterstellt, dass der Meistbegünstigungsgrundsatz des Art. VII UNÜ abschließend ist. Zur Frage der fehlenden Anwendung in Bezug auf § 1031 Abs. 5 ZPO, vgl. statt aller: Reithmann/Martiny/*Hausmann*, Rn. 8.292 ff.

Gerechtigkeitsvorstellungen des jeweiligen Normerlassstaates.[282] Hierzu zählt die Beweisfunktion der Schriftlichkeit nicht. Somit kann die Abweichung von den nationalen Vorschriften bzw. dem Art. II UNÜ in diesem Fall kein Kriterium für eine *ordre public*-Widrigkeit begründen.

Befinden sich die Parteien in einer strukturellen Ungleichgewichtslage, greift jedoch die Warnfunktion der Schriftform ein. Zudem sieht § 1031 Abs. 5 ZPO für die Verbraucherbeteiligung als typischen Fall einer strukturellen Ungleichgewichtslage[283] einen Ausschluss der AGB-mäßigen Schiedsvereinbarung vor. Einer expliziten Ausdehnung des Schutzbereiches des § 1031 Abs. 5 ZPO steht jedoch der eindeutige Wortlaut des § 1031 Abs. 5 ZPO, der nur auf Verbraucher Bezug nimmt, entgegen. Allerdings könnte der Gedanke der Benachteiligung der unterlegenen Partei im Falle der AGB-mäßigen Schiedsvereinbarung auf die *ordre public*-Kontrolle angewendet werden.

Dem steht möglicherweise entgegen, dass es sich bei § 1031 Abs. 5 ZPO um eine nationale Besonderheit handelt. Einen dem § 1031 Abs. 5 ZPO vergleichbaren Verbraucherschutz durch Formvorschriften enthält jedoch auch das österreichische Schiedsrecht in § 617 öZPO. Nach § 617 Abs. 3 öZPO ist zusätzlich erforderlich, dass der Unternehmer den Verbraucher vor Abschluss der Schiedsvereinbarung im Wege einer schriftlichen Rechtsbelehrung über die wesentlichen Unterschiede zwischen einem Schiedsgerichtsverfahren und einem staatlichen Gerichtsverfahren aufklärt. Gem. § 617 Abs. 7 öZPO kann im Falle des Fehlens der schriftlichen Belehrung des § 617 Abs. 3 öZPO der Schiedsspruch sogar aufgehoben werden. Darüber hinaus verlangt § 6 Abs. 2 S. 2 Nr. 7 öKSchG, dass Schiedsvereinbarungen im *B2C-Bereich* individuell ausgehandelt werden.

Wie bereits veranschaulicht wurde, kennen aber bspw. das schweizerische[284] und das englische[285] Schiedsrecht keinen Verbraucherschutz durch spezielle Formerfordernisse. Auch dem französischen Schiedsverfahrensrecht ist eine solche Formvorschrift nicht zu entnehmen. Die Regelungen des § 1031 Abs. 5 ZPO und § 617 öZPO scheinen daher nicht Ausdruck eines „common standard" zu sein. Ihre Durchsetzung im Wege des *ordre public* könnte den Zielen des Art. VII UNÜ und der *comitas* zuwiderlaufen. Zudem vermag sie einer

282 Kap. 3 A I.
283 Kap. 7 B I 4 a) cc) (1).
284 Kap. 6 A V.
285 Kap. 6 B V 3.

Ausweitung der nationalen Schutzinteressen durch Formvorschriften Tür und Tor zu öffnen.

Einer solchen Ausweitung könnte ferner durch die Abschaffung der Sonderanknüpfung des Art. 29 EGBGB a.F. eine Absage erteilt worden sein. Die Anwendung des § 1031 Abs. 5 ZPO in den Warentermingeschäftsfällen beruhte auf der Möglichkeit der Sonderanknüpfung des Art. 29 EGBGB a.F. Sie diente dazu, einen Gleichlauf zwischen nationalen und internationalen Schiedsverfahren in Bezug auf den Verbraucherschutz zu erreichen.[286] Im Rahmen des Verbraucherschutzes bestehe „ein enger Zusammenhang zwischen der für ein Rechtsgeschäft vorgeschriebenen Form und den zwingenden materiell-rechtlichen Schutzvorschriften (…), die den Verbraucher am Ort seines gewöhnlichen Aufenthalts auch im Fall einer Rechtswahl schützen, da der Verbraucher meist nur mit den Formvorschriften seines Aufenthaltsstaates vertraut (ist).“[287] Dieses Schutzbedürfnis besteht nach Abschaffung des Art. 29 EGBGB a.F. fort. Mangels Anwendbarkeit der Rom I-VO[288] kann daher die *ordre public*-Kontrolle heranzuziehen sein, da § 1031 Abs. 5 ZPO in Auslandsfällen den Verbraucherschutz nicht gewährleistet.[289]

Die AGB-mäßige Vereinbarung bzw. die Form der Mündlichkeit können bewusst eingesetzt werden, um eine Kenntnisnahme und Warnung der schwächeren Partei zu verhindern. Wegen der damit verbundenen Verstärkung der Informationsdefizite wiegen AGB für die strukturell unterlegene Partei besonders schwer.[290] Durch die fehlenden Einflussnahmemöglichkeiten wird die überlegene Partei *de facto* die Vertragsgestaltende.[291]

Die Schiedsklausel in AGB und die mündliche Schiedsvereinbarung sind geeignet, das Missbrauchspotential der einseitigen Rechtswahl und deren Tragweite noch zu verstärken. Um jedoch den Interessen des UNÜ, der *comitas* und jedenfalls reflexartig auch den Verwenderinteressen Rechnung zu tragen, darf eine mündliche bzw. AGB-mäßige Vereinbarung eines Schiedsgerichtsverfahrens und einer Rechtswahl im Falle der Beteiligung einer strukturell unterlegenen Partei lediglich als ein Hinweis auf eine *ordre public*-widrige Umgehung des materiell zwingenden Rechts gewertet werden.

---

286 *Berger*, ZBB 2003, 77, 89 f.
287 BT-Drucks. 10/504, S. 80.
288 Kap. 4 A I.
289 *Huber*, IPRax 2009, 134, 138.
290 *Mogendorf*, Der strukturell unterlegene Unternehmer, S. 15.
291 *Mogendorf*, Der strukturell unterlegene Unternehmer, S. 17.

3. *Zwischenergebnis*

In conclusio ist der Abschluss der Schiedsvereinbarung vor dem Entstehen der Streitigkeit im Falle eines strukturellen Ungleichgewichtes zwischen den Parteien ein Hinweis für eine *ordre public*-Widrigkeit.[292]

Die Abweichung vom Schriftformerfordernis bzw. eine AGB-mäßige Vereinbarung eines Schiedsverfahrens kann ausschließlich im Fall der Beteiligung einer strukturell unterlegenen Partei als ein Hinweis auf eine *ordre public*-Widrigkeit gewertet werden.[293]

IV. Anknüpfung an die Art der Streitigkeit

Für die Beurteilung der *ordre public*-Widrigkeit könnte die Art der zu entscheidenden Streitigkeit miteinbezogen werden. Tendenzen für eine solche Anknüpfung finden sich überwiegend in der englischen Rechtsprechung.[294]

1. *Komplexität des Rechtsgeschäfts*

Nach der englischen Rechtsprechung war die geringe rechtliche Komplexität des Streites als ein Kriterium gegen die *ordre public*-Widrigkeit zu werten.[295] Dem liegt umgekehrt der Gedanke zugrunde, dass komplexe Rechtsgeschäfte vor den staatlichen Gerichten entschieden werden sollten bzw. hier eine stärkere staatsgerichtliche Intervention erforderlich sei. Die Entscheidung rechtlich komplexer Streitigkeiten erfordert zur adäquaten Lösung eine hinreichende juristische Vorbildung. Schiedsrichter können allerdings auch Personen sein, welche nicht über eine entsprechende juristische Ausbildung verfügen. Zudem werden Schiedssprüche regelmäßig nicht veröffentlicht, sodass hier nur eine eingeschränkte Präjudizwirkung eintreten kann.

Allerdings ist eine Besetzung des Schiedsgerichts mit juristischen Laien nicht der Regelfall. Diese werden vielmehr herangezogen, sofern die Lösung des konkreten Falles eine Erfahrung in tatsächlicher Hinsicht erfordert (bspw. mit bestimmten technischen Fragen). Zudem kann durch die Wahl der Schiedsrichter eine hinreichende Expertise sichergestellt werden. Die Erfahrung mit der

---

292 Kap. 7 B III 1 c).

293 Kap. 7 B III 2 c).

294 Vgl. Kap. 6 B III 5 b).

295 Commercial Court, Urteil v. 19.12.1997, *Westacre Investments inc vs Jugoimport-SDPR Holding Company Ltd* (1998) 4 All ER, 570, 595; Commercial Court, Urteil v. 3.7.2008, *R vs V* (2008), APP.L.R. 07/03 [Rn. 14].

konkreten Streitigkeit kann im Gegensatz zum staatsgerichtlichen Verfahren (mit Ausnahme von Spezialkammern) erhöht werden. Ferner kommen die Vorteile des schiedsgerichtlichen Verfahrens, wie die Vertraulichkeit des Schiedsverfahrens, vorrangig bei der Lösung komplexer Rechtsgeschäfte in vollem Maße zum Tragen.

Der Wille, aus der Komplexität des Rechtsgeschäfts eine *ordre public*-Widrigkeit abzuleiten, ist noch ein Relikt des Misstrauens der staatlichen Gerichte in die Schiedsgerichtsbarkeit. Unter der Prämisse der Gleichwertigkeit von staatsgerichtlichen und schiedsgerichtlichen Verfahren kann dieses Misstrauen aus den soeben dargestellten Gründen nicht das Erfordernis einer staatlichen Intervention bewirken. Aus der Komplexität des Rechtsgeschäfts kann somit kein Hinweis auf eine *ordre public*-Widrigkeit abgeleitet werden.

2. *Internationalität des Rechtsgeschäfts*

Ebenso könnte eine fehlende Internationalität des Rechtsgeschäfts ein Merkmal für eine *ordre public*-Widrigkeit begründen.

Die Internationalität des Rechtsgeschäfts ist eine Frage der Nähe zum gewählten Recht bzw. zu dem Recht des jeweiligen Kontrollstaates.[296] Sie kann sich vornehmlich aus dem Erfüllungsort des Rechtsgeschäftes ergeben.[297] Die unterschiedliche Behandlung von internationalen und nationalen Rechtsgeschäften wird bspw. an Art. 1504 CPC ersichtlich. Das französische Schiedsrecht enthält Sonderregelungen über internationale Handelsschiedsverfahren. Für das Vorliegen eines solchen Verfahrens ist die Internationalität des zu entscheidenden Rechtsgeschäfts maßgeblich.

Im Falle eines fehlenden Bezuges des gewählten Rechts ist letztlich zwischen Vereinbarungen unter Unternehmern auf Augenhöhe und strukturellen Ungleichgewichtslagen zu differenzieren.

Unternehmer auf Augenhöhe haben ein Interesse daran, die Schiedsgerichtsbarkeit als neutralen Streitbeilegungsmechanismus zu nutzen. Der Wunsch nach Neutralität gilt auch hinsichtlich des gewählten Sachrechts. Die Parteien werden u.U. sogar ein Recht wählen, welches keinen Bezug zum Streitgegenstand hat.

---

296 Hierzu ausführlich in Kap. 7 B VIII.

297 Commercial Court, Urteil v. 19.12.1997, *Westacre Investments inc vs Jugoimport-SDPR Holding Company Ltd* (1998) 4 All ER, 570, 594. Inwieweit die Nationalität der Parteien für die Beurteilung der *ordre public*-Widrigkeit eine Rolle spielen kann, soll erst in Kap. 7 B VIII 2 geklärt werden.

Eine *ordre public*-Widrigkeit kann dementsprechend nicht mit dem Erfordernis des Parteischutzes begründet werden.

Allerdings könnte der Kontrollstaat ein Interesse an der Anwendbarkeit seiner Normen haben, wenn das Rechtsgeschäft Bezüge zu seinem Recht aufweist. Ihm wird es widerstreben, wenn mithilfe eines Schiedsverfahrens Verträge vollzogen werden, welche nach nationalem Recht nichtig sind. Ein Eingreifen kann in den Fällen gerechtfertigt sein, in denen das Interesse des Kontrollstaates an der Einhaltung einer bestimmten Norm für ein geordnetes Staatsleben essentiell ist. Insoweit kann eine fehlende Internationalität des Rechtsgeschäftes ein Merkmal für eine *ordre public*-Widrigkeit begründen.

Sofern zwischen den Parteien eine strukturelle Ungleichgewichtslage besteht, könnte ein fehlender Bezug des Rechtsgeschäfts zum gewählten Recht ebenfalls einen Hinweis auf eine *ordre public*-Widrigkeit darstellen.

Dieser fehlende Bezug ist für das Interesse der unterlegenen Partei am umfassenden Schutz ihrer Rechte unbeachtlich, wenn ein für sie günstiges Recht gewählt wurde. Umgekehrt kann sowohl ein fehlender Bezug des Rechtsgeschäfts als auch eine fehlende Nähe der strukturell unterlegenen Partei zum gewählten Recht eine *ordre public*-Widrigkeit rechtfertigen.[298] Es kann jedenfalls festgehalten werden, dass im Falle eines strukturellen Ungleichgewichts die Internationalität des Rechtsgeschäfts nicht ausreichend ist, um *per se* jegliche *ordre public*-Widrigkeit auszuschließen.

3. Höhe des Streitgegenstandes

Die Höhe des Streitgegenstandes erweist sich möglicherweise für die Beurteilung einer *ordre public*-Widrigkeit in doppelter Hinsicht als relevant.

Wie Art. 91 Arbitration Act 1996 zeigt,[299] könnte sich die Kombination einer strukturellen Ungleichgewichtslage mit einem sehr niedrigen Streitwert als problematisch erweisen. Diese Problematik beruht auf dem Gedanken, dass die Kosten des Schiedsverfahrens hier im Vergleich zum staatsgerichtlichen Verfahren erhöht sind und eine zusätzliche Belastung der strukturell unterlegenen Partei begründen können. Inwieweit diese These zutreffend ist, soll indes im Rahmen der Beurteilung des Aspekts des Kostenaufwandes verifiziert werden.[300]

Die Höhe des Streitgegenstandes könnte sich (auch) in umgekehrter Richtung als relevant erweisen. Ein sehr hoher Streitwert vermag ein Interesse des Staates

---

298 Vgl. dazu ausführlich in Kap. 7 B VIII 2.

299 Kap. 6 B V 3.

300 Vgl. dazu Kap. 7 B VIII 3 b) dd).

an der Entscheidung im Wege eines staatsgerichtlichen Verfahrens begründen. Wegen der hohen Streitwerte scheinen die Auswirkungen der schiedsgerichtlichen Entscheidung auf den jeweils betroffenen Staat und das Wohlergehen seiner Bürger erheblicher zu sein als bei der Entscheidung über niedrigere Streitwerte. Zur weiteren Begründung einer staatlichen Interventionsmöglichkeit im vorliegenden Fall kann auf die oben entwickelten Argumente für eine *ordre public*-Widrigkeit in Bezug auf die Komplexität des Rechtsgeschäfts rekurriert werden.[301]

Zugleich werden hohe Streitwerte vorrangig bei grenzüberschreitenden Transaktionen generiert. In diesen besteht ein besonderes Bedürfnis der Parteien an einer neutralen Gestaltung des Schiedsverfahrens. Ferner greift der Vorteil der Vertraulichkeit des Schiedsgerichtsverfahrens in besonderem Maße ein. Dies gilt bspw., wenn die Parteien über die Zahlung des Kaufpreises streiten. Gerade in Millionen- bzw. Milliardendeals vereinbaren die Parteien Stillschweigen über den Kaufpreis. Besagtes könnte im Falle eines öffentlichen Gerichtsverfahrens nicht mehr aufrechterhalten werden. Darüber hinaus kann bei sehr hohen Streitwerten, in Abhängigkeit von dem jeweiligen Gerichtskostensystem und den Kostenregelungen der Schiedsgerichtsinstitution, der Vorteil der Kosteneffizienz des Schiedsverfahrens zum Tragen kommen. Wie bei der Komplexität des Rechtsgeschäfts,[302] entfalten die Vorteile der Schiedsgerichtsbarkeit im Bereich besonders hoher Streitwerte ihre Wirkungen.

Eine staatsgerichtliche Intervention allein aufgrund eines sehr hohen Streitwertes ist ein Ausdruck eines nicht mehr zu rechtfertigenden Misstrauens in die Schiedsgerichtsbarkeit. Aus einem sehr hohen Streitwert kann folglich kein Merkmal für eine *ordre public*-Widrigkeit abgeleitet werden.

4. *Schaffung von Effizienzen*

Eine *ordre public*-Widrigkeit könnte vorliegen, wenn durch die Vereinbarung eines Schiedsverfahrens in Kombination mit der Rechtswahl die Schaffung von Effizienzen verhindert wird.

Effizienzen sind Ausdruck der Schaffung einer optimalen Ressourcenallokation. Ziel ist es, den Abnehmern die jeweiligen Güter möglichst günstig zur Verfügung zu stellen.[303] Die Schaffung von Effizienzen dient der gesamten Volkswirtschaft.

---

301 Soeben unter 2.

302 Soeben unter 2.

303 *Drexl*, Die wirtschaftliche Selbstbestimmung, des Verbrauchers S. 286.

Voraussetzung hierfür ist allerdings ein funktionierender Wettbewerb.[304] Ein funktionierender Wettbewerb setzt wiederum das Vorliegen der materiellen Vertragsfreiheit voraus.[305] Sofern eine strukturell überlegene Partei die Vertragsbestimmungen einseitig bestimmen kann, entstehen „ineffiziente Vertragsverhältnisse." Angesichts der fehlenden geschäftlichen Erfahrung und wirtschaftlichen Verhandlungsmöglichkeiten der strukturell unterlegenen Partei scheidet ein Wettbewerb um die volkswirtschaftlich sinnvollen Vertragsbedingungen aus.[306] Um das Vertragsgleichgewicht wiederherzustellen und die Schaffung von Effizienzen zu gewährleisten, ist das Eingreifen von staatlichen Schutzmechanismen erforderlich. Die Schutzmechanismen dürfen jedoch nicht derart weit gestaltet sein, dass sie zu einer Markteintrittshürde für die überlegene Partei werden. In einem solchen Fall könnte sie veranlasst sein, von der Erschließung eines Marktes abzusehen.[307]

Zwar dient die Schaffung von Effizienzen, wie die *ordre public*-Kontrolle,[308] dem Erhalt des Allgemeinwohlinteresses, sodass ein enger Zusammenhang zwischen diesen beiden besteht, jedoch ist der Begriff der Effizienzgewinne schwer definierbar. Er hängt von dem jeweils betroffenen Rechtsgebiet ab. So können sich Effizienzgewinne bspw. im Hinblick auf technische oder umweltrechtliche Fortschritte sowie finanzielle Entlastungen ergeben. Eine Beurteilung der *ordre public*-Widrigkeit anhand des Kriteriums des Effizienzgewinns ist damit mühsam, zeitintensiv und von Rechtsunsicherheit geprägt.

Jedoch wird deutlich, dass im Falle eines strukturellen Ungleichgewichts keine Effizienzgewinne generiert werden und hier ein besonderes Bedürfnis nach dem Eingreifen eines staatlichen Schutzmechanismus besteht. Dennoch reicht dies in Anbetracht der bereits angeführten Gründe[309] nicht aus, um bei dem Bestehen einer strukturellen Ungleichgewichtslage eine *ordre public*-Widrigkeit anzunehmen.

---

304 *Mogendorf*, Der strukturell unterlegene Unternehmer, 2016, S. 21.

305 *Drexl*, Die wirtschaftliche Selbstbestimmung, des Verbrauchers S. 286.

306 *Rühl*, 44 Cornell Int'l L. J. 2011, 569, 574 f.; *Mogendorf*, Der strukturell unterlegene Unternehmer, S. 22.

307 *Mogendorf*, Der strukturell unterlegene Unternehmer, 2016, S. 24.

308 Kap. 3 A I.

309 Kap. 7 B I 5.

5. *Zwischenergebnis*

Zusammenfassend lässt sich festhalten, dass die Komplexität des Rechtsgeschäfts[310] und ein sehr hoher Streitwert[311] sowie die Schaffung von Effizienzen keine Merkmale für eine *ordre public*-Widrigkeit begründen.[312]

Die fehlende Internationalität in Kombination mit dem Verstoß gegen noch zu bestimmende Normen kann hingegen zu einer Verletzung des *ordre public* führen.[313]

Die Anknüpfung an die Art der Streitigkeit erweist sich daher insgesamt für die Kriterien einer *ordre public*-Kontrolle lediglich als bedingt tauglich.

V. Die Art der Umgehung

Für die Annahme einer *ordre public*-Verletzung erscheint die bloße Umgehung materiell zwingenden Rechts nicht ausreichend, sondern eine qualifizierte Umgehung erforderlich.

1. *Offensichtlichkeit*

Eine entsprechende Qualifikation der Umgehung vermag sich aus einem Erfordernis eines offensichtlichen Verstoßes gegen den *ordre public* ergeben.

Die §§ 1041 Abs. 1 Nr. 2, 1044 Abs. 2 Nr. 2 ZPO a.F. verlangten eine offensichtliche Unvereinbarkeit mit den wesentlichen Grundsätzen des deutschen Rechts. § 1059 Abs. 2 Nr. 2 b) ZPO verzichtet nach dem Wortlaut der Norm auf das Kriterium der Offensichtlichkeit, sodass das Erfordernis einer offensichtlichen Verletzung nunmehr entbehrlich sein könnte. Die Mängel, welche zur *ordre public*-Widrigkeit führen, sollten so schwerwiegend sein, dass sie zugleich einen offensichtlichen Verstoß begründeten.[314] Daraus resultierend beinhalte die *ordre public*-Kontrolle des § 1059 Abs. 2 Nr. 2 b) ZPO (i.V.m. § 1061 ZPO) heute noch das ungeschriebene Offensichtlichkeitserfordernis.[315]

---

310 Kap. 7 B IV 1.

311 Kap. 7 B IV 3.

312 Kap. 7 B IV 4.

313 Kap. 7 B IV 2.

314 BGH, Beschluss v. 28.1.2014 – III ZB 40/13, WM 2014, 1151, 1151 f. [1 b) Rn. 4 ff.]; OLG München, Beschluss v. 25.9.2006 – 34 Sch 012/06, OLGR 2006, 906, 907 [4 b) (1)]; OLG Düsseldorf, Beschluss v. 14.8.2007 – I-4 Sch 02/06, SchiedsVZ 2008, 156, 159 [II 1 b) bb)]; OLG Frankfurt, Beschluss v. 24.1.2019 – 26 Sch 8/18 [II B 4 Rn. 253].

315 Für das Erfordernis einer offensichtlichen Umgehung auch: BGH, Beschluss v. 28.1.2014 – III ZB 40/13, WM 2014, 1151, 1151 f. [1 b) Rn. 4 ff.]; OLG München,

Eine entsprechende Auffassung wird zum Teil ebenfalls für den schweizerischen *ordre public*-Vorbehalt des Art. 190 Abs. 2 e) IPRG angenommen.[316] Auch der englische Court of Appeal hat in seiner wegweisenden Entscheidung *Deutsche Schachtbau- und Tiefbohrgesellschaft mbH vs Ras Al Khaimah National Oil Co.*[317] eine „clearly" Verletzung des Allgemeinwohls verlangt.[318] Die französischen Gerichte fordern ebenfalls eine „flagrante, effective et concrète" Verletzung des *ordre public*.[319] Eine offensichtliche Verletzung setzte auch der OHG in seiner Entscheidung zum Handelsvertreterausgleich[320] voraus. Der internationale Rechtsvergleich zeigt, dass ein weitgehendes Erfordernis nach einer offensichtlichen Verletzung besteht.

Zweifellos ist das Kriterium der Offensichtlichkeit mit Rechtsunsicherheit verbunden. Die Frage, wann eine Offensichtlichkeit vorliegt, lässt sich nur schwer abstrakt beantworten. So wird für eine offensichtliche Verletzung zum Teil gefordert, dass ein besonders schwerer, deutlicher Widerspruch zu den Gerechtigkeitsvorstellungen der deutschen Rechtsordnung vorliege[321] bzw. eine eklatante Unvereinbarkeit bestehe, welche „unzweifelhaft (sei) und sozusagen auf der Hand lieg(e)."[322] Das Kriterium der Offensichtlichkeit ist seinem Grunde nach eine Emanation der Klarstellung des Verbotes der *révision au fond*. Das Offensichtlichkeitserfordernis untersagt, eine materielle Richtigkeitskontrolle in

---

Beschluss v. 25.9.2006 – 34 Sch 012/06, OLGR 2006, 906, 907 [4 b) (1)]; OLG Düsseldorf, Beschluss v. 14.8.2007 – I-4 Sch 02/06, SchiedsVZ 2008, 156, 159 [II 1 b) bb)]; OLG Frankfurt, Beschluss v. 16.10.2008 – 26 Sch 13/08, BeckRS 2010, 20179 [II]; OLG Köln, Beschluss v. 19.1.2018 – 19 Sch 17/17, [II Rn. 14]; OLG Frankfurt, Beschluss v. 4.6.2019 – 26 Sch 1/19 [II 2 b) cc) Rn. 52]; *Spiegel*, Kartellprivatrecht in der internationalen Handelsschiedsgerichtsbarkeit, S. 195; *Horn*, SchiedsVZ 2008, 209, 218.

316 Amtl.Bull. SR 1987, S. 195 ff.; *Bucher*, Die neue internationale Schiedsgerichtsbarkeit in der Schweiz, Rn. 352.

317 Zu dieser Entscheidung ausführlich in Kap. 6 B III 3 a).

318 Court of Appeal, Urteil v. 24.3.1987, *Deutsche Schachtbau- und Tiefbohrgesellschaft mbH vs Ras Al Khaimah National Oil Co.*, Yearbook Comm. Vol. XIII 1988, 522, 534. Vgl. Commercial Court, Urteil v. 20.1.1999, *Minmetals Germany GmbH vs Ferco Steel Ltd.* (1999) CLC 647, 661; Commercial Court, Urteil v. 19.12.1997, *Westacre Investments inc vs Jugoimport-SDPR Holding Company Ltd* (1998) 4 All ER, 570, 593.

319 Cour d'appel de Paris, Urteil v. 18.11.2004 (n° 2002/19606), *SA Thalès Air Défense c/ GIE Euromissile et EADS*. Ebenso der Cour d'appel de Paris, Urteil v. 23.3.2006, CT0051, *Cytec*.

320 OGH, Beschluss v. 1.3.2017 – 5 Ob 72/16y, IPRax 2018, 532, 535 [IV 3.2 Rn. 41].

321 *Baumert*, SchiedsVZ 2014, 139, 140.

322 OLG Frankfurt, Beschluss v. 16.10.2008 – 26 Sch 13/08, BeckRS 2010, 20179 [II].

Bezug auf den Schiedsspruch durchzuführen. Eine Inhaltskontrolle ist weiterhin versperrt.[323] Ferner soll die Beschränkung auf eine offensichtliche Verletzung zum Ausdruck bringen, dass der *ordre public* nur in extremen Ausnahmefällen eingreift.[324] Eine Aufgabe des Erfordernisses der Offensichtlichkeit würde die Intention des Gesetzgebers, die Schiedsgerichtsbarkeit als gleichwertige Alternative zu stärken, konterkarieren.[325] Ein Verzicht auf das Kriterium der Offensichtlichkeit erscheint daher nicht gerechtfertigt.

Jedoch dürfen die Anforderungen an das Erfordernis einer offensichtlichen Umgehung des materiell zwingenden Rechts nicht überspannt werden. Andernfalls kann keine effektive Sanktionierung der Umgehungsfälle erfolgen. Die Verletzung ist jedenfalls dann nicht mehr offensichtlich, wenn die Aufdeckung des Verstoßes eine Inhaltskontrolle im Sinne einer verbotenen *révision au fond* erfordert.

2. *Gewicht des Verstoßes*

Um den Ausnahmecharakter des *ordre public*-Vorbehaltes zu wahren, kann neben der Offensichtlichkeit ein schwerwiegender Verstoß notwendig sein.

So verlangt die Rechtsprechung für einen Verstoß gegen den prozessualen *ordre public* einen schwerwiegenden Verfahrensfehler.[326] Dies kann auf den materiellen *ordre public* übertragen werden, zumal dieser einen untragbaren Widerspruch zu den deutschen, elementaren Gerechtigkeitsvorstellungen fordert.[327]

Auch nach der Konkretisierung des englischen *ordre public* wird verlangt, dass die Vollstreckung des Schiedsspruches „would be wholly offensive to the ordinary reasonable and fully informed member of the public on whose behalf the powers of the State are exercised."[328]

323 BGH, Beschluss v. 28.1.2014 – III ZB 40/13, SchiedsVZ 2014, 98, 98 [1 b) Rn. 6]; OLG Frankfurt, Beschluss v. 24.1.2019 – 26 Sch 8/18 [II B 4 Rn. 253].

324 *Baumert*, SchiedsVZ 2014, 139, 140.

325 BGH, Beschluss v. 28.1.2014 – III ZB 40/13, SchiedsVZ 2014, 98, 99 [1 c) Rn. 7].

326 BGH, Urteil v. 15.5.1986 – III ZR 192/84, BGHZ 98, 70, 73 [II 3]; OLG Hamburg, Beschluss v. 4.11.1998 – 6 Sch 11/98, BB 1999, Beil. 4, 16, 17 [II e)]. Siehe auch Kap. 3 A V 1.

327 Kap. 3 V 5.

328 Court of Appeal, Urteil v. 24.3.1987, *Deutsche Schachtbau- und Tiefbohrgesellschaft mbH vs Ras Al Khaimah National Oil Co.*, Yearbook Comm. Vol. XIII 1988, 522, 535 [Rn. 26]. Vgl. Commercial Court, Urteil v. 20.1.1999, *Minmetals Germany GmbH vs Ferco Steel Ltd.* (1999) CLC 647, 661; Commercial Court, Urteil v. 19.12.1997, *Westacre Investments inc vs Jugoimport-SDPR Holding Company Ltd* (1998) 4 All ER, 570, 593.

Das Erfordernis eines schwerwiegenden Verstoßes dient, wie das Kriterium der Offensichtlichkeit,[329] dazu, dass die Anwendung des *ordre public* auf extreme Ausnahmefälle beschränkt bleibt. Ein schwerwiegender Verstoß liegt somit vor, wenn die Verletzung einer Norm zu bejahen ist, welche für den konkreten Fall streitentscheidend ist.

3. *Subjektive Erfordernisse*

Ferner kommen in Bezug auf die Umgehung materiell zwingenden Rechts subjektive Erfordernisse in Betracht.

a) Vorsatz

Denkbar ist die Notwendigkeit einer Umgehungsabsicht.[330] Als problematisch an dieser Einschränkung erweist sich, dass es schwierig ist, „normale Schiedsvereinbarungen" von Umgehungsfällen zu unterscheiden.[331] Des Weiteren wird der Nachweis einer Umgehungsabsicht in Anbetracht der hohen Anforderungen, die an das Vorliegen des Vorsatzes zu stellen sind, nur selten gelingen. Es wird die Ausnahme sein, dass eine Partei, wie in dem Warentermingeschäftsfall vor dem OLG Düsseldorf,[332] einräumt, dass sie die Wahl eines fremden Rechts vorgesehen habe, um die strengeren Regelungen eines anderen Rechts zu umgehen.[333] Die *ordre public*-Kontrolle hätte im Falle des Erfordernisses einer Umgehungsabsicht einen stark eingeschränkten Anwendungsbereich und würde keinen effektiven Schutz in den vorliegenden Umgehungsfällen bieten.

---

329 Dazu soeben unter 1.

330 Eine Umgehungsabsicht wird auch im Rahmen der Begrenzung der Rechtswahl durch die Rechtsfigur der *fraus legis* verlangt, vgl. *Kegel/Schurig*, Internationales Privatrecht, § 14 S. 476; Staudinger/*Magnus*, Art. 27 EGBGB, Rn. 29. Nach *Lalive*, ICCA Congress Series 1986 New York Vol. 3 1987, 258, 265 erscheine das Konzept der *fraus legis prima facie* geeignet, auch in der internationalen Schiedsgerichtsbarkeit eine Rolle zu spielen. Denn durch die Kombination von Schiedsvereinbarung und Rechtswahl könnten die Parteien versuchen eine fremde Eingriffsnorm oder den internationalen *ordre public* zu umgehen. *Poudret/Besson*, Comparative Law of International Arbitration, Rn. 705 wollen aus dem Vorliegen einer *fraus legis* zusammen mit der Nichtanwendung einer Eingriffsnorm oder der Verletzung des internationalen *ordre public* eine Erlaubnis der Schiedsrichter ableiten, das von den Parteien gewählte Recht unbeachtet zu lassen.

331 *Horn*, SchiedsVZ 2008, 209, 218.

332 Kap. 5 A II.

333 OLG Düsseldorf, Urteil v. 14.1.1994 – 17 U 129/93, WM 1994, 376, 377 [A II].

Zudem enthält jede Wahl eines fremden Rechts, zumindest implizit, den Willen zur Umgehung der materiell zwingenden Normen des ohne diese Wahl anzuwendenden Rechts. Die Umgehungsabsicht kann teilweise sogar explizit vorliegen, wenn sich die Parteien auf die Anwendung eines bestimmten Rechts aus Neutralitätsgründen geeinigt haben.[334] Im Unternehmerverkehr besteht ein besonderes, anerkennenswertes Bedürfnis für die Wahl eines ausländischen (neutralen) Rechts,[335] sodass in diesem Fall aus der absichtlichen Umgehung des materiell zwingenden Rechts nicht stets eine *ordre public*-Widrigkeit abgeleitet werden kann.

Eine andere Betrachtungsweise ist aber erforderlich, wenn die Umgehung materiell zwingenden Rechts, wie in dem Fall vor dem OLG Düsseldorf, dazu dient, dass der strukturell unterlegenen Partei die sie schützenden Vorschriften entzogen werden und die Bestimmungen des gewählten Rechts hinter diesem Schutz zurückbleiben. Sofern in einem solchen Fall eine Umgehungsabsicht nachgewiesen werden kann, ist dies ein Indiz für eine *ordre public*-Widrigkeit.

b) Grobe Fahrlässigkeit

Wie soeben dargestellt, scheitert die Bestimmung einer *ordre public*-Widrigkeit anhand der Umgehungsabsicht häufig an deren schweren Nachweisbarkeit. Eine Lösung für diese Problematik könnte in der Reduzierung des Haftungsmaßstabes auf grobe Fahrlässigkeit liegen.

Eine ähnliche Vorgehensweise nimmt die Rechtsprechung im Rahmen des § 138 Abs. 2 BGB vor. Dieser verlangt, neben den bereits dargestellten Tatbestandsmerkmalen, eine bewusste Ausnutzung der Schwächesituation des jeweils anderen Teils.[336] Erforderlich ist, dass der Wucherer um die Schwächesituation seines Vertragspartners weiß, diese bewusst ausgenutzt und bei Abschluss des Vertrages Kenntnis von dem Leistungsmissverhältnis zu seinen Gunsten hatte.[337] An sich ist für diese bewusste Ausnutzung Vorsatz erforderlich.[338] Nach

---

334 *Kondring*, ZIP 2017, 706, 709 m.w.N. zufolge seien die Gründe für die Rechtswahl lediglich ein unbeachtliches Motiv.

335 *Rühl*, IPRax 2007, 294, 302; *Niedermaier*, Schieds- und Schiedsverfahrensvereinbarungen in strukturellen Ungleichgewichtslagen, S. 374. Vgl. hierzu auch Erläuternder Bericht zur Änderung des Bundesgesetzes über das Internationale Privatrecht (Internationale Schiedsgerichtsbarkeit) vom 11.1.2017, S. 5 f.; Basler Kommentar-IPRG/ *Hochstrasser/Fuchs*, Einl. 12. Kap. Rn. 154.

336 BeckOK-BGB/*Wendtland*, § 138 Rn. 51 ff. Siehe hierzu auch in Kap. 7 B I 3.

337 Statt aller: BGH, Urteil v. 24.5.1985 – V ZR 47/84, NJW 1985, 3006, 3007 [II 3 c)].

338 BeckOK-BGB/*Wendtland*, § 138 Rn. 55.

der Rechtsprechung genügt jedoch grobe Fahrlässigkeit.[339] Eine Ausdehnung auf Fälle der groben Fahrlässigkeit sei erforderlich, um den verwerflichen Eigennutz i.S.d. § 138 Abs. 2 BGB wirksam zu bekämpfen.[340]

Diese Überlegung kann auf die vorliegenden Umgehungsfälle übertragen werden. Das Schiedsverfahren darf nicht zu einem Missbrauchsinstrument zur Umgehung der zentralen Gerechtigkeitsvorstellungen des Normerlassstaates werden. Fälle, in denen eine Partei einer anderen die Rechtswahl auferlegt hat, um der strukturell unterlegenen Partei die sie schützenden Normen zu entziehen, müssen effektiv erfasst werden. Eine effektive Handhabung ist nur möglich, wenn bereits grobe Fahrlässigkeit für die Annahme einer *ordre public*-Widrigkeit genügt. Grobe Fahrlässigkeit liegt in den genannten Fällen vor, wenn es auf der Hand lag, dass die überlegene Partei ihre Verhandlungsmacht ausgenutzt hat, um mithilfe der Schiedsvereinbarung die noch näher zu konkretisierenden Normen, welche die strukturell unterlegene Partei schützen sollen,[341] zu umgehen und die überlegene Partei die hieraus resultierende Benachteiligung der schwächeren Partei ohne Weiteres hätte erkennen können.

4. *Zwischenergebnis*

Um eine Inhaltskontrolle auszuschließen und die Anwendung des *ordre public* auf extreme Ausnahmefälle zu beschränken, muss die Umgehung des materiell zwingenden Rechts offensichtlich[342] und schwerwiegend[343] sein. Allerdings sind an diese Merkmale keine so hohen Hürden zu setzen, dass eine effektive Kontrolle der vorliegenden Umgehungsfälle nicht gewährleistet werden kann.

Eine vorsätzliche bzw. grob fahrlässige Umgehung, der die strukturell unterlegene Partei zu schützenden, noch näher zu konkretisierenden Normen[344] mithilfe einer Schiedsvereinbarung stellt ein Indiz für eine *ordre public*-Widrigkeit dar.[345]

---

339 BGH, Urteil v. 14.7.1969 – VII ZR 245/67, WM 1969, 1255, 1257 [4 c)]; RG, Beschluss v. 13.3.1936 – V 184/35, RGZ 150, 1, 4 ff.

340 RG, Beschluss v. 13.3.1936 – V 184/35, RGZ 150, 1, 7.

341 Kap. 7 B VII 2.

342 Kap. 7 B V 1.

343 Kap. 7 B V 2.

344 Kap. 7 B VII 2.

345 Kap. 7 B V 3.

VI. Ergebnisvergleich

Der *ordre public* ist ein Instrument der Ergebniskorrektur. Für die Beurteilung, ob ein Verstoß vorliegt, stellen sowohl die deutsche[346] als auch die schweizerische[347] Rechtsprechung explizit darauf ab, dass das Ergebnis gegen die elementaren Gerechtigkeitsvorstellungen verstößt. Aus der Ergebnisbezogenheit könnte sich für die Prüfung des *ordre public* die Notwendigkeit eines Ergebnisvergleiches ergeben.

1. Vergleich mit dem Ergebnis eines staatlichen Gerichtsverfahrens

Denkbar ist die Durchführung eines Vergleichs mit dem Ergebnis des staatlichen Gerichtsverfahrens. Ein solcher Vergleich könnte sicherstellen, dass in staatlichen und schiedsgerichtlichen Verfahren identische Entscheidungen ergehen und damit eine Kongruenz zwischen diesen Verfahren hergestellt wird. Hierdurch wird gewährleistet, dass keiner Partei ein effektiver Rechtsschutz versagt wird. Entscheidend wäre das Ergebnis eines hypothetischen staatlichen Verfahrens vor einem Gericht, welches ohne die Schiedsvereinbarung zuständig wäre.

Diese Lösung könnte die Rechtssicherheit für die Schiedsrichter fördern.[348] Sie müssten zunächst das zuständige Gericht ermitteln[349] und sich sodann durch einen Blick in die dortige Rechtsprechung und Literatur einen Überblick über die Auffassung der staatlichen Gerichte verschaffen. Es wäre eine Antizipation der *ordre public*-Prüfung möglich. Dies hätte unter Umständen zur Folge, dass die Schiedsrichter ihren Schiedsspruch auf diese Prüfung abstimmen und dadurch die Zahl *ordre public*-widriger Schiedssprüche reduziert wird.

Allerdings ist die Schiedsgerichtsbarkeit inzwischen eine weitestgehend anerkannte Alternative zur staatlichen Gerichtsbarkeit. Diese Alternativität beruht auf der Annahme einer Gleichwertigkeit der beiden Gerichtsbarkeiten. Gleichwertigkeit bedeutet allerdings nicht das Erfordernis einer vollständigen Gleichförmigkeit. Dass gerade keine Kongruenz erforderlich ist, zeigt sich auch an der eingeschränkten Inhaltskontrolle. Eine solche ist nur im Wege einer *ordre*

---

346 Vgl. Kap. 3 V 3 und 5.

347 Vgl. Kap. 6 A II 3.

348 Nach *Knoepfler*, FS Lalive, S. 536 seien die Schiedsrichter bei der Beurteilung der Anwendung von zwingenden ausländischen Normen nicht an die Auffassung der schweizerischen staatlichen Gerichte gebunden.

349 Es kann jedoch bereits problematisch sein, dass hypothetisch zuständige Gericht zu ermitteln, wenn mehrere Foren in Betracht kommen.

public-Kontrolle möglich. Ferner ist im Rahmen dieser Kontrolle dem Schiedsgericht ein gewisser Spielraum eingeräumt. Verkörperung findet dieser Spielraum im Verbot der *révision au fond*. Wie ersichtlich wurde,[350] sollte einer zu starken staatsgerichtlichen Intervention im Bereich der Schiedsgerichtsbarkeit in allen hier untersuchten Jurisdiktionen eine Absage erteilt werden.

Wird stets ein Vergleich mit dem Ergebnis eines staatsgerichtlichen Verfahrens vorgenommen, droht ein zu starker Eingriff in die Eigenständigkeit der Schiedsgerichtsbarkeit. Es ist insoweit unbeachtlich, ob der streitige Punkt in einem Gerichtsverfahren anders verhandelt worden wäre[351] oder das Schiedsgericht eine Norm in einer anderen Weise, als das staatliche Gericht anwendet.[352]; jedenfalls solange hierdurch keine elementaren Gerechtigkeitsvorstellungen verletzt werden.

2. *Anwendung der materiell zwingenden Normen durch das Schiedsgericht*

Das Eingreifen einer *ordre public*-Kontrolle ist entbehrlich, wenn das Schiedsgericht die hierzu gehörenden materiell zwingenden Normen von sich aus anwendet. Hierdurch wird ihre Umgehung im Wege der Schiedsvereinbarung *de facto* verhindert.[353] Sofern dies nicht der Fall ist, reicht die Selbstkontrolle durch das Schiedsgericht nicht aus und es ist ein staatliches Eingreifen in den vorliegenden Umgehungsfällen notwendig. Es stellt sich die Frage, ob insoweit tatsächlich ein Verstoß durch das Schiedsgericht vorliegen muss oder ob die Gefahr eines solchen bereits ausreicht. Im Rahmen dieser Beurteilung ist zu berücksichtigen, dass es in den präventiven Kontrollverfahren im Gegensatz zu der *Ex-post-Prüfung* noch gar keinen Schiedsspruch gibt, welcher auf einen Verstoß hin untersucht werden kann. Vielmehr ist insoweit eine Prognose über die schiedsrichterliche Entscheidung zu treffen.[354]

a) *Verstoß durch das Schiedsgericht*

Um das Ermessen der schiedsrichterlichen Entscheidung zu respektieren, könnte erforderlich sein, dass für einen Ergebnisvergleich der *ordre public*-Verstoß durch

---

350 Hierzu insbesondere in Kap. 3 A V, Kap. 6 A II, B I und III.

351 Commercial Court, Urteil v. 3.7.2008, *R vs V* (2008), APP.L.R. 07/03 [Rn. 14].

352 *Van Houtte*, ASA Bulletin 2005, 431, 447 in Bezug auf das EU-Kartellverbot.

353 Siehe hierzu ausführlich in Kap. 7 C I.

354 Hierzu auch ausführlich in Kap. 3 A III.

das Schiedsgericht sicher feststehen muss.[355] Es dürfe grundsätzlich nicht davon ausgegangen werden, dass das Schiedsgericht die zum *ordre public* gehörenden Normen außer Acht lassen werde.[356] Daher müssten die Anforderungen an einen solchen Verstoß entsprechend hoch angesetzt werden. Andernfalls drohe eine uferlose Annahme eines *ordre public*-Verstoßes und eine Handhabung, welche den Interessen des internationalen Handels widerspreche.[357] Zudem soll nur der Maßstab eines sicher feststehenden Verstoßes den Anforderungen an die Bestimmtheit genügen und einen nationalen wie internationalen Entscheidungseinklang sicherstellen.[358] Diese Herangehensweise entspricht letztlich der dargestellten Annahme des Ausschlusses einer *ordre public*-Kontrolle im Einredeverfahren.[359]

Wie im Rahmen der dortigen Untersuchung,[360] gilt auch hier, dass es in den präventiven Kontrollverfahren noch gar kein sicher feststehendes Ergebnis gibt, welches verglichen werden kann. Allerdings ist eine Prognose über die Entscheidung des Schiedsgerichtes möglich. Dieses Prognoseergebnis kann in derselben Weise wie jedes andere Ergebnis untersucht werden.[361] Ein Abwarten auf einen Verstoß des Schiedsgerichtes ist, wie in Bezug auf das Einredeverfahren gezeigt,[362] weder mit den Parteiinteressen an einer effektiven und kostengünstigen Verfahrensdurchführung noch mit den Interessen des Normerlassstaates an der umgangenen Norm vereinbar. Um eine effektive *ordre public*-Kontrolle bereits in den präventiven Kontrollverfahren zu gewährleisten, darf der Kontrollmaßstab nicht auf einen tatsächlichen Verstoß des Schiedsgerichts beschränkt werden.

---

355 Vgl. *Quinke*, SchiedsVZ 2007, 246, 249 f.; *Horn*, SchiedsVZ 2008, 209, 218; *Rühl*, IPRax 2007, 294, 301 f.; *Antomo*, IHR 2013, 225, 234.

356 So *Niedermaier*, Schieds- und Schiedsverfahrensvereinbarungen in strukturellen Ungleichgewichtslagen, S. 375 in Bezug auf die Anwendung von Eingriffsnormen durch das Schiedsgericht.

357 Ähnlich *Rühl*, IPRax 2007, 294, 298.

358 Vgl. *Mogendorf*, Der strukturell unterlegene Unternehmer, S. 292; *Thorn/Nickel*, IPRax 2018, 541, 548.

359 Vgl. Kap. 3 A III.

360 Kap. 3 A III 4.

361 *Thorn/Nickel*, IPRax 2018, 541, 547.

362 Kap. 3 A III 3 und 4.

b) Gefahr eines Verstoßes

Nachdem festgestellt wurde, dass der soeben genannte Maßstab zu hoch angesetzt ist, stellt sich die Frage, welcher Maßstab für die Gefahr eines *ordre public*-Verstoßes ausreichend ist.

aa) Maßstab für die Gefahr

Die denkbaren Maßstäbe für eine ausreichende Gefahr sind mannigfaltig.

Um eine uferlose Ausweitung des *ordre public* zu verhindern, dürfen die Anforderungen an den Maßstab der Gefahr nicht zu niedrig angesetzt werden. Insoweit wird teilweise eine mit an Sicherheit grenzende[363] bzw. hohe Wahrscheinlichkeit, dass das Ergebnis gegen den *ordre public* verstößt, angesetzt.

In den Fällen zum Warentermingeschäft forderte das OLG Düsseldorf, dass die Anwendung der deutschen Vorschriften „keinesfalls sicher" sei bzw. „kaum erwartet" werden könne.[364] Das OLG München verlangte demgegenüber in seiner Entscheidung zum Handelsvertreterausgleich eine naheliegende Gefahr der Umgehung.[365]

bb) Naheliegende Gefahr

Es zeigt sich, dass das Vorliegen einer rein abstrakten Gefahr nicht geeignet erscheint, um eine *ordre public*-Widrigkeit zu begründen.[366] Eine andere Betrachtungsweise könnte sich jedoch aus der Entscheidung des OLG Düsseldorf vom 8.3.1990 zu einem Warentermingeschäft ergeben. Das OLG Düsseldorf stellte in seiner Entscheidung nur auf die „Gefahr" der fehlenden Anwendung des Termin- und Differenzeinwandes ab. Allerdings lag der Schiedsvereinbarung über Streitigkeiten aus Termingeschäften an ausländischen Börsen die Einigung

---

363 *Thorn/Nickel*, IPRax 2018, 541, 548.

364 Vgl. OLG Düsseldorf, Urteil v. 6.3.2008 – I-6 U 109/07, 6 U 109/07 [II 1 b) cc (2) Rn. 41]; OLG Düsseldorf, Urteil v. 29.1.2009 – I-6 U 254/07, 6 U 254/07 [II 1 b) bb) Rn. 44]; OLG Düsseldorf, Urteil v. 19.3.2009 – I-6 U 46/08, 6 U 46/08 [II 2 Rn. 63]. Ausführlich zudem in Kap. 5 A IV 1.

365 OLG München, Urteil v. 17.05.2006 – 7 U 1781/06, OLGR 2007, 138, 140 [2]. Ausführlich zu dieser Entscheidung in Kap. 5 B IV 1. Ebenfalls für den Maßstab einer naheliegenden Gefahr: *Ferrari/Kröll*, Conflict of Laws in International Arbitration, S. 209 f.; *Kleinheisterkamp*, RabelsZ 73 (2009), 818, 836 f. Eine naheliegende Gefahr als nicht ausreichend ansehend: *Sachs/Niedermaier*, FS von Hoffmann, S. 1064.

366 So *Geimer*, EWiR 2004, 971, 972.

auf ein inländisches Schiedsgericht und die Wahl deutschen Rechts zugrunde.[367] Es bestand kein Grund zu Annahme, dass die Vorschriften über den Termin- und Differenzeinwand umgangen werden. Dementsprechend musste sich das OLG Düsseldorf nicht weiter mit dem Maßstab für eine Gefahr der Umgehung der zum deutschen *ordre public* gehörenden Vorschriften im Falle einer Rechtswahl auseinandersetzen. Diese Entscheidung hat insoweit keine Leitbildfunktion. Es kann aus ihr nicht gefolgert werden, dass im Falle der Wahl eines ausländischen Rechts die reine Gefahr einer *ordre public*-Widrigkeit genügt.

Erforderlich ist vielmehr eine qualifizierte Gefahr. Die Anforderungen an den Grad der Qualifikation müssen einen gerechten Ausgleich zwischen einer effektiven Handhabung der *ordre public*-Kontrolle und der Verhinderung einer Überdehnung desselben gewährleisten. Dieser Ausgleich kann am Maßstab der naheliegenden Gefahr abgebildet werden.

Das Abstellen auf die naheliegende Gefahr steht auch nicht im Widerspruch zu der Entscheidung des OLG Stuttgart zum Handelsvertreterausgleich.[368] Das OLG Stuttgart nahm an, dass nicht nur eine naheliegende Gefahr besteht, dass die zwingenden Vorschriften außer Acht gelassen werden. Vielmehr sei dies als sicher zu erwarten.[369] Es musste sich somit in der Sache nicht mit der Frage befassen, ob eine naheliegende Gefahr ausreichend ist, da hier aus seiner Sicht die höheren Anforderungen eines sicheren Verstoßes erfüllt waren. Der Entscheidung lässt sich kein Hinweis darauf entnehmen, dass, sofern diese höheren Anforderungen nicht erfüllt sind, eine naheliegende Gefahr für das Vorliegen eines *ordre public*-Verstoßes nicht ausreicht.

Es stellt sich die Frage, unter welchen Voraussetzungen eine naheliegende Gefahr vorliegt. Einen Hinweis für eine solche Gefahr bildet im Falle der Umgehung einer unionsrechtlich geprägten Norm die Wahl des Rechts eines EU-Drittstaates und des Schiedsgerichtes mit Sitz in eben diesem Staat. Hier ist das Schiedsgericht nicht unmittelbar an die EU-Richtlinien und die Rechtsprechung des EuGH gebunden. Es ist dementsprechend nicht auszuschließen, dass es diese Vorschriften nicht anwenden wird.[370] Eine fehlende Anwendung liegt vielmehr

---

367 OLG Düsseldorf, Urteil v. 8.3.1990 – 6 U 213/89, WM 1990, 842, 845. Bestätigt durch BGH, Urteil v. 6.6.1991 – III ZR 68/90, NJW 1991, 2215, 2215 f. [3 b)].

368 Anders wohl *Antomo*, IHR 2013, 225, 233. Zu dieser Entscheidung ausführlich in Kap. 5 B IV 2.

369 OLG Stuttgart, Urteil v. 29.12.2011 – 5 U 126/11, IHR, 2012, 163, 165 [III 2 b) aa)].

370 OLG München, Urteil v. 17.05.2006 – 7 U 1781/06, OLGR 2007, 138, 140 [2]; OLG Stuttgart, Urteil v. 29.12.2011 – 5 U 126/11, IHR 2012, 163, 165 [III 2 b)]. OLG Düsseldorf, Urteil v. 6.3.2008 – I-6 U 109/07, 6 U 109/07 [II 1 b) cc) Rn. 41]; OLG Düsseldorf,

nahe, wenn eine Partei bspw. vermittelt über den Unternehmenssitz eine räumliche Verbindung zu dem gewählten Recht aufweist.[371] Des Weiteren spricht ein expliziter vertraglicher Ausschluss der Anwendbarkeit der in Betracht kommenden Norm für eine naheliegende Gefahr.[372] Denn hier könnte sich das Schiedsgericht angesichts des geäußerten Parteiwillens veranlasst sehen, diesem grundsätzlich zu folgen. Darüber hinaus kann eine naheliegende Gefahr mittels einer ausdrücklichen Ablehnung der Anwendung der *ordre public*-zugehörigen Norm durch das Schiedsgericht begründet werden.[373] Eine solche ausdrückliche Ablehnung kommt im Falle eines Teilschiedsspruches in Betracht, wenn das Schiedsgericht bspw. zunächst über das anzuwendende Recht entscheidet. Ferner ist es möglich, anhand von vorherigen Schiedssprüchen, sofern sie veröffentlicht wurden, und Publikationen zu ermitteln, ob die gewählten bzw. durch die Schiedsgerichtsinstitution eingesetzten Schiedsrichter gegenüber der Anwendung der *ordre public*-zugehörigen Normen eher eine ablehnende Haltung einnehmen.

3. *Aufhebung im Land des Sitzes des Schiedsgerichtes*

Um eine effektive *ordre public*-Kontrolle zu ermöglichen, ist das Abwarten eines potentiellen Aufhebungsverfahrens bzw. das Verstreichenlassen der Frist für ein solches nicht ausreichend. Deshalb könnte hier für einen Ergebnisvergleich ebenfalls das prognostizierte Ergebnis eines möglichen Aufhebungsverfahrens heranzuziehen sein.

Wie bereits im Rahmen der Ermittlung der vom Schiedsgericht anzuwendenden Eingriffsnormen gesehen, ist eine mögliche Aufhebung am Sitz des Schiedsgerichts für die Vollstreckbarkeit des Schiedsspruches und damit für die Anwendbarkeit der Eingriffsnormen ein zentrales Kriterium.[374] Um einen

---

Urteil v. 29.1.2009 – I-6 U 254/07, 6 U 254/07 [II 1 b) bb) Rn. 44]; OLG Düsseldorf, Urteil v. 19.3.2009 – I-6 U 46/08, 6 U 46/08 [II 1 b) bb) (2) Rn. 63]. Ebenso OGH, Beschluss v. 1.3.2017 – 5 Ob 72/16y, IPRax 2018, 532, 536 [IV 6 Rn. 49].So auch BGH, Urteil v. 4.6.1975 – VIII ZR 232/73, NJW 1975, 1600, 1601 [III] in Bezug auf den deutschen Termin- und Differenzeinwand.

371 OLG München, Urteil v. 17.05.2006 – 7 U 1781/06, OLGR 2007, 138, 140 [2].

372 OLG Stuttgart, Urteil v. 29.12.2011 – 5 U 126/11, IHR 2012, 163, 165 [III 2 b)]; BGH, Urteil v. 15.06.1987 – II ZR 124/86, NJW 1987, 3193, 3194; OLG München, Urteil v. 17.05.2006 – 7 U 1781/06, OLGR 2007, 138, 140 [2].

373 OGH, Beschluss v. 1.3.2017 – 5 Ob 72/16y, IPRax 2018, 532, 536 [IV 6 Rn. 49].

374 Kap. 7 A III.

Einklang zwischen der Anwendungspflicht der Schiedsrichter und der *ordre public*-Kontrolle herzustellen, könnte eine potentielle Aufhebbarkeit auch im Rahmen der Gefahrenprognose berücksichtigt werden. Dass die Beurteilung der Auffassung des Gerichtes, welches sich mit der Prüfung der Aufhebung des Schiedsspruches auseinandersetzen muss, für die Frage der *ordre public*-Widrigkeit bedeutsam ist, zeigte sich ferner an der englischen Rechtsprechung.[375]

Allerdings beruht eine mögliche Aufhebung aufgrund eines *ordre public*-Verstoßes zumindest mitursächlich auf dem Umstand, dass das Schiedsgericht die *ordre public*-zugehörigen Normen nicht angewandt hat. Ist die potentielle Aufhebbarkeit wegen einer drohenden *ordre public*-Verletzung den Schiedsrichtern bekannt, werden diese die jeweilige Norm jedoch höchst wahrscheinlich anwenden, um einen vollstreckungsfähigen Schiedsspruch zu erlassen.

Daher liefert die potentielle Aufhebbarkeit keinen Hinweis für das Vorliegen einer naheliegenden Gefahr.

4. *Versagung der Anerkennung und Vollstreckung*

Im Gegensatz zum staatlichen Gericht des Aufhebungsverfahrens sind die Vollstreckungsgerichte zumeist schwieriger zu bestimmen. Es müsste das Ergebnis eines staatlichen Vollstreckbarerklärungsverfahrens berücksichtigt werden, sofern der Vollstreckungsort bereits sicher feststeht. Ist dies nicht der Fall, wäre, um eine effektive *ordre public*-Kontrolle zu gewährleisten, das Ergebnis am prognostizierten Vollstreckungsort zu beachten. Zur Prognose dieses Vollstreckbarerklärungsgerichts können die Kriterien zur Ermittlung der vom Schiedsgericht anzuwendenden Eingriffsnormen herangezogen werden.[376]

Zugleich beruht die Versagung der Anerkennung des Schiedsspruches aufgrund einer *ordre public*-Widrigkeit auch hier auf einer fehlenden Anwendung der betroffenen Normen durch das Schiedsgericht. Es gilt, wie bei der Aufhebung des Schiedsspruches,[377] dass eine prognostizierte Vollstreckungsversagung wegen der Pflicht der Schiedsrichter zum Erlass eines vollstreckungsfähigen Schiedsspruches für die Anwendung der zum *ordre public* gehörenden Norm spricht. Sie kann daher ebenfalls keinen Hinweis für eine naheliegende Gefahr begründen.

---

375 Vgl. Kap. 6 B III 5 b).
376 Kap. 7 A VI.
377 Soeben unter 3.

5. Zwischenergebnis

Es muss eine naheliegende Gefahr der Nichtanwendung der *ordre public*-zugehörigen Norm bestehen.[378]

Zugleich ist ein reiner Vergleich zwischen der Durchführung des staatlichen Gerichtsverfahrens und dem Schiedsverfahren nicht für den Ergebnisvergleich notwendig. Dennoch sollte, da sich letztlich die staatlichen Gerichte mit der Wirksamkeit der Schiedsvereinbarung auseinandersetzen, ihre Sicht berücksichtigt werden. Eine Antizipation kann einen Anhaltspunkt für die Prognose der *ordre public*-Kontrolle sowohl für die Parteien als auch für die Schiedsrichter ermöglichen.[379]

Ein *ordre public*-Verstoß kommt jedoch nur in Betracht, sofern ein Ergebnisvergleich zu einem/r negativen Ergebnis/Prognose führt. Diese Prognose könnte darin bestehen, dass die naheliegende Gefahr gegeben ist, dass die dem *ordre public*-zugehörigen Normen nicht durch das Schiedsgericht angewendet werden und diese fehlende Beachtung nicht durch die Anwendung einer über den Schutz der dem *ordre public*-zugehörigen Norm hinausgehenden Vorschrift kompensiert wird.

Aufgabe des *ordre public* ist es, unerträgliche Ergebnisse zu korrigieren. Ein Ergebnis ist nicht mehr unerträglich, wenn es einen höheren Schutz als die *ordre public*-zugehörige Norm vermittelt. Sofern ein schutzintensiveres Recht als das Heimatrecht der strukturell unterlegenen Partei gewählt wird, sind die negativen Auswirkungen stark eingeschränkt. Sie werden in diesem Fall zumeist den Unternehmer treffen. Ferner sind kaum Wettbewerbsverzerrungen zu befürchten.[380]

Zudem könnte eine *ordre public*-Korrektur entbehrlich sein, wenn der Ergebnisvergleich ergibt, dass zwar von einer stärker schützenden *ordre public*-Norm abgewichen zu werden droht, aber die angewandte Norm jedenfalls den geforderten Mindestschutz vermittelt.

Zugleich erscheint es denkbar, aus der *Unamar*-Entscheidung[381] abzuleiten, dass jedenfalls einer strukturell unterlegenen Partei stets das Recht, welches den Maximalschutz aufweist, offenstehen muss. Eine solche Lösung würde die Schutzpflicht des Staates in Bezug auf die strukturell unterlegene Partei am besten verwirklichen. Allerdings verlangt das BVerfG lediglich einen Schutz der strukturell unterlegenen Partei.[382] Es fordert nicht, dass es sich hierbei um den

378 Kap. 7 B VI 2 b) bb).

379 Kap. 7 B VI 1.

380 So *Schwarz*, ZVglRWiss 101 (2002), 45, 67 in Bezug auf den Handelsvertreterausgleich.

381 Kap. 5 B III 2.

382 BVerfG, Beschluss v. 7.2.1990 – 1 BvR 26/84, NJW 1990, 1496 1496 ff.

Maximalschutz handeln muss. Die Einhaltung des Mindestschutzes ist zudem geeignet, die widerstreitenden Interessen der beiden Parteien in einen gerechten Ausgleich zu bringen. Die strukturell unterlegene Partei hat ein Interesse daran, nicht durch die Rechtswahl schutzlos gestellt zu werden. Hingegen strebt die überlegene Partei zumindest eine gewisse Rechtswahlmöglichkeit und die mit ihr verbundenen Vorteile (z.B. die Kostensenkung, eine einheitliche Vertragsgestaltung, etc.) an.

Darüber hinaus bietet eine Lösung im Sinne der *Unamar*-Entscheidung ein erhebliches Anreizpotential für die Normerlassstaaten, durch die Erklärung des Willens zum Maximalschutz den Anwendungsbereich der *ordre public*-Kontrolle erheblich auszuweiten. Ferner widerspricht diese Lösung den Grundsätzen der *comitas*. Hat im vorliegenden Fall ein Staat seine Mindestpflichten erfüllt, so fordert der Respekt vor der fremden Rechtsordnung, diese Entscheidung „nur" für den Mindestschutz anzuerkennen und die eigene Rechtsordnung nicht aufzudrängen; zumal auch in der fremden Rechtsordnung ein Schutz gewährt wird. Es steht einer *ordre public*-Widrigkeit somit nicht entgegen, wenn das gewählte Recht den geforderten Mindestschutz gewährt.

Es bleibt festzuhalten, dass ein Verstoß gegen den *ordre public* die naheliegende Gefahr der Nichtanwendung einer diesem zugehörigen Norm verlangt und das (zu erwartende) Ergebnis der Anwendung der fremden Norm hinter dem geforderten Mindestschutz zurückbleibt.

VII. Die Rechtsnatur und der Schutzzweck der materiell zwingenden Norm

Entscheidend für die Beurteilung der *ordre public*-Widrigkeit sind die Rechtsnatur und der Schutzzweck der umgangenen materiell zwingenden Norm. Die deutsche Rechtsprechung verlangt, wie in Kap. 3 gesehen, für einen Verstoß gegen den *ordre public* eine Verletzung der elementaren Grundlagen der Rechtsordnung. Zugleich wird klargestellt, dass eine reine Verletzung des materiellen Rechts nicht ausreichend ist, um eine *ordre public*-Widrigkeit zu begründen.[383]

1. *Die Rechtsnatur*

Die Bedeutung der Rechtsnatur der zu betrachtenden Norm wird auch an der englischen Rechtsprechung zum *ordre public* deutlich, wenn der *Court of Appeal*

383 Vgl. Kap. 3 A V 5.

in der Entscheidung Minmetals Germany GmbH vs Ferco Steel Ltd.[384] zuvörderst auf die Natur der in Betracht kommenden Normen abstellt.

Eine *ordre public*-Widrigkeit könnte zugleich ausscheiden, wenn es sich bei der umgangenen Norm lediglich um eine dispositive Vorschrift handelt. Dispositive Normen können nicht nur im Rahmen der an sich anwendbaren Rechtsordnung abbedungen, sondern auch stets durch die Wahl einer ausländischen Rechtsordnung umgangen werden.[385] Der *ordre public* kann im Hinblick auf seinen Ausnahmecharakter nicht dazu eingesetzt werden, die im Bereich der dispositiven Normen gewährleistete Vertragsfreiheit wieder einzuschränken. Es besteht hier kein Bedürfnis, die zulässige Umgehung dieser Vorschriften im Bereich der Schiedsgerichtsbarkeit stärker als vor den staatlichen Gerichten einzuschränken. Eine andere Lösung bedeutet nicht nur eine Rückkehr zu Zeiten der erheblichen staatlichen Intervention im Bereich der Schiedsgerichtsbarkeit, sondern diese noch auszuweiten.

Bestätigung findet der Ausschluss der *ordre public*-Kontrolle auf dispositive Normen in der Konkretisierung des *ordre public* durch den BGH. Die elementaren Gerechtigkeitsvorstellungen umfassen bereits nicht alle zwingenden Normen.[386] Hieraus kann in Verbindung mit dem Stufenverhältnis zwischen den dispositiven und zwingenden Normen abgeleitet werden, dass implizit eine Anwendung des *ordre public* auf dispositive Normen ausgeschlossen werden sollte. Ein solcher Wille wird ferner an der Konkretisierung des *ordre public* durch das BayObLG deutlich. Dieses verlangt die Verletzung einer Norm, „die die Grundlagen des deutschen staatlichen und wirtschaftlichen Lebens in zwingender, dem Parteibelieben entzogener Weise regelt“. Dispositive Vorschriften sind aber gerade nicht in zwingender Weise dem Parteibelieben entzogen, sondern stehen vielmehr zu deren freier Disposition. Folglich erfasst der *ordre public* nicht diejenigen Normen, welche dispositiver Natur sind.

Dementsprechend ist zumindest eine national zwingende Natur für die dem *ordre public* zuzurechnenden Normen erforderlich.

a) Eingriffsnorm

Voraussetzung für eine Zurechnung zum *ordre public* könnte sein, dass es sich bei der betreffenden Norm um eine Eingriffsnorm handelt.

---

384 Vgl. Kap. 6 B III 5 b) aa).

385 Vgl. Kap. 1 B.

386 Vgl. Kap. 3 A V 5.

aa) Geltung von Eingriffsnormen unabhängig vom ordre public

Hierzu müsste der *ordre public* überhaupt Eingriffsnormen erfassen.[387]

Einer solchen Zurechnung scheint entgegenzustehen, dass Eingriffsnormen sich gegen die Wahl einer fremden Rechtsordnung durchsetzen und bereits von sich aus einen internationalen Geltungswillen entfalten.[388] Der *ordre public* ist in seiner negativen Funktion hingegen ein reines Instrument der Ergebniskorrektur.[389] Demzufolge haben Eingriffsnormen und der *ordre public* an sich unterschiedliche Regelungszwecke.[390]

Der Schutz der deutschen Rechtsordnung vor den unerträglichen Ergebnissen von Schiedssprüchen wird zudem mittels des *ordre public*[391] und nicht durch die Eingriffsnormen erreicht. Sofern die Schiedsvereinbarung in Kombination mit der Rechtswahl dazu führt, dass eine Eingriffsnorm umgangen wird, welche nicht zum *ordre public* gehört, könnte dies nicht die Sanktion der Unwirksamkeit der Schiedsvereinbarung nach sich ziehen.[392] Jedoch vermag ein solches Ergebnis dem internationalen Geltungswillen und der Rechtsnatur von Eingriffsnormen, welche der Parteidisposition entzogen sind, widersprechen. Es hat sich aber in der deutschen,[393] englischen[394] und schweizerischen[395] Rechtsordnung gezeigt, dass im Schiedsverfahren die Art. 9 Rom I-VO und Art. 19 IPRG keine Anwendung finden. Eingriffsnormen, wie das Kartellverbot[396] und der Handelsvertreterausgleich,[397] führen nicht bereits aufgrund ihrer Rechtsnatur zur Unwirksamkeit der Schiedsvereinbarung. Vielmehr wurde als dogmatische Lösung der *ordre public* herangezogen.[398] Dies wird durch die schweizerische

---

387 Nach *Mankowski*, ZEuP 2008, 845, 857 verkörperten Eingriffsnormen einen speziellen *ordre public*, den sog. *ordre public économique et social international. Niedermaier*, Schieds- und Schiedsverfahrensvereinbarungen in strukturellen Ungleichgewichtslagen, S. 307 spricht von einer konzeptionellen Nähe zwischen Eingriffsnormen und dem anerkennungsrechtlichen *ordre public*.

388 Vgl. Kap. 1 D III.

389 Vgl. Kap. 3 A V 3.

390 *Kühne*, FS Wegen, S. 461; *Basedow*, FS Sonnenberger, S. 311.

391 Kap. 3 A V 5.

392 *Dathe*, NJOZ 2010, 2196, 2199 f.

393 Kap. 4 A I.

394 Kap. 6 A III 2.

395 Kap. 6 B IV 1.

396 Kap. 5 C VII 1.

397 Kap. 6 B IV 1.

398 Kap. 5 B II, IV und C II, III, IV, and V.

Rechtsprechung zum europäischen Kartellrecht bestätigt. Würde die fehlende Anwendung von Eingriffsnormen unabhängig vom *ordre public* zur Unwirksamkeit der Schiedsvereinbarung führen, hätte das BG die jeweiligen Schiedssprüche aufheben müssen. Diesen Lösungsweg hat es aber nicht beschritten.[399]

Eine Anwendung von Eingriffsnormen über den *ordre public* könnte zugleich angesichts der Bindung der Schiedsrichter an die Anwendung der dargestellten Eingriffsnormen entbehrlich sein.[400] Zwar gebietet der Respekt vor der Entscheidungshoheit der Schiedsrichter und der Schiedsgerichtsbarkeit eine Einschränkung der inhaltlichen Nachprüfung,[401] prinzipiell bedeutet dies jedoch nicht, dass jede Nachprüfung unterbleiben kann und darf. Ein Verlass auf die Anwendungspflicht der Schiedsrichter, wie sie in der schweizerischen Rechtsordnung vorgenommen wird,[402] erscheint in den vorliegenden Umgehungsfällen, in welchen die Parteien aus Gründen der Verhandlungstaktik oder schlichter Unerfahrenheit die Anwendung von Eingriffsnormen nicht zwingend vorbringen werden, sowie der Sensibilität der hinter diesen Normen stehenden Staatsinteressen, nicht ausreichend, um eine effektive Kontrolle des Schiedsverfahrens zu sichern und eine Eröffnung der Schiedsgerichtsbarkeit als Missbrauchsinstrument zu verhindern.

In Anbetracht der unterschiedlichen Anwendung von Eingriffsnormen im Vergleich zum staatlichen Gerichtsverfahren benötigt auch eine Umgehung von Eingriffsnormen als dogmatische Grundlage zur Sanktion der Schiedsvereinbarung das Kontrollinstrument des *ordre public*. Eine Anwendung von Eingriffsnormen über den *ordre public* ermöglicht zudem eine Anwendung von Eingriffsnormen nur in extremen Ausnahmefällen sowie eine „feinfühlige Rechtsfolgenabstufung."[403]

bb) Beschränkung des ordre public auf Eingriffsnormen

Zugleich wäre mit Blick auf die Entstehungsgeschichte des *ordre public* dessen Beschränkung auf Eingriffsnormen denkbar. Der Staatsrat *Boulay* verwendete den Begriff in Verbindung mit den „lois de police et sûreté".[404] Diese werden heute

---

399 Kap. 6 A IV.

400 Kap. 7 A.

401 Kap. 3 A V 6, Kap. 6 A II 4, B I und III 4.

402 Kap. 6 A IV 1, 2 und 5 b).

403 *Kühne*, FS Wegen, S. 461.

404 Vgl. Kap. 3 A I.

unter dem Begriff der Eingriffsnormen erfasst. Ferner würden die Schutzzwecke bestimmter Eingriffsnormen zugleich mittels des *ordre public* durchgesetzt.[405]

Eine Beschränkung auf Eingriffsnormen könnte zu einer rechtssicheren Handhabung des *ordre public* führen. Aufgrund der Legaldefinition des Begriffs der Eingriffsnormen in Art. 9 Abs. 1 Rom I-VO, die als *persuasive authority* jedenfalls für den unionsrechtlichen Bereich herangezogen werden kann,[406] wäre eine eindeutige Bestimmung im Rahmen des Kriteriums der Rechtsnatur der über den *ordre public* anzuwendenden Normen möglich. Allerdings gilt die Definition des Art. 9 Abs. 1 Rom I-VO nicht im Bereich von Drittstaaten. Hier ist wegen der Vielfältigkeit des Begriffs der *mandatory provisions* teilweise nicht einheitlich geklärt, welche Voraussetzungen eine Norm erfüllen muss, um als Eingriffsnorm qualifiziert zu werden.[407] Darüber hinaus bestehen auch im Bereich der Europäischen Union trotz der Legaldefinition des Art. 9 Abs. 1 Rom I-VO Schwierigkeiten, eine eindeutige Qualifikation als Eingriffsnorm vorzunehmen. Dies gilt v.a. im Hinblick auf das Erfordernis eines internationalen Geltungswillens und der Verfolgung eines überindividuellen Interesses.[408]

Teilweise bringt in die Frage nach der Rechtsnatur erst eine Entscheidung des EuGH bzw. der obersten nationalen staatlichen Gerichte Licht ins Dunkel. In der vorliegenden Arbeit wurde diese Problematik bspw. am Handelsvertreterausgleich ersichtlich.[409] Daher bietet das reine Abstellen auf Eingriffsnormen im Rahmen der *ordre public*-Prüfung letztlich keine vollkommen rechtssichere Lösung.

Zugleich ist eine Beschränkung auf Eingriffsnormen nicht ausreichend, um einen effektiven Schutz in den vorliegenden Umgehungsfällen, insbesondere im Falle eines strukturellen Ungleichgewichts, zu gewährleisten. Eingriffsnormen erfassen spezifische staatliche finanzielle, Allgemeinwohl- und staatspolitische Interessen sowie das Bedürfnis des freien Handels.[410] Sie inkludieren an sich

405 *Weller*, Ordre public-Kontrolle internationaler Gerichtsstandsvereinbarungen im autonomen Zuständigkeitsrecht, S. 317; *Quinke*, SchiedsVZ 2007, 246, 248. *Thorn/Nickel*, IPRax 2018, 541, 546 gehen davon aus, dass der Gesetzgeber mit dem internationalen Geltungswillen einer Eingriffsnorm zum Ausdruck bringe, dass sie wesentliche Gerechtigkeitsvorstellungen i.S.d. *ordre public* enthalte. Daher seien Eingriffsnormen und *ordre public* „two sides of the same coin".

406 Kap. 4 A I 7.

407 Kap. 4 B II 1.

408 *Mogendorf*, Der strukturell unterlegene Unternehmer, S. 133.

409 Kap. 5 B II.

410 *Blessing*, Arb Int'l 1997, 23, 27 f.; MünchKomm-BGB/*Martiny*, Art. 9 Rom I-VO Rn. 11.

ausschließlich überindividuelle Interessen. Unterstellt man diesen rein überindividuellen Schutzzweck und lehnt eine Erstreckung auf Normen des Sonderprivatrechts ab,[411] werden die individuellen Schutzinteressen, sofern sie nicht zugleich ein Allgemeinwohlinteresse abbilden, nicht mithilfe des *ordre public* durchgesetzt. Insoweit läuft eine Beschränkung des *ordre public* auf Eingriffsnormen einer effektiven Kontrolle zuwider.[412]

Eine entsprechende Beschränkung ergibt sich des Weiteren nicht aus der Konkretisierung des *ordre public* durch die deutsche[413] und schweizerische[414] Rechtsprechung. Diese stellen nur explizit klar, dass nicht jede zwingende Norm Bestandteil des *ordre public* sein soll. Es könnte insoweit, zumindest implizit, ausgeschlossen werden, dass einzig Eingriffsnormen dem *ordre public* zugerechnet werden. Ferner war in den Warentermingeschäften trotz Zurechnung zum *ordre public* nicht eindeutig geklärt, ob es sich bei den Vorschriften zum Termin- und Differenzeinwand um Eingriffsnormen handelte.[415] Dennoch wurden sie (letztendlich zumindest teilweise) dem *ordre public* zugerechnet,[416] d.h. auch wenn sie lediglich national zwingender Natur waren.

Der *ordre public* ist demzufolge nicht auf Eingriffsnormen beschränkt.

cc) Sämtliche Eingriffsnormen als Bestandteil des ordre public

Zugleich stellt sich die Frage, ob der *ordre public* sämtliche Eingriffsnormen erfasst. In diesem Falle erhält er die bereits dargelegte positive Funktion.[417]

Eine solche Lösung könnte sich aus der Empfehlung I(d) des Abschlussberichts des Committee on International Commercial Arbitration of the International Law Association ergeben. Nach dieser kann der *ordre public international* in drei Kategorien unterteilt werden. Die zweite Kategorie bilden bestimmte

---

411 Zur Frage, ob Eingriffsnormen auch Normen des Sonderprivatrechts sein können, vgl. Staudinger/*Magnus* (2016), Art. 9 Rom I-VO Rn. 62; MünchKomm-BGB/*Martiny*, Art. 9 Rom I-VO Rn. 12 ff. m.w.N.; *Lüttringhaus*, IPRax 2014, 146, 149.

412 *Mogendorf*, Der strukturell unterlegene Unternehmer, S. 116 zufolge seien Eingriffsnormen daher nur bedingt zum Schutz einer strukturell unterlegenen Partei geeignet.

413 Kap. 3 A V 5.

414 Kap. 6 A II 3.

415 Gegen eine Qualifikation als Eingriffsnormen: *Welter*, EWiR 1991, 1039, 1040; *Triebel/Peglow*, ZIP 1987, 613, 614 (jedenfalls in Bezug auf den Differenzeinwand).

416 Kap. 5 A I 6.

417 Vgl. Kap. 3 A V 3.

„Polizeigesetze“ oder „Regeln der öffentlichen Ordnung“.[418] Allerdings erfasst diese Kategorie nur bestimmte „Polizeigesetze“ und damit gerade nicht alle Eingriffsnormen.

Eine Ausdehnung des *ordre public* auf sämtliche Eingriffsnormen würde einen Anreiz bilden, die Qualifikation von Eingriffsnormen auszuweiten, da es den Normerlassstaaten so möglich wäre, ihre staatlichen Interessen auch im Bereich der internationalen Schiedsgerichtsbarkeit durchzusetzen.[419] Dass hierdurch divergierende Ergebnisse entstehen können, wird bspw. am Verbraucherkredit ersichtlich. Während der BGH die Eingriffsnormen der Verbraucherkreditrichtlinie nicht dem *ordre public* zurechnet, wird eine entsprechende Qualifikation z.B. in Frankreich vorgenommen.[420]

Eine Ausweitung von Eingriffsnormen ist jedoch unter mehreren Aspekten bedenklich.[421] Die Definition des Begriffs der Eingriffsnorm in Art. 9 Abs. 1 Rom I-VO ist vom EU-Gesetzgeber willentlich an die *Arblade*-Entscheidung angepasst worden,[422] um eine Ausweitung der Qualifikation von Eingriffsnormen primär im Hinblick auf das Sonderprivatrecht einzuschränken.[423] Die Rom I-VO zielt auf eine Vereinheitlichung des IPR und die damit verbundene Verbesserung der Bestimmbarkeit und Vorhersehbarkeit ab.[424] Ferner sollte ein *forum shopping* verhindert werden. Insofern liegt auch Art. 9 Abs. 1 Rom I-VO die Prämisse einer einschränkenden Qualifikation von Eingriffsnormen zugrunde. Zudem kann die Ausweitung von Eingriffsnormen erhebliche Folgen für den internationalen Wirtschaftsverkehr haben,[425] sodass

---

418 Final Report on Public Policy as a Bar to Enforcement of International Arbitral Awards by tbe Committee on International Commercial Arbitration of the International Law Association, presented at the Seventieth Conference of the International Law Association held in New Delhi, April 2002, Professor Mayer, Chairman of the Committee; A. Sheppard, Rapporteur of the Committee, Arb Int.'l Vol. 19 No. 2 (2003), 249, 255.

419 Vgl. *Barraclough/Waincymer*, Melbourne Journal of International Law Vol. 6 2005, 205, 212.

420 Cour de Cassation, 1re civ., 23.5.2006 – n° 0315.637, *Richt c/Sté. Commerzbank*; BGH, Urteil v. 13.12.2005 – XI ZR 82/05, NJW 2006, 762, 764 [II 1 b) bb) (4) Rn. 27].

421 Zu dieser Problematik auch *Lüttringhaus*, IPRax 2014, 146, 149.

422 Kap. 1 D III.

423 *Kühne*, FS Wegen, S. 457.

424 Erwägungsgrund 6 Rom I-VO.

425 *Antomo*, IHR 2013, 225, 228.

Anreize für eine Ausweitung von Eingriffsnormen möglichst eingeschränkt werden sollten.[426]

Eine Ausweitung des *ordre public* auf sämtliche Eingriffsnormen führt zu einer Divergenz mit der Anwendungspflicht der Schiedsrichter in Bezug auf Eingriffsnormen. Sind diese, wie bereits ersichtlich wurde,[427] lediglich zur Anwendung bestimmter Eingriffsnormen verpflichtet, würde sich der Schiedsrichter in einer nicht aufzulösenden Konfliktsituation befinden. Wendet er alle Eingriffsnormen an, missachtet er grundsätzlich den Parteiwillen[428] und könnte haften. Sofern er eine *ordre public*-zugehörige Eingriffsnorm unter Einhaltung seiner Prüfungspflicht nicht anwendet, haftet er, weil dem Schiedsspruch die Vollstreckung versagt werden könnte. Eine Erstreckung des *ordre public* auf sämtliche Eingriffsnormen verletzt die Eigenständigkeit und Funktionsfähigkeit der internationalen Schiedsgerichtsbarkeit über die Maße und führt zu einer Missachtung der schiedsrichterlichen Entscheidungsbefugnisse.

Eine einschränkende Lösung deckt sich mit der englischen[429] und schweizerischen[430] Handhabung des *ordre public*. Angesichts seiner engen Auslegung und dem Abstellen auf eine universelle Komponente in der schweizerischen Rechtsprechung werden nicht alle Eingriffsnormen dem *ordre public* zugerechnet. Dieser Trend spiegelt sich in anderen Rechtsordnungen wieder. So wurde 1983 eine Vorschrift in der österreichischen ZPO, nach der die Nichtanwendung von Eingriffsnormen durch das Schiedsgericht zur Aufhebung des Schiedsspruches führte, aufgehoben.[431] Dass nicht sämtlich Eingriffsnormen dem *ordre public* zugerechnet werden, wird auch im Bereich der Rom I-VO ersichtlich. So wird z.B. das Verbot der Erfolgshonorarvereinbarung nach § 49b Abs. 2 BRAO als

---

426 Ein entsprechender Anreiz wurde auch durch die überschießende Umsetzung der Handelsvertreterrichtlinie in der *Unamar*-Entscheidung geschaffen, vgl. *Lüttringhaus*, IPrax 2014, 146, 149.

427 Kap. 4 und Kap. 7 A.

428 Ausnahmsweise wird die Anwendung der Eingriffsnorm vom Parteiwillen umfasst sein, wenn hierdurch die Aufhebung des Schiedsspruches verhindert werden kann. In diesem Fall besteht aber ohnehin eine Pflicht, die Eingriffsnorm anzuwenden, vgl. Kap. 7 A III.

429 Kap. 6 B III 2.

430 Kap. 6 A II 2.

431 Nach § 595 Nr. 6 öZPO a.F. konnte ein Schiedsspruch aufgehoben werden, wenn er zwingenden Bestimmungen des österreichischen Rechts widersprach.

Eingriffsnorm qualifizert, eine Zurechnung zum *ordre public* wird hingegen abgelehnt.[432]

Ferner widerspricht eine Erstreckung auf sämtliche Eingriffsnormen dem Interesse der Parteien an einer autonomen Entscheidung in Bezug auf die Rechtswahl sowie einer eingeschränkten gerichtlichen Kontrolle zur Steigerung der Kosten- und Zeiteffizienz. Probleme bestehen auch unter dem Aspekt der *comitas*. Durch eine Qualifikation als Eingriffsnorm könnte ein Normerlassstaat dafür sorgen, dass die Schiedsgerichte mit Sitz außerhalb seines Normgeltungsbereichs dessen Eingriffsnormen beachten müssen.[433]

Folglich ist es nicht überzeugend, sämtliche Eingriffsnormen dem *ordre public* zuzurechnen.[434]

b) Kollisionsnorm

Des Weiteren könnten Kollisionsnormen dem *ordre public* zuzurechnen sein.

Kollisionsnormen dienen in erster Linie dazu, potentielle Konflikte zwischen voneinander abweichenden Vorschriften verschiedener Rechtsordnungen zu vermeiden. Sofern sich ein solcher Konflikt nicht vermeiden lässt, sollen die Kollisionsnormen ihn entscheiden. Damit letztlich für „jeden Sachverhaltsteil nur eine Sachvorschrift übrig bleibt“, ist ein zwischen den Staaten übereinstimmendes Kollisionsrecht erforderlich.[435]

Sofern eine Kollisionsnorm dem *ordre public* zugerechnet würde, müsste dem Schiedsspruch stets die Anerkennung versagt werden, falls die Schiedsrichter ein nach dem deutschem IPR nicht anwendbares ausländisches Recht angewandt hätten. Eine solche Lösung widerspricht allerdings dem Interesse des internationalen Rechtsverkehrs.[436] Eine Ausdehnung des *ordre public* auf sämtliche Kollisionsnormen läuft zudem § 1051 ZPO[437] und Art. 178 IPRG[438] sowie Art. 46

---

432 Statt aller: OLG Frankfurt a.M., Urteil v. 1.3.2000 – 9 U 83/99, NJW-RR 2000, 1367, 1369 [B I 2]; BGH, Urteil v. 3.12.1991 – X ZR 101/89, NJW 1992, 3096, 3101 f. [A I 5].

433 Vgl. *Antomo*, IHR 2013, 225, 232.

434 So auch *Karrer/Imhoff-Scheier*, IPRax 1996, 282, 285; *Thorn/Nickel*, IPRax 2018, 541, 547; *Tyrolt*, Sportschiedsgerichtsbarkeit und zwingendes staatliches Recht, S. 86; *Antomo*, IHR 2013, 225, 233. Ähnlich *Beulker*, Die Eingriffsnormenproblematik in internationalen Schiedsverfahren, S. 56.

435 *V. Bar/Mankowski*, Internationales Privatrecht, Erster Band, § 1 Rn. 16.

436 *Weber*, BB 1975, 1410, 1411.

437 Siehe hierzu insbesondere Kap. 2 A II 6 b).

438 Siehe hierzu in Kap. 6 A III.

Arbitration Act[439] zuwider. Bei diesen handelt es sich um eigenständige Kollisionsvorschriften. Auch die Rechtswahl im Rahmen dieser führt nicht zur zwingenden Anwendung der Kollisionsvorschriften des gewählten Rechts. Vielmehr soll zumeist ausschließlich dessen Sachrecht Anwendung finden. Eine Erstreckung des *ordre public* auf Kollisionsnormen unterläuft die Wirkungen dieser schiedsverfahrensrechtlichen speziellen Kollisionsvorschriften.

Eine abweichende Lösung scheint sich jedoch aus der Rechtsprechung zum Warentermingeschäft zu ergeben.[440] In den frühen Entscheidungen wandte der BGH unter Klarstellung der kollisionsrechtlichen Natur des § 61 BörsG a.F. den § 328 Abs. 1 Nr. 4 ZPO als dogmatische Grundlage für die Nichtanerkennung des ausländischen Urteils an.[441] Die kollisionsrechtliche Natur des § 61 BörsG a.F. wurde auch zur Begründung der Unwirksamkeit der Schiedsvereinbarung in den späteren Entscheidungen herangezogen.[442] Allerdings gilt im Rahmen der Anerkennung von Gerichtsstandsvereinbarungen gerade keine dem § 1051 ZPO vergleichbare spezielle Kollisionsnorm, sodass hier eine Zuordnung der nationalen Kollisionsnormen zum *ordre public* möglich und sinnvoll erscheint.

Aus den früheren Entscheidungen des BGH im Bereich des Warentermingeschäfts folgt somit nicht unmittelbar die Notwendigkeit der Zurechnung von Kollisionsnormen zum *ordre public*. Aus den Entscheidungen zur Unwirksamkeit der Schiedsvereinbarung wird vielmehr ersichtlich, dass es für die Lösung der Fallkonstellationen nicht auf eine Zurechnung des § 61 BörsG a.F. zum *ordre public* ankam. Vielmehr waren der Termin- und Differenzeinwand dem *ordre public* zuzurechnen. Dies ergab sich jedoch aus § 53 BörsG a.F. bzw. § 764 BGB a.F. Bei ihnen handelte es sich nicht um Kollisionsnormen. Insoweit folgt aus den Entscheidungen des BGH zum Warentermingeschäft nicht eine Zurechnung von Kollisionsnormen zum *ordre public*.[443]

c) Unionsrechtlich zwingende Norm

Es stellt sich die Frage, ob unionsrechtlich zwingende Normen[444] als Bestandteile des *ordre public* zu qualifizieren sind.

---

439 Kap. 6 B IV.

440 Vgl. Kap. 5 A I.

441 Kap. 5 A I 1.

442 Kap. 5 A I 3.

443 Im Ergebnis ebenso: *Weber*, BB 1975, 1410, 1411. Nach *Mann*, FS von Caemmerer, S. 747, 754 scheide ein *ordre public* Verstoß aus, da dieser nur materiell-rechtliche Normen und gerade keine Kollisionsnormen erfasse.

444 Kap. 1 D II.

aa) Zugehörigkeit von unionsrechtlich zwingenden Normen zum ordre public

Ein Wille zur Anwendung von unionsrechtlich zwingenden Normen über den *ordre public* ergibt sich, wenn man Art. 3 Abs. 4 Rom I-VO als *persuasive authority*[445] heranzieht. Die Binnenmarktklausel soll verhindern, dass von zwingendem Unionsrecht durch Rechtswahl abgewichen wird.[446] Eine solche Umgehung droht auch, wenn eine Schiedsvereinbarung mit der Wahl des Rechts eines Drittstaates kombiniert wird.[447]

Eine Qualifikation als Bestandteil des *ordre public* könnte sich ferner aus dem Effektivitäts- und Äquivalenzgrundsatz ergeben.[448] Nach dem Effektivitätsgrundsatz darf die Ausübung der Rechte, welche die Gemeinschaftsrechtsordnung einräumt, nicht praktisch unmöglich gemacht oder übermäßig erschwert werden. Der Äquivalenzgrundsatz besagt, dass die Modalitäten der Rechtsausübung nicht ungünstiger sein dürfen als diejenigen, welche bei ähnlichen internen Sachverhalten gelten würden.[449]

Aus dem Effektivitätsgrundsatz[450] könnte folgen, dass die vorliegenden Umgehungsfälle in Bezug auf zwingendes Unionsrecht über den *ordre public* gelöst werden müssen. Die Schiedsvereinbarung und die Wahl des Drittstaatsrechts führen möglicherweise dazu, dass das Schiedsgericht das zwingende Unionsrecht nicht anwenden wird.[451] Sofern eine Rechtswahl durch einseitige Gestaltung der strukturell überlegenen Partei zustande kam, hat die unterlegene Partei kaum eine Möglichkeit, die Anwendung der zwingenden Unionsvorschriften im Rahmen des Schiedsverfahrens doch noch durchzusetzen. Diese

---

445 Kap. 4 A I 7.

446 *Magnus*, IPRax 2010, 27, 33 f.

447 Die Wahl eines EU-Mitgliedsstaatsrechts ist dagegen unschädlich, da hier das zwingende Unionsrecht stets einen Bestandteil der nationalen Rechtsordnung bildet. Dementsprechend scheidet eine Umgehung hier aus.

448 Nach *Niedermaier*, Schieds- und Schiedsverfahrensvereinbarungen in strukturellen Ungleichgewichtslagen, S. 331 gehe eine Zurechnung von zwingendem Unionsrecht zum *ordre public* über den gewöhnlichen Effektivitäts- und Äquivalenzgrundsatz hinaus.

449 Statt aller: Schlussantrage GA *Trstenjak* v. 14.5.2009, C-40/08 – *Asturcom* [VI C 1 Rn. 74].

450 *Kleinheisterkamp*, ICLQ Vol. 67 2018, 903, 921 zufolge sei die Versagung der Anerkennung von Schiedssprüchen, welche die zwingenden Unionsrechtsnormen umgehen würden, die Anwendung des Effektivitätsgrundsatzes in seiner negativen Form.

451 Siehe hierzu auch Kap. 7 B VI 2 b) bb).

Konfliktsituation zeigte sich bspw. im Fall *Accentuate vs Asigra*, in welcher sich das Schiedsgericht aufgrund der Wahl kanadischen Rechts für nicht verpflichtet hielt, den Handelsvertreterausgleich nach Art. 17 Handelsvertreterrichtlinie anzuwenden. Die Versagung der Anwendung erfolgte, obwohl der Handelsvertreter die Geltung des Art. 17 Handelsvertreterrichtlinie vorbrachte.[452] Somit kann die Wahl eines Drittstaatsrechts in Kombination mit der Schiedsvereinbarung dazu führen, dass zumindest der strukturell unterlegenen Partei die Ausübung der sie schützenden zwingenden Unionsrechtsvorschriften praktisch unmöglich gemacht bzw. übermäßig erschwert wird.

Zugleich greift der Äquivalenzgrundsatz ein. Würde der *ordre public* (*international*) nicht die zwingenden unionsrechtlichen Normen erfassen, wäre eine *ordre public*-Kontrolle im Vergleich zu rein nationalen Gerichtsverfahren, in welchen die Richter der Mitgliedsstaaten an das zwingende Unionsrecht gebunden sind, ungünstiger. Eine Anwendung der zwingenden Unionsrechtsnormen über den *ordre public* entspricht folglich dem Effektivitäts- und Äquivalenzgrundsatz.

Zudem handelt es sich bei Art. 17 der Handelsvertreterrichtlinie,[453] Art. 101, 102 AEUV[454] und Art. 6 der Klauselrichtlinie[455] um zwingendes Unionsrecht. Ihre Zurechnung zum *ordre public* bestätigt, dass dieser auch zwingende Vorschriften des Unionsrechts erfasst.

Nach der Konkretisierung des deutschen *ordre public* können die elementaren Gerechtigkeitsvorstellungen ferner nicht nur der nationalen, sondern auch der unionsrechtlichen Binnenordnung entstammen.[456] Hierdurch wird zugleich eine Tür für die Anwendung unionsrechtlich zwingenden Rechts über den *ordre public* eröffnet.

Ebendaher stehen der Anwendung des zwingenden Unionsrechts über den *ordre public* keine unüberwindbaren Hindernisse entgegen, sodass auch diese Vorschriften Bestandteile des *ordre public* bilden können.[457]

---

452 Kap. 6 B V 1.
453 Kap. 5 B II.
454 Kap. 5 C IV.
455 Kap. 5 D II 2.
456 Vgl. Kap. 3 A V 5.
457 So auch *Beulker*, Die Eingriffsnormenproblematik in internationalen Schiedsverfahren, S. 302.

bb) Zurechnung sämtlicher Vorschriften des zwingenden Unionsrechts zum ordre public

In Bezug auf die zwingenden unionsrechtlichen Normen ist zugleich durchaus fraglich, ob sämtliche dieser Normen dem *ordre public* zugerechnet werden müssen.[458]

Eine entsprechende Anwendungspflicht könnte sich aus dem Binnenmarktziel (i.V.m. den Grundfreiheiten) ergeben.[459] Aus diesem folgt die Notwendigkeit der Schaffung von Entscheidungsharmonie unter Fortgeltung der nationalen Rechtsordnungen. Unionsbürger müssen vor jedem mitgliedsstaatlichen Gericht mit der Anwendung derselben Normen rechnen können. Eine solche Entscheidungsharmonie ist gefährdet, wenn die mitgliedsstaatlichen Gerichte nur einzelne unionsrechtlich zwingende Normen dem nationalen *ordre public* zurechnen und hieraus eine Widersprüchlichkeit in Bezug auf den Umfang der nationalen *ordre public*-Vorbehalte resultieren könnte. Dass hierdurch divergierende Ergebnisse entstehen können, wird bspw. am Verbraucherkredit ersichtlich. Während der BGH die Eingriffsnormen der Verbraucherkreditrichtlinie nicht dem *ordre public* zurechnet, wird eine entsprechende Qualifikation z.B. in Frankreich vorgenommen.[460]

Allerdings sollen Schiedssprüche angesichts des Ausnahmecharakters des *ordre public*[461] nur aufgehoben werden bzw. ist ihnen die Vollstreckbarkeit zu versagen, sofern die Verletzung des zwingenden Unionsrechts „sufficiently serious" sei.[462] Zudem finden sich weder in der *Eco-Swiss*,[463] den Entscheidungen zum Handelsvertreterausgleich[464] noch zur Klauselrichtlinie[465] ein Hinweis darauf, dass sämtliche unionsrechtlich zwingende Normen dem *ordre public* zuzurechnen sind.[466]

Um die Effektivität des Unionsrechts zu sichern, besteht darüber hinausgehend eine Vielzahl unionsrechtlich zwingender Vorschriften. Zu denken ist hier

---

458 So *Kroitzsch*, GRUR 1969, 387, 398. Nach Musielak/Voit/*Voit*, § 1061 Rn. 27 ist jedenfalls „zwingendes deutsches Wirtschaftsrecht" erfasst.

459 Vgl. *Roth*, RabelsZ 55 (1991), S. 623, 662 ff.

460 Cour de Cassation, 1re civ., 23.5.2006 – n° 0315.637, *Richt c/Sté. Commerzbank*; BGH, Urteil v. 13.12.2005 – XI ZR 82/05, NJW 2006, 762, 764 [II 1 b) bb) (4) Rn. 27].

461 Kap. 3 A I und II.

462 *Blanke*, in: Arbitration in England, Chap. 13 Rn. 13–32.

463 Kap. 5 C IV.

464 Kap. 5 B II und III.

465 Kap. 5 D II 2 a).

466 *Bermann*, Arbitration International Vol. 28 (2012), 397, 416.

bspw. an Art. 4 Richtlinie (EU) 2015/2302 des Europäischen Parlaments und des Rates vom 25. November 2015 über Pauschalreisen und verbundene Reiseleistungen, zur Änderung der Verordnung (EG) Nr. 2006/2004 und der Richtlinie 2011/83/EU des Europäischen Parlaments und des Rates sowie zur Aufhebung der Richtlinie 90/314/EWG des Rates. Die Erstreckung des *ordre public* auf sämtliche unionsrechtlich zwingende Normen widerspricht seinem Charakter als Kontrollinstrument für extreme Ausnahmefälle.

Auch der Konkretisierung des deutschen *ordre public*[467] lässt sich kein Hinweis dafür entnehmen, dass sämtliche Vorschriften dem zwingenden Unionsrecht zugerechnet werden. Vielmehr hat sich bspw. an den zwingenden Vorschriften der Klauselrichtlinie gezeigt, dass ihre Zurechnung wegen der Gefahr einer Überdehnung des *ordre public* problematisch ist.[468]

Damit erfasst der *ordre public* nicht sämtliche Vorschriften des zwingenden Unionsrechts.

d) National zwingende Norm

Zuletzt bleibt noch zu klären, in welchem Umfang national zwingendes Recht dem *ordre public* zuzurechnen ist.

Eine Zurechnung könnte sich aus dem Umstand ergeben, dass die Parteien national zwingende Normen nicht abbedingen können. Prinzipiell ist eine Umgehung von national zwingenden Normen im Wege der Rechtswahl jedoch erlaubt.[469] Hieraus folgt, dass eine Rechtswahl auch in Kombination mit einer Schiedsvereinbarung möglich sein muss und nur in engen Ausnahmefällen der Schiedsvereinbarung ihre Wirksamkeit versagt werden kann. Um dies zu gewährleisten, muss eine Erstreckung des *ordre public* auf sämtliche national zwingende Normen unterbleiben.

Aus den Konkretisierungen des deutschen[470] und schweizerischen[471] *ordre public* ist zu folgern, dass national zwingende Normen zwar dem *ordre public* zugerechnet werden können. Indes folgt aus der Verletzung einer national zwingenden Norm nicht stets ein Verstoß gegen den *ordre public*. Auch der englischen Konkretisierung des *ordre public* lässt sich kein Hinweis dafür

467 Kap. 3 A V 5.

468 Kap. 5 D II 3 a).

469 Vgl. Kap. 1 D I.

470 Kap. 3 A V 5.

471 Kap. 6 A II 3.

entnehmen, dass sämtliche national zwingende Normen diesem zugerechnet werden müssen.[472]

Zudem verletzt eine Erstreckung auf alle national zwingenden Normen die Anerkennung der Parteiautonomie im Schiedsverfahren. Den Parteien wird insoweit die Befugnis eingeräumt, ihre Streitigkeiten im Wege des schiedsgerichtlichen Verfahrens zu regeln. Entsprechend ist die Kontrolle auf Verletzung der zentralen Gerechtigkeitsvorstellungen, die nur bestimmte national zwingende Normen erfasst, ausreichend.[473]

Somit beinhaltet der *ordre public* nur gewisse national zwingende Normen.[474]

e) Zwischenergebnis

Es zeigt sich, dass alle Normen zwingenden Charakters potentielle Bestandteile des *ordre public* sein können. Zugleich wird keine der untersuchten Normgruppen in ihrer Gesamtheit dem *ordre public* zugerechnet. Eine solche Lösung würde dazu führen, dass die Rechtswahlfreiheit im Rahmen der Schiedsvereinbarung ausschließlich im Bereich des dispositiven Rechts bestünde. Insoweit greift bereits die Vertragsfreiheit ein. Die Durchsetzung eines fremden Rechts über das Schiedsverfahren wäre letztlich sinnlos.[475] Allein aus der Rechtsnatur ergibt sich daher keine Qualifikation als Bestandteil des *ordre public*.

Dennoch lässt sich den in den Kapiteln 5 und 6 untersuchten Fallgruppen ein klarer Trend in Anbetracht der Rechtsnatur der zum *ordre public*-zugehörigen Normen entnehmen.

Mit partiellen Ausnahmen (v.a. in Bezug auf den Termin- und Differenzeinwand,[476] bei denen die Rechtsnatur nicht sicher war) wurden nur Eingriffsnormen dem *ordre public* zugerechnet. Dies folgt bspw. aus den Vorschriften zum Handelsvertreterausgleich,[477] der Klauselrichtlinie[478] und den

---

472 Vgl. Kap. 6 B II 2.

473 *Von Winterfeld*, NJW 1987, 3059, 3060.

474 Im Ergebnis auch *Liebscher*, CML Rev. 2008, 545, 554. Gegen eine Unwirksamkeit der Schiedsvereinbarung, wenn lediglich national zwingendes Recht nicht angewandt wird: Staudinger/*Hausmann*, Anh. II zu Art. 27–37 EGBGB Rn. 300; *Ostendorf*, SchiedsVZ 2010, 234, 240; *Niedermaier*, Schieds- und Schiedsverfahrensvereinbarungen in strukturellen Ungleichgewichtslagen, S. 301.

475 Vgl. *Michaels/Kamann*, EWS 2001, 301, 305.

476 Kap. 5 A I 6.

477 Kap. 5 B VI 1.

478 Kap. 5 D II.

Kartellverboten.[479]

Zugleich verdeutlichen die genannten Normen, dass es sich bei diesen um zwingende Vorschriften des Unionsrechts (Art. 17 Handelsvertreterrichtlinie, Art. 6 Klauselrichtlinie und Art. 101, 102 AEUV) handelt.[480]

Aus den Entscheidungen zum deutschen Handelsvertreterausgleich lässt sich ableiten, dass § 89b HGB zwar keine unionsrechtlich zwingende Vorschrift ist, es sich bei dieser Norm aber um die deutsche Umsetzungsvorschrift der Handelsvertreterrichtlinie handelt.[481] Entsprechendes gilt für § 24 öHVertG. Vor Einführung der Handelsvertreterrichtlinie und der *Ingmar*-Entscheidung[482] rechnete der BGH § 89b HGB a.F. nicht dem *ordre public* zu.[483] Dieser stellte in seiner damaligen Fassung noch nicht die Umsetzungsnorm zur Handelsvertreterrichtlinie dar. Somit bestand im vorliegenden Fall nicht die Gefahr der Umgehung einer Norm, welche einen engen Bezug zum zwingenden Unionsrecht hat. Nach der Einführung der Handelsvertreterrichtlinie und der *Ingmar*-Entscheidung wurde § 89b HGB auch durch den BGH als Bestandteil des *ordre public* qualifiziert.[484]

Die §§ 1, 19 GWB sind ebenfalls keine unionsrechtlich zwingenden Vorschriften. Sie stellen des Weiteren keine Umsetzungsnormen dar. Allerdings besteht im Kartellrecht eine starke Orientierung an dem unionsrechtlichen Kartellverbot, um eine einheitliche Anwendung zu sichern. Das deutsche Kartellverbot ist stark an sein unionsrechtliches Pendant angepasst.[485] Es wird deutlich, dass für unionsrechtliche Eingriffsnormen bzw. solche, die einen engen Bezug zum EU-Recht haben, ein Trend zur *ordre public*-Widrigkeit abzuleiten ist.

Letztendlich besteht dieser Trend ausschließlich für die mitgliedsstaatlichen Kontrollgerichte bzw. den EuG/EuGH. Dies resultiert aus dem Umstand, dass nur diese Gerichte an das zwingende Unionsrecht gebunden sind. Anschaulich wurde dies an der schweizerischen Rechtsprechung zur *ordre public*-Zugehörigkeit der Art. 101, 102 AEUV bzw. des nationalen Kartellrechts.[486] Die Schweiz ist als Nichtmitgliedsstaat nicht an das zwingende Unionsrecht und die Rechtsprechung des EuGH gebunden. Im Hinblick auf das nationale Kartellrecht

---

479 Kap. 5 C VII.

480 Kap. 5 B, C, and D.

481 Kap. 5 B II, III and IV.

482 Kap. 5 B II.

483 Kap. 5 B I.

484 Kap. 5 B IV 3.

485 *Kling/Thomas*, Kartellrecht, § 12 Rn. 8.

486 Kap. 6 A IV.

der Schweiz besteht, im Gegensatz zum deutschen Kartellrecht, keine enge Verbindung zum unionsrechtlichen Kartellverbot. Demzufolge eröffnete das Vorliegen unionsrechtlich zwingender Normen keinen Anlass zur Zurechnung des nationalen Kartellrechts zum schweizerischen *ordre public*.

2. *Der Schutzzweck der materiell zwingenden Norm*

Ausschließlich aus der Rechtsnatur der Normen lässt sich, da keine Normengruppe in ihrer Gesamtheit dem *ordre public* zugerechnet werden kann, nicht feststellen, welche Vorschriften diesem typischerweise angehören.[487] Es stellt sich daher die Frage, welchen Schutzzweck eine Norm verfolgen muss, damit sie als Bestandteil des *ordre public*-Begriffs qualifiziert werden kann.

a) Ausschließlicher Schutz individueller Interessen

Es könnte insoweit bereits genügen, wenn die betroffene Norm ausschließlich individuelle Interessen schützt.

Dies vermag sich aus der Unterteilung der Schutzzwecke der zwingenden Normen ergeben. Sie können in diejenigen Normen unterteilt werden, welche (i) der Durchsetzung der überragenden Gesellschaftswerte und -zwecke, (ii) dem Verkehrsschutz und (iii) dem Schutz des Schwächeren dienen. Der Schutz des Schwächeren beruht auf dem Erfordernis des Sozialschutzes. Die schwächere Partei kann ihre Rechte nicht eigenständig durchsetzen. Der soziale Schutz dient hier zugleich Verteilungszwecken und der Herstellung der Vertragsparität.[488]

Auch der *ordre public* scheint den Schutz der schwächeren Partei zu verfolgen.[489] Diese muss im Falle der Umgehung der materiell zwingenden Normen vor einer Rechtswahl in Kombination mit einer Schiedsvereinbarung bewahrt werden.[490] Es hat sich zudem gezeigt, dass der Staat auch bei Vorliegen eines strukturellen Ungleichgewichts Schutzmaßnahmen zu ergreifen hat.[491] Das

---

487 Soeben unter 1 e).

488 Vgl. Kap. 1 C.

489 *Thorn/Nickel*, IPRax 2018, 541, 546.

490 *Mogendorf*, Der strukturell unterlegene Unternehmer, S. 376 schlägt daher vor, das prozessrechtliche Schutzregime durch eine Vorschrift in der Brüssel-Ia-Verordnung zu ergänzen. So dürfe die Zuständigkeit des Gerichtes nicht abbedungen werden, sofern „die naheliegende Gefahr besteht, dass das Schiedsgericht zum Nachteil des strukturell unterlegenen Unternehmers von den entwickelten kollisionsrechtlichen Schutzvorschriften abweichen wird."

491 Kap. 7 B I 4 b).

Schutzerfordernis soll aber nicht nur um der konkret strukturell unterlegenen Partei Willen bestehen. Vielmehr ist ihr Schutz in dem Erfordernis und dem staatlichen Auftrag zur Schaffung und Gewährleistung einer sozialen Ordnung enthalten. Dieser Schutz stellt kein vom Allgemeinwohl abgekoppeltes Interesse dar; es handelt sich vielmehr um eine „genuine Aufgabe."[492]

Aus der eingeschränkten Handlungsfreiheit infolge eines strukturellen Ungleichgewichts resultiert allerdings nicht, dass eine staatliche Beschränkung im Wege des *ordre public* eintreten muss. Dies geht über das „sozialstaatlich zwingende Gebot"[493] hinaus. Schließlich kann die unterlegene Partei auch von einem Vertragsschluss absehen;[494] zumal der *ordre public*, wie die Schiedsfähigkeit, in erster Linie darauf angelegt ist, die grundlegenden Interessen des jeweils betroffenen Staates zu schützen.[495] Der Schutz der konkret betroffenen Parteien ist lediglich zweitrangig[496] bzw. tritt als Reflex ein.

Darüber hinaus hat sich gezeigt, dass der *ordre public* im Besonderen Eingriffsnormen erfasst.[497] Eingriffsnormen sollen durch „Eingriffe" in privatrechtliche Verhältnisse die Interessen ihres Normerlassstaates in politischer bzw. wirtschaftlicher Hinsicht durchsetzen.[498] Sie schützen nicht konkrete Personen, sondern verfolgen überindividuelle Ziele.[499] Eine Beschränkung des *ordre public* auf überindividuelle Interessen begründet demgemäß einen Gleichlauf zwischen diesem und der Anwendungspflicht von Eingriffsnormen.[500]

Zugleich dient der Schutz der schwächeren Partei der Verwirklichung des Gebotes einer sozialstaatlichen Ordnung. Diese ist wiederum ein überindividuelles Prinzip. Ein Sozialschutz ist bspw. für den Handelsvertreter, den Vertragshändler sowie den Subunternehmer und den Franchisenehmer erforderlich.[501]

---

492 *Von Hoffmann*, RabelsZ 38 (1974), 396, 408.

493 *Mogendorf*, Der strukturell unterlegene Unternehmer, S. 20.

494 *Mogendorf*, Der strukturell unterlegene Unternehmer, S. 20.

495 Siehe hierzu auch Kap. 3 A I und II.

496 *Hill*, Oxford Journal of Legal Studies, Vol. 36 No. 2 (2016), 304, 313.

497 Kap. 7 B VII 1 e).

498 *Schnyder*, RabelsZ 59 (1995), 293, 302 f.

499 Zur Qualifikation von Sonderprivatrecht als Eingriffsnorm, vgl. *Lüttringhaus*, IPRax 2014, 146, 149.

500 Zur Anwendungspflicht von Eingriffsnormen ausführlich in Kap. 4 und Kap. 7 A.

501 Siehe hierzu auch Kap. 5 B V und VI. Vgl. zur Qualifikation des französischen Subunternehmergesetzes als Eingriffsnorm i.S.d. Art. 7 Abs. 2 EVÜ a.F.: Cour de cassation, Chambre mixte, Urteil v. 30.11.2007, 06–14.006. Hervorzuheben sei an dieser Entscheidung, dass sie starke Ähnlichkeit zur *Ingmar*-Entscheidung aufweise vgl. *Mogendorf*, Der strukturell unterlegene Unternehmer, S. 119.

Dennoch hat sich gezeigt, dass der Vertragshändlerausgleich, obgleich sich der Händler in einer Situation der strukturellen Unterlegenheit befindet, nicht stets dem *ordre public* zuzurechnen ist.[502] Dasselbe gilt im Ergebnis für den Franchisenehmer. Auch ein Schutz des Subunternehmers im Rahmen von Schiedsvereinbarungen ist nicht ohne Weiteres[503] angezeigt. Im Gegensatz zum Handelsvertreter sind dessen Ansprüche nicht durch eine unionsrechtliche Eingriffsnorm bzw. deutsche Umsetzungsnorm geschützt, die einen sozial schützenden Charakter aufweist. Daher ergibt sich in diesen drei Fallgruppen aus dem Bestehen einer strukturellen Ungleichgewichtslage und einer hieraus folgenden Betroffenheit der sozialstaatlichen Ordnung nicht, dass der *ordre public* ihre individuellen Interessen schützt.

Allerdings wurde der Handelsvertreterausgleich, welchem eine strukturelle Ungleichgewichtslage zugrunde lag,[504] dem *ordre public* zugerechnet. Der Handelsvertreterausgleich des § 89b HGB verfolgt, trotz seiner Natur als Vergütungsanspruch, nicht nur rein individuelle Interessen. Indem der Ausgleichsanspruch vor den Verlusten schützt, welche sich aus der Beendigung des Vertrages ergeben, trägt er zur Verbesserung der wirtschaftlichen Situation des Handelsvertreters bei. Er erfüllt somit eine sozial schützende Komponente, welche im Interesse der Allgemeinheit steht.[505] Im Falle der willkürlichen Beendigung ist der Handelsvertreter ohne den Ausgleichsanspruch auf eine finanzielle Unterstützung des Staates angewiesen. Ein Schutz ermöglicht eine effektive Tätigkeit des Handelsvertreters. Diese ist wiederum geeignet, den Interessen der Volkswirtschaft zu dienen.

Die soeben erwähnten Argumente können zwar auf die anderen genannten Fallgruppen übertragen werden, jedoch hat das BVerfG bislang nur ausdrücklich erklärt, dass der Handelsvertreterausgleich dem Gebot des Sozialschutzes Rechnung trägt.[506] Des Weiteren und letztlich ausschlaggebend ist, dass dem Handelsvertreterausgleich ein europarechtliches Ziel zugrunde liegt. Art. 17 Handelsvertreterrichtlinie und damit die Umsetzungsnorm des § 89b HGB dienen dem Schutz eines unverfälschten Wettbewerbs im Binnenmarkt und der Niederlassungsfreiheit.[507]

---

502 Vgl. Kap. 5 B V.

503 Für die weiteren Voraussetzungen siehe Kap. 7 B VIII 3.

504 Kap. 7 B I 4 a) dd).

505 Vgl. Kap. 5 B VI.

506 BVerfG, Beschluss v. 7.2.1990 – 1 BvR 26/84, NJW 1990, 1469, 1469 ff. [C].

507 Vgl. Kap. 5 B II.

Dass die gleichzeitige Verfolgung dieser unionsrechtlichen Ziele für die Qualifikation des Handelsvertreterausgleichs zum *ordre public* entscheidend war, spiegelt sich an der deutschen Rechtsprechungshistorie wider. In der Entscheidung vor der Einführung der Handelsvertreterrichtlinie verfolgte § 89b HGB ausschließlich die genannten sozialstaatlichen Interessen. Diese waren nicht ausreichend, um eine Zurechnung zum *ordre public* durch den BGH zur Folge zu haben.[508] Erst nach der *Ingmar*-Entscheidung,[509] d.h. zum Zeitpunkt, in welchem § 89b HGB zumindest mittelbar die genannten unionsrechtlichen Ziele verfolgte, wurde auch diese Vorschrift dem *ordre public* zugerechnet.[510] Die Bedeutung der Verfolgung unionsrechtlicher Ziele kommt auch in der englischen Qualifikation des Handelsvertreterausgleichs zum *ordre public* zum Ausdruck. Diese erfolgte angesichts der Art. 17 Handelsvertreterrichtlinie zugrunde liegenden binnenmarktrechtlichen Ziele.[511] Somit verfolgt der Handelsvertreterausgleich nicht nur das sozialstaatliche Interesse an einem Schutz der strukturell unterlegenen Partei, sondern vielmehr ein überindividuelles Interesse.

Ein Schutz ausschließlich individueller Interessen ist somit für die Qualifikation einer Norm als Bestandteil des *ordre public* nicht ausreichend.

b) Normen mit Grundrechtsbezug

Eine weitere Kategorie des *ordre public* könnten Normen mit Grundrechtsbezug bilden.

Die Bedeutung der Grundrechte für den *ordre public* wurde an §§ 1041 Abs. 1 Nr. 2, 1044 Abs. 2 Nr. 2 ZPO a.F. ersichtlich. Nach §§ 1041 Abs. 1 Nr. 2, 1044 Abs. 2 Nr. 2 ZPO a.F. konnte die Aufhebung bzw. Versagung der Anerkennung wegen einer *ordre public*-Widrigkeit „insbesondere (beantragt werden) wenn die Anerkennung mit den Grundrechten unvereinbar ist". Der Umstand, dass die Grundrechte in dem heutigen § 1059 Abs. 2 Nr. 2 b) ZPO keine Erwähnung mehr finden, soll keine abweichende Beurteilung zulassen.[512] So bezieht die Konkretisierung des deutschen nationalen *ordre public* die Grundrechte ein.[513]

---

508 Kap. 5 B I.

509 Kap. 5 B II.

510 Kap. 5 B IV.

511 Vgl. 6 B IV 1.

512 BT-Drucks. 13/5274, S. 59. So auch *Baumbach/Lauterbach/Albers/Anders*, § 1059 Rn. 16; Zöller/*Geimer*, § 1059 Rn. 64.

513 *Lachmann*, Handbuch der Schiedsgerichtspraxis, Rn. 2304.

Dass die jeweiligen Verfassungsnormen im Rahmen des Rechtsvergleichs bedeutsam für den *ordre public* sind, zeigt sich an Art. 27 ZGB. Dessen Verletzung wurde als bislang einziger Verstoß gegen den schweizerischen *ordre public* angesehen.[514]

aa) Persönlichkeitsrecht

Ein Grundrechtsbezug ist in der Weise denkbar, dass die vermeintliche Norm dem Schutz des Persönlichkeitsrechts dient.

So enthalten die zwingenden Normen, welche überragende Gesellschaftswerte und -zwecke verfolgen, das Verbot, über bestimmte Persönlichkeitsaspekte zu disponieren.[515] Das BG sah zudem in dem konkret angedrohten Berufsverbot eine Persönlichkeitsverletzung nach Art. 27 ZGB.[516] Allerdings handelte es sich hier um die Ausübung des Berufes Profifußballspieler. Dieser Fall würde nach deutschem Recht über Art. 12 GG gelöst. Die Berufsfreiheit steht im Zusammenhang mit dem Arbeitnehmerschutz und soll nachfolgend im Rahmen des Arbeitnehmerschutzes thematisiert werden.[517] Entsprechend lässt sich der Entscheidung des BG kein Hinweis auf eine Zurechnung der Normen des Persönlichkeitsrechts zum *ordre public* entnehmen.

Das allgemeine Persönlichkeitsrecht (Art. 2 Abs. 1 i.V.m. Art. 1 GG) ist jedoch eng mit der Menschenwürde verbunden. Diese ist sogar als Bestandteil des wahren transnationalen *ordre public* anzusehen.[518] Aus diesem Grunde sind die materiell-rechtlichen Normen, welche einen Ausfluss des Persönlichkeitsrechts bilden, jedenfalls dem „normalen" *ordre public* zuzurechnen.

Beispiele für diese materiell-rechtlichen Normen sind § 12 BGB, § 22 KUG sowie die Vorschriften des Urheberrechts. Im Hinblick auf ihre Spezifikationen werden diese Rechtsgebiete in der vorliegenden Arbeit zwar nicht weiter vertieft, es kann jedoch festgehalten werden, dass eine Zurechnung von Normen des Persönlichkeitsrechts zum *ordre public* angesichts des engen Bezuges zur Menschenwürde durchaus möglich erscheint. Allerdings werden diese nicht den Hauptteil der *ordre public*-zugehörigen Vorschriften bilden.

---

514 Kap. 6 A II 3.

515 Vgl. Kap. 1 C.

516 BG, Urteil v. 27.3.2012, BGE 138 III 322, 329 ff. [4.3.2].

517 Dazu sogleich unter bb) (1).

518 Kap. 4 B II 3 a).

bb) Arbeitnehmerschutz

Ergiebiger könnte dagegen eine Betrachtung der Normen sein, welche dem Arbeitnehmerschutz dienen.

(1) Berufsfreiheit

So erscheint es denkbar, Normen, welche Ausfluss der Berufsfreiheit sind, dem *ordre public* zuzurechnen. Eine Auseinandersetzung mit der Berufsfreiheit des Art. 12 Abs. 1 GG und dem *ordre public* fand bspw. im Fall *Pechstein*[519] statt. Für die Klägerin war die Unterzeichnung der Wettkampfteilnahmevoraussetzungen, inkl. der Schiedsvereinbarung die einzige Möglichkeit „in Ausübung ihres Berufes Geld zu verdienen."[520] Allerdings soll trotz der strukturellen Unterlegenheit kein Verstoß gegen ihre Berufsfreiheit aus Art. 12 Abs. 1 GG vorgelegen haben; zumal im Rahmen der Abwägung auch die Berufsfreiheit des Wettbewerbsveranstalters berücksichtigt werden müsste. Eine staatliche Regelung zum Schutze der Grundrechte sei erst erforderlich, wenn „einer der Vertragspartner ein so starkes Übergewicht (hat), dass er vertragliche Regelungen faktisch einseitig setzen kann"[521] und dies für den anderen Vertragsteil eine Fremdbestimmung bewirke. Nur sofern bei einer solchen Sachlage über grundrechtlich verbürgte Positionen verfügt werde, müssten staatliche Regelungen ausgleichend eingreifen, um den Grundrechtsschutz zu sichern.[522] Dementsprechend wurde eine *ordre public*-Verletzung letztlich abgelehnt.

Eine *ordre public*-Widrigkeit hat hingegen das BG in seiner Entscheidung vom 27.3.2012 angenommen. Der hier betroffene Fußballspieler war in seiner wirtschaftlichen Existenz gefährdet und der Willkür seines Arbeitgebers ausgeliefert.[523]

Dies entspricht grundsätzlich der Problematik im Fall *Pechstein*. Allerdings wurde gegen Frau *Pechstein* „nur" ein zweijähriges Berufsverbot verhängt. Dem vorliegend betroffenen Fußballspieler ist dagegen (nicht aufgrund eines vermeintlichen Dopingverstoßes, sondern einer Vertragsverletzung) ein lebenslanges Berufsverbot erteilt worden.[524] Er hätte im Falle von dessen Wirksamkeit, im Gegensatz zu Frau *Pechstein*, dauerhaft keine Möglichkeit mehr gehabt, in

---

519 Kap. 5 C VI.

520 LG München I, 26.2.2014 – 37 O 28331/12, SchiedsVZ 2014, 100, 111 [III g) bb) (3)].

521 BGH, Urteil v. 7.6.2016 – KZR 6/15, NJW 2016, 2266, 2271 [B II 3 c) bb) (1) Rn. 55].

522 Vgl. Kap 7 B I 4.

523 Kap. 6 A II 3.

524 BG, Urteil v. 27.3.2012, BGE 138 III 322, 329 ff. [4].

Ausübung seines Berufes Geld zu verdienen. Diese unterschiedliche Sachlage führte zu den differenzierten Beurteilungen im Hinblick auf den *ordre public*.

Somit hat ein Eingriff in die Berufsfreiheit lediglich unter extremen Umständen eine *ordre public*-Widrigkeit zur Folge.

(2) Notwendigkeit eines Arbeitnehmerschutzes über den ordre public

Arbeitsverträge sind in Anbetracht ihrer Quantität von nicht unerheblicher sozialer Bedeutung, sodass in diesem Bereich ein Bedürfnis nach staatlichen Schutzmechanismen besteht.

Die Notwendigkeit eines Schutzes des Arbeitnehmers im Bereich der Schiedsgerichtsbarkeit kann sich aus einer Heranziehung des Art. 8 Abs. 1 S. 1 Rom I-VO als *persuasive authority*[525] ergeben. Nach Art. 8 Abs. 1 S. 1 Rom I-VO darf von den zwingenden Bestimmungen, welche dem Schutz des Arbeitnehmers dienen, nicht durch Rechtswahl abgewichen werden. Hierdurch soll der strukturell unterlegene Arbeitnehmer vor einer einseitigen Rechtswahl des Arbeitgebers geschützt werden.[526]

Arbeitsrechtlichen Streitigkeiten wird aber, mit Ausnahme der Streitigkeiten zwischen Tarifvertragsparteien im Rahmen der §§ 101 ff. ArbGG, die Spezialregelungen für ein Schiedsverfahren in diesem Bereich vorsehen,[527] die Schiedsfähigkeit versagt (§ 101 Abs. 3 ArbGG).

In der Schweiz sind Arbeitnehmerstreitigkeiten jedenfalls im Bereich der nationalen Schiedsgerichtsbarkeit von der Schiedsfähigkeit ausgeschlossen.[528]

Auch in Österreich wird der Schutz des Arbeitnehmers mittels einer Begrenzung der Schiedsfähigkeit erreicht. So ist es nicht möglich, über betriebsverfassungsrechtliche Streitigkeiten und Streitigkeiten in Sozialrechtssachen eine Schiedsvereinbarung zu schließen.[529]

Der Rechtsvergleich zeigt, dass das Problem des Arbeitnehmerschutzes überwiegend über eine Beschränkung der Schiedsfähigkeit und nicht durch eine *ordre public*-Kontrolle gelöst wird.

Die Entbehrlichkeit der Zurechnung der Bestimmungen des Arbeitnehmerschutzes zum *ordre public* wird im Besonderen an der Rechtsprechung zur

---

525 Kap. 4 A I 7.

526 Vgl. Erwägungsgründe 23, 35 Rom I-VO.

527 Spezialregelungen bestehen bspw. in Bezug auf die Zusammensetzung des Schiedsgerichtes und der Pflicht zur mündlichen Anhörung der Parteien, §§ 103 f. ArbGG.

528 Vgl. Kap. 6 B VI.

529 § 618 öZPO.

Kündigung eines Flugbegleiters deutlich. So stellte das LAG Hessen in den Fällen einer Schiedsvereinbarung und der Wahl ausländischen Rechts zur Begründung der Unwirksamkeit der Schiedsvereinbarung auf die fehlende Schiedsfähigkeit ab.[530] Eine *ordre public*-Prüfung wurde in diesem Rahmen nicht einmal andeutungsweise vorgenommen. Eine solche Entbehrlichkeit beruht auf der dargestellten stärkeren Einschränkung der Schiedsgerichtsbarkeit durch die Schiedsfähigkeit im Vergleich zum *ordre public*. Greift bereits das stärkere Mittel der fehlenden Schiedsfähigkeit ein, bedarf es grundsätzlich keines Rückgriffes mehr auf den milderen *ordre public*.[531]

Normen, welche dem Arbeitnehmerschutz dienen, sind daher nicht dem *ordre public* zuzurechnen, wenn bereits eine entsprechende Begrenzung der Schiedsfähigkeit besteht.

c) Umsetzung eines Ziels der EU

Wie am Handelsvertreterausgleich ersichtlich wurde,[532] kann die Umsetzung eines Zieles der EU als Normzweck für die Zurechnung zum *ordre public* letztentscheidend sein. Dies führt zu einer Parallele mit dem Trend, dass zwingendes Unionsrecht bzw. die nationalen Normen, welche einen engen Bezug zu diesem haben, als Bestandteile des *ordre public* qualifiziert werden.[533]

Die Notwendigkeit einer Zurechnung zum *ordre public* von Normen, welche eines der Ziele der EU umsetzen, könnte aus dem *effet utile* folgen. Mithilfe des *effet utile* müssen die Ziele der unionsrechtlichen Eingriffsnormen durchgesetzt werden,[534] sowie im Falle ihrer Verletzung die Unwirksamkeit der Schiedsvereinbarung nach sich ziehen.[535]

Es stellt sich die Frage, ob bestimmte Ziele der EU zur *ordre public*-Zugehörigkeit führen und insoweit Normengruppen gebildet werden können.

aa) Verbraucherschutz

Als Normengruppe kommen die Vorschriften des Verbraucherschutzes in Betracht.

---

530 LAG Hessen, Urteil v. 21.11.2008 – 17 Sa 682/07 [Rn. 55].

531 Vgl. Kap. 7 B II.

532 Kap. 5 B und 7 B VII 2 a).

533 Kap. 7 B VII 1 e).

534 Vgl. *Lüttringhaus*, IPRax 2014, 146, 148.

535 In Bezug auf eine Gerichtsstandsvereinbarung: *Rühl*, IPRax 2007, 294, 299.

(1) *Durchsetzung des unionsrechtlichen Verbraucherschutzes über den ordre public*

Die Durchsetzung des Verbraucherschutzes im Rahmen der Schiedsgerichtsbarkeit vermag aus der steigenden Anzahl an bürgerlich-rechtlichen Streitigkeiten vor Schiedsgerichten resultieren. Dieser erhöhten Anzahl liegt die Globalisierung im Bereich der Verbraucherbeteiligung und damit verbunden der steigende *e-commerce* zugrunde.[536]

Darüber hinaus befindet sich der Verbraucher in einer Lage der strukturellen Unterlegenheit und es fehlt ihm regelmäßig die Erfahrung mit Schiedsverfahren.[537] U.a. aus diesen Gründen wurde Art. 6 Klauselrichtlinie dem *ordre public* zugerechnet.[538] Die Klauselrichtlinie dient, so der EuGH, der Erfüllung der Gemeinschaftsaufgaben und sei unerlässlich für die „Hebung der Lebenshaltung und Lebensqualität in der ganzen Gemeinschaft."[539] Sie ist Ausfluss des Willens eines Verbraucherschutzes in der EU.

Eine Zurechnung sämtlicher dem Verbraucherschutz dienender Normen zum *ordre public* ist, in Anknüpfung an die von Generalanwalt *Tizzano* geäußerte Überdehnung des *ordre public*, Bedenken ausgesetzt.[540] Ein solch umfassender *ordre public*-Begriff würde jede Schiedsvereinbarung, in der ein Verstoß gegen die verbraucherschützenden Richtlinienbestimmungen vorliegt, einer *ordre public*-Widrigkeit aussetzen.[541] Zu denken ist insoweit bspw. an die Fernabsatzrichtlinie,[542] die Haustürrichtlinie[543] und die Verbraucherrechterichtlinie.[544]

---

536 *Matusche-Beckmann/Kumpf*, FS Rüßmann, S. 587. Nach *Mankowski*, RIW 2018, 1, 13 bilden weiterhin *b2b*-Konstellationen den Hauptteil der internationalen Handelsschiedsgerichtsbarkeit.

537 Vgl. Kap. 7 B I 4.

538 Vgl. Kap. 5 D II 2.

539 EuGH, Urteil v. 26.10.2006, C-168/05 – Mostaza Claro [Rn. 37].

540 Kap. 5 D II 3 a).

541 Vgl. *Wagner*, SchiedsVZ 2007, 46, 51; *Jordans*, GRP 2007, 48, 50; *Mak*, ERCL 2010, 437, 446.

542 Richtlinie 2002/65/EG des Europäischen Parlaments und des Rates vom 23. September 2002 über den Fernabsatz von Finanzdienstleistungen an Verbraucher und zur Änderung der Richtlinie 90/619/EWG des Rates und der Richtlinien 97/7/EG und 98/27/EG.

543 Richtlinie 85/577/EWG des Rates vom 20. Dezember 1985 betreffend den Verbraucherschutz im Falle von außerhalb von Geschäftsräumen geschlossenen Verträgen.

544 Richtlinie 2011/83/EU des Europäischen Parlaments und des Rates vom 25. Oktober 2011 über die Rechte der Verbraucher, zur Abänderung der Richtlinie 93/13/EWG des Rates und der Richtlinie 1999/44/EG des Europäischen Parlaments und des Rates

Die Bedenken der Zurechnung sämtlicher verbraucherschützender Richtlinienbestimmmungen zeigen sich auch an der Entscheidung des BGH zur Verbraucherkreditlinie.[545] Diese schütze zwar den einzelnen Verbraucher „vor einer Gefährdung seiner wirtschaftlichen Interessen, sowie (der) Korrektur der strukturellen Ungleichgewichtslage gegenüber dem professionellen, i.d.R. finanziell weit überlegenen Anbieter und damit den Interessenausgleich zwischen den Vertragsparteien." Allerdings handele es sich um ein reines Individualinteresse, welches hinter „das bestehende öffentliche Interesse an einem privatrechtlichen Verbraucherschutz sowie die Marktregulierungsfunktion", die lediglich reflexartig betroffen seien, zurücktrete.[546]

Die Zurechnung des Verbraucherschutzes zum *ordre public* steht allerdings im Einklang mit der englischen Rechtsprechung. So wird Art. 61 Consumer Rights Act 2015 als Bestandteil des *ordre public* qualifiziert. Allerdings basiert auch dieser „nur" auf der Umsetzung der Klauselrichtlinie.[547]

Zugleich birgt die Rechtswahl in Kombination mit der Schiedsvereinbarung im Falle der Verbraucherbeteiligung für diesen ein nicht unerhebliches Gefahrenpotential. Dem Verbraucher werden die zwingenden Vorschriften seines Heimatstatutes genommen, mit welchen er (ausschließlich) vertraut ist. Dass eine Abweichung von diesen Vorschriften dem Willen des EU-Gesetzgebers widerspricht, zeigt sich an Art. 6 Abs. 1 Rom I-VO.[548] Obgleich diese Vorschrift nicht unmittelbar für das Schiedsverfahren Anwendung findet, kann sie als *persuasive authority* herangezogen werden.[549]

Darüber hinaus wird an Art. V der Empfehlung der Kommission vom 30. März 1998 betreffend die Grundsätze für Einrichtungen, die für die außergerichtliche Beilegung von Verbraucherrechtsstreitigkeiten zuständig sind, deutlich, dass der Zweck des Art. 6 Abs. 1 Rom I-VO auch im Bereich der

---

sowie zur Aufhebung der Richtlinie 85/577/EWG des Rates und der Richtlinie 97/7/EG des Europäischen Parlaments und des Rates.

545 Richtlinie 2008/48/EG des Europäischen Parlaments und des Rates vom 23. April 2008 über Verbraucherkreditverträge und zur Aufhebung der Richtlinie 87/102/EWG des Rates.

546 BGH, Urteil v. 13.12.2005 – XI ZR 82/05, NJW 2006, 762, 764 [II 1 b) bb) (4) Rn. 27].

547 Vgl. Kap. 6 B IV 3.

548 Zur gestiegenen Bedeutung des Art. 6 Rom I-VO im Bereich der Schiedsgerichtsbarkeit, vgl. Reithman/Martiny/*Hausmann*, Rn. 8.425.

549 Kap. 4 A I 7.

Schiedsvereinbarung gelten soll.[550] Nach Art. V dieser Empfehlung darf von den zwingenden verbraucherschützenden Bestimmungen des Mitgliedsstaates, in welchem der Verbraucher seinen gewöhnlichen Aufenthalt hat, nicht durch Rechtswahl im Wege der Schiedsvereinbarung abgewichen werden. Zwar handelt es sich nur um eine Empfehlung, welche keine Bindungswirkung entfaltet und damit keine unionsrechtlich zwingende Norm darstellt.[551] Allerdings wird an ihr ersichtlich, dass der Wille des EU-Gesetzgebers dahin geht, eine Umgehung der verbraucherschützenden Bestimmungen im Rahmen von Schiedsvereinbarungen zu verhindern. Diesen zwingenden verbraucherschützenden Vorschriften muss somit eine besondere Bedeutung zukommen.

Dass der Verbraucherschutz ein typisch unionsrechtliches Ziel ist, wird in Abgrenzung zur schweizerischen Rechtsordnung deutlich. Das schweizerische Recht enthält keinen speziellen Verbraucherschutz. Eine Zurechnung zum *ordre public* wird wegen des Fehlens einer „dénominateur commun" im Bereich des Verbraucherschutzrechts[552] sowie einer fehlenden Bindung an die Rechtsordnung, die Ziele der EU und die Rechtsprechung des EuGH insbesondere im Hinblick auf die Klauselrichtlinie abgelehnt.[553]

Alles in allem besteht in der Verfolgung eines unionsrechtlichen Verbraucherschutzes ein Hinweis für die Zugehörigkeit der Norm zum *ordre public* für die Mitgliedsstaaten der EU.

(2) Zurechnung der rein nationalen verbraucherschützenden Normen zum ordre public

Darüber hinausgehend könnte das Warentermingeschäft einen Anhaltspunkt dafür liefern,[554] dass ein Zurechnungswille für rein nationale verbraucherschützende Vorschriften zum *ordre public* existiert.

---

550 Nach § 617 Abs. 6 Nr. 1 öZPO kann im Falle der Verbraucherbeteiligung ein Schiedsspruch aufgehoben werden, wenn „gegen zwingendes Recht verstoßen wurde, über das auch bei Fällen mit Auslandsberührung von den Parteien nicht disponiert werden darf". Hiermit wurden Art. 6 Rom I-VO bzw. Art. V der Empfehlung der Kommission vom 30. März 1998 betreffend die Grundsätze für Einrichtungen, die für die außergerichtliche Beilegung von Verbraucherrechtsstreitigkeiten zuständig sind, in das österreichische Schiedsverfahrensrecht übernommen.

551 Streinz/Michl/*Schroeder*, Art. 288 AEUV Rn. 129.

552 *Möhler*, Konsumentenverträge im schweizerischen Schiedsverfahren, Rn. 761.

553 Vgl. Kap. 6 A V.

554 Kap. 5 A.

Dem könnte ein rein individuelles Interesse der in diesem Bereich verfolgten Ziele entgegenstehen. Jedoch war der BGH der Auffassung, dass die vorliegenden Spekulationen im Widerspruch zu der innerstaatlichen Sozialordnung stünden.[555] Er wollte sie im Interesse der Allgemeinheit über den *ordre public* erfassen.[556] Der Schutz des konkreten Anlegers sei „reflexartig" eingetreten.[557] Zugleich lag in diesen Fällen ein nicht unerhebliches Missbrauchspotential vor. Es war bedingt durch die strukturelle Unterlegenheit des Verbrauchers sowie der Aussicht der Brokerfirmen, mittels der Ausnutzung ihrer Überlegenheit nicht unerhebliche Gewinne zu erzielen.

Eine funktionsfähige Schiedsgerichtsbarkeit und der Börsenhandel sind für die Teilnahme Deutschlands am internationalen Handel bedeutend. Für einen funktionierenden Finanzmarkt ist erforderlich, dass die Anleger auf diesen vertrauen. Ein solches Vertrauen kann nur begründet werden, wenn auch bei grenzüberschreitenden Tätigkeiten ein Mindestmaß an Anlegerschutz verbleibt.[558] In Anbetracht dieser Gefahren musste der Staat Schutzmaßnahmen ergreifen. Demzufolge bestand hier, ohne das Vorliegen eines Ziels der EU, ein nicht rein individuelles Interesse nach einem Verbraucherschutz vermittelt über den *ordre public*.

Durch die Einschränkung der subjektiven Schiedsfähigkeit nach § 101 WpHG ist ein Eingreifen des *ordre public* jedoch obsolet geworden.[559] Es zeigt sich an dieser Vorschrift in Kombination mit § 1031 Abs. 5 ZPO, dass der Verbraucherschutz in Deutschland grundsätzlich über die Einschränkung der Schiedsfähigkeit bzw. Formvorschriften[560] und nicht den *ordre public* gewährleistet wird. Zudem trat in anderen Fällen die Ausnutzung des Missbrauchspotentials der Schiedsgerichtsbarkeit unter Beteiligung eines Verbrauchers noch nicht in demselben Maße wie in den Warentermingeschäftsfällen in der deutschen Rechtsprechung zu Tage.

Daher kann aus der Zurechnung des Termin- und Differenzeinwandes zum *ordre public*[561] nicht der Wille des deutschen Gesetzgebers abgeleitet werden,

---

555 BGH, Urteil v. 15.6.1987 – II ZR 124/86, NJW 1987, 3193, 3194 [II 2]; *Lüer*, JZ 1979, 171, 174.

556 BGH, Urteil v. 15.6.1987 – II ZR 124/86, NJW 1987, 3193, 3194 [II 2 c)] („der geschützte Personenkreis (wäre) auf diese Weise Verlusten ausgesetzt, vor denen er im eigenen, aber auch im Interesse des Gemeinwohls geschützt werden soll.").

557 *Lüer*, JZ 1979, 171, 174.

558 *Gundlach*, FS Schimansky, S. 623.

559 Kap. 5 A VII 1.

560 Hierzu ausführlich in Kap. 7 B III 2.

561 Kap. 5 A I 6.

dass verbraucherschützende Normen diesem grundsätzlich zugerechnet werden müssen.

Eine Zurechnung der nationalen verbraucherschützenden Normen zum *ordre public* vermag sich jedoch aus Art. 17 ff. Brüssel Ia-VO i.V.m. Art. 6 Rom I-VO ergeben. Ohne diese Zurechnung könnte der Verbraucherschutz, der durch diese Vorschriften gewährleistet wird, im Wege einer Rechtswahl in Kombination mit einer Schiedsvereinbarung umgangen werden. Jedoch sind weder die Brüssel Ia-VO (Art. 1 Abs. 2 d) Brüssel Ia-VO) noch die Rom I-VO auf Schiedsverfahren anwendbar. Der Gesetzgeber hat deren verbraucherschützende Wirkung (mit Ausnahme der Formvorschrift des § 1031 Abs. 5 ZPO) auch nicht in das 10. Buch der ZPO übernommen, sodass eine Zurechnung eher abzulehnen sein könnte.

Nichtdestotrotz wird eine Umgehung des Schutzpotentials der national verbraucherschützenden Vorschriften lediglich in einem geringen Maße möglich sein. Denn die nationalen verbraucherschützenden Normen des Vertrags- und Schuldrechts beruhen heute überwiegend auf entsprechenden unionsrechtlichen Richtlinienbestimmungen.[562] Ihnen ist damit eine entsprechende unionsrechtliche Zielsetzung zu entnehmen, sodass die oben[563] dargestellte Hinweiswirkung eingreifen kann.

bb) Wettbewerb

Eine weitere Normgruppe könnten diejenigen Vorschriften darstellen, welche wettbewerbliche Ziele verfolgen. Denkbar ist insoweit eine Unterteilung in die Vorschriften des Kartellrechts und die sonstigen Normen.

Das Kartellrecht schützt die Funktionsfähigkeit eines effektiven Marktes[564] im Sinne aller Marktteilnehmer.[565] Es betrifft nicht nur die Interessen der Parteien, sondern auch diejenigen Dritter und der Allgemeinheit.[566] Deshalb besteht im Falle einer fehlenden Zurechnung zum *ordre public* ein Anreiz, kartellrechtswidrige Ansprüche mittels eines Schiedsverfahrens durchzusetzen.[567]

---

562 Palandt/*Grüneberg*, Einleitung Rn. 10 f, 31. Beispiele bilden die §§ 312 ff. BGB i.V.m. Verbraucherrechterichtlinie und §§ 474 ff. BGB i.V.m. Richtlinie 1999/44/EG des Europäischen Parlaments und des Rates vom 25. Mai 1999 zu bestimmten Aspekten des Verbrauchsgüterkaufs und der Garantien für Verbrauchsgüter.

563 Soeben unter (1).

564 *Blessing*, Arb Int'l 1997, 23, 27 f.

565 *Heini*, in FS Zäch, S. 322.

566 *Beatson*, 33 Arb Int'l (2017), 175, 176.

567 *Hoffet*, ASA Bulletin 2000, 697, 703.

Den genannten Zielen trägt die *Eco-Swiss*-Entscheidung[568] implizit Rechnung. Durch die Qualifikation der Art. 101, 102 AEUV als Bestandteile des *ordre public* und die Bindung der Mitgliedsstaaten an die Rechtsprechung des EuGH müssen diese Vorschriften als Bestandteile der mitgliedsstaatlichen *ordre public*-Begriffe eingeordnet werden. Dieses Vorgehen zeigt sich bspw. in Deutschland,[569] Österreich und England.[570] Hier wird zumindest seit der *Eco-Swiss*-Entscheidung das unionsrechtliche Kartellverbot den jeweiligen *ordre public*-Begriffen zugeordnet. Allerdings gilt die Zurechnung des unionsrechtlichen Kartellrechts zum *ordre public* nur für die Mitgliedsstaaten der Europäischen Union. So lehnte das BG eine entsprechende Qualifikation mit Hinweis auf die fehlende Universalität dieser Vorschriften und die nicht bestehende Bindung an die *Eco-Swiss*-Entscheidung ab.[571]

Aus eben dieser Entscheidung des EuGH könnte in Verbindung mit dem Urteil in Sachen *Ingmar*[572] abgeleitet werden, dass der *ordre public* über das Kartellrecht hinausgehend auf diejenigen Normen erstreckt wird, welche allgemein dem Wettbewerb im Binnenmarkt dienen. Nach der *Eco-Swiss*-Entscheidung war für die Zurechnung des unionsrechtlichen Kartellverbotes zum *ordre public* entscheidend, dass diese Vorschriften der Erfüllung der Aufgaben der Gemeinschaft und dem Funktionieren des Binnenmarktes dienten.[573] Vergleicht man die genannte Zielsetzung mit der Begründung der *Ingmar*-Entscheidung, fällt auf, dass für die Qualifikation einer Norm als Bestandteil des *ordre public* die Verfolgung der Funktionsfähigkeit des Binnenmarktes zentral zu sein scheint.

Zugleich ist diese Zielsetzung nicht auf das Wettbewerbsrecht im klassischen Sinne beschränkt, sondern kann bspw. den Handelsvertreterausgleich erfassen. Die Funktionsfähigkeit des Binnenmarktes dient dazu, den Wettbewerb in der Europäischen Union zu erhalten und zu fördern. Zugleich sollen gewisse Mindeststandards festgelegt werden und eine effiziente Ressourcenallokation im Sinne günstiger Preise zugunsten der Unionsbürger ermöglicht werden. Es ist eines, wenn nicht gar das zentrale Prinzip der Europäischen Union.[574]

---

568 Kap. 5 C IV.

569 Kap. 5 C V.

570 Kap. 6 B V 2.

571 Vgl. Kap. 6 A IV 4.

572 Kap. 5 B II.

573 EuGH, Urteil v. 1.6.1999, C-126/97 – Eco Swiss [Rn. 36].

574 Vgl. Art. 26 f. AEUV i.V.m. der Präambel.

Allerdings liegt einer Vielzahl von zwingenden unionsrechtlichen Vorschriften das Ziel der Förderung und Erhaltung des Binnenmarktes zugrunde. Beispiele hierfür sind Art. 17 der Handelsvertreterrichtlinie sowie Art. 101, 102 AEUV. Wie in Bezug auf den Verbraucherschutz könnte eine Erstreckung des *ordre public* auf sämtliche dieser Vorschriften seinem Ausnahmecharakter zuwiderlaufen.[575]

Dennoch wird der EU-Gesetzgeber daran interessiert sein, dieses essentielle Ziel im Rahmen der Schiedsgerichtsbarkeit aufrechtzuerhalten. Die Verfolgung der Funktionsfähigkeit des Binnenmarktes durch eine Norm kann demzufolge einen Hinweis für ihre Zurechnung zum *ordre public* begründen.

cc) Begrenzung auf Fälle der Wahl des Rechts eines EU-Drittstaates

Die Durchsetzung der Ziele der EU mittels des *ordre public* könnte insoweit wieder eine Einschränkung finden als sich diese Normen ausschließlich im Falle der Wahl des Rechts eines EU-Drittstaates durchsetzen sollen.

Die Wahl des Rechts eines EU-Drittstaates könnte bspw. zur unterschiedlichen Behandlung des Handelsvertreterausgleichs durch die deutschen Gerichte geführt haben. In der ersten Entscheidung des BGH war die Geltung niederländischen Rechts und damit das Recht eines EU-Mitgliedsstaates vereinbart worden.[576] Hieraus lässt sich möglicherweise ein Grund für die Ablehnung der Zurechnung zum *ordre public* ableiten. In den weiteren Entscheidungen zum Handelsvertreterausgleich, in welchen stets das Recht eines Drittstaates vereinbart wurde, fand hingegen eine Zurechnung der Handelsvertreterausgleiches zum *ordre public* statt.[577] Allerdings bestand zum Zeitpunkt der ersten Entscheidung noch kein unionsrechtlicher Schutz des Handelsvertreters. Es spielte keine Rolle, ob das Recht eines Mitglieds- oder eines Drittstaates gewählt wurde.

Obgleich sich der der *Unamar*-Entscheidung[578] zugrundeliegende Sachverhalt außerhalb des unmittelbaren Anwendungsbereiches der Handelsvertreterrichtlinie bewegte, könnte aus ihr zu folgern sein, dass sich die *ordre public*-zugehörige Norm auch gegen mitgliedsstaatliches Recht durchsetzen soll. In diesem Fall hatten die Parteien die Geltung bulgarischen Rechts vereinbart. Dem Handelsvertreterausgleich nach den zwingenden belgischen Regelungen

---

575 Ähnlich *Freitag/Leible*, RIW 2001, 287, 292; *Schwarz*, ZVglRWiss 101 (2002), 45, 61 f.

576 Kap. 5 B I.

577 Kap. 5 B IV. Dass das Recht eines EU-Drittstaates gewählt wurde, war insbesondere für das OLG München von erheblicher Bedeutung.

578 Kap. 5 B III 1.

wurde vom EuGH Vorrang vor den bulgarischen eingeräumt. Erforderlich war nach dem EuGH, dass das angerufene Gericht substantiiert feststelle, dass der Gesetzgeber der *lex fori* „es im Rahmen der Umsetzung dieser Richtlinie für unerlässlich erachtet habe, dem Handelsvertreter in der betreffenden Rechtsordnung einen Schutz zu gewähren, der über den in der genannten Richtlinie vorgesehenen hinausgeh(e).“[579] Er bringt damit zum Ausdruck, dass sich unter bestimmten Voraussetzungen die *ordre public*-zugehörigen Normen auch gegen mitgliedsstaatliches Recht durchsetzen können.

Bestätigt werden könnte die *Unamar*-Entscheidung durch das Urteil in Sachen *Eco-Swiss*.[580] In diesem Fall war die Geltung niederländischen Rechts vereinbart worden. Trotzdem wurden die unionsrechtlichen Kartellverbote dem *ordre public* zugerechnet. Nun könnte die Durchsetzung gegen das Recht eines Mitgliedsstaates hier auf den Besonderheiten des Kartellrechts beruhen. Zum Schutz des Binnenmarktes wurde mit den Art. 101, 102 AEUV ein Verbot im Rahmen des Primärrechts eingeführt. Um einen effektiven Schutz des Binnenmarktes einheitlich zu sichern, war ein spezifisches, unionsrechtliches Verbot erforderlich. Zugleich sind die nationalen Kartellrechtsvorschriften nur in der Lage, Verstöße zu sanktionieren, sofern sie sich in ihrem Markt auswirken[581] bzw. die sonstigen nationalen Anwendungsvoraussetzungen erfüllen. Sie erfassen gerade nicht die Verletzungen, welche den europäischen Binnenmarkt betreffen. Somit rechtfertigt diese Besonderheit eine Anwendung der Art. 101, 102 AEUV gegen das Recht eines Mitgliedsstaates.

Allerdings zeigen auch die Entscheidungen zur Klauselrichtlinie,[582] die explizit auf die *Eco-Swiss*-Entscheidung Bezug nehmen, dass das Unionsrecht dem *ordre public* zugerechnet werden soll, sofern das Recht eines Mitgliedsstaates Anwendung findet. Dies gilt sogar, wenn der Staat die jeweilige Regelung zwar umgesetzt hat,[583] diese nach Auffassung des EuGH aufgrund von Kollisionen mit anderen Normen aber nicht zur vollen Geltung gelangt.

Entscheidend für die Anwendung der Normen, die ein Ziel der Europäischen Union umsetzen sollen, ist insoweit nicht die Anwendung des Rechts eines

579 EuGH, Urteil v. 17.10.2013, C-184/12 – Unamar [Rn. 52].

580 Kap. 5 C IV.

581 Zu der Voraussetzung der Auswirkung ausführlich in Kap. 5 C VII 2.

582 Kap. 5 D II 2 a).

583 Ley 7/1998 setzt die Klauselrichtlinie um, vgl. EuGH, Urteil v. 26.10.2006, C-168/05 – *Mostaza Claro* [Rn. 8].

Drittstaates, sondern die möglichst umfassende Durchsetzung der unionsrechtlichen Zielsetzung.

d) Schutz staatlicher Interessen

Wie ersichtlich wurde, genügt die Verfolgung rein individueller persönlicher Interessen nicht für die Zurechnung einer Norm zum *ordre public.*[584] Hieraus kann zu schließen sein, dass die Verfolgung überindividueller Ziele in Form des Schutzes staatlicher Interessen zu einer Qualifikation der Norm zum *ordre public* führen könnte.

Eine solche Zurechnung ergibt sich aus der ursprünglichen Konzeption des *ordre public* als Schutzinstrument der Territorialitätsinteressen. Er diente dazu, dass ein Staat seine zentralen Gerechtigkeits- und Wertvorstellungen im Verhältnis zu anderen Staaten nicht preisgeben muss.[585]

Sofern ein Allgemeininteresse betroffen ist, muss die Parteiautonomie zurücktreten, mit der Folge, dass die Parteien insoweit nicht über diese Vorschriften disponieren dürften. Die Rechtswahlfreiheit endet dort, wo nicht nur die Parteiinteressen, sondern auch diejenigen Dritter oder der Allgemeinheit betroffen sind.[586]

Da die Schiedsgerichtsbarkeit die staatliche Gerichtsbarkeit ersetzt, müssen auch in diesem Rahmen die legitimen Staatsinteressen berücksichtigt werden. Andernfalls wäre die Legitimation der internationalen Schiedsgerichtsbarkeit gefährdet; zumal das Schiedsgericht zu einem Umgehungsinstrument für die geschützten Staatsinteressen avancieren könnte.[587]

Dass der Schutz der staatlichen Interessen für die *ordre public*-Zugehörigkeit entscheidend ist, zeigt sich des Weiteren an der Kategorisierung in der Empfehlung I(d) des Abschlussberichts des Committee on International Commercial Arbitration of the International Law Association. So können folgende Kategorisierungen vorgenommen werden: i) bestimmte Grundprinzipien der Gerechtigkeit und Moral, die der Staat schützen will, auch wenn er nicht unmittelbar betroffen ist; ii) bestimmte „Polizeigesetze"; oder „Regeln der öffentlichen Ordnung"; d. h. Regeln politischer, sozialer oder wirtschaftlicher Art, die den wesentlichen Interessen eines Staates dienen sollen; und iii) die Pflicht des

---

584 Kap. 7 B VII 2 a).

585 Vgl. Kap. 3 I, II.

586 *Neumayer*, FS Dölle, S. 194.

587 *Razvi,* The Lahore Journal of Economics Vol. 3 No. 2 1995, 35, 52.

Staates, seinen Verpflichtungen gegenüber anderen Staaten oder internationalen Organisationen nachzukommen.[588]

Die Verfolgung der staatlichen Interessen darf jedoch nicht dazu führen, dass die Parteiautonomie über die Maßen eingeschränkt wird. Es muss stets ein Ausgleich zwischen den staatlichen und den Parteiinteressen vorgenommen werden.[589]

Dieser Ausgleich könnte in der Weise erfolgen, dass ausschließlich Verbotsnormen dem *ordre public* zugerechnet werden. Nach § 1044 Abs. 2 Nr. 2 ZPO a.F. sollte eine Verletzung des *ordre public* insbesondere vorliegen, wenn der Schiedsspruch die Verpflichtung einer Partei zu einer Handlung enthält, welche nach den deutschen Gesetzen verboten ist. Eine Beschränkung auf Verbotsnormen führt aber dazu, dass bspw. der Handelsvertreterausgleich nach § 89b HGB als eine anspruchsbegründende Norm ausscheidet. Zudem zeigt die Konkretisierung, dass Verbotsnormen lediglich insbesondere erfasst werden sollten. Es besteht keine Beschränkung des *ordre public* auf diese Normen.

Der Ausgleich zwischen den staatlichen und den Parteiinteressen ist vielmehr in der Weise vorzunehmen, dass Normen für eine Zurechnung zum *ordre public* überragende Staatsinteressen schützen sollten.[590] Dementsprechend können Normen, die ausschließlich Zweckmäßigkeitsfunktionen erfüllen, wie § 34 GWB a.F., nicht zum *ordre public* gerechnet werden.[591]

---

588 Final Report on Public Policy as a Bar to Enforcement of International Arbitral Awards by tbe Committee on International Commercial Arbitration of the International Law Association, presented at the Seventieth Conference of the International Law Association held in New Delhi, April 2002, Professor Mayer, Chairman of the Committee; A. Sheppard, Rapporteur of the Committee, Arb Int'l. Vol. 19 No. 2 (2003), 249, 255.

589 Vgl. *Barraclough/Waincymer*, Melbourne Journal of International Law Vol. 6 2005, 205, 215.

590 Ähnlich Commercial Court, Urteil v. 19.12.1997, *Westacre Investments inc vs Jugoimport-SDPR Holding Company Ltd* (1998) 4 All ER, 570, 597. Ebenso *Hill/Chong*, International Commercial Disputes, Chap. 24 Rn. 24.2.47; *Tarlinton*, International Commercial Arbitration and Public Policy, S. 211, sie fordern, dass ein starkes öffentliches Interesse des Normerlasstaates bzw. der supranationalen Einrichtung an der Einhaltung des Norminteresses bestehe. Dieses Erfordernis spiegelt sich an der Konkretisierung des *ordre public* wider, nach der ein untragbarer Widerspruch zu den elementaren Gerechtigkeitsvorstellungen erforderlich ist.

591 OLG Düsseldorf, Urteil v. 21.7.2014 – VI-Sch (Kart) 1/02 [II c) 2 Rn. 30]; BayObLG, Beschluss v. 20.11.2003 4Z Sch 17/03 – DIS Datenbank [II 3 a)]; Zöller/*Geimer*, § 1059 Rn. 55.

Normen, welche überragende Staatsinteressen schützen, können hingegen sein: Vorschriften, ohne die das Staatsleben in seiner konkreten Weise nicht möglich ist;[592] deren Verletzung zu erheblichen finanziellen Belastungen des Staates führen;[593] ihre Außerachtlassung zur Folge hat, dass ein staatliches Regelungskonzept vollständig leer läuft;[594] wenn ein großer Personenkreis potentiellen Nachteilen ausgesetzt ist, die durch die Umgehung der Norm im Wege des Schiedsverfahrens entstehen können[595] oder die Norm einen Bereich schützt, der für die Grundversorgung der Bürger zentral ist.[596] Sofern eine Norm ein solches überragendes staatliches Interesse schützt, muss sie dem *ordre public* zugerechnet werden.

3. *Zwischenergebnis*

Es kann aus den Kriterien der Rechtsnatur und des Schutzzwecks für die *ordre public*-Kontrolle abgeleitet werden, dass die Kombination dieser beiden Merkmale für die Einordnung einer Norm zum *ordre public* erhebliche Anhaltspunkte liefert.

Die Zurechnung einer Norm ist in Bezug auf ihre Rechtsnatur ausgeschlossen, wenn es sich um eine dispositive Vorschrift handelt. Zugleich können weder sämtliche Eingriffs-, Kollisions-, unionsrechtlich oder national zwingende Normen dem *ordre public* zugerechnet werden. Dennoch zeigt sich eine klare Tendenz dahingehend, dass unionsrechtliche Eingriffsnormen bzw. solche, die einen engen Bezug zu einer unionsrechtlich zwingenden Vorschrift haben, dem *ordre public* zugerechnet werden.[597]

Diese unionsrechtliche Tendenz setzt sich im Rahmen des Schutzzweckes der Norm fort. Die Umsetzung des Ziels der EU kann jedenfalls im Bereich des Verbraucher- und des Wettbewerbsschutzes im weiteren Sinne auf die Qualifizierung als Bestandteil des *ordre public* hinweisen.[598]

---

592 Dazu sind bspw. die Normen des SGB zu zählen.

593 Z.B. wenn über Unterhaltsansprüche disponiert wird.

594 Zu denken ist an die damaligen Schiedsgerichte der Kartellorganisationen.

595 Z.B. die Warentermingeschäfte in Kap. 5.

596 Bspw. die Vorschriften der AVBWasserV.

597 Kap. 7 B VII 1.

598 Kap. 7 B VII 2. Für einen unionsrechtlichen *ordre public*-Begriff: *Lew*, Applicable Law in International Commercial Arbitration, S. 534. Offengelassen: *Thoma*, Die Europäisierung und die Vergemeinschaftung des nationalen ordre public, S. 161 ff.; *Beulker*, Die Eingriffsnormenproblematik, S. 324 ff. Für diesen Ansatz spricht die Verortung

Die Durchsetzung der Ziele der EU ist dabei nicht auf die Wahl des Rechts eines Drittstaates beschränkt, vielmehr greift sie stets ein, wenn der EuGH dieses Ziel zur möglichst vollständigen Durchsetzung gelangen lassen will.[599] Solch ein unionsrechtlicher Trend ist im Hinblick auf eine Ausweitung des *ordre public* Bedenken ausgesetzt. Sie bestehen im Besonderen für die Fälle, in welchen trotz Umsetzung der unionsrechtlichen Vorschrift einer schutzintensiveren Norm eines anderen Mitgliedsstaates Vorrang eingeräumt bzw. die Durchsetzung der Normziele auf den Bereich der nationalen Schiedsgerichtsbarkeit übertragen wird. Bedenken bestehen des Weiteren für Fälle, in denen das Schutzniveau einer Richtlinie, wie in der *Unamar*-Entscheidung, über ihren unmittelbaren Anwendungsbereich ausgedehnt wird.[600] Hierdurch besteht die Gefahr, dass ein Staat durch eine überschießende Richtlinienumsetzung bewirken kann, dass der Schutz des *ordre public* auf weitere Bereiche ausgedehnt wird und dadurch zugleich rein individuelle Interessen dem *ordre public* zugerechnet werden. Eine solche Ausdehnung begründet allerdings das Risiko widersprüchlicher Anwendungen des *ordre public*-Begriffes in der EU und kann die Parteiautonomie im Zusammenhang mit der Rechtswahl im Bereich der Schiedsgerichtsbarkeit in nicht unerheblichem Maße einschränken. Dies gilt insbesondere für Fälle außerhalb von strukturellen Ungleichgewichtslagen. Die Bedenken werden insbesondere unter der Berücksichtigung, dass in allen anderen Fällen nur der Schutz überragender staatlicher Interessen zur Qualifikation als *ordre public*-Bestandteil geführt hat, deutlich.

VIII. Die Nähe zu dem materiell zwingenden Recht

Neben dem Schutzzweck der umgangenen Normen[601] könnte für das Eingreifen des *ordre public* die Nähe des Sachverhalts zu dem Erlassstaat der materiell zwingenden Norm ausschlaggebend sein.[602] Mittels einer engen Verbindung

---

der Problematik durch den EuGH bei der Äquivalenzprüfung. Andere Ansicht mit Ausnahme des europäischen Kartellrechts: *Van Houtte*, ASA Bulletin 2005, 431, 433.

599 Kap. 7 B VII 2 c).

600 Vgl. hierzu auch *Lüttringhaus*, IPRax 2014, 146, 146 ff.

601 Soeben in Kap. 7 B VII 2.

602 Für eine Berücksichtigung des Grades der Inlandsbeziehung im Rahmen der *ordre public*-Kontrolle: BGH, Beschluss v. 4.3.1993 – IX ZB 55/92, BGHZ 122, 16, 18 ff. [2 b)]; OLG Saarbrücken, Beschluss v. 30.5.2011 – 4 Sch 3/10, NJOZ 2011, 1363, 1365 [B II 2 b)]. MünchKomm-ZPO/*Adolphsen*, Anh. zu § 1061, Art. V UNÜ Rn. 73 zufolge liege im Falle der Wahl einer Rechtsordnung, welche keine Beziehung zum Sachverhalt aufweise, sofern die Parteien dadurch zwingendes Recht der jeweiligen

erscheint eine Verhinderung der Umgehung derjenigen Normen, zu welchen eben diese Verbindung besteht, durch die Parteien möglich. Hier darf sich das Schiedsgericht nicht zu einem „Werkzeug“ degradieren lassen, mit welchem die Parteien eine unerwünschte Umgehung erzielen können.

Zugleich kann eine Kongruenz mit der Anwendungspflicht von Eingriffsnormen durch die Schiedsrichter hergestellt werden.[603] Denn in einigen abstrakten Bestimmungsverfahren,[604] allen voran im Rahmen der Schiedsverfahrensdoktrin,[605] wird eine enge Verbindung zwischen dem Schiedsverfahren und dem Recht desjenigen Staates, dessen Eingriffsnormen angewandt werden sollen, gefordert.

1. *Kriterium der délocalisation*

Ähnlich dem Kriterium der *délocalisation* könnte der Sitz des Schiedsgerichtes für die Bestimmung der Nähe des Sachverhalts zum umgangenen Rechtssatz zu betrachten sein.

Das ursprünglich französische Konzept der *délocalisation* will den Einfluss des Rechts am Sitz des Schiedsgerichtes für internationale Handelsschiedsverfahren verringern. Diese Schiedsverfahren sollen nicht mehr am Sitz des Schiedsgerichtes anhand der *lex loci arbitri*, sondern nur noch durch die Vollstreckungsgerichte kontrolliert werden. Das internationale Handelsschiedsverfahren wird so transnational.[606] Ausgangspunkt des Konzepts der *délocalisation* ist die Parteiautonomie.[607] Das internationale Handelsschiedsverfahren soll eigenen Regeln folgen, welche entweder auf dem Parteiwillen oder der Gestaltung der Schiedsrichter beruhten.[608]

Rechtsordnung ausschalten wollten, eine ungehörige Rechtsordnung vor. Deren Wahl könne bereits eine *ordre public*-Widrigkeit begründen. Nach *Raeschke-Kessler/Berger*, Recht und Praxis des Schiedsverfahrens, Rn. 750; *Elsing*, FS Mailänder, S. 92 könnten die zwingenden Normen des *ordre public* unangewandt bleiben, sofern die Parteien „gute Gründe“ für die Wahl eines ausländischen Rechts hätten.

603 Kap. 7 A.

604 Kap. 4.

605 Vgl. Kap. 4 B.

606 *Blackaby/Partasides/Redfern/Hunter*, in: Redfern and Hunter on International Arbitration, Rn. 3.76.

607 *Blackaby/Partasides/Redfern/Hunter*, in: Redfern and Hunter on International Arbitration, Rn. 3.78. Ähnlich *Beatson*, 33 Arb Int'l (2017), 175, 177.

608 *Blackaby/Partasides/Redfern/Hunter*, in: Redfern and Hunter on International Arbitration, Rn. 3.78.

Allerdings benötigt das Schiedsgericht teilweise Unterstützung nach den Gesetzen der *lex loci arbitri*.[609] Zudem bestimmt dieses Recht die Nationalität des Schiedsspruches. Ferner steht das Konzept der *délocalisation* weitestgehend im Widerspruch zur schiedsrechtlichen Realität in den meisten Rechtsordnungen, da ihnen ein territoriales Konzept, dessen Anknüpfungspunkt der Schiedsort ist, zugrunde liegt.[610] Auch eine entsprechende Vorschrift im belgischen Recht,[611] welche Ausdruck des Konzepts der *délocalisation* war, wurde 1998 aufgehoben. Die ablehnende Haltung gegenüber dem Konzept der *délocalisation* zeigt sich ebenfalls an den hier untersuchten Rechtsordnungen, deren Schiedsrechten das Territorialitätsprinzip des Modellgesetzes zugrunde liegt.[612]

Trotz dieser Problematik könnte das Kriterium der *délocalisation* in der Weise für die Bestimmung der Nähe zu dem Normerlassstaat herangezogen werden, dass der Sitz des Schiedsgerichtes jedenfalls in internationalen Handelsschiedsverfahren keinen oder lediglich einen geringen sachlichen Bezug zu den Interessen des Normerlassstaates aufweist.[613]

a) Der Sitz des Schiedsgerichts

Für die Bestimmung des Nähekriteriums könnte zwischen einem inländischen und einem ausländischen Schiedsgerichtssitz differenziert werden. Die Bedeutung dieser Differenzierung zeigt sich bspw. an Art. 46 Abs. 6 VO 600/2014.[614] Als weitere Unterteilung könnte noch der Fall zu betrachten sein, dass das Schiedsgericht seinen Sitz zwar nicht im Inland, aber in der Europäischen Union hat.

---

609 *Blackaby/Partasides/Redfern/Hunter*, in: Redfern and Hunter on International Arbitration, Rn. 3.80; *Thöne*, SchiedsVZ 2016, 257, 260 f. m.w.N.

610 *Blackaby/Partasides/Redfern/Hunter*, in: Redfern and Hunter on International Arbitration, Rn. 3.81.

611 Art. 1717 belgische Zivilprozessordnung in der Fassung vom 27.3.1985. Nach dieser Vorschrift konnte die unterlegene Partei einen Schiedsspruch, der in einem internationalen Schiedsverfahren erlassen wurde, vor den belgischen Gerichten nur anfechten, wenn mindestens eine Partei ihren Geschäftssitz in Belgien hatte bzw. eine andere Verbindung mit Belgien bestand. Vgl. hierzu *Blackaby/Partasides/Redfern/Hunter*, in: Redfern and Hunter on International Arbitration, Rn. 3.83, insbesondere Fn. 99.

612 Kap. 2 A II, Kap. 6 A I und B II.

613 Ähnlich *Horn*, SchiedsVZ 2008, 209, 212.

614 Vgl. Kap. 5 A VI.

Ausgangspunkt der folgenden Betrachtung soll sein, dass die Parteien eine deutsche Norm, die dem *ordre public* zugerechnet wird, durch die Wahl eines fremden Rechts umgehen.

aa) Schiedsgericht mit Sitz in Deutschland

Zunächst ist das Nähekriterium unter der Prämisse zu betrachten, dass das Schiedsgericht in vorliegender Konstellation seinen Sitz in Deutschland hat.

Ein solcher Fall war in einem der bereits dargestellten Warentermingeschäfte gegeben.[615] Das OLG Düsseldorf führte in seiner Entscheidung aus, dass hier *ex ante* keine Gefahr bestehe, dass der Termin- und Differenzeinwand nicht beachtet werde. Demzufolge liege kein Verstoß gegen den *ordre public* vor.[616] Allerdings wurde zusätzlich vereinbart, dass deutsches Recht anzuwenden war. Folglich ist diese Entscheidung nur von bedingter Aussagekraft für die vorliegende Untersuchung, da hier kein Umgehungsfall vorliegt.

Dennoch zeigt diese Entscheidung die Tendenz in der deutschen Rechtsprechung, welche dahin geht, dass, sofern das Schiedsgericht seinen Sitz in Deutschland hat, die *ordre public*-Widrigkeit eher verneint wird. In diesem Fall darf nicht ohne Weiteres davon ausgegangen werden, dass das Schiedsgericht die deutschen zwingenden Normen nicht anwenden wird.[617] Zudem muss ein Schiedsverfahren in Deutschland die rechtlichen Bestimmungen der §§ 1025 ff. BGB einhalten. Darüber hinaus besteht im Fall eines nationalen Schiedsverfahrens die Möglichkeit der Aufhebung des Schiedsspruches.[618]

Ferner könnten deutsche Schiedsrichter angesichts der besseren Kenntnis ihres Heimatrechts eher beurteilen, welche Normen dem *ordre public* zugerechnet werden und diese daher zur Anwendung bringen. Jedoch besagt der Sitz des Schiedsgerichtes nichts über seine Besetzung aus. Vielmehr besteht nach § 1032 ZPO die Möglichkeit, ausländische Schiedsrichter zu ernennen. Zudem gehört zu den §§ 1025 ff. BGB auch § 1051 BGB und damit der Grundsatz der freien Rechtswahl. Das Schiedsverfahrensrecht ordnet nicht selbst die Anwendung der zwingenden deutschen Vorschriften an.

Demgegenüber besteht die Aufhebungsmöglichkeit, aufgrund derer sich das Schiedsgericht veranlasst sehen könnte, die *ordre public*-zugehörigen Normen anzuwenden. Im Falle der Aufhebung darf der Schiedsspruch in Deutschland

---

615 Kap. 5 A I 6 b) und Kap. 7 B VI 2 b) bb).

616 OLG Düsseldorf, Urteil v. 8.3.1990 – 6 U 213/89, WM 1990, 842, 845.

617 BGH, Urteil v. 6.6.1991 – III ZR 68/90, NJW 1991, 2215, 2215 f. [3 b)].

618 Hierzu ausführlich in Kap. 2 B III.

nicht mehr vollstreckt werden und die Schiedsrichter haften möglicherweise wegen der Verletzung ihrer Pflicht zum Erlass eines vollstreckungsfähigen Schiedsspruches. Im Gegensatz zur Gefahr der Versagung der Vollstreckung sind die *ordre public*-zugehörigen Normen i.d.R. einfacher vorherzusehen, da das Recht des *ordre public* des Aufhebungsstaates das Recht des Sitzstaates ist. Diese Normen sind präsenter. Aus diesem Grund lässt sich ableiten, dass ein Schiedsgericht mit Sitz in Deutschland eher die dem deutschen *ordre public*-zugehörigen Normen anwenden wird.

bb) Schiedsgericht mit Sitz in der EU

Sofern das Schiedsgericht seinen Sitz zwar nicht in Deutschland, aber in einem anderen Mitgliedsstaat der EU hat, greift die Aufhebungsgefahr wegen Verstoß gegen eine Norm des deutschen *ordre public* nicht ein. Das Schiedsgericht wird sich nicht in Anbetracht des Risikos der Aufhebung zur Anwendung der Normen des deutschen *ordre public* veranlasst sehen. Darüber hinaus stellt die deutsche Norm keinen Bestandteil des Rechts der anderen Mitgliedsstaaten dar.[619]

Etwas anderes gilt, wenn es sich bei der dem deutschen *ordre public*-zugehörigen Vorschrift um eine Norm des zwingenden Unionsrechts handelt. Diese sind, wie Art. 101, 102 AEUV oder Art. 17 der Handelsvertreterrichtlinie zeigen, unmittelbar Bestandteile des nationalen Rechts und, sofern eine entsprechende Qualifikation durch den EuGH besteht, Bestandteile des nationalen *ordre public*.[620] Im Falle der Verletzung einer solchen Norm besteht die Aufhebungsgefahr in demselben Maße wie bei einem Verstoß gegen eine nationale Norm. Dementsprechend wird sich das Schiedsgericht in jedem Mitgliedsstaat der EU eher veranlasst sehen, diese Norm anzuwenden. Sofern es sich um eine deutsche Norm handelt, die eine Umsetzungsnorm darstellt bzw. eine enge Verbindung zu einer unionsrechtlich zwingenden Norm aufweist, besteht ferner die Möglichkeit, dass das Schiedsgericht aufgrund der Einheitlichkeit des Unionsrechts eine Vorschrift anwenden wird, die einen der deutschen Norm zumindest äquivalenten Schutz aufweist. In diesem Falle wäre eine Verletzung des *ordre public* weniger wahrscheinlich, auch wenn das Schiedsgericht die deutsche Norm nicht direkt anwendet.

---

619 Zur Frage, ob Mitgliedsstaaten verpflichtet sind die Eingriffsnormen der anderen Staaten anzuwenden, vgl. *Beulker*, Die Eingriffsnormenproblematik in internationalen Schiedsverfahren, S. 131 ff.

620 Hierzu ausführlich in Kap. 5 B II, IV, C IV, V und Kap. 7 VII.

cc) *Schiedsgericht mit Sitz in einem Drittstaat*

Zuletzt ist noch der Fall zu betrachten, in welchem das Schiedsgericht seinen Sitz in einem Drittstaat hat.

Hier besteht mangels Aufhebungsgefahr sowohl in Bezug auf die deutschen Normen als auch hinsichtlich des zwingenden Unionsrechts kein unmittelbarer Anlass für das Schiedsgericht, diese Normen anzuwenden.[621]

Ein Anlass ergibt sich jedoch, wenn der potentielle Vollstreckungsstaat bereits erkennbar ist. Auch hier werden die Schiedsrichter die *ordre public*-zugehörigen Normen wahrscheinlich anwenden, um ihre Pflichten zu erfüllen.[622]

b) *Stellungnahme*

Je nach dem Sitz des Schiedsgerichtes werden die Schiedsrichter die dem deutschen *ordre public*-zugehörigen Normen u.a. aufgrund der Gefahr der Versagung der Vollstreckung oder der Aufhebung des Schiedsspruches anwenden.[623] In allen Fällen ist für den Anlass zur Anwendung der Normen letztlich die Gefahr eines Verstoßes gegen die Pflicht zum Erlass eines vollstreckbaren Schiedsspruches ausschlaggebend. Daher könnte die Nähe des Schiedsgerichtes in allen Fällen als gering zu bewerten sein.

Gleichwohl bildet der Sitz des Schiedsgerichtes das „rechtliche Verbindungselement" zwischen der *lex loci arbitri* und den Parteien sowie den Schiedsrichtern. Mithilfe des Sitzes wird das Schiedsgericht in formeller Hinsicht im Territorium des Sitzstaates fixiert.[624]

Allerdings weist der Schiedsort häufig keine Verbindung mit dem Vertragsgegenstand auf. So hat das materielle Recht am Schiedsort mit dem von den Parteien gewählten Recht genauso wenig wie jedes andere nicht gewählte Recht zu tun.[625]

---

621 Ein Anlass besteht hingegen, wenn es sich bei der *ordre public*-zugehörigen Norm zugleich um eine Eingriffsnorm handelt, zu deren Anwendung die Schiedsrichter verpflichtet sind, vgl. Kap. 7 A.

622 Siehe hierzu Kap. 4 B.

623 Aus Art. 11 Abs. 5 of the Hague Principles on Choice of Law in International Commercial Contracts ergebe sich, dass die Schiedsrichter u.a. auch den *ordre public* am Sitz des Schiedsgerichts und eines potentiellen Aufhebungsstaates beachten sollten, auch wenn er nicht mit demjenigen des anzuwendenden Rechts identisch sei, vgl. Official Commentary to the Hague Principles on Choice of Law in International Commercial Contracts, Art. 11 Rn. 11.31.

624 Kap. 6 A I.

625 *Prönbacher/Baur*, FS Schütze, S. 444.

Die Parteien haben den Sitz des Schiedsgerichtes zudem in einer nicht unerheblichen Anzahl von Fällen aus Neutralitätsaspekten gewählt.[626] Grund für die Wahl dieses Ortes ist damit der Umstand, dass er eben keinen Bezug zum Sachverhalt aufweise.[627]

Infolgedessen genügt die Durchführung des Schiedsverfahrens in Deutschland grundsätzlich nicht, um einen Inlandsbezug herzustellen.[628] Dementsprechend ist die Einigung auf einen ausländischen Schiedsgerichtssitz nicht *per se* dazu geeignet, einen *ordre public*-Verstoß wegen fehlender Nähe zwischen dem Sachverhalt und dem Normerlassstaat begründen zu können.

Eine Ausnahme von diesem Grundsatz könnte jedoch in den Fällen der Beteiligung einer strukturell unterlegenen Partei eingreifen.

Gerade für Fälle der Verbraucherbeteiligung als das Paradebeispiel der strukturellen Unterlegenheit existieren an sich die zwingenden Verbrauchergerichtsstände des Art. 18 Brüssel Ia-VO. Dem EuGH zufolge sollten die entsprechenden Vorgängerregelungen in Art. 13 ff. des Übereinkommens vom 27. September 1968 „den Verbraucher als den wirtschaftlich schwächeren und rechtlich weniger erfahrenen Vertragspartner (...) schützen, sodass diesem daher der Entschluss zur gerichtlichen Wahrnehmung seiner Rechte nicht dadurch erschwert werden darf, dass er bei den Gerichten des Staates klagen muss, in dessen Hoheitsgebiet sein Vertragspartner seine Niederlassung hat.“[629] Der Verbraucher soll umfassend vor Auslandsprozessen geschützt werden.[630] Somit könnte eine Schiedsvereinbarung unwirksam sein, wenn sie einen von diesen zwingenden Verbrauchergerichtsständen abweichenden Schiedsort vorsieht.[631]

---

626 *Prönbacher/Baur*, FS Schütze, S. 444; *Beulker*, Die Eingriffsnormenproblematik in internationalen Schiedsverfahren, S. 251; *Wagner/Quinke*, JZ 2005, 932, 936.

627 *Beulker*, Die Eingriffsnormenproblematik in internationalen Schiedsverfahren, S. 251.

628 So auch *Beulker*, Die Eingriffsnormenproblematik in internationalen Schiedsverfahren, S. 251; *Tyrolt*, Sportschiedsgerichtsbarkeit und zwingendes staatliches Recht, S. 124. *Dathe*, NJOZ 2010, 2196 ff. sieht in der Vereinbarung eines Schiedsortes in einem Drittstaat einen ausreichenden Auslandsbezug für den Ausschluss des § 89b HGB.

629 EuGH, Urteil v. 19.1.1993, C 89/91 – *Shearson Lehmann Hutton* [Rn. 18].

630 *Weller*, Ordre public-Kontrolle internationaler Gerichtsstandsvereinbarungen im autonomen Zuständigkeitsrecht, S. 62.

631 So *Reich*, ZEuP 1998, 981, 988 ff.; *Samtleben*, IPRax 2011, 469, 473. Ähnlich *Wagner/Quinke*, JZ 2005, 932, 937; Fuchs/*Jung*, § 37h Rn. 14. Nach § 617 Abs. 5 öZPO ist die Schiedsvereinbarung unwirksam, wenn sie nicht den Staat, in welchem der Verbraucher seinen gewöhnlichen Aufenthalt bzw. seinen Beschäftigungsort hat, als Schiedsgerichtsort vorsieht. Eine Ausnahme besteht nur insoweit, als sich der Verbraucher

Die Vereinbarung eines weit entfernten Schiedsortes führt für die unterlegene Partei dazu, dass sie dieses Ort lediglich unter Einsatz unverhältnismäßigen Aufwandes und finanzieller Mittel erreichen kann.[632] Ebenso erscheint in Anlehnung an die Entscheidungen *Mostaza Claro*[633] und *Asturcom*[634] die Berücksichtigung der Anreisemühen unter Zugrundelegung der bestehenden Verkehrsverbindungen möglich. Für den Verbraucher kann die Bestimmung eines ausländischen Schiedsortes aufgrund seiner Ortsgebundenheit einseitig belastend sein. Dies gilt allen voran, als er an der Neutralität des Schiedsgerichtssitzes oftmals kein Interesse hat.[635] Zudem können die Distanznachteile nicht durch andere Vorteile des Schiedsverfahrens ausgeglichen werden.[636]

Diese Belastungen treffen nicht nur Verbraucher, sondern können aufgrund der geringeren finanziellen Mittel und fehlenden internationalen Geschäftstätigkeit auf die weiteren Fallgruppen der strukturellen Unterlegenheit übertragen werden. Daher könnte im Falle der strukturellen Unterlegenheit eine Orientierung an den Gerichtsständen vorgenommen[637] und letztlich der Sitz des Schiedsgerichts im Aufenthaltsstaat der strukturell unterlegenen Partei eröffnet werden.[638]

---

selbst auf die Wirksamkeit der Schiedsvereinbarung beruft (Torggler/Mohs/Schäfer/Wong/*Zeiler*, Kap. 3, Rn. 610). Ferner muss gem. § 617 Abs. 4 öZPO der Sitz des Schiedsgerichts bereits in der Schiedsvereinbarung enthalten sein. Das Schiedsgericht darf nur bei Zustimmung des Verbrauchers oder entgegenstehender erheblicher Beweisschwierigkeiten an einem anderen Ort zusammentreten. Der Technology and Construction Court, Urteil v. 18.12.2007, *Heifer International Inc vs Helge Christiansen & Ors* [2007] EWHC 3015 (TCC) sah die Vereinbarung des Sitzes des Schiedsgerichtes in Dänemark hingegen nicht als ausreichend an, um zu begründen, dass die Schiedsvereinbarung unfair sei.

632 *Mogendorf*, Der strukturell unterlegene Unternehmer, S. 280. Allerdings sei dies nicht ausreichend, um einen Verstoß gegen den Grundsatz des effektiven Rechtsschutzes zu begründen, vgl. *Mogendorf*, Der strukturell unterlegene Unternehmer, S. 282.

633 Kap. 5 D II 2 a) aa).

634 Kap. 5 D II 2 a) bb).

635 *Wagner/Quinke*, JZ 2005, 932, 936.

636 *Hilbig*, SchiedsVZ 2010, 74, 76.

637 *Thorn*, Symposium v. Hoffmann, S. 164. Vgl. auch *Schulz/Niedermaier*, SchiedsVZ 2009, 196, 201.

638 *Thorn*, Symposium v. Hoffmann, S. 164. Ähnlich *Mogendorf*, Der strukturell unterlegene Unternehmer, S. 380. Diesem zufolge müsse „der strukturell unterlegenen Partei ein Gerichtsstand in der Europäischen Union eröffnet werden", sofern die Gefahr bestehe, dass die Wertungen des unionsrechtlichen Kollisionsrechts durch ein drittstaatliches Schiedsgericht missachtet würden.

Indessen kommt eine Kompensation der Nachteile durch die Wahl eines Verhandlungsortes in der räumlichen Nähe zu der strukturell unterlegenen Partei in Betracht.[639] Der Sitz des Schiedsgerichts bestimmt zwar die *lex loci arbitri* und die Nationalität des Schiedsspruches, jedoch ist es nicht erforderlich, dass tatsächlich wenigstens eine Verhandlung am Sitz des Schiedsgerichtes stattfinden muss. Der Verhandlungsort ist der Ort, an welchem die strukturell unterlegene Partei letztlich erscheinen muss. Eine solche Kompensation kann das Interesse der überlegenen Partei an einer einheitlichen Schiedsverfahrensrechtswahl befriedigen und gleichzeitig die unterlegene Partei vor einer Abschreckung der Geltendmachung ihrer Rechte aufgrund des zeitlichen und finanziellen Aufwandes der Reise zum Sitz des Schiedsgerichtes und wieder zurück zu dem Ort seines gewöhnlichen Aufenthalts, schützen. Dieser Lösung trägt auch § 1043 ZPO Rechnung. Nach § 1043 ZPO gilt der Grundsatz der freien Wahl des Sitzes des Schiedsgerichtes.[640] Im Gegensatz zum österreichischen Recht besteht im deutschen Recht gerade keine Sondervorschrift für die Wahl des Schiedsgerichtssitzes in Fällen struktureller Unterlegenheit. Das deutsche Gesetz geht in diesen Fällen von einer grundsätzlichen Wahlfreiheit aus. Zugleich zeigen aber die Rechtsprechung des EuGH[641] und die noch darzustellende deutsche Rechtsprechung zu den *Subway*-Fällen,[642] dass die strukturell unterlegene Partei vor übermäßig belastenden Anreisebemühungen geschützt werden muss.

Aus den Entscheidungen *Asturcom* und *Mostaza Claro* könnte durchaus abzuleiten sein, dass bereits die Wahl eines vom gewöhnlichen Aufenthaltsorts der strukturell unterlegenen Partei abweichenden inländischen Schiedsgerichtssitz unzumutbar ist. In diesen Fällen hatten die Klägerinnen ihren Wohnsitz in erheblicher Entfernung zum Sitz des Schiedsgerichts in Bilbao.[643]

Entsprechend dieses Falles wird für Deutschland die Distanz Hamburg – München als eine unangemessene Entfernung angesehen.[644] Allerdings ist die Wahl eines Schiedsgerichtssitzes, der von den an sich eröffneten Gerichtsständen abweicht, ein zentrales Charakteristikum der Schiedsgerichtsbarkeit.

---

639 *Schulz/Niedermaier*, SchiedsVZ 2009, 196, 201. Jedoch kann auch die Wahl des Verhandlungsortes für die strukturell unterlegene Partei eine unzumutbare Distanz begründen, vgl. *Hanefeld/Wittinghofer*, SchiedsVZ 2005, 217.

640 OLG Dresden, Beschluss v. 7.12.2007 – 11 Sch 8/07, IHR 2008, 119, 120 mit Anmerkungen *Kraaywander*, IHR 2008, 121, 121.

641 Vgl. Kap. 5 D II 2 a).

642 Vgl. unten Kap. 7 B VIII 3 a).

643 Kap. 5 D II 2 a).

644 *Wagner/Quinke*, JZ 2005, 932, 937.

Darüber hinaus besteht innerhalb des § 35 ZPO zumindest ein eingeschränktes Wahlrecht des Klägers in Bezug auf den örtlichen Gerichtsstand. Dieses gilt auch, wenn der Kläger die strukturell überlegene Partei ist. Zudem kann jedenfalls ein Mindestmaß an Anreisemühen und des Einsatzes finanzieller Mittel von der strukturell unterlegenen Partei gefordert werden. Dieses Maß sollte bei einer Distanz von Hamburg nach München nicht überschritten sein. Denn es bestehen diverse Möglichkeiten (inkl. kostengünstiger), diese Distanz zu überwinden. Zu denken sind an die klassischen Anreisemöglichkeiten per Auto bzw. Zug oder die kostengünstige Methode des Fernbusses als auch an eine zeitsparende Anreise per Flugzeug. Zudem bestehen in diesen Fällen häufig Direktverbindungen, sodass hier keine weiteren Zeitverzögerungen durch Warte- oder Umsteigezeiten bzw. die Notwendigkeit einer Kombination verschiedener Reisemittel entsteht. Insgesamt wird eine solch weitreichende inländische Distanz der strukturell unterlegenen Partei zuzumuten sein, sodass aus der Vereinbarung eines inländischen Schiedsgerichts nicht die Unwirksamkeit der Schiedsvereinbarung folgen darf.[645]

Es stellt sich die Frage, unter welchen Voraussetzungen eine problematische Distanz zum Sitz des Schiedsgerichts besteht. Für strukturell unterlegene Parteien aus der EU wird die Zumutbarkeit hinsichtlich der Distanz i.d.R. überschritten sein, wenn der Sitz des Schiedsgerichtes außerhalb Europas gewählt wird.[646] In diesen Fällen besteht nur die Möglichkeit einer Flugreise als zeitnahe und möglichst direkte Verbindung zum Sitz des Schiedsgerichtes. Diese ist bei einer solchen Distanz mit nicht unerheblichen Kosten verbunden.

Darüber hinaus könnte auch bei der Wahl des Sitzes des Schiedsgerichtes in Europa eine Unzumutbarkeit entstehen. Sie ist gegeben, wenn, was *in praxi* sicherlich selten der Fall sein wird, der Sitz des Schiedsgerichtes so gewählt wird, dass nur eine Vielzahl an Reisemitteln bzw. eine lange Anreise das Erreichen des Schiedsorts ermöglicht. Nicht ersichtlich ist hingegen, warum bereits aufgrund des Überschreitens der deutschen Grenze eine unzumutbare Distanz angenommen werden sollte. In diese Richtung geht auch die Entscheidung des Technology and Construction Court, welcher aus der Vereinbarung eines

---

645 Zu dem Verhältnis der Anreisekosten und dem Streitwert ausführlich in Kap. 7 B VII 3 b) dd).

646 So auch *Samtleben*, FS von Hoffmann, S. 1074 in Bezug auf das Gebiet der Europäischen Union, sofern es sich zusätzlich bei der überlegenen Partei um einen Unternehmer aus der Europäischen Union handele. Unerheblich sei, ob dieser mit einem außereuropäischen Unternehmen in irgendeiner Weise verbunden sei.

Schiedsgerichtssitzes in Dänemark nicht die Missbräuchlichkeit der Schiedsvereinbarung ableitete.[647]

Es zeigt sich, dass die Vereinbarung eines schwer erreichbaren bzw. weit entfernten Schiedsgerichtssitzes vorrangig aus Zeit- und Kostengründen für die strukturell unterlegene Partei unter Umständen abschreckend wirkt.[648] Somit kann die Vereinbarung eines Schiedsgerichtes in unzumutbarer Distanz zum gewöhnlichen Aufenthalt der strukturell unterlegenen Partei, ohne Kompensation durch die Wahl eines Verhandlungsortes an deren gewöhnlichen Aufenthaltsort, ein Merkmal für das Vorliegen eines Umgehungsfalles sein.[649]

2. Nähe zum anwendbaren bzw. umgangenen Recht

Eine Nähe zum anwendbaren bzw. umgangenen Recht vermag sich aus einem Bezug zumindest einer Partei zu diesem Recht ergeben.

Ein Bezug könnte abgeleitet werden aus der Staatsangehörigkeit der Partei, ihrem gewöhnlichen Aufenthalt bzw. einer Verbindung zu ihrer geschäftlichen Tätigkeit.

a) Staatsangehörigkeit

Auf das Kriterium der Staatsangehörigkeit stellt bspw. die Beschränkung der Rechtswahl im indischen Recht nach Art. 28 Abs. 1 a) ACA 1996 ab. Diese Beschränkung gehört sogar zum indischen *ordre public*.[650] Auch in England

---

647 Technology and Construction Court, Urteil v. 18.12.2007, *Heifer International Inc vs Helge Christiansen & Ors* [2007] EWHC 3015 (TCC).

648 Dasselbe gilt bei einem von dem Schiedsgerichtssitz abweichenden Verhandlungsort.

649 OLG Dresden, Beschluss v. 7.12.2007 – 11 Sch 8/07, IHR 2008, 119, 120 mit Anmerkungen *Kraaywander*, IHR 2008, 121, 121 ff.

650 Supreme Court, Urteil v. 6.9.2012, *Bharat Aluminium Co vs Kaiser Aluminium Technical* – Civil Appeal No. 7019 of 2005 [Rn. 123]; Supreme Court, Urteil v. 14.5.2008, *Tdm Infrastructure Private vs Ue Development India Pvt. Ltd* [Rn. 20]. Nach Art. 28 Abs. 1 a) ACA 1996 muss das Schiedsgericht in allen nationalen Schiedsverfahren den Streit „in accordance with the substantive law for the time being in force in India" entscheiden. Aus dem zwingenden Art. 28 Abs. 1 a) ACA 1996 ergebe sich, dass die Parteien das indische Recht nicht abwählen könnten, wenn sie kumulativ indischer Staatsangehörigkeit seien bzw. ihren gewöhn-lichen Aufenthalt in Indien hätten und der Sitz des Schiedsgerichtes in Indien sei. Dieses Rechtswahlverbot folge aus dem Willen des Gesetzgebers, dass die indischen Parteien nicht ihr nationales Recht im Wege der Vereinbarung eines Schiedsverfahrens umgehen dürften, vgl. Supreme Court, Urteil v. 6.9.2012, *Bharat Aluminium Co vs Kaiser Aluminium Technical* – Civil Appeal No. 7019 of 2005 [Rn. 123]; Supreme Court, Urteil v. 14.5.2008, *Tdm*

spricht für die Annahme einer *ordre public*-Widrigkeit die Verbindung der Streitigkeit zu England. Eine enge Verbindung kann sich hier ebenfalls aus der Nationalität der Parteien ergeben.[651]

Die enge Verbindung aus der Staatsangehörigkeit zum umgangenen Recht resultiert daraus, dass der Staat in Bezug auf seine Bürger die Legislativ- und Gewaltfunktion innehat. Hieran ändert die Vereinbarung eines Schiedsgerichtsverfahrens grundsätzlich nichts.

Zugleich besteht eine Schutzpflicht des Staates für seine Bürger. Diese wird im Falle der Umgehung des nationalen Rechts in zweierlei Hinsicht berührt. Zum einen entziehen sich die Parteien durch die Umgehung des nationalen Rechts im Wege der Rechtswahl den normativen Schutzmechanismen dieses Staates. Dies ist insbesondere problematisch, wenn die überlegene Partei die Rechtswahl einseitig auferlegt, um der strukturell unterlegenen Partei diesen Schutz zu entziehen. Einen solchen Umgehungsmechanismus wird der Normerlassstaat regelmäßig nicht hinnehmen wollen. Ferner wird die Umgehung mit negativen sozialstaatlichen Konsequenzen verbunden sein. Zum anderen kann die Umgehung dieser schützenden Normen eine negative Vorbildfunktion für die Allgemeinheit aufweisen, welche der Normerlassstaat verhindern will.

Dementsprechend kann die Staatsangehörigkeit der Parteien in dem Staat, dessen Normen umgangen wurden, regelmäßig eine Nähe zu diesem Recht begründen. Eine Ausnahme besteht in den Fällen, in welchen die Parteien zwar formal über die Angehörigkeit zu diesem Staat verfügen, sich aber dort nur über kurze Zeit aufgehalten haben. In diesem Fall sind die beiden genannten Konsequenzen mangels Aufenthalts lediglich abgeschwächt gegeben.

Infrastructure Private vs Ue Development India Pvt. Ltd [Rn. 20]. Die Qualifikation des Art. 28 Abs. 1 a) ACA 1996 als Bestandteil des *ordre public* resultiert aus dem starken *nexus* zu Indien. Allerdings werden der starke *nexus* und die damit einhergehenden Folgen abgeschwächt, wenn die indischen Parteien sich auf einen Sitz des Schiedsgerichtes im Ausland einigen. Somit folgt aus Art. 28 Abs. 1 a) ACA 1996 nicht, dass indische Parteien keinen ausländischen Schiedsgerichtssitz wählen können.

651 Commercial Court, Urteil v. 19.12.1997, *Westacre Investments inc vs Jugoimport-SDPR Holding Company Ltd* (1998) 4 All ER, 570, 594. Hierzu ausführlich in Kap. 6 B III 5 b) bb) (1).

b) Gewöhnlicher Aufenthalt

Ferner könnte der gewöhnliche Aufenthalt der Parteien im Normerlassstaat der umgangenen Vorschrift eine hinreichende Nähe zu eben diesem Recht begründen.

Die beiden soeben unter a) dargestellten Normen stellen neben der Staatsangehörigkeit auf den gewöhnlichen Aufenthalt ab. Damit können die aufgezeigten Argumente auch für die Begründung der Nähe des gewöhnlichen Aufenthalts zum umgangenen Recht herangezogen werden.[652]

Darüber hinaus stellt das schweizerische Recht zur Qualifikation eines internationalen Schiedsverfahrens u.a. auf den gewöhnlichen Aufenthalt mindestens einer Partei außerhalb der Schweiz ab.[653] Dies ist im Gegensatz zu den oben genannten Fällen kein Hinweis für die Nähe zum umgangenen Recht, sondern verdeutlicht, dass ein ausländischer gewöhnlicher Aufenthalt zu einer gelockerten staatsgerichtlichen Kontrolle führen kann, da der Näheaspekt dieser Partei zu dem Normerlassstaat hier geringer ist.

Der Näheaspekt aus dem gewöhnlichen Aufenthalt ergibt sich aus der Vertrautheit der Parteien mit der Rechtsordnung ihres Aufenthaltsstaates. Sie verbringen in diesem Staat ihre meiste Zeit. Somit ist es wahrscheinlicher, dass sie in intensiverer Weise mit den Normen dieses Staates in Berührung kommen und sich mit ihnen vertraut machen, um sie einzuhalten bzw. sich auf diese Vorschriften zu stützen. Somit stellt eine Umgehung dieser Normen allen voran für die strukturell unterlegene Partei eine nicht unerhebliche Belastung dar.

Insoweit begründet der gewöhnliche Aufenthalt in dem Normerlassstaat eine Nähebeziehung zu der umgangenen Vorschrift.

c) Bezug zur geschäftlichen Tätigkeit

Auf die geschäftliche Tätigkeit wird vornehmlich im Rahmen des Erfordernisses eines engen Gemeinschaftsbezuges in den Entscheidungen zum Handelsvertreterausgleich abgestellt. Für den starken Gemeinschaftsbezug ist in jedem Fall die

---

652 Die speziellen objektiven Anknüpfungen des Art. 4 Abs. 1 e), f) Rom I-VO stellen auf den gewöhnlichen Aufenthaltsort des Franchisenehmers bzw. des Vertriebshändlers ab. Diese Regelung dient dem Schutz jener strukturell unterlegenen Parteien, vgl. Kommission, Vorschlag für eine Verordnung des Europäischen Parlaments und des Rates über das auf vertrag-liche Schuldverhältnis anzuwendende Recht (Rom I), KOM(2005) 650 endg., S. 7.

653 Vgl. Kap. 6 A I.

Tätigkeit des Handelsvertreters in dem Gebiet der Europäischen Union erforderlich.[654] Zusätzlich werden der Wohnsitz des Handelsvertreters in Deutschland[655] und der Sitz des Vertriebsunternehmens[656] herangezogen. Aus der *Agro*-Entscheidung folgt zugleich, dass nach dem EuGH nur die geschäftliche Tätigkeit des Handelsvertreters die Beurteilung des starken Gemeinschaftsbezuges entscheidet. Unbeachtlich soll hingegen die Ansässigkeit des Unternehmers sein.[657] Die Außerachtlassung der geschäftlichen Tätigkeit des Unternehmers folgt hier aus dem Umstand, dass die dem *ordre public*-zuzurechnende Norm dem Schutz des Binnenmarktes und zumindest reflexartig der strukturell unterlegenen Partei dienen soll. Hat lediglich der Unternehmer sein Tätigkeitsgebiet in der EU, so ist eine Ausschlussmöglichkeit des Handelsvertreterausgleichs für den Binnenmarkt indifferent. Schließlich kommen nur Kunden außerhalb des Gebietes der Europäischen Union mit den Produkten in Betracht. Somit spielt es keine Rolle, wenn der Ausgleichsanspruch in die Kalkulation des Unternehmers eingepreist werden muss. Zudem will die Norm reflexartig den Handelsvertreter und nicht den Unternehmer schützen.

Aus der ersten Entscheidung des BGH zum Handelsvertreterausgleich könnte sich ergeben, dass aus der geschäftlichen Tätigkeit des Unternehmers jedoch ein Bezug zum gewählten Recht abgeleitet wird. In dieser Entscheidung war die klagende Handelsvertreterin eine niederländische AG, welche in der Bundesrepublik Deutschland tätig wurde. Die beklagte AG war ebenfalls niederländischer Provenienz. Der BGH führte aufgrund dieser Umstände aus, dass die Gerichtsstandsvereinbarung durch den sich aus dem Sitz der beklagten AG, deren Fabrikationsbetrieb und den wesentlichen Teil ihres Vermögens in den Niederlanden ergebenden engen Bezug zum gewählten Recht wirksam sei.[658] Es handelte sich aber bei der strukturell unterlegenen Partei ebenfalls um eine niederländische AG.[659] Folglich bestand auf beiden Seiten eine Nähe zum gewählten niederländischen Recht. Darüber

---

654 OLG Stuttgart, Urteil v. 29.12.2011 – 5 U 126/11, IHR 2012, 163, 165 [III 2 b) aa)]; OLG München, Urteil v. 17.05.2006 – 7 U 1781/06, OLGR 2007, 138, 139 [2]; EuGH, Urteil v. 9.11.2000, C-381/98 – *Ingmar* [Rn. 25]. Der Tätigkeitsort des Vertragshändlers in der Europäischen Union wird auch für die Begründung der analogen Anwendung des Ausgleichsanspruchs des § 89b HGB herangezogen, vgl. Kap. 5 B V.

655 OLG Stuttgart, Urteil v. 29.12.2011 – 5 U 126/11, IHR 2012, 163, 165 [III 2 b) aa)].

656 OLG München, Urteil v. 17.05.2006 – 7 U 1781/06, OLGR 2007, 138, 139 [2].

657 Vgl. Kap. 5 B III 2.

658 BGH, Urteil v. 30.1.1961 – VII ZR 180/60, NJW 1961, 1061, 1062 [3].

659 Kap. 5 B I.

hinaus war das Interesse an einem Schutz der Handelsvertreterin, hier in Anbetracht ihres Gründungsrechts, nur eingeschränkt gegeben. Allerdings erging diese Entscheidung bevor der Handelsvertreterausgleich seine europarechtliche Komponente erhielt, sodass der BGH in dieser Entscheidung das Kriterium des engen Gemeinschaftsbezuges (hier vermittelt durch die Tätigkeit der Handelsvertreterin in der Bundesrepublik Deutschland) noch nicht berücksichtigen musste. Aus diesem Grunde könnte die Entscheidung nur eingeschränkte Aussagekraft besitzen.

Ähnliche Erwägungen wurden jedoch auch in den Fällen zum Warentermingeschäft v.a. in Bezug auf die AGB-Kontrolle der Schiedsvereinbarung, wie sie vom OLG Düsseldorf vorgenommen wurde, angestellt.[660] So bestand eine zu respektierende Nähe der Brokerfirmen in Bezug auf das gewählte englische bzw. amerikanische Recht. Sie waren in den gewählten Jurisdiktionen tätig, nach diesem Recht gegründet worden und hatten an den dortigen Börsen die Warentermingeschäfte vorzunehmen. Ferner sollte dort Erfüllung eintreten.[661]

Indes waren diese vermeintlichen Nähebeziehungen nicht ausreichend, um der Unwirksamkeit der Schiedsvereinbarung und dem Bedürfnis nach dem Schutz des Anlegers entgegenstehen zu können; zumal die Anleger gerade keinen Bezug zu dem gewählten Recht aufwiesen. Es kann somit zwar, vermittelt durch die geschäftliche Tätigkeit der überlegenen Partei, eine Beziehung zum gewählten Recht bestehen. Allerdings setzt sie sich nicht gegen eine fehlende Nähe der unterlegenen Partei zu diesem Recht durch.

Alles in allem kann sich aus dem Bezug der geschäftlichen Tätigkeit der strukturell unterlegenen Partei zum Normerlassstaat der umgangenen Vorschrift ein Hinweis für eine *ordre public*-Widrigkeit ableiten lassen.

d) Zwischenergebnis

Hinweise für eine *ordre public*-Widrigkeit sind die Staatsangehörigkeit[662] bzw. der gewöhnliche Aufenthalt[663] beider Parteien oder der strukturell unterlegenen

---

660 Kap. 5 A II.

661 BGH, Beschluss v. 21.9.1993 – XI ZR 52/92, NJW-RR 1993, 1519, 1520 [1]; *Weber*, BB 1975, 1410, 1411; *Reich*, ZEuP 1998, 981, 986 f.; *Geimer*, EWiR 1996, 939, 940; *Thorn*, IPRax 1997, 98, 105; *Aden*, RIW 1997, 723, 725; *Ebbing*, WM 1999, 1264, 1269; *Triebel/Peglow*, ZIP 1987, 613, 614.

662 Kap. 7 B VIII 2 a).

663 Kap. 7 B VIII 2 b).

Partei in dem Normerlassstaat der infrage kommenden Vorschrift. Zudem kann ein Bezug vermittelt über die geschäftliche Tätigkeit der strukturell unterlegenen Partei zu eben diesem Recht für die Begründung einer *ordre public*-Verletzung herangezogen werden.[664]

3. *„Orientierungsschwierigkeiten"*

Das OLG Dresden hat in seiner *Subway*-Entscheidung für die Bestimmung der Umstände, welche einen Franchisenehmer im Rahmen eines Schiedsverfahrens daran hindern können, seine Rechte geltend zu machen, den Begriff der „Orientierungsschwierigkeiten" geprägt. Es stellt sich die Frage, ob diese „Orientierungsschwierigkeiten" in der vorliegenden *ordre public*-Kontrolle im Rahmen der Umgehungsfälle herangezogen werden können.

a) Die „Subway-Fälle"

Ausgangspunkt der „*Subway*-Fälle" waren Streitigkeiten um Zahlungen aus Franchiseverträgen zwischen einer niederländischen Tochtergesellschaft des amerikanischen *Subway*-Konzerns und deutschen Franchisenehmern. Die Franchisenehmer hatten vor dem Abschluss der Franchiseverträge in der Gastronomie bzw. mit dem Modell Franchise nur geringe oder gar keine Erfahrungen. Zudem betrieben sie wenige *Subway*-Restaurants. Der Franchisevertrag, der in englischer Sprache verfasst und dem eine nicht verbindliche, deutsche Übersetzung hinzugefügt war, enthielt eine Schiedsvereinbarung. Nach dieser sollten alle Streitigkeiten durch ein Schiedsverfahren nach den UNCITRAL Regeln gelöst werden und die mündlichen Verhandlungen in New York in englischer Sprache stattfinden. Als anwendbares Sachrecht wurde liechtensteinisches Recht vorgesehen. Das Schiedsgericht erließ schließlich ohne mündliche Verhandlungen Schiedssprüche gegen die Franchisenehmer, in welchen sie zur Zahlung von Beträgen in bis zu fünfstelliger Höhe verpflichtet wurden. Diese sollten nun vollstreckt werden.

Die staatlichen Gerichte führten eine Prüfung der Wirksamkeit der Schiedsvereinbarung anhand des § 879 Abs. 3 AGBG[665] durch. Eine gröbliche

---

664 Kap. 7 B VIII 2 c).

665 Nach dem liechtensteinischen Recht gilt der österreichische § 879 Abs. 3 AGBG auch in Liechtenstein. § 879 Abs. 3 AGBG lautet: „Eine in Allgemeinen Geschäftsbedingungen oder Vertragsformblättern enthaltene Vertragsbestimmung, die nicht eine der beiderseitigen Hauptleistungen festlegt, ist jedenfalls nichtig, wenn sie unter Berücksichtigung aller Umstände des Falles einen Teil gröblich benachteiligt."

Benachteiligung ergebe sich im vorliegenden Fall aus der Wahl des Schiedsortes.[666] So bilde die Antragstellerin mit Sitz in Amsterdam ihren Willen nicht autonom, sondern werde von dem Mutterkonzern, welcher in den USA seine Zentrale habe, gesteuert. Dies erkläre das Interesse der Antragstellerin an der Wahl von New York als Schiedsort. Allerdings sei dies keine Rechtfertigung für den Zwang auf den strukturell unterlegenen Franchisenehmer, die mündlichen Verhandlungen in New York durchzuführen. Denn die Muttergesellschaft kontrolliere über den Globus verteilt Franchisenehmer.[667] Zudem könne die Antragstellerin mit Leichtigkeit jeden Gerichtsstand im Umkreis des Sitzes des Franchisenehmers erreichen.[668] Für den Franchisenehmer sei die Anreise hingegen angesichts des notwendigen Transatlantikfluges[669] zu einem „fremden, entfernten Kontinent“[670] bereits sehr viel kosten- und zeitaufwendiger als die Wahl eines Schiedsorts in seiner Nähe oder der Nähe der niederländischen Tochtergesellschaft mit Sitz in Amsterdam.[671] Selbst deren Sitz hätte der Franchisenehmer mit einer PKW-Reise erreichen und sogar noch am selben Tag wieder zurückfahren können.[672] Die Antragstellerin verfüge zudem „über ein Netz von Betreuern in Deutschland und über einen mit ihrer Vertretung ständig beauftragten Rechtsanwalt“.[673]

Für den Franchisenehmer bestehe wegen der Kombination der Wahl liechtensteinischen Rechts, dem Verhandlungsort in New York und seiner geschäftlichen Unerfahrenheit die Notwendigkeit einer anwaltlichen Vertretung, um seine Rechte sachgerecht vertreten lassen zu können. Jedoch sei es „allenfalls mit einem ganz erheblichen Zeit- und Kostenaufwand möglich“,[674] in der Kürze der Zeit einen Anwalt zu finden, welcher über genügend Kenntnisse im liechtensteinischen Recht verfüge, in englischer Sprache verhandeln und den Termin in

666 OLG Celle, Beschluss v. 4.12.2008 – 8 Sch 13/07 [II Rn. 29]; OLG Dresden, Beschluss v. 7.12.2007 – 11 Sch 8/07, IHR 2008, 119, 120; OLG Bremen, Beschluss v. 30.10.2008 – 2 Sch 2/08 [II Rn. 24].

667 OLG Dresden, Beschluss v. 7.12.2007 – 11 Sch 8/07, IHR 2008, 119, 120.

668 OLG Dresden, Beschluss v. 7.12.2007 – 11 Sch 8/07, IHR 2008, 119, 120.

669 OLG Dresden, Beschluss v. 7.12.2007 – 11 Sch 8/07, IHR 2008, 119, 120.

670 OLG Bremen, Beschluss v. 30.10.2008 – 2 Sch 2/08 [II Rn. 24].

671 OLG Dresden, Beschluss v. 7.12.2007 – 11 Sch 8/07, IHR 2008, 119, 120; OLG Bremen, Beschluss v. 30.10.2008 – 2 Sch 2/08 [II Rn. 24].

672 OLG Celle, Beschluss v. 4.12.2008 – 8 Sch 13/07 [II Rn. 30].

673 OLG Dresden, Beschluss v. 7.12.2007 – 11 Sch 8/07, IHR 2008, 119, 120.

674 OLG Celle, Beschluss v. 4.12.2008 – 8 Sch 13/07 [II Rn. 31].

New York wahrnehmen könne.[675] Zudem vermöge eine solche Beauftragung für weitere Franchisenehmer der Antragstellerin „subjektiv als schwierig empfunden" werden.[676]

Ausschlaggebend seien somit die „Orientierungsschwierigkeiten" des Franchisenehmers.[677] Dementsprechend gebe es außer „der Bequemlichkeit der Muttergesellschaft" keinen Grund für die Rechtfertigung der Wahl von New York als Sitz des Schiedsgerichtes. Daher sei es dem Franchisenehmer, welcher „(bspw.) in Meißen (bzw.) Bremerhaven Sandwiches und Salate"[678] verkaufe, nicht zuzumuten, für die Streitbeilegung nach New York zu reisen.[679] Demzufolge sei die Anerkennung der Schiedssprüche zu versagen.[680]

b) Merkmale für „Orientierungsschwierigkeiten"

Aus den Entscheidungen folgen diverse potentielle Merkmale für „Orientierungsschwierigkeiten".

aa) Sprachbarrieren

So könnten „Orientierungsschwierigkeiten" aus dem Vorliegen von Sprachbarrieren resultieren.

Eine Fremdsprache wird in der Praxis häufig gewählt, sofern das Schiedsverfahren, bspw. in Bezug auf die Herkunft der Parteien, internationale Verbindungen aufweist. Trotz dieser internationalen Bezüge könnte die Wahl einer Fremdsprache abschreckende Wirkung entfalten.[681]

Der Sprachenaspekt spielt in Rechtsstreitigkeiten eine besondere Rolle. Geschäfts- und gerichtsunerfahrenen[682] Parteien kann es bereits schwerfallen,

---

675 OLG Celle, Beschluss v. 4.12.2008 – 8 Sch 13/07 [II Rn. 31]; OLG Dresden, Beschluss v. 7.12.2007 – 11 Sch 8/07, IHR 2008, 119, 120; OLG Bremen, Beschluss v. 30.10.2008 – 2 Sch 2/08 [II Rn. 24].

676 OLG Bremen, Beschluss v. 30.10.2008 – 2 Sch 2/08 [II Rn. 24].

677 OLG Dresden, Beschluss v. 7.12.2007 – 11 Sch 8/07, IHR 2008, 119, 120.

678 OLG Dresden, Beschluss v. 7.12.2007 – 11 Sch 8/07, IHR 2008, 119, 120; OLG Bremen, Beschluss v. 30.10.2008 – 2 Sch 2/08 [II Rn. 30].

679 OLG Dresden, Beschluss v. 7.12.2007 – 11 Sch 8/07, IHR 2008, 119, 120; OLG Bremen, Beschluss v. 30.10.2008 – 2 Sch 2/08 [II Rn. 30].

680 OLG Bremen, Beschluss v. 30.10.2008 – 2 Sch 2/08 [II Rn. 31]; OLG Dresden, Beschluss v. 7.12.2007 – 11 Sch 8/07, IHR 2008, 119, 120. Das OLG Celle, Beschluss v. 4.12.2008 – 8 Sch 13/07 [II Rn. 36] sah zudem noch eine Verletzung des Art. V Abs. 1 d) UNÜ aufgrund der Schiedsrichterbestellung gegeben.

681 *Kondring*, RIW 2010, 184, 191.

682 Hierzu ausführlich in Kap. 7 B I 4 a) dd) (2).

die juristischen Fachtermini ihrer Muttersprache korrekt zu erfassen und sich unter Verwendung derselben zu verteidigen. Sofern eine andere Sprache gewählt wird, wiegt dieser Umstand für die strukturell unterlegene Partei stets schwerer, da noch geringere Kenntnisse in Bezug auf eine ausländische juristische Fachsprache bestehen. Diese ist weder Teil des allgemeinen Lernens der Sprache noch mit dem jeweiligen Geschäftsbereich, in dem regelmäßig Verhandlungen stattfinden, verbunden.

Eine Ausnahme könnte insofern bestehen, als die englische Sprache gewählt wurde. Zwar ist Englisch *lingua franca*, allerdings stellt sie bspw. für eine deutsche Partei, trotz der fortschreitenden Internationalisierung, nicht die Muttersprache dar.[683] Diesbezüglich bestehen die genannten Sprachbarrieren auch im Falle der Wahl von Englisch als Verhandlungssprache.

Die soeben genannten Umstände werden an den *Subway*-Fällen ersichtlich. Zwar gingen die drei dargestellten Gerichtsentscheidungen nicht ausführlich auf den Sprachenaspekt ein[684], sie leiteten jedoch aus dem Umstand der Wahl der Verhandlungssprache Englisch ab, dass der Franchisenehmer auf eine anwaltliche Vertretung angewiesen sei. Hieran wird deutlich, dass die Gerichte implizit davon ausgingen, dass der Franchisenehmer in Bezug auf die Sprache nicht über ausreichende Kenntnisse verfügte, um sich in dieser sachgerecht selbst zu verteidigen.

Infolgedessen ist es möglich, den Aspekt der Sprachbarrieren insoweit zur Begründung von „Orientierungsschwierigkeiten" heranzuziehen.

Sprachbarrieren bestehen für die strukturell unterlegene Partei in jedem Fall, in dem nicht ihre eigene Muttersprache als Verhandlungssprache gewählt wird. Zwar unterliegt auch die überlegene Partei Verständigungsschwierigkeiten, wenn eine andere als ihre Muttersprache gewählt wird. Allerdings wird sie in Anbetracht ihrer wirtschaftlich stärkeren Stellung eher in der Lage sein, die hierdurch resultierenden Nachteile (bspw. Dolmetscherkosten) zu tragen;[685] zumal bei größeren bzw. multinationalen Unternehmen häufig die erforderlichen Kapazitäten vorhanden sind, sodass für die überlegene Partei

---

683 *Kondring*, RIW 2010, 184, 191.

684 Der Aspekt der Sprachwahl scheint generell von den Gerichten eher vernachlässigt zu werden. So ging das OLG München in seiner Entscheidung zum Handelsvertreterausgleich nicht darauf ein, dass der Handelsvertretervertrag in englischer Sprache verfasst wurde, vgl. Kap. 5 B IV 1.

685 Ähnlich *Wagner/Quinke*, JZ 2005, 932, 937.

im Vergleich zur unterlegenen aus der Wahl einer Fremdsprache nur ein geringerer Kosten- und Zeitaufwand entstehen kann.

bb) Verfahrensgestaltung

Aus der Verfahrensgestaltung für die materielle *ordre public*-Kontrolle relevante „Orientierungsschwierigkeiten" abzuleiten, muss unter zwei Aspekten mit Vorsicht begegnet werden. Zum einen ist die Gestaltung des Verfahrens einer der zentralen Vorteile der Schiedsgerichtsbarkeit, der nicht unter Heranziehung des *ordre public* ausgehöhlt werden sollte. Zum anderen greifen hier bereits spezielle Kontrollmechanismen ein. Zu denken ist, um nur zwei Beispiele zu nennen, an Art. V Abs. 1 b) und d) UNÜ, die das Recht auf rechtliches Gehör und die Schiedsrichterwahl erfassen. Des Weiteren enthält die *ordre public*-Kontrolle, wie bereits gezeigt,[686] eine prozessuale Seite. Prozessuale und materielle Mängel sollten angesichts ihrer teilweise divergierenden Anforderungen, nicht ohne Weiteres miteinander vermengt werden. Für die vorliegenden Konstellationen kommen daher nur solche Aspekte in Betracht, welche nicht bereits von diesen speziellen Mechanismen erfasst werden. Indessen wird es sich bei diesen Aspekten lediglich um geringfügigere Verfahrensmängel halten, da der Gesetzgeber davon ausging, dass sie keiner eigenständigen Sanktionierung bedürfen. Folglich kann diesen Mängeln auch in der vorliegenden Untersuchung nur ein geringerer Hinweiswert zugesprochen werden.

Aus den vorliegenden Fällen ergibt sich, dass sich für eine strukturell unterlegene Partei als negativ auswirken und daher als Aspekte für „Orientierungsschwierigkeiten" herangezogen werden können: eine Ausarbeitung des konkreten Schiedsvertrages durch die Schiedsgerichtsinstitution selbst,[687] kurze Fristen für Verfahrenshandlungen,[688] eine Freistellung des mündlichen Verfahrens und die Möglichkeit der Durchführung des Verfahrens, ohne dass ein einlassungsfähiger Sachverhalt dargestellt wurde, sowie ein „Versäumnisurteil" ohne Tatbestand, Entscheidungsgründe und Belehrung über Einspruchsmöglichkeiten.[689]

---

686 Kap. 3 A V 1, Kap. 6 A II 1 und B III 3 b).

687 Vgl. EuGH, Urteil v. 6.10.2009, C-40/08 – *Asturcom* [Rn. 47].

688 Vgl. Schlussanträge GA *Tizzano* v. 27.4.2006, C-168/05 – *Mostaza Claro* [Rn. 48]. Ähnlich OLG Bremen, Beschluss v. 30.10.2008 – 2 Sch 2/08 [II Rn. 29]. Andere Ansicht wohl *Wagner*, SchiedsVZ 2007, 46, 51.

689 OLG Bremen, Beschluss v. 30.10.2008 – 2 Sch 2/08 [II Rn. 29].

Hinweise gegen eine *ordre public*-Widrigkeit, welche sich aus der Verfahrensgestaltung ergeben können, sind hingegen die Erfahrung und Qualität der gewählten Schiedsrichter sowie eine freiwillige Beteiligung der Parteien am Schiedsverfahren.[690]

Ebenso könnten *Ad-hoc*-Schiedsverfahren für die strukturell unterlegene Partei stets Orientierungsschwierigkeiten begründen. Hier vermag sich die einseitige Gestaltungsmacht der überlegenen Partei im Rahmen des Schiedsverfahrens fortzusetzen. Allerdings greifen jedenfalls die Regeln der *lex loci arbitri*. Deshalb hängt die Frage der Schwierigkeit wieder von der Wahl des Schiedsortes und der damit verbundenen Nachteile in Bezug auf das dortige Schiedsverfahrensrecht ab. Sofern dieses bzw. die Verfahrensgestaltung durch die überlegene Partei zur Folge haben, dass sich die Benachteiligung der strukturell unterlegenen Partei auf Verfahrensebene fortführt, können aus diesen Umständen zumindest Hinweise auf „Orientierungsschwierigkeiten" abgeleitet werden.

Ferner könnte die Vereinbarung einer Schiedsgerichtsinstitution eine nachteilige Verfahrensgestaltung darstellen. Nun lässt sich überlegen, dass ein institutionelles Schiedsverfahren im Vergleich zum *ad-hoc*-Schiedsverfahren für die strukturell unterlegene Partei stets vorteilhaft sein könnte. Denn zum einen wird sie sich über die Schiedsverfahrensregeln im Voraus informieren können. Zum anderen werden das Verfahren und damit zumindest mittelbar die strukturell unterlegene Partei durch die Schiedsgerichtsinstitution unterstützt. Dies gilt im Besonderen für die Wahl von international anerkannten, zuverlässigen, neutralen und vertrauenswürdigen Schiedsgerichtsinstitutionen, die bereits seit längerer Zeit Bestand haben.[691] Beispiele hierfür sind die LCIA[692] oder die ICC.[693]

Allerdings kann die Wahl einer Schiedsgerichtsinstitution zu Nachteilen für die unterlegene Partei führen. Dies ist immerhin in den Fällen anzunehmen, in welchen eine Schiedsgerichtsinstitution gewählt wird, deren Regeln kaum bekannt sind oder die im Vergleich zur *lex loci arbitri* über eine nicht

---

690 Commercial Court, Urteil v. 19.12.1997, *Westacre Investments inc vs Jugoimport-SDPR Holding Company Ltd* (1998) 4 All ER, 570, 595; Commercial Court, Urteil v. 3.7.2008, *R vs V* (2008), APP.L.R. 07/03 [Rn. 14].

691 *Ebbing*, WM 1999, 1264, 1269; Commercial Court, Urteil v. 19.12.1997, *Westacre Investments inc vs Jugoimport-SDPR Holding Company Ltd* (1998) 4 All ER, 570, 595; Commercial Court, Urteil v. 3.7.2008, *R vs V* (2008), APP.L.R. 07/03 [Rn. 14].

692 *Ebbing*, WM 1999, 1264, 1269.

693 Commercial Court, Urteil v. 19.12.1997, *Westacre Investments inc vs Jugoimport-SDPR Holding Company Ltd* (1998) 4 All ER, 570, 595; Commercial Court, Urteil v. 3.7.2008, *R vs V* (2008), APP.L.R. 07/03 [Rn. 14].

unbedeutende, für die strukturell unterlegene Partei nachteilige Verfahrensregelung verfügt, sodass sich diese Partei eine Beratung in Bezug auf diese Regelungen leisten muss, um sich sachgerecht verteidigen zu können. Unter diesen Umständen kann auch die Wahl einer Schiedsgerichtsinstitution durch die überlegene Partei einen Hinweis auf „Orientierungsschwierigkeiten" liefern.

cc) Zeitaufwand

Grundsätzlich wird der Schiedsgerichtsbarkeit angesichts des fehlenden Instanzenzuges ein zeitersparender Faktor zugesprochen.[694] Dieser kommt auch der strukturell unterlegenen Partei zugute, da es in ihrem Interesse stehen wird, dass die Rechtsstreitigkeit so schnell wie möglich geklärt wird, damit Rechtssicherheit einkehrt und mögliche subjektive Belastungen aufgrund der Streitigkeit enden.

In den vorliegenden Fällen bestand indes ein erhöhter Zeitaufwand in der Phase der Einleitung und Vorbereitung des eigentlichen Schiedsverfahrens. Dieser Zeitaufwand bspw. in Bezug auf die Anreise oder die Suche nach einem geeigneten ausländischen Anwalt,[695] aber auch die Vorbereitung, welche dadurch entsteht, dass sich eine strukturell unterlegene Partei i.d.R. zunächst mit den Gepflogenheiten eines Schiedsverfahrens vertraut machen muss, wird im Vergleich zu einem Verfahren vor den staatlichen Heimatgerichten dieser Partei regelmäßig erhöht sein. Dieser erhöhte Zeitaufwand wird häufig die Zeitersparnis, welche mittels der Durchführung des Schiedsverfahrens erreicht werden kann, übersteigen. Entsprechend kann die Effektivität des Schiedsverfahrens diese Nachteile nicht ausgleichen.

Sofern sich aus den Umständen ergibt, dass die Gestaltung des Schiedsverfahrens mit einem erheblichen Zeitaufwand für die strukturelle Partei verbunden ist und sich dieser Zeitaufwand v.a. in Kombination mit kurzen Fristen dahingehend auswirkt, dass diese Partei ihre Rechte ausschließlich unter Anwendung von unverhältnismäßigen Anstrengungen auszuüben vermag, kann mittels dieses Zeitaufwandes ein Merkmal für „Orientierungsschwierigkeiten" begründet werden.

---

694 Statt aller: *Schütze*, Schiedsgericht und Schiedsverfahren, Einl. Rn. 41.

695 Kap. 7 B VIII 3 a).

dd) Kostenaufwand

Darüber hinaus vermag ein erhöhter Kostenaufwand für die strukturell unterlegene Partei zu „Orientierungsschwierigkeiten“ führen.[696]

(1) Kosten des Schiedsverfahrens im Vergleich zur staatlichen Gerichtsbarkeit

Ähnlich wie der Zeitaspekt soll das Schiedsverfahren, jedenfalls im Vergleich zu einem Gerichtsverfahren mit mehreren Instanzen, zu Kostenvorteilen führen.[697] Tatsächlich könnten auch hier die Kosten für die Durchführung und Vorbereitung des Schiedsverfahrens erhöht sein. Ein solcher ergibt sich, wie an den *Subway*-Fällen ersichtlich wurde, vorwiegend aus der Wahl eines ausländischen Schiedsortes, welcher ausschließlich unter Einsatz nicht unerheblicher Transportkosten erreicht werden kann.[698] Darüber hinaus müssen die Schiedsrichterhonorare, deren Auslagen und die Kosten der Schiedsgerichtsinstitution gezahlt werden. Je nach Vereinbarung kann es möglich sein, dass die strukturell unterlegene Partei sogar im Falle des Obsiegens zumindest einen Anteil dieser Kosten tragen muss.[699]

Daraus folgt, dass die Kostenersparnisse im Vergleich zum staatlichen Gerichtsverfahren für die strukturell unterlegene Partei nicht stets besonders hoch ausfallen, sodass sich allein aus dem Kostenfaktor kein Interesse dieser Partei an der Durchführung eines Schiedsverfahrens ableiten lässt.

Vielmehr tritt in den Fällen struktureller Unterlegenheit regelmäßig ein umgekehrter Effekt ein. Denkt man an die Fallgruppen zurück, aus denen sich eine strukturelle Ungleichgewichtslage ergibt, so wird deutlich, dass die Werte der Streitigkeiten, über welche gestritten wird, nicht die erforderlichen hohen Beträge (wie bspw. in Unternehmenstransaktionen) erreichen werden, die dazu führen, dass das Schiedsverfahren kostengünstiger ist. Im Gegenteil sind die Kosten des Schiedsverfahrens im Vergleich zu den Kosten der staatlichen Gerichtsbarkeit in den Fällen erhöht, in welchen um geringe Streitwerte

---

696 Für den erhöhten Kostenaufwand als Hinweis auf die Unwirksamkeit der Schiedsvereinbarung: *Thode*, DNotZ 2007, 404, 409; *Graf von Westphalen*, ZIP 2013, 2184, 2187; *Wagner/Quinke*, JZ 2005, 932, 936 f.

697 *Schütze*, Schiedsgericht und Schiedsverfahren, Einl. Rn. 41; *Schwab/Walter*, Schiedsgerichtsbarkeit, Kap. 1 Rn. 8; Torggler/Schäfer/Mohs/Wong/*Kutschera*, Kap. 1 Rn. 86.

698 *Mogendorf*, Der strukturell unterlegene Unternehmer, S. 18. Hierzu ausführlich in Kap. 7 B VIII 1 b).

699 Dies ist der Fall, wenn sich die Parteien auf eine sog. *American Rule* einigen.

gestritten wird.[700] Dass eine strukturell unterlegene Partei hier geschützt werden soll, zeigt sich an Art. 91 Arbitration Act 1996.[701]

Darüber hinaus wird im Falle eines strukturellen Ungleichgewichts zugleich eine Unterteilung der Parteien in *haves* und *have-nots* möglich sein.[702] Die Begriffe *haves* und *have-nots* erfassen die finanzielle Leistungsfähigkeit der Parteien in Bezug auf ein Gerichtsverfahren. Angesichts ihrer fehlenden Leistungsfähigkeit bedürfen *have-nots* der finanziellen staatlichen Unterstützung zur Durchführung des Verfahrens. Ferner sind die Verfahrenskosten im Verhältnis zu ihrem Vermögen deutlich erhöht, sodass die Durchführung des Prozesses erhebliche wirtschaftliche Folgen haben kann oder sich aufgrund dieser Gefahren eine gerichtliche Verfolgung dieser Rechte nicht lohnt.[703] Für *haves* bestehen diese Gefahren mit Ausnahme von extrem hohen Streitwerten nicht oder nur in einem sehr viel geringeren Umfang.[704]

Diese unterschiedlichen Lasten, welche sich aus den Kosten ergeben, bestehen nicht nur in demselben Maße im Schiedsverfahren,[705] vielmehr treten diese Effekte hier verstärkt hervor. Zum einen beruht dies auf den dargestellten erhöhten Kosten der Verfahrensvorbereitung und -durchführung. Zum anderen existiert in einigen Prozessordnungen für den Bereich der Schiedsgerichtsbarkeit keine Möglichkeit, Prozesskostenhilfe zu beantragen.[706] Dementsprechend

---

700 Vgl. *Reich*, ERCL 2007, 41, 46; *Wagner/Quinke*, JZ 2005, 932, 936 f. Aus der Verpflichtung zur Zahlung von 669,90 Euro im Fall *Astrucom* ergibt sich jedenfalls der Hinweis, dass in diesem Fall ein geringer Streitwert zugrunde lag.

701 Vgl. Kap. 6 B V II. Eine Lösung in die umgekehrte Richtung enthielt Art. 1 Abs. 1 a) und Art. 2 Abs. 1 a) LJT/VD a.F., nach welchem die Schiedsgerichtsbarkeit in Arbeitsrechtssachen u.a. nur vereinbart werden konnte, wenn der Streitwert von 30.000 CHF nicht überschritten wurde. Dies bringt zum Ausdruck, dass für den Arbeitnehmer finanziell erhebliche Streitigkeiten besser vor einem staatlichen Gericht gelöst werden sollten. Aufgrund der Expertise des Schiedsgerichts ist eine solche Annahme allerdings nicht gerechtfertigt und bringt ein Misstrauen gegenüber der Schiedsgerichtsbarkeit zum Ausdruck, vgl. hierzu ausführlich in Kap. 7 B IV 3.

702 Diese Begriffe wurden geprägt von *Galanter*, Law Society Review Vol. 9 No. 1 (1974/75), 95, 95 ff.

703 *Niedermaier*, Schieds- und Schiedsverfahrensvereinbarungen in strukturellen Ungleichgewichtslagen, S. 72.

704 *Niedermaier*, Schieds- und Schiedsverfahrensvereinbarungen in strukturellen Ungleichgewichtslagen, S. 72 ff.

705 *Niedermaier*, Schieds- und Schiedsverfahrensvereinbarungen in strukturellen Ungleichgewichtslagen, S. 75.

706 So bspw. in Deutschland, vgl. *Graf von Westphalen*, ZIP 2013, 2184, 2187; Torggler/Mohs/Schäfer/Wong/*Zeiler*, Kap. 3 Rn. 650.

müssen die *have-nots* die Kosten alleine tragen, sodass sie sich noch eher daran gehindert sehen könnten, ihre Rechte geltend zu machen.

Folglich kann sich aus dem erhöhten Kostenaufwand für die strukturell unterlegene Partei ein Merkmal für „Orientierungsschwierigkeiten“ ergeben.[707]

(2) Notwendigkeit der Mandatierung eines spezifischen Rechtsanwalts

Zusätzlicher Zeit- wie auch Kostenaufwand könnte sich aus der Notwendigkeit der Mandatierung eines spezifischen Rechtsanwalts ergeben.

Grundsätzlich besteht in den meisten Schiedsverfahrensrechten nicht das Erfordernis einer anwaltlichen Vertretung vor den Schiedsgerichten.[708] Allerdings sind strukturell unterlegene Parteien weniger geschäfts- und gerichtserfahren und mit den Besonderheiten des Schiedsverfahrens nicht vertraut.[709] Um ihre Rechte, wie in den *Subway*-Fällen ersichtlich wurde, sachgerecht durchsetzen zu können, bedarf die strukturell unterlegene Partei einer anwaltlichen Vertretung.

Die strukturell unterlegene Partei wird bereits im Inland nicht über einen ständigen Anwalt verfügen, und es ist für sie dort mangels Kontakte mit Zeit und Kosten verbunden, einen geeigneten Anwalt zu finden. Selbst wenn die strukturell unterlegene Partei bereits über einen inländischen Anwalt verfügt, wird dieser selten die notwendigen Anforderungen, welche für eine sachgerechte Verteidigung erforderlich sind, erfüllen.[710] Die genannten Umstände wirken sich noch erheblicher aus, sofern die Partei auf einem ausländischen Markt einen passenden Rechtsanwalt finden muss. Diese Suche ist umso schwieriger, je spezifischer die Anforderungen sind, die dieser erfüllen muss. Betrachtet man die Anforderungen in den *Subway*-Fällen[711] stellt sich die Frage, auf welchem Markt

707 Für eine abschreckende Wirkung in Bezug auf die Geltendmachung der Ansprüche auch: EuGH, Urteil v. 26.10.2006, C-168/05 – *Mostaza Claro* [Rn. 30] m.w.N.; Torggler/Mohs/Schäfer/Wong/*Zeiler*, Kap. 3 Rn. 649. Zur Unwirksamkeit einer Schiedsvereinbarung im Falle der Umgehung von kanadischen Arbeitnehmerschutzbestimmungen sowie der Notwendigkeit der Leistung eines Verfahrenskostenvorschusses der 70 % des jährlichen Nettoeinkommens des Arbeitnehmers entspricht: Supreme Court, Urteil v. 26.6.2020, *Uber Technologies, Inc. V. Heller*, 2020 SCC 16. Ausführlich zu dieser Entscheidung und der Unwirksamkeit von unzumutbaren Schiedsvereinbarungen: *Otto*, IPRax 2021, 187, 187 ff.

708 Vgl. statt aller: § 1042 Abs. 3 ZPO.

709 *Thode*, DNotZ 2007, 404, 408.

710 Vgl. *Mogendorf*, Der strukturell unterlegene Unternehmer, S. 18. Ähnlich *Kondring*, RIW 2010, 184, 191.

711 Kap. 7 B VIII 3 a).

der Franchisenehmer seine Suche hätte beginnen sollen. In Deutschland, um sich die Kosten für eine Suche im Ausland und deren Probleme zu ersparen? Oder wären seine Chancen einen Anwalt zu finden, der die genannten Voraussetzungen erfüllt, auf dem liechtensteinischen oder amerikanischen Markt besser gewesen?

Die überlegene Partei verfügt dagegen, da sie zumeist die Stellung eines *repeat players* einnehmen wird, über die erforderlichen Fachanwälte.[712] Darüber hinaus werden sich, aufgrund der Vielzahl der Gestaltung und Abwicklung der Verträge, die Rechtsberatungskosten für die überlegene Partei amortisieren.[713]

Auch der Zeit- und Kostenaufwand der Mandatierung eines Rechtsanwalts kann daher abschreckende Wirkung entfalten.[714]

ee) Gefährdung des effektiven Rechtsschutzes

Die genannten Anhaltspunkte für „Orientierungsschwierigkeiten" basieren auf dem Effekt, dass die strukturell unterlegene Partei davor abgeschreckt wird, ihre Rechte geltend zu machen. Dieser Abschreckungseffekt besteht auch in den vorliegenden Fällen der Umgehung des materiell zwingenden Rechts durch die Wahl eines fremden Sachrechts. In Bezug auf das ausländische Sachrecht wird es der strukturell unterlegenen Partei wegen der fehlenden Kenntnis von diesem Recht nur unter Einsatz eines nicht unerheblichen Zeit- und Kostenaufwandes möglich sein, ihre Rechte geltend zu machen. Somit besteht zwischen den vorliegenden Umgehungsfällen und den genannten Anhaltspunkten für die „Orientierungsschwierigkeiten" ein Zusammenhang.

Die Abschreckung vor der Geltendmachung der Ansprüche ist unter dem Gesichtspunkt der Gefährdung des effektiven Rechtsschutzes problematisch. Effektiver Rechtsschutz erfordert nicht nur die Bereitstellung von Gerichten, sondern auch ihre Zugänglichkeit und die Möglichkeit der Lösung von Streitigkeiten durch sie.[715] Diese Möglichkeit wird erschwert, wenn die Schiedsvereinbarung so ausgestaltet wird, dass es unwahrscheinlich erscheint, dass die strukturell unterlegene Partei ihre Rechte geltend machen wird. Das Schiedsgerichtsverfahren

---

712 *Cappelletti*, RabelsZ 40 (1976), 669, 678 ff.

713 *Mogendorf*, Der strukturell unterlegene Unternehmer, S. 12.

714 *Wagner/Quinke*, JZ 2005, 932, 937. Nach *Schulz/Niedermaier*, SchiedsVZ 2009, 196, 202 genüge hingegen die Notwendigkeit der Mandatierung eines ausländischen Rechtsanwalts aufgrund der Anwendung ausländischen Sach- und Verfahrensrechts nicht für eine Unangemessenheit.

715 Kap. 7 B VIII 3 b) ee).

droht so zu einem Mechanismus zu werden, durch welchen die überlegene Partei nicht nur die Vertragsbestimmungen einseitig aufoktroyieren könnte, sondern zu einem Verfahren, in welchem diese Partei ihre Rechte mangels „Gegenwehr" in den meisten Fällen auch durchsetzen könnte.[716]

Allerdings muss für die Begründung von „Orientierungsschwierigkeiten" im Rahmen der *ordre public*-Kontrolle nicht tatsächlich eine Verletzung des Art. 19 Abs. 4 GG eingetreten sein. In diesem Fall werden regelmäßig die spezielleren Aufhebungs- bzw. Anerkennungsversagungsgründe oder der prozessuale *ordre public* eingreifen. Es kann für die Heranziehung als Hinweis die vorliegenden Konstellationen eine Gefährdung des Rechts auf effektiven Rechtsschutz unterhalb der Schwelle des Art. 19 Abs. 4 GG genügen.

Zugleich darf die Gefährdung nicht unbedeutend sein, damit der Ausnahmecharakter des *ordre public*[717] gewahrt bleibt. Es greift das bereits erwähnte Sandhaufen-Theorem.[718] Je mehr Anhaltspunkte für „Orientierungsschwierigkeiten" vorliegen, d.h. je eher aus objektiver Sicht der Eindruck entsteht, dass die Rechtswahl in Kombination mit der weiteren Gestaltung des Schiedsverfahrens die strukturell unterlegene Partei letztlich davon abhalten soll, ihre Rechte geltend zu machen, desto eher können die „Orientierungsschwierigkeiten" angenommen werden.[719]

c) Schutzzweck des Kriteriums der „Orientierungsschwierigkeiten"

Um die genannten „Orientierungsschwierigkeiten" im Rahmen der *ordre public*-Kontrolle heranziehen zu können, müssen diese, um Wertungswidersprüche zu vermeiden, einen dem *ordre public* zugänglichen Schutzzweck erfüllen.

Das Kriterium der „Orientierungsschwierigkeiten" soll in erster Linie die strukturell unterlegene Partei vor den sie benachteiligenden Schiedsverfahrensvereinbarungen schützen. Der *ordre public* ordnet den Schutz einer Partei hingegen lediglich reflexartig an. Er soll primär die Interessen der Allgemeinheit

---

716 Vgl. *Mogendorf*, Der strukturell unterlegene Unternehmer, S. 17.

717 Kap. 3 A II.

718 Kap. 7 B.

719 Für eine Gefährdung des effektiven Rechtsschutzes in den *Subway*-Fällen: OLG Celle, Beschluss v. 4.12.2008 – 8 Sch 13/07 [Rn. 31]; *Schulz/Niedermaier*, SchiedsVZ 2009, 196, 202; *Samtleben*, FS von Hoffmann, S. 1074; *Eichel*, IPRax 2010, 219, 223 f. *Mogendorf*, Der strukturell unterlegene Unternehmer, S. 283 (hält eine *ordre public*-Widrigkeit aufgrund der Gefährdung in diesen Fällen für denkbar). Andere Ansicht: OLG Dresden, Beschluss v. 7.12.2007 – 11 Sch 8/07, IHR 2008, 119, 120 mit Anmerkungen *Kraaywander*, IHR 2008, 121, 121.

und die grundlegenden Gerechtigkeitsvorstellungen des Normerlassstaates schützen.[720] Allerdings zeigt sich an dem engen Zusammenhang zwischen den „Orientierungsschwierigkeiten“ und der Gefährdung des effektiven Rechtsschutzes,[721] dass im Falle von „Orientierungsschwierigkeiten“ das Prinzip der Parteiautonomie und die Vertragsfreiheit gefährdet sind.

Ein Staat hat ein Interesse daran, dass seine justiziellen Grundsätze nicht umgangen werden können und seine Bürger sich aufgrund von Abschreckungseffekten daran gehindert sehen, ihre Rechte geltend zu machen. Die Geltendmachung dieser Rechte ist regelmäßig zur Durchführung und Ordnung des sozialstaatlichen Lebens, so wie es vom Normerlassgesetzgeber gewünscht ist, erforderlich. Infolgedessen dient das Kriterium der „Orientierungsschwierigkeiten“ zumindest sekundär den staatlichen Interessen.

Folglich steht der Schutzzweck des Kriteriums „Orientierungsschwierigkeiten“ ihrer Heranziehung im Rahmen der *ordre public*-Kontrolle nicht entgegen.

d) Würdigung

„Orientierungsschwierigkeiten“ treten in Konstellationen auf, in denen einer Partei die Verfolgung ihrer Rechte durch die Wahl eines Schiedsgerichtsverfahrens und mit diesem verbundene Verfahrensvereinbarungen erschwert werden soll.

Die Merkmale für „Orientierungsschwierigkeiten“ können aufgrund der Ähnlichkeit mit den Umgehungsfällen im Rahmen der *ordre public*-Kontrolle herangezogen werden.[722] Je mehr Kriterien für „Orientierungsschwierigkeiten“ erfüllt sind, desto eher spricht dies für das Vorliegen des Indizes der Umgehungsabsicht[723] sowie eines zumindest reflexartigen Schutzbedürfnisses der anderen Partei an dem Eingreifen des *ordre public.*

Ferner zeigt sich an den untersuchten Kriterien der „Orientierungsschwierigkeiten“, dass diese auf einem gemeinsamen Entstehungsgrund beruhen. „Orientierungsschwierigkeiten“ treten in denjenigen Fällen auf, in denen für eine Partei die Vorteile der Schiedsgerichtsbarkeit nicht greifen, da sie aufgrund ihrer Stellung, der geschäftlichen und schiedsverfahrensrechtlichen Unerfahrenheit sowie ihrer begrenzten finanziellen Mittel nicht in der Lage ist, diese Vorteile für sich zu nutzen. Darüber hinaus greifen die Vorteile der Schiedsgerichtsbarkeit hier nicht nur nicht ein, vielmehr stellen sie sich für die konkrete Partei als Nachteile

720 Kap. 3 A I und II.

721 Kap. 3 A V 6 b).

722 Soeben unter c).

723 Kap. 7 B V 3.

dar. Die andere Partei kann hingegen die Vorteile des Schiedsverfahrens für sich nutzen. Es liegt letztlich eine asymmetrische Distribution der Vorteile der Schiedsgerichtsbarkeit vor. Das Schiedsgerichtsverfahren ist in diesen Fällen kein geeignetes Forum zur alternativen Streitbeilegung.[724]

Betrachtet man die Gründe, warum die Partei die Vorteile des Schiedsverfahrens nicht in ihre Dienste stellen kann, wird deutlich, dass diese Gründe mit den Merkmalen einer strukturellen Unterlegenheit[725] korrespondieren. Demnach können „Orientierungsschwierigkeiten" nur in Fällen des strukturellen Ungleichgewichts im Rahmen der *ordre public*-Kontrolle herangezogen werden.

Denkbar erscheint, hiervon eine weitere Ausnahme für diejenigen Fälle vorzunehmen, in welchen sich die Parteien willentlich auf die Verfahrensvereinbarungen eingelassen und sie darüber hinaus das Schiedsverfahren nach ihrem eigenen Willen initiiert haben, indem sie Schiedsrichter bestellen, am Verfahren teilnehmen sowie es dulden, dass ein Schiedsspruch erlassen wird.[726] Um einen Ausgleich zwischen den Interessen beider Parteien zu erreichen, könnte es der strukturell unterlegenen Partei zugemutet werden, dass sie ihr fehlendes Einverständnis mit dem Schiedsverfahren wenigstens in der Weise zum Ausdruck bringt, dass sie an diesem nicht teilnimmt. Jedoch wird diese Partei mangels Erfahrung keine Kenntnis davon haben, dass sie mit einer Teilnahme am Schiedsverfahren auf ihren staatsgerichtlichen Rechtsschutz verzichtet. Aus den *Mostaza Claro*- und *Asturcom*-Entscheidungen ergibt sich zudem, dass der *ordre public* sogar in den Fällen vollständiger Untätigkeit der strukturell unterlegenen Partei eingreifen soll.[727] Es kann daher nicht verlangt werden, dass die unterlegene Partei ihr fehlendes Einverständnis durch den Verzicht an der Teilnahme am Schiedsverfahren zum Ausdruck bringt. Es wird regelmäßig auch nicht ausreichen, dass die überlegene Partei die andere über ihre Rechte aufklärt. Denn die unterlegene Partei wird trotz dieser Aufklärung die Schiedsvereinbarung wegen ihrer Angewiesenheit auf den Vertragsabschluss[728] unterzeichnen.

---

724 So in Bezug auf die Verbraucherschiedsgerichtsbarkeit: Torggler/Mohs/Schäfer/Wong/*Zeiler*, Kap. 3, Rn. 648 f.; Vgl. *Thode*, DNotZ 2007, 404, 408 f.; *Graf von Westphalen*, ZIP 2013, 2184, 2187; *Wagner/Quinke*, JZ 2005, 932, 936 (sprechen von einer „asymmetrischen Distribution").

725 Zu den Merkmalen der strukturellen Unterlegenheit ausführlich in Kap. 7 B I 4.

726 So bspw. im Fall des Supreme Court, Urteil v. 1.9.1999, *M/S Atlas Export Industries vs M/S Kotak & Company* – C.A. No.-007410-007410 / 1994.

727 Kap. 5 D II 2 a).

728 Hierzu ausführlich in Kap. 7 B I 4 a) bb), cc) (2), dd) (3), (4) und (6).

4. *Zwischenergebnis*

Der *ordre public* sollte in seiner ursprünglichen Bedeutung die zentralen Gerechtigkeitsvorstellungen des jeweiligen Staates in territorialer Hinsicht schützen.[729] Sofern ein reiner Binnensachverhalt vorliegt, ist der Bezug zu den Interessen des Normerlassstaates am stärksten ausgeprägt. Eine Verletzung des *ordre public* kann sich in diesen Fällen in besonderem Maße auf das Allgemeinwohl auswirken und eine negative Vorbildfunktion einnehmen. Infolgedessen erscheint eine Abweichung von den zwingenden Normen dieses Staates hier am geringsten rechtfertigbar.[730] Sofern hingegen jeglicher Inlandsbezug fehlt, ist die Verletzung der Interessen des Normerlassstaates und seiner Normen nur von geringerem Gewicht.[731] Es ist über das Kriterium der Nähe zum umgangenen Recht eine Abstufung der Anwendung des *ordre public* in den nationalen und internationalen Begriff möglich.[732] Hierdurch kann verhindert werden, dass rein nationale Konzepte auf internationale Sachverhalte angewendet werden.[733] Zugleich wird ersichtlich, dass die Nähe zum umgangenen bzw. anzuwendenden Recht, vermittelt über die persönlichen Eigenschaften der Staatsangehörigkeit und des gewöhnlichen Aufenthalts der Beteiligten sowie ein Bezug ihrer geschäftlichen Tätigkeit zu diesen Vorschriften, zur Beurteilung der *ordre public*-Widrigkeit herangezogen werden muss.[734]

Darüber hinaus können im Falle der strukturellen Unterlegenheit die Kriterien für „Orientierungsschwierigkeiten“, inkl. der Vereinbarung eines ausländischen

729 Kap. 3 A I.

730 Vgl. *Takahashi*, The American Review of International Arbitration Vol. 19 (1) 2008, 173, 181. Ähnlich *Raeschke-Kessler/Berger*, Recht und Praxis des Schiedsverfahrens, Rn. 751. Sie fordern für den Fall, dass der Sachverhalt inhaltlich keinen Auslandsbezug aufweise, nur den nationalen *ordre public* anzuwenden. So könne eine Umgehung der zwingenden Vorschriften des gemeinsamen Heimatstaates der Parteien verhindert werden.

731 Ähnlich *Tyrolt*, Sportschiedsgerichtsbarkeit und zwingendes staatliches Recht, S. 123 f. Eine Ausnahme bestehe allerdings, wenn ein krasser Verstoß gegen die zentralen Gerechtigkeitsvorstellungen des Normerlassstaates vorliege. Hier soll für das Eingreifen des *ordre public* bereits ein schwacher Inlandsbezug genügen, vgl. *Beulker*, Die Eingriffsnormenproblematik in internationalen Schiedsverfahren, S. 251; *Schurig*, Kollisionsnorm und Sachrecht, S. 250 (der insoweit von der „Relativität des *ordre public*“ spricht).

732 *Tyrolt*, Sportschiedsgerichtsbarkeit und zwingendes staatliches Recht, S. 123 f.

733 Ähnlich *Beatson*, 33 Arb Int'l (2017), 175, 187.

734 Kap. 7 B VIII 2.

Schiedsgerichtsitzes in unzumutbarer Distanz zum (Wohn-)Sitz der strukturell unterlegenen Partei,[735] als Hinweis für eine Umgehungsabsicht bzw. ein Eingreifen des *ordre public* gewertet werden.[736]

IX. Fazit

Abschließend lassen sich folgende Kriterien festhalten, die im Rahmen der *ordre public*-Kontrolle zu berücksichtigen sind:

Für die Zurechnung einer Norm zum *ordre public* ist es notwendig, dass es sich zumindest um eine zwingende Vorschrift handelt. Zugleich zeigt sich ein klarer Trend dahingehend, dass unionsrechtliche Eingriffsnormen bzw. solche Eingriffsnormen, welche einen engen Bezug zu eben dieser unionsrechtlichen Vorschrift haben, als Bestandteil des *ordre public* qualifiziert werden.[737] Hinsichtlich des Schutzzweckes der Norm ist erforderlich, dass diese überragende staatliche Interessen schützt. Insofern kann die Umsetzung eines Ziels der Union im Bereich des Verbraucherschutzes und des Wettbewerbsschutzes im weiteren Sinne als ein Hinweis auf eine Zurechnung zum *ordre public* gewertet werden.[738] Darüber hinaus sind eine Nähe zum umgangenen bzw. anzuwendenden Recht vermittelt über die Staatsangehörigkeit, den gewöhnlichen Aufenthalt, einen Bezug zur geschäftlichen Tätigkeit der unterlegenen Partei[739] sowie eine fehlende Internationalität als Kriterien für eine *ordre public*-Widrigkeit heranzuziehen.[740]

Erforderlich ist zudem stets, dass die naheliegende Gefahr der Nichtanwendung dieser Normen besteht und das (prognostizierte) Ergebnis der Anwendung der fremden Norm hinter dem geforderten Mindestschutz zurückbleibt.[741] Des Weiteren muss die Verletzung des *ordre public* offensichtlich und schwerwiegend sein.[742]

Sofern zwischen den Parteien eine strukturelle Ungleichgewichtslage besteht,[743] begründet eine vorsätzliche bzw. grob fahrlässige Umgehung der die unterlegene Partei zu schützenden Normen ein Indiz für eine Verletzung des

---

735 Kap. 7 B VIII 1 b).
736 Kap. 7 B VIII 3.
737 Kap. 7 B VII 1.
738 Kap. 7 B VII 2.
739 Kap. 7 B VIII 2.
740 Kap. 7 B IV 2.
741 Kap. 7 B VI 2.
742 Kap. 7 B V 1 und 2.
743 Hierzu ausführlich in Kap. 7 B I 4.

ordre public.[744] Ferner liefern der Abschluss der Schiedsvereinbarung vor dem Entstehen der Streitigkeit,[745] eine Abweichung vom Schriftformerfordernis bzw. eine AGB-mäßige Schiedsvereinbarung[746] sowie das Vorliegen von „Orientierungsschwierigkeiten" Hinweise für eine solche Umgehungsabsicht bzw. eine *ordre public*-Widrigkeit.[747]

Eine Begrenzung der objektiven und subjektiven Schiedsfähigkeit kann hingegen lediglich als Hinweis für eine gewisse Sensibilität des Gesetzgebers in dem Bereich, aus welchem der Ausschluss der Schiedsfähigkeit stammt, gewertet werden.

C. Rechtsfolgen einer Umgehung materiell zwingender Normen durch den Abschluss einer Schiedsvereinbarung

Sofern die Umgehung einer materiell zwingenden Norm durch den Abschluss einer Schiedsvereinbarung die soeben dargestellten Kriterien[748] für eine *ordre public*-Widrigkeit erfüllt, stellt sich abschließend die Frage nach den Rechtsfolgen dieses Verstoßes.

I. Anwendung der Normen durch das Schiedsgericht

Eine Sanktionierung der Verletzung des *ordre public* könnte entbehrlich sein, wenn das Schiedsgericht die umgangenen Normen trotz der Rechtswahl anwendet.

Einer solchen Lösung vermag jedoch entgegenzustehen, dass die *ordre public*-Widrigkeit hier bereits beim Abschluss der Schiedsvereinbarung eintrat und diese von Anfang an unwirksam ist. Insofern erscheint auch die Durchführung des Schiedsverfahrens auf Grundlage einer unwirksamen Schiedsvereinbarung sinnlos. Jedoch könnte angesichts der Anwendung der Normen durch das Schiedsgericht Heilung eintreten bzw. insoweit eine neue Schiedsvereinbarung inkl. konkludenter neuer Rechtswahl nach widerspruchsloser Verhandlung und einem Hinweis durch das Schiedsgericht, dass es die umgangenen Normen anwenden wird, geschlossen worden sein.[749] Der Umstand, dass ein

744 Kap. 7 B V 3.
745 Kap. 7 B III 1.
746 Kap. 7 B III 2.
747 Kap. 7 B VIII 3.
748 Kap. 7 B.
749 *Kleinheisterkamp*, RabelsZ (2009), 818, 838 ff.

Schiedsverfahren ebenfalls noch nach der Durchführung eines erfolgreichen Einredeverfahrens unter Abschluss einer neuen Schiedsvereinbarung möglich ist,[750] bestätigt, dass durch die Unwirksamkeit einer Schiedsvereinbarung ein Schiedsverfahren an sich nicht ausgeschlossen wird.

Eine solche Lösung bringt die divergierenden Parteiinteressen in einen gerechten Ausgleich. So wird das Interesse der überlegenen Partei insoweit befriedigt, als ein Schiedsverfahren durchgeführt wird und sie die Vorteile dieses Verfahrens für sich nutzen kann. Sollte die Schiedsvereinbarung ausschließlich zur Umgehung der zwingenden Normen genutzt worden sein, kann die Partei der Anwendung dieser Vorschriften widersprechen, sodass ein Schiedsverfahren nicht mehr durchgeführt wird. Zugleich verhindert die Anwendung der umgangenen Normen, dass der strukturell unterlegenen Partei der reflexartige Schutz durch diese entzogen wird.

Allerdings hat sich an den Kriterien der „Orientierungsschwierigkeiten" gezeigt, dass ein Schiedsverfahren für diese Partei grundsätzlich benachteiligend wirkt. Das Vorliegen von „Orientierungsschwierigkeiten" war jedoch lediglich als Hinweis für eine *ordre public*-Widrigkeit zu sehen.[751] Ferner soll der *ordre public* die Interessen dieser Partei nur reflexartig schützen; primär dient er dem Erhalt der zentralen Gerechtigkeitsvorstellungen des Normerlassstaates.[752] Diese werden mittels der Anwendung der Normen des Erlassstaates durch das Schiedsgericht befriedigt.

Alles in allem schließt die Anwendung der umgangenen Normen durch das Schiedsgericht das Erfordernis einer Sanktionierung des *ordre public*-Verstoßes aus.

II. Unwirksamkeit der Schiedsvereinbarung

Sofern das Schiedsgericht die umgangenen Normen nicht angewandt hat sowie in den präventiven Kontrollverfahren, stellt sich die Frage, inwieweit sich ein *ordre public*-Verstoß auf die Schiedsvereinbarung auswirkt. In Betracht kommen die Nichtigkeit der gesamten Schiedsvereinbarung, eine Nichtigkeit ausschließlich der Rechtswahl oder die *Ipso-iure*-Aufnahme der umgangenen Norm in die Rechtswahl der Parteien.

---

750 Siehe hierzu auch Kap. 2 B I.

751 Kap. 7 B VIII 3.

752 Kap. 3 A I und II.

1. *Nichtigkeit der gesamten Schiedsvereinbarung*

Die weitestgehende Rechtsfolge stellt die Nichtigkeit der gesamten Schiedsvereinbarung dar.

In den repressiven Kontrollverfahren wird der Schiedsspruch aufgehoben bzw. ihm die Anerkennung versagt. Die Schiedsvereinbarung selbst wird zumeist nicht für unwirksam erklärt. Es geht in diesen Verfahren primär darum, den Schiedsspruch zu beseitigen.[753]

Jedoch beruht der *ordre public*-Verstoß hier ebenfalls auf der Umgehung der *ordre public*-zugehörigen Norm durch die Parteien im Wege der Schiedsvereinbarung. Es kommt im Falle des Schiedsspruches nur noch hinzu, dass dieser Verstoß nicht mittels einer Anwendung dieser Normen durch das Schiedsgericht geheilt worden ist.[754] Um die Einheitlichkeit mit dem präventiven Kontrollverfahren zu sichern, könnte die Unwirksamkeit der gesamten Schiedsvereinbarung im Rahmen der repressiven Kontrolle notwendig sein. Diese Erforderlichkeit vermögen Art. II UNÜ und die Vorschriften zum deutschen Einredeverfahren zu verdeutlichen. Hier wird die Anwendung des *ordre public* im Rahmen eben dieser Vorschriften, d.h. im Rahmen der Kontrolle der Schiedsvereinbarung, geprüft.

Darüber hinaus besteht ein enges Verhältnis zwischen der Rechtswahl und der Schiedsvereinbarung. Allerdings ist das Verhältnis wiederum nicht so eng, als die Rechtswahl als *essentialium negotii* der Schiedsvereinbarung zu qualifizieren wäre.[755] Dementsprechend kann eine wirksame Schiedsvereinbarung ohne die Rechtswahl zustande kommen, sodass eine Unwirksamkeit der Rechtswahl nicht die Gesamtnichtigkeit der Schiedsvereinbarung zur Folge haben könnte.

Jedoch vermag sich eben diese Gesamtnichtigkeit aus dem Urteil des OLG Stuttgart zum Handelsvertreterausgleich ergeben. Es entschied, dass eine Teilwirksamkeit der Schiedsvereinbarung nicht geboten sei.[756] Allerdings betraf die Frage der Teil-/Gesamtnichtigkeit hier den Fall, dass neben dem Ausgleichsanspruch die Zahlung einer Provision geltend gemacht wurde. Die Vorschriften über den Provisionsanspruch waren im Gegensatz zu den Normen des Handelsvertreterausgleichs mangels unionsrechtlicher Regelung nicht dem *ordre public* zuzurechnen. Die Beurteilung der Teil-/Gesamtnichtigkeit betraf somit

---

753 Zu den repressiven Kontrollverfahren ausführlich in Kap. 2 B III und IV.

754 Hierzu soeben unter I.

755 Kap. 2 A II 1.

756 OLG Stuttgart, Urteil v. 29.12.2011 – 5 U 126/11, IHR 2012, 163, 165 [III 5]. Zu dieser Entscheidung ausführlich in Kap. 5 B IV 2.

die Frage, welche Auswirkung ein *ordre public*-Verstoß auf weitere Rechtsstreitigkeiten hat, über die eine Schiedsvereinbarung abgeschlossen wurde. Die Entscheidungen befassten sich nicht explizit mit der Frage, ob im Falle eines *ordre public*-Verstoßes die gesamte Schiedsvereinbarung oder ausschließlich die Rechtswahlkausel nichtig ist.

Jedoch sollte in den Entscheidungen zum Warentermingeschäft, die im Einredeverfahren ergangen waren, die gesamte Schiedsvereinbarung unwirksam sein.[757]

2. *Ausschließliche Nichtigkeit der Rechtswahl*

Als weiterer Lösungsansatz kommt die ausschließliche Nichtigkeit der Rechtswahl in Betracht.

Dieser Lösungsansatz könnte der bereits angedeuteten Eigenständigkeit von Rechtswahl und Schiedsvereinbarung[758] besser entsprechen als eine Gesamtnichtigkeit der Schiedsvereinbarung. Allerdings erscheint ein Gleichlauf zwischen den präventiven und staatlichen Kontrollverfahren betreffend den Schiedsspruch gefährdet.

Eine ausschließliche Nichtigkeit der Rechtswahl könnte im Widerspruch zu der Rechtsfolge der Aufhebung bzw. Versagung der Anerkennung des gesamten Schiedsspruches stehen. Zudem erscheint eine Teilaufhebung bzw. Teilvollstreckbarkeit im Falle der Umgehung materiell zwingenden Rechts problematisch. Der Schiedsspruch ist auf Basis des umgangenen Rechts ergangen. Er enthält dementsprechend in der Regel keine Teilentscheidung, die mit dem Inhalt der umgangenen Vorschriften übereinstimmt und damit wirksam wäre.

Dennoch könnte ein Vergleich mit dem AGB-Recht den Lösungsansatz der ausschließlichen Nichtigkeit der Rechtswahl stützen. Nach § 306 Abs. 1 BGB bleibt der wirksame Teil des Vertrages grundsätzlich aufrechterhalten. Der Vertrag i.S.d. § 306 Abs. 1 BGB wäre hier der gesamte Schiedsvertrag. Demgemäß würde die Unwirksamkeit der Rechtswahl als eine Schiedsverfahrensvereinbarung nicht zur Gesamtnichtigkeit der Schiedsvereinbarung führen. Dieser Lösungsansatz zudem dem Grundsatz *in favorem validitatis*.[759]

---

757 Vgl. Kap. 5 A.

758 Soeben unter 1.

759 *Eichel*, IPRax 2010, 219, 224.

3. *Umgangene Normen werden ipso-iure-Bestandteile der Rechtswahl*

Zuletzt könnte der Verstoß gegen den *ordre public* dahingehend zu sanktionieren sein, dass die umgangenen Normen *ipso-iure*-Bestandteile der Rechtswahl werden.

Durch die *Ipso-iure*-Anwendung wäre ein präventives Kontrollverfahren in Bezug auf die Umgehung der materiell zwingenden Normen nur noch unter dem Aspekt der Klarstellungsfunktion für die Schiedsrichter und die Parteien erforderlich. Zugleich hilft die *Ipso-iure*-Aufnahme insoweit nicht weiter, als die Schiedsrichter bzw. die Parteien die *ordre public*-zugehörigen Normen für ihre Anwendung erst ermitteln müssten.

Darüber hinaus spricht diese Lösung dem *ordre public* eine positive Funktion zu.[760] Es hat sich aber gezeigt, dass die Gerichte auch im Rahmen des Rechtsvergleichs dem Kontrollinstrument des *ordre public* ausschließlich eine negative Funktion beimessen.[761]

Ferner führt diese Lösung zu Problemen, wenn ausnahmsweise kollidierende Normen über den *ordre public* angewandt werden müssen. Das Ergebnis dieses Ansatzes wäre eine gemischte Rechtswahl. Eine solche ist jedoch insbesondere, wenn keine klarstellende Entscheidung durch ein staatliches Gericht besteht, mit erheblichen Schwierigkeiten verbunden.

4. *Zwischenergebnis*

Der *Ipso-iure*-Anwendung der umgangenen Norm stehen die dargestellten Bedenken der Folge einer positiven Funktion des *ordre public* und einer gemischten Rechtswahl entgegen. Diese Probleme vermeidet hingegen die ausschließliche Nichtigkeit der Rechtswahl oder der Schiedsvereinbarung.

Sofern das Schiedsgericht die umgangenen Normen nicht angewandt hat, muss der *ordre public*-Verstoß angesichts der ständigen Rechtspraxis[762] und der Problematik der Teilbarkeit des Schiedsspruches zu dessen Gesamtaufhebung bzw. vollständiger Versagung der Vollstreckbarerklärung führen.

Hingegen bleibt die Schiedsvereinbarung in den staatlichen Kontrollverfahren betreffend den Schiedsspruch regelmäßig aufrechterhalten. Daher ist insoweit eine ausschließliche Nichtigkeit der Rechtswahl möglich. Diese Lösung schafft zudem einen Ausgleich zwischen dem Schutzinteresse der unterlegenen

---

760 Zu der positiven Funktion des *ordre public* ausführlich in Kap. 3 A V 3.

761 Kap. 3 A V 5, Kap. 6 A II 3 und B III 3.

762 Kap. 2 B III, IV, Kap. 3, Kap. 5 und Kap. 6.

Partei, dem Willen der überlegenen Partei das Schiedsverfahren durchzuführen und dem Interesse des Staates, der die umgangenen Normen erlassen hat.

Allerdings erscheint die ausschließliche Nichtigkeit der Rechtswahl in den vorliegenden Umgehungsfällen keine ausreichende Sicherung der Umgehung des materiell zwingenden Rechts gewährleisten zu können. Dies gilt allen voran in den präventiven Kontrollverfahren. Hier könnte das Gericht allenfalls feststellend die Nichtigkeit der Rechtswahl aussprechen, gleichwohl müssten die Parteien auf das Schiedsverfahren verwiesen werden. Zwar kann mit einem Feststellungsurteil ein *res-iudicata*-Effekt in Bezug auf die Rechtswahl erreicht werden. Ob ein solches Feststellungsurteil in den präventiven Kontrollverfahren quasi als „Minus-Ausspruch" zur beantragten Entscheidung durch das staatliche Gericht überhaupt möglich ist, erscheint in Anbetracht der mit den präventiven Kontrollverfahren eröffneten Entscheidungsmöglichkeiten,[763] insbesondere im Einredeverfahren, problematisch.

Zwar wird die unterlegene Partei mit der Urteilsbegründung über die Nichtigkeit der Rechtswahl informiert und somit ihre Unerfahrenheit teilweise ausgeglichen, dies kann aber nicht sicherstellen, dass sie vor dem Schiedsgericht mit dieser Verteidigungsmöglichkeit durchdringen wird. Zwar ist das Schiedsgericht zum Erlass eines vollstreckungsfähigen Schiedsspruches verpflichtet, allerdings erscheint, insbesondere im Falle der Wahl eines EU-drittstaatlichen Schiedsgerichts, die entsprechende staatsgerichtliche Entscheidung keine ausreichende Bindungswirkung an dessen Nichtigkeitsentscheidung in Bezug auf die Rechtswahl erwirken zu können. Ferner vermag die unterlegene Partei eine fehlende Anwendung des umgangenen Rechts letztendlich nur in den staatlichen Kontrollverfahren betreffend den Schiedsspruch effektiv zu verhindern. Sie wird hierdurch mit dem Zeit- und Kostenaufwand der Durchführung eines Schiedsverfahrens belastet.

Ferner kann die effektive Sanktionierung in den staatlichen Kontrollverfahren betreffend den Schiedsspruch wahrscheinlich nur in Fällen von Ansprüchen gegen die unterlegene Partei erreicht werden. Da die unterlegene Partei ihre Vermögenswerte zumeist in ihrem Heimatland haben wird, in welchem sie auch das präventive Kontrollverfahren durchgeführt hat, wird sich das Vollstreckbarerklärungsgericht zumeist an eine Entscheidung eines ggf. anderen Gerichts des eigenen Rechtskreises gebunden fühlen. Zugleich scheitert die Rechtsfolge der ausschließlichen Nichtigkeit der Rechtswahl aber in Fällen der Geltendmachung eines Anspruches durch die unterlegene Partei, insbesondere

763 Kap. 2 B I und II.

in EU-Drittstaatsfällen. Denn hier müsste sie die Vollstreckung gegen die überlegene Partei zumeist in einem anderen Staat betreiben als demjenigen, in welchem die präventive Gerichtsentscheidung ergangen ist. Dass aber bspw. im Falle des Handelsvertreterausgleichs vor dem OLG München[764] sich ein amerikanisches Gericht an eine Entscheidung eines deutschen Gerichts und nicht des ebenfalls amerikanischen Schiedsgerichts gebunden fühlen wird, erscheint zweifelhaft.

Daher kann nur eine Nichtigkeit der gesamten Schiedsvereinbarung eine effektive Sanktionierung der vorliegenden Umgehungsfälle gewährleisten.

III. Fazit

Ein Verstoß gegen den *ordre public* bedarf keiner Sanktionierung, wenn die Parteien nach einem Hinweis durch das Schiedsgericht, dass es die umgangenen Rechtsnormen anwenden wird, hiergegen keinen Widerspruch erheben und dadurch konkludent eine neue Schiedsvereinbarung abschließen. Im Falle der Anwendung der Normen durch das Schiedsgericht wird den Interessen des Normerlassstaates hinreichend Rechnung getragen.[765]

Sofern die umgangenen Normen nicht durch das Schiedsgericht angewandt wurden, hat dies die Nichtigkeit der gesamten Schiedsvereinbarung zur Folge. Lediglich auf diese Weise kann eine effektive Sanktionierung der vorliegenden Umgehungsfälle sichergestellt werden.[766]

764 Kap. 5 B IV 1.
765 Kap. 7 C I.
766 Kap. 7 C II 4.

Ergebnisse und Ausblick

1. Die Umgehung materiell zwingenden Rechts durch den Abschluss von Schiedsvereinbarungen kann durch das Zusammenspiel der Anwendungspflicht von Eingriffsnormen für Schiedsrichter und das Kontrollinstrument des *ordre public* verhindert werden.
2. Um eine effektive Kontrolle zu ermöglichen, widersprüchliche Ergebnisse zu vermeiden und den Parteien die Durchführung eines letztlich sinnlosen Schiedsverfahrens zu ersparen, muss das Instrument der *ordre public*-Kontrolle bereits im Rahmen der präventiven Prüfungsverfahren Anwendung finden.[1]
3. Sowohl in den präventiven als auch in den repressiven Kontrollverfahren greift der *ordre public*-Begriff der *lex fori* des staatlichen Prüfgerichts ein. Dies gilt auch für diejenigen Fälle, in denen dieser Begriff eine universelle Komponente erhalten soll.[2]
4. Der *ordre public*-Begriff weist einen prozessualen und materiellen Gehalt auf. Eine solche Unterteilung wird in einigen Rechtsordnungen, wie Deutschland und der Schweiz, explizit vorgenommen. Innerhalb dieser Rechtsordnungen gelten für beide Bereiche in einem gewissen Maße eigenständige Konkretisierungen.[3] Auch wenn, wie in England, keine explizite Unterteilung stattfindet, werden zumindest implizit prozessuale und materielle Fallgruppen voneinander abgegrenzt.[4] Bei den vorliegenden Umgehungsfällen handelt es sich stets um Fragen des materiellen Rechts, sodass der materielle *ordre public*-Begriff heranzuziehen ist.
5. Es hat sich gezeigt, dass weder alle Eingriffsnormen dem *ordre public* zuzurechnen sind[5] noch dass die umgangenen Normen über dieses Kontrollinstrument zur Anwendung gelangen.[6] Daher entfaltet der *ordre public* ausschließlich eine negative Funktion,[7] die darin besteht, die Durchsetzung des *ordre public*-widrigen Ergebnisses zu verhindern.

---

1 Kap. 3 A III.
2 Kap. 3 A IV, Kap. 6 A II 1 und B III 1.
3 Kap. 3 A V 1 und Kap. 6 A II 1.
4 Kap. 6 B III 3 b).
5 Kap. 7 B VII 1 a) cc).
6 Kap. 7 C II.
7 Kap. 3 A V 3, Kap. 6 A II 3 und B III.

6. Im Sinne einer Korrektur für „extreme Ausnahmefälle" soll der *ordre public* eng ausgelegt werden. Für die untersuchten Rechtsordnungen lässt sich folgendes Stufenverhältnis ableiten: Der weiteste *ordre public*-Begriff findet sich in der deutschen Rechtsordnung.[8] Enger ist dagegen bereits der englische *ordre public*. Seine weitere Auslegung im Vergleich zu dem schweizerischen *ordre public*,[9] welcher der engste der hier untersuchten ist, beruht u.a. auf der Umsetzung der Rechtsprechung des EuGH. Es ist nach dem *Brexit* zu erwarten, dass die englische Rechtsprechung die genannten Fallgruppen zum Handelsvertreterausgleich und dem EU-Wettbewerbsrecht aus dem Anwendungsbereich der *ordre public*-Kontrolle nehmen wird. Eine weitere Auslegung des englischen *ordre public*-Begriffs im Vergleich zur Schweiz wird somit im Wesentlichen nur noch in Bezug auf die Missbräuchlichkeit von Schiedsvereinbarungen unter Verbraucherbeteiligung bestehen.[10]
7. Der *ordre public*-Begriff sollte, um einen einheitlichen internationalen Standard anzustreben, wie folgt unterteilt werden: Den (wahren) transnationalen *ordre public*, den internationalen und den nationalen *ordre public*-Begriff. Eine weitere Differenzierung in einen universellen Begriff, wie sie bspw. in der Schweiz vorgenommen wird, ist im Sinne der Rechtsbestimmtheit abzulehnen. Ihr Zweck kann ebenfalls mittels einer engen Auslegung des *ordre public* erreicht werden.[11]
8. Für die Konkretisierung des *ordre public*-Begriffs lässt sich als gemeinsamer Nenner herausarbeiten, dass dieser die zentralen Gerechtigkeitsvorstellungen erfasst, welche die grundlegenden Allgemeinwohlinteressen schützen. Die Frage, ob es sich um eine zentrale Gerechtigkeitsvorstellung handelt, kann u.a. unter Heranziehung eines Rechtsvergleichs sowie internationalen Entwicklungen beantwortet werden.[12]
9. Im Rahmen der staatlichen Kontrollverfahren gilt das Verbot der *révision au fond*. Unter Abwägung der Gewährleistung einer effektiven Verhinderung der Perpetuierung *ordre public*-widriger Ergebnisse und der Parteiautonomie ist die Grenze für die staatliche Kontrollbefugnis in Bezug auf *ordre public*-Verstöße wie folgt zu ziehen: Das staatliche Gericht ist nicht an die Rechtsauffassungen des Schiedsgerichtes gebunden. Hingegen steht

8 Kap. 3 A V 4 und Kap. 5.
9 Kap. 6 A.
10 Kap. 6 B.
11 Kap. 3 A V 2, Kap. 6 A II 2 und B III 2.
12 Kap. 3 A V 5, Kap. 6 A II 3 und B III 3.

ihm in den repressiven Kontrollverfahren keine Befugnis zu einer eigenen Beweisaufnahme zu.[13]
Diese staatliche Kontrollbefugnis wird mangels der Manifestation des schiedsrichterlichen Willens in der *Ex-ante*-Prüfung insoweit erweitert, als das staatliche Gericht das Parteivorbringen prüfen, sowie über alle Sachverhaltsaspekte, die eine *ordre public*-Widrigkeit begründen können, Beweis erheben und eine eigene rechtliche Würdigung treffen darf.[14]
Nuancierte Abweichungen sind zudem angesichts der Besonderheiten für den Bereich des Wettbewerbsrechts erforderlich. Hier muss die soeben erwähnte Kontrollbefugnis in den repressiven Kontrollverfahren in rechtlicher Hinsicht auf eine Vertretbarkeitskontrolle beschränkt werden. In tatsächlicher Hinsicht ist es dem staatlichen Gericht zudem zu erlauben, den dem Schiedsspruch zugrunde liegenden Vertrag und, soweit vorhanden, die Verfahrensakten heranzuziehen. Darüber hinausgehend darf das staatliche Gericht in Bezug auf den Schiedsspruch keine eigene Beweisaufnahme vornehmen.

10. Es besteht eine Pflicht zur Anwendung der Eingriffsnormen für die Schiedsrichter. Hierdurch kann dazu beigetragen werden, dass die überindividuellen staatlichen Interessen, welche einen internationalen Geltungswillen aufweisen, nicht mithilfe des Abschlusses einer Schiedsvereinbarung umgangen werden. Allerdings ist der Eigenständigkeit des schiedsrichterlichen Kollisionsrechts und damit verbunden der Autonomie der Schiedsgerichtsbarkeit sowie der Rechtswahl der Parteien dahin gehend Rechnung zu tragen, dass nicht stets sämtliche bestehende Eingriffsnormen angewandt werden müssen.[15] Entsprechend wird eine Bindung an die Rom I-VO[16] und Art. 19 IPRG[17] zu Recht überwiegend abgelehnt.
11. Zur Ermittlung der anzuwendenden Eingriffsnormen erweist sich keiner der dargestellten Ansätze[18] als geeignet, um eins zu eins herangezogen werden zu können. Als am geringsten modifikationsbedürftig erscheint die Schiedsverfahrensdoktrin.[19]

13 Kap. 3 A V 6, Kap. 6 A II 4, B III 4 und 5.
14 Kap. 3 A V 6 d).
15 Kap. 7 A I.
16 Kap. 4 A I und Kap. 6 B IV.
17 Kap. 6 A III.
18 Kap. 4.
19 Kap. 4 B.

Diese muss dahin gehend ergänzt und geändert werden, dass es sich (i) um eine Eingriffsnorm i.S.d. Definition des Art. 9 Abs. 1 Rom I-VO[20] bzw. Art. 19 PRG handeln muss. (ii) Für das Erfordernis einer engen Verbindung ist das Maß der Binnenbeziehung des Sachverhalts zu dem konkreten Normerlassstaat heranzuziehen. Hinsichtlich der Konkretisierung der Binnenbeziehung ist es möglich, auf die im Rahmen der *ordre public*-Kontrolle entwickelten Gesichtspunkte abzustellen.[21] (iii) Die „Application-Worthiness" ist, über den wahren internationalen *ordre public*[22] hinausgehend, auf die Eingriffsnormen der *lex contractus*, des Sitzstaates, sofern die Verletzung der jeweiligen Eingriffsnormen zur Aufhebung des Schiedsspruches führen kann, und die Eingriffsnormen des Erfüllungsortes sowie des wahrscheinlichen Vollstreckungsstaates zu erweitern.[23]

12. Dem deutschen *ordre public* können von den Beispielsfallgruppen der Handelsvertreterausgleich,[24] Art. 101, 102 AEUV, §§ 1, 18 f. GWB[25] sowie Art. 6 der Klauselrichtlinie[26] zugerechnet werden. Eine entsprechende Qualifikation des Termineinwandes und des Differenzeinwandes des Nichtbörsentermingeschäftsfähigen ist infolge der Einführung des § 37h WpHG a.F. / § 101 WpHG obsolet geworden.[27]
13. In der schweizerischen Rechtsordnung ist eine Zurechnung des EU- sowie des nationalen Kartellrechts,[28] des Verbraucher-[29] und Arbeitnehmerschutzes[30] auf überwiegende Ablehnung gestoßen. Dies beruht auf der sehr engen Fassung des *ordre public*-Begriffs.[31]
14. In Anbetracht der bisherigen Bindung an die Rechtsprechung des EuGH werden dem englischen *ordre public* der Handelsvertreterausgleich des Art. 17 Handelsvertreterrichtlinie[32] sowie die Art. 101, 102 AEUV[33]

20 Kap. 1 D III.
21 Kap. 7 B VIII 2.
22 Kap. 4 B II 3 a), Kap. 6 A II und B 5.
23 Kap. 7 A.
24 Kap. 5 B.
25 Kap. 5 C.
26 Kap. 5 D II.
27 Kap. 5 A.
28 Kap. 6 A IV.
29 Kap. 6 A V.
30 Kap. 6 A VI.
31 Kap. 6 A II 2.
32 Kap. 6 B V 1.
33 Kap. 6 B V 2.

zugerechnet. Darüber hinaus wird der über Art. 61 Consumer Rights Act 2015 gewährte Verbraucherschutz als Bestandteil des *ordre public* eingeordnet. Dies deckt zugleich die Qualifikation des Art. 6 Klauselrichtlinie als Bestandteil des *ordre public* ab.[34]

15. Wie bereits angedeutet, müssen die Eingriffsnormen der *lex contractus*, des Sitzstaates, sofern die Verletzung der jeweiligen Eingriffsnormen zur Aufhebung des Schiedsspruches führen kann, und die Eingriffsnormen des Erfüllungsortes sowie des wahrschcinlichen Vollstreckungsstaates durch die Schiedsrichter ggf. auch gegen den Parteiwillen zur Anwendung gebracht werden. Nicht zwingend ist dagegen eine Anwendung sämtlicher Eingriffsnormen der *lex loci arbitri* sowie eine Anknüpfung an das Personalstatut.[35]
16. In jeder Rechtsordnung muss der (wahre) transnationale *ordre public* Anwendung finden. Er erfasst die zentralen Gerechtigkeitsvorstellungen, die allen Rechtsordnungen gemein sind. Der (wahre) transnationale *ordre public* beinhaltet jedenfalls das Verbot des Drogenhandels, Verstöße gegen die Menschenwürde und Diskriminierungen.[36]
17. Der vor den vorliegenden Umgehungsfällen zu schützende Personenkreis kann anhand des Merkmals der strukturellen Unterlegenheit abgegrenzt werden. Diese liegt vor, wenn eine Partei kumulativ Informationsdefizite (in Form einer fehlenden Geschäfts- oder [Schieds-]Gerichtserfahrung) aufweist, sich in einer wirtschaftlich schwächeren Position befindet und für ihren Geschäftspartner austauschbar ist.[37] Die schwächere Position kann sich allen voran aus einem wirtschaftlichen Abhängigkeitsverhältnis oder einem Vergleich der wirtschaftlichen Kennzahlen ergeben. Eine Indizwirkung für eine strukturelle Unterlegenheit besteht im Rahmen von *b2c*-Vereinbarungen und Arbeitsverhältnissen.

    Obgleich in diesen Fällen ein besonderes Schutzbedürfnis gegeben ist, führt das Vorliegen einer strukturellen Ungleichgewichtslage an sich nicht zu einem Verstoß gegen den *ordre public*.[38]
18. Die Begrenzung der objektiven bzw. subjektiven Schiedsfähigkeit beruht im Gegensatz zum *ordre public*, welcher eine Abstufung im Einzelfall zulässt, auf einem „Alles-oder-nichts-Prinzip". Ein Rückgriff auf den *ordre public* ist im Regelungsbereich dieser Einschränkung entbehrlich.

34 Kap. 6 B V 3.

35 Kap. 7 A.

36 Kap. 4 B II 3 a), Kap. 6 A II und B III 5.

37 Vgl. *Mogendorf*, Der strukturell unterlegene Unternehmer, S. 16.

38 Kap. 7 B I.

Nichtsdestotrotz hat der Gesetzgeber den geregelten Bereich als so wichtig angesehen bzw. die Schiedsgerichtsbarkeit zur Lösung dieser Streitigkeiten als so ungeeignet betrachtet, dass die Entscheidungsbefugnis hier den staatlichen Gerichten vorbehalten wird. Aus der Begrenzung der objektiven bzw. subjektiven Schiedsfähigkeit kann sich daher ein Hinweis auf eine besondere Sensibilität des Gesetzgebers in dem Rechtsbereich, aus welchem der Ausschluss der Schiedsfähigkeit stammt, ergeben.[39]

19. Ein Abschluss der Schiedsvereinbarung vor der Entstehung der Streitigkeit, eine Abweichung vom Schriftformerfordernis bzw. eine AGB-mäßige Schiedsvereinbarung sind geeignet, die fehlende Erfahrung einer Partei mit den Rechtsfolgen der Wahl der Schiedsgerichtsbarkeit zu verstärken. Allerdings kann ausschließlich in strukturellen Ungleichgewichtslagen indiziell von dem Vorliegen einer solchen fehlenden Erfahrung mit Schiedsverfahren ausgegangen werden. Daher können der Abschluss der Schiedsvereinbarung vor dem Entstehen der Streitigkeit, eine Abweichung vom Schriftformerfordernis[40] bzw. eine AGB-mäßige Schiedsvereinbarung nur im Rahmen von strukturellen Ungleichgewichtslagen als Hinweis für eine *ordre public*-Widrigkeit gewertet werden.[41]
20. Grundsätzlich stellt die Schiedsgerichtsbarkeit eine gleichwertige Alternative zur staatlichen Gerichtsbarkeit dar. Folglich erweist sich eine Anknüpfung an die Streitigkeit für die *ordre public*-Kontrolle in dem Sinne, dass die staatliche Gerichtsbarkeit im Falle von komplexen Rechtsgeschäften sowie hohen Streitwerten bzw. für Fälle, in denen keine Effizienzen geschaffen werden, eingreifen muss, als ungeeignet.[42]
21. Es ist stets erforderlich, dass es sich bei der Umgehung der materiell zwingenden Norm um eine offensichtliche und schwerwiegende Verletzung der zu schützenden staatlichen Interessen handelt. Diese Begrenzung trägt zu der Einhaltung des Ausnahmecharakters des *ordre public* bei.[43]
22. Der Wahl einer fremden Rechtsordnung wohnt immanent der Wille zur Umgehung der an sich anwendbaren Normen inne. Dementsprechend dürfen subjektive Elemente lediglich im Falle von strukturellen Ungleichgewichtslagen berücksichtigt werden. Hier kann eine vorsätzliche bzw. grob fahrlässige Umgehung der die unterlegene Partei schützenden Normen

39 Kap. 7 B II.
40 Kap. 7 B III 1.
41 Kap. 7 B III 2.
42 Kap. 7 B IV.
43 Kap. 7 B V 1 und 2.

durch die überlegene Partei ein Indiz für eine *ordre public*-Widrigkeit begründen. Eine grobe Fahrlässigkeit kann angenommen werden, wenn es auf der Hand lag, dass die überlegene Partei ihre Verhandlungsmacht ausgenutzt hat, um mithilfe der Schiedsvereinbarung die Normen, welche die strukturell unterlegene Partei schützen sollen, zu umgehen und die überlegene Partei die hieraus resultierende Benachteiligung der schwächeren Partei ohne Weiteres hätte erkennen können. Insoweit ist es möglich, auch die weiteren Hinweise für einen *ordre public*-Verstoß, die sich speziell auf die Fälle der strukturellen Ungleichgewichtslagen beziehen, heranzuziehen.[44]

23. Für eine Anwendung des *ordre public* im Rahmen der präventiven Kontrollverfahren ist eine Prognose über die Anwendung der dem *ordre public* zugehörigen Normen durch das Schiedsgericht erforderlich.[45] Für diese Prognose eignet sich am besten das Merkmal der naheliegenden Gefahr. Das Vorliegen einer naheliegenden Gefahr kann v.a. aus der Wahl eines EU-drittstaatlichen Rechts, einer ausdrücklichen Ablehnung der Schiedsrichter hinsichtlich der Anwendung dieser Norm und einem vertraglichen Ausschluss eben dieser Vorschrift abgeleitet werden. Allerdings muss eine Korrektur über den *ordre public* nur erfolgen, wenn die Anwendung des gewählten Rechts nicht dazu führt, dass ein der umgangenen Norm äquivalenter Schutz erreicht wird.
Es ist daher notwendig, dass die naheliegende Gefahr der Nichtanwendung der *ordre public* zugehörigen Normen besteht und das (zu erwartende) Ergebnis der Anwendung der fremden Norm hinter dem geforderten Mindestschutz zurückbleibt.[46]

24. Die Zurechnung einer Norm zum *ordre public* verlangt, dass es sich bei dieser zumindest um eine national zwingende Norm handelt. In der Rechtspraxis zeigt sich allerdings die klare Tendenz, dass vorzugsweise unionsrechtliche Eingriffsnormen bzw. Eingriffsnormen, die einen engen Bezug zu einer solchen Vorschrift aufweisen, als Bestandteil des *ordre public* qualifiziert werden.[47]
Der Schutzzweck verlangt zunächst, dass die *ordre public*-zugehörige Norm ein überragendes staatliches Interesse verfolgt. Ein solches liegt insbesondere vor, wenn die Einhaltung der Norm für die konkrete Funktion des

---

44 Kap. 7 B V 3.
45 Kap. 3 A III 4 und 7 B VI 2.
46 Kap. 7 B VI.
47 Kap. 7 B VII 1.

Staatslebens erforderlich ist, ihre Verletzung zu erheblichen staatlichen finanziellen Belastungen führen würde, ein Regelungskonzept im Falle ihrer Umgehung vollständig leerliefe, sowie ein großer Personenkreis potentiellen Nachteilen ausgesetzt wäre oder die Norm einen Bereich schützt, welcher für die Grundversorgung der Bürger zentral ist.[48]

Zugleich werden durch den EuGH und die Mitgliedsstaaten die Normen, welche die Ziele der Europäischen Union im Bereich des Verbraucherschutzes und des Wettbewerbsschutzes im weiteren Sinne umsetzen, dem *ordre public* zugerechnet.[49] Um die Durchsetzung der genannten Ziele zu sichern, ist es wahrscheinlich, dass der EuGH seine diesbezügliche *ordre public*-Rechtsprechung auf weitere Normen aus diesem Bereich erstrecken wird. Ein Beispiel könnten in Anbetracht der Ähnlichkeit zum Verbraucherschutzrecht unionsrechtliche Normen des Arbeitnehmerschutzes bilden.[50] Eine entsprechende Zurechnung wird allerdings wegen den Beschränkungen der Schiedsgerichtsbarkeit in arbeitsrechtlichen Streitigkeiten nach §§ 101 ff. ArbGG an der deutschen *ordre public*-Rechtsprechung keine allzu weitreichenden Änderungen nach sich ziehen.

Verstärkt wird die zu erwartende unionsrechtliche Ausdehnung durch den Umstand, dass sich die *ordre public*-Kontrolle auch gegen das Recht der Mitgliedsstaaten durchsetzen kann und nicht auf Fälle der Wahl eines drittstaatlichen Rechts beschränkt bleibt. Nichtsdestotrotz ist diese Ausdehnung des *ordre public* auf unionsrechtlicher Ebene nicht bedenkenfrei. Der *ordre public* ist und bleibt ein Korrekturinstrument für „extreme Ausnahmefälle", das nicht überdehnt werden sollte.[51]

25. Für die Verletzung des *ordre public* ist zudem eine Nähe zur umgangenen Rechtsnorm erforderlich. Diese Nähe wird zum einen vermittelt über die Staatsangehörigkeit bzw. den gewöhnlichen Aufenthalt der Parteien und

---

48 Kap. 7 B VII 2 d).

49 Kap. 7 B VII 2 c) aa) und bb).

50 Ein Beispiel für unionsrechtliche Normen des Arbeitnehmerschutzes sind die Vorschriften der Richtlinie 2001/23/EG des Rates vom 12. März 2001 zur Angleichung der Rechtsvorschriften der Mitgliedstaaten über die Wahrung von Ansprüchen der Arbeitnehmer beim Übergang von Unternehmen, Betrieben oder Unternehmens- oder Betriebsteilen.

51 Kap. 7 B VII 2 c) cc).

zum anderen über einen Bezug zur geschäftlichen Tätigkeit der strukturell unterlegenen Partei.[52]

Entsprechend dieses Nähekriteriums sollte ebenfalls die Unterteilung in den internationalen und nationalen *ordre public* erfolgen. Sind die geforderten Nähekriterien erfüllt und nähert sich der Sachverhalt einer reinen Binnenbeziehung an, sollte das staatliche Gericht eine strengere Kontrolle anhand des weiteren nationalen *ordre public* vornehmen. Hier besteht verstärkt die Gefahr, dass die staatlichen Interessen durch eine Rechtswahl umgangen werden. Darüber hinaus muss der Staat darauf achten, dass seine Bürger nicht die Missbräuchlichkeit einer Rechtswahl in Kombination mit einer Schiedsvereinbarung trifft und sie dadurch der sie schützenden Normen beraubt werden. Sollten die genannten Merkmale nicht erfüllt sein und der Sachverhalt einen internationalen Gesamteindruck vermitteln, so sind die genannten Gefahren in einem geringeren Maße gegeben und es besteht im Sinne der *comitas* kein Grund, dass ein Staat den anderen seine Gerechtigkeitsvorstellungen einseitig auferlegt. Demgemäß darf hier lediglich eine weniger strenge Kontrolle am Maßstab des internationalen *ordre public* erfolgen.

26. Im Falle eines Kräfteungleichgewichts besteht für die unterlegene Partei die Gefahr, dass sich die Wahl des schiedsgerichtlichen Verfahrens zu ihren Nachteilen auswirkt und somit kein geeignetes Forum zur sachgerechten Streitlösung bildet.

    Die Nachteile werden unter dem Begriff der „Orientierungsschwierigkeiten" zusammengefasst. Neben der Wahl eines ausländischen Rechts umfasst der Begriff auch einen schwer erreichbaren bzw. weit entfernten Schiedsgerichtssitz, die Wahl ausschließlich der Muttersprache der überlegenen Partei, die unterlegene Partei benachteiligende Verfahrensgestaltungen sowie einen erheblichen Zeit- und Kostenaufwand. Wegen des Zusammenspiels zwischen der Rechtswahl und den weiteren Verfahrensgestaltungen können „Orientierungsschwierigkeiten" einen Hinweis für eine *ordre public*-Widrigkeit bzw. das Vorliegen der Umgehungsabsicht begründen.[53]

27. In Bezug auf die dargestellten Kriterien ist zwischen den Kategorien der zwingenden Erfordernisse und der reinen Hinweise zu unterscheiden. Das Vorliegen von Hinweisen ist nicht ausreichend, um ohne die Erfüllung der zwingenden Erfordernisse eine *ordre public*-Widrigkeit anzunehmen.

52 Kap. 7 B VIII 2.

53 Kap. 7 B VIII 3.

Entsprechend des „Sandhaufentheorems" ist eine *ordre public*-Widrigkeit je eher anzunehmen, desto mehr Hinweise neben den zwingenden *ordre public*-Kriterien erfüllt sind.[54]

28. Abschließend kann der *ordre public*-Begriff dergestalt konkretisiert werden: Eine *ordre public*-Widrigkeit aufgrund der Kombination einer Schiedsvereinbarung mit der Wahl eines fremden Rechts liegt stets vor, wenn (i) die hierdurch umgangene Norm zum (wahren) transnationalen *ordre public* gehört.
Zudem ist eine Widrigkeit gegeben, sofern (ii) (a) hierdurch eine national zwingende Norm, welche überragende staatliche Interessen schützt und zu dem konkreten Sachverhalt ein Näheverhältnis aufweist, umgangen wird und diese Umgehung zu einer offensichtlichen und schwerwiegenden Verletzung dieser Vorschrift oder im Rahmen eines präventiven Kontrollverfahrens zu der naheliegenden Gefahr der zu erwartenden Nichtanwendung der Norm führt und in diesen beiden Fällen das Ergebnis der Anwendung der fremden Norm hinter dem von der umgangenen Norm geforderten Mindestschutz zurückbleibt. (b) Ein Näheverhältnis wird vermittelt durch die Staatsangehörigkeit bzw. den gewöhnlichen Aufenthalt der Parteien, einen Bezug zur geschäftlichen Tätigkeit der strukturell unterlegenen Partei sowie eine fehlende Internationalität des Rechtsgeschäfts. Je stärker die Nähebeziehung ist, desto weitreichender muss die *ordre public*-Kontrolle angewendet werden. (c) Das Vorliegen einer dem *ordre public* zugehörigen Norm kann insbesondere angenommen werden, wenn es sich um eine unionsrechtliche Eingriffsnorm bzw. eine Eingriffsnorm, welche einen engen Bezug zu einer solchen unionsrechtlichen Regelung aufweist, handelt und diese Vorschriften dem Verbraucherschutz oder der Umsetzung des Wettbewerbsschutzes in der EU im weiteren Sinne dienen. (d) Als Hinweis für eine *ordre public*-Widrigkeit kann zudem die Begrenzung der objektiven bzw. subjektiven Schiedsfähigkeit im Regelungsbereich der umgangenen Norm herangezogen werden.
(iii) (a) In Fällen eines strukturellen Ungleichgewichts zwischen den Parteien bildet eine vorsätzliche bzw. grob fahrlässige Umgehung der die unterlegene Partei zu schützenden Norm ein Indiz für eine *ordre public*-Widrigkeit. (b) Hinweise für eine grobe Fahrlässigkeit können sich aus dem Abschluss der Schiedsvereinbarung vor dem Entstehen der Streitigkeit, einer Abweichung vom Schriftformerfordernis, einer AGB-mäßigen

54 Kap. 7 B.

Schiedsvereinbarung oder „Orientierungsschwierigkeiten“ ergeben. (c) Es ist ferner möglich, diese Merkmale zugleich als Hinweise auf eine *ordre public*-Widrigkeit zu werten.

29. Sofern eine dem *ordre public* zugehörige Norm durch die Rechtswahl umgangen wurde, ist die Annahme eines Verstoßes im Rahmen der repressiven Kontrollverfahren entbehrlich, wenn das Schiedsgericht die umgangenen Normen von sich aus angewandt hat. Hier besteht kein Bedürfnis für eine Sanktionierung durch die staatlichen Gerichte, da der Normzweck letztlich durch die Schiedsrichter verwirklicht wird. In allen anderen Fällen folgt aus der *ordre public*-Widrigkeit die Nichtigkeit der gesamten Schiedsvereinbarung. Lediglich auf diese Weise kann eine effektive Sanktionierung der vorliegenden Umgehungsfälle erreicht werden.[55]
30. Sofern eine *ordre public*-Kontrolle anhand der genannten Kriterien erfolgt, ist eine vergleichsweise rechtssichere und voraussehbare Kontrolle möglich. Zugleich ist das Prüfkonzept nicht zu starr ausgelegt und erlaubt sowohl eine feinfühlige Abstufung anhand der Besonderheiten des Einzelfalls als auch die Berücksichtigung veränderter Gewichtungen angesichts sich wandelnder gesellschaftlicher und politischer Anschauungen. Eine hinreichende Konkretisierung des *ordre public* ermöglicht es, das „unruly horse“ unter Kontrolle zu halten.

55 Kap. 7 C I.

Literaturverzeichnis

Aden, Menno: Rechtswahl und Schiedsklausel im Verbraucherschutz, RIW 1997, 723–727.

Andrews, Neil: Arbitration and Contract Law. Common Law Perspectives, Cham 2016.

Antomo, Jennifer: Zum Verhältnis zwischen § 89b HGB sowie anderen Eingriffsnormen und internationalen Gerichtsstands- und Schiedsvereinbarungen (§ 89b HGB). Zugleich Anmerkung zu BGH, Beschluss vom 5.9.2012 –VII ZR 25/12, IHR 2013, 35, IHR 2013, 225–236.

Arfazadeh, Homayoon: L'ordre public du fond et l'annullation des sentences arbitrales internationales en Suisse, SZIER 1995, 223–253.

Ason, Agnieszka: Schutz des Wettbewerbs im Wettbewerb der Schiedsorte: Zur ordre public-Kontrolle von Schiedssprüchen mit kartellrechtlichem Bezug, WuW 2014, 1057–1064.

Assmann, Heinz-Dieter/Schneider, Uwe/Mülbert, Peter (Hrsg.): Wertpapierhandelsrecht, 7. Aufl., Köln 2019.

Bälz, Kilian: Der Ausschluss des Ausgleichsanspruchs in internationalen Handelsvertreterverträgen, NJW 2003, 1559–1563.

Baniassadi, Mohammad Reza: Do Mandatory Rules of Public Law Limit Choice of Law in International Commercial Arbitration?, Berkeley Journal of International Law Vol. 10 No. 1 1992, 59–84.

Bar von, Christian/Mankowski, Peter: Internationales Privatrecht. Band 1: Allgemeine Lehren, 2. Aufl., München 2003.

Barraclough, Andrew/Waincymer, Jeff: Mandatory Rules of Law in International Commercial Arbitration, Melbourne Journal of International Law Vol. 6 2005, 205–244.

Basedow, Jürgen: Die Verselbstständigung des europäischen ordre public, in Coester, Michael/Martiny, Dieter/Prinz von Sachsen Gesaphe, Karl August (Hrsg.), Privatrecht in Europa: Vielfalt, Kollision, Kooperation: Festschrift für Hans-Jürgen Sonnenberger zum 70. Geburtstag, München 2004, 291–319.

Baumbach, Adolf (Begr.): Handelsgesetzbuch: HGB mit GmbH & Co., Handelsklauseln, Bank- und Kapitalmarktrecht, Transportrecht (ohne Seerecht), Neubearbeitung Hopt, Klaus J./Kumpan, Christoph/Merkt, Hanno/Roth, Markus, 40. Aufl., München 2021.

— Zivilprozessordnung mit FamFG, GVG und anderen Nebengesetzen, Neubearbeitung Hartmann, Peter, 79. Aufl., München 2021.

Baumert, Andreas: Ordre public international versus ordre public interne bei inländischen Schiedssprüchen, SchiedsVZ 2014, 139–141.

Baur, Fritz: Neuere Probleme der privaten Schiedsgerichtsbarkeit. Vortrag gehalten vor der Berliner Juristischen Gesellschaft am 20. Juni 1979, Berlin 1980.

Bauer, Jobst-Hubertus/Arnold, Christian/Kramer, Nadine: Schiedsvereinbarungen mit Geschäftsführern und Vorstandsmitgliedern, AG 2014, 677–685.

Beatson, Jack: International arbitration, public policy considerations, and conflicts of law: the perspectives of reviewing and enforcing courts, 33 Arb. Int'l 2017, 175–196.

Bechtold, Rainer (Begr.)/Bosch, Wolfgang: Kartellgesetz. Gesetz gegen Wettbewerbsbeschränkungen (§§ 1–96, 130, 136), 9. Aufl. München, 2018.

Beitzke, Günther: Das anwendbare Recht beim Handelsvertretervertrag, DB 1961, 528–531.

Berg van den, Albert Jan: Consolidated Commentary Cases Reported in Volumes XXI (1997) - XXVII (2002), YCA XXVIII (2003), 562–700.

Berger, Bernhard: The new Swiss domestic arbitration law: potential effects on international arbitration in Switzerland, SchiedsVZ 2011, 301–306.

Berger, Klaus Peter: Das neue deutsche Schiedsverfahrensrecht, DZWiR 1998, 45–55.

— Schiedsgerichtsbarkeit und Finanztermingeschäfte - Der „Schutz" der Anleger vor der Schiedsgerichtsbarkeit durch § 37h WpHG, ZBB 2003, 77–93.

— Abschied von der Privatautonomie im unternehmerischen Geschäftsverkehr? Zum Differenzierungsgebot im AGB-Recht, ZIP 2006, 2149–2156.

— Für eine Reform des AGB-Rechts im Unternehmerverkehr, NJW 2010, 465–468.

Berger, Klaus Peter/Kleine, Lucas: AGB-Kontrolle im unternehmerischen Geschäftsverkehr, BB 2007, 2137–2141.

Berger, Klaus Peter/Scholl, Bernd: Die *comitas gentium* gestern und heute. Eine Spurensuche in Beckmann, Roland Michael/Mansel Heinz-Peter/Matusche-Beckmann, Annemarie (Hrsg.), Weitsicht in Versicherung und Wirtschaft – Gedächtnisschrift für Ulrich Hübner, Heidelberg 2012, 569–587.

Bermann, George: Navigating EU Law and the Law of International Arbitration, Arbitration International Vol. 28 (2012), 397–445.

Berti v., Stephen: Zur Anfechtung eines Schiedsentscheides wegen Unvereinbarkeit mit dem ordre public nach Art. 190 Abs. 2 lit. e IPRG, in Meier, Isaak/Siehr, Kurt (Hrsg.), Rechtskollisionen, Festschrift für Anton Heini zum 65. Geburtstag, Zürich 1995, 1–12.

Beulker, Jette: Die Eingriffsnormenproblematik in internationalen Schiedsverfahren. Parallelen und Besonderheiten im Vergleich zur staatlichen Gerichtsbarkeit, Tübingen 2005.

Bien, Florian, Kartellrechtliche ordre public-Kontrolle von Schiedssprüchen, ZZP 2019, 93–125.

Blackaby, Nigel/Partasides, Constantine/Redfern, Alan/Hunter, Martin, Redfern and Hunter on International Arbitration, 6. Aufl., Oxford 2015.

Blessing, Marc: Mandatory Rules of Law versus Party Autonomy in International Arbitration, Arb Int'l 1997, 23–40.

Borges, Georg: Die Anerkennung und Vollstreckung von Schiedssprüchen nach dem neuen Schiedsverfahrensrecht, ZZP 111 (1998), 487–513.

Born, Gary: International Commercial Arbitration Volume I: International Arbitration Agreements, 3. Aufl., Alphen aan den Rijn 2020.

Bosman, Lise (Hrsg.): ICCA International Handbook on Commercial Arbitration, Supplement 115, Den Haag März 2021.

Boujong, Karlheinz/Ebenroth, Carsten Thomas/Joost, Detlev (Begr.): Handelsgesetzbuch. HGB, Bd. 1, Neubearbeitung Joost, Detlev/Strohn, Lutz (Hrsg.), 4. Aufl., München 2020.

Brachert, Sebastian/Dietzel, Andreas: Deutsche AGB-Rechtsprechung und Flucht ins Schweizer Recht, ZGS 2005, 441.

Brocher, Charles: Cours de droit international privé suivant les principes consacrés par le droit positif français, Bd. I, Paris 1882.

Brüning, Sybille: Die Beachtlichkeit des fremden ordre public, Berlin 1997.

Brunn von, Johann Heinrich: Zur Nachprüfbarkeit von Schiedssprüchen, NJW 1969, 823–827.

Bucher, Andreas: Die neue internationale Schiedsgerichtsbarkeit in der Schweiz, Basel 1988.

Canaris, Claus-Wilhelm: Handelsrecht. Ein Studienbuch, 23. Aufl., München 2000.

Cappelletti, Mauro: Access to Justice. A Comparative General Report, RabelsZ 40 (1976), 669–717.

Clemenz, Susanne/Kreft, Burghard/Krause, Rüdiger: AGB-Arbeitsrecht, 2. Aufl., Berlin 2019.

Commandeur, Marcus/Gößling, Sebastian: The determination of mandatory rules of law in Internatonal Arbitration – An attempt to set out criteria, SchiedsVZ 2014, 12–20.

Czernich, Dietmar: Die Rom I-VO als Grundlage für die Anwendung von Eingriffsnormen durch Schiedsgerichte, RIW 2016, 701–707.

Dathe, Uwe: Abdingbarkeit des Ausgleichsanspruchs eines in der EU tätigen Handelsvertreters nach der Ingmar-Entscheidung des EuGH, NJOZ 2010, 2196–2202.

Däubler, Wolfgang: TVG, 4. Aufl., Baden-Baden 2016.

Derains, Yves: Les normes d'application immédiate dans la jurisprudence arbitrale internationale, in Fouchard, Philippe/Kahn, Philippe/Lyon-Caen, Antoine (Hrsg), Le droit des relations économiques internationales. Études offertes à Berthold Goldmann, Paris 1982, 29–46.

Detzer, Klaus/Ulrich, Claus: Gestaltung von Verträgen mit ausländischen Handelsvertretern und Vertragshändlern, Heidelberg 2000.

Dreher, Meinrad/Kulka, Michael/Rittner, Fritz: Wettbewerbs- und Kartellrecht, 11. Aufl., Heidelberg 2021.

Drescher, Ingo/Fleischer, Holger/Schmidt, Karsten: Münchener Kommentar zum Handelsgesetzbuch, Bd. 1, 5. Aufl., 2021.

Drexl, Josef: Die wirtschaftliche Selbstbestimmung des Verbrauchers, Tübingen 1998.

Drobnig, Ulrich: Internationale Schiedsgerichtsbarkeit und wirtschaftsrechtliche Eingriffsnormen, in Musielak, Hans-Joachim/Schurig, Klaus, Festschrift für Gerhard Kegel, Stuttgart 1987, 95–117.

Ebbing, Frank: Zur Schiedsfähigkeit von Börsengeschäften und Börsentermingeschäften, WM 1999, 1264–1269.

Eckel, Heiko/Richter, Philipp: Die kartellrechtliche Unwirksamkeit von Schiedsvereinbarungen. Zur Gewährleistung von Verfahrensgarantien mittels des europäischen und deutschen Kartellrechts, WuW 2015, 1078–1093.

Eichel, Florian: AGB-Gerichtsstandsklauseln im deutsch-amerikanischen Handelsverkehr. Zugleich ein Beitrag zum Einfluss des Haager Übereinkommens über Gerichtsstandsvereinbarungen vom 30.6.2005, Jena 2007.

— Inhaltskontrolle von AGB-Schiedsklauseln im internationalen Handelsverkehr (OLG Dresden, S. 241), IPRax 2010, 219–224.

Eichhorn, Jochen/Klebeck, Ulf: Drittstaatenregulierung der MiFID II und MiFIR, RdF 2014, 189–197.

Elsing, Siegfried: Die *ex officio* Anwendung drittstaatlicher Eingriffsnormen (insbesondere des Kartellrechts) in internationalen Schiedsverfahren, in Geiss, Karlmann/Gerstenmaier, Klaus-A./Winkler, Rolf/Mailänder, Peter (Hrsg.), Festschrift für Peter Mailänder, Berlin 2006, 87–101.

— Zur Auslegung von Schiedsvereinbarungen, in Genzow, Christian/Grunewald, Barbara/Schulte-Nölke, Hans (Hrsg.), Zwischen Vertragsfreiheit und

Verbraucherschutz. Festschrift für Friedrich Graf von Westphalen, Berlin 2010, 109–126.

Emde, Raimond (Hrsg.): Vertriebsrecht. §§ 84 – 92c HGB. Handelsvertreterrecht – Vertragshändlerrecht – Franchiserecht, 3. Aufl., Berlin 2014.

Engelmann, Jan: International Commercial Arbitration and the Commercial Agency Directive. A Perspective from Law and Economics, Cham 2017.

Fabig, Philine: Der Vertragshändlersausgleich in internationalen Verträgen, IHR 2019, 1–11.

Franceskakis, Phocien: La théorie du Renvoi et les conflity de systèmes en droit international privé, Paris 1958.

— Quelques précisions sur les „lois d'application immédiate" et leurs rapports avec les régles de conflits de lois, Rev. crit. d.i.p. 1966, 1–18.

Franke, Jörg: Die rechtlichen Risiken der Devisentermingeschäfte, DB 1975, 1541–1547.

Fenet, Pierre Antoine: Recueil complet des travaux préperatoires du Code Civil, Band VIII, Paris 1836.

Ferrari, Franco et al. (Hrsg.): Internationales Vertragsrecht. Rom I-VO, CISG, CMR, FactÜ. Kommentar, 3. Aufl., München 2018.

Ferrari, Franco/Kröll, Stefan: Conflicts of Laws in International Arbitration, Berlin 2010.

Freitag, Robert/Leible, Stefan: Internationaler Anwendungsbereich der Handelsvertreterrichtlinie – Europäisches Handelsvertreterrecht weltweit?, RIW 2001, 287–295.

Fuchs, Andrea (Hrsg.): Wertpapierhandelsgesetz (WpHG) Kommentar, 2. Aufl., München 2016.

Fuld, Ludwig: Das Gesetz über die Abzahlungsgeschäfte, Jahrbücher für Nationalökonomie und Statistik 3.F.8. 1894, 407–412.

Gaillard, Emmanuel: Aspects philosophiques du droit de l'arbitrage international, Den Haag 2008.

Gallanter, Marc: Why the "Haves" come Out Ahead – Speculations on the Limits of Legal Change, Law & Society Rew. Vol. 9 No. 1 (1974/1975), 95–160.

Gamillscheg, Franz: Internationales Arbeitsrecht (Arbeitsverweisungsrecht), Berlin 1959.

Gebauer, Martin/Huber, Stefan: Politisches Kollisionsrecht: eine Einführung, in Gebauer, Martin/Huber, Stefan (Hrsg.), Politisches Kollisionsrecht. Sachnormzwecke, Hoheitsinteressen, Kultur. Symposium zum 85. Geburtstag von Erik Jayme, Tübingen 2021, VII – XIX.

Geimer, Reinhold: Kurzkommentar, EWiR 1996, 939–940.

— Kurzkommentar, EWiR 2004, 971–972.

— Internationales Zivilprozessrecht, 8. Aufl., 2020.

Gentinetta, Jörg: Die lex fori internationaler Handelsschiedsgerichte, Bern 1973.

Genzow, Christian: Entwicklungen im Vertragshändlerrecht, ZVertriebsR 2013, 81–85.

Gierke von, Otto: Die soziale Aufgabe des Privatrechts, Berlin 1889.

Giesberts, Stefanie: Anlegerschutz und anwendbares Recht bei ausländischen Börsentermingeschäften. Der Einfluß des EG-Rechts auf deutsches Kollisionsrecht, Berlin 1998.

Girsberger, Daniel/Weber-Stecher, Urs: Die Einrede der Wettbewerbsrechtswidrigkeit vor schweizerischen Schiedsgerichten, in Forstmoser, Peter/von der Crone, Hans Caspar/Weber, Rolf/Zobl, Dieter, Der Einfluss des europäischen Rechts auf die Schweiz. Festschrift für Professor Roger Zäch zum 60. Geburtstag, Zürich 1999, 681–694.

Gottwald, Peter: Die sachliche Kontrolle internationaler Schiedssprüche durch staatliche Gerichte, in Habscheid, Walther/Schwab Karl Heinz (Hrsg.), Beiträge zum Internationalen Verfahrensrecht und zur Schiedsgerichtsbarkeit: Festschrift für Heinrich Nagel zum 75. Geburtstag, Münster 1987, 54–69.

Grigoleit, Hans Christoph, Zwingendes Recht, in Basedow, Jürgen/Hopt, Klaus J./Zimmermann, Reinhard (Hrsg.), Handwörterbuch des Europäischen Privatrechts, Band II, Tübingen 2009, 1822–1831.

Grimm, Alexander: Applicability of the Rome I and II Regulations to International Arbitration, SchiedsVZ 2012, 189 - 200.

Grundmann, Stefan: Der Treuhandvertrag insbesondere die werbende Treuhand, München 1997.

Gundlach, Freimut: Termingeschäfte an Auslandsbörsen und ordre public. Praktische Konsequenzen aus dem Urteil des BGH vom 21. April 1998 für die Durchsetzung von Schadensersatzansprüchen des Anlegers, in Horn, Norbert/Lwowski, Hans-Jürgen/Nobbe, Gerd (Hrsg.), Bankrecht - Schwerpunkte und Perspektiven. Festschrift für Herbert Schimansky, Köln 1999, 613–666.

Gutzwiller, Max: Die Geschichte des Internationalen Privatrechts, Basel 1977.

Habscheid, Walther: Aus der höchstrichterlichen Rechtsprechung zur Schiedsgerichtsbarkeit, KTS, 1973, 232–239.

— Die Kündigung des Schiedsvertrages aus wichtigem Grund, KTS 1980, 285–297.

— Die Schiedsgerichtsbarkeit und der ordre public, in Forstmoser, Peter/Giger, Hans/Heini, Anton/Schluep, Walter (Hrsg.), Festschrift für Max Keller zum 65. Geburtstag, Zürich 1989, 575–587.

Hagemeister, Roland: Die Abdingbarkeit des Ausgleichsanspruchs bei ausländischen Handelsvertretern und Vertragshändlern, RIW 2006, 498–504.

Hanefeld, Inka/Wittinghofer, Mathias: Schiedsklauseln in Allgemeinen Geschäftsbedingungen, SchiedsVZ 2005, 217–229.

Harbst, Ragnar: Korruption und andere ordre public Verstöße als Einwände im Schiedsverfahren, SchiedsVZ 2007, 22–30.

Harris, Bruce/Planterose, Rowan/Tecks, Jonathan: The Arbitration Act 1996: A Commentary, 5. Aufl., Oxford 2014.

Hartung, Klaus Joachim: Termineinwand bei Warentermingeschäften an Auslandsbörsen, ZIP 1991, 1185–1192.

Hau, Wolfgang/Poseck, Roman: Beck'scher Online-Kommentar BGB, 58. Ed., 01.05.2021.

Hausmann, Rainer: Anwendbares Recht vor deutschen und italienischen Schiedsgerichten – Bindung an die Rom I-Verordnung oder Sonderkollisionsrecht? in Kronke, Herbert/Thorn, Karsten (Hrsg.), Grenzen überwinden – Prinzipien bewahren: Festschrift für Bernd von Hoffmann zum 70. Geburtstag am 28. Dezember 2011, Bielefeld 2011, 971–986.

Heermann, Peter: Die Sportschiedsgerichtsbarkeit nach dem Pechstein-Urteil des BGH, NJW 2016, 2224–2227.

Heini, Anton: Der materiellrechtliche ordre public im neuen schweizerischen Recht der internationalen Schiedsgerichtsbarkeit, in Lindacher, Walter/Pfaff, Dieter/Roth, Günter/Schlosser, Peter/Wieser, Eberhard (Hrsg.), Festschrift für Walther Habscheid zum 65. Geburtstag 6. April 1989, Bielefeld 1989, 153–159.

— Wettbewerbsbeschränkungen auf dem EU-Markt vor schweizerischen Schiedsgerichten – zu einem Aufsatz von Roger Zäch, in Forstmoser, Peter/von der Crone, Hans Caspar/Weber, Rolf/Zobl, Dieter, Der Einfluss des europäischen Rechts auf die Schweiz. Festschrift für Professor Roger Zäch zum 60. Geburtstag, Zürich 1999, 317–322.

Hemler, Adrian: Die Methodik der „Eingriffsnorm" im modernen Kollisionsrecht, Tübingen 2019.

Henckel, Wolfram: Prozessrecht und materielles Recht, Tübingen 1970.

Hermes, Josef: Beendigung des Vertragshändlervertrags im deutschen und niederländischen Recht. Im Blickpunkt: Ausgleichsanspruch und Karenzentschädigung, RIW 1999, 81–87.

Hess, Burkhard: Back to the Past: BREXIT und das europäische internationale Privat- und Verfahrensrecht, IPRax 2016, 409–418.

Hilbig, Katharina: Absoluter Verbraucherschutz bei unzulässigen AGB-Schiedsvereinbarungen?, SchiedsVZ 2010, 74–80.

Hill, Jonathan: The Exercise of Judicial Discretion in Relation to Application to Enforce Arbitral Awards under the New York Convention, Oxford Journal of Legal Studies Vol. 36 No. 2 2016, 304–333.

Hill, Jonathan/Chong, Adeline: International Commercial Disputes, 4. Aufl., Oxford 2010.

Hirte, Heribert/Möllers, Thomas (Hrsg.): Kölner Kommentar zum WpHG, 2. Aufl., Köln 2014.

Hoffet, Franz: Plädoyer für die ex officio Anwendung von Kartellrecht durch Schiedsgerichte in der Schweiz, ASA Bulletin 2000, 697–705.

Hoffmann von, Bernd: Über den Schutz des Schwächeren bei internationalen Schuldverträgen, RabelsZ 38 (1974), 396–420.

Holtzmann, Howard/Neuhaus, Joseph: A Guide to The UNCITRAL Model Law on International Commercial Arbitration. Legislative History and Commentary, Deventer 1989.

Honsell, Heinrich: Römisches Recht, 8. Aufl., Berlin 2015.

Honsell, Heinrich/Vogt, Nedim Peter/Schnyder, Anton/v. Berti, Stephen (Hrsg.): Basler Kommentar Internationales Privatrecht, 3. Aufl., Basel 2013.

Houtte van, Hans: Arbitration and Arts. 81 and 82 EC Treaty? A State of Affairs, ASA Bulletin 2005, 431–448.

Horn, Norbert: Zwingendes Recht in der internationalen Schiedsgerichtsbarkeit, SchiedsVZ 2008, 209–222.

Huber, Peter: Das Verhältnis von Schiedsgericht und staatlichen Gerichten bei der Entscheidung über die Zuständigkeit, SchiedsVZ 2003, 73–75.

Huber, Stefan: Ausländische Broker vor deutschen Gerichten – Zur Frage der Handlungszurechnung im internationalen Zuständigkeits- und Kollisionsrecht (OLG Düsseldorf, S. 158), IPRax 2009, 134–140.

— Anmerkung zu BGH, Urteil vom 8. Februar 2011, XI ZR 168/08 (Formularmäßige Einbindung Dritter in Schiedsvertrag und Substantiierungsgrad der Schiedseinrede), LMK 2011, Ausgabe 7, 320470.

Hübner, Ulrich: Die methodische Entwicklung des Internationalen Wirtschaftsrechts, Konstanz 1980.

Hußlein-Stich, Gabriele: Das UNCITRAL-Modellgesetz über die internationale Handelsschiedsgerichtsbarkeit, Köln 1990.

Immenga, Ulrich/Mestmäcker, Ernst-Joachim: Wettbewerbsrecht, Band 3: Fusionskontrolle. Kommentar zum Europäischen und Deutschen Kartellrecht, 6. Aufl., München 2020.

Isensee, Josef/Kirchhof, Paul: Handbuch des Staatsrechts der Bundesrepublik Deutschland, 3. Aufl., Heidelberg 2003.

Jordans, Roman: Zur Europarechtswidrigkeit von § 37h WpHG, EuZW 2007, 655–659.

— Anmerkung zu EuGH Rs. C-168/05 – Elisa Maria Mostaza Claro gegen Centro Móvil Milenium SL (EuGH Rs. C-168/05), GPR 2007, 48–50.

Junker, Abbo: Empfiehlt es sich, Art. 7 EVÜ zu revidieren oder aufgrund der bisherigen Erfahrungen zu präzisieren?, IPRax 2000, 65–73.

— Deutsche Schiedsgerichte und internationales Privatrecht (§ 1051 ZPO) in Berger, Klaus/Ebke, Werner/Elsing, Siegfried/Großfeld, Bernhard/Kühne, Gunther (Hrsg.), Festschrift für Otto Sandrock, Heidelberg 2000, 443–464.

Just, Clemens/Voß, Thorsten/Ritz, Corinna/Becker, Ralf (Hrsg.): Wertpapierhandelsgesetz (WpHG), München 2015.

Kaissis, Athanassios: Zum Theorienstreit über die Anerkennung und Vollstreckung am Schiedsort aufgehobener Schiedssprüche, in Brinkmann, Moritz/Effer-Uhe, Daniel/Völzmann-Stickelbrock, Barbara/Wesser Sabine/Weth, Stephan (Hrsg.), Dogmatik im Dienst von Gerechtigkeit, Rechtssicherheit und Rechtsentwicklung: Festschrift für Hans Prütting zum 70. Geburtstag, Köln 2018, 843–853.

Karrer, Pierre/Imhoff-Scheier, Anne-Catherine: ordre public in Schiedssachen, IPRax 1996, 282–287.

Kasolowsky, Boris/Steup, Magdalene: Révision au fond – Einheitliche europäische Maßstäbe bei der Überprüfung von Schiedssprüchen auf kartellrechtliche ordre public-Verstöße?, SchiedsVZ 2008, 72–76.

Kaufmann-Kohler, Gabrielle: L'ordre public d'envoi, SZIER 1993, 273–283.

Kegel, Gerhard/Schurig, Klaus: Internationales Privatrecht. Ein Studienbuch, 9. Aufl., München 2004.

Kessel, Christian/Stomps, Andreas: Haftungsklauseln im Geschäftsverkehr zwischen Unternehmern – Plädoyer für eine Änderung der Rechtsprechung, BB 2009, 2666–2675.

Kiel, Heinrich/Lunk, Stefan/Oetker, Hartmut (Hrsg.): Münchener Handbuch zum Arbeitsrecht, Band 1 Individualarbeitsrecht I, 5. Aufl., München 2021.

Kindler, Peter: Anmerkung zu EuGH vom 9. November 2000 („Ingmar"), BB 2001, 10–13.

— Handelsvertreterrichtlinie und Rom I, in Kronke, Herbert/Thorn, Karsten (Hrsg.), Grenzen überwinden – Prinzipien bewahren: Festschrift für Bernd von Hoffmann zum 70. Geburtstag am 28. Dezember 2011, Bielefeld 2011, 198–207.

— Italienisches Handels- und Wirtschaftsrecht, 2. Aufl., Frankfurt 2015.

— Der lange Arm des deutschen Vertriebsrechts. Ausgleichsansprüche für Vertragshändler als international zwingender Schutzstandard, NJW 2016, 1855–1857.

Klein, Frédéric-Edouard: Das Europäische Übereinkommen über die internationale Handelsschiedsgerichtsbarkeit, ZZP 76 (1963), 342–371.

Kleinheisterkamp, Jan: Eingriffsnormen und Schiedsgerichtsbarkeit, RabelsZ 73 (2009), 818–841.

— Overriding Mandatory Laws in International Arbitration, International & Comparative Law Quaterly Vol. 67 Issue 4 2018, 903–930.

Kling, Michael/Thomas, Stefan: Kartellrecht, 2. Aufl., München 2016.

Knoepfler, François: L'article 19 LDIP est-il adapté à l'arbitrage international?, in Dominicé, Christian/Patry, Robert/Reymond, Claude (Hrsg.); Études droit international en l'honneur de Pierre Lalive, Basel 1993, 531–541.

Kocher, Dirk: Analoge Anwendung des Handelsvertreterrechts auf Vertragshändler in Europa. Rechtsvergleich und internationales Privatrecht, RIW 2003, 512–519.

König, Ute: Zur Bestimmung des Schiedsvertragsstatuts bei fehlender Gesetzesgrundlage nach Inkrafttreten der Rom I-Verordnung, SchiedsVZ 2012, 129–133.

Kondring, Jörg: Flucht vor dem deutschen AGB-Recht bei Inlandsverträgen, RIW 2010, 184–191.

— § 1051 Abs. 1 ZPO und die Abwahl einfach zwingenden Rechts bei Binnensachverhalten, ZIP 2017, 706–710.

Koller, Ingo: Kurzkommentar, EWiR, 1991, 559–560.

Kornblum, Udo: Nachprüfbarkeit kartellrechtlicher Schiedssprüche durch die ordentlichen Gerichte, NJW 1969, 1793–1797.

— Anmerkung zu BGH, Urt. v. 31. Mai 1972 – KZR 43/71 – OLG Hamburg, LG Hamburg, ZZP 86 (1973), 216–223.

— „Ordre public transnational", „ordre public international" und „ordre public interne" im Recht der privaten Schiedsgerichtsbarkeit, in Habscheid, Walther/Schwab Karl Heinz (Hrsg.), Beiträge zum Internationalen Verfahrensrecht und zur Schiedsgerichtsbarkeit: Festschrift für Heinrich Nagel zum 75. Geburtstag, Münster 1987, 140 – 156.

— Das „Gebot überparteilicher Rechtspflege“ und der deutsche schiedsrechtliche ordre public, NJW 1987, 1105–1108.

Kraayvanger, Jan: Anmerkung, IHR 2008, 121–122.

Kröll, Stefan: Die Entwicklung des Rechts der Schiedsgerichtsbarkeit 2001/2002, NJW 2003, 791–797.

— Zur kollisionsrechtlichen Behandlung von Schiedsvereinbarungen – Rechtsfragen der subjektiven Reichweite (BGH, S. 63), IPRax 2016, 43–48.

Kroitzsch, Hermann: Die Nachprüfbarkeit kartellrechtlicher Schiedssprüche durch die ordentlichen Gerichte, GRUR 1969, 387–400.

Kronke, Herbert: Internationale Schiedsverfahren nach der Reform, RIW 1998, 257–265.

Kronke, Herbert/Melis, Werner/Kuhn, Hans (Hrsg.): Handbuch Internationales Wirtschaftsrecht, 2. Aufl., Köln 2017.

Kronke, Herbert/Nacimiento, Patricia/Otto, Dirk/Port, Nicola Christine: Recognition and Enforcement of Foreign Arbitral Awards – A Global Commentary on the New York Convention, Alphen aan den Rijn 2010.

Krüger, Wolfgang/Rauscher, Thomas (Hrsg.): Münchener Kommentar zur Zivilprozessordnung, Bd. 3, 5. Aufl., München 2017.

Kühne, Gunther: Rechtswahl und Eingriffsnormen in der Rechtsprechung des EuGH, in Cascante, José Christian/Spahlinger, Andreas/Wilske, Stephan (Hrsg.), Global Wisdom on Business Transactions, International Law and Dispute Resolution: Festschrift für Gerhard Wegen zum 65. Geburtstag, München 2015, 451–462.

Kümpel, Siegfried: Schutz ausländischer Börsentermingeschäfte vor dem deutschen Differenzeinwand, WM 1978, 862–871.

Lachmann, Jens-Peter: Handbuch für die Schiedsgerichtspraxis, 3. Aufl., Köln 2002.

Lainé, Armand: La rédaction du Code civil et le sens de ses dispositions en matière de droit international privé, r.d.i.p. 1905, 21–60.

Lalive, Pierre: Transnational (or Truly International) Public Policy and International Arbitration, Comparative Arbitration Practice/Public Policy in Arbitration, ICCA Congress Series No. 3, 1987, 258–318.

Landolt, Philipp: Commentaire sur: Ière Cour civile, arrêt du 8 mars 2006, 4P.278/2005, ASA Bulletin 2006, 535–549.

Lazareff, Serge: Mandatory Extraterritorial Application of National Law, Arbitration International Vol. 11 No. 2 1995, 137–150.

Lehmann, Matthias: Wertpapierhandel als schiedsfreie Zone? – Zur Wirksamkeit von Schiedsvereinbarung nach § 37h WpHG, SchiedsVZ 2003, 219–226.

Lenkaitis, Karlheinz/Löwisch, Stephan: Zur Inhaltskontrolle von AGB im unternehmerischen Geschäftsverkehr: Ein Plädoyer für eine dogmatische Korrektur, ZIP 2009, 441–450.

Lew, Julian: Applicable Law in International Commercial Arbitration, New York 1978.

— Contemporary Problems in International Arbitration, London 1987.

— Arbitration in England with chapters on Scotland and Ireland, Alphen aan den Rijn 2013.

Lew, Julian/Mistelis, Loukas/Kröll, Stefan: Comparative International Commercial Arbitration, Alphen aan den Rijn 2003.

Liebscher, Christoph: Anmerkung zu EuGH, Rs. C-168/05, Slg. 2006, I-10421 – Mostaza Claro, CML Rev. 2008, 545–557.

Lörcher, Gino/Lörcher, Heike: Das Schiedsverfahren – national/international – nach deutschem Recht, 2. Aufl., Heidelberg 2001.

Loewenheim, Ulrich/Meessen, Karl/Riesenkampff, Alexander/Kersting, Christian/Meyer-Lindemann, Hans Jürgen (Hrsg.): Kartellrecht. Europäisches und Deutsches Recht. Kommentar, 4. Aufl., München 2020.

Lorenz, Werner: Die Rechtsnatur von Schiedsvertrag und Schiedsspruch, AcP 157 (1958/1959), 265–302.

Lu, May: The New York Convention on the Recognition and Enforcement of Foreign Arbitral Awards: Analysis of the Seven Defenses to Oppose Enforcement in the United State and England, 23 Ariz. J. Int'l. & Comp. L. 747 (2006), 747–785.

Lüer, Hans-Jochen: Börsentermingeschäftsfähigkeit und Differenzeinwand, JZ 1979, 171–175.

Lüttringhaus, Jan: Eingriffsnormen im internationalen Unionsprivat- und Prozessrecht: Von Ingmar zu Unamar., IPRax 2014, 146–152.

Macini, Pasquale Stanislao: Della nazionalità come fondamento del diritto delle genti, Turin 1851.

Magnus, Ulrich: Die Rom I-Verordnung, IPRax 2010, 27–44.

— Sonderkollisionsnorm für das Statut von Gerichtsstands-und Schiedsgerichtsvereinbarungen?, IPRax 2016, 521–624.

Maier, Hansjakob: Der Ausgleichsanspruch des Handelsvertreters und Eigenhändlers und der ordre public, NJW 1958, 1327–1358.

Mak, Chantal: Judgment of the Court (First Chamber) of 6 October 2009, Asturcom Telecommunicaciones SL v Christina Rodríguez Nogueira, Case-40/08, ERCL 2010, 437–448.

Mallmann, Roman: Die Bedeutung der Schiedsvereinbarung im Verfahren zur Anerkennung und Vollstreckbarerklärung ausländischer Schiedssprüche, SchiedsVZ 2004, 152–159.

Mankowski, Peter: Überlegungen zur sach- und interessengerechten Rechtswahl für Verträge des internationalen Wirtschaftsverkehrs, RIW 2003, 2–15.

— Verbraucherkreditverträge und europäisches IPR: Internationale Zuständigkeit und Eingriffsrecht. Entscheidung der französischen Cour de Cassation vom 23. Mai 2006, ZEuP 2008, 845-863.

— Die Rom I-Verordnung - Änderungen im europäischen IPR für Schuldverträge, IHR 2008, 133–152.

— Amtswegige Prüfung der Missbräuchlichkeit einer Schiedsklausel in Verbrauchervertrag durch nationales Gericht („Asturcom/Nogueira"), EWiR 2010, 91–92.

— Rom I-VO und Schiedsverfahren, RIW 2011, 30–44.

— Schiedsgerichte und die Rom I-VO, RIW 2018, 1–19.

Mann, Frederick: Börsentermingeschäfte und internationales Privatrecht, in Ficker, Hans Claudius/König, Detlef/Kreuzer, Karl/Frhr. Marschall von Bieberstein, Wolfgang/Schlechtriem, Peter (Hrsg.), Festschrift für Ernst von Caemmerer, Tübingen 1978, 737–756.

Mansel, Heinz-Peter/Thorn, Karsten/Wagner, Rolf: Europäisches Kollisionsrecht 2013: Atempause im status quo, IPRax 2014, 23–25.

Marriott, Arthur: Arbitrating International Commercial Disputes in the United Kingdom, The Arbitration Journal, Vol. 44 No. 3 (1989), 4–13.

Martinek, Michael/Semler, Franz-Jörg/Flohr, Eckhard (Hrsg.): Handbuch des Vertriebsrechts, 4. Aufl., München 2016.

Martiny, Dieter: Die Bestimmung des anwendbaren Sachrechts durch das Schiedsgericht, in Geimer, Reinhold (Hrsg.), Wege zur Globalisierung des Rechts - Festschrift für Rolf Schütze, München 1999, 529–542.

Matusche-Beckmann, Annemarie/Kumpf, Patrizia: Schutz des Verbrauchers vor der Schiedsgerichtsbarkeit - Gedanken zum Urteil des Bundesgerichtshofs vom 19.05.2011 (III ZR 16/11), in Stamm, Jürgen (Hrsg.), Festschrift für Helmut Rüßmann, Saarbrücken 2013, 587–598.

Maurer, Anton Georg: The public policy exception under the New York Convention, 2. Aufl., New York 2013.

Maury, Jacques: L'ordre public en droit international privé français et en droit international privé allemand, Rev. crit. d.i.p. 43 (1954), 7–27.

Mayer, Pierre: Mandatory Rules of Law in International Arbitration, Arbitration International Vol. 4 Issue 2 1986, 274–292.

Mayr, Andreas Markus: Schiedsvereinbarung und Privatrecht. Zu der Rechtsnatur und den Wirkungen der Schiedsvereinbarung, Berlin 2019.

Meinhardt, Marcel/Ahrens, Jan-Michael: Wettbewerbsrecht und Schiedsgerichtsbarkeit in der Schweiz – eine Würdigung des Entscheids des Bundesgerichts vom 8. März 2006, SchiedsVZ 2006, 182–188.

Merkin, Robert: The Rome I Regulation and Reinsurance, 5 Journal of Private International Law 2009, 69–84.

Merkin, Robert/Flannery, Louis: Arbitration Act 1996, 5. Aufl., London 2014.

Mezger, Ernst: Verstoß gegen die öffentliche Ordnung bei Beurteilung ausländischer Schiedssprüche, NJW 1970, 368–370.

Michaels, Ralf/Kamann: Hans-Georg, Grundlagen eines allgemeinen gemeinschaftlichen Richtlinienkollisionsrechts – „Amerikanisierung" des Gemeinschafts-IPR, EWS 2001, 301–311.

Mistelis, Loukas: International Law Association – London Conference (2000) Committee on International Commercial Arbitration "Keeping the Unruly Horse in Control" or Public Policy as a Bar to Enforcement of (Foreign) Arbitral Awards, International Law FORUM du droit international Vol. 2 Iusse 4 (2000), 248–253.

Möhler, Christine: Konsumentenverträge im schweizerischen Schiedsverfahren mit rechtsvergleichenden Aspekten, Zürich 2014.

Möhring, Oskar/Klingelhöffer, Hans: Zur rechtlichen Bedeutung des Warentermingeschäfts, DB 1974, 1096–1097.

Mogendorf, Mathäus: Der strukturell unterlegene Unternehmer im Internationalen Privat- und Verfahrensrecht. Eine vergleichende Untersuchung des europäischen und US-amerikanischen Rechts, Tübingen 2016.

Müller-Chen, Markus/Widmer Lüchinger, Corinne: Zürcher Kommentar zum IPRG, 3. Aufl., Zürich 2018.

Münch, Susanne: Europäisches Kartellrecht im Aufhebungs- sowie im Anerkennungs- und Vollstreckbarerklärungsverfahren von Schiedssprüchen – Auf der Suche nach einem einheitlichen Überprüfungsmaßstab, in Stamm, Jürgen (Hrsg.), Festschrift für Helmut Rüßmann, Saarbrücken 2013, 865–887.

Musielak, Hans-Joachim/Voit, Wolfgang: Zivilprozessordnung: ZPO mit Gerichtsverfassungsgesetz. Kommentar, 18. Aufl., München 2021.

Nacimiento, Particia/Kroll Stefan/Böckstiegel, Karl-Heinz (Hrsg.): Arbitration in Germany: the model law in practice, 2. Aufl., Alphen aan den Rijn 2015.

Neumayer, Karl Heinz: Zur positiven Funktion der kollisionsrechtlichen Vorbehaltsklausel. Ein Beitrag zur Geltung zwingender Rechtssätze und überpositiver Grundnormen im internationalen Privatrecht, in von Caemmerer, Ernst/Nikisch, Arthur/Zweigert, Konrad (Hrsg.), Vom Deutschen zum Europäischen Recht: Festschrift für Hans Dölle, Bd. II, Tübingen 1963, 179–208.

Niederer, Werner: Einführung in die allgemeinen Lehren des Internationalen Privatrechts, 3. Aufl., Zürich 1961.

Niedermaier, Tilman: Schiedsgerichtsbarkeit und Finanztermingeschäfte – Anlegerschutz durch § 37h WpHG und andere Instrumente, SchiedsVZ 2012, 177–184.

— Schieds- und Schiedsverfahrensvereinbarungen in strukturellen Ungleichgewichtslagen. Ein deutsch-U.S.-amerikanischer Rechtsvergleich mit Schlaglichtern auf weitere Rechtsordnungen, Tübingen 2013.

Nordmann, Matthias/Förster, Sven: Der Fall Pechstein und die Grenzen des kartellrechtlichen Missbrauchsverbots, WRP 2016, 312–318.

Oetker, Hartmut: HGB. Handelsgesetzbuch. Kommentar, 7. Aufl., München 2021.

Orawiec, Bartlomiej: The Public Policy under The New York Convention on Recognition and Enforcement of Foreign Arbitral Awards (The UK Perspective), Comparative Law Review 21 2016, 53–78.

Ostendorf, Patrick: Wirksame Wahl ausländischen Rechts auch bei fehlendem Auslandsbezug im Fall einer Schiedsgerichtsvereinbarung und ausländischem Schiedsort, SchiedsVZ 2010, 234–243.

Otto, Dirk: (Un-)Wirksamkeit von „unzumutbaren" Schiedsvereinbarungen (zu Uber Technologies, Inc. v. Heller, Supreme Court of Canada, 2020 SCC 16), IPRax 2021, 187–191.

Palandt, Otto (Begr.): Bürgerliches Gesetzbuch, 80. Aufl., München 2021.

Pfeiffer, Thomas: Die Rechtskontrolle von Organen der Staatengemeinschaft: Internationale Organisationen und ihre Rechtsgeschäfte mit Privaten, Berichte der Deutschen Gesellschaft für Völkerrecht 2007, 93–115.

— Neues internationales Vertragsrecht – Zur Rom I Verordnung, EuZW 2008, 622–629

— Die Abwahl des deutschen AGB-Rechts mittels Schiedsabrede in einem Inlandsfall, NJW 2012, 1169–1174.

— Rechtsgeschäftliche Entscheidungsfreiheit beim Abschluss von Schiedsvereinbarungen, SchiedsVZ 2014, 161–165.

Poudret, Jean-François/Besson, Sébastien: Comparative Law of International Arbitration, 3. Aufl., London 2017.

Prönbacher, Karl/Baur, Sebastian: Rechtswahl und ihre Grenzen in der internationalen Schiedsgerichtsbarkeit, in Geimer, Reinhold/Kaissis, Athanassios/

Thümmel, Roderich (Hrsg.), Ars aequi et boni in mundo, Festschrift zum 80. Geburtstag von Rolf A. Schütze, München 2015, 431–447.

Prütting, Hanns/Gehrlein, Markus (Hrsg.): ZPO. Kommentar, 12. Aufl., Köln 2020.

Quinke, David: Schiedsvereinbarungen und Eingriffsnormen – Zugleich Anmerkung zu OLG München, Urt. v. 17. Mai 2006, Az. 7 U 1781/06 –, SchiedsVZ 2007, 246–254.

Radtke, Rolf: Schuldstatut und Eingriffsrecht, ZVglRWiss 84 (1985), 325–357.

Raeschke-Kessler, Hilmar: Binnenmarkt, Schiedsgerichtsbarkeit und ordre public, EuZW 1990, 145–150.

Raeschke-Kessler, Hilmar/Bühler, Michael: Aufsicht über den Schiedsrichter durch den ICC-Schiedsgerichtshof (Paris) und rechtliches Gehör der Parteien, ZIP 1987, 1157–1167.

Raeschke-Kessler, Hilmar/Berger, Klaus Peter: Recht und Praxis des Schiedsverfahrens, 4. Aufl., Köln 2006.

Rauscher, Thomas, Europäisches Zivilprozess- und Kollisionsrecht EuZPR/EuIPR, 4. Aufl., Köln 2016.

Razvi, Hyder: Mandatory Rules of Law in International Business Arbitration, The Lahore Journal of Economics Vol. 3 No. 2 1998, 35–58.

Reich, Norbert: Zur Wirksamkeit von Schiedsklauseln bei grenzüberschreitenden Börsentermingeschäften, ZEuP 1998, 981–993.

— Anmerkung zu EuGH, Urteil v. 9.11.2000 – Rs. C-381/98, EuZW 2001, 51–52.

— More clearity after Claro?, ERCL 2007, 41–61.

Reiner, Andreas: Zur Vollstreckung eines Schiedsspruchs nach dem Europäischen Übereinkommen von 1961 trotz Aufhebung im Ursprungsland und zum Umfang der ordre public-Kontrolle nach Art. 81, 82 EGV (zu OGH, 23.2.1998 – 3 Ob 115/95, oben S. 314, Nr. 28), IPRax 2000, 323–327.

Reithmann, Christoph/Martiny, Dieter (Hrsg.): Internationales Vertragsrecht. Das internationale Privatrecht der Schuldverträge, 8. Aufl., Köln 2015.

Rentsch, Bettina: Das Vereinigte Königreich als „Drittstaat“ im Sinne der Rom I-VO, EuZW 2017, 981–987.

Rigozzi, Antonio: Arbitrage, ordre public et droit communautaire de la concurrence, ASA Bulletin 1999, 455–502.

Rinaldo, Carlotta: Beyond Consumer Law – Small Enterprises, Independent Contractors and other Professional Weak Parties, ERCL 2019, 227–250.

Röhricht, Volker/Graf von Westphalen, Friedrich/Haas, Ulrich (Hrsg.): Handelsgesetzbuch. Kommentar zu Handelsstand, Handelsgesellschaften, Handelsgeschäften und besonderen Handelsverträgen (ohne Bilanz-, Transport- und Seerecht), 5. Aufl., München 2019.

Roth, Günter: International zwingender Rechtsschutz: materiell und prozessual (zu BGH, 12.3.1984 - II ZR 10/83, unten S. 216, Nr. 47), IPRax 1985, 198–200.

Roth, Wulf-Henning: Der Einfluß des Europäischen Gemeinschaftsrechts auf das IPR, RabelsZ 55 (1991), 623–672.

Rühl, Gisela: Die Wirksamkeit von Gerichtsstands- und Schiedsvereinbarungen im Lichte der Ingmar-Entscheidung des EuGH (zu OLG München, 17.5.2006 - 7 U 1781/06, unten S. 322, Nr. 25), IPRax 2007, 294–302.

— Consumer Protection in Choice of Law, 44 Cornell Int'l. L.J. 2011, 569–601.

Sachs, Klaus/Niedermaier, Tilman: Overriding Mandatory Provisions Before Arbitral Tribunals - Some Observations, in Kronke, Herbert/Thorn, Karsten (Hrsg.), Grenzen überwinden - Prinzipien bewahren: Festschrift für Bernd von Hoffmann zum 70. Geburtstag am 28. Dezember 2011, Bielefeld 2011, 1051–1065.

Säcker Franz Jürgen/Rixecker, Roland/Oetker, Hartmut/Limperg, Bettina (Hrsg.): Münchener Kommentar zum Bürgerlichen Gesetzbuch, Bd. 2, 8. Aufl., München 2019.

— Bd. 5, 8. Aufl. 2020.

— Bd. 12, 8. Aufl. 2020.

— Bd. 13, 8. Aufl. 2021.

Saenger, Ingo: ZPO, 9. Aufl., Baden-Baden 2021.

Samtleben, Jürgen: Schiedsklauseln bei internationalen Warentermingeschäften, BB 1974, 1616–1618.

— Das Internationale Privatrecht der Börsentermingeschäfte und der EWG-Vertrag. Zum Urteil des Europäischen Gerichtshofs vom 24.10.1978, RabelsZ 45 (1981), 218–252.

— Warentermingeschäfte im Ausland - ein Glücksspiel? (zu BGH 15.6.1987 - II ZR 124/86, unten S. 163, Nr. 24a; BGH 13.7.1987 - II ZR 188/86, unten S. 166, Nr. 24b; BGH 21.9.1987 - II ZR 41/87, unten S. 169, Nr. 24c), IPRax 1989, 148–155.

— Warentermingeschäfte im Ausland und Schiedsverfahren - Neues Recht für alte Fälle (zu BGH, 26.2.1991 - XI ZR 349/89, unten S. 380, Nr. 61 a; BGH, 6.6.1991 - III ZR 68/90, unten S. 382, Nr. 61 b), IPRax 1992, 362–366.

— Zur Wirksamkeit von Schiedsklauseln bei grenzüberschreitenden Börsentermingeschäften, ZEuP 1999, 974–981.

— Das Börsentermingeschäft ist tot - es lebe das Finanztermingeschäft?, ZBB 2003, 69- 77.

— Schiedsgerichtsbarkeit und Finanztermingeschäfte – Der Schutz der Anleger vor der Schiedsgerichtsbarkeit durch § 37h WpHG (zu BGH, 8.6.2010 - XI ZR 349/08, unten S. 499, Nr. 51), IPRax 2011, 469 - 479.

— "Sandwich und Salat" - Zur Inhaltskontrolle von Schiedsklauseln in Formularverträgen, in Kronke, Herbert/Thorn, Karsten (Hrsg.), Grenzen überwinden – Prinzipien bewahren: Festschrift für Bernd von Hoffmann zum 70. Geburtstag am 28. Dezember 2011, Bielefeld 2011, 1066–1076.

Sandrock, Otto: „Welches Kollisionsrecht hat ein Internationales Schiedsgericht anzuwenden?, RIW 1992, 785–795.

— „Gewöhnliche“ Fehler in Schiedssprüchen: Wann können sie zur Aufhebung des Schiedsspruchs führen?, BB 2001, 2173–2180.

Savigny von, Friedrich Carl: System des heutigen Römischen Rechts, Band 8, Berlin 1849.

Schiffer, Jan: Normen ausländischen „öffentlichen“ Rechts in internationalen Handelsschiedsverfahren, Köln 1990.

Schilf, Sven: Römische IPR-Verordnungen – kein Korsett für internationale Schiedsgerichte, RIW 2013, 678–692.

Schlosser, Peter: Das Recht der internationalen privaten Schiedsgerichtsbarkeit, 2. Aufl., Tübingen 1989.

— Kompetenzfragen in der Sportschiedsgerichtsbarkeit, SchiedsVZ 2015, 257–263.

Schmidt, Karsten: Kartellrechtspolitik und Verfahrensrecht in der Schiedsgerichtsbarkeit, in Freiherr von Gamm, Otto Friedrich/Raisch, Peter/Tiedemann, Klaus (Hrsg.), Strafrecht, Unternehmensrecht, Anwaltsrecht. Festschrift für Gerd Pfeiffer, Köln 1988, 765–783.

Schmidt-Ahrendts, Nils/Höttler, Philipp: Anwendbares Recht bei Schiedsverfahren mit Sitz in Deutschland, SchiedsVZ 2011, 267–276.

Schmitthoff, Clive: The United Kingdom Arbitration Act 1979, Yearbook Commercial Arbitration Volume V - 1980, 231–249.

Schnitzer, Adolf: Handbuch des Internationalen Privatrechts einschließlich Prozeßrecht, unter besonderer Berücksichtigung der Schweizerischen Gesetzgebung und Rechtsprechung, Bd. I, 4. Aufl., Zürich 1957.

Schnyder, Anton: Anwendung ausländischer Eingriffsnormen durch Schiedsgerichte, RabelsZ 59 (1995), 293–308.

Schütze, Rolf: Kurzkommentar, EWiR 1990, 517–518.

— Schiedsgericht und Schiedsverfahren, 6. Aufl., München 2016.

Schulz, Markus/Niedermaier, Tilmann: Unwirksame Schiedsklausel in Franchiseverträgen durch Wahl des Tagungsortes im Ausland?, SchiedsVZ 2009, 196 – 203.

Schulze, Rainer et al. (Hrsg.): Bürgerliches Gesetzbuch. Handkommentar, 10. Aufl., Baden-Baden 2019.

Schurig, Klaus: Kollisionsnorm und Sachrecht. Zu Struktur, Standort und Methode des internationalen Privatrechts, Berlin 1981.

Schwab, Karl Heinz/Walter, Gerhard: Schiedsgerichtsbarkeit. Kommentar, 7. Aufl., München 2005.

Schwark, Eberhard: Zur Durchsetzung inländischen Rechts gegenüber Gerichtsstandsvereinbarungen ausländischer Gerichte bei Börsentermingeschäften – Besprechung der Entscheidung BGH WM 1984, 1245 „Krügerrand“, ZGR 1985, 466–474.

Schwark, Eberhard/Zimmer, Daniel (Hrsg.): Kapitalmarktrechts-Kommentar, 4. Aufl., München 2010.

Schwarz, Simon: Das internationale Handelsvertreterrecht im Lichte von „Ingmar“ – Droht das Ende der Parteiautonomie im Gemeinschaftsprivatrecht?, ZVglRWiss 101 (2002), 45–74.

Semler, Franz-Jörg: Deutscher Handelsvertreterausgleich und internationale Schiedsverfahren, in Cascante, José Christian/Spahlinger, Andreas/Wilske, Stephan (Hrsg.), Global Wisdom on Business Transactions, International Law and Dispute Resolution. Festschrift für Gerhard Wegen zum 65. Geburtstag, München 2015, 743–749.

Sethe, Rolf: Das Drittstaatenregime von MiFIR und MiFID II, SZW 2014, 615–631.

— MiFID II – Eine Herausforderung für den Finanzplatz Schweiz, SJZ 110 (2014), 477–489.

Sieg, Oliver: Internationale Gerichtsstands- und Schiedsklauseln in Allgemeinen Geschäftsbedingungen, RIW 1998, 102–108.

Siehr, Kurt: Grundrecht der Eheschliessungsfreiheit und internationales Privatrecht. Zugleich ein Beitrag zur Lehre vom ordre public, RabelsZ 36 (1972), 93–115.

— Ausländische Eingriffsnormen im inländischen Wirtschaftskollisionsrecht, RabelsZ 52 (1988), 41–103.

Solomon, Dennis: Das vom Schiedsgericht in der Sache anzuwendende Recht nach dem Entwurf eines Gesetzes zur Neuregelung des Schiedsverfahrensrechts, RIW 1997, 981–990.

— Die Verbindlichkeit von Schiedssprüchen in der internationalen privaten Schiedsgerichtsbarkeit. Zur Bedeutung nationaler Rechtsordnungen und der Entscheidungen nationaler Gerichte für die Wirksamkeit internationaler Schiedssprüche, München 2007.

Spickhoff, Andreas: Der ordre public im internationalen Privatrecht – Entwicklung – Struktur – Konkretisierung, Neuwied 1989.

Spiegel, Nico: Kartellprivatrecht in der internationalen Handelsschiedsgerichtsbarkeit, Baden-Baden 2002.

Spohnheimer, Frank: Gestaltungsfreiheit bei antezipiertem Legalanerkenntnis des Schiedsspruchs, Tübingen 2010.

Staub, Hermann (Begr.): Handelsgesetzbuch. Großkommentar, Bd. 2, Neubearbeitung von Canaris, Claus-Wilhelm/Habersack, Mathias/Schäfer, Carsten (Hrsg.), 5. Aufl., Berlin 2008.

Staudinger, Julius von (Begr.): Kommentar zum Bürgerlichen Gesetzbuch mit Einführungsgesetz und Nebengesetzen, Buch 1, Allgemeiner Teil, Einleitung zum BGB; §§ 1–14; Verschollenheitsgesetz (Natürliche Personen, Verbraucher, Unternehmer), Neubearbeitung von Fritzsche, Jörg/Honsell, Heinrich, Kannowski, Bernd, Berlin 2018.

— Kommentar zum Bürgerlichen Gesetzbuch mit Einführungsgesetz und Nebengesetzen, EGBGB/IPR: Einführungsgesetz zum Bürgerlichen Gesetzbuch/IPR, Art. 3–6 EGBGB, Neubearbeitung von Bausback, Winfried/Hausmann, Rainer/Voltz, Markus, Berlin 2013.

— Kommentar zum Bürgerlichen Gesetzbuch mit Einführungsgesetz und Nebengesetzen, EGBGB/IPR: Einführungsgesetz zum Bürgerlichen Gesetzbuch/IPR, Einleitung zu Art. 27 ff. EGBGB, Neubearbeitung von Armbrüster, Christian/Ebke, Werner/Hausmann, Rainer/Magnus, Ulrich, Berlin 2002.

— Kommentar zum Bürgerlichen Gesetzbuch mit Einführungsgesetz und Nebengesetzen, EGBGB/IPR: Einführungsgesetz zum Bürgerlichen Gesetzbuch/IPR, Einleitung zur Rom I-VO; Art 1–10 Rom I-VO (Internationales Vertragsrecht 1), Neubearbeitung von Armbrüster, Christian/Ebke, Werner/Hausmann, Rainer/Magnus, Ulrich, Berlin 2016.

Stein, Friedrich/Jonas, Martin (Begr.): Kommentar zur Zivilprozessordnung, Bd. 1, Neubearbeitung von Bork, Reinhard/Roth, Herbert (Hrsg.), 23. Aufl., Tübingen 2014.

— Kommentar zur Zivilprozessordnung, Bd. 10, Neubearbeitung von Bork, Reinhard/Roth, Herbert (Hrsg.), 23. Aufl., Tübingen 2014.

Streinz, Rudolf/Michl, Walther (Hrsg.): EUV/AEUV. Vertrag über die Europäische Union. Vertrag über die Arbeitsweise der Europäischen Union. Charta der Grundrechte der Europäischen Union, 3. Aufl., München 2018.

Takahashi, Koji: Jurisdiction to Set Aside a Foreign Arbitral Award, in Particular an Award Based on an Illegal Contract: A Reflection on the Indian Supreme Court's Decision in Venture Global Engineering, The American Review of International Arbitration Vol. 19 (1) 2008, 173–186.

Tarlinton, John: International commercial arbitration and public policy: with principal reference to the laws of Australia, France, Switzerland, the United Kingdom and the United States, SjD Thesis, University of Technology, 2003.

Thode, Reinhold: Schiedsvereinbarungen in Verbraucher-Bauverträgen, DNotZ 2007, 404–412.

Thöne, Meik: Delocalisation in International Commercial Arbitration, SchiedsVZ 2016, 257–262.

Thoma, Ioanna: Die Europäisierung und die Vergemeinschaftung des nationalen ordre public, Tübingen 2007.

Thomas, Heinz/Putzo, Hans (Begr.): Zivilprozessordnung, 42. Aufl., München 2021.

Thorn, Karsten: Termingeschäfte an Auslandsbörsen und internationale Schiedsgerichtsbarkeit (zu OLG Düsseldorf, 26.5.1995 - 17 U 240/94, unten S. 115, Nr. 11a, und 8.3.1996 - 17 U 179/95, unten S. 118, Nr. 11 b), IPRax 1997, 98–106.

— Schiedsvereinbarungen in Fällen struktureller Unterlegenheit. Hinreichende Schutzmechanismen oder Regelungslücken, in Kleinschmidt, Jens/Kronke, Herbert/Raab, Thomas/Robbers, Gerhard/Thorn, Karsten (Hrsg.), Strukturelle Ungleichgewichtslagen in der internationalen Streitbeilegung. Symposium in Gedenken an Bernd von Hoffmann, Frankfurt am Main 2016, 133–166.

Thorn, Karsten/Nickel, Moritz: Der Schutz der strukturell unterlegenen Partei vor Schiedsverfahren (zu OGH, 1.3.2017 - 5 Ob 72/16y, oben S. 532, Nr. 46), IPRax 2018, 541–549.

Thume, Karl-Heinz: Grenzüberschreitende Vertriebsverträge, IHR 2009, 141–153.

Torggler, Hellwig/Mohs, Florian/Schäfer, Friederike/Wong, Venus Valentina: Handbuch Schiedsgerichtsbarkeit. Deutschland - Österreich - Schweiz, 2. Aufl., Zürich 2017.

Triebel, Volker/Peglow, Michael: Positive Funktion des ordre public bei Termingeschäften? - Zugleich Kritik an OLG Frankfurt 16 U 134/85 und 16 U 40/85, ZIP 1987, 613–621.

Triebel, Volker/Plaßmeier, Heiko: Das neue englische Schiedsgerichtsgesetz, BB 1997 Beilage Nr. 13, 2–14.

Tweeddale, Andrew: Enforcing Arbitration Awards Contrary to Public Policy in England, The International Construction Law Review 2000, 159–174.

Tyrolt, Jochen: Sportschiedsgerichtsbarkeit und zwingendes staatliches Recht. Unter besonderer Berücksichtigung des europäischen Kartellrechts und des US-amerikanischen RICO-Act, Baden-Baden 2007.

Ulmer, Peter/Brandner, Erich/Hensen, Horst-Diether: AGB-Recht Kommentar, 12. Aufl., Köln 2016.

Valdini, Daniel: Gesetzesreform durch die Hintertür? Die Abwahl zwingenden Rechts durch Schiedsabreden bei Inlandssachverhalten, ZIP 2017, 7–12.

Vorwerk, Volkert/Wolf, Christian: Beck'scher Online-Kommentar ZPO, 40. Ed., 01.03.2021.

Wagner, Gerhard: Prozeßverträge. Privatautonomie im Verfahrensrecht, Tübingen 1998.

— Keine Präklusion des Einwandes der Nichtigkeit einer Schiedsvereinbarung wegen Missbräuchlichkeit in Verbraucherverträgen. Anmerkung zu EuGH, Urt. v. 26.10.2006 - C-168/05, SchiedsVZ 2007, 46–51.

Wagner, Gerhard/Quinke, David: Ein Rechtsrahmen für die Verbraucherschiedsgerichtsbarkeit, JZ 2005, 932–939.

Waincymer, Jeff: International Commercial Arbitration and the Application of Mandatory Rules of Law, 5 AIAJ 2009, 1–45.

Wauschkuhn, Ulf/Meese, Jon Marcus: Die standardvertragliche Abdingbarkeit zwingender Vorschriften des Handelsvertreterrechts. Insbesondere: Abdingbarkeit des Ausgleichsanspruchs in Verträgen mit außerhalb der EG und des EWR tätigen Handelsvertretern, RIW 2002, 301–304.

Weber, Doll: Anerkennung ausländischer Urteile über Forderungen aus Börsentermingeschäften, BB 1975, 1410–1411.

Wegen, Gerhard: Zur Möglichkeit des Auschlusses einfach zwingenden Rechts durch Schiedsabreden bei Inlandssachverhalten mit AGB-Bezug, in Brinkmann, Moritz/Effer-Uhe, Daniel Oliver/Völzmann-Strickelbrock, Barbara/Wesser, Sabine/Weth, Stephan (Hrsg.), Dogmatik im Dienst von Gerechtigkeit, Rechtssicherheit und Rechtsentwicklung, Festschrift für Hanns Prütting, Köln 2018, 913–924.

Wegen, Gerhard/Asbrand, Dominik: Nichtstaatliches Recht als Gegenstand einer Rechtswahlklausel?, RIW 2016, 557–564.

Weller, Matthias: Ordre public-Kontrolle internationaler Gerichtsstandsvereinbarungen im autonomen Zuständigkeitsrecht, Tübingen 2005.

Welter, Reinhard: Kurzkommentar, EWiR 1991, 1039–1084.

Wengler, Wilhelm: Die Gestaltung des internationalen Privatrechts der Schuldverträge unter allgemeinen Leitprinzipien, RabelsZ 47 (1983), 215–266.

Westphalen Graf von, Friedrich: Fallstricke bei Verträgen und Prozessen mit Auslandsberührung, NJW 1994, 2113–2120.

— Unwirksame Schiedsvereinbarungen mit Verbrauchern – notwendiger Schutz von Vorständen und Geschäftsführern, ZIP 2013, 2184–2190.

Westphalen Graf von, Friedrich/Thüsing, Gregor: Vertragsrecht und AGB-Klauselwerke, 46. Ergänzung, München 2020.

Wiedemann, Gerhard (Hrsg.): Handbuch des Kartellrechts, 4. Aufl., München 2020.

Wiezcorek, Bernhard (Begr.)/Schütze, Rolf (Hrsg.): Zivilprozessordnung und Nebengesetze, Band 11: §§ 916–1066, 4. Aufl., Berlin 2014.

Willemsen, Heinz Josef/Müntefering, Michael: Begriff und Rechtsstellung arbeitnehmerähnlicher Personen: Versuch einer Präzisierung, NZA 2008, 193–201.

Winterfeld von: Noch einmal: Der deutsche ordre public in der internationalen Schiedsgerichtsbarkeit, NJW 1987, 3059–3061.

Wolf, Christian: Zwischen Schiedsverfahrensfreiheit und notwendiger staatlicher Kontrolle, RabelsZ 57 (1993), 643–662.

Wolf, Manfred/Lindacher, Walter/Pfeiffer, Thomas (Hrsg.): AGB-Recht Kommentar, 7. Aufl., München 2020.

Wolff, Reinmar (Hrsg.): New York Convention. Convention on the Recognition and Enforcement of Foreign Arbitral Awards of 10 June 1958 Commentary, München 2012.

Wunderer, Regina: Der Deutsche „Ordre public D'Arbitrage International" und Methoden seiner Konkretisierung, Bern 1993.

Yüksel, Burcu: The Relevance of the Rome I Regulation to International Commercial Arbitration in the European Union, Journal of Private International Law Vol. 7 No. 1 2011, 149–178.

Zetzsche, Dirk/Lehmann, Matthias: Das Vereinigte Königreich als Drittstaat? – Die Auswirkungen des Brexit auf das Finanzmarktrecht, AG 2017, 651–662.

— Grenzüberschreitende Finanzdienstleistungen. Das internationale Finanzmarkt – Privat- und Zivilprozessrecht Deutschlands, Österreichs, der Schweiz und Liechtenstein, Tübingen 2018.

Zöller, Richard (Begr.): Zivilprozessordnung mit FamFG (§§ –185, 200–270, 433–484) und Gerichtsverfassungsgesetz, den Einführungsgesetzen, mit Internationalem Zivilprozessrecht, EU-Verordnungen, Kostenanmerkungen, Neubearbeitung von Althammer, Christoph *et al.*, 33. Aufl., Köln 2020.

Zweigert, Konrad: Nichterfüllung auf Grund ausländischer Leistungsverbote, RabelsZ 14 (1942), 283–307.

— Internationales und Öffentliches Recht, in Inst. für Internat. Recht Kiel (Hrsg.), Fünfzig Jahre Institut für Internationales Recht an der Universität Kiel, Hamburg 1965, 124–157.

Entscheidungsverzeichnis

EuGH

EuGH, Urteil v. 30.6.1966, Rs. 56/65 – *Société Technique Minie*, GRUR Ausl. 1966, 586–589 [S. 199].[1]

EuGH, Urteil v. 13.7.1966, Rs. 56 u. 58/64 – *Consten und Grundig/Kommission*, GRUR 1966, 580–586 [S. 198].

EuGH, Urteil v. 19.1.1993, C-89/91 – *Shearson Lehmann Hutton* [S. 338, 426].

EuGH, Urteil v. 30.4.1998, C-215/97 – *Bellone*, EuZW 1998, 409–410 [S. 165].

EuGH, Urteil v. 21.1.1999, C-215/96 – *Bagnasco u.a.*, BeckRS 2004, 75147 [S. 199].

EuGH, Urteil v. 1.6.1999, C-126/97 – *Eco-Swiss* [S. 186 f., 197, 200, 202, 414].

EuGH, Urteil v. 23.11.1999, C-369/96 u. C-376/96 – *Arblade* [S. 48].

EuGH, Urteil v. 9.11.2000, C-381/98 – *Ingmar*, NJW 2001, 2007–2008 [S. 164 ff., 178, 180, 326, 433].

EuGH, Urteil v. 7.5.2002, C-478/99 – *Kommission der EG/Königreich Schweden*, EuZW 2002, 465–468 [S. 217].

EuGH, Beschluss v. 10.2.2004, C-85/03 – *Mavrona*, BeckRS 2004, 77842 [S. 174 ff.].

EuGH, Urteil v. 29.4.2004, C-359/01 – *British Sugar*, BeckRS 2004, 76717 [S. 199].

EuGH, Urteil v. 26.10.2006, C-168/05 – *Mostaza Claro* [S. 207 ff., 211 f., 214, 327 f., 339, 409, 416, 439, 444].

EuGH, Urteil v. 6.10.2009, C-40/08 – *Asturcom* [S. 209 f., 212 f., 395, 439].

EuGH, Urteil v. 17.10.2013, C-184/12 – *Unamar* [S. 166 f., 416].

EuGH, Urteil v. 16.2.2017, C-507/15 – *Agro*, IHR 2017, 221–225 [S. 167 f.].

Deutschland

BVerfG

BVerfG, Beschluss v. 7.2.1990 – 1 BvR 26/84, NJW 1990, 1469–1472 [S. 180, 349, 385, 403].

BVerfG, Beschluss v. 19.10.1993 – 1 BvR 567/89 u.a., NJW 1994, 36–39 [S. 333].

BVerfG, Urteil v. 4.7.1995 – 1 BvF 2/86 [S. 341].

BVerfG, Beschluss v. 22.8.1995 – 1 BvR 1624/92, WM 1995, 1761–1763 [S. 181].

---

1 Die Zahlen in den eckigen Klammern beziehen sich auf die Seiten dieser Arbeit.

BVerfG, Beschluss v. 30.4.2003 – 1 PBvU 1/02, BVerfGE 107, 395–418 [S. 94].

RG

RG, Urteil v. 7.10.1884 – II 215/84, RGZ 12, 309–313 [47].

RG, Urteil v. 21.3.1905 – II 387/04, RGZ 60, 296–301 [S. 91].

RG, Urteil v. 25.10.1910 – VII 609/09, RGZ 74, 307–309 [S. 69].

RG, Urteil v. 24.11.1922 – VII 49/22, RGZ 105, 385–387 [S. 92].

RG, Urteil v. 27.2.1934 – II 276/33, RGZ 144, 54–61 [S. 53].

RG, Beschluss v. 13.3.1936 – V 184/35, RGZ 150, 1–7 [S. 376].

RG, Urteil v. 29.6.1942 – II 22/42, RGZ 169, 240–249 [S. 90].

RG, Urteil v. 9.3.1943 – VII 262/33, RGZ 144, 96–106 [S. 51].

BGH

BGH, Urteil v. 15.10.1956 – III ZR 226/55, BGHZ 22, 43–51 [S. 53].

BGH, Urteil v. 15.11.1956 – VII ZR 249/56, NJW 1957, 184–185 [S. 163].

BGH, Urteil v. 12.5.1958 – VII ZR 436/56, BGHZ 27, 249–257 [S. 92 f., 185].

BGH, Urteil v. 21.11.1958 – IV ZR 107/58, NJW 1959, 529–532 [S. 163].

BGH, Urteil v. 23.4.1959 – VII ZR 2/58, BGHZ 30, 89–99 [S. 92 f., 185].

BGH, Urteil v. 30.1.1961 – VII ZR 180/60, NJW 1961, 1061–1062 [S. 131 f., 163 f., 433].

BGH, Urteil v. 16.2.1961 – VII ZR 239/59, BGHZ 34, 282–293 [S. 181].

BGH, Urteil v. 11.1.1962 – VII ZR 188/60, BGHZ 36. 273–280 [S. 360].

BGH, Urteil v. 12.6.1963 – VII ZR 272/61, BGHZ 40, 13–19 [S. 181].

BGH, Urteil v. 28.11.1963 – VII ZR 112/62, BGHZ 40, 320–327 [S. 51, 60].

BGH, Urteil v. 25.10.1966 – KZR 7/65, BGHZ 46, 365– 81 [S. 185 f.].

BGH, Urteil v. 22.5.1967 – VII ZR 188/64, BGHZ 48, 35–46 [S. 51].

BGH, Urteil v. 18.10.1967 – VIII ZR 145/66, BGHZ 48, 327–335 [S. 83 f., 89].

BGH, Urteil v. 27.2.1969 – KZR 3/68, NJW 1969, 978–980 [S. 197, 319].

BGH, Urteil v. 26.6.1969 – VII ZR 32/67, BGHZ 52, 184– 95 [S. 70].

BGH, Urteil v. 14.7.1969 – VII ZR 245/67, WM 1969, 1255–1257 [S. 376].

BGH, Urteil v. 25.3.1970 – VIII ZR 202/69, BGHZ 53, 357–369 [S. 84].

BGH, Urteil v. 19.11.1970 – VII ZR 47/69, BGHZ 55, 45–59 [S. 181].

BGH, Urteil v. 20.12.1971 – II ZR 156/69, BGHZ 58, 1–7 [S. 130].

BGH, Urteil v. 31.5.1972 – KZR 43/71, NJW 1972, 2180–2183 [S. 197].

BGH, Urteil v. 4.6.1975 – VIII ZR 232/73, NJW 1975, 1600–1601 [S. 130 f., 135, 382].

BGH, Urteil v. 12.6.1978 – II ZR 48/77, NJW 1979, 488–489 [S. 130 f.].

BGH, Urteil v. 20.3.1980 – III ZR 151/79, NJW 1980, 2022–2025 [S. 355].

BGH, Urteil v. 6.2.1982 – I ZR 175/82, NJW 1985, 3076–3078 [S. 175, 337].

BGH, Urteil v. 12.3.1984 – II ZR 10/83, NJW 1984, 2037–2039 [S. 131 f., 169].

BGH, Urteil v. 6.2.1985 – I ZR 175/82, NJW 1985, 3076–3078 [S. 175, 337].

BGH, Urteil v. 24.5.1985 – V ZR 47/84, NJW 1985, 3006–3007 [S. 375].

BGH, Urteil v. 11.7.1985 – III ZR 33/84, NJW 1986, 2765–2767 [S. 64].

BGH, Urteil v. 15.5.1986 – III ZR 192/84, BGHZ 98, 70–77 [S. 84, 86, 88 f., 95, 373].

BGH, Urteil v. 3.12.1986 – IVb ZR 80/85, NJW 1987, 651–653 [S. 51].

BGH, Urteil v. 15.6.1987 – II ZR 124/86, NJW 1987, 3193–3196 [S. 78, 132 f., 169, 382, 412].

BGH, Urteil v. 16.11.1987 – II ZR 24/87, NJW 1988, 1083–1086 [S. 130].

BGH, Urteil v. 14.4.1988 – III ZR 12/87, BGHZ 104, 178–185 [S. 70].

BGH, Urteil v. 18.1.1990 – III ZR 269/88, BGHZ 110, 104–109 [S. 86].

BGH, Urteil v. 26.2.1991 – XI ZR 349/89, NJW-RR 1991, 757–759 [S. 134].

BGH, Urteil v. 6.6.1991 – III ZR 68/90, NJW 1991, 2215–2216 [S. 141, 381, 423].

BGH, Urteil v. 3.12.1991 – X ZR 101/89, NJW 1992, 3096–3106 [S. 393].

BGH, Beschluss v. 4.3.1993 – IX ZB 55/92, BGHZ 122, 16–22 [S. 420].

BGH, Beschluss v. 16.9.1993 – IX ZB 82/90, BGHZ 123, 268–281 [S. 91].

BGH, Beschluss v. 21.9.1993 – XI ZR 52/92, NJW-RR 1993, 1519–1520 [S. 138, 434].

BGH, Urteil v. 22.11.1994 – XI ZR 45/91, NJW 1995, 1225–1227 [S. 135].

BGH, Beschluss v. 30.11.1995 – III ZR 165/94, BeckRS 1995, 31368232 [S. 91].

BGH, Urteil v. 3.4.2000 – II ZR 373/98, BGHZ 144, 146–151 [S. 360].

BGH, Urteil v. 1.2.2001 – III ZR 332/99, WM 2001, 787v790 [S. 70].

BGH, Urteil v. 10.5.2001 – III ZR 262/00, BB 2001, 1327–1328 [S. 63].

BGH, Urteil v. 13.1.2005 – III ZR 265/03, BGHZ 162, 9–21 [S. 140, 215].

BGH, Beschluss v. 29.1.2009 – III ZB 88/07, BGHZ 179, 304–315 [S. 88].

BGH, Urteil v. 6.4.2009 – II ZR 255/08, BGHZ 180, 221–235 [S. 51].

BGH, Beschluss v. 29.4.2009 – VIII ZR 226/07, RIW 2009, 640–644 [S. 172, 174].

BGH, Urteil v. 9.3.2010 – XI ZR 93/09, BGHZ 184, 365–381 [S. 145, 148].

BGH, Urteil v. 8.6.2010 – XI ZR 349/08, SchiedsVZ 2011, 46–49 [S. 60, 148 ff., 353].

BGH, Urteil v. 25.1.2011 – XI ZR 350/08, SchiedsVZ 2011, 157–159 [S. 64, 148 ff.].

BGH, Urteil v. 25.1.2011 – XI ZR 100/09, RIW 2011, 406–410 [S. 149 f.].

BGH, Urteil v. 16.2.2011 – VIII ZR 226/07, NJW-RR 2011, 614–618 [S. 172, 174].

BGH, Urteil v. 3.5.2011 – XI ZR 373/08, NJW-RR 2011, 1350–1353 [S. 149 f.].

BGH, Urteil v. 17.5.2011 – XI ZR 299/08 [S. 148].

BGH, Urteil v. 17.5.2011 – XI ZR 300/08 [S. 148].

BGH, Urteil v. 17.5.2011 – XI ZR 352/08, BeckRS 2011, 20371 [S. 64, 149 f.].

BGH, Beschluss v. 28.1.2014 – III ZB 40/13, NJW 2014, 1597–1598 [S. 77, 371, 373].

BGH, Urteil v. 8.5.2014 – III ZR 371/12, SchiedsVZ 2014, 151–154 [S. 60].

BGH, Beschluss v. 24.7.2014 – III ZB 83/13, BGHZ 202, 168–179 [S. 58, 360 362].

BGH, Urteil v. 25.2.2016 – VII ZR 102/15, NJW 2016, 1885–1887 [S. 172 f., 177].

BGH, Beschluss v. 3.3.2016 – I ZB 2/15, SchiedsVZ 2016, 328–339 [S. 66, 91].

BGH, Urteil v. 7.6.2016 – KZR 6/15, NJW 2016, 2266–2273 [S. 60, 192 ff., 406].

BAG

BAG, Urteil v. 30.10.1969 – 3 AZR 119/69 [S. 340].

BAG, Beschluss v. 11.4.1997 – 5 AZB 33/96, NZA 1998, 499–500 [S. 336].

BAG, Beschluss v. 16.7.1997 – 5 AZB 29/96, NZA 1997, 1126–1128 [S. 337].

BAG, Urteil v. 21.11.2001 – 5 AZR 158/00, NZA 2002, 551–554 [S. 340].

BAG, Urteil v. 25.5.2005 – 5 AZR 572/04, NJW 2005, 3305–3310 [S. 329].

Oberlandesgerichte

OAG Darmstadt, Urteil v. 1.12.1865, Sf. 1865, Bd. 19, Nr. 108 [S. 47].

OLG Frankfurt, Urteil v. 21.12.1978 – 6 U 57/78, NJW 1979, 985–986 [S. 203 f.].

OLG Hamburg, Urteil v. 17.2.1989 – 1 U 86/87, RIW 1989, 574–578 [S. 346].

OLG München, Urteil v. 7.4.1989 – 23 U 6310/88, RIW 1990, 585–586 [S. 59].

OLG Düsseldorf, Urteil v. 8.3.1990 – 6 U 213/89, WM 1990, 842–846 [S. 139 f., 381, 423].

OLG Düsseldorf, Urteil v. 14.1.1994 – 17 U 129/93, WM 1994, 376–378 [S. 142, 374].

OLG Koblenz, Urteil v. 27.4.1995 – 5 U 1536/94, NJW-RR 1996, 970–971 [S. 360].

OLG Düsseldorf, Urteil v. 26.5.1995 – 17 U 240/95, WM 1995, 1349–1353 [S. 143 f.].

OLG Hamburg, Urteil v. 15.11.1995 – 5 U 169/95, RIW 1996, 510–512 [S. 54].

OLG Düsseldorf, Urteil v. 8.3.1996 – 17 U 179/95, WM 1996, 1489–1495 [S. 143].

OLG Düsseldorf, Urteil v. 23.5.1996 – 6 U 114/95, NJW-RR 1997, 372–374 [S. 215, 346].

OLG Hamburg, Beschluss v. 4.11.1998 – 6 Sch 11/98, BB 1999, Beil. 4, 16–17 [S. 84, 373].

OLG Koblenz, Beschluss v. 4.6.1999 – 2 SchH 01/99 [S. 65].

OLG Koblenz, Beschluss v. 17.6.1999 – 2 Sch 2/99, NJW-RR 2000, 1365 [S. 54].

BayObLG, Beschluss v. 15.12.1999 – 4 Z Sch 23/99, BeckRS 2000, 860 [S. 66].

OLG Frankfurt a.M, Urteil v. 1.3.2000 – 9 U 83/99, NJW-RR, 2000, 1367–1369 [S. 393].

OLG Schleswig, Beschluss v. 19.10.2000 – 16 SchH 01/00, DIS Datenbank [S. 86].

OLG Celle, Beschluss v. 8.8.2002 – 8 Sch 6/05, DIS Datenbank [S. 70, 88].

OLG Oldenburg, Beschluss v. 15.11.2002 – 9 SchH 9/02, OLGR 2003, 340–341 [S. 67].

OLG Hamburg, Beschluss v. 24.1.2003 – 11 Sch 06/01, SchiedsVZ 2003, 284–288 [S. 59].

BayObLG, Beschluss v. 20.3.2003 – 4 Z Sch 23/02, DIS Datenbank [S. 93].

OLG Hamm, Beschluss v. 26.8.2003 – 29 Sch 01/03 [S. 70, 92].

BayObLG, Beschluss v. 20.11.2003 – 4 Z Sch 17/03, DIS Datenbank [S. 81, 90, 418].

OLG Hamburg, Beschluss v. 29.1.2004 – 11 W 93/03, SchiedsVZ 2004, 266–269 [S. 57].

OLG Köln, Beschluss v. 23.4.2004 – 9 Sch 01/03, SchiedsVZ 2005, 163–165 [S. 92].

OLG Düsseldorf, Urteil v. 21.7.2004 – VI-Sch (Kart) 1/02 [S. 187 f., 202, 418].

BayObLG, Beschluss v. 23.9.2004 – 4 Z Sch 05/04, DIS Datenbank [S. 57, 92].

OLG Naumburg, Beschluss v. 24.2.2005 – 10 SchH 1/04 [S. 54].

OLG Dresden, Beschluss v. 20.4.2005 – 11 Sch 01/05, SchiedsVZ 2005, 210–214 [S. 197].

OLG München, Beschluss v. 22.6.2005 – 34 Sch 10/05, SchiedsVZ 2005, 308–310 [S. 223].

OLG Celle, Beschluss v. 6.10.2005 – 8 Sch 6/05, DIS Datenbank [S. 88].

OLG München, Urteil v. 17.5.2006 – 7 U 1781/06, OLGR 2007, 138–140 [S. 168 f., 178, 380 ff., 433].

OLG Frankfurt, Beschluss v. 26.6.2006 – 26 Sch 28/05 [S. 56 f.].

OLG Rostock, Urteil v. 18.9.2006 – 3 U 37/06 [S. 54].

OLG München, Beschluss v. 25.9.2006 – 34 Sch 012/06, OLGR 2006, 906–907 [S. 371 f.].

OLG München, Beschluss v. 23.7.2007 – 34 Sch 031/06, OLGR 2007, 684 [S. 70].

Thüringer Oberlandesgericht, Beschluss v. 8.8.2007 – 4 Sch 03/06, SchiedsVZ 2008, 44–46 [S. 197].

OLG Düsseldorf, Beschluss v. 14.8.2007 – I-4 Sch 02/06, SchiedsVZ 2008, 156 – 160 [S. 371].

OLG Dresden, Beschluss v. 7.12.2007 – 11 Sch 8/07 [S. 428, 430, 436 f., 446].

OLG Düsseldorf, Urteil v. 20.12.2007 – I-6 U 224/06 [S. 146 f.].

OLG Düsseldorf, Urteil v. 20.12.2007 – I-6 U 225/06, IPRax 2009, 158–164 [S. 146 f., 353].

OLG Düsseldorf, Urteil v. 20.12.2007 – I-6 U 242/06 [S. 146 f.].

OLG Düsseldorf, Urteil v. 6.3.2008 – I-6 U 109/07 [S. 146 ff., 380 f.].

OLG München, Beschluss v. 7.5.2008 – 34 Sch 008/07, GesR 2008, 364–368 [S. 67].

OLG Düsseldorf, Urteil v. 16.6.2008 – I-9 U 17/08 [S. 147 f.].

OLG Frankfurt, Beschluss v. 16.10.2008 – 26 Sch 13/08, BeckRS 2010, 20179 [S. 372 f.].

OLG Bremen, Beschluss v. 30.10.2008 – 2 Sch 2/08 [S. 436 f., 439].

OLG Düsseldorf, Urteil v. 17.11.2008 – I-9 U 109/08 [S. 147 f.].

OLG Hamm, Beschluss v. 28.11.2008 – 25 Sch 8/08, IHR 2010, 84 [S. 70].

OLG Celle, Beschluss v. 4.12.2008 – 8 Sch 13/07 [S. 436 f., 446].

OLG Düsseldorf, Urteil v. 16.1.2009 – I-16 U 68/08 [S. 147 f.].

OLG Düsseldorf, Urteil v. 29.1.2009 – I-6 U 254/07 [S. 146 ff., 380, 382].

OLG Düsseldorf, Urteil v. 19.3.2009 – I-6 U 46/08 [S. 146 ff., 380, 382].

OLG Stuttgart, Beschluss v. 30.7.2010 – 1 Sch 3/10, SchiedsVZ 2011, 49–54 [S. 67].

OLG Düsseldorf, Urteil v. 7.10.2010 – I-6 U 116/09 [S. 146 f.].

OLG Celle, Beschluss v. 18.11.2010 – 8 Sch 4/10, BauR 2011, 1029–1031 [S. 91].

OLG Brandenburg, Urteil v. 16.2.2011 – 13 U 11/10, BeckRS 2011, 07366 [S. 216].

OLG Saarbrücken, Beschluss v. 30.5.2011 – 4 Sch 3/10, NJOZ 2011, 1363–1369 [S. 93, 95, 420].

OLG Stuttgart, Urteil v. 29.12.2011 – 5 U 126/11, IHR 2012, 163–167 [S. 169 ff., 178, 381 f., 433, 453].

OLG München, Urteil v. 30.7.2012 – 34 Sch 18/10, SchiedsVZ 2012, 339–342 [S. 199].

KG Berlin, Beschluss v. 28.3.2013 - 20 SchH 10/12, BeckRS 2013, 9298 [S. 67].

OLG München, Beschluss v. 10.9.2013 - 34 SchH 10/13, SchiedsVZ 2013, 287–291 [S. 54].

OLG München, Beschluss v. 7.7.2014 - 34 SchH 18/13, SchiedsVZ 2014, 262–264 [S. 60].

OLG Düsseldorf, Urteil v. 21.7.2014 - VI-Sch (Kart) 1/02 [S. 418].

OLG München, Urteil v. 15.1.2015 - U 1110/14 Kart, SchiedsVZ 2015, 40–47 [S. 191 f.].

OLG Stuttgart, Urteil v. 30.4.2015 - 7 U 188/14 [S. 172, 174, 176].

OLG Celle, Urteil v. 14.10.2016 - 13 Sch 1/15 (Kart), WuW 2017, 508–514 [S. 188].

OLG Köln, Beschluss v. 19.1.2018 - 19 Sch 17/17 [S. 77, 372].

OLG Frankfurt, Beschluss v. 24.1.2019 - 26 Sch 8/18 [S. 371, 373].

OLG Frankfurt, Urteil v. 14.3.2019 - 26 Sch 10/18 [S. 184, 199].

OLG Frankfurt, Beschluss v. 4.6.2019 - 26 Sch 1/19 [S. 88, 219, 372].

Landgerichte

LAG Hessen, Urteil v. 14.8.2000 - 10 Sa 982/99, NJZOZ 2001, 45–54 [S. 340].

LAG Hessen, Urteil v. 21.11.2008 - 17 Sa 682/07 [S. 356, 408].

LG München I, Urteil v. 26.2.2014 - 37 O 28331/12, SchiedsVZ 2014, 100–112 [S. 190 f, 406].

LG Ulm, Urteil v. 22.10.2014 - 10 O 16/14 KfH. [S. 172, 174, 176].

Belgien

Cour de cassation, Urteil v. 28.6.1979 - *AudiNSU AG c. SA Adelin Petit et Cie*, Yearbook Comm. 1980, 257 –259 [S. 176, 352].

Cour de cassation, Urteil v. 16.11.2006, C.02.0445.F. [S. 176, 352].

Tribunal de première instance de Bruxelles, Urteil v. 8.3.2007 - *Société SAS c/ société Cytec Industrie*, Rev. de l'arb. 2007, 303–339 [S. 93].

England

Court of King's Bench, Urteil v. 5.7.1775, *Holmann vs Johnson* [1775], 98 Engl. Rep. 1120 (1. Cowp. 341) [S. 292].

Court of Common Pleas and Other Courts, Urteil v. 2.7.1824, *Richardson vs Melish* (1824), Bing. 228 [S. 37].

Court of Appeal, Urteil v. 24.3.1987, *Deutsche Schachtbau- und Tiefbohrgesellschaft mbH vs Ras Al Khaimah National Oil Co.*, Yearbook Comm. Vol. XIII 1988, 522–536 [S. 275, 279 f., 372 f.].

Court of Appeal, Urteil v. 22.7.1996, *Philip Alexander Securities and Futures LTD vs Bamberger and Others*, [1996] CLC 1757 [S. 269].

Court of Appeal, Urteil v. 22.1.1997, *Soinc SACI vs Novokuznetsk Aluminium Plant (No 2)* (1998) 2 Lloyd's Rep. 346–356 [S. 281].

Commercial Court, Urteil v. 19.12.1997, *Westacre Investments Inc. vs Jugoimport-SDPR Holding Company Ltd* (1998) 4 All ER, 570–608 [S. 284 f., 287 ff., 293 ff., 355, 366 f., 372 f., 418, 431, 440].

Court of Appeal, Urteil v. 19.2.1998, *Soleimany vs Soleimany* (1998), APP.L.R. 02/19 [S. 276, 281 ff., 292 f., 295, 297].

Commercial Court, Urteil v. 20.1.1999, *Minmetals Germany GmbH vs Ferco Steel Ltd.* (1999), CLC 647–663 [S. 281, 284, 286, 294, 296 f., 317, 372 f.].

Court of Appeal, Urteil v. 12.5.1999, *Westacre Investments Inc. vs Jugoimport-SDPR Holding Company Ltd* (1999), APP.LR. 05/12 [S. 290 f., 294, 296].

Commercial Court, Urteil v. 24.5.1999, *Omnium de Traitement et de Valorisation SA vs Hilmartion Ltd.*, (1999), 2 All ER (Com) 146–152 [S. 275. 281, 284 f., 295 ff.].

Court of Appeal, *Zealander and Anor vs Laing Homes Ltd* [1999] CILL 1510 [S. 305].

High Court of Justice, Urteil v. 19.1.2001, *Tongyuan International Trading Group vs Uni-Clan Limited*, Yearbook Comm Vol. XXVI 2001, 886–893 [S. 284 f.].

Commercial Court, Urteil v. 16.7.2007, *Tamil Nadu Electricity Board vs ST-CMS Electric Company Private Limited*, (2007) EWHC 1713 (Comm) [S. 299 f.].

Technology and Construction Court, Urteil v. 18.12.2007, *Heifer International Inc vs Helge Christiansen & Ors* [2007] EWHC 3015 (TCC) [S. 305, 427, 430].

Commercial Court, Urteil v. 15.2.2008, *Gater Assets Ltd vs Nak Naftogaz Ukrainy* [2008] EWHC 237 (Comm) [S. 281].

Commercial Court, Urteil v. 3.7.2008, *R vs V* (2008), APP.L.R. 07/03 [S. 295 ff., 366, 378, 440].

High Court, Urteil v. 30.10.2009, *Accentuate Limited vs Asigra* [2009] EWHC 2655 (QB), 260–282 [S. 301 ff.].

Technology and Construction Court, Urteil v. 30.4.2014, *Honeywell International Middle East Limited vs Meydan Group* LLC (2014) EWHC 1344 (TCC) [S. 275, 281, 294].

Supreme Court, Urteil v. 20.7.2016, *Patel vs Mirza* [2014] EWCA Civ 1047 [S. 292].

Frankreich

Cour d'appel de Paris, Urteil v. 18.11.2004 (n° 2002/19606), *SA Thalès Air Défense c/ GIE Euromissile et EADS* [S. 372].

Cour d'appel de Paris, Urteil v. 23.3.2006, CT0051, *Cytec* [S. 372].

Cour de Cassation, 1re civ., 23.5.2006 – n° 0315.637, *Richt c/Sté. Commerzbank* [S. 391, 397].

Cour de cassation, Chambre mixte, Urteil v. 30.11.2007, 06–14.006 [S. 402].

Indien

Supreme Court, Urteil v. 1.9.1999, *M/S Atlas Export and Industries vs M/S Kotak & Company* – CA. No.-007410-007410/1994 [S. 448].

Supreme Court, Urteil v. 14.5.2008, *TDM Infrastructure Private vs UeDevelopement India Pvt Ltd.* [S. 430].

Supreme Court, Urteil v. 6.9.2012, *Bharat Aluminium Co vs Kaiser Aluminium Technical* – Civil Appeal, No. 1719 of 2005 [S. 430].

Italien

Corte di Appello Milan, Urteil v. 4.12.1992, Yearbook Comm. Vol. XXII, 725–726 [S. 110].

Kanada

Supreme Court, Urteil v. 26.6.2020, *Uber Technologies, Inc. V. Heller*, 2020 SCC 16 [S. 444].

Österreich

OGH, Urteil v. 1.7.1998 – 3 Ob 115/95 [S. 197].

OGH, Beschluss v. 26.1.2005 – 3 Ob 221/04b, IPRax 2006, 496–501 [S. 54].

OGH, Beschluss v. 26.1.2005 – 3 Ob 65/11x [S. 70].

OGH, Urteil v. 18.2.2015 – 2 Ob 22/14w [S. 197].

OGH, Beschluss v. 1.3.2017 – 5 Ob 72/16y, IPRax 2018, 532–536 [S. 46, 171, 178, 354, 372, 382].

Schweiz

BG, Urteil v. 17.4.1990, ASA Bulletin 1990, 253–259 [S. 248].

BG, Urteil v. 14.11.1990, BGE 116 II 634–639 [S. 232, 234, 241 ff.].

BG, Urteil v. 19.12.1990, BGE 116 II 625–634 [S. 238].

BG, Urteil v. 5.11.1991, BGE 117 II 604–608 [S. 234].

BG, Urteil v. 28.4.1992, BGE 118 II 193–198 [S. 248, 252].

BG, Urteil v. 2.9.1993, BGE 119 II 380–385 [S. 242, 244].

BG, Urteil v. 19.4.1994, BGE 120 II 155–172 [S. 234 ff., 241 ff.].

BG, Urteil v. 17.8.1994, ASA Bulletin 1995, 198–205 [S. 235, 241 ff.].

BG, Urteil v. 30.12.1994, ASA Bulletin 1995, 217–227 [S. 235, 237, 241 ff.].

BG, Urteil v. 9.1.1995, ASA Bulletin 1996, 294–305 [S. 238, 241].

BG, Urteil v. 13.11.1998, ASA Bulletin 1999, 529–537 [S. 235, 241 ff., 249].

BG, Urteil v. 1.2.2002, BGE 128 III 234–244 [S. 250].

BG, Urteil v. 3.4.2002, BGE 128 III 191–198 [S. 232 ff., 241 ff.].

BG, Urteil v. 8.3.2006, BGE 132 III 389–400 [S. 232 f., 235 f., 241 f., 250 f., 258].

BG, Urteil v. 10.7.2006 – 4P 88/2006 [S. 242].

BG, Urteil v. 21.2.2008 – 4A_370/2007 [S. 242].

BG, Urteil v. 13.4.2010, BGE 136 III 345–352 [S. 233].

BG, Urteil v. 28.6.2010, BGE 136 III 467–474 [S. 261 f., 336].

BG, Urteil v. 27.3.2012, BGE 138 III 322–332 [S. 232, 241 ff., 405 f.].

BG, Urteil v. 20.2.2018, BGE 144 III 120–135 [S. 232, 236, 241 ff., 256].

www.ingramcontent.com/pod-product-compliance
Ingram Content Group UK Ltd.
Pitfield, Milton Keynes, MK11 3LW, UK
UKHW022106051026
15623UKWH00003B/717

9 783631 861868